Björn Corzilius
Michas Rätsel

Beihefte zur Zeitschrift für die alttestamentliche Wissenschaft

Herausgegeben von
John Barton, Ronald Hendel,
Reinhard G. Kratz und Markus Witte

Band 483

Björn Corzilius

Michas Rätsel

Eine Untersuchung zur Kompositionsgeschichte
des Michabuches

DE GRUYTER

G

ISBN 978-3-11-044373-8
e-ISBN (PDF) 978-3-11-044508-4
e-ISBN (EPUB) 978-3-11-043707-2
ISSN 0934-2575

Library of Congress Cataloging-in-Publication Data
A CIP catalog record for this book has been applied for at the Library of Congress.

Bibliografische Information der Deutschen Nationalbibliothek
Die Deutsche Nationalbibliothek verzeichnet diese Publikation in der Deutschen
Nationalbibliografie; detaillierte bibliografische Daten sind im Internet über
http://dnb.dnb.de abrufbar.

© 2016 Walter de Gruyter GmbH, Berlin/Boston
Druck und Bindung: CPI books GmbH, Leck
♾ Gedruckt auf säurefreiem Papier
Printed in Germany

www.degruyter.com

für Melanie

Inhalt

Teil B   **Vom Schuldaufweis zum Strafurteil gegen Jerusalem
         in Micha 2–3**

Vorwort

Die vorliegende Untersuchung ist im Sommersemester 2014 von der Theologischen Fakultät der Georg-August-Universität Göttingen als Dissertation angenommen worden. Für die Drucklegung wurde sie geringfügig überarbeitet. Die Studie ist im Rahmen des Graduiertenkollegs „Götterbilder – Gottesbilder – Weltbilder. Polytheismus und Monotheismus in der Welt der Antike" entstanden.

An erster Stelle möchte ich mich bei meinem Doktorvater Herrn Professor Dr. Reinhard G. Kratz bedanken, der das Werden dieser Arbeit in allen Phasen ihrer Entstehung aufmerksam begleitet hat. Seine wegweisenden Impulse und kritischen Rückfragen sowie nicht zuletzt seine beständige Ermutigung waren für mich und meinen Forschungsprozess unersetzlich. Herrn Professor Dr. Dr. h.c. Hermann Spieckermann, der die Mühe des Zweitgutachtens übernommen hat, danke ich für seine Unterstützung und vielfältigen Hinweise. Mein Dank gilt ebenso herzlich Frau Professorin Dr. Annette Zgoll, die meine Arbeit mit wertvollen Impulsen aus altorientalistischer Perspektive gefördert hat.

Den Kolleginnen und Kollegen des Graduiertenkollegs sowie des alttestamentlichen Doktorandenkolloquiums in Göttingen möchte ich meinen Dank für die gemeinsame Zeit und die bereichernden Einblicke in ihre Forschungstätigkeit aussprechen. In besonderer Weise danke ich Frau Dr. Tanja Pilger-Janßen für die zahllosen Gespräche und die gemeinsamen Projekte, die im Rahmen des Graduiertenkollegs realisiert werden konnten. Weiterhin möchte ich an dieser Stelle meinen altestamentlichen Lehrern aus Studienzeiten, Herrn Professor em. Dr. Winfried Thiel (Bochum) und Herrn Professor em. Dr. Matthias Köckert (Berlin), danken. Sie haben meine Begeisterung für das Alte Testament und seine Propheten gefördert und meinen Weg in die Wissenschaft begleitet.

Den Herausgebern der Beihefte zur Zeitschrift für die alttestamentliche Wissenschaft (BZAW) danke ich für die Aufnahme meiner Studie in ihre renommierte Reihe und den Mitarbeitenden im Verlagshaus deGruyter, Frau Dr. Sophie Wagenhofer und Herrn Johannes Parche, für die professionelle Begleitung bei der Publikationsvorbereitung. Der Deutschen Forschungsgemeinschaft, deren Stipendiat ich in den Jahren 2007 bis 2011 sein durfte, danke ich für ihre Förderung. Mein Dank gilt in gleicher Weise der Evangelischen Kirche von Westfalen, die den Abschluss dieser Arbeit durch die Entsendung in ein Hochschulvikariat im Anschluss an den landeskirchlichen Vorbereitungsdienst ermöglicht hat.

Mein herzlicher Dank gilt schließlich meiner Frau und unseren Kindern, die die Höhen und Tiefen eines Forschungs- und Promotionsprozesses mit mir erlebt haben. Nicht selten haben sie auf den Ehemann und Vater zugunsten Michas verzichtet, daheim war der Prophet oft gegenwärtiger als ich. Nun tritt er in die zweite Reihe. Meiner Frau Melanie Corzilius danke ich für die vielen Stunden der Korrekturlektüre und der Arbeiten am Register und noch viel mehr für ihre Geduld, ihren Rückhalt und ihre beständige Ermutigung, ohne die meine Arbeit kaum ihren Abschluss hätte finden können. Ihr sei dieses Buch in Liebe und Dankbarkeit gewidmet.

Höxter im April 2016

Einleitung

Innerhalb der alttestamentlichen Wissenschaft besteht gegenwärtig relative Einigkeit darüber, wer Micha und was Gegenstand seiner Botschaft sei.[1] Im Sinne der Überschrift des Prophetenbuches wird er mit dem Zeithorizont des ausgehenden 8. Jh. und der Ortschaft Moreschet Gat im Bereich der judäischen Schefela in Verbindung gebracht. Im Spiegel der Literatur, die auf ihn zurückgeführt wird, erscheint Micha in der Rolle des „furchtlosen Kritikers der sozialen und politischen Verhältnisse, der in Vollmacht den Untergang Jerusalems ankündigt."[2]

Als Prophet aus dem ländlichen Bereich Judas zeichne ihn „die leidenschaftliche persönliche Anteilnahme an den grausamen Kriegsnöten, die die eigene Heimat treffen (vgl. 1,8 f mit 1,10 – 15)", ebenso aus wie „die unerbittliche Härte, mit der er die rücksichtslose Grausamkeit der Jerusalemer Politiker geißelt (Mi 3)", und „sein entschlossener Einsatz für die kleinen Bauern, die sich nicht gegen die Großgrundbesitzer wehren können (Mi 2) und die er, weil er sich für sie verantwortlich fühlt, liebevoll ‚mein Volk' (2,8.9; 3,3.5; vgl. 1,9) nennt."[3]

Dieses Bild des Propheten Micha hat die Forschung aus den vorderen drei Kapiteln des Michabuches gewonnen. Sie werden seit der wegweisenden Studie von Bernhard Stade (1881) mittlerweile als kritisch gesichertes Minimum des Prophetenbuches betrachtet.[4] Vor diesem Hintergrund erscheint die Profilierung Michas als eines sozialkritischen Gerichtspropheten auf der Grundlage von Mi 1 – 3 folgerichtig. Im Verlauf eines Jahrhunderts historisch-kritischer Forschung ist

---

1 Diese relative Einigkeit im Grundverständnis dokumentieren bei allen Differenzen in Detailfragen die einschlägigen Nachschlagewerke und die Kompendien zum Alten Testament, die in den vergangenen Jahrzehnten erschienen sind und ein recht einheitliches Bild des Propheten Micha und seiner Botschaft zeichnen; vgl. CARR, Einführung, 148 – 151; FOHRER, Einleitung, 487 – 492; KAISER, Grundriß, 130 – 138; KESSLER, Art. Micha/Michabuch, 1201 – 1203; MACCHI, Michée, 427 – 432; OTTO, Art. Micha/Michabuch, 695 – 704; PÁKOZDY, Art. Micha, 1210 – 1211; SCHMID, Michabuch, 395 – 397; SCHMIDT, Einführung, 225 – 229; SCHOORS, Königreiche, 150 – 153; WEHRLE, Art. Micha (Buch), 796 – 801; ZENGER, Micha, 662 – 668.
2 KESSLER, HThK.AT, 45; vgl. der Sache nach entsprechend etwa DEISSLER, NEB, 165 – 167; JEREMIAS, ATD, 114 – 115; LESCOW, Analyse von Micha 1 – 5, 46 – 64; MAYS, OTL, 12 – 21; MCKANE, Micah, 7 – 8; METZNER, Kompositionsgeschichte, 152; UTZSCHNEIDER, ZBK, 24 – 25; WILLI-PLEIN, Vorformen, 110; WÖHRLE, Sammlungen, 190 – 191; WOLFF, BK, XIII – XVII.
3 JEREMIAS, ATD, 115, der mit dieser Charakterisierung nicht etwa eine literarische Figur zu profilieren sucht, sondern ausdrücklich ein „Verständnis der Person des Propheten Micha" (ebd.) bietet.
4 Vgl. STADE, Bemerkungen, 161 – 172.

Stades Position vielfältig differenziert und nachhaltig bestätigt worden, so dass sie gegenwärtig als Konsens der kritischen Michaforschung gelten kann.[5]

Weshalb das Michabuch und insbesondere sein kritisch gesichertes Minimum im Rahmen der vorliegenden Untersuchung trotz dieses weithin geteilten Konsenses der Michaforschung in den Fokus einer erneuten Betrachtung rückt, ist im Folgenden zu begründen und zu entfalten. Vor dem Hintergrund des aktuellen Forschungsstandes gilt es zunächst, den erzielten Konsens unter Berücksichtigung der jüngeren Entwicklungen innerhalb der Prophetenforschung zu problematisieren und den Ansatzpunkt der folgenden Analyse zu bestimmen. Daraufhin sind die Anlage der Studie und das weitere methodische Vorgehen darzulegen.

---

5 Vgl. in chronologischer Folge insbesondere die Untersuchungen von MARTI, KHC (1904); WILLI-PLEIN, Vorformen (1971); LESCOW, Analyse von Micha 1 – 5 (1972); MAYS, OTL (1976); WOLFF, BK (1982); OTTO, Techniken (1991); DERS., Art. Micha/Michabuch (1992); OBERFORCHER, NSK.AT (1995); METZNER, Kompositionsgeschichte (1998); MCKANE, Micah (1998); KESSLER, HThK.AT (1999); JEREMIAS, ATD (2007).

I Der Forschungsstand

Nach Vorarbeiten von Heinrich Ewald (1867) und Julius Wellhausen (1878), die neben einzelnen Zusätzen die Schlusskapitel in Mi 6–7, zumindest aber den Abschnitt in Mi 7,7–20 für einen späteren Zusatz erklärt haben, war es Bernhard Stade, der mit seinen „Bemerkungen über das Buch Micha" aus dem Jahre 1881 und einer Reihe weiterer Studien aus den Folgejahren die historisch-kritische Forschung zum Michabuch angeregt und ihr den Weg gewiesen hat.[6] Stade hat als erster die These vertreten, „daß dem unter Ahaz und Hiskia wirkenden Propheten Micha nur c. c. 1–3 nach Ausschaltung von 2, 12. 13 beigelegt werden können."[7] Damit wurde ein authentischer Grundbestand in Mi 1–3* von sekundärem Traditionsgut in Mi 4–7 (mit Mi 2,12–13) unterschieden und das vielschichtige Prophetenbild, das die vorfindliche Buchgestalt spiegelt, auf das Profil des Gerichtspropheten reduziert.

Die Kapitel Mi 1–3 bilden den ersten Teil des Michabuches. In zwei Anläufen beleuchten sie das Untergangsschicksal Judas und Jerusalems. Mi 1 zeichnet es als Resultat eines kriegerischen Unheils, das von JHWH heraufgeführt wird und von Samaria aus auf Jerusalem zielt. In Mi 2–3 wird der Niedergang Jerusalems als Konsequenz eines göttlichen Strafgerichts dargestellt und mit gravierenden sozialen und politischen Missständen im Südreich begründet. Im ersten Teil des Michabuches erscheint Micha als sozialkritischer Gerichtsprophet, der vor dem Hintergrund des Schicksals Samarias das Ende Jerusalems verheißt. Dieses Bild wird derzeit als das älteste und ursprüngliche Profil des historischen Micha aus dem 8. Jh. angesehen.

Die hinteren Kapitel besitzen einen anderen Charakter, der ihre Unterscheidung von Mi 1–3 motiviert hat. Sie werden innerhalb der Forschung, soweit sie die historisch-kritische Frage zulässt, im Gefolge Bernhard Stades mittlerweile für weitgehend jünger erachtet.[8] Die Kapitel Mi 4–5 konstituieren den zweiten Teil des Michabuches und bringen die heilvolle Zukunftsperspektive des Volkes JHWHs zur Darstellung. Micha wird darin als Heilsprophet präsentiert, der Israel seine grundständige Erneuerung und Wiederherstellung nach dem Strafgericht verheißt. Da sich

---

6 Vgl. STADE, Bemerkungen, 161–172; DERS., Weitere Bemerkungen, 1–16; DERS., Micha II 4, 122–123; DERS., Streiflichter, 153–171, sowie die Vorarbeiten von EWALD, Propheten, 525–537, und WELLHAUSEN, Propheten, 134–150. Zur Geschichte der Michaforschung s. den Überblick bei OTTO, Art. Micha/Michabuch, 695–697, sowie FOHRER, Literatur, 212–216; WILLI-PLEIN, Zwölfprophetenbuch, 367–369; METZNER, Kompositionsgeschichte, 95–109.

7 STADE, Bemerkungen, 162.

8 Vgl. etwa DEISSLER, NEB, 167–168; JEREMIAS, ATD, 115–121; KESSLER, HThK.AT, 45–47; LESCOW, Analyse von Micha 1–5, 64–74; MAYS, OTL, 21–33; MCKANE, Micah, 7–8; METZNER, Kompositionsgeschichte, 152–155; OBERFORCHER, NSK.AT, 16–17; WILLI-PLEIN, Vorformen, 110–114; WÖHRLE, Sammlungen, 191–197 (mit älterem Kern in Mi 7,1–7); WOLFF, BK, XXVII–XXXVII.

das prophetische Profil in Mi 4 – 5 vom Format des Gerichtspropheten aus Mi 1 – 3 fundamental unterscheidet, wird die Heilsprophetie des Michabuches gegenwärtig als literarisches Phänomen aus exilisch-nachexilischer Zeit betrachtet.[9]

In den Schlusskapiteln, die in Mi 6 – 7 den dritten Teil des Michabuches enthalten, tritt noch einmal die Anklage gesellschaftlichen Unrechts in den Vordergrund, was einen Rechtsstreit JHWHs mit seinem Volk sowie die Ankündigung eines erneuten Strafgerichts veranlasst und die Hoffnung auf JHWHs wiederholtes Erbarmen begründet. Obwohl das Profil Michas in Mi 6 – 7 dem des Gerichtspropheten aus Mi 1 – 3 ähnlich ist, werden die Schlusskapitel von der historisch-kritischen Forschung weithin Autoren zugeschrieben, die in der Tradition Michas ein äquivalentes Unrecht innerhalb der eigenen (exilisch-nachexilischen) Gegenwart zur Anzeige bringen.[10] Da Mi 6 – 7 eine Neuauflage der Sozialkritik aus Mi 1 – 3 bietet und eine tiefe Ratlosigkeit zum Ausdruck bringt, die erst vor dem Hintergrund einer enttäuschten Heilserwartung folgerichtig ist, erscheint diese Einschätzung plausibel.

Der Vorschlag Bernhard Stades hat innerhalb der Forschungsgeschichte zunächst ambivalente Reaktionen hervorgerufen. Auf der einen Seite fand seine Sichtweise bald Befürworter, die seine These aufgenommen und weitergeführt haben. So hat Karl Marti (1904) Stades Position bestätigt, dass authentisches Traditionsgut allein den vorderen Kapiteln enthalten sei. Allerdings erkannte er auch in Mi 1 – 3 zahlreiche jüngere Zusätze. Dem „Grundstock des Buches"[11] wies Marti lediglich Mi 1,5b-9.16; Mi 2,1 – 3.4.6 – 11; Mi 3,1 – 2a.3a.4.5a.2b.5b-8.9 – 12 zu. In ähnlicher Weise hat Paul Haupt (1910) in Mi 1 – 3 jüngere Textelemente herausgearbeitet und lediglich einen Grundbestand mit dem historischen Micha verbunden.[12] „The first three chapters contain three patriotic poems composed by the Judaic poet Micah [...] about 701 B.C. The last four chapters are Maccabean"[13].

Ohne die über Stades Position hinausgehende literarkritische Unterscheidung zu teilen, erkannte auch Bernhard Duhm (1911) in Mi 1 – 3 das kritische Minimum, das auf die Verkündigung des historischen Micha zurückgeht. „Die Kapitel 4 und 5 bilden eine Schrift für sich, die von einem prophetischen Dichter des zweiten Jahrhunderts

---

9 Vgl. etwa DEISSLER, NEB, 167; JEREMIAS, Micha 4 – 5, 90 – 115; DERS., ATD, 118 – 119; KESSLER, HThK.AT, 45 – 47; LESCOW, Analyse von Micha 1 – 5, 64 – 81; MAYS, OTL, 26 – 27; METZNER, Kompositionsgeschichte, 154 – 155; OBERFORCHER, NSK.AT, 16 – 17; WILLI-PLEIN, Vorformen, 111 – 112; WOLFF, BK, XXIX – XXXII.
10 Vgl. etwa DEISSLER, NEB, 168 (mit älterem Kern in Mi 6,9 – 16); JEREMIAS, ATD, 119 – 120; KESSLER, HThK.AT, 46 – 47; MAYS, OTL, 29 – 33; METZNER, Kompositionsgeschichte, 176 (mit älterem Kern in Mi 6,9 – 16*); WILLI-PLEIN, Vorformen, 97 – 114 (mit älterem Kern in Mi 6,9 – 16*); WÖHRLE, Sammlungen, 191 – 197 (mit älterem Kern in Mi 7,1 – 7); WOLFF, BK, XXXII – XXXVI.
11 MARTI, KHC, 262.
12 Vgl. HAUPT, Book, 1 – 63; DERS., Notes, 201 – 252.
13 HAUPT, Notes, 201.

verfaßt ist"[14] und „[i]n 7 8 – 20 folgen noch drei Gedichte mit tröstlichem Inhalt, die vielleicht von verschiedenen Dichtern abgefaßt, jedenfalls aber sehr jung sind."[15] Die Sozialkritik in Mi 6,1 – 7,7 datierte Duhm in die Zeit Manasses. Bei ihrer Rückführung auf den Propheten Micha blieb er allerdings zurückhaltend. Die Textpassagen könnten „von Micha geschrieben sein [...], wenn er kurz vor dem Untergang des Nordreichs noch ein junger Mann war; sie sind seiner nicht unwürdig."[16]

Auf der anderen Seite ließ der Einspruch gegen den Vorstoß Bernhard Stades nicht lange auf sich warten. Nach Ansicht Conrad von Orellis (1908) „entbehren aber diese Angriffe genügenden Grundes"[17]. „Das Büchlein bildet ein wahrscheinlich vom Verfasser selbst zusammengeordnetes, wohlgegliedertes Ganzes, dessen Unterabteilungen [...] aus einzelnen Reden des Propheten erwachsen"[18] sind. Ähnlich urteilte Paul Riessler (1911), dass „die Urheberschaft des Michaeas [...] für den größten Teil seines Buches nicht bestritten werden"[19] kann. Ernst Sellin (1922) erkannte zwar „mit Sicherheit eine spätere Hineinarbeitung [...] in 4, 8. 10bβ. 12. 13; 5, 4b. 5a"[20] und „die drei Lieder 7,8 – 10. 11 – 13. 14 – 20"[21] am Ende des Michabuches als spätere Zusätze. Das auffällige Nebeneinander von Unheils- und Heilsverheißung innerhalb des Michabuches sowie den heterogenen Inhalt der Sozialkritik in Mi 2 – 3 und Mi 6,1 – 7,7 erklärte er jedoch damit, dass „unterschiedliche Entstehungsperioden im Leben des Micha"[22] und veränderte Zeitverhältnisse im Hintergrund stehen.

Die Tendenz, einen umfangreichen Traditionsbestand innerhalb des Michabuches mit dem historischen Propheten bzw. seinem Zeitkontext zu verbinden, lässt sich auch im weiteren Verlauf der Forschungsgeschichte beobachten. So führten noch Wilhelm Rudolph (1975) und Delbert R. Hillers (1984) weite Teile des Buches auf den Propheten zurück. Beide sahen keinen Grund, dem Propheten die Heilsverheißungen in den mittleren und die unheilvollen Textpassagen in den hinteren Buchkapiteln abzusprechen. Während Hillers die Möglichkeit einer Unterscheidung zwischen authentischem Spruchgut und jüngerem Traditionsbestand grundsätzlich in Zweifel

---

14 DUHM, Anmerkungen, 49.
15 DUHM, Anmerkungen, 54.
16 DUHM, Anmerkungen, 52.
17 VON ORELLI, Propheten, 108.
18 VON ORELLI, Propheten, 109; vgl. ähnlich LIPPL, HSAT, 182 – 183.
19 RIESSLER, Propheten, 102. „Nur die Stücke 1 12 13; 4 1 – 8 11 – 13; 5 6 7 sind anfechtbar und zwar aus dem Grund, weil sie in der Darstellungsweise und in dem Standpunkt der Verfasser von den dem Michaeas sicher angehörenden Heilsreden abweichen." (ebd.).
20 SELLIN, KAT, 260.
21 SELLIN, KAT, 261; vgl. ähnlich bereits WELLHAUSEN, Propheten, 149 – 150.
22 SELLIN, KAT, 261.

zog, beschränken sich die jüngeren Zusätze aus der Perspektive Rudolphs auf Mi 4,1–5; 5,6–8 und 7,8–20 sowie die Einzelzusätze in Mi 1,7aβ und Mi 6,9aβ.[23]

In alternativer, doch im Ergebnis ähnlicher Weise hat Adam S. van der Woude (1969, 1971) die Heilsankündigungen in Mi 4–5 (mit Mi 2,12–13) und die Sozialkritik in Mi 6–7 erklärt. Die Heilsverheißungen fasste er als Zitate der prophetischen Gegner auf, mit denen sich der Prophet zu seiner Zeit auseinandergesetzt hat. Die Sozialkritik in Mi 6–7 führte er auf einen zweiten Micha zurück, den er Deuteromicha nannte und aufgrund seiner Kritik an Omri und Ahab (vgl. Mi 6,16) als einen (anonymen) Propheten des Nordreichs charakterisierte.[24] Seinen Deuteromicha aus dem Nordreich verstand van der Woude als Zeitgenossen des judäischen Micha und datierte daraufhin die beiden Teile in Mi 1–5 und Mi 6–7 gleichermaßen ins 8. Jh.

Neben der Sichtweise Stades und ihrer Befürworter auf der einen und ihren Gegnern auf der anderen Seite hat sich in der Forschungsgeschichte auch eine mittlere Position herausgebildet. Die Vertreter dieser Position stimmen darin überein, dass Mi 1–3 weitgehend auf den historischen Micha zurückzuführen ist, und halten darüber hinaus einen gewissen Grundbestand in Mi 4–7 für authentisch. Ort und Umfang dieses authentischen Traditionsgutes in den hinteren Kapiteln wurde allerdings unterschiedlich bestimmt. So hat Carl H. Cornill (1884) neben Mi 1–3 die Sozialkritik in Mi 6,1–7,7 für den Propheten reklamiert und die Heilsverheißungen in Mi 2,12–13 und Mi 4–5 sowie den Buchschluss in Mi 7,7–20 für sekundär erachtet.[25] Otto Eißfeldt (³1964) teilte diese Position im Grundsatz, führte allerdings wieder Mi 7,7–20 auf den historischen Propheten zurück.[26] Nach Einschätzung von Ina Willi-Plein (1971) sei hingegen lediglich für das Gerichtswort in Mi 6,9–15* michanische Pro-

---

23 Vgl. HILLERS, Micah, 4; RUDOLPH, KAT, 24–26. Ähnlich sah es Leslie C. Allen (1976). „It is possible [...] to defend the Mican origin of most of the book apart from 4:1–4, 6–8; 7:8–20" (ALLEN, NICOT, 251). Noch weiter geht der Vorschlag von Ralph L. Smith (1984). „I believe that the prophet Micah furnished the inspiration for the entire project. The materials may have been edited and supplemented in the time of Jeremiah and again in the exilic or early post-exilic period by the prophetic disciples of Isaiah and Micah. But the basis for the entire book is found in the life and teachings of the prophet Micah and so dates back to his lifetime – about 700 B.C." (SMITH, ICC, 9).
24 Vgl. VAN DER WOUDE, Micah, 244–260; DERS., Deutero-Micha, 365–378. Die These einer Nordreichsprophetie im Hintergrund von Mi 6–7 geht auf BURKITT, Micah, 159–161, zurück und ist in ähnlicher Weise von STRYDOM, Micah, 19–32, und WILLIS, Oracle, 64–76, vertreten worden.
25 Vgl. CORNILL, Composition, 89 Anm. In seiner Einleitung datierte Carl H. Cornill (1891) den Abschnitt Mi 6,1–7,7 sodann aber im Anschluss an EWALD, Propheten, 525–537, in die Zeit Manasses (vgl. CORNILL, Einleitung, 184).
26 Vgl. EISSFELDT, Einleitung, 556.

venienz wahrscheinlich. „Es ist vermutlich der letzte Spruch im Michabuch, von dem angenommen werden kann, daß er auf Micha selbst zurückgeht."[27]

Während Cornill, Eißfeldt und Willi-Plein neben Mi 1–3 einen Grundbestand in Mi 6–7 auf den historischen Propheten zurückführten, vertrat Wilhelm Nowack (²1903, ³1922) im Hinblick auf Mi 6,1–7,6 die gegenteilige Auffassung: „Micha scheidet schon um deswillen aus, weil diese Verse einen ganz andern Charakter haben, als die des herben Micha"[28]. Auch Mi 7,7–20 sah er „in nachexilischer Zeit entstanden"[29]. In Mi 4–5 könnten hingegen „vielleicht unserm Propheten 4 9.10a.14 und 5 9–13 zugehören"[30]. Neben dem Unheilstext in Mi 1–3 führte Artur Weiser (1949, ⁷1979) schließlich wieder sowohl Mi 6–7 als auch einen Grundbestand der Heilsverheißungen in Mi 4–5 auf Micha zurück, „weil der doppelte Wechsel von Drohung und Verheißung nur dann eine hinreichende Erklärung findet, wenn die eine oder andere Verheißung in Kapitel 4 f. auf Micha selbst zurückgeht."[31] Lediglich für Mi 4,1–5 vermutete er einen außer- sowie für Mi 4,6–8.9–13.14 und Mi 7,8–20 einen nachmichanischen Ursprung. In seiner Einleitung hat Weiser (⁴1957) jedoch einschränkend darauf aufmerksam gemacht, dass ein „zwingender Beweis [...] mangels der Möglichkeit genauer Datierung weder für noch gegen die Echtheit der in Kap. 4–7 stehenden Worte zu führen"[32] sei.

Die Heterogenität dieser Positionen, die einen mittleren Standpunkt zwischen Stade und seinen Gegner einnehmen, lässt ein hohes Maß an Unsicherheit erkennen, wie die Heils- und Unheilstexte in den hinteren Buchkapiteln im Verhältnis zu Mi 1–3 zu bewerten sind. Durch den Vorschlag Stades war die Michaforschung offenkundig in Bewegung geraten und hatte ein Jahrhundert lang auf ein annähernd konsensfähiges Bild von der Entstehungsgeschichte des Prophetenbuches zu warten.

Nicht zuletzt angesichts dieser Unsicherheiten in der Unterscheidung zwischen authentischem und sekundärem Traditionsbestand rückte die sogenannte kanonische Exegese die Analyse der überlieferten Endgestalt des biblischen Textes in den Vordergrund.[33] Den Untersuchungen von John T. Willis (1969), Leslie

---

27 WILLI-PLEIN, Vorformen, 100; vgl. ähnlich DEISSLER, NEB, 194–196. In jüngster Zeit hat Jakob Wöhrle (2006) den Propheten Micha hinter der Klage in Mi 7,1–7 vermutet (vgl. WÖHRLE, Sammlungen, 188).
28 NOWACK, HK³, 198.
29 NOWACK, HK³, 198.
30 NOWACK, HK², 204. Später erwog Wilhelm Nowack dasselbe lediglich für Mi 5,9–13, vgl. DERS., HK³, 197.
31 Weiser, ATD, 232.
32 WEISER, Einleitung, 206.
33 Vgl. insbesondere ALLEN, NICOT, 237–404; CHILDS, Introduction, 428–439; HAGSTROM, Coherence; WILLIS, Oracle, 64–76; DERS., Structure of Micah 3–5, 191–214; DERS., Structure of the Book, 5–42. Auf die literarische Analyse der kanonischen Endgestalt des Michabuches

C. Allen (1976) und David G. Hagstrom (1988) verdanken sich Einsichten in den Aufbau und die Textarchitektur des Michabuches. Insbesondere haben sie die alternierende Struktur von Unheils- und Heilstexten in der Gesamtanlage des Michabuches herausgearbeitet. Im Rahmen seines canonical approach hat Brevard S. Childs (1979) weiterhin auf die Beziehungen zwischen Mi und Jes aufmerksam gemacht und daraus Rückschlüsse auf die Tradentenkreise gezogen. „[T]he evidence is strong that the tradition of Micah was transmitted by the same or a similar circle of tradents as those who were responsible for the editing of parts of the Isaianic corpus. Moreover, the redactional group would appear to have been located in Jerusalem and to have been at work from the beginning of the seventh century throughout the early post-exilic period."[34]

In der Tradition der kanonischen Exegese hat Helmut Utzschneider in jüngster Zeit (1999, 2005) seine dramentheoretisch orientierten Studien vorgelegt.[35] Er liest das Michabuch als dramatischen Text in zwei Akten (Mi 1,2–5,14 und Mi 6,1–7,20) und beabsichtigt, „die theologischen Aussagen des Buches von dessen dramatischer Ästhetik her zu erschließen."[36] Im Rahmen seiner Studie macht Utzschneider auf die wichtige Unterscheidung zwischen dem historischen und dem literarischen Micha aufmerksam. „Literarische Figuren sind immer Konstrukte, in die unter Umständen allerdings historische Vorbilder eingegangen sein können."[37] Diese Sichtweise konvergiert mit der innerhalb der jüngeren Prophetenforschung betonten Differenz zwischen dem Prophetenbuch und dem historischen Propheten.[38]

Diese jüngere Prophetenforschung hat sich seit der Mitte des 20. Jh. wieder zunehmend der redaktions- und überlieferungsgeschichtlichen Analyse zugewandt, verfolgt aber eine andere Fragestellung als ihre Vorläufer im 19. und frühen 20. Jh. Während sich die ältere Forschung auf die Unterscheidung zwischen authentischem und sekundärem Traditionsgut konzentriert hat und die kanonische Exegese die Analyse der literarischen Endgestalt in den Fokus stellt, geht die redaktions- und überlieferungsgeschichtlich orientierte Forschung von mehrstufigen Wachstumsprozessen innerhalb der biblischen Literatur aus.[39] Vor diesem veränderten metho-

---

konzentrieren sich auch die Arbeiten von Ehud Ben Zvi (FOTL [2000]) sowie von Francis I. Andersen und David N. Freedman (AncB [2000]).

34 CHILDS, Introduction, 436.

35 Vgl. UTZSCHNEIDER, Reise; DERS., ZBK.

36 UTZSCHNEIDER, ZBK, 11.

37 Vgl. UTZSCHNEIDER, ZBK, 21.

38 Vgl. insbesondere STECK, Prophetenbücher; DERS., Gott. Odil H. Steck hat diese kategoriale Differenz nachhaltig begründet; vgl. in jüngerer Zeit insbesondere KRATZ, Propheten, bes. 41–51. S. dazu unten II.

39 Vgl. KRATZ, Art. Redaktionsgeschichte/Redaktionskritik, 367–378 (zur Geschichte der redaktionsgeschichtlichen Fragestellung im Hinblick auf die Prophetenbücher s. aaO., 375–376).

dischen Hintergrund wurde Stades These in den frühen 1970er Jahren insbesondere durch die Studien von Ina Willi-Plein (1971) und Theodor Lescow (1972) verfeinert.[40]

Im Rahmen ihrer Untersuchung hat Ina Willi-Plein in Mi 1–3 und Mi 6,9–15 einen „auf Micha selbst zurückgehenden Bestand"[41] erhoben, der mit den jüngeren Elementen in Mi 5,9–12 und Mi 6,2–8 in eine „erste literarische Sammlung von Michaworten in der Exilszeit nach 586 v.Chr."[42] übertragen wurde. In einem zweiten Überlieferungsstadium im 5. Jh. sei das Michabuch um Mi 2,12–13; Mi 4,1–4 und Mi 4,6–7 erweitert worden, bevor es schließlich eine „eschatologische Aus- und Neugestaltung um 350 v.Chr."[43] erfuhr und seine vorfindliche Gestalt erhielt.

Während Willi-Plein noch einen authentischen Traditionsbestand in Mi 6,9–15 vermutet hat, führte Theodor Lescow (1972) im Gefolge Stades allein einen Grundbestand in den ersten drei Kapiteln auf den Propheten selbst zurück.[44] Das in Mi 1–3* tradierte Spruchgut Michas erhielt nach seiner Auffassung „während der Zeit des Exils in den Klagefeiern um das zerstörte Heiligtum einen neuen Sitz im Leben"[45] und wurde in dieser Phase um die Zionsprüche in Mi 4* erweitert. Die Sammlung Mi 1–5 sei um 515 abgeschlossen und „aus den Klagefeiern um das zerstörte Heiligtum herausgezogen und in die Liturgie der Tempelweihe überführt worden"[46]. Für Mi 6–7 nahm Lescow eine zunächst unabhängige Vorgeschichte an. Der vorexilische Nukleus in Mi 6,13–16 sei zu einer Thora-Liturgie ausgestaltet und im 4. Jh. an die ältere Sammlung Mi 1–5 angefügt worden.[47]

Die entscheidenden Wegmarken innerhalb der jüngeren historisch-kritischen Forschung wurden jedoch mit den Untersuchungen von James Luther Mays (1976) und Hans Walter Wolff (1982) erreicht. Sie sind in unterschiedlicher Weise durch die Studien von Ina Willi-Plein und Theodor Lescow vorbereitet worden und

---

40 Die Notwendigkeit einer redaktionsgeschichtlichen Erschließung der prophetischen Tradition hat Theodor Lescow hervorgehoben und damit einen Paradigmenwechsel innerhalb der Michaforschung beschrieben. „Die prophetischen Überlieferungen haben eine *Geschichte* durchlaufen, die sich niedergeschlagen hat in redaktioneller Arbeit. Darum genügt es weder, textkritisch nach einem Urtext zu suchen, noch literarkritisch echt von unecht zu unterscheiden. Vielmehr müssen beide Fragestellungen in den Zusammenhang einer redaktionsgeschichtlichen Betrachtungsweise einbezogen werden, die das Buch als Niederschlag einer Geschichte der Auslegung und Aneignung zu begreifen versucht." (LESCOW, Analyse von Micha 1–5, 47 [Hervorhebung ebd.]).
41 WILLI-PLEIN, Vorformen, 110.
42 WILLI-PLEIN, Vorformen, 110. Vgl. RENAUD, Formation, 509 ff, und VERMEYLEN, Isaie, 600–601, die verschiedene dtr Ausgaben des Michabuches in der Exilszeit mit vergleichbarem Textbestand annehmen.
43 WILLI-PLEIN, Vorformen, 114.
44 Vgl. LESCOW, Analyse von Micha 1–5, 46–85; DERS., Analyse von Micha 6–7, 182–212.
45 LESCOW, Analyse von Micha 1–5, 73.
46 LESCOW, Analyse von Micha 1–5, 76.
47 Vgl. LESCOW, Analyse von Micha 6–7, 182–212.

haben den Vorschlag Bernhard Stades nachhaltig bestätigt. „The sayings which can be attributed to Micah with confidence are collected in chs. 1–3. They were spoken during the period of his activity in Jerusalem toward the end of the eighth century BC. The latest material in the Book comes from the post-exilic period after the temple had been built (515 BC)."[48] Der auf Micha zurückgehende Grundbestand in Mi 1,3–16* und Mi 2,1–3,12* sei im Horizont der babylonischen Krise insbesondere durch das „Samaria-Jerusalem programme"[49] in Mi 1,6–7 (mit V.5b) erweitert und nachexilisch um „a collection of oracles of salvation"[50] erweitert worden, deren Kristallisationskern die Spruchreihe in Mi 4,8–5,4* enthält. Für die Schlusskapitel in Mi 6–7, „composed of eight originally independent units"[51], nahm Mays einen liturgischen Sitz im Leben an. Sie seien in nachexilischer Zeit mit dem Michabuch verbunden worden.

Der Kommentar von Hans Walter Wolff hat die jüngere Michaforschung sowohl im Hinblick auf die Gestaltwerdung des Buches als auch hinsichtlich des Prophetenbildes wohl am intensivsten geprägt. Wolff führte drei Auftrittsskizzen, die in Mi 1,6.7b-13a.14–16; Mi 2,1–4.6–11; Mi 3,1–12 enthalten sind, auf den historischen Micha und seine eigene Niederschrift zurück.[52] Im Menschen Micha sah er einen Dorfältesten aus Moreschet Gat, der „[g]egenüber den Jerusalemer ‚Häuptern' [...] furchtlos und tapfer die Anzeige des Unrechts"[53] vornimmt. Im Hintergrund der Genese des Michabuches erkannte Wolff drei Überlieferungsstadien. In exilischer Zeit seien die Auftrittsskizzen Michas zunächst dtr überarbeitet, sodann um die „frühexilischen Rettungssprüche"[54] in Mi 4,9–5,5* erweitert worden, die den Nukleus der Heilskomposition in Mi 4–5 darstellen. Die Sozialkritik in Mi 6,1–7,7 bildet nach Einschätzung Wolffs eine von Mi 4–5 zunächst unabhängige Fortschreibung zu Mi 1–3, die schließlich sekundär mit der Buchkomposition in Mi 1–3+4–5 verknüpft und mit einem liturgischen Abschluss in Mi 7,8–20 versehen worden ist.

Dieses von Bernhard Stade angebahnte und durch die Arbeiten von James Luther Mays und Hans Walter Wolff bestätigte Gesamtbild ist innerhalb der Forschungsgeschichte seither bei allen Differenzen in Detailfragen nicht mehr grundsätzlich in Zweifel gezogen worden. Die jüngeren historisch-kritisch orien-

---

48 Mays, OTL, 21.
49 Mays, OTL, 25.
50 Mays, OTL, 26.
51 Mays, OTL, 29.
52 Vgl. Wolff, BK, XXI–XXII.XXVII–XXIX.
53 Wolff, BK, XVI, sowie ders., Micha von Moreschet, 403–417. Dieses prophetische Profil ist mit dem eingangs konturierten Bild deckungsgleich, das die Forschung gegenwärtig von Micha zeichnet.
54 Wolff, BK, XXX.

tierten Untersuchungen zum Michabuch von Eckart Otto (1991, 1992), Robert Oberforcher (1995), William McKane (1998), Gabriele Metzner (1998), Rainer Kessler (1999) oder Jörg Jeremias (2007) sehen authentisches Traditionsgut des historischen Micha vor allem in Mi 1–3 verarbeitet und betrachten die Kompositionen in Mi 4–5 und Mi 6–7 weitgehend als Ergebnis einer jüngeren literarischen Fortentwicklung des älteren Traditionsbestandes.[55] Dasselbe gilt für Studien, die das Werden des Michabuches in den weiteren Horizont der Genese des Zwölfprophetenbuches stellen.[56]

In zweifacher Hinsicht unterscheiden sich diese jüngeren Arbeiten jedoch von den älteren Studien. Sie präzisieren damit den erzielten Forschungskonsens vor dem Hintergrund jüngerer Tendenzen innerhalb der Prophetenforschung und weisen auf Sachverhalte hin, die im Rahmen der Erforschung des Michabuches bislang noch nicht zufriedenstellend geklärt werden konnten. Zum einen betonen sie die kategoriale Differenz zwischen dem Prophetenbuch und dem historischen Propheten, von dem die Traditionsbildung ausging. Sie machen darauf aufmerksam, dass in Mi 1–3 zwar genuin michanisches Traditionsgut aufgegangen ist, jedoch in einer im Verhältnis zu seinem Ursprung jüngeren literarischen Gestalt vorliegt. Damit weist die Forschung gegenwärtig eine gewisse Unschärfe in der Betrachtung der literarischen Anfänge der Traditionsbildung innerhalb des Michabuches auf.

Zum anderen lassen die jüngeren Arbeiten erkennen, dass die Frage nach der literarischen Fortbildung des Michabuches in Mi 4–7 noch nicht abschließend geklärt ist. So gehen die Einschätzungen darüber auseinander, ob Mi 4–5 und Mi 6–7 eine zunächst unabhängige Wachstumsgeschichte (im Anschluss an die Buchkomposition in Mi 1–3) haben oder ob die hinteren Buchkapitel das Ergebnis einer kontinuierlichen Fortschreibung von Mi 1–3 darstellen.[57] Diese jüngeren Entwicklungen innerhalb der Michaforschung wird die vorliegende Studie berücksichtigen, deren Problemhorizont im nächsten Schritt aufzuzeigen ist.

---

55 Vgl. OTTO, Techniken; DERS., Art. Micha/Michabuch; OBERFORCHER, NSK.AT; McKANE, Micah; METZNER, Kompositionsgeschichte; KESSLER, HThK.AT; JEREMIAS, ATD.

56 Vgl. ALBERTZ, Exilszeit, 168–171; NOGALSKI, Precursors, 123–125; SCHART, Entstehung, 177–204; WÖHRLE, Sammlungen, 138–197.

57 Für die erste Option votieren JEREMIAS, ATD, 119–120, und OTTO, Art. Micha/Michabuch, 700, im Anschluss an MAYS, OTL, 29–33, und WOLFF, BK, XXXII–XXXIV, für die zweite Option METZNER, Kompositionsgeschichte, 176, und KESSLER, HThK.AT, 46–47.

II Die Problemstellung

Die kritische Michaforschung hat seit den Studien Bernhard Stades den Konsens erzielt, dass in Mi 1–3* ein alter Traditionsbestand verarbeitet ist, der auf den historischen Propheten zurückgeht. In den hinteren Buchkapiteln wird nur noch vereinzelt und in geringem Umfang ein älterer Traditionsbestand vermutet und die darin niedergelegte Prophetie weitgehend als literarisches Phänomen betrachtet.[58] Dieser Konsens und das recht einhellige Bild, das die Forschung bei allen Differenzen im Detail von Micha und seiner Botschaft zeichnet, überrascht vor dem Hintergrund der kontroversen Diskussion über die Entstehungsgeschichte anderer Prophetenbücher und der in jüngster Zeit wieder aufflammenden grundsätzlichen Debatte, die das Wesen alttestamentlicher Prophetie und die Möglichkeit einer auf den historischen Propheten zielenden Rückfrage betrifft.[59] Diese grundsätzliche Debatte ist im Rahmen der vorliegenden Studie nicht fortzuführen. Im Hinblick auf das Michabuch ist angesichts der aktuellen Tendenzen innerhalb der Prophetenforschung jedoch der erzielte Forschungskonsens kritisch zu beleuchten.

In methodischer Hinsicht hat sich der Standpunkt etabliert, dass zwischen dem Prophetenbuch und dem historischen Propheten zu unterscheiden ist. Diese Differenz zwischen beiden Größen ist nachhaltig von Odil Hannes Steck herausgearbeitet worden.[60] „Wer zum Propheten will, ist zuerst an das Buch gewiesen."[61] Daraufhin trat das Prophetenbuch in den Fokus der Forschung und die Frage nach dem historischen Propheten in den Hintergrund. Da das Buch als Traditionsliteratur die Spuren seiner Wachstumsgeschichte erkennen lässt, ist es mit Hilfe einer sorgfältigen Literarkritik zwar vielfach möglich, die jüngeren Textbestandteile von den älteren zu unterscheiden, um auf diesem Wege allmählich zum Grundbestand eines Prophetenbuches vorzudringen. Doch am Ende dieses Weges „stößt man auch nicht ohne weiteres auf den Propheten, sondern auf die Anfänge einer Prophetenschrift."[62]

---

58 Lediglich im Hintergrund des Bethlehemorakels in Mi 5,1–4a* (vgl. Jeremias, Micha 4–5, 95 mit Anm. 17; ders., ATD, 186 mit Anm. 204), der Sozialkritik in Mi 6,9–15* (vgl. Willi-Plein, Vorformen, 101–104.110, und ähnlich u. a. Deissler, NEB, 194–196; Wehrle, Art. Micha, 799) und der Klage in Mi 7,1–7 (vgl. Wöhrle, Sammlungen, 188) werden noch authentische Worte Michas vermutet.

59 Vgl. dazu insbesondere Becker, Wiederentdeckung, 30–60; Blum, Prophetie, 81–115; Jeremias, Prophetenwort, 19–35; ders., Rätsel, 93–117; Kratz, Redaktion, 9–27; ders., Worte, 54–89; ders., Propheten, 41–51; ders., Rätsel, 635–639 (Replik zu Jeremias, Rätsel, 93–117).

60 Vgl. Steck, Prophetenbücher; ders., Gott. Mit beiden Studien hat Odil Hannes Steck einen Paradigmenwechsel innerhalb der alttestamentlichen Prophetenforschung vorbereitet. Zu diesem Paradigmenwechsel und seinen Implikationen für die weitere Forschung s. Becker, Wiederentdeckung, 30–60, sowie Kratz, Redaktion, 9–27.

61 Steck, Prophetenbücher, 7.

62 Kratz, Worte, 54.

Auf das Michabuch übertragen bedeutet dies, dass der gesellschaftskritische Gerichtsprophet im Spiegel von Mi 1–3*, sollte darin der Grundbestand des Prophetenbuches vorliegen, zunächst einmal eine literarische Figur darstellt. Entsprechend enthält sich die Michaforschung in jüngster Zeit bei dem Versuch, „eine Art Charakterbild von der Persönlichkeit des Propheten zu zeichnen"[63], den Brückenschlag „über den garstigen Graben der Überlieferung"[64] unternimmt sie aber dennoch, wie das eingangs skizzierte Profil des furchtlosen Gerichtspropheten belegt. Dieser Sachverhalt zeigt, dass die Frage nach der Beziehung zwischen dem Prophetenbuch und der historischen Figur trotz der kategorialen Unterscheidung beider Größen innerhalb der Prophetenforschung nicht völlig verstummt ist und die Suche nach dem Propheten, der die Traditionsbildung angestoßen hat, weitergeht.

Vor diesem Hintergrund stellt sich die Frage nach den Bedingungen der Möglichkeit, von der Ebene der Literatur auf die vorliterarischen Anfänge der Traditionsbildung zu schließen, um präzise zwischen dem literarischen Bild Michas und seinem vorliterarischen Profil unterscheiden zu können. Im Hinblick auf das Michabuch und das spezifische Profil des Propheten ist eine beträchtliche Unschärfe in der Bestimmung dessen zu beobachten, was auf Micha selbst und was auf die Hand der nachmichanischen Traditionsbildung zurückgeht, worin also der historische und worin der literarische Micha begegnet.[65] Diese Unschärfe gründet darin, dass die überlieferte Gestalt des Michabuches, selbst auf der mutmaßlich ältesten Textebene in Mi 1–3*, im Verhältnis zum Ausgangspunkt der literarischen Traditionsbildung als jünger eingestuft wird. Offensichtlich fehlt der Michaforschung gegenwärtig eine verlässliche Grundlage für einen methodisch kontrollierten Rückschluss auf die vorliterarische Tradition, sollte er überhaupt möglich sein.

In jüngerer Zeit ist die Frage nach der Möglichkeit einer historischen Rückfrage und ihren Bedingungen in Auseinandersetzung mit dem Ansatz von Odil Hannes Steck insbesondere von Jörg Jeremias und Reinhard G. Kratz problematisiert worden.[66] Beide stimmen darin überein, dass die „Rückfrage hinter den erhaltenen Text nach dem mündlich oder schriftlich tradierten vorliterarischen Spruchgut"[67] nicht

---

63 KESSLER, HThK.AT, 45 sowie seinen Exkurs zur „These einer Micha-Denkschrift in Mi 1–3*" (aaO., 94–97).
64 KRATZ, Worte, 56.
65 In diesem Zusammenhang weist KRATZ, Worte, 55, auf die Gefahr hin, „den Propheten, wie ihn das Prophetenbuch präsentiert, unter der Hand mit dem historischen Propheten zu verwechseln, sei es, dass man die Redaktionsgeschichte eines Buches rekonstruiert und die älteste erreichbare Textgestalt für authentisch hält, sei es, dass man sich mit einem Lippenbekenntnis zur Vorgeschichte begnügt und mehr oder weniger offen die kanonische Endgestalt mit der Botschaft des namengebenden Propheten gleichsetzt."
66 Vgl. JEREMIAS, Prophetenwort, 19–35; KRATZ, Worte, 54–89.
67 KRATZ, Worte, 56; vgl. ähnlich JEREMIAS, Prophetenwort, 24–25.

von vornherein und in jedem Fall aussichtslos ist. Einer Tendenz innerhalb der Forschung, die „auf jede Art Rekonstruktion um des Grades der Unsicherheit willen programmatisch verzichtet und sich nur noch der Exegese des Endtextes widmet"[68], hat Jeremias entgegen gehalten, „daß die Rekonstruktion in einer Vielzahl von Fällen möglich ist"[69], und dies am Beispiel der Bücher Hos, Am und Mi aufgezeigt.[70]

In eine ähnliche Richtung weist die von Reinhard G. Kratz eingebrachte Position, dass man möglicherweise „gar nicht hinter den Text zurückgehen, sondern nur genau genug in den Text hineinsehen muss, um die Spuren des darin verarbeiteten Prophetenwortes auszumachen, das sich von seiner Redaktion signifikant unterscheidet und ihr also vermutlich vorausliegt."[71] Dazu bedarf es allerdings zunächst der Rekonstruktion jenes ältesten Traditionselementes auf der Grundlage des überlieferten Textes, wie sie Kratz – im Anschluss an Jeremias u. a. – am Beispiel des Amosbuches vorführt.[72] Eine entsprechende Rekonstruktion des Grundbestandes macht die literarischen Anfänge der Traditionsbildung sichtbar und stellt weiterhin die Bedingung der Möglichkeit dar, methodisch kontrollierte Rückschlüsse auf die vorliterarische Tradition zu ziehen.

An dieser Stelle liegt der neuralgische Punkt innerhalb der Michaforschung und die Ursache für die relative Unschärfe in der Bestimmung des älteren Traditionsgutes, das dem Michabuch und näherhin seinem kritischen Minimum in Mi 1–3* zugrunde liegt. Auf der einen Seite wird die Ansicht geteilt, dass der erste Teil des Michabuches einen Traditionsbestand enthält, der auf den historischen Micha zurückgeht. Jörg Jeremias vermutet darin einen „Rechenschaftsbericht des Propheten"[73], Rainer Kessler eine „Micha-Denkschrift"[74], andere Autoren verweisen (vorsichtiger) auf die Verarbeitung älteren Materials in Mi 1–3*.[75] Auf der anderen Seite wird jedoch konzediert, dass „ein solcher Rechenschaftsbericht insofern Hypothese bleiben [muss], als er sich *nicht mehr exakt rekonstruieren lässt*"[76] und die Komposition in Mi 1–3* das Ergebnis einer späteren Traditionsbildung darstellt.[77]

---

68 Jeremias, Prophetenwort, 24.

69 Jeremias, Prophetenwort, 25.

70 Vgl. Jeremias, Prophetenwort, 26–32.

71 Kratz, Worte, 56.

72 Kratz, Worte, 67–82. Zur Analyse vgl. auch Wöhrle, Sammlungen, 125–131, der weitgehend zum selben Ergebnis wie Kratz gelangt. Die Einzelheiten, an denen sich die Analysen voneinander unterscheiden, sind an dieser Stelle unerheblich.

73 Jeremias, ATD, 116; vgl. ders., Rätsel, 112–113.

74 Kessler, HThK.AT, 45 mit Exkurs 94–97.

75 Vgl. Metzner, Kompositionsgeschichte, 152; Schart, Entstehung, 201 mit Anm. 159.

76 Jeremias, ATD, 117 (Hervorhebung ebd.). Ähnlich vermutet Wöhrle, Sammlungen, 191, „wohl vor allem hinter den Gerichtsworten in Mi 2–3* die Botschaft des ‚historischen Micha' [...], die aber nicht mehr im einzelnen herausgearbeitet werden kann."

Diese Einschätzung ergibt sich erstens aus dem inhaltlichen Gefälle in Mi 1, das den Untergang Jerusalems aus dem Niedergang Samarias ableitet, das Schicksal beider Reiche parallelisiert und damit eine geschichtstheologische Reflexion bietet, die kaum aus den letzten Jahrzehnten des 8. Jh. stammen kann. Zweitens weist die Gerichtskomposition in Mi 2–3 signifikante Bezüge zu anderen Prophetenbüchern (Jes, Jer, Hos, Am, Hab) auf, die eine wechselseitige literarische Rezeption vermuten lassen. Im Verhältnis zu seinem in Mi 1,1 ausgewiesenen Zeithorizont ist der überlieferte Text in Mi 1–3 nach allgemeiner Einschätzung jünger. Daraus wird der Schluss gezogen, dass authentisches, jedoch nicht rekonstruierbares Traditionsgut des historischen Propheten von Tradenten, im Laufe des 7. oder frühen 6. Jh. oder gar erst „aus der Perspektive des zerstörten Jerusalem heraus"[78], schriftlich niedergelegt worden ist.

Der Weg vom Prophetenbuch zum Propheten führt innerhalb der Michaforschung gegenwärtig also über die Prämisse einer hypothetischen Vorlage im Hintergrund von Mi 1–3*. Wer diese Prämisse nicht teilt, bleibt unweigerlich auf der Anfangsebene der Traditionsbildung stehen, sei es in der Zeit Manasses (Kessler), sei es in der Exilszeit (Jeremias, Metzner, Otto, Willi-Plein u. a.). Ins 8. Jh. und damit in die Nähe des historischen Micha selbst gelangt er jedenfalls nicht zurück. Der sozialkritische Untergangsprophet Micha bleibt in der Folge ebenso hypothetisch wie das auf ihn zurückgehende Traditionsgut in Mi 1–3* oder anders gewandt zunächst eine literarische Figur ohne unmittelbare historische Evidenz.

Als Beleg für die Authentizität der Gerichtsankündigung im Hintergrund von Mi 1–3* wird innerhalb der Forschung gelegentlich auf ihre Rezeption im Jeremiabuch hingewiesen, das den Urteilsspruch aus Mi 3,12 in Jer 26,18 zitiert und Micha aufgrund der zur Zeit Hiskias ausgebliebenen Katastrophe als Umkehrprediger zeichnet.[79] Abgesehen davon, dass sich das Bild des Umkehrpredigers vom Format des Untergangspropheten aus Mi 1–3 unterscheidet und Jer 26 damit offenkundig ein anderes Bild des Propheten Micha spiegelt, ist jedoch kaum sicher zu entscheiden, ob der historische Micha oder bereits eine literarische Figur der Rezeption als Vorlage gedient hat. Überdies belegt das Zitat lediglich, dass Mi 3,12 zur Zeit der Abfassung von Jer 26,17–19 den Tradenten des Jeremiabuches bekannt

---

77 Vgl. KESSLER, HThK.AT, 96–97. Entsprechend stellt METZNER, Kompositionsgeschichte, 152, fest, dass „[w]eitgehende Eingriffe in den Textbestand bei der Komposition des Materials in der Exilszeit [...] das Aufspüren älteren Gutes" erschweren.
78 JEREMIAS, ATD, 128.
79 Vgl. etwa JEREMIAS, Prophetenwort, 31–32; DERS., ATD, 167; MAYS, OTL, 16; McKANE, Micah, 115–116; METZNER, Kompositionsgeschichte, 152.

gewesen ist.[80] Als verlässlicher Beleg dafür, dass in Mi 3,12 zumindest der Sache nach ein authentischer Spruch des historischen Micha im 8. Jh. vorliegt, kann folglich auch das Zitat nicht gelten.

Die Unschärfe in der Bewertung des von Bernhard Stade herausgestellten kritischen Minimums des Michabuches und seiner traditionsgeschichtlichen Anfänge motiviert die vorliegende Untersuchung. Sie geht von der Grundannahme aus, dass allein die exakte Rekonstruktion der jeweiligen Überlieferungsstadien Rückschlüsse auf ihren Hintergrund und das Interesse ihrer Verfasser ermöglicht, und nur ein eindeutig konturierter Grundbestand die Rückfrage nach dem vorliterarischen Ausgangspunkt der Traditionsbildung und der Botschaft des Propheten erlaubt. Erst von diesem Grundbestand aus lassen sich weiterhin der Weg der literarischen Traditionsbildung und die Genese des vielschichtigen Prophetenprofils im Michabuch nachzeichnen.

Daraus ergibt sich die Frage, ob nicht innerhalb der im Verhältnis zu ihrem Ursprung jüngeren Komposition ein älterer Kern enthalten und zu erheben ist, der als Ausgangspunkt der Traditionsbildung plausibel erscheint und einen Rückschluss auf das Profil seines Urhebers zulässt. Mit dieser Fragestellung ist die Untersuchung auf die vorderen Kapitel des Michabuches verwiesen, die nach einhelliger Forschungsmeinung authentisches Traditionsmaterial enthalten. Die Analyse von Mi 1–3 steht somit im Fokus der vorliegenden Studie.

Im Hinblick auf Mi 4–7 hat die Forschung zu dem Ergebnis gefunden, dass darin ein weitgehend jüngerer Traditionsbestand vorliegt und die Kompositionen in Mi 4–5 und Mi 6–7 eine jeweils eigene Geschichte haben. Eine grundlegende Frage in der Bewertung von Mi 4–7 konnte bislang allerdings nicht zufriedenstellend geklärt werden. So ist die Forschung gegenwärtig uneinig, ob die Schlusskapitel in Mi 4–7 das Ergebnis einer kontinuierlichen Fortschreibung von Mi 1–3* darstellen oder ob Mi 4–5 und Mi 6–7 im Anschluss an Mi 1–3* eine jeweils eigene Entstehungsgeschichte haben und zwei Buchkompositionen nachträglich miteinander verbunden worden sind. Diese Frage ist im dritten Teil der Studie zu problematisieren, um im Ergebnis die Genese des Michabuches von seinem Grundbestand aus nachzeichnen und bis hin zu ihrer kanonischen Endgestalt verfolgen zu können.

Nachdem der gegenwärtige Stand der Forschung beleuchtet und seine offenen Fragen im Hinblick auf Mi 1–3 und Mi 4–7 entfaltet sind, die die Ansatzpunkte der vorliegenden Studie zum Michabuch darstellen, ist im Folgenden ihre Gesamtanlage zu skizzieren und das methodische Vorgehen darzustellen.

---

80 Entsprechend bezeichnet Kessler, HThK.AT, 97, die Parallele in Jer 26,17–19 lediglich als terminus ad quem für die Komposition in Mi 1–3*.

III Das Vorgehen

Die vorliegende Studie geht von der überlieferten hebräischen und griechischen Gestalt des Michabuches aus, die mit Hilfe des klassischen Methodenkanons der historisch-kritischen Forschung untersucht wird.[81] Im Zentrum steht die Analyse der vorderen drei Kapitel des Michabuches. Die Untersuchung zielt darauf, den Grundbestand des Buches als Ausgangspunkt der literarischen Traditionsbildung zu erheben und die Ebenen seiner literarischen Entfaltung voneinander zu unterscheiden, um im Ergebnis die Genese des Michabuches im Rahmen einer Kompositionsgeschichte darstellen zu können.

Als Ursprung der Traditionsbildung stellt der Kristallisationskern des Michabuches die literarische Grundlage dafür dar, nach seinem traditionsgeschichtlichen Hintergrund, einem plausiblen zeitgeschichtlichen Ort und schließlich nach dem Profil seines Urhebers zu fragen. Weiterhin bildet dieser Kristallisationskern den Ausgangspunkt dafür, die Etappen der literarischen Fortbildung des Michabuches nachzuzeichnen und das spezifische Profil der Tradenten zu erfassen. Da der älteste Traditionsbestand des Michabuches damit sowohl für die Beschreibung der literarischen Wachstumsprozesse als auch für die Rückfrage nach dem vorliterarischen Traditionsgut entscheidend ist, steht seine Rekonstruktion im Fokus der Analyse.

Die Untersuchung gliedert sich in drei Teile. Sie konzentriert sich im ersten Teil auf die geschichtstheologische Komposition in Mi 1, im zweiten Teil auf den sozialkritisch ausgerichteten Gerichtszusammenhang in Mi 2–3. Der dritte Teil der Studie bietet einen Ausblick auf die Genese von Mi 4–7 als Fortsetzung der Buchkomposition in Mi 1–3 sowie eine Gesamtdarstellung der Kompositionsgeschichte des Michabuches. Darin werden die erzielten Untersuchungsergebnisse zusammengeführt und hinsichtlich der Literarhistorie des Michabuches zur einen und der Entwicklungsgeschichte des Prophetenprofils Micha zur anderen Seite ausgewertet.

Die ersten beiden Teile der Studie problematisieren die Entstehungsgeschichte der Kompositionen in Mi 1 und Mi 2–3. In Mi 1 wird das Unheil Judas und Jerusalems mit dem Schicksal Samarias in Beziehung gesetzt und als Konsequenz einer militärischen Invasion gezeichnet. Abschließend wird das personifizierte Jerusalem zur Untergangsklage angesichts der Deportation der Bevölkerung aufgerufen. Mi 2–3 begründet das Unheil mit sozialen und politischen Missständen, woraufhin im Namen JHWHs das Untergangsurteil gegen Jerusalem fällt. Da die

---

81 Vgl. den Überblick bei BECKER, Exegese, 11–142; STECK, Exegese, 37–157. Zur redaktionsgeschichtlichen Fragestellung s. insbesondere KRATZ, Art. Redaktionsgeschichte/Redaktionskritik, 367–378; DERS., Redaktion, 9–27.

Kompositionen in Mi 1 und Mi 2–3 einen unterschiedlichen thematischen Schwerpunkt besitzen und auf einen äquivalenten Zielpunkt zuführen, werden sie zunächst gesondert betrachtet.

Die Untersuchung der beiden Hauptteile ist gleichförmig aufgebaut. Sie wird jeweils mit einem forschungsgeschichtlichen Überblick eröffnet, der den aktuellen Stand der Forschung im Hinblick auf den jeweiligen Gegenstand der Analyse erhebt, den Problemhorizont skizziert und den Ansatzpunkt der weiteren Untersuchung bestimmt. Im Rahmen der synchronen Lektüre wird daraufhin die textkritisch gesicherte Übersetzung des betreffenden hebräischen Textabschnitts geboten und aus den Beobachtungen zum Aufbau und zur Struktur der Textoberfläche die Fragestellung entwickelt, welche die anschließende diachrone Analyse der Teilkompositionen leitet.

Die diachrone Analyse führt von der Textoberfläche aus in seine Wachstumsgeschichte hinein und zielt auf die Rekonstruktion des Grundbestandes der Teilkompositionen. Dazu werden ihre innerhalb der Strukturanalyse unterschiedenen Elemente in den Blick genommen und auf ihre Integrität, ihr Profil und ihren literarischen Ort im Wachstumsgefüge des Michabuches hin befragt. Auf diesem Wege lassen sich die literarischen Ebenen in Mi 1 und Mi 2–3 voneinander unterscheiden. Im Rahmen einer Kompositionsgeschichte wird schließlich die Entstehungsgeschichte der jeweiligen Teilkomposition von ihrem Grundbestand aus nachgezeichnet.

Der dritte Teil der Untersuchung wendet sich in einem Ausblick den hinteren Buchkapiteln zu, die in Mi 4–5 eine umfassende Heilserwartung und in Mi 6–7 ein neues Unheil spiegeln. Da die Kapitel Mi 4–7 als im Verhältnis zu Mi 1–3 jünger eingestuft werden, konzentriert sich die Analyse auf die innerhalb der Forschung noch nicht abschließend geklärte Frage, wie das Verhältnis von Mi 4–5 und Mi 6–7 zu einander und zum älteren Textbestand in Mi 1–3 zu bestimmen ist. Dazu wird der Grundbestand der jeweiligen Komposition erhoben und daraufhin untersucht, ob dieser als Fortschreibung einer älteren Buchkomposition gelten kann. Die jeweilige Genese der Kompositionen in Mi 4–5 und Mi 6–7 ist im Rahmen des Ausblicks lediglich in Grundzügen zu skizzieren.

Der dritte Teil der Studie wird mit einer Darstellung des erzielten Gesamtergebnisses abgeschlossen. Die innerhalb der Einzelanalyse gewonnenen Einsichten in die Wachstumsgeschichte der Teilkompositionen sind darin zu systematisieren und zusammenfassend darzulegen. Die Entstehung des Michabuches wird von seinem Kristallisationskern aus nachgezeichnet, um im Ergebnis ein Gesamtbild seiner Kompositionsgeschichte zu erhalten. Ein besonderes Augenmerk liegt dabei auf dem Prophetenprofil, das die jeweilige literarische Etappe der Entstehungsgeschichte des Michabuches spiegelt, so dass die Entwicklung des Prophetenformats Micha innerhalb seines Buches anschaulich wird.

Die vorliegende Untersuchung wird den erzielten Forschungskonsens im Grundsatz bestätigen, dass im ersten Teil des Michabuches ein älteres Traditionsgut vorliegt, das sich in die Nähe des historischen Propheten Micha im ausgehenden 8. Jh. zurückverfolgen lässt. Weiterhin wird sich die innerhalb der jüngeren Forschung begründete Einschätzung als zutreffend erweisen, dass in Mi 1–3 vorrangig ein im Verhältnis zum veranschlagten Zeithorizont des historischen Micha jüngerer Textbestand begegnet. Allerdings führt die Studie zu dem Ergebnis, dass eine Rekonstruktion der Entstehungsgeschichte der vorderen Buchkapitel möglich ist und sich ihr Kristallisationskern eindeutig bestimmen lässt. Die Untersuchung vermag damit den erzielten Forschungskonsens zu präzisieren.

Die literarischen Wachstumspuren in den vorderen Kapiteln des Michabuches führen zu einem Grundbestand in Mi 1, der als Kristallisationskern von Mi 1–3 und des Michabuches insgesamt wahrscheinlich ist. Die Studie wird das Schefela-Städte-Gedicht in Mi 1,11–15* als ältestes literarisches Element innerhalb des Michabuches erheben und als Ausgangspunkt der Traditionsbildung begründen. Das Gedicht bringt ein verheerendes militärisches Unheil im Bereich der judäischen Schefela zur Darstellung, das sich zeitgeschichtlich mit der assyrischen Invasion Judas im späten 8. Jh. in Verbindung bringen lässt. Als point of view ist der Ort Moreschet Gat wahrscheinlich, mit dem der historische Micha nach Mi 1,1 in Verbindung gebracht wird. Das Gedicht könnte somit ein vorliterarisches Traditionselement darstellen, das auf eine historische Figur aus Moreschet Gat zurückgeht.

Die geschichtstheologische Rahmenkomposition in Mi 1 sowie die sozialkritische Gerichtsrede in Mi 2–3 werden sich im Verhältnis zum Schefela-Städte-Gedicht als jünger erweisen. Als sozialkritischer Untergangsprophet ist Micha eine literarische Figur. Die geschichtstheologische Komposition bindet das Gedicht in einen von Samaria ausgehenden und auf Juda und Jerusalem zielenden Unheilsnexus ein. Sie nimmt den Tenor der gegen Samaria gerichteten Untergangsankündigung der Prophetenbücher Hos und Am auf (vgl. Mi 1,6) und leitet daraus das äquivalente Schicksal des Südreichs ab (vgl. Mi 1,8–9.16). In der Untergangsklage Michas verbinden sich weiterhin charakteristische Züge der Prophetenfiguren aus der Jesaja- und Jeremiatradition. Auf diesem Wege wird der Abstand zwischen dem Zeithorizont des 8. Jh. und des frühen 6. Jh. überbrückt. Da das Städte-Gedicht ein Unheilsgeschehen abbildet, dass sich im 8. Jh. und strukturanalog im frühen 6. Jh. erneut ereignete, könnte seine Renaissance in babylonischer Zeit die Gestaltung der Komposition in Mi 1* motiviert haben.

Die sozialkritische Gerichtskomposition in Mi 2–3 verfolgt das Anliegen, die Ursache des Unheils zu bestimmen und den Anlass des Strafgerichts JHWHs mit gravierenden gesellschaftspolitischen Missständen zu begründen. Die auf das Untergangsurteil gegen Jerusalem und seine Elite in Mi 3,12 zielende Komposition bildet die Fortschreibung zu Mi 1* und das Ergebnis eines mehrschichtigen, internen Fortschreibungsprozesses. Sie ist inhaltlich vor allem durch die Sozialkritik des Amosbuches (vgl. Am 5; 7 sowie ferner Hab 2) und durch die Stände- und Prophetenkritik des Jeremiabuches (vgl. Jer 23) inspiriert. Der Konflikt Michas mit seinen prophetischen Gegnern, an dessen Ende die Profilierung der Vollmacht Michas steht (vgl. Mi 3,8), stellt einen literarischen Diskurs dar, der durch den äquivalenten Konflikt in Am 7 angeregt worden sein dürfte.

In der Bewertung der Schlusskapitel des Michabuches wird die vorliegende Studie den erzielten Forschungskonsens ebenfalls bestätigen, dass in Mi 4–7 ein im Verhältnis zu Mi 1–3 jüngerer Traditionsbestand vorliegt. Sie wird das Erlösungsorakel in Mi 4,10* als Kristallisationskern von Mi 4–5 und das Gerichtswort in Mi 6,9–16* als Nukleus von Mi 6–7 erheben. Das Erlösungsorakel in Mi 4,10* wird sich als plausible Fortschreibung von Mi 1–3* und das Gerichtswort in Mi 6,9–16* als literarische Fortbildung von Mi 1–5* erweisen. Im Hinblick auf die virulente Frage, wie die Entstehungsgeschichte von Mi 4–5 und Mi 6–7 im Verhältnis zur älteren Buchkomposition in Mi 1–3* vorzustellen ist, führt die Untersuchung somit zu dem Ergebnis, dass das Michabuch auf den Ebenen der Buchkompositionen Mi 1–5 und Mi 1–7 im Verlauf kontinuierlicher Fortschreibung seine vorfindliche Gestalt erhalten hat.

Die innerhalb der aktuellen Prophetenforschung geführte Debatte um die Entstehungsgeschichte des Dodekapropheton wird im Rahmen der vorliegenden Untersuchung nur am Rande berührt.[82] Da die Erforschung der Genese des Zwölfprophetenbuches allerdings eine verlässliche Rekonstruktion der Literarhistorie seiner Bestandteile voraussetzt, möchte die vorliegende, mikroskopische Studie zum Michabuch in dieser Hinsicht einen Beitrag zur Entstehungsgeschichte seines weiteren literarischen Kontextes leisten. Wie sich die vorgeschlagene Rekonstruktion der Geschichte des Michabuches in das Gesamtbild des Dodekapropheton einfügt und welche Konsequenzen sich daraus für dessen Wachstumsgeschichte ergeben, kann hier nicht weiter verfolgt werden und sei der weiteren Forschung überlassen.

---

82 Vgl. insbesondere ALBERTZ, Exilszeit, 163–185; JEREMIAS, Anfänge, 34–54; NOGALSKI, Precursors; DERS., Processes; SCHART, Entstehung; WÖHRLE, Sammlungen; DERS., Abschluss. Zur Geschichte und zum aktuellen Stand der Erforschung des Zwölfprophetenbuches s. NOGALSKI, Book, 11–46; SCHART, Zwölfprophetenbuch, 227–246; WÖHRLE, Sammlungen, 3–24; DERS., Zwölfprophetenbuch, 2–7. Vielfach wird gegenwärtig die Ansicht vertreten, dass ein Vierprophetenbuch aus Hos*, Am*, Mi* und Zef* die exilische Vorstufe des Dodekapropheton darstellt; zur Kritik an dieser These vgl. insbesondere LEVIN, Vierprophetenbuch, 221–235.

Teil A: **Vom Untergang Samarias
zum Fall Jerusalems in Micha 1**

I Forschungsgeschichte

Seit Bernhard Stades „Bemerkungen über das Buch Micha"[1] aus dem Jahre 1881 hat sich innerhalb der historisch-kritischen Michaforschung der Konsens herausgebildet, dass in den ersten drei Kapiteln das kritische Minimum des Prophetenbuches vorliegt und die Verkündigung des historischen Micha darin ihren literarischen Niederschlag gefunden hat. Sofern diese Einschätzung zutrifft, begegnet in Mi 1 der Beginn der ältesten Buchkomposition, die auf vorliterarisches Traditionsgut michanischer Provenienz zurückgeht und Rückschlüsse auf das spezifische Profil des Propheten ermöglicht. Der Umfang des ältesten Traditionsbestandes in Mi 1 ist im Verlauf der Forschungsgeschichte sehr unterschiedlich bestimmt worden und bis in die Gegenwart hinein noch nicht abschließend geklärt.

Die Ursache für diese Unschärfe liegt in der Gesamtanlage des ersten Buchkapitels begründet, die ihrer entstehungsgeschichtlichen Bewertung einige Schwierigkeiten bereitet. Die Komposition in Mi 1 verbindet verschiedene Perspektiven miteinander. Sie führt vom universalen Völkergericht in V.2 über eine kosmische Theophanieszene in V.3–4 auf einen israelitisch-judäischen Unheilszusammenhang in V.5–16 zu und stellt im Rahmen der Spruchreihe in V.10–15 schließlich das Schicksal einzelner Ortschaften im Regionalbereich der judäischen Schefela in den Fokus. Dieser Befund hat die Forschung vor die Frage gestellt, ob jener weite Radius tatsächlich dem Gesichtskreis des historischen Propheten entspricht und welche dieser Perspektiven andernfalls als ursprünglich zu bestimmen sind. Ein weiteres Problem stellt die Spruchreihe in V.10–15 dar. Sie hat der Forschung Rätsel aufgegeben, da die Sprüche allem Anschein nach nur fragmentarisch überliefert sind.

Hinsichtlich der Unterscheidung zwischen ursprünglichem und sekundärem Traditionsbestand in Mi 1 hat wiederum Bernhard Stade mit seinen „Streiflichter[n] auf die Entstehung der jetzigen Gestalt der alttestamentlichen Prophetenschriften"[2] aus dem Jahre 1903 die Diskussion innerhalb der kritischen Michaforschung angestoßen. In seiner Studie hob Stade die Perspektive des Weltgerichts, der er den Höraufruf an die Völker in V.2 und die Theophanieszene in V.3–4 zuordnete, von der Strafgerichtsankündigung gegen Samaria, die Schefela und Jerusalem in V.5–16 ab und wies V.2–4 samt dem Brückenelement in V.5a („eine ziemlich ungeschickte redaktionelle Naht"[3]) einem nachexilischen Ver-

---

1 Vgl. Stade, Bemerkungen, 161–172.
2 Stade, Streiflichter, 153 (zu Mi 1,2–4 vgl. aaO., 163).
3 Stade, Streiflichter, 163.

fasser zu. „Die Weissagung Micha's beginnt in Kinarhythmus mit v. 5[b]. Das Gericht Jahves schildert sie von V.6 an"[4].

Wie schon seine These zum kritischen Minimum des Michabuches im Ganzen rief auch dieser Vorschlag Stades ambivalente Reaktionen hervor.[5] Von der einen Seite wurde ihm entgegengehalten, dass Mi 1 von Einzelzusätzen abgesehen authentisch sei. So sah Bernhard Duhm (1911) in V.2–4 wieder die ursprüngliche Eröffnung der folgenden Darstellung des Strafgerichts gegen Samaria und Jerusalem. Der Höraufruf an die Völker ziele darauf, sie als Zeugen an JHWHs Gerichtshandeln zu beteiligen, „denn von einem Gericht über die Welt ist nirgends die Rede."[6] Duhm unterschied in Mi 1 daraufhin die beiden Gedichte V.2–7 und V.8–16, die von einem möglichen Zusatz in V.13b abgesehen auf den historischen Propheten zurückgehen.[7] Das erste Gedicht sei „noch vor der Belagerung Samarias durch die Assyrer geschrieben"[8], das zweite „wird nicht viel später entstanden sein"[9].

Einen ähnlich umfangreichen Grundbestand in Mi 1 hat Karl Budde (1917) angenommen. Das erste Kapitel sei „nur an zwei Stellen (v. 5b und v. 7aβ) durch Glosse und Variante vermehrt"[10]. Aufgrund der auffälligen Reihenfolge von Höraufruf und Theophanie ging er jedoch davon aus, „daß ursprünglich v. 2 vor v. 5 seine Stelle hatte und erst später von dort an den Anfang gerückt worden ist"[11]. Die „beiden Zwischenfragen in v. 5b, die in die Gottesrede absolut nicht passen"[12], hat auch Ernst Sellin (1922) als Zusatz deklariert. Daneben hielt er V.2b sowie V.7 insgesamt für spätere Einschübe. V.2b trage „einen fremden Gedanken in den Zusammenhang hinein, den, daß Jahwe mit den Völkern abrechnen wolle"[13], in V.7 sei ein kultkritischer „Glossator"[14] am Werk.

Die von Bernhard Duhm in Auseinandersetzung mit der These Bernhard Stades eingeschlagene Richtung wird im weiteren Verlauf der Forschungsgeschichte von Artur Weiser (1949, [7]1979) fortgeführt. Von Einzelzusätzen in V.5b.7a.13b abgesehen

---

4 STADE, Streiflichter, 163.

5 Zu Stades These hinsichtlich des kritischen Minimums in Mi 1–3 und ihrer Rezeption s. den Forschungsüberblick im Rahmen der Einleitung (I).

6 DUHM, Anmerkungen, 44; vgl. KEIL, Propheten, 309–310; SMITH, ICC, 32–40.

7 Die Vermutung, dass V.13b einen späteren Zusatz darstellt, hat sich innerhalb der Forschung bald durchgesetzt; vgl. u. a. LIPPL, HSAT, 189; WEISER, ATD, 242–243.

8 DUHM, Anmerkungen, 44.

9 DUHM, Anmerkungen, 45. Ähnlich urteilen LIPPL, HSAT, 182–183.185–190; WEISER, ATD, 231.

10 BUDDE, Rätsel, 104. Das kultkritische Element in V.7aβ hat auch LIPPL, HSAT, 186, für sekundär erachtet.

11 BUDDE, Rätsel, 83; vgl. NOWACK, HK³, 201.

12 SELLIN, KAT, 263.

13 SELLIN, KAT, 263, vgl. entsprechend LIPPL, HSAT, 185.

14 SELLIN, KAT, 265.

ging er von einem umfangreichen Grundbestand in Mi 1 aus.[15] Der erste Teil in V.2–7 gehe auf Michas Verkündigung vor 722 zurück, der zweite Teil in V.8–16 „stammt wahrscheinlich aus eigenem Erleben des assyrischen Kriegszuges vom Jahre 701."[16] Da sich die Architektur des ersten Kapitels nach Abzug der jeweiligen Einzelzusätze nicht signifikant verändert und in seiner Gesamtanlage erhalten bleibt, konnte die Darstellung von Mi 1* mit dem Gesichtskreis des historischen Propheten identifiziert werden, der vor kosmisch-universaler Kulisse seine Unheilsbotschaft gegen Samaria, die Schefela und Jerusalem ausrichtet.

Auf der anderen Seite hat Stades These zu Mi 1 zahlreiche Befürworter gefunden, die seinen Vorschlag aufgenommen und weitergeführt haben. So haben die Untersuchungen von Wilhelm Nowack (²1903) und Paul Riessler (1911) die Position bestätigt, dass der Eingang des Michabuches mit seiner kosmisch-universalen Perspektive nachträglich vorangestellt worden ist.[17] „V. 2–4 sind eine später dem ganzen Buch vorgesetzte Einleitung."[18] Im Spiegel dieser Rekonstruktion erscheint Michas Unheilsweissagung auf den israelitisch-judäischen Horizont konzentriert. Mit den Studien von Karl Marti (1904) und Paul Haupt (1910) ist Stades These sodann literarkritisch zugespitzt worden. Beide sahen noch weitere Elemente als spätere Zusätze an, was sie zu einem schmalen Grundbestand in Mi 1 führte.

Auf der Linie Stades hat Karl Marti zunächst den Bucheingang in V.2–5a als jüngeren Zusatz und darüber hinaus die Kultkritik in V.7 als spätere Interpolation angesehen. Die Spruchreihe in V.10–15, die das Unheil innerhalb der Schefela durch Paronomasien zum Ausdruck bringt und deren „Text vielfach unheilbar verdorben"[19] sei, erachtete Marti aufgrund der „Künstlichkeit dieser Namensspielerei"[20] ebenfalls als Nachtrag. Als Grundbestand in Mi 1 deklarierte Marti daraufhin die Gerichtsankündigung gegen Samaria und Jerusalem in V.5b.6.8–9.16 und brachte sie mit dem Zeitkontext der assyrischen Invasion um das Jahr 701 in Verbindung.[21] Im Fokus der

---

15 Vgl. WEISER, ATD, 232–244.

16 WEISER, ATD, 231.

17 Vgl. RIESSLER, Propheten, 104; NOWACK, HK², 207–208. Wilhelm Nowack war der These Stades zunächst gefolgt, hat seine Sichtweise jedoch später revidiert und am Bucheingang lediglich V.5b als Zusatz bestimmt (vgl. NOWACK, HK³, 201).

18 RIESSLER, Propheten, 104.

19 MARTI, KHC, 269.

20 MARTI, KHC, 269. Gegen diese Sichtweise hat sogleich Bernhard Duhm Einwände erhoben. „Das Gedicht dem Micha abzusprechen, liegt kein Grund vor; für die Echtheit spricht die auffallende Beschränkung der Klage auf die Ortschaften des westlichen Juda." Allerdings sei „[d]er Inhalt [...] freilich nicht bedeutend, aber Ähnliches könnte man oft von prophetischen Klagen über kommendes Unglück sagen." (DUHM, Anmerkungen, 46).

21 Vgl. MARTI, KHC, 262.265–272.

Unheilsweissagung Michas stehen aus der Perspektive Martis somit allein die Hauptstädte von Nord- und Südreich.

Zu einer alternativen, der Sichtweise Martis gegenläufigen Position ist Paul Haupt gelangt, indem er gerade die von Klageelementen gerahmte Spruchreihe in V.8 – 16 als Grundbestand von Mi 1 ansah und für authentisch hielt. Die Spruchreihe verstand er als „patriotic poem [...]" written prior to the capture of those cities"[22] und löste sie von der vorausgehenden Gerichtsankündigung in V.2 – 7 ab. „The poem which precedes Micah's elegy in the received text is a Maccabean psalm celebrating John Hyrcanus' destruction of Samaria in 107 B.C. The introductory poem at the beginning of the Book of Micah was written about 107, whereas the genuine poems of Micah were composed about 701."[23] Im Lichte dieser Position betrifft Michas Weissagung ausschließlich das Südreich Juda und seine Hauptstadt Jerusalem.

Indem die Untersuchungen von Karl Marti und Paul Haupt im Gefolge Stades zu derart gegensätzlichen Ergebnissen hinsichtlich des ursprünglichen Traditionsbestandes in Mi 1 geführt haben, erwies sich die Frage als klärungsbedürftig, wie die Spruchreihe in V.10 – 15 und der Samaria-Jerusalem-Nexus in V.5 – 16 zu bewerten sind und in welchem Verhältnis sie zur Weissagung Michas stehen. Der Spruchreihe und ihren Schwierigkeiten hat sich daraufhin Karl Elliger zugewandt. Das Strafurteil gegen Samaria in V.6, mit dem der israelitisch-judäische Unheilsnexus zusammenhängt, hat Alfred Jepsen in den Fokus seiner Untersuchung gestellt.

In seiner Studie hat Karl Elliger (1934) zunächst den vermeintlich schadhaften Zustand des überlieferten Textes problematisiert, der schon Karl Budde als das „Rätsel von Micha 1"[24] aufgefallen war. Elliger vertrat die Ansicht, dass „die Hauptverderbnis durch eine ganz mechanische Beschädigung des äußeren rechten Randes des Blattes oder der Handschriftkolumne entstanden"[25] sei. Daraufhin schlug er eine Rekonstruktion der Zeilenanfänge vor, die „wenigstens den Sinn, wenn auch nicht, mindestens nicht in allen Fällen, den Wortlaut annähernd treffen"[26]. Weiterhin unternahm er auf der Grundlage archäologischer und epigraphischer Indizien den Versuch, die in V.10 – 15 genannten, teils unbekannten Ortschaften zu lokalisieren, und machte sie „in der engeren Heimat des

---

22 HAUPT, Capucinate, 89 (85 – 112); vgl. DERS., Notes, 201 – 252.
23 HAUPT, Capucinate, 94.
24 BUDDE, Rätsel, 77 – 108; vgl. ELLIGER, Heimat, 81 – 152 = DERS., Schriften, 9 – 71.
25 ELLIGER, Heimat, 83 = DERS., Schriften, 10.
26 ELLIGER, Heimat, 85 = DERS., Schriften, 12. Allein die Zeilenanfänge in V.11bβ und V.11bγ lässt Karl Elliger aus Mangel an Indizien offen. Sein Rekonstruktionsvorschlag wurde insbesondere durch die Arbeiten von BUDDE, Rätsel, 77 – 108 (mit Übersicht 105); MARTI, KHC, 269 – 272; NOWACK, HK³, 202 – 206, vorbereitet und hat viele Befürworter gefunden (vgl. BHS).

Propheten Micha"[27] aus, den die Buchüberschrift mit Moreschet Gat in Verbindung bringt.

Auf der Grundlage dieses geographischen Radius und seiner Rekonstruktion der Spruchreihe, die er mit dem Klagerahmen in V.8–9.16 unlöslich verbunden sah, fand Karl Elliger zu dem Ergebnis, dass in V.8–16 „eine völlig selbständige Einheit"[28] über den Untergang der judäischen Schefela im Zuge der assyrischen Invasion im Jahre 701 vorliegt. Als „ein politisches Leichenlied"[29] führte er V.8–16 auf den historischen Micha zurück, der „auf den Trümmern seiner Vaterstadt stand und hinüberschaute über das Land"[30]. Lediglich V.13b sei späterer Zusatz.[31] Da das Lied „mit dem Vorhergehenden ursprünglich nichts zu tun hat"[32], hob Elliger weiterhin V.2–7 von V.8–16 ab. Nach seiner Einschätzung geht die Verknüpfung des Leichenliedes mit der kosmisch-universalen Perspektive in V.2–5a und dem Gerichtswort gegen Samaria in V.5b–7 auf eine redaktionelle Hand zurück.

Aus einer anderen Blickrichtung ist Alfred Jepsen (1937) zu demselben Ergebnis gelangt. Er wandte sich dem zweiten Problem zu, auf das die Studien von Karl Marti und Paul Haupt aufmerksam gemacht haben, und problematisierte den Samaria-Jerusalem-Nexus in Mi 1. Anders als Karl Elliger setzte Jepsen nun aber nicht bei den Sprüchen in V.8–16, sondern bei dem Strafurteil gegen Samaria in V.6 an, da „Micha es sonst nie mit Samaria zu tun hat, und [...] das Wort außerhalb unseres Zusammenhangs bei ihm nicht vorkommt."[33] Der auffällige Inhalt und die terminologische Nähe zu Hos führen ihn zu dem Schluss, dass man „die Verse 6 und 7 dem Micha absprechen und 1 5b als Redaktionsklammer ansehen"[34] muss. Das Strafurteil gegen Samaria habe ursprünglich am Ende des Hoseabuches gestanden und sei erst nachträglich an den Beginn des Michabuches geraten. Im Ergebnis erhielt er „[e]in klares Bild des ersten Kapitels. Es enthält nunmehr zwei Sprüche, ein Prophetenwort vom Nahen Gottes zum Gericht, 1 2a.3–5a, und eine Prophetenklage in 1 8–16."[35]

Die Zugehörigkeit der Spruchreihe, zumindest im Grundbestand von V.10–15*, zum alten Michatext und ihre Verbindung zum historischen Propheten ist

---

27 ELLIGER, Heimat, 132 = DERS., Schriften, 54.
28 ELLIGER, Heimat, 139 = DERS., Schriften, 59.
29 ELLIGER, Heimat, 139 = DERS., Schriften, 59.
30 ELLIGER, Heimat, 147 = DERS., Schriften, 66. In V.2–7 unterschied Elliger zwei selbständige Drohworte in V.2–5a und V.5b–7 (mit Zusätzen in V.5bγδ.7a).
31 Vgl. ELLIGER, Heimat, 95–96 = DERS., Schriften, 20–21.
32 ELLIGER, Heimat, 138 = DERS., Schriften, 58.
33 JEPSEN, Beiträge, 98.
34 JEPSEN, Beiträge, 98; die terminologische Nähe zu Hosea hatte bereits LINDBLOM, Micha, 137–138, herausgestellt.
35 JEPSEN, Beiträge, 98.

innerhalb der Forschungsgeschichte hinfort nicht mehr infrage gestellt worden. Im Hinblick auf den ersten Teil in Mi 1 hat sich jedoch seit der These Stades eine beträchtliche Unsicherheit eingestellt, worin der älteste Traditionsbestand zu suchen sei und welche der darin verbundenen Perspektiven mit dem Gesichtskreis Michas ursprünglich übereinstimmen. „[F]ast kein Vers ist dem Schicksal entgangen, für unecht erklärt zu werden."[36] In der zweiten Hälfte des 20. Jh. kehrten dieselben Positionen hinsichtlich der Unterscheidung zwischen dem Grundbestand von Mi 1 und seinen jüngeren Erweiterungen unter überlieferungsgeschichtlichem Gesichtspunkt wieder.

Mit den Studien von Ina Willi-Plein (1971) und Wilhelm Rudolph (1975) wurde zunächst der von Bernhard Duhm beschrittene Weg weiterverfolgt, der einen umfassenden Grundbestand in Mi 1 mit dem historischen Propheten in Verbindung brachte. Von Nachinterpretationen in V.5b.7aβ.13b abgesehen liegt nach Einschätzung Ina Willi-Pleins in V.2 – 9.10 – 16 der Grundbestand von Mi 1 vor, der zwar erst in der Exilszeit im Rahmen einer Sammlung von Michaworten eine greifbare literarische Gestalt erhielt, jedoch in der Substanz auf den Propheten selbst zurückgeht.[37] Eine ähnliche Sichtweise hat Wilhelm Rudolph vertreten und jüngere Zusätze lediglich in V.5bβ.7aβ.13b erkannt. Allerdings sieht er keinen Hinderungsgrund, „das ganze erste Kapitel in einem und demselben Zeitraum anzusetzen, eben vor 722."[38] Damit konnte der weite Radius einer Unheilsweissagung gegen Samaria, die Schefela und Jerusalem vor kosmisch-universaler Kulisse wieder als Horizont der Botschaft Michas gelten. Die auffälligen Perspektivenwechsel in Mi 1 erklärt Rudolph damit, dass „das *ganze* Kapitel 1 auf Überraschung angelegt ist"[39].

Die Untersuchungen von Theodor Lescow (1972) und James Luther Mays (1976) stehen in der Tradition Paul Haupts, Karl Elligers und Alfred Jepsens, indem sie den Samaria-Jerusalem-Konnex in Mi 1 als redaktionell betrachten. Über V.6 – 7 hinaus sahen beide den Höraufruf an die Völker in V.2 sowie die Elemente in V.5b und V.13b als Nachinterpretationen an. Theodor Lescow identifizierte eine Grundschicht in Mi 1,3 – 5a.8 – 16, die „kaum anders als von den Ereignissen des Jahres 701 her verstanden werden kann"[40]. Durch die Vorschaltung von V.2 sei in nachexilischer Zeit die ältere Theophanieschilderung in V.3 – 4 „wieder in eine

---

36 Jepsen, Beiträge, 96. Seit seiner Studie steht auch V.6 nicht mehr „wie ein rocher de bronce völlig unangefochten da" (ebd.).
37 Vgl. Willi-Plein, Vorformen, 110 – 111.
38 Rudolph, KAT, 39.
39 Rudolph, KAT, 39 (Hervorhebung ebd.).
40 Lescow, Analyse von Micha 1 – 5, 54.

Gerichtsrede gegen die Völker umgewandelt"[41] worden. Im Zuge des samarita-
nischen Schismas im 4. Jh. vermutete Lescow sodann V.6–7 eingefügt, wodurch
„Kap. 1 zu einer gegen Samarien gerichteten prophetischen Gerichtsliturgie um-
stilisiert"[42] worden sei.

In der Beurteilung von V.2–7 ist James Luther Mays der Position Lescows
gefolgt, ohne dessen antisamaritanische Deutung von V.6–7 zu teilen. Er hielt
V.5b–7 für einen Zusatz aus dem späten 7. Jh. „The fall of Samaria to the Assyrians
in 722/21 BC and Sennacherib's invasion of Judah in 701 BC are merged into one
panorama of judgment which takes place in the course of YHWH's intervention
because of their sin."[43] Weiterhin bestimmt Mays in V.8–16 neben V.13b auch V.12b
und V.16 als Nachinterpretationen, die in Michas Klage über die Zerstörung Judas
im Jahr 701 nachträglich eingefügt worden seien. V.12b „introduces motifs from the
theophany and the introduction of the lament to be sure the reader understands
that the disaster which causes the lament is the effect of YHWH's coming down
and reaching in his wounding to Jerusalem's gate."[44] V.16 betrachtet er als „a later
application of Micah's saying to Jerusalem after the city has fallen to the Baby-
lonians."[45] Gleichermaßen sahen Lescow und Mays die Unheilsweissagung Michas somit als ursprünglich gegen das Reich Juda gerichtet an, über dem JHWHs
Strafgericht hereinbricht. Über die Samaria-Perspektive in V.6–7 hinaus hat James
Luther Mays allerdings auch die Ursprünglichkeit des Gerichtsfokus auf Jerusalem
in V.12b.13b.16 bestritten.

Einen israelitisch-judäischen Horizont des Propheten hat hingegen wieder
Hans Walter Wolff (1982) vertreten und lediglich die kosmisch-universale Perspektive in V.2.3–5 als Zusatz deklariert.[46] Mit dieser Sichtweise nahm Wolff die
Position Bernhard Stades wieder auf. In V.2 sah Wolff das Werk eines „universa-
listisch orientierte[n] Theologe[n]"[47], der die Buchteile Mi 1–3 und Mi 4–5 zu
verbinden sucht. Die Theophanie in V.3–4 (mit V.5) sei in babylonischer Zeit im
Dienste „der liturgischen Lesung" im Rahmen der „gottesdienstlichen Klagefeiern"[48] eingefügt worden. Auf eine dtr Überarbeitung führte er die Zusätze in
V.7b.13b zurück. Den Grundbestand in Mi 1 bildet nach Ansicht Wolffs die Auf-

---

41 LESCOW, Analyse von Micha 1–5, 59; vgl. JEREMIAS, Deutung, 159.
42 LESCOW, Analyse von Micha 1–5, 84.
43 MAYS, OTL, 39.
44 MAYS, OTL, 58.
45 MAYS, OTL, 60.
46 Vgl. WOLFF, BK, 20–23 im Anschluss an STADE, Streiflicher, 163. Anders als Stade sah Hans
Walter Wolff jedoch V.5 insgesamt als redaktionelles Bindeglied zum Folgekontext an.
47 WOLFF, BK, 20.
48 WOLFF, BK, 21.

trittsskizze Mi 1,6.7b – 13a.14 – 16, die auf Micha selbst zurückgeht und vom Unheil Samarias, Judas und Jerusalems handelt. Allerdings erscheint ihm der Samaria-Spruch in V.6 „als fragmentarisches Stück"[49], dessen ursprüngliche Eröffnung durch die Vorschaltung von V.3 – 5 verloren gegangen sei.

Seit der These Bernhard Stades hatte sich die Forschung somit von einem konsensfähigen Gesamtbild der Entstehungsgeschichte des ersten Buchkapitels entfernt. Die grundlegende Frage, wie die judäische Unheilsperspektive, die im zweiten Teil des ersten Kapitels Ausdruck findet, im Verhältnis zum Höraufruf an die Völkerwelt in V.2, der Theophanie in V.3 – 4.5 und dem Samaria-Spruch in V.6 – 7 im ersten Teil von Mi 1 zu bewerten sei, blieb umstritten. Die Vertreter einer Minimalposition ließen allein die judäische Perspektive als ursprünglich gelten, die Vertreter einer Maximalposition führten Mi 1 hingegen weitgehend auf Micha zurück. Zwischen beiden hat sich ein mittlerer Standpunkt herausgebildet, wonach entweder der israelitisch-judäische Unheilsnexus oder der Fokus auf Juda samt der kosmischen Theophanie den Grundbestand in Mi 1 ausmachen. Relative Einigkeit konnte allerdings darüber erzielt werden, dass ein Traditionsbestand im zweiten Teil von Mi 1 mit hoher Wahrscheinlichkeit auf den Propheten aus Moreschet zurückgeht.

Vor diesem Hintergrund sucht die jüngere Forschung, soweit sie die historisch-kritische Frage zulässt, denn auch darin den Grundbestand von Mi 1.[50] So haben Eckart Otto (1991, 1992) und in ähnlicher Weise Gabriele Metzner (1998) in V.10 – 15* den Kristallisationskern der Komposition gesehen, der zwar auf den historischen Propheten zurückgeht, jedoch erst in der Exilszeit eine greifbare Gestalt erhält.[51] Nach Einschätzung Ottos sei Mi 1,10 – 13a.14 – 15 mit Mi 2,1 – 3*.4*.8 – 10 und Mi 3,1 – 12 in eine „deuteronomistische Sammlung von Michasprüchen in 1 – 3"[52] überführt worden. Auf die Hand der dtr Redaktion führt er neben Zusätzen in V.1 und V.13b die Rahmenkomposition in V.3 – 9.16 zurück. In V.2 sieht Otto eine völkerkritische Nachinterpretation aus nachexilischer Zeit. Gabriele Metzner zeichnet in ihrer Studie ein ähnliches Bild, erwägt jedoch für den Samaria-Spruch in V.6 – 7 „eine vielleicht auf den Propheten zurückgehende Vorstufe"[53].

---

49 WOLFF, BK, 22.

50 Lediglich vereinzelt wird das erste Buchkapitel in seiner Gesamtanlage, von Einzelzusätzen abgesehen, innerhalb der neueren historisch-kritisch orientierten Forschungsliteratur noch für ursprünglich erachtet; vgl. MCKANE, Micah, 7 – 8.25 – 58; SWEENEY, Micah, 347 – 357. „Micah 1:2 – 16 appears to reflect the prophet's theological evaluation of the events that were overtaking both Israel and Judah during the late eighth century B.C.E." (SWEENEY, Micah, 348). Die Arbeiten von ANDERSEN/FREEDMAN, AncB; BEN-ZVI, FOTL, oder UTZSCHNEIDER, ZBK, konzentrieren sich vorrangig auf die Analyse der überlieferten Buchgestalt.

51 Vgl. bereits WILLI-PLEIN, Vorformen, 110 – 111.

52 OTTO, Art. Micha/Michabuch, 698; vgl. DERS., Techniken, 119 – 150.

53 METZNER, Kompositionsgeschichte, 152.

Im Gefolge Eckart Ottos bestimmen auch James Nogalski (1993), Aaron Schart (1998) und Rainer Kessler (1999) den vorfindlichen Eingang des Michabuches als literarisches Gebilde aus redaktioneller Hand. Nach Ansicht James Nogalskis ist V.1–9 mit dem Interesse formuliert worden, das Michabuch mit Hos und Am zu verbinden.[54] Dasselbe vermutet Aaron Schart für den Bucheingang im Umfang von V.2b.5a. 6–7.9 sowie die Einzelzusätze in V.12b(?).13b.[55] Seiner Einschätzung nach dienen sie zugleich der Aufnahme und Einführung eines älteren Traditionselements im Hintergrund von Mi 1,8–16*, das auf den Propheten selbst zurückgeht, jedoch erst in der Exilszeit als Bestandteil eines Vierprophetenbuches (D-Korpus) eine literarisch greifbare Buchgestalt erhalten hat.[56]

Anders als Aaron Schart begreift Rainer Kessler V.2–9 wieder als literarische Einheit, die redaktionell als Überleitung zu Mi 1,10–16 formuliert und „von vornherein für einen größeren Kontext verfaßt wurde."[57] Seiner Ansicht nach liegt in V.10–16 ein alter Traditionsbestand vor, der auf Micha selbst zurückgeht und die Ereignisse zur Zeit der assyrischen Invasion im Jahre 701 spiegelt. Als erstes Element einer sog. „Micha-Denkschrift"[58] sei Mi 1,10–16 gemeinsam mit Mi 2,1–3.6–11 und Mi 3,1–12 „um die Wende vom 7. zum 6. Jh."[59] von Seiten der Michatradition schriftlich niedergelegt und überliefert worden. Die Einleitung in Mi 1,2–9 sieht er (ebenso wie die Zusätze in Mi 2,4–5.12–13) in der frühen Perserzeit eingefügt.[60]

Von einem etwas umfangreicheren Grundbestand in Mi 1 gehen schließlich wieder Jakob Wöhrle (2006) und Jörg Jeremias (2006) aus. Der Grundbestand in Mi 1 besteht nach Ansicht Wöhrles in V.3–5a.8.10–15*.16 und geht auf eine Sammlung von Michaworten aus dem späten 8. Jh. oder frühen 7. Jh. zurück.[61] Im Spiegel seiner Rekonstruktion begegnet ein Bild des Propheten wieder, der vor

---

54 Vgl. Nogalski, Precursors, 137–141.

55 Vgl. Schart, Entstehung, 177–181.

56 Vgl. Schart, Entstehung, 151–155. Zur Gesamtanlage und Intention des D-Korpus vgl. aaO., 218–233.

57 Kessler, HThK.AT, 84. Mit seiner These, dass V.2–9 einen literarisch einheitlichen Text aus redaktioneller Hand bildet, formuliert Kessler einen Gegenentwurf zur vielschichtigen literarkritischen Binnendifferenzierung innerhalb des Textabschnitts. „Solcher ohnehin kaum gelingenden Aufstückelung des Textes ist methodisch eine Annahme vorzuziehen, unter der die Einheit des Textes gewahrt werden kann." (ebd.).

58 Kessler, HThK.AT, 45 nebst seinem Exkurs zur „These einer Micha-Denkschrift in Mi 1–3*" (aaO., 94–97).

59 Kessler, HThK.AT, 97.

60 Vgl. Kessler, HThK.AT, 46.

61 Wöhrle, Sammlungen, 188–191. Darüber hinaus vermutet er in Mi 7,1–7 noch altes Überlieferungsgut. Allerdings macht Jakob Wöhrle darauf aufmerksam, dass „wohl vor allem hinter den Gerichtsworten in Mi 2–3* die Botschaft des ‚historischen Micha' zu vermuten [ist], die aber nicht mehr im einzelnen herausgearbeitet werden kann." (aaO., 191).

kosmischer Kulisse Juda und Jerusalem den Untergang ankündigt. Auf der Linie Karl Elligers begreift Jörg Jeremias demgegenüber nur „die verzweifelte Klage des Propheten über die zunächst bevorstehende und sehr bald erfolgte militärische Verheerung seiner judäischen Heimat"[62] in V.8 – 16 (ohne V.13b) als Grundbestand von Mi 1 und bringt sie mit den Ereignissen des Jahres 701 in Verbindung. Die geschichtstheologische Einleitung in V.3 – 7 stamme aus der Exilszeit. Den Höraufruf an die Völkerwelt in V.2, der mit Mi 5,14 einen Rahmen um Mi 1 – 5 bildet, führt er auf die Endredaktion des Michabuches zurück.[63] Seiner Einschätzung folgend liegt „den Kernkapiteln 1 – 3 des Michabuches ein *Rechenschaftsbericht des Propheten* zugrunde"[64], dem die Klage in V.8 – 16 angehört haben dürfte. „Jedoch muss ein solcher Rechenschaftsbericht insofern Hypothese bleiben, als er sich *nicht mehr exakt rekonstruieren lässt.*"[65]

Innerhalb der jüngeren Forschungsgeschichte hat sich die Einschätzung durchgesetzt, dass entstehungsgeschichtlich zwischen den beiden Teilen von Mi 1 zu unterscheiden und der älteste Traditionsbestand vor allem im Hintergrund von V.8 – 16 oder V.10 – 16 zu suchen ist. Allerdings führen die jüngeren Ansätze zur Erklärung der Gesamtanlage von Mi 1 und ihren verschiedenen Perspektiven zu neuen Schwierigkeiten. Indem der erste Teil des Kapitels als literarisch einheitliches Gebilde aus redaktioneller Hand aufgefasst wird (Otto, Nogalski, Kessler), werden die Unsicherheiten hinsichtlich der Bewertung von V.2 – 7 oder V.2 – 9 nicht gelöst, sondern lediglich auf die Ebene der Redaktion verlegt.

Indem darüber hinaus hypothetische Vorlagen für das Strafurteil gegen Samaria in V.6 – 7 (Metzner) oder den Unheilstext in V.8 – 16 (Jeremias) angenommen und auf den historischen Micha zurückgeführt werden, die im Text selbst nicht zu erweisen seien, lässt sich die Verbindung zum Propheten des 8. Jh. als Ausgangspunkt der Traditionsbildung nur unter der Annahme aufrecht erhalten, dass es eine solche Vorlage tatsächlich gegeben hat. Schließlich ist der relative Forschungskonsens, wonach die judäische Unheilsperspektive auf den historischen Propheten zurückgeht, durch die Arbeit von James Luther Mays irritiert worden, der den Jerusalem-Fokus in V.10 – 16 in seiner ursprünglichen Zugehörigkeit zu V.8 – 16 in Zweifel gezogen hat.

Dieselben Unsicherheiten, welche die ältere, literarkritisch orientierte Forschung hinsichtlich der Unterscheidung zwischen authentischem und sekundärem Traditionsbestand erkennen ließ, kehren in den jüngeren, überlieferungs-

---

62 JEREMIAS, ATD, 132.
63 Vgl. JEREMIAS, ATD, 120.
64 JEREMIAS, ATD, 116 (Hervorhebung ebd.).
65 JEREMIAS, ATD, 117 (Hervorhebung ebd.). S. dazu bereits die Problematisierung im Rahmen der Einleitung (II).

geschichtlich ausgerichteten Studien im Gewand der Hypothese möglicher Vorlagen und Redaktionstätigkeiten wieder. Sieht man versuchsweise einmal von sämtlichen Elementen ab, deren Zugehörigkeit zum Kernbestand von Mi 1 die neuere Forschung nicht in Zweifel gezogen hat, bleiben allein die Unheilssprüche über die Ortschaften innerhalb der Schefela als kritisches Minimum von Mi 1 übrig.

II Synchrone Lektüre

1 Übersetzung und Text

(1) Das Wort JHWHs, das an Micha, den Moreschetiter, in den Tagen von Jotam, Ahas und Hiskia, der Könige von Juda, ergangen ist, das er geschaut hat über Samaria und Jerusalem:

(2) Hört, Völker, allesamt! Merke auf, Erde, und wer sie füllt!
Denn der Herr JHWH wird wider euch zum Zeugen,
der Herr von seinem heiligen Tempel aus.

(3) Denn siehe: JHWH rückt aus von seinem Ort
und steigt herab und tritt auf die Höhen der Erde.

(4) Da schmelzen die Berge unter ihm und die Täler spalten sich
wie Wachs vor dem Feuer, wie Wasser, ausgegossen am Abhang.

(5) Wegen der Sünde Jakobs (geschieht) all dies
und wegen der Vergehen des Hauses Israel.
Wer ist die Sünde Jakobs? Etwa nicht Samaria?
Und wer sind die Höhen Judas? Etwa nicht Jerusalem?

(6) So mache ich Samaria zur Feldruine, zu Weinbergpflanzgrund,
und ich stürze seine Steine ins Tal und seine Grundmauern entblöße ich.

(7) Und all seine Götterbilder rotte ich aus und all seinen Hurenlohn verbrenne ich im Feuer und all seine Götzenbilder mache ich zunichte, denn was es aus Hurenlohn zusammengebracht hat, ja, zum Hurenlohn werden sie wieder werden.

(8) Darüber muss ich klagen und jammern, ich muss barfuß gehen und nackt, Wehklage halten wie die Schakale und Trauerjammer wie die Strauße;

(9) denn Unheil bedeuten seine Schläge. Ja, es kommt bis nach Juda, es reicht bis ans Tor meines Volkes, bis nach Jerusalem.

(10) In Gat berichtet es nicht! Ein Weinen weint bloß nicht!
In Beth-Le-Aphra wälze dich im Staub!

(11) Fort mit euch, Einwohnerschaft Schafirs!
Nackt! Schande!
Es ist nicht ausgerückt die Einwohnerschaft Zaanans.
Wehklage im Nachbarhaus!
Man nimmt von euch seine Unterstützung.

(12) Fürwahr, sie windet sich nach Gutem, die Einwohnerschaft Marots.
Denn herabgekommen ist das Unheil von JHWH her bis ans Tor Jerusalems.

(13) Binde den Wagen an das Gespann, Einwohnerschaft Lachischs!
Anfangssünde ist es für die Tochter Zion!
Denn in dir sind die Sünden Israels vorgefunden worden.

(14) Deshalb:
Du wirst Abschiedsgeschenke geben für Moreschet Gat.
Die Häuser Achsibs sind Trug für die Könige Israels.

(15) Noch (dauert) die Eroberung (an), weh dir, Einwohnerschaft Mareschas!
Nach Adullam gelangt der Glanz Israels.

(16) Schneide dir eine Glatze und schere dich wegen der Kinder deiner Wonne!
Mache deine Glatze breit wie ein Geier, denn in die Gefangenschaft gezogen
sind sie weg von dir.

V.1 | G liest καὶ ἐγένετο λόγος κυρίου zu Beginn der Buchüberschrift und löst auf
diese Weise den doppelten relativischen Satzanschluss auf. Die Parallelen in Hos
1,1; Jl 1,1 und Zef 1,1 sprechen für die Beibehaltung des hebräischen Wortlautes.

V.2 | G bietet λόγους statt בָּלָם in V.2a und erleichtert die Inkongruenz (Imp. Pl.
vor Suff. 3. Mask. Pl.). Nebenbei erhält der Aufruf ein Objekt. Der Terminus כֻּלָּם
(MT) bietet die Partikel כל mit erstarrtem Suff. (vgl. GK § 135 r).[1] In V.2b bezeugen G
sowie zwei Mss das Epitheton אֲדֹנָי nicht. Vermutlich hat es als vormaliges Qere
nachträglich Eingang in das Schriftbild gefunden.[2] 1QpMi variiert gegenüber MT
die Wortstellung (אדוני יהי[ה] [י]הוה). Das Verbum וְיהִי ist Jussiv mit der Bedeutung des
Impf. (vgl. GK § 109 k vgl. 1QpMi), die Kopula hat begründende Funktion (vgl. GK
§ 158 a).[3] Möglicherweise ist es als Dittographie zum Gottesnamen im Zuge der
Einschaltung von אֲדֹנָי ebenfalls nachträglich zugefügt. G bietet schließlich ἐν ὑμῖν
εἰς μαρτύριον statt בָּכֶם לְעֵד und denkt an eine Zeugenschaft JHWHs nicht gegen,
sondern unter den Völkern. „Die erleichternde Deutung von G [...] ist im Hebräischen nicht belegt."[4]

V.3 | Aufgrund der metrischen Überlänge der Zeile (4+4) schlägt BHS in der
ersten Vershälfte הִנֵּהוּ statt הִנֵּה יְהוָה zu lesen vor.[5] Das Suff. 3. Mask. Sg. wird auf den
Gottesnamen in V.2 zurückbezogen. Höraufruf und Theophanie liegen allerdings
auf unterschiedlichen literarischen Ebenen (s. unter III die Analyse 2.1) und der

---

1 Vgl. Kessler, HThK.AT, 81; Wolff, BK, 10.
2 Vgl. nach Duhm, Anmerkungen, 44, etwa Jeremias, ATD, 128 Anm. 26 („liturgische Auffüllung"); Mays, OTL, 40 Anm. a; Metzner, Kompositionsgeschichte, 14; Rudolph, KAT, 32; Wolff,
BK, 10.
3 Vgl. Jeremias, ATD, 128 Anm. 27; Kessler, HThK.AT, 81.
4 Jeremias, ATD, 129 Anm. 28. Vgl. die entsprechende Sichtweise bei Wolff, BK, 24; Kessler,
HThK.AT, 85; Mays, OTL, 40. Anders Duhm, Anmerkungen, 44; Rudolph, KAT, 32.
5 Vgl. Duhm, Anmerkungen, 44.

Verseingang in V.3a ist redaktionell. Mit כִּי־הִנֵּה „weckt der Verfasser der vorangehenden Prozeßaufforderung die Aufmerksamkeit für die folgende Theopha-
nieansage"[6]. Wie in Am 1,2 dürfte die Theophanie ursprünglich mit dem Gottesnamen in Spitzenposition eröffnet worden sein. In der zweiten Vershälfte richten
sich Bedenken gegen die zweigliedrige Verbalformulierung (וְיָרַד וְדָרַךְ). Das zweite
Verbum wird von 1QpMi sowie einigen griech. Hss nicht bezeugt. Es könnte eine
sekundäre Angleichung an Am 4,13 (vgl. Dtn 33,29) darstellen und dem Interesse
folgen, das Kommen JHWHs als gezieltes Treten auf die Höhen zu interpretieren.[7]
Solches Treten bedeutet ein Zerstampfen der Höhen und verleiht V.3 eine kultkritische Konnotation. 1QpMi ergänzt in V.3b schließlich den Artikel (הָאָרֶץ). MT
wird jedoch durch die entsprechende Formulierung ohne Artikel in Dtn 32,13; Jes
58,14 und Am 4,13 gestützt.[8]

V.5 | In V.5aβ dürfte G (καὶ διὰ ἁμαρτίαν) mit dem Sg. בְּחַטַּאת den ursprüng-
lichen Wortlaut bewahren.[9] Dafür spricht sowohl der Sg. im ersten Kolon (בְּפֶשַׁע)
als auch der Parallelismus in Mi 3,8, der die Sündenterminologie ebenfalls im Sg.
bietet. Die Änderung in den Pl. dürfte mit der Einschaltung von V.5bβ zusammenhängen und die Vergehen Israels (Pl.) auf die Höhen Judas (Pl.) zu beziehen
suchen.[10] Dem Vorschlag, im Anschluss an 1QpMi im zweiten Kolon בֵּית יְהוּדָה statt
בֵּית יִשְׂרָאֵל zu lesen, ist nicht zu folgen.[11] Die Variante harmonisiert beide Vershälften, indem der Parallelismus aus V.5b (יַעֲקֹב neben יְהוּדָה) in V.5a hergestellt
wird, und erleichtert MT. Die Parallelisierung Jakobs mit dem Haus Israel wird
überdies von Mi 3,1.9 gestützt. Die beiden Eingangsfragen in V.5b werden jeweils
mit dem Interrogativpronomen מִי (G τίς) eröffnet, das für gewöhnlich auf Personen
zielt. 1QpMi bietet מָה statt מִי. MT enthält die lectio difficilior und lässt die jeweilige
Frage auf die personifizierten Städte Samaria und Jerusalem zielen (GK § 137 a).[12]
In V.5bβ₁ (בָּמוֹת יְהוּדָה) bietet MT ebenfalls die schwierigere Lesart. Der Vorschlag, im
Anschluss an G (חַטַּאת בֵּית יְהוּדָה (G ἡ ἁμαρτία οἴκου vgl. entsprechend S und Tg) statt

---

6 WOLFF, BK, 10. Entsprechend behalten u. a. auch JEREMIAS, ATD, 129; KESSLER, HThK.AT, 80;
MAYS, OTL, 41; METZNER, Kompositionsgeschichte, 14; RUDOLPH, KAT, 32, MT bei.
7 Vgl. entsprechend JEREMIAS, Theophanie, 11.22; WOLFF, BK, 10; LESCOW, Analyse von Micha
1–5, 54 Anm. 41. Anders RUDOLPH, KAT, 32.
8 Vgl. entsprechend METZNER, Kompositionsgeschichte, 14–15. Anders hingegen etwa WOLFF,
BK, 10.
9 Vgl. entsprechend bereits WELLHAUSEN, Propheten, 135. Anders hingegen etwa JEREMIAS, ATD,
129 Anm. 30; WOLFF, BK, 11.
10 Vgl. bereits METZNER, Kompositionsgeschichte, 15. Zu V.5bβ s. unter III die Analyse 4.2.1.
11 Vgl. entsprechend etwa JEREMIAS, ATD, 129; KESSLER, HThK.AT, 80; METZNER, Kompositionsgeschichte, 15; RUDOLPH, KAT, 33; WOLFF, BK, 11. Der Vorschlag geht auf WELLHAUSEN,
Propheten, 135, zurück.
12 Vgl. entsprechend etwa KESSLER, HThK.AT, 81; METZNER, Kompositionsgeschichte, 15.

בְּמוֹת יְהוּדָה zu lesen, gleicht V.5b dem Parallelismus in V.5a an.[13] V.5bβ ist zutreffend als Glosse markiert (s. unter III die Analyse 4.2.1).

V.6 | Der Terminus עִיר in Verbindung mit שָׂדֶה wird durch Mi 3,12 (vgl. Ps 78,1 G) gestützt. G liest Σαμάρειαν εἰς ὀπωροφυλάκιον ἀγροῦ und könnte an Jes 1,8 (מְלוּנָה vgl. Jes 24,20) gedacht haben. Dieselbe Wiedergabe für עִיר bietet G zu Ps 78,1 und Mi 3,12.

V.8 | In V.8a sind die plene Schreibungen in אֵילְכָה und שׁיֹלָל auffällig. Das Ketib שׁיֹלָל ließe überdies Waw statt Jod erwarten, vgl. שׁוֹלָל (Qere). Vermutlich ist die plene Formulierung durch das vorausgehende Verbum אֵילִילָה motiviert.[14] Die Schreibweise könnte dem Interesse folgen, den Klageton über den Konsonanten Jod im Schriftbild anzuzeigen.

V.9 | Der Terminus מַכּוֹתֶיהָ bietet das Nomen מַכָּה im Pl. samt Suff. 3. Fem. Sg., das sich auf die Stadt Samaria (fem.) in V.6 zurückbezieht. Da im vorherigen Zusammenhang lediglich von einem einzigen Schlag die Rede war, schlägt BHS den Sg. und überdies den Gottesnamen (in Kurzform) statt Suff. vor ([וה]מַכַּת יה).[15] Beide Varianten entsprechen kaum dem ursprünglichen Wortlaut. Der Pl. in MT bietet die lectio difficilior und ist mit GK § 145 als „Kollektivplural"[16] zu bewerten, der Rückbezug des Suff. auf Samaria ist eindeutig.

V.10 – 15 | Die Stadt-Sprüche sind syntaktisch und semantisch auffällig. Die Schwierigkeiten haben den Verdacht geweckt, „dass der Text ungewöhnlich fehlerhaft überliefert ist und zuweilen nur mit einer gewissen Wahrscheinlichkeit rekonstruiert werden kann."[17] Um die Rekonstruktion hat sich in besonderer Weise Karl Elliger verdient gemacht.[18] Auf ihn gehen diverse Rekonstruktionsvorschläge (BHS) zurück. Die jüngere Forschung ist bei der Textrekonstruktion aus methodischen Gründen zurückhaltend. Die vorliegende Untersuchung geht, wie die Analyse begründen wird, von einem insgesamt unversehrten Text aus (vgl. unter III die Analyse 5.2). Die verschiedenen Rekonstruktionsvorschläge werden jeweils zur Stelle problematisiert.

V.10 | Die erste Vershälfte enthält zwei im Kontext auffällige Verbote: das Verbot der Kündung im ersten (Zitat aus 2 Sam 1,20) und das Verbot des Weinens

---

13 Die Konjektur favorisieren hingegen Marti, KHC, 267; Wellhausen, Propheten, 135. Anders liest Rudolph, KAT, 33, בְּמֶוֶת statt בְּמוֹת.

14 Vgl. entsprechend Jeremias, ATD, 129 Anm. 32; Rudolph, KAT, 34; Wolff, BK, 11.

15 Vgl. etwa Budde, Rätsel, 94; Duhm, Anmerkungen, 45; Elliger, Heimat, 88 = ders., Schriften, 14; Rudolph, KAT, 34; Wolff, BK, 12.

16 Kessler, HThK.AT, 90. Anders ändern in den Sg. etwa Duhm, Anmerkungen, 45; Wellhausen, Propheten, 136.

17 Jeremias, ATD, 139.

18 Vgl. Elliger, Heimat, 82 – 152 = ders., Schriften, 9 – 71.

im zweiten Kolon. Da beides zwischen den Klageaufrufen in V.8 – 9 und V.10b schwer verständlich ist, war die Forschung geneigt, mit G (μὴ μεγαλύνεσθε) etwa אַל־תָּגִילוּ in V.10aα, in V.10aβ statt der Negation אַל die verstärkende Interjektion אַף zu lesen.[19] Da diese Vorschläge jedoch die Aussage in ihr Gegenteil verkehren und die Prohibitive aus inhaltlicher Perspektive die lectio difficilior darstellen, wird MT zu folgen sein.[20] G (ἐν Ακιμ) ergänzt in V.10aβ einen Ortsnamen und zieht die Aufforderungen in V.10aβ und V.10b zusammen. Sie mahnen die Bewohner Akims, ihre (ruinierten) Häuser nicht wieder zu errichten (μὴ ἀνοικοδομεῖτε ἐξ οἴκου καταγέλωτα), sich statt dessen mit Staub zu bestreuen (γῆν καταπάσασθε κατα-γέλωτα ὑμῶν). Die Begründung (καταγέλωτα) ist jeweils identisch. Beide Auf-forderungen zielen inhaltlich darauf, dem Gespött zu entgehen. G scheint an ruinierte Ortschaften zu denken und gibt das in MT gleichzeitige Unheilsgesche-hen aus der Retrospektive wieder. Der Klageritus erhält eine nachträgliche Be-gründung, den Ortsnamen Beth-Le-Aphra lässt G nicht gelten. Auch in V.10b be-wahrt MT die lectio difficilior. G enthält eine freie Paraphrase. Der Ortsname Beth-Le-Aphra folgt einer für hebräische Ortsnamen untypischen Bildeweise. BHS schlägt vor, die auffällige Präp. לְ zu streichen (s. dazu unter III die Analyse 5.2.1). Das Verbum הִתְפַּלָּשְׁתִּי im Ketib (vgl. Imp. Fem. Sg. im Qere) enthält ein über-schüssiges ת und deutet das Gentilizium פלשתי an.[21] BHS folgt dem Qere, liest mit G (καταπάσασθε vgl. Q und MurXII) allerdings den Pl.

V.11 | Die Aufforderung im ersten Kolon עִבְרִי לָכֶם (Imp. Fem. Sg. mit Präp. samt Suff. 2. Mask. Sg.) enthält eine Inkongruenz, woraufhin BHS לָךְ zu lesen vorschlägt. Da es sich um eine „bewusste Inkongruenz […] bezogen auf das Kollektiv der Einwohnerschaft"[22] handeln dürfte, ist MT beizubehalten (vgl. GK § 119 s) und wird von MurXII gestützt (עברי לכם יושב[ת]). Die Wendung עֶרְיָה־בֹשֶׁת enthält eine zwei-teilige Nominalapposition (st. abs.), vgl. GK § 131 c. Beide Begriffe, in G ohne er-kennbare Entsprechung, sind glossierende Nachträge, die den Vorgang in Schafir entfalten (vgl. unter III die Analyse 5.2.2.1). BHS schlägt statt עֶרְיָה das Substantiv עִיר (מֵעִירָהּ oder עִירָהּ) vor und bezieht den Vorgang עבר auf die Stadt Schafir, was durchaus dem Sinn entspricht.[23] Statt בֹשֶׁת ist weiterhin das Verbum תֵּשֵׁב zu lesen

---

19 Vgl. etwa MAYS, OTL, 48 Anm. e und f; WOLFF, BK, 12.

20 Vgl. entsprechend JEREMIAS, ATD, 130; KESSLER, HThK.AT, 98; RUDOLPH, KAT, 34.

21 Vgl. bereits WELLHAUSEN, Propheten, 136, und in jüngerer Zeit etwa KESSLER, HThK.AT, 98; RUDOLPH, KAT, 35.

22 JEREMIAS, ATD, 130 Anm. 36; KESSLER, HThK.AT, 98; WOLFF, BK, 12. Anders etwa MAYS, OTL, 49 Anm. k; RUDOLPH, KAT, 35.

23 Vgl. entsprechend JEREMIAS, ATD, 130; KESSLER, HThK.AT, 98; WOLFF, BK, 12 – 13. Die al-ternativen Vorschläge gehen auf DUHM, Anmerkungen, 45, und ELLIGER, Heimat, 92 = DERS., Schriften, 18, zurück. Ihnen sind RUDOLPH, KAT, 35, und MAYS, OTL, 49, gefolgt.

vorgeschlagen und der Zeilenanfang dem Spruch über Zaanan zugeordnet worden.[24] MT zieht עָרְיָה־בֹשֶׁת allerdings zu V.11a. Die letzten beiden, auffällig kurzen
Zeilen in V.11b sind ebenfalls Glossen (vgl. unter III die Analysen 5.2.2.2 und
5.2.2.3). Die dritte Zeile enthält eine Constructus-Verbindung (מִסְפַּד בֵּית הָאֵצֶל), unter
geringfügiger Änderung der Vokalisation (מִסְפֵּד) lässt sie sich auch als Nominalsatz verstehen.[25] Die Wendung בֵּית הָאֵצֶל wird angesichts der untypischen Bildeweise keinen Ortsnamen enthalten, von der Präp. אֵצֶל aus ist auf das benachbarte
Haus, die Nachbarstadt zu schließen. Das hap. leg. עֶמְדָּה geht auf die Wurzel עמד
zurück und bezeichnet die Stütze bzw. die Unterstützung.[26] Gegenüber MT stellt G
eine freie Paraphrase dar. Insgesamt zeigt G die Tendenz, V.10 – 15 im Lichte des
Strafgerichts JHWHs zu deuten. In V.11 übersetzt G den Ortsnamen Schafir
(κατοικοῦσα καλῶς τὰς πόλεις αὐτῆς), identifiziert seine Bewohner mit dem
Subjekt in V.11b (οὐκ ἐξῆλθε κατοικοῦσα Σεννααν) und bindet die beiden Stadt-
worte aus MT zusammen. Die Einwohnerschaft Zaanans, die ihre Städte ‚schön'
bewohnte, ging nicht heraus, um ihr Nachbarhaus zu beklagen (κόψασθαι οἶκον
ἐχόμενον αὐτῆς). Schließlich wird Zaanan ein unheilsamer Schlag angekündigt,
den seine Einwohner *von euch* empfangen werden (λήμψεται ἐξ ὑμῶν πληγὴν
ὀδύνης). G bezieht מִכֶּם (ἐξ ὑμῶν) kataphorisch auf den Folgekontext und scheint
an ein Unheil zu denken, das sich die judäischen Städte selbst zufügen. Durch die
Paraphrase werden die syntaktischen Schwierigkeiten in MT erleichtert.

V.12 | Das Verbum חָלָה (Perf. 2. Fem. Sg.) geht auf die Wurzel חיל zurück und
formuliert den Stadt-Sprüchen der Reihe gemäß eine Aussage über die Bewoh-
nerschaft Marots. G (τίς ἤρξατο) liest חלל hi. und fasst den Halbvers als rhetorische
Frage auf (vgl. BHS). BHS bietet statt des ungewöhnlichen חיל das geläufigere יחל.[27]
MT bietet die lectio difficilior. Mit dem Verbum ἄρχω ethisiert G die Aussage in MT
nachträglich und fragt nach den Anfängen guten Handelns. Ferner lässt G
(κατοικοῦσῃ ὀδύνας) Marot nicht als Ortsnamen gelten, sondern gibt diesen im
Kontrast zu טוֹב mit *Bewohnerin der Schmerzen* wieder. Der Aspekt des Schmerzes
entspricht der Semantik des Verbums חיל. Die Varianten zu V.12b in S, Tg und G (ἐπὶ
πύλας Ιερουσαλημ) bieten statt des Sg. לְשַׁעַר יְרוּשָׁלִָם (MT), den Pl., sei es in Erinnerung daran, dass Jerusalem nicht nur ein einziges Stadttor besitzt, sei es um die

---

24 Vgl. Rudolph, KAT, 35.
25 Vgl. im Gefolge Buddes, Rätsel, 97, etwa Jeremias, ATD, 130; Rudolph, KAT, 35; Wolff, BK,
13. Anders ergänzt Mays, OTL, 49 m, mit Schwantes, Notes, 457, einen Aufruf zur Wehklage.
26 Vgl. entsprechend etwa Jeremias, ATD, 130 Anm. 38; Kessler, HThK.AT, 98. Ähnlich geben es
Mays, OTL, 49; Rudolph, KAT, 35, und Wolff, BK, 9, wieder.
27 Vgl. bereits Wellhausen, Propheten, 136, und in jüngerer Zeit etwa Jeremias, ATD, 130
Anm. 39, Mays, OTL, 49 Anm. p und q; Wolff, BK, 13.

Gefährdung der Stadt als Ganze explizit zum Ausdruck zu bringen. MT wird durch den Sg. in V.9 gestützt.[28]

V.13 | Mit dem Vorschlag der BHS zu V.13a (רְתֹם) wird die Genusinkongruenz der Aufforderung רְתֹם (Imp. Mask. Sg.) an die Bewohner Lachischs (fem.) durch den st. abs. behoben.[29] MT dient jedoch einem Klangspiel und dürfte bewusst inkongruent vokalisiert worden sein (s. unter III die Analyse 5.2.3).[30] Die Bedeutung des hap. leg. רתם *anbinden* lässt der Zusammenhang erschließen (vgl. S und Tg). G ψόφος ἁρμάτων καὶ ἱππευόντων beschreibt die Geräuschkulisse ausrückender Streitwagen und deutet damit auf die akustischen Begleiterscheinungen der MT bezeichneten Mobilmachung. V.13b wird zutreffend als Glosse markiert (s. unter III die Analyse 5.2.3).

V.14 | Die Partikel לָכֵן ist im Zuge der Glossierung von V.13 eingetragen worden, um zum älteren Text überzuleiten.[31] Nach Abzug der Glosse in V.13b ist das Subjekt des Verbums in V.14a תִּתְּנִי (Impf. 2. Fem. Sg.) evident: V.14a adressiert die Einwohnerschaft Lachischs. Die Irritationen, die die Vorschläge in BHS veranlasst haben, sind somit nicht text- sondern literarkritisch zu lösen.[32] G (ἐξαποστελλομένους) deutet den Terminus שִׁלּוּחִים im Sinne der Wurzel שלח auf eine Gesandtschaft, die von Lachisch aus ins Gebiet Gats ausgesandt wird. Wiederum lässt sie Moreschet-Gat als Ortsnamen nicht gelten und bezieht die Botschaft auf die weitaus bekanntere Stadt Gat. Überdies zieht G die Ortsbezeichnung im ersten Kolon V.14b zu V.14a und gibt die Häuser Achsibs mit οἴκους ματαίους wieder. Die Aussage besteht darin, dass die Gesandtschaft in Gat nichts als leere, nutzlose Häuser vorfindet. Anders als MT deutet G den Untergang der Stadt als bereits erfolgt. V.14b enthält im ersten und zweiten Kolon zwei auffällige Formulierungen im Pl. Mit beiden sind zentrale inhaltliche Merkmale des Spruchs verbunden (s. unter III die Analyse 5.2.3).[33] Die vorgeschlagene Änderung des Numerus in den Sg. sowie die Ersetzung von בָּתֵּי durch יוֹשֶׁבֶת machen diese Merkmale unkenntlich.[34] MT ist als lectio difficilior beizubehalten. G bezieht die Aussage in V.14b auf das leere Gat, das nunmehr für Israels Könige nutzlos (εἰς κενὰ) geworden ist. Obwohl

---

28 Vgl. etwa JEREMIAS, ATD, 130 Anm. 40; WOLFF, BK, 13.

29 Vgl. etwa JEREMIAS, ATD, 130 Anm. 36; WOLFF, BK, 13; RUDOLPH, KAT, 36.

30 Vgl. KESSLER, HThK.AT, 98, mit Hinweis auf GK § 110 k.

31 Anders MAYS, OTL, 49 Anm. s; RUDOLPH, KAT, 36.

32 Anders lesen etwa JEREMIAS, ATD, 130 Anm. 39, WOLFF, BK, 13, eine 3. Pers. und verstehen das Subjekt unpersönlich.

33 Bereits WELLHAUSEN, Propheten, 137, hat den Pl. im zweiten Kolon als Plural generis aufgefasst (vgl. entsprechend in jüngerer Zeit JEREMIAS, ATD, 143). Dasselbe ist für den Pl. im ersten Kolon zu vermuten, s. dazu unter III die Analyse 5.3.3.3.

34 Vgl. nach ELLIGER, Heimat, 96 = DERS., Schriften, 21, wieder MAYS, OTL, 49, Anm. u.

G kaum den ursprünglichen Inhalt bietet, wird der Pl. im zweiten Kolon (τοῖς βασιλεῦσιν Ισραηλ) bezeugt.

V.15 | Hinter dem Begriff אָבִי hat man das Verbum בוא (vgl. V.15b) vermutet; statt der 1. Sg. (G ἀγάγω), die nur als im Kontext unvermittelte JHWH-Rede aufzufassen wäre (אָבִיא), wird die 3. Pers. vorgeschlagen (יָבוֹא) und das Subjekt auf den Besatzer (הַיֹּרֵשׁ) bezogen.[35] MT lässt sich in V.15a jedoch als Nominalsatz verstehen und der Begriff als Interjektion אֲבִי *wehe* (vgl. Hi 34,36).[36] Die Präp. samt Part. am Anfang bezeichnet einen Durativ (GK § 163 a). Zu V.15b wird עַד־עוֹלָם statt עַד־עֲדֻלָּם vorgeschlagen und der Ortsnamen aufgelöst. Dieser fügt sich allerdings aus geographischer und inhaltlicher Sicht ohne Weiteres in die Spruchreihe ein. Ferner wird statt יָבוֹא ein Verbum der Wurzel אבד erwogen, um den offenbar nicht hinreichend bestimmten, unheilvollen Charakter der Zeile festzulegen.[37] In beiden Fällen ist MT als lectio difficilior beizubehalten. G deutet MT in V.15 wiederum auf Lachisch, das G seit der Erwähnung Lachischs in V.13a adressiert. Lachisch wird der Erbe angekündigt (ἕως τοὺς κληρονόμους ἀγάγω σοι κατοικοῦσα Λαχις), der die Stadt in Besitz nehmen wird. Nach Odollam (ἕως Οδολλαμ) sieht G schließlich den Glanz der *Tochter* Israels gelangen (ἥξει ἡ δόξα τῆς θυγατρὸς Ισραηλ). Durch Zufügung von θυγάτηρ gewinnt G für V.16 ein eindeutiges Subjekt.

V.16 | Der Vorschlag in BHS (בַת [צִיּוֹן]) erleichtert MT, indem die namentlich ungenannte Adressatin der Aufforderungen ergänzt wird. Als lectio difficilior ist MT beizubehalten.[38] V.16 korrespondiert formal und inhaltlich mit V.8, so dass im Gefälle von V.8 – 16 eindeutig ist, wer die Trauer schließlich trägt (s. dazu unter III die Analyse in 4.1 und 4.3.2).

2 Struktur und Gliederung

Die Buchüberschrift in Mi 1,1 verbindet den Propheten Micha mit der judäischen Schefela des ausgehenden 8. Jh. und bezeichnet mit Samaria und Jerusalem den Geltungsradius seiner Botschaft. Das erste Kapitel besteht im gegenwärtigen Zusammenhang aus vier Elementen. Den vorfindlichen Eingang des Michabuches bildet der Höraufruf in V.2. Dieser richtet sich an die Völker und bringt JHWHs Zeugenschaft gegen sie in Position. Das zweite Element bringt in V.3 – 4 (mit V.5a)

---

35 Vgl. Mays, OTL, 49 Anm. x; Wolff, BK, 13;
36 Vgl. bereits Duhm, Anmerkungen, 46, und in jüngerer Zeit wieder Metzner, Kompositionsgeschichte, 24.
37 Anders geben Kessler, HThK.AT, 99, und Rudolph, KAT, 37, die Verbindung בוא עד unter Hinweis auf 2 Sam 23,19 mit dem Verbum ‚gleichkommen' wieder.
38 Anders Rudolph, KAT, 37 („Stadt [Davids]").

eine Theophanieszene zur Darstellung. Sie beschreibt JHWHs Erscheinen zum Gericht (V.3 – 4) und begründet dies mit der Schuld Jakobs und Israels (V.5a).

Das dritte Element in V.5b – 16 konzentriert Israels Schuld auf die Hauptstädte Samaria und Jerusalem (V.5b) und bietet zunächst das Strafurteil gegen die Hauptstadt des Nordreichs (V.6 – 7). Der Schlag gegen Samaria veranlasst sodann die Untergangsklage des Propheten, der das Unheil gegen Juda und Jerusalem vorrücken sieht (V.8 – 9 vgl. V.12b). Die Klage in V.8 – 9 korrespondiert mit dem Aufruf zur Trauer und dem Vollzug von Klageriten in V.16, der sich an die personifizierte, namentlich allerdings ungenannte Stadt Jerusalem richtet. Das Unheil Samarias hat Jerusalem anscheinend erreicht. Die Klageaufrufe in V.8 – 9 und V.16 fassen ein viertes Element in V.10 – 15 ein. Schlaglichtartig treten darin die Schicksale einzelner Ortschaften aus dem Bereich der judäischen Schefela in den Blick. Unter ihnen befindet sich der Ort Moreschet Gat (V.14a), zu dem Micha in V.1 in Beziehung gesetzt wurde. Die Region wird von Ereignissen heimgesucht, die an eine militärische Invasion erinnern.

Die vier in Mi 1 verbundenen Elemente unterscheiden sich durch unterschiedliche Themen und Horizonte von einander. Der Höraufruf in V.2 hebt sich durch die Völkerthematik und den universalen Horizont von seinem Folgekontext ab. Von den Völkern ist in Mi 1 – 3 nicht mehr die Rede, erst in Mi 4 – 5 treten sie wieder in den Blick. Das erste Kapitel konzentriert sich fortan auf die Darstellung des unheilvollen Schicksals Israels und insbesondere Judas. Der Höraufruf eröffnet somit einen Spannungsbogen, der auf Mi 4 – 5 zielt.

Die Theophanie als zweites Element in V.3 – 4 (mit V.5a) reflektiert auf den Hintergrund des Unheils in Israel und Juda und führt es auf JHWHs Strafgericht zurück, das samt kosmischer Begleiterscheinungen seinen Ausdruck findet. Über כִּי־הִנֵּה wird im Anschluss an V.2 ein formaler Neueinsatz markiert. Der universale Horizont des Höraufrufs wird verlassen, da sich JHWHs Kommen zunächst allein gegen sein eigenes Volk richtet. Als Anlass desselben weist V.5a die Schuld Jakobs und Israels aus. Die Wendung כָּל־זֹאת bezieht sich auf V.3 – 4 zurück und beschließt die Textpassage. Im kompositionellen Zusammenhang leitet sie zugleich den Folgekontext ein.

Im Vergleich von V.2 und V.3 – 5a fällt der je unterschiedlich bestimmte Standort der Gottheit auf. Während V.2 JHWH vom Tempel seiner Heiligkeit aus in Erscheinung treten lässt (מֵהֵיכַל קָדְשׁוֹ), geht er nach V.3 von seinem Ort hervor (מִמְּקוֹמוֹ), der ausweislich der Verben יצא und ירד im Himmel vorgestellt ist. Sollte der Tempel in V.2 ein irdisches Heiligtum bezeichnen, wäre JHWHs Präsenz auf Erden bereits vorausgesetzt, die jedoch erst in V.3 – 4 begründet wird. Gemeinsam ist beiden Elementen am Bucheingang, dass sie als Prophetenrede gestaltet sind. Das in der Buchüberschrift angekündigte Wort JHWHs enthalten sie nicht.

Mit den rhetorischen Fragen in V.5b wird das dritte Element in Mi 1 eröffnet. V.5b entfaltet im gegenwärtigen Zusammenhang den in V.5a thetisch enthaltenen Vorwurf und legt ihn auf die Vergehen der beiden Hauptstädte Samaria und Jerusalem aus. Der konsekutiv angeschlossene V.6 zieht Konsequenzen aus dem Schuldvorwurf in V.5b und bietet das Strafurteil gegen Samaria, das in V.7 kultkritisch entfaltet wird. In V.6‒7 begegnet im Kontext von Mi 1 erstmals das Ich der Gottesrede. In synchroner Hinsicht enthält V.6‒7 mit dem Strafurteil gegen Samaria somit dasjenige Wort JHWHs, das die Überschrift in V.1 erwarten ließ.

Über עַל־זֹאת ist die prophetische Untergangsklage in V.8‒9 mit dem Samaria-Wort in V.6‒7 verbunden. Sie ist durch das Schicksal Samarias veranlasst, da der Schlag gegen die Hauptstadt Israels (מַכּוֹתֶיהָ) Juda ebenfalls trifft und das Unheil gegen Jerusalem voranschreitet. Das Suff. 3. Fem. Sg. bezieht sich auf Samaria zurück und verbindet die beiden Elemente in V.5b‒7 und V.8‒9 miteinander. Während in V.8‒9 noch die Klage im Vordergrund steht, tritt sie in V.10‒15 zugunsten der Schilderung kriegerischer Ereignisse in den Hintergrund. V.16 nimmt den Klageton schließlich wieder auf, indem der Prophet das personifizierte Jerusalem zum Vollzug der Untergangsklage aufruft und mit der Gefangenschaft ihrer Bewohner begründet.

Die Schicksale Samarias in V.6 und Jerusalems in V.16 werden über den Begriff גלה zueinander in Beziehung gesetzt. In V.6 bezeichnet er die Entblößung der Fundamente Samarias, in V.16 die Deportation der Bewohner Jerusalems. Die Stichwortverbindung zwischen V.6 und V.16 lässt ein zentrales Wesensmerkmal des dritten Gliedes in V.5b‒16 erkennen. Es bringt einen gesamtisraelitischen Unheilszusammenhang zur Darstellung und leitet das Schicksal Jerusalems aus dem Fall Samarias ab, was dem Geltungsradius der Botschaft Michas nach Mi 1,1b entspricht.

Mit den Stadt-Worten in V.10‒15 treten unheilvolle Einzelereignisse innerhalb der judäischen Schefela in den Blick. Die genannten Orte fallen einer anonymen feindlichen Macht in die Hände, welche die Region mit militärischer Gewalt überzieht. Im kompositionellen Zusammenhang von Mi 1 illustrieren die Stadt-Worte das allmählich gegen Jerusalem voranschreitende Unheil. Regelmäßig wird das Schicksal der Schefela in seiner Bedeutung für Jerusalem (V.12b), Zion (V.13b), die Könige (V.14b) und den Glanz Israels (V.15b) ausgewiesen und die übergeordnete Relevanz der Ereignisse im Sinne von V.8‒9.16 in Erinnerung gebracht.

Auf das Ganze gesehen lässt das erste Kapitel des Michabuches eine sukzessive Horizontverengung erkennen. Es wird mit einem universalen Radius im ersten Element eröffnet (A). Das zweite Element bringt eine Theophanie in kosmischen Dimensionen zur Darstellung und konzentriert das Unheilsgeschehen auf Israel und Juda (B). Der israelitisch-judäische Ereigniszusammenhang prägt den Samaria-Jerusalem-Nexus des dritten Elements (C), das den Regionalhorizont der

Schefela im vierten Element einbindet (D). Vor dem Hintergrund der synchronen Lektüre des ersten Buchkapitels ergibt sich nun die folgende Gliederung für Mi 1:

	V.1	Buchüberschrift
A	V.2	Höraufruf an die Völkerwelt (universal)
B	V.3 – 5a	Theophanie samt Begründung (kosmisch)
C	V.5b – 16	Strafgericht gegen Samaria und Jerusalem (israelitisch-judäisch)

C_1 V.5b Schuldvorwurf

C_2 V.6 – 7 Strafurteil gegen Samaria

C_3 V.8 – 9 Klageaufruf aufgrund des Schicksals Jerusalems

D V.10 – 15 Kriegsunheil in der Schefela (regional)
mit Jerusalem-Israel-Bezügen in V.12b.13b.14b.15b

C_4 V.16 Klageaufruf aufgrund des Schicksals Jerusalems

In der Gesamtanlage von Mi 1 sind die einzelnen Abschnitte literarisch eng miteinander verknüpft. Die Wendung כָּל־זאת in V.5a stellt das Bindeglied zwischen V.3 – 4 und V.5b – 7 dar. V.5a enthält eine thetische Begründung der Theophanie und leitet durch die Sündenthematik (פֶּשַׁע in V.5a und V.5b) zum Folgekontext über. Das konsekutiv eingeführte Strafurteil in V.6 – 7 (וְשַׂמְתִּי) schließt an den Schuldvorwurf in V.5* an und zieht daraus Konsequenzen. Über עַל־זאת wird in V.8 ein Rückbezug auf das Strafurteil in V.6 – 7 hergestellt und über das Suff. 3. Fem. Sg. in V.9 (מַכּוֹתֶיהָ) auf die Stadt Samaria Bezug genommen. Gleichzeitig leiten V.8 – 9 zu den Sprüchen in V.10 – 15 über, welche die in V.8 – 9 bezeichnete Gefährdung Judas und Jerusalems illustrieren. Die Spruchreihe spielt die übergeordnete Bedeutung der regionalen Unheilsereignisse beinahe Zeile für Zeile ein (vgl. V.12b.13b.14b.15b), bevor der Klageaufruf in V.16 den Rahmen zu V.8 – 9 schließt. Trotz ihrer wechselnden Horizonte bildet die Komposition in Mi 1 somit ein dichtes Gefüge.

3 Fragestellung und These

Die Komposition in Mi 1 zeichnet sich durch verschiedene Horizonte und unterschiedliche Unheilsperspektiven aus. Sie führt von einem universalen Völkergericht in V.2 über eine kosmische Theophanieszene in V.2 – 4 (mit V.5a) auf einen israelitisch-judäischen Unheilszusammenhang in V.5b – 16 zu und stellt im Rahmen der Spruchreihe in V.10 – 15 schließlich die Einzelschicksale einiger Ortschaften innerhalb der Schefela in den Fokus. Aus der Beobachtung wechselnder Unheilsperspektiven ergibt sich die Frage, ob das erste Kapitel des Michabuches in seiner kompositionellen Gesamtanlage eine ursprüngliche Einheit bildet und welche Unheilsperspektive andernfalls den literarischen Ausgangspunkt der Komposition in Mi 1 bildet.

Um diese Frage zu beantworten, wird die folgende Analyse prüfen, wie das Verhältnis der Textbestandteile, mit denen die spezifischen Unheilsperspektiven verbunden sind, zu bewerten ist. Die Untersuchung zielt darauf, den Grundbestand als literarischen Ausgangspunkt der Traditionsbildung in Mi 1 zu erheben, um auf seiner Grundlage einerseits auf einen möglichen vorliterarischen Hintergrund und das Profil seines Urhebers zu schließen. Andererseits bildet der Kristallisationskern von Mi 1 die Grundlage dafür, die Wachstumsgeschichte von Mi 1 nachzuzeichnen.

Die Analyse wird das Schefela-Städte-Gedicht in V.11–15* als Nukleus der Komposition in Mi 1 erheben. Das Gedicht beschreibt ein Unheilsgeschehen, dass die judäische Schefela in Form einer militärischen Invasion trifft. Zeitgeschichtlich lässt es sich mit der assyrischen Invasion Judas am Ende des 8. Jh. verbinden. Da es die Ortschaft Moreschet Gat unter den Unheilsstädten erwähnt und in besonderer Weise herausstellt, könnte das Gedicht im Sinne der Buchüberschrift auf eine historische Figur aus Moreschet Gat zurückgehen.

Die geschichtstheologische Komposition in V.5bα.6.8–9.16, die einen israelitisch-judäischen Unheilsnexus zwischen Samaria und Jerusalem beschreibt und das Schicksal der Schefela in diesen Zusammenhang einfasst, stellt nach dem Ergebnis der Analyse eine jüngere, geschichtstheologisch ausgerichtete Rahmenkomposition dar. Im weiteren Verlauf der Entstehungsgeschichte von Mi 1 ist diese Komposition um die Textelemente am Anfang erweitert worden. Die Theophanie in V.3–4 (mit V.5a.12b) führt das Unheilsgeschehen auf der Ebene der Buchkomposition Mi 1–3* ausdrücklich auf ein Strafgericht JHWHs zurück, der Höraufruf in V.2 bringt das Unheil auf der Ebene der Buchkomposition Mi 1–5* sodann gegen die Völkerwelt in Position.

III Diachrone Analyse

1 Die Buchüberschrift in Mi 1,1

Die Überschrift in Mi 1,1 führt das Prophetenbuch auf einen Micha aus Moreschet zurück und weist Samaria und Jerusalem als Geltungsradius der Botschaft aus, die er im Namen JHWHs zu verkünden hat. Über die judäischen Könige Jotam, Ahas und Hiskia wird sein Wirken in zeitlicher Hinsicht mit der zweiten Hälfte des 8. Jh. in Verbindung gebracht, durch die Erwähnung von Moreschet (Gat vgl. V.14a) in geographischer Hinsicht mit dem judäischen Hügelland.

1.1 Abgrenzung und Aufbau

Die Überschrift des Michabuches leitet im vorfindlichen Textgefüge den Höraufruf an die Völkerwelt in V.2 ein und besteht aus drei Gliedern. Das erste Glied in V.1aα nennt wie Hos 1,1; Jl 1,1 und Zef 1,1 (vgl. דִּבְרֵי עָמוֹס in Am 1,1) den Gegenstand der Botschaft in Spitzenposition und kündigt ein Wort JHWHs (דְּבַר־יְהוָה) an, das Micha aufgetragen ist.[1] Anders als in Hab 1,1; Hag 1,1 und Sach 1,1 wird der Adressat nicht explizit als Prophet bezeichnet. Das Wortereignis ist relativisch angeschlossen und bezeichnet Micha als einen Moreschetiter (הַמֹּרַשְׁתִּי), was ihn zu Moreschet [Gat] (vgl. V.14b) in Beziehung setzt, einer Ortschaft im Bereich der judäischen Schefela, die den Bereich seines Wirkens, wenn nicht seinen Herkunfts- oder Heimatort darstellt (vgl. Am 1,1).

Das zweite Glied der Buchüberschrift in V.1aβ synchronisiert Micha zeitgeschichtlich mit der zweiten Hälfte des 8. Jh., der Regierungszeit der Könige Jotam, Ahas und Hiskia von Juda, und bezeichnet damit den zeitgeschichtlichen Hintergrund, vor dem das Michabuch gelesen sein möchte.[2]

Das dritte Glied in V.1b kennzeichnet den Geltungsradius, der den weiten Horizont zwischen Samaria und Jerusalem umfasst. Im Sinne der Überschrift gilt Michas Botschaft somit den Reichen Israel und Juda gleichermaßen. Wie das Wortereignis in V.1aα ist V.1b über die Relativsatzpartikel angefügt. Sie bezieht sich erneut auf das Wort JHWHs (דְּבַר־יְהוָה) zurück. Terminologisch unterscheidet sich

---

[1] Die Überschrift folgt dem Dabar-Muster, das WÖHRLE, Sammlungen, 32 – 39, für die Bücher Hos, Am, Mi und Zef beschrieben hat. Vgl. grundlegend GEVARYAHU, Colophons, 42 – 59.
[2] S. dazu unten 1.3.

V.1b von V.1aα, da hier nicht von einem Wortereignis (היה), sondern von einer Schauung (חזה) der Botschaft die Rede ist.[3]

1.2 Integrität: Die Erweiterungen in V.1aβ und V.1b

Der doppelte Relativsatzanschluss in Mi 1,1 sowie die mit dem Begriffspaar היה und חזה verbundene, unterschiedliche Vorstellung davon, wie das Wort JHWHs den Propheten erreicht, wecken den Verdacht, dass die Buchüberschrift nicht in einem Zuge entstanden ist. Ihr Grundbestand dürfte in V.1aβ und V.1b zwei Erweiterungen erhalten haben. Der zweite Relativsatz in V.1b wirkt nachgeschoben, da er über die umfangreiche Angabe zur Wirkungszeit Michas hinweg einen Rückbezug auf den Versanfang (דְּבַר־יְהוָה) herstellt. Darüber hinaus wechselt das Subjekt. Während im ersten Relativsatz das Wort JHWHs das Subjekt darstellt, ist es im zweiten Relativsatz der Prophet. Das Wort JHWHs bildet in V.1b das Objekt seiner Schauung.[4]

Inhaltlich fällt der weite Geltungshorizont auf, der Michas Botschaft in V.1b zugeschrieben wird und mit Samaria und Jerusalem beide Reiche umfasst. Dieser Radius überrascht im Anschluss an die Königschronologie, die sich auf die Nennung judäischer Könige beschränkt. Unter den Prophetenbüchern ist der gesamtisraelitische Horizont des Michabuches singulär. In inhaltlicher Hinsicht wird dieser Radius lediglich durch das Strafurteil gegen Samaria in Mi 1,6–7 (vgl. Mi 6,16a) bestätigt. Darüber hinaus ist innerhalb des Michabuches von Samaria und dem Nordreich nicht mehr explizit die Rede. Der Buchüberschrift dürfte ihre zweite Hälfte in V.1b somit nachträglich zugefügt worden sein.[5]

Über V.1b hinaus ist auch die Königschronologie in V.1a nicht ursprünglich, sondern im Rahmen der Sammlung und Zusammenstellung der prophetischen

---

3 Das Verbum חזה figuriert hier als „term. techn. einer nebiitischen Wortoffenbarung" (JEPSEN, Art. חָזָה, 822 mit 825–832). Das Verbum ist in seiner Bedeutung zwar nicht auf eine visuelle Schau beschränkt, dennoch setzen die Begriffe היה und חזה unterschiedliche Akzente (vgl. KESSLER, HThK.AT, 72).

4 Vgl. entsprechend KESSLER, HThK.AT, 72. Er macht darüber hinaus auf die „verschiedene(n) Vorstellungen von Prophetie" aufmerksam, die mit den Begriffen היה (V.1a) und חזה (V.1b) verbunden sind.

5 Die zweite Vershälfte wurde innerhalb der Forschung seit WELLHAUSEN, Propheten, 134, wiederholt als jüngere Zufügung bestimmt, vgl. etwa RUDOLPH, KAT, 31; MAYS, OTL, 37. Anders JEREMIAS, ATD, 126, der „etwa ‚Worte' bzw. ‚Schauung Michas aus Moreschet, die er über Samaria und Jerusalem geschaut hat' […] als die (nicht mehr sicher mögliche) Rekonstruktion einer Vorform der Überschrift" vorschlägt. Zum Samaria-Jerusalem-Nexus auf der Ebene der geschichtstheologischen Komposition s. unten 4.

Überlieferung eingesetzt worden.[6] Diesen redaktionellen Zusatz teilt das Michabuch mit Hos, Am und Zef. Die ähnliche Struktur und die komplementäre Chro-
nologie innerhalb der Überschriften hat die Annahme einer „Vierpropheten-
sammlung als Vorform des Zwölfprophetenbuchs"[7] motiviert. Wie Zef 1,1 nennt
Mi 1,1 lediglich die Südreichskönige, setzt allerdings die Reihe nach Am 1,1
chronologisch fort. Hos 1,1 bietet sämtliche in den Überschriften bei Amos und
Micha genannten Könige.[8]

Sofern V.1aβ und V.1b zutreffend als jüngere Erweiterungen der Buchüber-
schrift bestimmt sind, stellt V.1aα (דְּבַר־יְהוָה אֲשֶׁר הָיָה אֶל־מִיכָה הַמֹּרַשְׁתִּי) die älteste
erreichbare Gestalt der Überschrift dar.[9] Sie entspricht strukturell dem prägnanten
Titel in Jl 1,1. Durch Zufügung der Königschronologie in V.1aβ wird die Botschaft
Michas zeitgeschichtlich lokalisiert; durch V.1b wird ihre gesamtisraelitische Relevanz herausgestellt. Da der Radius aus V.1b mit dem Horizont des Samaria-Jerusalem-Nexus in Mi 1 korrespondiert, der auf ein späteres Entwicklungsstadium
der Komposition in Mi 1 zurückgeht, dürfte der Zusatz in V.1b im Zuge seiner
Gestaltung formuliert worden sein. Der Samaria und Jerusalem umfassende Ra-
dius entspricht dem Horizont eines Vierprophetenbuches, wie es innerhalb der
Forschung als Vorstufe des Dodekapropheton vielfach vertreten wird.[10] Der erweiterte Geltungsradius in Mi 1,1 könnte durchaus darauf hindeuten, dass das
Michabuch auf der Ebene der geschichtstheologischen Komposition in Mi 1*
Bestandteil eines Mehrprophetenbuches war.[11]

---

6 Vgl. nach WELLHAUSEN, Propheten, 134, etwa JEREMIAS, ATD, 126; MAYS, OTL, 37.
7 JEREMIAS, ATD, 126; vgl. ALBERTZ, Exilszeit, 164–185; NOGALSKI, Precursors, 127 f.137–141;
SCHART, Entstehung, 39–49; WÖHRLE, Sammlungen, 31–50; zur Kritik an dieser These vgl.
LEVIN, Vierprophetenbuch, 221–235.
8 Vgl. die Übersicht bei WÖHRLE, Sammlungen, 34–35. Er schließt daraus, „daß hier ein be-
wusster Bezug zu den folgenden beiden Überschriften hergestellt werden soll. Dies könnte darauf
hinweisen, daß diese Bücher einmal zu einer gemeinsamen Sammlung zusammengefasst waren.
Der Zusammenhang der drei Überschriften wäre dabei so zu deuten, daß eine bestimmte zeitliche
Epoche als von dem durchgängigen Wirken eben dieser drei Propheten begleitet dargestellt
werden soll."
9 Vgl. bereits NOWACK, HK[3], 200; MARTI, KHC, 265, und in jüngster Zeit wieder LEVIN, Vierprophetenbuch, 228. Anders gehen JEREMIAS, ATD, 126; KESSLER, HThK.AT, 72–73; WOLFF, BK,
2, davon aus, dass die ältere Gestalt der Überschrift wenn überhaupt lediglich mit einer gewissen
Wahrscheinlichkeit rekonstruiert werden kann. WÖHRLE, Sammlungen, 139, führt die Überschrift
als insgesamt einheitliche Bildung auf die Hand einer dtr Redaktion des Buches zurück.
10 Vgl. entsprechend MAYS, OTL, 37, sowie die unter Anm. 7 verzeichnete Literatur.
11 Gegen die innerhalb der Forschung mehrheitlich vertretene Auffassung, die einen literarischen Zusammenhang zwischen Hos*, Am*, Mi* und Zef* vermutet, macht LEVIN, Vierprophetenbuch, 233–234, wieder auf die Beziehung von Am* und Mi* zum Jesajabuch aufmerksam.

Die Buchüberschrift lässt für den Folgekontext ein Wort JHWHs erwarten.
Dieses ist den unmittelbar anschließenden Gliedern in V.2 und V.3 – 5a allerdings
nicht enthalten. Sowohl der Höraufruf an die Völkerwelt, der JHWH in 3. Pers.
nennt, als auch die Theophanie, die sein Kommen zum Gericht ebenfalls in 3. Pers.
beschreibt, ist als Prophetenrede gestaltet. Damit legt sich die Vermutung nahe,
dass der ursprüngliche und der vorfindliche Bucheingang nicht identisch sind.
Erst das Strafurteil gegen Samaria in V.6 lässt JHWH ausdrücklich in 1. Pers. zu
Wort kommen.

1.3 Hintergrund: Geographie und Zeitgeschichte des Michabuches nach Mi 1,1

Die Überschrift verbindet das Michabuch und seinen Propheten in geographischer
Hinsicht mit der Schefela, dem Hügelland, südwestlich von Jerusalem zwischen
der Küstenebene und dem judäischen Bergland gelegen.[12] In wirtschaftlicher und
militärstrategischer Hinsicht war die Region für Jerusalem von herausragender
Bedeutung. Wichtige Handelsrouten führten hindurch und verbanden das Berg-
land mit der Küste, bedeutende Festungs- und Lagerstädte wie insbesondere
Lachisch befanden sich dort, um die Versorgung und die Verteidigung Judas im
Kriegsfall zu gewährleisten. Entsprechend begehrt war die Region im Rahmen der
Expansionsbemühungen feindlicher Mächte wie etwa der Assyrer, die am Ende
des 8. Jh. (vgl. Mi 1,1) auf der syropalästinischen Landbrücke erschienen waren.
   Der Prophet wird näherhin mit der Ortschaft Moreschet Gat (vgl. Jer 26,18;
Mi 1,14b) in Verbindung gebracht, die seinen Herkunfts- oder Heimatort darstellen
könnte. Sie ist mit einiger Wahrscheinlichkeit auf *Tell edĞudēde*, 35 km süd-
westlich von Jerusalem, zu lokalisieren.[13] Von hier aus befinden sich die Städte
Lachisch und Mareschа in Sichtweite, die Mi 1 unter den Unheilsstädten der
Schefela nennt. Für die Spruchreihe über die Schefela-Städte in V.10 – 15 legt sich
damit ein überschaubarer Radius nahe.
   In zeitlicher Hinsicht setzt Mi 1,1 den Propheten mit der Regierungszeit der
judäischen Könige Jotam (756 – 741), Ahas (741 – 725) und Hiskia (725 – 697) in der
zweiten Hälfte des 8. Jh. in Beziehung. In dieser Zeitspanne von annähernd einem
halben Jahrhundert haben sich für die Reiche Israel und Juda gravierende politische Ereignisse zugetragen.[14] Im Jahr 734 griff der assyrische König Tiglat-Pileser

---

12 Vgl. WIMMER, Art. Schefela, 468 – 469.
13 Vgl. KEEL/UEHLINGER, OLB II, 849 – 853; WEHRLE, Art. Micha, 795, sowie bereits JEREMIAS,
Moreseth-Gath, 42 – 53.
14 Vgl. zur assyrischen Epoche ausführlich DONNER, Geschichte II, 334 – 360; SCHOORS, Königreiche,
92 – 97, und zur Geschichte der beiden Teilreiche Israel und Juda insbesondere KRATZ, Israel, 20 – 39.

III. in seinem ersten Feldzug nach Palästina aus, 722 ging das israelitische Nordreich an Assur über, im Jahr 701 rückte schließlich Sanherib bis vor die Tore Jerusalems vor.[15] Er annektierte weite Teile der Schefela, hinterließ die Festungsstädte im Hügelland verwüstet und reduzierte Juda auf einen Rumpfstaat im Bergland. Jerusalem blieb allerdings, anders als ein Jahrhundert später im Zuge der babylonischen Invasion, verschont.

1.4 Ergebnis

Die Buchüberschrift verbindet den Propheten Micha mit der Zeitgeschichte der zweiten Häfte des 8. Jh. und in geographischer Hinsicht mit der Ortschaft Moreschet Gat im Bereich der judäischen Schefela. Micha erscheint als Zeitgenosse der assyrischen Krise in Israel und Juda. Sofern die Königschronologie in V.1aβ und die Bestimmung Samarias und Jerusalems als Geltungsradius seiner Botschaft in V.1b zutreffend als Nachtrag bestimmt sind, liegt in V.1aα der Grundbestand der Überschrift vor.

2 Der Höraufruf an die Völkerwelt in Mi 1,2

Nach seiner Überschrift wird das Michabuch mit einem Höraufruf an die Völker eröffnet und JHWHs Zeugenschaft gegen sie in Stellung gebracht. Da die Völker in Mi 1–3 fortan nicht mehr erwähnt werden und als Akteure erst in Mi 4–5 wieder in Erscheinung treten, ist V.2 im vorfindlichen Textgefüge nicht ursprünglich. Der Höraufruf bildet den jüngsten Eingang des Michabuches und eröffnet einen Spannungsbogen, der auf Mi 5,14 zielt. Er folgt dem Interesse, die Kompositionen in Mi 1–3 und Mi 4–5 miteinander zu verbinden.

2.1 Abgrenzung und Aufbau

Im gegenwärtigen Zusammenhang begegnet der Höraufruf zwischen der Buchüberschrift in V.1 und der Theophanieszene in V.3–4. Innerhalb seines Nahkontextes sticht V.2 dadurch hervor, dass er nach der Ankündigung eines an Samaria und Jerusalem gerichteten Wortes JHWHs nun die Völker anspricht. Darüber hinaus ist V.2 als Prophetenrede gestaltet, während die Überschrift Gottesrede

---

15 Vgl. Schoors, Königreiche, 62.

erwarten lässt. Der Aufruf wird in V.2a mit שִׁמְעוּ eröffnet (vgl. Mi 3,1.9) und mit einer Ortsangabe in V.2b abgeschlossen (מֵהֵיכַל קָדְשׁוֹ), die JHWH in seinem Tempel lokalisiert und diesen als Ausgangspunkt seines Rechtsstreits mit den Völkern bestimmt. Durch כִּי־הִנֵּה in V.3a wird ein Neueinsatz formuliert und zum Folgekontext übergeleitet.

Der Höraufruf besteht aus zwei Elementen. Die erste Vershälfte in V.2a adressiert im synonymen Parallelismus Völkerschaft und Erdenfülle und ruft sie zur Aufmerksamkeit auf. V.2b charakterisiert JHWH als Zeugen gegen die Völker und verortet ihn im Tempel seiner Heiligkeit. Das Suff. 2. Mask. Pl. (בָּכֶם) in V.2b bezieht sich auf die in V.2a aufgerufenen Adressaten zurück und verbindet beide Vershälften miteinander. Der im vorfindlichen Kontext auffällige Inhalt des Höraufrufs wirft die Frage auf, ob V.2 am hiesigen Ort ursprünglich ist.

2.2 Integrität

Mit V.2 werden die Völker und die Bewohner der Erde aufgerufen und JHWHs Zeugenschaft gegen sie gerichtet. Da dieser weite Radius mit dem Horizont des im Folgenden auf Israel und Juda konzentrierten Strafgerichts nicht deckungsgleich ist, legt sich die Vermutung nahe, dass der Aufruf (oder ein Teil desselben) dem Michabuch nachträglich vorgeschaltet wurde, um das Strafgericht in einen universalen Zusammenhang hineinzustellen. Die Vermutung wird dadurch unterstützt, dass sich der Aufruf an einen Adressatenkreis richtet, der in Mi 1–3 ohne Bedeutung ist. Erst in Mi 4–5 treten die Völker wieder in den Blick. Der Höraufruf scheint dem Interesse zu folgen, die Völkerwelt von vornherein in das Geschehen einzubeziehen und auf ihr in Mi 4–5 entfaltetes Schicksal vorauszuweisen.[16]

Darüber hinaus lässt der Nahkontext erkennen, dass V.2 im gegenwärtigen Zusammenhang nicht ursprünglich ist. Der Aufruf fügt sich weder organisch an die Buchüberschrift an noch bildet er eine plausible Eröffnung der anschließenden Theophanie. Während V.1 ein Wort JHWHs ankündigt und dasselbe im Folgenden erwarten lässt, ist V.2 als Prophetenrede gestaltet. V.2b nennt JHWH in 3. Pers. Während die Präsenz JHWHs in V.2 weiterhin schon vorausgesetzt ist und die Gottheit bereits in Aktion tritt (בָּכֶם לְעֵד), schildert die anschließende Theophanie in V.3–4 erst noch ihr Erscheinen. Der gegenwärtige Anschluss von V.3–4 an V.2

---

16 So bereits Stade, Streiflichter, 163, und innerhalb der jüngeren Forschung etwa Jeremias, ATD, 132–133; Mays, OTL, 40–41; Wöhrle, Sammlungen, 139 mit Anm. 8; Wolff, BK, 23–24. Kessler, HTHK.AT, 84, fasst V.2 als Teil der redaktionellen Einheit V.2–7 auf.

weist somit keine stringente Gedankenfolge auf.[17] Schließlich wird der Ausgangspunkt des Wirkens JHWHs in V.2 und V.3 – 4 unterschiedlich bestimmt. V.2b bringt JHWH mit seinem Tempel in Verbindung, der an ein irdisches Heiligtum denken lässt.[18] V.3 lokalisiert ihn hingegen ausweislich der Verben, die ein Hinabschreiten bezeichnen, an seinem Ort im Himmel. Diese Beobachtungen führen zu dem Schluss, dass der Höraufruf der Komposition in Mi 1 nachträglich vorangestellt worden ist.[19]

Innerhalb der Forschung ist der Vorschlag erörtert worden, V.2a als Eröffnung der folgenden Theophanieszene zu bestimmen und lediglich V.2b als Zusatz zu begreifen, mit dem das Strafgericht JHWHs nachträglich gegen die Völker gewendet wird.[20] Obwohl der Aufruf an die Welt und ihre Fülle in V.2aβ mit den kosmischen Begleiterscheinungen der Theophanie in V.4 korrespondiert, ist dieser Vorschlag wenig wahrscheinlich. Zum einen kommen die Völker innerhalb der Theophanie, die sich auf die Beschreibung von Naturphänomenen konzentriert, nicht vor. Zum anderen richtet sich V.2 auf hörendes Verstehen (שׁמע), während V.3 – 4 (כִּי־הִנֵּה) auf den visuellen Sensus zielt und JHWHs Kommen vor Augen führt. Vor diesem Hintergrund liegt es näher, den Höraufruf insgesamt als späteren Zusatz zu bestimmen, der von einer Hand am Beginn des Michabuches eingetragen wurde, und von der anschließenden Theophanieschilderung zu unterscheiden.

Der Höraufruf hat eine nachträgliche interne Erweiterung erhalten. Darauf lässt die Überlänge von V.2b gegenüber V.2a (3+3) schließen. Die Bedenken richten sich näherhin gegen den Zeilenanfang. Das Epitheton אֲדֹנָי (vgl. V.2bβ) dürfte als vormaliges Qere in das Schriftbild eingetragen worden sein.[21] Die Septuaginta sowie zwei weitere hebräische Handschriften bezeugen es nicht. Sollte ferner auch das Verbum als Dittographie zum Gottesnamen im Zuge der Einschaltung von אֲדֹנָי nachträglich Eingang in den Text gefunden haben? Sofern dies zutrifft, hätte V.2b

---

17 Die auffällige Reihenfolge hat Budde, Rätsel, 83, vermuten lassen, „daß ursprünglich v. 2 vor v. 5 seine Stelle hatte".

18 S. dazu die Detailanalyse unter 2.3.

19 Vgl. entsprechend Jeremias, ATD, 132; Mays, OTL, 40; Kessler, HThK.AT, 85; Wöhrle, Sammlungen, 140 mit Anm. 11; Wolff, BK, 20.

20 Vgl. etwa Jepsen, Beiträge, 96; Sellin, KAT, 263; Lippl, HSAT, 185; Bruno, Micha, 14; Lindblom, Micha, 22 – 23. In jüngster Zeit hat Schart, Entstehung, 177, innerhalb des Höraufrufs wieder zwei literarische Ebenen unterschieden, allerdings V.2a als Nachtrag ausgewiesen. V.2b hingegen sei „als Bestandteil der ältesten Schicht von Mi 1 denkbar." Dagegen spricht zum einen der in V.2b (heiliger Tempel) und V.3 – 4 (himmlischer Ort) unterschiedlich bestimmte Standort JHWHs. Zum anderen ist JHWHs Zeugenfunktion in V.2b nicht mit seinem nachfolgend dargestellten Exekutivhandeln deckungsgleich.

21 Vgl. Wolff, BK, 10, der damit auch die gegenüber MT veränderte Wortfolge in 1QpMi begründet.

ursprünglich aus einem Nominalsatz bestanden, dessen Länge der vorausgehenden Vershälfte entspricht.[22]

2.3 Detailanalyse

Der Höraufruf in V.2a eröffnet einen universalen Horizont und ruft die Völkerwelt
in ihrer Gesamtheit (עַמִּים כֻּלָּם)[23] sowie die Fülle der Erde (אֶרֶץ וּמְלֹאָהּ)[24] zur Aufmerksamkeit auf. Beide Kola bilden einen synonymen Parallelismus, so dass der
Adressat in V.2aβ „nicht die ganze irdische Schöpfung [...], sondern die hörfähige
menschliche Erdbewohnerschaft"[25] bezeichnet. Die Pointe des zweiten Kolons
besteht im maximalen Geltungsradius des Höraufrufs, der die Völker ohne Ausnahme betrifft. Das Wortpaar, שמע und קשב, gehört neben der Anrufung Gottes in
Gebet und Klage (vgl. Ps 17,1; 61,2; 130,2; Dan 9,19) zum Sprachinventar äquivalenter Höraufrufe. Ausweislich der Parallelen in Jes 28,23; 34,1; Jer 6,19 und Hos 5,1,
die beide Verben nebeneinander enthalten, besitzen sie einen unheilvollen Charakter.

Den unheilvollen Tenor der Aufrufe stellt die zweite Vershälfte deutlich heraus, die JHWH zu den Völkern ins Verhältnis setzt (בָּכֶם) und seine Zeugenfunktion
bestimmt (לְעֵד). Dass JHWHs Rolle keine Zeugenschaft unter den Völkern (vgl. G ἐν
ὑμῖν) bedeutet, die sich im Rechtsstreit letztlich gegen das eigene Volk richtet, und
die Völker nicht bloß das Publikum des Strafgerichts gegen Israel und Juda bilden,
um dieses an der Seite JHWHs zu bezeugen, leidet keinen Zweifel. Zum einen „ist
eine derartige Zeugenfunktion nur für kosmische Mächte belegt"[26] und das Suff. 2.
Mask. Pl. zum anderen nicht kataphorisch auf den Folgezusammenhang in Mi 1 zu
beziehen, sondern auf die in V.2a genannten Adressaten. Das präpositional bestimmte Beziehungsgefüge (בָּכֶם לְעֵד) lässt schließlich eindeutig erkennen, dass
JHWH in der Funktion des Belastungszeugen gegen die Völker agiert, da „die
Aussage gegen den Angeklagten immer mit ב konstruiert [wird], [...] während bei

---

22 Vgl. ähnlich bereits WOLFF, BK, 14–15.
23 Vgl. 1 Reg 22,28 = 2 Chr 18,27; Jes 60,21; Ps 67,4.6.
24 Vgl. u. a. Dtn 33,16; Jes 34,1; Jer 8,16; 47,2; Ez 19,7; 30,12; Ps 24,1. Die nächste Parallele zu
Mi 1,2 bietet Jes 34,1 (gegen Edom). Darin wird derselbe Adressatenkreis (אֲמִים neben אֶרֶץ וּמְלֹאָהּ)
mit entsprechender Terminologie (שמע neben קשב) bezeichnet.
25 WOLFF, BK, 23–24, und entsprechend KESSLER, HThK.AT, 85; JEREMIAS, ATD, 133. Anders
sieht wieder UTZSCHNEIDER, ZBK, 33, „eine umfassende, ja kosmische Hörerschaft" adressiert (so
etwa bereits RUDOLPH, KAT, 40 [„urbi et orbi"]).
26 JEREMIAS, ATD, 133 mit Hinweis auf Dtn 32,1; Jes 1,2; Mi 6,1, sowie bereits WOLFF, BK, 14.

der Zeugenfunktion zugunsten eines anderen ל steht"[27]. Die Völker werden somit gleich zu Beginn in den Unheilszusammenhang involviert, den das Michabuch zur Darstellung bringt.

Mit dem Tempel seiner Heiligkeit bestimmt das zweite Kolon denjenigen Ort, von dem aus JHWH als Zeuge gegen die Völkerwelt in Erscheinung tritt. Dieser wird innerhalb der Forschung zumeist mit seinem himmlischen Heiligtum gleichgesetzt.[28] Diese Vorstellung entspricht zwar dem literarischen Kontext des Höraufrufs, der JHWH im Rahmen der anschließenden Theophanieszene in V.3 – 4 im Himmel verortet. Der Begriff הֵיכָל selbst bezeichnet jedoch nur in Ps 11,4 – im Parallelismus zu בַּשָּׁמַיִם כִּסְאוֹ *im Himmel ist sein Thron* – den himmlischen Tempel JHWHs. Seine übrigen Belege hingegen verweisen auf ein irdisches Gebäude und insbesondere den Tempel in Jerusalem.[29] Im vorfindlichen Zusammenhang schillert die Formulierung zwar zwischen JHWHs Ort im Himmel (V.3 – 4) und seinem irdischen Heiligtum (V.2). Für sich betrachtet ist die Ortsangabe in V.2 jedoch auf den Jerusalemer Tempel zu deuten, dem auch in Mi 4 – 5, näherhin im Völkerwallfahrtslied (Mi 4,1 – 5), eine zentrale Bedeutung im Verhältnis zwischen JHWH und den Völker zukommt.[30]

---

27 KESSLER, HThK.AT, 85 (mit Hinweis auf die einschlägigen Belege), und entsprechend etwa JEREMIAS, ATD, 133; MAYS, OTL, 40; METZNER, Kompositionsgeschichte, 61; WILLIS, Suggestions, 375 – 376; WÖHRLE, Sammlungen, 139 mit Anm. 8; WOLFF, BK, 24. Zur Konstruktion mit ב zuungunsten eines Angeklagten vgl. Num 5,13; 35,30; Dtn 19,15 f; 19,18; 31,19.26; 1 Sam 12,5; Jer 42,5; Mal 3,5; Hi 16,8; Prov 24,28; 25,18; zur Konstruktion mit ל zugunsten eines Angeklagten vgl. Jes 19,20. Die Zeugenschaft zwischen zwei gleichrangigen Streitpartnern wird mit der Präp. בֵּין formuliert (Gen 31,44.48.50; Jos 22,27 – 28.34).

28 Vgl. etwa NOWACK, HK³, 200; MARTI, KHC, 266; RUDOLPH, KAT, 40; WOLFF, BK, 24; JEREMIAS, ATD, 133; KESSLER, HThK.AT, 86. Anders deuten BECK, Micha, 72; MAYS, OTL, 40; SWEENEY, Micah, 350; UTZSCHNEIDER, ZBK, 33, die Ortsbestimmung auf den irdischen Tempel.

29 Zu הֵיכָל als irdisches Heiligtum JHWHs vgl. 1 Sam 1,9; 3,3; 1 Reg 6,3.5.17.33; 7,21.50; 2 Reg 18,16; 23,4; 24,13; 2 Chr 3,17; 4,7.8.22; 26,16; 27,2; 29,16; 36,7; Esr 3,6.10; 4,1; Neh 6,10 – 11; Ps 5,8; 27,4; 29,9; 45,9.16; 48,10; 65,5; 68,30; 79,1; 138,2; Jes 44,28; 66,6; Jer 7,4; 24,1; 50,28; 51,11; Ez 8,16; 41,1.4.15.20 – 21.23.25; 42,8; Am 8,3; Hag 2,15.18; Sach 6,12 – 15; 8,9; Mal 3,1. Vgl. zur Semantik des Nomens mit entsprechender Schlussfolgerung OTTOSON, Art. הֵיכָל, 408 – 415.

30 Vgl. entsprechend MAYS, OTL, 40. Die schillernde Bedeutung des Nomens im Kontext wird durch die mit dem Tempel verbundene Vorstellung ermöglicht, die „nicht auf das Gebäude beschränkt ist, sondern sich bis zum himmlischen Palast Gottes hinauf erstreckt [...]. Irdischer und himmlischer Bereich sind dabei nicht zu trennen, sondern gehen ineinander über." (UTZSCHNEIDER, ZBK, 32).

2.4 Literarischer Ort: Der Höraufruf als sekundärer Bucheingang

Der Höraufruf in V.2 bildet das erste Element des Michabuches im Anschluss an seine Überschrift und ist nachträglich an dieser Stelle eingefügt worden. Indem er die Völkerwelt adressiert und in das Strafhandeln JHWHs einbezieht, weist V.2 über den Horizont von Mi 1–3 hinaus und spannt einen Bogen zur Komposition in Mi 4–5, die das Schicksal der Völker in unterschiedlicher Weise thematisiert. Der Aufruf ist für seinen Zielkontext und unter dem Einfluss desselben formuliert worden. Das Mi 1 bestimmende Thema eines von JHWH bewirkten Unheils wird aufgenommen, allerdings gegen die Völker gewendet. Im Hinblick auf die Völkerwelt erhält das Strafgericht gegen Israel und Juda paradigmatische Bedeutung.

Weiterhin dürfte die anschließende Theophanieschilderung in V.3–4 die Gestaltung des Höraufrufs in V.2 maßgeblich angeregt haben.[31] Als Textgattung ist die Theophanie, die V.5a explizit als gegen das Volk Jakob/Israel gerichtet ausweist, aus Israels Siegeshymnen hervorgegangen und wandte sich ursprünglich gegen feindliche Mächte im Dienste der Rettung des eigenen Volkes.[32] Mit V.2 wird diese Orientierung aufgenommen und JHWHs Erscheinen gattungskonform ausgerichtet.

Im Zuge der Einschaltung des Höraufrufs könnte der Anschluss כִּי־הִנֵּה in V.3a gestaltet worden sein, um zur Darstellung der Theophanie in V.3–4 überzuleiten und diese mit dem Höraufruf in V.2 zu verbinden.[33] Nach dem Aufruf in V.2, der auf das Hören zielt, führt V.3 mit הִנֵּה im Sinne der Überschrift (חזה) die Schau des Erscheinens JHWHs ein und spricht nach dem auditiven (V.2) nun den visuellen Sensus (V.3–4) an. Gleichermaßen beschreiben V.2 und V.3–4 ein Handeln JHWHs und führen es auf seinen Ausgangspunkt zurück, den heiligen Tempel (V.2) und seinen himmlischen Ort (V.3–4). Der Formulierung in V.2 (מֵהֵיכַל) dürfte ihr Pendant in V.3 (מִמְּקוֹמוֹ) als Vorlage gedient haben.

Der Höraufruf in V.2 erschöpft sich darin, die Völkerwelt aufzurufen und JHWHs Zeugenschaft drohend gegen sie in Stellung zu bringen. Was die Völker allerdings zu hören haben und was denen widerfährt, die nicht gehorchen, bleibt im Zusammenhang unbestimmt. V.2 zeigt sich damit als zwingend auf Fortsetzung hin angelegt. Was die Völker zu erwarten haben, die sich dem Höraufruf wider-

---

31 Vgl. entsprechend bereits Wolff, BK, 15. Darüber hinaus hat Metzner, Kompositionsgeschichte, 138 im Anschluss an Bosshard, Beobachtungen, 34, auf den Zusammenhang von Weltgericht und JHWH-Theophanie in Jes 26,21 aufmerksam gemacht. Jes 26,21aα und Mi 1,3a sind wörtlich identisch (כִּי־הִנֵּה יְהוָה יֹצֵא מִמְּקוֹמוֹ). Eine literarische Abhängigkeit ist angesichts dieses Befundes wahrscheinlich (vgl. entsprechend Mays, OTL, 43).
32 Zur Geschichte der Gattung vgl. Jeremias, Theophanie, bes. 150–164, und z.St. insbesondere ders., ATD, 133; Mays, OTL, 42–43; Wolff, BK, 15.
33 Vgl. bereits Wolff, BK, 15.

setzen, offenbart Mi 5,14.[34] Im Anschluss an das Reinigungsgericht, dass JHWH an seinem Volk vollzieht (vgl. Mi 5,9 – 12.13), wird denjenigen Völkern die Vergeltung angekündigt, die nicht gehört haben (אֲשֶׁר לֹא שָׁמֵעוּ). Über das Verbum שמע, dessen Subjekt in beiden Fällen die Völkerschaft bildet, stellt Mi 5,14 einen Rückbezug zum Höraufruf am Anfang des Michabuches her. Gemeinsam legen Mi 1,2 und Mi 5,14 einen Rahmen um die Buchkomposition in Mi 1–5*. Beide Elemente dürften auf dieselbe Hand zurückgehen und dem kompositorischen Interesse folgen, die Buchteile Mi 1–3 und Mi 4–5 miteinander zu verklammern.

2.5 Kompositioneller Zusammenhang: Der Höraufruf und die Völkertexte in Mi 4–5

Der Höraufruf in Mi 1,2 (mit Mi 5,14) bringt bereits zu Beginn des Michabuches die Völkerthematik ein, steht inhaltlich mit den Fremdvölkertexten in Mi 4–5 in Verbindung. Diese lassen unterschiedliche Perspektiven auf das Verhältnis JHWHs und seines Volkes zu den Fremdvölkern erkennen. Das Völkerwallfahrtslied in Mi 4,1–5* weist einen zutiefst völkerfreundlichen, das Völkergericht in Mi 4,11–13 einen zutiefst völkerfeindlichen Blick auf. Als „bedingte Gerichtsdrohung gegen die Völker"[35] nehmen die Elemente in Mi 1,2 und Mi 5,14 einen völkerkritischen Standpunkt zwischen der völkerfreundlichen und der völkerfeindlichen Position ein. Unter der Bedingung des hörenden Gehorsams scheinen sie den Völkern noch eine Möglichkeit zu eröffnen, dem Strafgericht JHWHs zu entgehen.

Unter den Fremdvölkertexten dürfte das Völkerwallfahrtslied das älteste Traditionselement darstellen und den literarischen Diskurs über das Verhältnis Israels zur Völkerwelt angestoßen haben.[36] Das Völkergericht in Mi 4,11–13 ist gegenüber Mi 4,1–5* jünger. Der Abschnitt verkehrt die friedliche Versammlung der Fremdvölker um Zion, die auf die Lehre JHWHs und seine Torah aus sind (Mi 4,2), ins Gegenteil und entlarvt sie als Versammlung zum Strafgericht: denn die Völker haben JHWHs Gedanken nicht erkannt und seinen Ratschluss nicht begriffen (Mi 4,12). Da Mi 1,2 und Mi 5,14 den Völkern noch eine realistische Möglichkeit zu Erkenntnis und Gehorsam einräumen, dürften sie im Verhältnis zu Mi 4,11–13 älter sein. Wäre umgekehrt das bedingungslose Völkergericht bereits vorausgesetzt, ergäbe die bedingte Gerichtsandrohung in Mi 1,2 (mit Mi 5,14)

---

34 Dieser Zusammenhang ist innerhalb der Forschung wiederholt herausgearbeitet worden, vgl. u. a. JEREMIAS, ATD, 133; KESSLER, HThK.AT, 82.85; MAYS, OTL, 41; METZNER, Kompositionsgeschichte, 137; WÖHRLE, Sammlungen, 139 mit Anm. 9; WOLFF, BK, 24.
35 UTZSCHNEIDER, ZBK, 33.
36 S. dazu Teil C unter I.1.2.

keinen Sinn. Oder sollte sie den in Mi 1,2 aufgerufenen Völkern gerade vor dem Hintergrund von Mi 4,11–13 die Möglichkeit eröffnen, dem Unheil zu entrinnen? Das Völkerwallfahrtslied setzen die Elemente des bedingten Völkergerichts in Mi 1,2 und Mi 5,14 jedenfalls voraus. Mit dem Wallfahrtslied teilt der Höraufruf den Schauplatz des Geschehens sowie den JHWH zugeschriebenen Funktionsbereich.[37] Nach Mi 1,2 tritt JHWH von seinem heiligen Tempel (מֵהֵיכַל קָדְשׁוֹ) aus in Erscheinung, der auf das Heiligtum in Jerusalem hindeutet. Dasselbe bildet nach Mi 4,1 das Ziel der Völkerwallfahrt. Zur Beschreibung der Funktion JHWHs bedienen sich beide Texte juridischer Terminologie. So figuriert JHWH in Mi 4,3 als Richter (שפט) und in Mi 1,2 als Belastungszeuge (עֵד). Darüber hinaus korrespondiert das Motiv des Lehrens und Lernens (ירה), das in Mi 4,2 mit dem Wort JHWHs und seiner Torah verbunden wird, mit dem Motiv des Hörens und Gehorchens in Mi 1,2; 5,14 (שמע). Beide Motive zielen auf Einsicht und Erkenntnis.

Sofern das literarische Verhältnis zwischen Mi 1,2 (mit Mi 5,14) und dem Völkerwallfahrtslied zutreffend bestimmt ist, lässt sich eindeutig erkennen, was die Völker zu hören haben: JHWHs Weisung aus Zion. Sie bildet die Orientierungsgröße für ihr Handeln und die Urteilsgrundlage im Rechtsstreit JHWHs. Der Höraufruf in Mi 1,2 dürfte somit einen Spannungsbogen eröffnen, der vom Anfang des Michabuches über das völkerfreundliche Wallfahrtslied in Mi 4,1–5*, das die Grundlage des Rechtsstreits benennt, auf die bedingte Strafankündigung in Mi 5,14 zielt. Der völkerkritische Rahmen in Mi 1,2 und Mi 5,14 korrigiert und präzisiert die völkerfreundliche Position aus Mi 4,1–5*, indem er auf eine bedingte Strafandrohung zuführt.

2.6 Ergebnis

Der Höraufruf in Mi 1,2 bildet den jüngeren Eingang des Michabuches. Er steht bereits einer entfalteten Buchkomposition in Mi 1–5* voran und eröffnet einen völkerkritischen Spannungsbogen, der in Mi 5,14 geschlossen wird. Durch die Einschaltung des Höraufrufs werden die Fremdvölker in das Strafgerichtshandeln JHWHs einbezogen, das zunächst seinem eigenen Volk gilt. Mi 1,2 (mit Mi 5,14) korrigiert und präzisiert die völkerfreundliche Position des Völkerwallfahrtsliedes in Mi 4,1–5* und richtet eine bedingte Gerichtsankündigung gegen diejenigen Völker aus, die der Weisung JHWHs nicht gehorchen.

---

[37] Den Zusammenhang zwischen dem Höraufruf (Mi 1,2 mit Mi 5,14) und dem Völkerwallfahrtslied (Mi 4,1–5) haben u. a. Mays, OTL, 40; Utzschneider, ZBK, 33, herausgestellt.

3 Die Theophanie: JHWHs Kommen zum Gericht in Mi 1,3 – 5a

Die Theophanieszene in V.3 – 4 bildet das Erscheinen JHWHs zum Strafgericht ab und begründet dasselbe in V.5a mit der Schuld Jakobs und den Vergehen des Hauses Israel. Die bisherige Analyse hat ergeben, dass der Hörauf in V.2 am Beginn des Michabuches nachträglich eingesetzt worden ist. Da V.2 und V.3 – 4 (mit V.5a) nicht auf derselben literarischen Ebene liegen, dürfte die Theophanie den älteren Eingang des Michabuches darstellen. Die ursprüngliche Eröffnung desselben enthält die Theophanieszene jedoch ebenfalls nicht, wie die folgende Analyse zeigen wird.

3.1 Abgrenzung und Aufbau

Als älterer Eingang des Michabuches hatte die Theophanieszene ihren Ort ursprünglich zwischen der Buchüberschrift und der anschließenden Darstellung des Schicksals Israels und Judas. Während die Abgrenzung des Abschnitts zur einen Seite durch die Überschrift in V.1 evident ist, lässt sich eine Zäsur zum Folgekontext weniger eindeutig ausmachen. In inhaltlicher Hinsicht ist die Schilderung des Kommens JHWHs und seiner Begleiterscheinungen in V.3 – 4 abgeschlossen. In formaler Hinsicht ist der anschließende V.5 jedoch unlöslich mit der Theophanieszene verbunden. Über die Wendung כָּל־זֹאת in anaphorischer Funktion bezieht sich V.5a auf V.3 – 4 zurück, begründet das Erscheinen JHWHs mit den Sünden Jakobs und den Vergehen des Hauses Israel und stellt auf diese Weise heraus, dass die Theophanie in V.3 – 4 (gattungsuntypisch) ein Strafgericht gegen das Volk JHWHs bedeutet.[38]

Die enge Verbindung von V.3 – 4 und V.5 hat Hans Walter Wolff veranlasst, den Beginn der konkreten Darstellung des unheilvollen Schicksals Israels und Judas in V.6 zu suchen und eine Zäsur nach V.5 anzunehmen. Diese Sicht ist wenig wahrscheinlich, da der Strafspruch gegen Samaria in V.6 mit konsekutivem Perf. beginnt (וְשַׂמְתִּי) und damit ein vorausgehendes Element zwingend voraussetzt. Da V.3 – 5 und V.6 nach Ansicht Wolffs nicht auf derselben literarischen Ebene liegen, die Theophanieszene vielmehr nachträglich in das Michabuch eingefügt worden sei, erscheint ihm der „Anfang des ersten Michaspruchs in 6 [...] als fragmenta-

---

38 Wie an sämtlichen Belegstellen (vgl. Gen 41,39; Dtn 32,27; Jdc 6,13; Ps 44,18; 2 Chr 21,18; 31,1; 35,20) besitzt die Wendung כָּל־זֹאת in Mi 1,5a eine anaphorische Funktion, vgl. entsprechend etwa Jeremias, ATD, 134; Kessler, HThK.AT, 87; Mays, OTL, 44; Metzner, Kompositionsgeschichte, 62; Renaud, Formation, 37; Wöhrle, Sammlungen, 140 mit Anm. 13; Wolff, BK, 15 – 16.

risches Stück."[39] Im Zuge der Einbindung von V.3 – 5 sei „eine ursprüngliche, rhetorische Einleitung des Michaspruchs verdrängt worden"[40].

Näher liegt es demgegenüber eine Zäsur zwischen V.5a und V.5b anzunehmen und damit einem Vorschlag zu folgen, der bereits von Bernhard Stade zur Diskussion gestellt worden ist und ohne die Hypothese eines fragmentarischen Spruchs auskommt, sollten die Theophanie und ihr Folgekontext unterschiedlichen literarischen Ebenen in Mi 1 angehören.[41] Stades Abgrenzungsvorschlag besitzt eine hohe Plausibilität. V.5a schließt über die anaphorische Wendung כָּל־זֹאת an V.3 – 4 an und liefert dem Erscheinen JHWHs zum Strafgericht seine Begründung. Darüber hinaus entspricht der umfassende Schuldzusammenhang, der Jakob und das Haus Israel insgesamt in den Unheilsnexus einbezieht, dem globalen Radius der Theophanie. V.5b konzentriert hingegen die Schuld auf die Hauptstädte Samaria und Jerusalem, was der nachfolgenden Darstellung und ihrem Fokus auf die Hauptstädte Israels und Judas entspricht. Da V.5a eine höhere Affinität zu V.3 – 4 als zum Folgekontext aufweist und V.5b mit der thetisch ausgewiesenen Schuld der Hauptstädte die anschließende Darstellung vorbereitet, ist eine Zäsur zwischen V.5a und V.5b erkennbar.

Der Abschnitt in V.3 – 5a besteht aus vier Gliedern. Das erste Glied beschreibt in V.3 JHWHs Aufbruch (יצא) und seine Niederfuhr (ירד). Ausweislich der Verben, die ein Hinabsteigen bezeichnen, ist JHWHs Ort (מָקוֹם) als Ausgangspunkt der Theophanie im Himmel vorgestellt. Das zweite Glied bringt in V.4a die Erschütterung von Berg und Tal als Begleiterscheinungen der Theophanie zur Darstellung. V.3 – 4a entspricht in seiner Struktur der klassischen zweigliedrigen Form der Textgattung (vgl. Jdc 5,4 – 5; Am 1,2; Ps 68,8 – 9).[42] Die klassische Form ist in V.4b um ein drittes Glied erweitert, das die Zwangsläufigkeit der Naturreaktionen auf JHWHs Kommen illustriert. Das vierte Glied, das in V.5a vorliegt, gehört inhaltlich nicht mehr der Theophanieszene an, sondern verbindet sie mit dem Folgekontext. All dies (כָּל־זֹאת), das Herabsteigen JHWHs, das Schmelzen der Berge und das Bersten der Täler, geschieht wegen der Sünde Jakobs und der Vergehen des Hauses Israel. Durch die Begriffe פֶּשַׁע und חַטָּאת wird das Thema vorbereitet, das V.5b problematisiert und auf die Hauptstädte Samaria und Jerusalem zuspitzt.

Die Diskussion über die literarische Integrität der Komposition in Mi 1 hat innerhalb der Forschungsgeschichte mit der Frage begonnen, ob der vorfindliche Bucheingang ursprünglich ist.[43] Bernhard Stade hatte vermutet, dass der Ab-

---

39 WOLFF, BK, 22.
40 WOLFF, BK, 16.
41 Vgl. STADE, Streiflichter, 163.
42 Vgl. JEREMIAS, Theophanie, 7 – 16 (zu Mi 1,3 – 4 bes. 11 – 12).
43 S. dazu den Forschungsüberblick unter I.

schnitt in V.2–5a dem Michabuch nachträglich vorangestellt wurde.[44] Die bisherige Analyse hat zu dem Ergebnis geführt, dass diese Vermutung für V.2 zutrifft. Allerdings liegen der Höraufruf an die Völkerwelt in V.2 und die Theophanie in V.3–5a nicht auf derselben literarischen Ebene. Die Frage nach der Integrität der Theophanie ist im Folgenden somit zunächst als Frage nach ihrem Verhältnis zum Folgekontext in Mi 1 zu stellen.

3.2 Integrität

Die Theophanieszene in V.3–5a bildet JHWHs Kommen zum Strafgericht ab und begründet es mit den Vergehen Jakobs und des Hauses Israel. In V.5b–16 wird daraufhin zunächst die Schuld der Hauptstädte festgestellt und sodann ein Unheilsgeschehen zur Darstellung gebracht, das Samaria, die judäische Schefela und Jerusalem betrifft. Bereits das in V.5a und V.5b unterschiedlich bestimmte Subjekt der Schuld legt die Vermutung nahe, dass V.3–5a und V.5b–16 nicht auf derselben Ebene liegen und die Theophanieszene im Verhältnis zu ihrem Folgekontext jünger ist.[45]

Das Unheilsgeschehen wird in V.5b mit der Schuld der Hauptstädte Samaria und Jerusalem begründet. Daraufhin erscheint die folgende Darstellung konsequent, die das Unheil insbesondere auf Samaria (V.6–7) und Jerusalem (V.8–9.12b.13b.16) bezieht. In V.5a wird hingegen Jakob und das Haus Israel als Subjekt der Verfehlungen bestimmt und ein im Verhältnis zu V.5b größerer, abstrakter Schuldhorizont gezeichnet. V.5a scheint den konkreten Schuldvorwurf gegen die Hauptstädte in V.5b aufzunehmen und mit generalisierendem Interesse auf Jakob (als Volk) und das Haus Israel (als politisches System) auszuweiten.

Das generalisierende Interesse aus V.5a entspricht dem globalen Horizont der Theophanie. Darin ist der gesamte Erdkreis in das Geschehen involviert, wenn JHWH auf die Höhen der Erde tritt und ihre Grundfesten wanken, während die Ereignisse in V.5b–16 den israelitisch-judäischen Binnenhorizont betreffen. Darüber hinaus sind mit dem Kommen JHWHs nach V.3–4 Reaktionen der Natur verbunden. Im Folgenden setzt JHWH jedoch „Geschichtsereignisse"[46] in Gang. Schließlich spricht die Überschrift, die in V.1* ein Wort JHWHs ankündigt, gegen die Annahme, dass die Theophanieszene am Bucheingang ursprünglich ist. Diese handelt von JHWH in 3. Pers. und bietet das angekündigte Wort der Gottheit also nicht.

---

44 Vgl. Stade, Streiflichter, 163.
45 Vgl. im Anschluss an Stade, Streiflichter, 163, in jüngerer Zeit insbesondere Jeremias, Theophanie, 130; ders., ATD, 135; Schart, Entstehung, 177–178; Wolff, BK, 20–21. Anders wieder Wöhrle, Sammlungen, 140–142.
46 Wolff, BK, 21.

Nach allem dürfte Stades Einschätzung zutreffen, dass in V.2–5a ein im Verhältnis zum Folgezusammenhang jüngerer Textbestand vorliegt.[47] Allerdings ist V.2 als jüngstes Element am Eingang des Michabuches von der Theophanie in V.3–5a als der nächst älteren Einleitung zu unterscheiden. Die Theophanie in V.3–4 und ihre Begründung in V.5a, die V.3–4 mit dem Zielkontext in Mi 1 verbindet, sind (von Einzelsätzen abgesehen) als literarische Einheit formuliert.[48] Ihre Verfasser verfolgen das Interesse, die nachfolgende Darstellung des Unheils ausdrücklich auf JHWH zurückzuführen und als Strafgericht zu charakterisieren. Die Theophanie ist „wahrscheinlich [...] aus der Rückschau formuliert, d. h. aus der Erfahrung des staatlichen Untergangs Israels und Judas heraus, um die Berechtigung des göttlichen Strafhandelns aufzuweisen."[49]

Während V.5a die Theophanieschilderung in V.3–4 abschließt, steht V.5b durch die Erwähnung der Hauptstädte Samaria und Jerusalem mit dem Folgekontext in Verbindung und bereitet diesen vor. Da V.3–5a im Verhältnis zur anschließenden Gerichtsdarstellung als entstehungsgeschichtlich jünger zu bewerten ist, das Strafurteil gegen Samaria in V.6 jedoch mit konsekutivem Perf. beginnt (וְשַׂמְתִּי), ist V.5b (zumindest im Grundbestand) auf der Ebene von V.6 vorausgesetzt und in seiner Grundsubstanz älter als V.3–5a.[50] In V.5b* dürfte somit die Einleitung des Folgekontextes und der Beginn der nächst älteren Textebene in Mi 1 vorliegen.

Die Theophanieszene in V.3–5a hat vermutlich einzelne interne Erweiterungen erfahren. Darauf lässt die formale Überlänge von V.3 schließen. Im Zuge der Einbindung des Höraufrufs dürfte der Versanfang um das kausative כִּי, wenn nicht um כִּי samt Aufmerksamkeitsruf הִנֵּה, erweitert worden sein.[51] Weiterhin richten sich Bedenken gegen die zweigliedrige Verbalformulierung in V.3b. 1QpMi und einige griechische Handschriften bieten das zweite Verbum (וְדָרַד) nicht. Während V.3a den Ausgang (יְהוָה יֹצֵא מִמְּקוֹמוֹ) und V.3b das Ziel (וְיָרַד עַל־בָּמֳתֵי אָרֶץ) des Kommens JHWHs beschreiben und damit die kosmische Kulisse der Theophanie abbilden, scheint sich

---

47 Vgl. STADE, Streiflicher, 163.

48 Vgl. etwa JEREMIAS, ATD, 134–135 mit Anm. 52; MAYS, OTL, 44. Anders hat SCHART, Entstehung, 178–179, die Theophanieschilderung in V.3–4 als Nachtrag markiert und die Wendung כָּל־זֹאת in V.5a auf V.2b bezogen.

49 JEREMIAS, ATD, 133–134, und entsprechend WOLFF, BK, 21.

50 Vgl. entsprechend MARTI, KHC, 267; STADE, Streiflichter, 163. Die Forschung sieht hingegen in V.5b mehrheitlich eine spätere Konkretion, die V.5a entfaltet; vgl. BUDDE, Rätsel, 79–81; JEPSEN, Beiträge, 98; JEREMIAS, Deutung, 332; DERS., ATD, 135; KESSLER, HThK.AT, 87; MAYS, OTL, 45; SCHART, Entstehung, 177–178; WÖHRLE, Sammlungen, 140–141. Zu V.5b s. unten 4.2.1 und 4.3.1.

51 S. dazu oben 2.4. Sofern die vorfindliche Eröffnung (כִּי־הִנֵּה) insgesamt eine redaktionelle Nahtstelle bildet, hat die Theophanie ursprünglich wie ihre nächste Parallele in Am 1,3 mit dem Gottesnamen in Spitzenposition begonnen.

mit dem Verbum דָּרַךְ das Aussageinteresse zu verbinden, dass die Höhen nicht nur den Hintergrund, sondern selbst das Ziel des Kommens JHWHs darstellen. Solches Treten (דרך) entspräche einem Zertreten bzw. Zerstampfen und dürfte sich gegen die Höhen als Höhenheiligtümer richten. Das Verbum könnte im Zuge der kultkritischen Nachinterpretation zu V.5b* und unter dem Eindruck von Am 4,13 in die Theophanieszene eingefügt worden sein.[52] In V.3* selbst ist eine entsprechende kultkritische Tendenz für die Höhen der Erde nicht zu erkennen. Die Höhen dürften hier wie ähnlich in Dtn 32,13; Jes 58,14 und Am 4,13 die Höhen der Erde im profanen Sinne bezeichnen und zur Illustration der Theophanie dienen.

3.3 Detailanalyse

Die Theophanie in V.3–4 (mit V.5a) bringt das Erscheinen JHWHs zur Darstellung und weist das nachfolgend beschriebene Unheil als göttliches Strafgericht aus. Die Szene folgt in ihrer Struktur der zweigliedrigen Kurzform der Gattung.[53] Sie bezeichnet im ersten Teil JHWHs Erscheinen und im zweiten Teil die mit seinem Kommen verbundenen Begleiterscheinungen. Die klassische Form ist in V.4b um zwei Vergleiche erweitert, die die Reaktionen der Natur veranschaulichen. V.5a beschließt die Darstellung, begründet das Kommen JHWHs mit einem generellen Schuldspruch über Jakob und das Haus Israel und leitet zum Folgekontext über, der die Schuld beider Größen auf die Hauptstädte Samaria und Jerusalem konzentriert.

Das erste Glied in V.3 beschreibt das Hervorgehen JHWHs aus seinem Ort. Der als מָקוֹם bezeichnete Ausgangspunkt der Handlung kann für JHWHs himmlisches Heiligtum (vgl. etwa Jes 26,21; 63,19; Ps 144,5) wie für seinen heiligen Ort auf Erden (vgl. Dtn 33,2; Jdc 5,4; Hab 3,3) stehen.[54] Sowohl die Verben יצא und ירד in V.3 als auch die Präp. תַּחַת in V.4a lassen jedoch keinen Zweifel daran, dass es sich bei מָקוֹם in V.3 um einen Standort im Himmel handelt. Das Verbum יצא besitzt eine kriegerische Konnotation und findet entsprechende Verwendung im Zusammenhang der JHWH-Kriege (vgl. Jdc 4,14; 2 Sam 5,24; Sach 14,3). In V.3 rückt JHWH allerdings nicht zur Rettung, sondern zum Kampf gegen sein Volk aus. Eine Reihe von Verben im konsekutiven Perf. bilden das sukzessive Voranschreiten der Gottheit ab. Die Höhen der Erde (V.3b vgl. Am 4,13) bilden das Ziel des Kommens JHWHs. Über den Begriff בָּמָה wird die Theophanieszene gezielt mit dem Strafurteil

---

52 Vgl. etwa JEREMIAS, ATD, 129 Anm. 29; WOLFF, BK, 10. Zu den rhetorischen Fragen in V.5b s. unten 4.2.1.

53 Vgl. JEREMIAS, Theophanie, 7–16 (zu Mi 1,3–4 bes. 11–12).

54 Vgl. KESSLER, HThK.AT, 86.

gegen Jerusalem in Mi 3,12 verklammert. Im Parallelismus zu הֶהָרִים (V.4aα) dürften die Höhen hier wie in Mi 3,12 noch die Anhöhen in profanem Sinne bezeichnen.[55]

Das zweite Glied in V.4a bringt die Reaktionen der Natur auf das Herabschreiten JHWHs zur Darstellung. Berge schmelzen unter ihm und die Täler bersten (vgl. Jdc 5,4; Jes 63,19; Hab 3,6; Ps 97,5). Von den Höhen bis in die Niederungen ist der gesamte Erdkreis in Aufruhr, alles Stabile und Verlässliche gerät unter der Macht JHWHs aus den Fugen.[56] Zwei Vergleiche in V.4b beschließen die Theophanieschilderung. Sachlich beziehen sich beide auf V.4aα (מסס), indem sie das Motiv des Fließens bzw. Schmelzens entfalten und ins Bild setzen. Die Vergleiche veranschaulichen die Reaktionsweise der Natur und charakterisieren den Vorgang der Theophanie in zweifacher Hinsicht: das Kommen JHWHs und seine Folgen sind zwangsläufig, wie Wachs vor dem Feuer unmittelbar zu fließen beginnt (V.4bα), und weder zu kontrollieren noch aufzuhalten wie den Hang herabstürzende Wasser (V.4bβ). Das Unheil scheint somit unausweichlich (vgl. Mi 2,6bβ).

Mit V.5a wird die Theophanieschilderung abgeschlossen und in ihren Zielkontext eingeflochten. Inhaltlich stellt V.5a heraus, dass JHWHs Kommen seinem Volk nicht etwa Rettung bringt, was gattungstypisch zu erwarten gewesen wäre, sondern Vergeltung. Weiterhin begründet V.5a das heraufziehende Strafgericht mit einem allgemeinen Schuldvorwurf gegen Jakob und das Haus Israel. Die Sündenterminologie (פֶּשַׁע neben חַטָּאת) bildet einen synonymen Parallelismus, dasselbe ist für die Begriffe יַעֲקֹב und בֵּית יִשְׂרָאֵל wahrscheinlich. Was bezeichnen sie nun aber in V.5a? Das Nordreich Israel mit seiner Hauptstadt Samaria?[57] Oder das Südreich Juda mit seiner Hauptstadt Jerusalem?[58]

Beide Vorschläge sind innerhalb der Forschungsgeschichte diskutiert worden. Für die erste Deutungsoption spricht der anschließende Schuld- und Urteilsspruch gegen Samaria (V.5bα.6), für die zweite der Parallelismus יַעֲקֹב / בֵּית יִשְׂרָאֵל in den Höraufrufen Mi 3,1.9 (vgl. Mi 3,8), die sich an die politische Führung Judas richten. Da in V.1b allerdings beide Hauptstädte als Geltungsradius des Michabuches genannt werden, V.5b sodann den Schuldvorwurf sowohl gegen Samaria als auch gegen Jerusalem erhebt und V.9 das Unheil Judas und Jerusalems schließlich aus dem Schicksal Samarias ableitet, liegt es nach meiner Wahrnehmung am nächsten, dass V.5a Nord- und Südreich gleichermaßen bezeichnet.[59] Dies entspricht dem globalen

---

55 Eine kultkritische Konnotation erhält der Terminus erst durch die Einschaltung von V.5bβ; s. dazu unten 4.2.1.

56 Vgl. JEREMIAS, ATD, 134; WOLFF, BK, 25.

57 Vgl. etwa KESSLER, HThK.AT, 87; RUDOLPH, KAT, 41; SCHART, Entstehung, 179 mit Anm. 74.

58 Vgl. etwa MAYS, OTL, 44; WÖHRLE, Sammlungen, 141 mit Anm. 16.

59 Ein inklusives Verständnis von V.5a vertreten auch JEREMIAS, ATD, 135 mit Anm. 52; METZNER, Kompositionsgeschichte, 63; WOLFF, BK, 15–16. Sie vermuten darüber hinaus, dass Israel durch

Radius der Theophanie zur einen und der noch näher zu konturierenden geschichtstheologischen Komposition in Mi 1* zur anderen Seite.[60]

3.4 Literarischer Ort: Die Brückenverse in V.5a und V.12b

Für die Einbindung der Theophanieschilderung in den Zielzusammenhang sind
V.5a und V.12b von wesentlicher Bedeutung. V.5a liefert dem Strafgericht seine
Begründung. Die Sündenterminologie aus V.5b (פֶּשַׁע) wird aufgenommen und
unter dem Eindruck von Mi 3,8 (vgl. Am 5,12) um חַטָּאת zu einem Parallelismus
erweitert.[61] Das Subjekt der Schuld entspricht der ersten rhetorischen Frage in
V.5bα (יַעֲקֹב). Da mit dem Namen Jakob der Horizont der zwölf Stämme Israels
assoziiert ist, dürfte er den nachfolgend dargestellten, gesamtisraelitischen Un-
heilsradius repräsentieren, der sich von Samaria aus (V.5b – 6*) auf Juda und Jerusalem erstreckt (V.8 – 9.16).

Weiterhin ist V.12b für die Verankerung der Theophanie im literarischen Gefüge von Mi 1* bedeutsam.[62] Inmitten einer Reihe von Stadt-Sprüchen, die eine
diffuse Unheilsbewegung zwischen einzelnen Ortschaften der judäischen Schefela abbilden, bringt V.12b im Anschluss an V.9 das Ziel des Unheils in Erinnerung
(לְשַׁעַר יְרוּשָׁלָ͏ִם) und deutet sie unter dem Eindruck von V.3 – 4 als Auswirkung des
Strafgerichts JHWHs. Das Verbum ירד ist aus V.3 aufgenommen und stellt einen
Rückbezug auf die Bewegung JHWHs her; die Präp. מִן bezeichnet in V.12b wie in V.3
den Ausgangspunkt des Unheils. JHWH erscheint als derjenige, der das Unheil
bewirkt (V.3 – 4) und bis nach Juda und Jerusalem vorantreibt (V.8 – 9.12b).

Der Brückenvers in V.12b ist unter dem Eindruck von V.3 – 5a* und V.9 formuliert worden und führt den Tenor der jeweiligen Aussage zusammen.[63] Er dürfte
im Zuge der Einfügung von V.3 – 5a gestaltet worden sein und auf die Verfasser der
Theophanieszene zurückgehen (oder aber in ihrer unmittelbaren Tradition stehen). Die Theophanieszene ist im Verhältnis zu V.8 – 9 als jünger zu bewerten.

Jakob und Juda durch das Haus Israel vertreten wird. Für diese Differenzierung liegen jedoch keine
belastbaren Indizien vor.

60 Zur geschichtstheologischen Komposition s. unten 4.

61 Vermutlich stand חַטָּאת in V.5aβ wie פֶּשַׁע in V.5aα ursprünglich im Sg. und wurde im Zuge der
Einschaltung von V.5bβ (בָּמוֹת יְהוּדָה) nachträglich in den Pl. gesetzt, um die Höhen Judas (Pl.) mit
den Sünden Israels (Pl.) in Beziehung zu setzen.

62 Zur Einschaltung von V.12b s. auch unten 5.2.3.1.

63 Vgl. Mays, OTL, 58. „This restatement of themes from other parts of the chapter suggests that
the sentence is an expansion added to unify the material. It introduces motifs from the theophany
and the introduction to the lament to be sure the reader understands that the disaster which causes
the lament is the effect of YHWH's coming down" (ebd.).

Durch ihre Einfügung erhält das Michabuch wie ähnlich das Amosbuch durch Am 1,2 (mit Am 4,13) ein theologisches Proömium. Es gibt dem Unheilsgeschehen eine theologische Deutung und führt es ausdrücklich auf ein Strafgericht JHWHs zurück.

3.5 Kompositioneller Zusammenhang

Die Theophanie am Bucheingang hat auf die Gestaltung einer Reihe jüngerer Texte des Michabuches eingewirkt. Näherhin ist es die signifikante, in V.3 – 4* abgebildete Bewegung, welche die literarische Fortbildung innerhalb des Michabuches beeinflusst hat. Das Verbum יצא bezeichnet in Verbindung mit ירד im Rahmen der Theophanie das Hervorgehen und Hinabschreiten JHWHs zum Strafgericht gegen Israel und Juda. Die Sammlungsverheißung in Mi 2,12 – 13 und das Völkerwallfahrtslied in Mi 4,1 – 5 nehmen das Motiv der Bewegung auf und schreiben es in heilvollem Sinne fort. Auf diese Weise gelangt eine Kontinuität zwischen dem Strafgericht und der heilvollen Zukunftsperspektive des Volkes JHWHs zur Darstellung.

In Mi 2,12 – 13 wird dem Volk die Sammlung und Heimkehr nach dem Strafgericht verheißen. Das Verbum יצא bezeichnet in V.13 eine Handlung JHWHs. Er bricht durch das Stadttor aus (יצא), zieht an der Spitze und als König seines Volkes voraus und zieht hinauf (עלה). Die Verben יצא und עלה sind für die sog. Heraus- bzw. Heraufführungsformeln innerhalb der Exodustradition konstitutiv. In Mi 2,13 bezeichnen sie den Aufbruch und die Heimkehr des Volkes nach Jerusalem.[64] Als erste explizite Heilsverheißung deutet Mi 2,12 – 13 auf die Heilskomposition in Mi 4 – 5 (vgl. die Parallele in Mi 4,6 – 7) und die heilvolle Zukunft Israels nach dem Strafgericht voraus.

Das Völkerwallfahrtslied in Mi 4,1 – 5 setzt im Anschluss an das Strafurteil gegen Zion (Mi 3,12) die Restitution des Hauses JHWHs wieder voraus und formuliert einen scharfen Kontrast zum Gerichtstext, den die Theophanie eingeleitet hatte. Waren nach Mi 1,3 – 4 die Berge unter der Macht JHWHs geschmolzen und die Täler geborsten, wird der Berg des Hauses JHWHs nunmehr wieder als festgegründetes Haupt der Berge vorgestellt.[65] Das Gottesvolk ist wieder um Zion versammelt, die Gottheit in ihrem Hause präsent und die fremden Völker strömen in friedlicher Absicht hinzu. Die Handlung (עלה) wird nach Mi 4,2 von den Völkern ausgeführt und mit dem Vorgang יצא begründet. Dieser Vorgang bezeichnet das

---

64 S. dazu unter Teil B die Analyse 1.4.2.
65 Vgl. bereits UTZSCHNEIDER, ZBK, 88.

Hervorgehen der Torah JHWHs aus Zion (מִצִּיּוֹן תֵּצֵא תוֹרָה), auf die sich das Interesse der Völker richtet.

Verfolgt man das mit dem Verbum יצא verbundene Bewegungsmotiv im synchronen Gefüge des Michabuches, ergibt sich die folgende Sinnlinie: JHWH rückt von seinem himmlischen Wohnsitz aus (יצא) und vollstreckt das Strafgericht an seinem Volk (Mi 1–3* nach Mi 1,3–5a*). JHWH führt sein Volk (bzw. einen Rest) nach dem Gericht zusammen und rückt als König aus (יצא in Mi 2,12–13) und zieht nach Jerusalem voraus, wo sein Haus in Zion schließlich als Ausgangsort der Torah erscheint (יצא in Mi 4,1–3).[66] Die Theophanie besitzt im synchronen Textgefüge eine über den Horizont des Strafgerichts hinausweisende Funktion. Die mit dem Verbum יצא verbundene Bewegung zielt auf umfassendes Heil in Zion und inmitten der Völkerwelt, dessen Grundlage und Garant die göttliche Weisung darstellt.

3.6 Ergebnis

Die Theophanie in Mi 1,3–5a* (mit V.12b) beschreibt JHWHs Kommen zum Strafgericht und stellt der nachfolgenden Darstellung des unheilvollen Schicksals Israels und Judas eine theologische Deutung voran. Im Verhältnis zum Höraufruf in V.2 stellt sie den nächst älteren Eingang des Michabuches dar, ist am Anfang desselben jedoch ebenfalls nicht ursprünglich. Die Theophanie bildet die nachträgliche Einführung der geschichtstheologischen Komposition in Mi 1,5b–16* und wurde ihr auf der Ebene der Buchkomposition in Mi 1–3* vorgeschaltet. Der geschichtstheologischen Komposition in Mi 1* wenden wir uns im nächsten Schritt der Analyse zu.

4 Die geschichtstheologische Komposition in Mi 1,5b–16

Die geschichtstheologische Komposition in Mi 1,5b–16* betrachtet das Unheil Samarias, Judas und Jerusalems und stellt das Schicksal von Nord- und Südreich in Beziehung zueinander. Aus dem Untergangsurteil gegen Samaria in V.6–7 wird das

---

66 Diese Sinnlinie, die über das Motiv der Bewegung gezogen wird, könnte die Verfasser des Höraufrufs in Mi 1,2 (mit Mi 5,14) inspiriert haben. Sie scheinen diese Bewegung an den Anfang des Michabuches zurückzuverfolgen und gestalten unter dem Eindruck des Wallfahrtsliedes einen Hörauf in Mi 1,2, der auf eine bedingte Gerichtsankündigung gegen die hörunwilligen Völker in Mi 5,14 zielt. Dabei bedienen sie sich der Erkenntnismotivik aus Mi 4,1–5, die im Rahmen des Wallfahrtsliedes bereits mit der Völkerschaft verbunden ist, und nehmen das Hervorsprießen der Torah aus Zion zum Anlass, auf ihrer Grundlage JHWHs Zeugenschaft von seinem Tempel aus gegen die Völker zu richten.

Unheil Judas und Jerusalems abgeleitet, was die Klagen in V.8 – 9 und V.16 veranlasst. Da der Klageaufruf in V.16 der Stadt Jerusalem gilt und mit der Deportation ihrer Bewohner begründet wird, lässt sich erkennen, dass Juda und Jerusalem im Spiegel von Mi 1* das Schicksal teilen, das Samaria nach V.6 – 7 ereilt hat. Im Rahmen dieses von Samaria ausgehenden und auf Jerusalem zielenden Ereignisgefüges treten in V.10 – 15 die Einzelschicksale judäischer Ortschaften im Bereich der Schefela in den Blick, die an eine verheerende militärische Invasion erinnern.

Die nachfolgende Analyse wird zu dem Ergebnis führen, dass der israelitisch-judäische Unheilsnexus in V.5b – 16* in seiner Grundstruktur einen literarisch einheitlichen Zusammenhang bildet. Die geschichtstheologische Komposition in Mi 1* stellt die älteste erreichbare Gestalt des Michabuches dar und fasst mit dem Schefela-Städte-Gedicht in V.10 – 15* ein älteres Traditionselement ein. Ihre Verfasser folgen dem Interesse, den Untergang beider Reiche und ihrer Hauptstädte in einen geschichtstheologischen Zusammenhang zu stellen und gleichermaßen als Resultat des Strafgerichts JHWHs zu bestimmen. Da die Schefela zwischen Samaria und Jerusalem und auf der Marschroute von Norden anrückender feindlicher Mächte liegt und im jeweiligen Zeitkontext des Niedergangs der Hauptstädte in assyrischer bzw. babylonischer Zeit ebenfalls verwüstet worden ist, konnten die Stadt-Sprüche in V.10 – 15* als Bindeglied zwischen beiden Kontexten dienen.

4.1 Abgrenzung und Aufbau

Die bisherige Analyse hat ergeben, dass die Komposition in Mi 1 im Laufe ihrer Entstehungsgeschichte mit dem Höraufruf an die Völker in V.2* und der Theophanieszene in V.3 – 5a* zwei jüngere Einleitungen erhalten hat. Sofern dies zutrifft, begegnet in V.5b – 16* der ältere Bestand des ersten Kapitels, der ursprünglich unmittelbar auf die Buchüberschrift in V.1* folgte. Die Komposition, deren inhaltliches Zentrum die Klage über das Schicksal Israels und Judas bildet, wird mit der Frage nach der Schuld Jakobs in V.5bα eröffnet und besitzt ihren Ziel- und Schlusspunkt im Aufruf zur Untergangsklage in V.16. Der folgende Weheruf in Mi 2,1 markiert einen Neueinsatz. Er führt zwar den Klageton aus Mi 1* fort, überträgt ihn jedoch in den gesellschaftspolitischen Bereich und führt damit einen neuen thematischen Zusammenhang ein.

Die Klagekomposition in Mi 1,5b – 16 besteht aus vier Gliedern und bindet mit der Spruchreihe in V.10 – 15* ein weiteres Element eigenen Charakters ein.[67] Das erste Glied der Komposition enthält V.5b. Es bietet im vorfindlichen Textgefüge

---

67 Vgl. die Gliederung im Rahmen der synchronen Lektüre oben II.2.

einen thetischen Schuldaufweis gegen Samaria (V.5bα) und Jerusalem (V.5bβ), der in die Gestalt rhetorischer Fragen gekleidet ist. Beide Bikola sind in ihrer Struktur gleichförmig gestaltet. Die erste Frage wird jeweils mit dem Interrogativum מִי eröffnet und richtet sich auf die Sünden Jakobs (V.5bα) bzw. die Höhen Judas (V.5bβ). Die zweite Frage wird jeweils mit He interrogativum samt Negation הֲלוֹא eingeleitet und identifiziert die Schuld Jakobs mit Samaria (V.5bα) bzw. die Höhen Judas mit Jerusalem (V.5bβ). In beiden Elementen sind die Fragen einander so zugeordnet, dass die zweite Frage jeweils eine Antwort auf die erste Frage enthält.

Das zweite Glied bietet in V.6 – 7 zunächst das Strafurteil gegen Samaria und zieht die Konsequenz aus dem Schuldvorwurf in V.5bα. Die Stadt wird ruiniert, ihre Festungsanlagen werden zerstört, ihre Fundamente entblößt (גלה). V.7 thematisiert daraufhin die Vernichtung der Gottes- und Götzenbilder der Stadt und die Vergeltung ihrer Hurerei. Der thetische Schuldaufweis aus V.5b wird somit in V.7 konkretisiert. Da V.6 – 7 als JHWH-Rede gestaltet ist und konsekutiv auf V.5b folgt, ist JHWH auch im Schuldaufweis in V.5b als Sprecher vorausgesetzt.[68] In V.5b – 7* scheint somit das Wort JHWHs vorzuliegen, das die Buchüberschrift erwarten ließ. In V.5b erhebt JHWH die Anklage, in V.6 (וְשַׂמְתִּי) und in V.7 (וְכָל־פְּסִילֶיהָ) richtet JHWH daraufhin das Strafurteil aus.

Das dritte Glied in V.8 – 9 bringt in 1. Pers. die Figur des Propheten zu Wort, der zur Trauer und zum Vollzug von Klageriten aufruft (V.8) und beides mit dem Unheil begründet, das er von Samaria aus gegen Juda und Jerusalem voranschreiten sieht (V.9). Obwohl der Sprecherwechsel am Übergang von V.5b – 7 zu V.8 – 9 nicht ausdrücklich angezeigt wird, lässt der Inhalt von V.8 – 9 jedoch keinen Zweifel daran, dass der Prophet die Klage vollzieht. Über עַל־זֹאת (V.8) wird ein Rückbezug auf V.5b – 7 hergestellt, über das Suff. 3. Fem. Sg. in מַכּוֹתֶיהָ (V.9) auf das Schicksal Samarias rekurriert. Da die Klage eines judäischen Propheten über das Schicksal Samarias ohne ihre Begründung in V.9 keinen rechten Sinn ergibt, bilden V.8 – 9 einen unlöslichen Zusammenhang. Durch die Rückverweise in V.8 – 9 auf V.5b – 7 wird der Abschnitt V.5b – 9 in seiner Grundstruktur als Einheit ausgewiesen.

Im Anschluss an die Spruchreihe in V.10 – 15 bildet V.16 das vierte Glied der Klagekomposition. Es enthält einen weiteren Aufruf zur Untergangsklage und schließt den Rahmen zu V.8 – 9. Durch Aufforderungen zu Trauer und Klageritus (V.8a.16aα.bα) samt Tiervergleich (V.8b.16bα) und Begründung (V.9.16aβ.bβ) sind beide Rahmenelemente strukturell ähnlich formuliert. Anders als in V.8 – 9 ruft der Prophet in V.16 jedoch nicht sich selbst, sondern das personifizierte Jerusalem zur Trauer auf. Obwohl Jerusalem in V.16 namentlich nicht ausdrücklich genannt wird, leidet es im Gefälle von V.8 – 9.16 keinen Zweifel, dass Judas Hauptstadt die

---

68 Vgl. bereits Rudolph, KAT, 39.

Adressatin bildet. Über den Terminus גלה und das damit verbundene Motiv der Entblößung korrespondiert V.16 mit dem Strafurteil gegen Samaria in V.6. Beide Hauptstädte ereilt dasselbe Schicksal.

Die Klagekomposition fasst mit der Spruchreihe in V.10 – 15 einen Textabschnitt ein, der ein eigenes Profil besitzt und sich dadurch von seinem Nahkontext unterscheidet. Im vorfindlichen Textgefüge von den Klagepassagen in V.8 – 9 und V.16 gerahmt, illustriert die Spruchreihe den sukzessiven Unheilsfortschritt zwischen Samaria und Jerusalem, der sich in V.9 über ein dreifaches עַד angedeutet hat. Die Sonderstellung der Spruchreihe zeigt sich daran, dass der Klageaspekt der Rahmenglieder (von V.10 abgesehen) zugunsten der Schilderung kriegerischen Unheils in den Hintergrund tritt. Während V.8 – 9 und V.16 in Gestalt der Klagen die Reaktionen auf das Schicksal Samarias und insbesondere Jerusalems zum Ausdruck bringen, steht in V.10 – 15 wieder die Beschreibung des Unheilsgeschehens selbst und damit der Klageanlass im Fokus. Weiterhin betrachten die Stadt-Sprüche nicht vorrangig den israelitisch-judäischen Unheilszusammenhang, der in V.5b – 9.16 im Vordergrund steht, sondern die Schicksale einzelner Ortschaften innerhalb der judäischen Schefela. Dieser Perspektivenwechsel gibt Anlass zu der Frage, ob die Verbindung der Schefela-Perspektive mit dem israelitisch-judäischen Horizont ursprünglich ist.

4.2 Integrität

Die geschichtstheologische Komposition in Mi 1,5b – 16*, in deren Zentrum die Klage über das Schicksal Samarias und Jerusalems steht, ist in V.5bβ und V.7 um zwei jüngere Elemente erweitert worden und fasst mit der Reihe der Stadt-Sprüche in V.10 – 15 ein älteres Traditionselement ein. Im Folgenden sind zunächst die jüngeren Fortschreibungen in V.5bβ und V.7 in den Blick zu nehmen. Daraufhin gilt es, die Sonderstellung der Spruchreihe in V.10 – 15 näher zu beleuchten.

4.2.1 Jerusalem und die Höhen Judas in Mi 1,5bβ

Der thetische Schuldvorwurf gegen Samaria in V.5bα ist in V.5bβ durch einen analogen Vorwurf gegen Juda und Jerusalem erweitert worden.[69] Dass V.5bβ zwischen V.5bα und V.6 kaum ursprünglich ist, legt bereits die Beobachtung nahe, dass der Zusammenhang aus Schuldvorwurf und Strafurteil gegen Samaria durch das Jerusalem-Element in V.5bβ unterbrochen wird. Der mit konsekutivem Perf. angeschlossene V.6

---

69 Vgl. entsprechend u. a. bereits RUDOLPH, KAT, 33.39.

(וְשַׂמְתִּי שֹׁמְרוֹן) ist nach V.5bα folgerichtig, insofern JHWH auf die Schuld der Stadt mit einem Gerichtswort gegen Samaria reagiert. Im Anschluss an V.5bβ bleibt jedoch offen, weshalb JHWH das Urteil nur gegen Samaria und nicht auch gegen die Stadt Jerusalem richtet, der eine ähnliche Schuld zur Last gelegt wird.[70]

Weiterhin unterscheiden sich V.5bα und V.5bβ in formaler Hinsicht. Während sich die erste Frage in V.5bα auf die Schuld Jakobs richtet und mit dem Hinweis auf Samaria im zweiten Kolon ihre Antwort erhält, sind in V.5bβ nicht die Sünden Judas Gegenstand der ersten Frage, sondern die Höhen Judas, die im zweiten Kolon daraufhin mit Jerusalem identifiziert werden. Bereits die griechischen Tradenten hat die auffällige Variation des ansonsten parallelen Gefüges in V.5b irritiert. So bietet die Septuaginta τίς ἡ ἁμαρτία οἴκου Ιουδα statt בָּמוֹת יְהוּדָה.[71] Auf diese Weise wird ein strenger Parallelismus in V.5b hergestellt und V.5bβ seinem Pendant in V.5bα nachträglich angeglichen.

Mit dem formalen Unterschied ist eine inhaltliche Differenz zwischen V.5bα und V.5bβ verbunden. Während sich die erste Frage in V.5bα offen auf die Schuld Jakobs (Sg.) richtet und mit Samaria ihre Antwort erhält, setzt V.5bβ mit dem Hinweis auf Judas Höhen (Pl.) ein und deutet den Gegenstand der Schuld schon in der ersten Frage an.[72] Da der Terminus בָּמוֹת in V.5bβ mit פֶּשַׁע in V.5bα parallelisiert wird und die Höhen damit als Gegenstand der Schuld erscheinen, werden sie anders als in Mi 1,3 und Mi 3,12 an dieser Stelle nicht die Höhen im profanen Sinne, sondern die Höhenheiligtümer bezeichnen.[73] Indem solche Höhen mit Jerusalem identifiziert werden, dürfte sich in V.5bβ eine Kritik am Jerusalemer Kultus aussprechen. Da eine explizite Kultkritik an Juda und Jerusalem über V.5bβ hinaus in Mi 1–3 nicht geäußert wird, tritt die Sonderstellung der Schuldanklage in V.5bβ umso deutlicher hervor.

---

70 Anders ließe sich erwägen, ob nicht V.5b insgesamt als eine Art Überschrift zu V.5–16 gestaltet worden sein könnte. Die nachfolgend zu beleuchtenden formalen und inhaltlichen Unterschiede zwischen V.5bα und V.5bβ zeigen jedoch, dass beide Elemente kaum von derselben Hand formuliert worden sind.

71 Ein entsprechender Vorschlag zur Textänderung ist bereits von WELLHAUSEN, Propheten, 135, unterbreitet worden und hat innerhalb der älteren Forschung zahlreiche Anhänger gefunden. Anders und dem masoretischen Konsonantenbestand näher hat RUDOLPH, KAT, 33, die Variante בְּמוֹת (מָוֶת im st. cs.) vorgeschlagen. Der Terminus בָּמוֹת wird jedoch durch Mi 1,3 und Mi 3,12 gestützt. Die jüngere Forschung folgt MT als lectio difficilior, vgl. etwa JEREMIAS, ATD, 129; KESSLER, HThK.AT, 80–81; MAYS, OTL, 41; WOLFF, BK, 9.11.

72 Vgl. entsprechend bereits JEREMIAS, ATD, 135.

73 Vgl. die kultkritische Deutung des Begriffs בָּמוֹת etwa bei JEREMIAS, ATD, 135; KESSLER, HThK.AT, 87; MAYS, OTL, 45; METZNER, Kompositionsgeschichte, 136; WÖHRLE, Sammlungen, 142; WOLFF, BK, 21.

Diese Beobachtungen legen die Schlussfolgerung nahe, dass V.5bβ nachträglich in den Zusammenhang aus Schuldvorwurf und Strafurteil gegen Samaria (V.5bα.6) eingefügt worden ist. Der Schuldvorwurf gegen Samaria in V.5bα wird um ein äquivalentes, gegen Jerusalem gerichtetes Element aufgefüllt. Darin zeigt sich das mit V.5bβ verbundene Anliegen, von vornherein beiden Hauptstädten dieselbe Strafwürdigkeit zu bescheinigen. Über das Begriffspaar (יְהוּדָה) בָּמוֹת und יְרוּשָׁלָ͏ם weist V.5bβ auf das Strafurteil gegen Jerusalem in Mi 3,12 voraus, das denselben Parallelismus enthält. Auf diese Weise wird der Beginn des älteren Michabuches in V.5b* nachträglich mit dem abschließenden Strafurteil in Mi 3,12 verklammert.[74] Indem V.5bβ seiner Vorlage in V.5bα ähnlich gestaltet wird, fügt sich das Jerusalem-Element in V.5bβ stilgerecht in den Zielkontext ein.

Sofern der kultkritische Tenor von V.5bβ zutreffend erkannt ist, stellt sich die Frage, weshalb seine Verfasser ausgerechnet eine Kultkritik am Anfang des Michabuches positionieren. Das Element in V.5bα, das der Formulierung in V.5bβ als Vorlage gedient hat, weist eine explizit kultkritische Intention ebenso wenig auf wie das Michabuch insgesamt, das sich auf die Anklage sozialen Unrechts konzentriert. Drei Anknüpfungspunkte lassen sich erwägen.

Erstens könnte der Zusatz durch V.7 angeregt worden sein, worin die Schuld Samarias mit kultischen Verfehlungen konkretisiert wird. Zweitens könnte die Kultkritik dadurch veranlasst worden sein, dass V.5bα Samaria als Sünde Jakobs deklariert. Dieser Sachverhalt erinnert an die Anfangssünde des Nordreichs, die in der Loslösung des israelitischen Nordens vom judäischen Süden, der Gründung Samarias als politisches Zentrum neben Jerusalem und der Einrichtung eines eigenständigen, von Jerusalem unabhängigen Kultus besteht. Mit dieser kultischen Neuorientierung ist insbesondere die Errichtung von Höhenheiligtümern verbunden (vgl. 1 Reg 12,31; 13,33). Sollte dieser Konnex die Formulierung von V.5bβ angeregt haben, bestünde die Kritik darin, dass Jerusalem mit seinen Höhen dieselbe Fehlorientierung aufweist wie Samaria (vgl. 1 Reg 14,23; 2 Reg 23,8.13).[75]

Der dritte mögliche Anknüpfungspunkt weist in dieselbe Richtung. Eine Kritik am Höhenkult wird über Mi 1,5bβ hinaus auch in Hos 10,8 und Am 7,9 geäußert. Hos 10,8 bezeichnet die Höhen Awens (בָּמוֹת אָוֶן) als Sünde Israels. Am 7,9 kündet den Höhen Isaaks (בָּמוֹת יִשְׂחָק vgl. בָּמוֹת יְהוּדָה in Mi 1,5bβ) die Vernichtung und dem Haus Jerobeams das Strafgericht JHWHs an. Beide Texte dürften auf die Formulierung der

---

74 Vgl. entsprechend Jeremias, ATD, 134 – 135; Kessler, HThK.AT, 87; Mays, OTL, 45.

75 Einen vergleichbaren Vorgang, die Schuld des Nordreichs auf das Südreich zu übertragen und in Jerusalem auszumachen, spiegelt das Gerichtswort in Mi 6,9 – 16* mit seinem gegen Jerusalem gerichteten Vorwurf in V.16a*. Darin wird Jerusalem und seinen Bewohnern zur Last gelegt, die Satzungen Omris und die Machenschaften des Hauses Ahab zu pflegen. S. dazu unter Teil C die Analyse I.2.1.3.

Glosse in Mi 1,5bβ Einfluss genommen haben.[76] Die Verfasser von V.5bβ applizieren die analogen kultkritischen Vorwürfe aus Hos 10,8 und Am 7,9 auf Jerusalem und stellen auf diese Weise heraus, dass Jerusalem dieselbe Verfehlung prägt wie Samaria. Mit der Kritik an den Höhen wird gleich zu Beginn des Michabuches ein Aspekt der Nordreichsprophetie aufgenommen und auf der Linie der geschichtstheologischen Komposition in Mi 1* gezielt gegen Jerusalem gerichtet.

4.2.2 Samaria und das Gericht über Götzen und Hurenlohn in Mi 1,7

Den Anfang der älteren Komposition in Mi 1* bilden Schuldvorwurf und Strafurteil gegen Samaria in V.5bα.6, sofern V.5bβ zutreffend als Nachinterpretation bestimmt worden ist. Dieser gegen Samaria gerichtete Zusammenhang wird in V.7 fortgesetzt. Darin werden Kulteinrichtungen wie Schnitz- und Götzenbilder in das Strafgericht einbezogen und der Stadt ihre Hurerei vergolten. Die Besonderheit dieser Fortsetzung besteht darin, dass sich in V.7 die Ebenen von Schuldaufweis und Strafankündigung miteinander verbinden. Als Schuldaufweis begründet V.7 das Strafgericht gegen Samaria rückwirkend mit kultischen Verfehlungen, als Strafspruch kündigt V.7 der Stadt die Vernichtung der schuldbehafteten Kultelemente an. Beide Dimensionen sind im Anschluss an das Strafurteil in V.6 auffällig. Als Schuldaufweis wäre die Kultkritik in V.7 vor V.6 zu erwarten, als Strafurteil fällt V.7 inhaltlich hinter V.6 zurück, worin bereits die umfassende Verwüstung Samarias bezeichnet wurde. Damit legt sich die Vermutung nahe, dass V.7 dem Samaria-Zusammenhang in V.5bα.6 nachträglich angefügt worden ist, um im Gewand einer weiteren Gerichtsankündigung kultkritische Aspekte zur Begründung des Strafurteils in V.6 nachzutragen.

Weitere Beobachtungen zum Gegenstand der Schuld und zum Vollzug des Strafgerichts stützen diese Vermutung und unterstreichen die Sonderstellung von V.7 im Anschluss an V.5bα.6. In V.7 stehen Einrichtungen des Kultes im Zentrum der Kritik, V.5bα identifiziert hingegen die Stadt Samaria als solche mit der Schuld Jakobs, ohne eine dezidiert kultkritische Intention erkennen zu lassen. Während sich das Strafgericht in V.7 überdies gegen die Kulteinrichtungen wendet, zielt es in V.6 auf die Stadt insgesamt und vollzieht sich wie ähnlich in Mi 3,12 als Verwüstung und Zerstörung. Demgegenüber ist das Strafgericht in V.7 auf vollständige Vernichtung aus, wenn ausgerottet (כתת), im Feuer verbrannt (שׂרף בָּאֵשׁ) und zunichte gemacht wird (שְׂמָמָה שׂים). Sowohl der Gegenstand der Schuld als auch der Strafgerichtsvollzug sind in V.5bα.6 und V.7 nicht kongruent. Schließlich ist eine Kultkritik im Stil von V.7 in Mi 1

---

76 Auf den Zusammenhang von Mi 1,5b und Hos 10,8 sowie Am 7,9 haben bereits JEREMIAS, ATD, 135 Anm. 54, und MAYS, OTL, 45, aufmerksam gemacht.

sowie im weiteren Kontext des Michabuches, das sich vorrangig auf sozialpolitische Missstände konzentriert, singulär.[77] Nach alledem ist die Kultkritik in V.7 innerhalb des Michabuches somit als späterer Zusatz zu bewerten und als Fortsetzung des Samaria-Spruchs in V.5bα.6 kaum ursprünglich.[78]

Dass V.7 innerhalb des Michabuches ohne inhaltlichen Kontext ist, hat bereits Alfred Jepsen zu der Annahme geführt, dass die Kultkritik am vorfindlichen Ort nicht ursprünglich ist.[79] Jepsen hat auf ihre signifikante Nähe zur Hoseatradition aufmerksam gemacht und die literarische Verbindung über drei Begriffe erwiesen, „die bei Micha nie, aber bei Hosea häufig vorkommen"[80]. Der Terminus אֶתְנַן (V.7aα) begegnet in Hos 9,1, der Begriff עָצָב (V.7aβ) ist in Hos 4,17; 8,4; 13,2; 14,9 belegt, die Wurzel זנה (זָנָה in V.7b) figuriert innerhalb des Hoseabuches schließlich geradezu als Leitwort (vgl. Hos 1,2; 2,7; 3,3; 4,10.12–15.18; 5,3; 9,1). Mit diesem Wortfeld wird das fehlorientierte Vertrauen des Volkes bezeichnet, das sich von JHWH entfernt und seines Strafgerichts in der Folge als würdig erwiesen hat. Die Kultkritik in Mi 1,7 dürfte somit einen zentralen Anklagepunkt des Hoseabuches aufnehmen, um das ältere Strafurteil in V.6 rückwirkend zu begründen und den thetischen Schuldvorwurf aus V.5bα nachträglich zu entfalten.

Die Kultkritik in V.7 ist unter dem Einfluss der Hoseatradition in das Michabuch eingetragen worden, allerdings kaum in einem Zuge entstanden. Darauf lässt die Zäsur zwischen V.7a und V.7b schließen. Während V.7a die Vernichtung der Kulteinrichtungen ankündigt, hat sich V.7b vom konkreten Gerichtsvollzug entfernt und reflektiert in abstrakter Weise auf den Zusammenhang von Strafursache und Strafkonsequenz. V.7a schließt terminologisch über Suffixe in 3. Fem. Sg. an V.6 an, die sich auf Samaria (fem.) zurückbeziehen. Allerdings bilden die Kulteinrichtungen das

---

77 Lediglich das Reinigungsgericht bringt in Mi 5,11–12.13 vergleichbare Maßnahmen gegen Kulteinrichtungen zur Darstellung. Als Element der Heilskomposition in Mi 4–5 gehört es jedoch einer im Verhältnis zu Mi 1–3 jüngeren literarischen Ebene des Michabuches an. S. dazu unter Teil C die Betrachtung I.1.2.

78 Vgl. entsprechend etwa MARTI, KHC, 266; MAYS, OTL, 46–47. Anders lösen JEREMIAS, Deutung, 337; DERS., ATD, 136; WOLFF, BK, 11.26–27, lediglich V.7a als jüngeren Zusatz aus dem Zusammenhang heraus. Mit der älteren Forschung hielt BUDDE, Rätsel, 89–90, V.7 noch insgesamt für ursprünglich.

79 Vgl. JEPSEN, Beiträge, 96–99. Über V.7 hinaus löst Jepsen den Abschnitt V.5b–7 allerdings insgesamt aus dem Zusammenhang und vermutet, dass die Verse ursprünglich dem Hoseabuch zugehörten. „Das wäre möglich, wenn Hosea einmal unmittelbar vor Micha gestanden hat, wenn also der Reihenfolge der LXX eine ältere: Amos, Hosea, Micha voranging." (aaO., 99). Aufgrund der dargestellten Beobachtungen ist es jedoch unwahrscheinlich, dass V.5b–6* und V.7 auf derselben literarischen Ebene liegen. Weiterhin erscheint das Samaria-Element in V.5b–6* als konstitutiver Bestandteil der literarischen Grundstruktur von Mi 1.

80 JEPSEN, Beiträge, 97.

Subjekt der Verbformen. In V.7b ist im Anschluss an V.6 hingegen wieder die Stadt als Subjekt der Handlung (קִבְּצָה) vorausgesetzt. Diese Beobachtung lässt vermuten, dass V.6 zunächst um V.7b erweitert worden ist, bevor der Zusammenhang in V.6.7b durch die Einschaltung von V.7a unterbrochen wurde.

Mit den Zusätzen in V.7a und V.7b sind unterschiedliche Interessen verbunden. Die Aussage von V.7b besteht darin, dass der Besitzstand, den Samaria aus kultischer oder politischer Fehlorientierung (vgl. Ez 16,23–31; 23,3ff) angesammelt hat, und letztlich die Stadt selbst wieder wird, was sie durch ihre Fehlorientierung verdient und angehäuft hat: Hurenlohn im Besitz fremder Mächte, „wie gewonnen so zerronnen."[81] Während in V.7b die Stadt Samaria als solche den Gegenstand der Reflexion über den Zusammenhang von Strafursache und Straffolge bildet und mit dem Terminus זְנָה einen Leitaspekt der Hoseatradition einspielt, konzentriert sich V.7a auf ihre Kulteinrichtungen. Die Formulierung lässt Züge dtr Kultkritik erkennen, die sich gegen Götzenidole (עָצָב) und Kultbilder (פְּסִיל) richtet (vgl. u. a. Dtn 7,5.25; 12,3; 2 Reg 16,41).[82] V.7a dürfte mit dem Interesse eingefügt worden sein, die Schuld Samarias auf der Linie dtr Kultkritik zu konkretisieren.

4.2.3 Das Städte-Gedicht in Mi 1,10–15 als älteres Traditionselement

Die Stadt-Sprüche, die sich in V.10–15 zu einer Spruchreihe verbinden, bilden eine Größe eigener Art und unterscheiden sich von ihrem Nahkontext.[83] Die Reihe wird mit dem Spruch über Gat eröffnet (V.10a) und mit dem Spruch über Adullam (V.15b) abgeschlossen und von den Klageaufforderungen in V.8–9 und V.16 eingerahmt. Aufgrund ihrer parallelen Gestaltung sind die Rahmenelemente auf dieselbe Hand zurückzuführen. Die Zäsuren zu Beginn und am Ende der Spruchreihe sind evident. Nachdem V.9 die prophetische Klage mit dem Unheilsfortschritt gegen Jerusalem begründet hatte, tritt mit Gat in V.10 die judäische Schefela in den Blick. V.16 kehrt im Anschluss an die Schilderung des Kriegsunheils innerhalb der Schefela wieder zur Klagethematik zurück und schließt den Rahmen zu V.8–9.

In mehrfacher Hinsicht hebt sich die Spruchreihe von ihrem Nahkontext ab. Erstens verlassen die Stadt-Sprüche den gesamtisraelitischen Horizont und betrachten konkrete Vorgänge im Regionalkontext der judäischen Schefela. Die übergreifende Relevanz der dortigen Ereignisse wird zwar regelmäßig in Erinnerung gebracht (vgl. V.12b.13b.14b.15b), der israelitisch-judäische Unheilszusam-

---

81 WELLHAUSEN, Propheten, 136; vgl. MAYS, OTL, 48.
82 Vgl. entsprechend MAYS, OTL, 47; WÖHRLE, Sammlungen, 142 mit Anm. 20–21, der jedoch V.5b–7 insgesamt einer dtr Redaktion des Michabuches zuweist.
83 Zur Spruchreihe s. unten 5.

menhang aus V.5b – 9*.16 jedoch nicht fortgeführt. Die Passagen, die den israelitisch-judäischen Kontext einspielen, haben sich inhaltlich vom konkreten Kriegsgeschehen entfernt und reflektieren in abstrakter Weise auf die übergeordnete Bedeutung der Ereignisse.

Zweitens tritt das Thema der Klage, das die Rahmenverse in V.8 – 9.16 bestimmt, ab V.11 deutlich zurück.[84] Die Sprüche betrachten vordergründig zunächst das Unheilsgeschehen in den betroffenen Städten, das an die Situation einer militärischen Verheerung erinnert (vgl. V.13a), und bestimmen damit Hintergrund und Anlass der Klage. Zeile für Zeile wechselt der Fokus und das beklagenswerte Schicksal einer anderen Stadt tritt in den Blick. In den Rahmenversen wird hingegen nicht das Unheil innerhalb der Schefela als Ursache der Klage ausgewiesen, sondern das Schicksal Samarias und Jerusalems. Im vorfindlichen Zusammenhang dient die Spruchreihe offenbar der Illustration der voranschreitenden Gefährdung Judas und Jerusalems.

Drittens begründet das Stilmittel der Paronomasie die Sonderstellung der Stadt-Sprüche. Über Klangspiele werden die Namen der Ortschaften mit ihrer jeweiligen Notsituation und über strukturanaloge Schlussrefrains unter einander in Beziehung gesetzt. Ein vergleichbares Stilmerkmal weist der Nahkontext nicht auf. Die Einschaltungen in V.12b.13b.14b.15b, die den israelitisch-judäischen Horizont einspielen, unterbrechen das dichte Stilgefüge des Gedichts und lösen seine Form auf.

Die Spruchreihe stellt somit nach Form, Stil und Inhalt eine Größe eigenen Charakters dar. Die weitere Analyse wird zu dem Ergebnis führen, dass die Reihe der Stadt-Sprüche das älteste Element des Michabuches bildet und den Ursprung der literarischen Traditionsbildung darstellt.[85] Durch die geschichtstheologische Komposition ist der Schefela-Horizont in den übergeordneten israelitisch-judäischen Zusammenhang eingebunden worden.

4.3 Detailanalyse

Nach Abzug der jüngeren Einschaltungen in V.5bβ und V.7 und vorläufig abgesehen von der im Grundbestand älteren Spruchreihe in V.10 – 15*, die es im nächsten Analyseschritt zu betrachten gilt, bilden V.5bα.6.8 – 9.16 (mit V.10 – 15*) die Grundschicht der geschichtstheologischen Komposition und das literarische Fachwerk von Mi 1*. Im Anschluss an die Buchüberschrift, möglicherweise im Umfang von V.1aα, ergibt sich der folgende Wortlaut:

---

84 Vgl. bereits KESSLER, HThK.AT, 92.
85 S. dazu unter 5.

	V.1aα	דְּבַר־יְהוָה אֲשֶׁר הָיָה אֶל־מִיכָה הַמֹּרַשְׁתִּי	Überschrift
I	V.5bα	מִי־פֶּשַׁע יַעֲקֹב הֲלוֹא שֹׁמְרוֹן	Schuldvorwurf
II	V.6	וְשַׂמְתִּי שֹׁמְרוֹן לְעִי הַשָּׂדֶה לְמַטָּעֵי כָרֶם	Strafurteil
		וְהִגַּרְתִּי לַגַּי אֲבָנֶיהָ וִיסֹדֶיהָ אֲגַלֶּה	
III	V.8	עַל־זֹאת אֶסְפְּדָה וְאֵילִילָה אֵילְכָה שִׁילָל וְעָרוֹם	Untergangsklage I
		אֶעֱשֶׂה מִסְפֵּד כַּתַּנִּים וְאֵבֶל כִּבְנוֹת יַעֲנָה	
	V.9	כִּי אֲנוּשָׁה מַכּוֹתֶיהָ כִּי־בָאָה עַד־יְהוּדָה	mit Begründung
		נָגַע עַד־שַׁעַר עַמִּי עַד־יְרוּשָׁלָ͏ִם	

[Schefela-Städte-Gedicht V.10 – 15*]

IV	V.16	קָרְחִי וָגֹזִּי עַל־בְּנֵי תַּעֲנוּגָיִךְ	Untergangsklage II
		הַרְחִבִי קָרְחָתֵךְ כַּנֶּשֶׁר כִּי גָלוּ מִמֵּךְ	mit Begründung

Die vier Glieder, die im Rahmen der Analyse des Aufbaus der geschichtstheolo-
gischen Komposition in V.5b – 9.16 unterschieden worden waren, konstituieren die
Struktur der Grundschicht.[86] Nach der Überschrift wird die Komposition mit einem
thetischen Schuldvorwurf gegen Jakob eröffnet und seine Schuld mit Samaria
identifiziert (I). Darauf folgt das Strafurteil, das Samaria den Untergang ankündigt
(II). Durch den konsekutiven Versanschluss ist das Urteil unlöslich mit dem
Schuldvorwurf verbunden und erscheint als zwingende Konsequenz desselben.
Sodann hebt mit V.8 die Figur des Propheten, im Kontext des Buches Micha, zur
Untergangsklage an und begründet diese mit der von Samaria ausgehenden
heillosen Gefährdung Judas und Jerusalems (III). In V.16 wird abschließend das
(namentlich ungenannte) Jerusalem zur Klage aufgerufen und die Deportation der
Bevölkerung als Hintergrund und Anlass derselben herausgestellt (IV). Mit V.16
erreicht Jerusalem das Unheil, das Samaria nach V.6 bereits getroffen hat und die
Komposition ihren Ziel- und Höhepunkt. Anfang und Ende der Komposition sind
über die Wurzel גלה verklammert. Das Motiv der Entblößung versinnbildlicht das
selbige Schicksal beider Städte und wird in der Figur Michas anschaulich, der im
Rahmen seines Klageritus in V.8 barfuß und nackt erscheint.

4.3.1 Der Schuldvorwurf gegen Jakob in Mi 1,5bα

Die geschichtstheologische Komposition wird in V.5bα mit einem Schuldvorwurf
eröffnet, der in Gestalt einer rhetorischen Doppelfrage formuliert wird. Das erste
Kolon fragt nach Jakobs Schuld, das zweite erschließt diese mit dem Hinweis auf

---

86 S. oben 4.1.

Samaria. Anders als bei Hos und Am prangert V.5bα keine konkreten Einzelvergehen an, die das Strafgericht gegen den israelitischen Norden begründen, sondern identifiziert die Hauptstadt Samaria als solche mit der Schuld Jakobs. Der Name Jakob lässt zwei unterschiedliche Erklärungsmöglichkeiten für den Eingang der Komposition und den Geltungsradius des Schuldvorwurfs zu. Nach der ersten Option vertritt Jakob in V.5bα exklusiv das Nordreich, nach der zweiten repräsentiert er unter Anspielung auf Jakob-Israel als Vater der zwölf Stämme Israels (vgl. Gen 32,28 – 29) einen umfassenden, israelitisch-judäischen Horizont.

Der Parallelismus aus Jakob und Samaria legt zunächst die Vermutung nahe, dass Jakob in V.5bα exklusiv das Nordreich Israel vertritt.[87] Auf der Linie dieser Deutung bestünde die Funktion der Frage nach der Schuld Jakobs darin, den Schuldaufweis, mit dem seitens der Nordreichsprophetie der Untergang Israels begründet worden ist, thetisch in Erinnerung zu rufen und auf Samaria pars pro toto für das Nordreich zuzuspitzen, woraufhin in V.6 das Strafurteil gegen die israelitische Hauptstadt fällt. Am Eingang des Michabuches stünde in V.5bα.6 somit das inhaltliche Konzentrat der Gerichtsankündigung aus Hos und Am.[88] Die Klage in V.8 – 9, die über עַל־זֹאת unlöslich mit V.5bα.6 verbunden ist, leitet aus dem Schicksal Samarias (מַכּוֹתֶיהָ) anschließend die Gefährdung Judas ab und führt auf die Untergangsklage des personifizierten Jerusalem in V.16 zu.

Die geschichtstheologische Komposition in Mi 1* hat jedoch einen gesamtisraelitischen Unheilsnexus im Blick, indem sie das Unheil Judas und Jerusalems aus dem analogen Schicksal Samarias ableitet. Daraus ergibt sich die Vermutung, dass der Name Jakob bereits in V.5bα nicht exklusiv das Nordreich vertritt, sondern als Jakob-Israel einen gesamtisraelitischen Radius repräsentiert. Unter dieser Voraussetzung ist es folgerichtig, dass die Ereignisse im Bereich der judäischen Schefela auf die Vergehen Israels (vgl. Mi 1,13bβ) und den Trug der Könige Israels (vgl. Mi 1,14b) gedeutet werden und die judäische Führungselite in Mi 3,1.9 als Jakob und (Haus) Israel angesprochen wird (vgl. Mi 3,8), der Begriff Israel mithin im Folgenden das Südreich Juda bezeichnet.

Dieser inklusive Erklärungsansatz für den Namen Jakobs stellt allerdings vor die Frage, weshalb Samaria in V.5bα auf der Linie dieser Deutung als die gemeinsame Schuld Israels und Judas identifiziert wird. Im Lichte dtr Historiographie besteht die Antwort darin, dass es Samaria als Hauptstadt in einem geteilten Reich mit einem unabhängigen Kultus und ein entzweites Gottesvolk überhaupt gab. So könnte mit den rhetorischen Fragen in V.5bα derselbe historiographische

---

87 Vgl. entsprechend etwa Jeremias, ATD, 135; Kessler, HThK.AT, 87; Mays, OTL, 45; Rudolph, KAT, 41; Wolff, BK, 15.
88 Vgl. ähnlich bereits Jeremias, ATD, 136, der im Hinblick auf V.6.7b von einer „Zusammenfassung der Botschaft Hoseas" spricht.

Hintergrund verbunden sein, der bereits im Zusammenhang der Analyse von V.5bβ begegnet ist.[89] Das Strafgericht gegen Samaria hat per se eine gesamtisraelitische Relevanz. Diesen Hintergrund gilt es nun näher zu beleuchten, da er für die Erklärung von V.5bα und der geschichtstheologischen Komposition insgesamt bedeutsam sein könnte.

Im Spiegel der biblischen Historiographie kam es nach dem Tod Salomos zu politischen Auseinandersetzung um die Thronfolge und aufgrund sozialer Spannungen zur Auflösung des Zwölfstämmeverbandes Jakob/Israel (vgl. 1 Reg 11–12). Neben dem Südreich Juda mit seinem politischen und religiösen Zentrum in Jerusalem unter Führung Rehabeams etablierte sich unter der Herrschaft Jerobeams I. sowie seinen Nachfolgern Omri und Ahab das Nordreich Israel.[90] Dieser Vorgang wird in 1 Reg 12,19 als Sünde Israels am Hause David gewertet (פָּשַׁע יִשְׂרָאֵל בְּבֵית דָּוִד). An die Stelle Jerusalems tritt unter Jerobeam zunächst Sichem (1 Reg 12,25), unter Omri sodann Samaria als politisches Zentrum des Nordens (1 Reg 16,24). Der judäische Kultus wird von Jerobeam insbesondere durch die Heiligtümer in Bethel und Dan sowie den Höhenkult substituiert (1 Reg 12,29–33). Solche Maßnahmen stehen im Hintergrund der sog. Sünde Jerobeams (vgl. 1 Reg 13,34; 15,34; 16,2.19 u. ö.), die aus dtr Perspektive den Bewertungsmaßstab der Regenten Israels (und Judas) darstellt und letztlich zum Untergang Israels führt (vgl. 1 Reg 14,14; 2 Reg 17,21 ff.).

Sollte dieser historiographische Zusammenhang im Hintergrund des Schuldvorwurfs gegen Jakob in V.5bα stehen, begründet sich der israelitisch-judäische Unheilsnexus der Komposition in Mi 1* nicht allein aus dem äquivalenten Untergangsschicksal beider Reiche und damit vom Ende ihrer jeweiligen Königsgeschichte her, sondern auch von deren Anfängen her. Da sowohl Jerobeam auf Seiten Israels als auch Rehabeam auf Seiten Judas schuldhaft in die Ereignisse involviert waren, die zur Spaltung Jakobs führten, erscheint die Vermutung plausibel.[91] Jerobeam beförderte die Separation der Nordstämme, nachdem Rehabeam einen gesellschaftlichen Aufruhr provoziert hatte, indem er dem Volk

---

89 S. dazu oben 4.2.1.

90 Zum politischen Aufstieg und Niedergang des Nordreiches vgl. KRATZ, Israel, 20–29.

91 Wenn anders der gesamtisraelitische Horizont und der bezeichnete historiographische Kontext nicht von vornherein im Hintergrund von V.5bα gestanden hat, so haben ihn doch Spätere darin gesehen und das Michabuch entsprechend ausgestaltet, indem sie die Höhen als Element der Sünde Jerobeams in V.5bβ auf Jerusalem beziehen (vgl. ähnlich 1 Reg 14,23) oder die Neubegründung des Königshauses in Jerusalem nach dem Gericht unter dem Einfluss der frühen Königsgeschichte, näherhin ihrer idealtypischen Anfänge unter König Davids zeichnen. Dieser traditionsgeschichtliche Hintergrund begegnet in aller Deutlichkeit mit dem Bethlehem-Orakel in Mi 4,14–5,4a* und dürfte ebenso mit den Stadt-Sprüchen in V.10 und V.15b verbunden sein (s. dazu unten 5.2.1).

soziale Härten aufzuerlegen gedachte (vgl. 1 Reg 12,1– 17). Auf dieser Linie ließe sich weiterhin erwägen, ob dieser Aspekt sozialer Härten nicht auch die Fortbildung des Michabuches in Mi 2– 3* angeregt haben könnte, um mit dem sozialkritisch begründeten Strafgericht auf Juda zurückzuwenden, was einst zum Bruch innerhalb des Hauses Davids und des Volkes Jakob geführt hat.

Die rhetorischen Fragen in V.5bα erfüllen eine didaktische Funktion. Darauf haben bereits Hans Walter Wolff und Jörg Jeremias aufmerksam gemacht. Sie erkannten hinter dem „Fragestil seinen eindringlichen Lehrwillen, der in erster Linie seine Hörer zur Erkenntnis der Schuld anleitet"[92]. Indem V.5bα die Schuld Jakobs mit Samaria identifiziert, rufen die rhetorischen Fragen den Schuldaufweis der Nordreichsprophetie in Erinnerung, bevor V.6 den Tenor ihrer Gerichtsankündigung auf den Punkt bringt. Sollte weiterhin derjenige historiographische Kontext im Hintergrund stehen, der Samaria als Sünde einst hervorgebracht hat, leitet V.5bα am Beginn der Komposition seine Leser zu der Erkenntnis an, dass der Untergang Samarias nur die eine Seite des Strafgerichts JHWHs und der Fall Jerusalems seine konsequente Fortsetzung darstellt. Diesen Zusammenhang zu erweisen, ist jedenfalls das Kernanliegen der Verfasser der geschichtstheologischen Komposition in Mi 1*.

4.3.2 Das Strafurteil gegen Samaria in Mi 1,6

Auf die Frage nach der Schuld Jakobs und ihrer Identifikation mit Samaria in V.5bα folgt in V.6 das Strafurteil gegen die israelitische Hauptstadt. Der konsekutive Versanschluss unterstreicht die Zwangsläufigkeit des Urteils im Anschluss an den vorherigen Schuldspruch.[93] Die Verbformen in 1. Sg. weisen JHWH als Sprecher und als Subjekt der Vergeltungsmaßnahme gegen Samaria aus. Das Strafurteil besteht aus zwei Elementen. V.6a blickt mit dem Bild der Verwüstung und Renaturierung Samarias auf das Ergebnis des Strafgerichts voraus. V.6b beschreibt den Modus desselben als gewaltsame Maßnahme JHWHs, im Zuge derer die Stadt bis auf ihre Fundamente zerstört wird. Insgesamt erinnert V.6 an einen Akt militärischer Verheerung.[94]

Das erste Element des Strafurteils wird mit dem Verbum (לְ) שִׂים im konsekutiven Perf. eingeführt, das die Gerichtsmaßnahme als Vorgang der Verwandlung und Umwälzung charakterisiert. Samaria wird zur Feldruine verwüstet (לְעִי הַשָּׂדֶה) und zum

---

92 WOLFF, BK, 16, sowie JEREMIAS, ATD, 135.
93 WOLFF, BK, 26, sieht in V.6 den originären Anfang des Michabuches. Da ein Bucheingang mit konsekutivem Perf. jedoch kaum vorstellbar ist, vermutet er einen im Laufe der Überlieferung abgesprengten Vordersatz. Die Schwierigkeiten lösen sich, nimmt man die Doppelfrage in V.5bα hinzu.
94 Vgl. entsprechend WOLFF, BK, 26; KESSLER, HThK.AT, 88.

Weinbergpflanzgrund verwildert (לְמַטָּעֵי כָרֶם). Das ehemalige Zentrum nordisraelitischer Stadtkultur erscheint infolge des Strafgerichts als wüstes Ackerland. Beide über die Präp. לְ angeschlossenen Objekte zeigen Samaria seine unheilvolle Zukunftsperspektive auf. Der Vorgang (שׂים לְעִי (לְעִיִּים besitzt eine Parallele in Ps 79,1, bezieht sich dort jedoch nicht auf Samaria, sondern auf Jerusalem.[95]

Das zweite Element führt das Strafurteil wiederum im konsekutiven Perf. fort und bezeichnet mit dem Vorgang (לְ) נגר die Gewaltmaßnahme JHWHs, die das in V.6a dargestellte Erscheinungsbild Samarias hervorbringt. JHWH stürzt die Steine der Stadt (אֲבָנֶיהָ), die ihre Festungsanlagen repräsentieren, zu Tal und entblößt seine Fundamente (וִיסֹדֶיהָ גלה). Die Suff. 3. Fem. Sg. beziehen sich auf die in V.6a genannte Stadt zurück. Das Ziel oder Resultat der Vorgänge wird in V.6 jeweils mit der Präp. לְ eingeführt und lässt eine dreigliedrige Folge (לְעִי הַשָּׂדֶה – לְמַטָּעֵי כָרֶם – לַגַּי אֲבָנֶיהָ) erkennen. Diese dreigliedrige Folge besitzt in V.9 ein Pendant, worin der sukzessive, auf Jerusalem zielende Unheilsfortschritt mit dreifachem עַד abgebildet wird.

Das Verbum גלה im Schlusskolon trägt das Achtergewicht des Strafurteils. Die Fundamente der Stadt werden bloßgelegt (גלה), Samaria wird bis auf seine Grundmauern geschliffen. Der Terminus גלה weist auf V.16 voraus. Dort begründet er den Aufruf zur Untergangsklage an die personifizierte Stadt Jerusalem mit der erfolgten Deportation ihrer Stadtbewohner (גלה). Der architektonischen Entblößung Samarias entspricht die gesellschaftliche Blöße Jerusalems spiegelbildlich. Auf diese Weise schließt V.16 den kompositionellen Rahmen zu V.6. Zwischen V.6 und V.16 scheint in V.8 – 9 die Figur des Propheten, die zum Ausdruck der Trauer barfuß und nackt geht, die Blöße der Hauptstädte zu versinnbildlichen. Das Verbum גלה und das verbundene Motiv der Blöße erfüllen somit eine inklusive Funktion in Mi 1*.

Über den Kontext der geschichtstheologischen Komposition in Mi 1* hinaus stellt das Verbum גלה eine Verbindung zu Hos und Am her. In Hos 2,12 bringt der Terminus die schändliche Entblößung Samarias als Hure zum Ausdruck. Im Amosbuch bezeichnet er die Deportation unterschiedlicher Volksgruppen (Am 1,5.6; 5,5.27; 6,7; 7,11 vgl. Hos 10,5).[96] Diese beiden semantischen Ebenen des Verbums realisiert die Komposition in Mi 1* komplementär, indem V.6 die Entblößung Samarias (vgl. Hos 2,12) und V.16 die Deportation der Bewohner Jerusalems (vgl. Am 5,5.27) zur Darstellung bringt.

Die Strafgerichtsmaßnahme JHWHs in V.6 erinnert an einen Akt militärischer Zerstörung und dürfte auf die Ereignisse des Jahres 722 anspielen, als Samaria im Zuge

---

95 Zu מַטָּע vgl. Jes 60,21; 61,3; Ez 17,7; 31,4; 34,29.

96 Die über das Verbum גלה hergestellten Rückbezüge auf Hos und Am dürften dazu dienen, „die Botschaft der Hos- (und Am-)Schrift bei der Leserschaft wachzurufen." (SCHART, Entstehung, 180).

der assyrischen Invasion erobert worden ist. Allerdings bildet V.6 die historische Situation nicht ereignisgetreu ab und stellt daher keinen unmittelbaren literarischen Reflex auf dieselbe dar, denn Samaria ist in assyrischer Zeit zwar eingenommen, jedoch nicht zerstört worden.[97] Angesichts der kompositionellen Klammer zwischen V.6 (גלה) und V.16 (גלה) dürfte die Formulierung in V.6 vielmehr dem literarischen Interesse folgen, das Schicksal Samarias und Jerusalems zu parallelisieren.

Vor diesem Hintergrund ist neben Mi 1,6.16 eine weitere kompositionelle Klammer von Bedeutung, die Mi 1,6 mit Mi 3,12 verbindet. Das Strafurteil gegen Jerusalem in Mi 3,12 sieht eine Umwälzungsmaßnahme vor (חרש), im Zuge derer Zion zum Feld (שָׂדֶה) renaturiert und zur Ruine (עִיִּים) verwüstet wird. Sowohl der Vorgang der Umwandlung (שִׂים לְ) חרש als auch die Begriffe (עִי) עִיִּים und (שָׂדֶה) שָׂדֶה erinnern an den Urteilsspruch gegen Samaria in Mi 1,6. Nach Mi 1,16 scheint Mi 3,12 einen zweiten Rahmen zu jenem Strafspruch in Mi 1,6 zu schließen.

4.3.3 Die Klage des Propheten und ihre Begründung in Mi 1,8 – 9

Auf den Schuldspruch gegen Jakob und das Strafurteil JHWHs gegen Samaria in V.5bα.6 folgt ein Selbstaufruf zur Untergangsklage samt Begründung in V.8 – 9. War das Samaria-Element in V.5bα.6 als JHWH-Rede gestaltet, bildet nun die Figur Michas das Subjekt der Klage, die ebenfalls in 1. Pers. formuliert ist. Obwohl der Sprecherwechsel nicht ausdrücklich verzeichnet wird, lässt der Inhalt des Klageaufrufs keinen Zweifel daran, dass der Prophet spricht. Über das einleitende עַל־זֹאת in V.8 wird eine Verbindung zum vorherigen Kontext hergestellt, das Suff. 3. Fem. Sg. in V.9 (מַכּוֹתֶיהָ) bezieht sich auf die Stadt Samaria (fem.) zurück, die prophetische Zeichenhandlung veranschaulicht ihre Entblößung (גלה in V.6 vgl. V.16). Diese formalen und inhaltlichen Rückbezüge lassen erkennen, dass V.5bα.6 und V.8 – 9 einen unlöslichen Zusammenhang bilden.[98]

Das Klageelement in V.8 – 9 besteht aus drei Gliedern. V.8a beinhaltet den Selbstaufruf des Propheten zur Klage und zum Vollzug von Trauerriten. V.8b setzt daraufhin die Klagehandlung über zwei Vergleiche aus der Tierwelt ins Bild. V.9 begründet die Klage schließlich mit dem Unheilsfortschritt, der von Samaria aus auf Juda und Jerusalem zielt. Das dreifach עַד in V.9 illustriert die Sukzessivität des Unheilsfortschritts und korrespondiert mit der vergleichbaren Reihe der Präp. in

---

97 Vgl. TUAT I, 378 – 387.401 – 402.
98 Innerhalb der Forschung wurde hingegen wiederholt eine Zäsur zwischen V.5b – 6* und V.8 – 9 angenommen. Vgl. stellvertretend für die jeweiligen Phasen der Michaforschung insbesondere HAUPT, Capucinate, 85 – 112; JEPSEN, Beiträge, 85 – 100; MAYS, OTL, 38 – 39.48 – 54; JEREMIAS, ATD, 131 – 132.137 – 138.

V.6 (dreifaches לְ). Das Untergangsschicksal Samarias und Jerusalems wird durch V.9 in einen organischen Ereigniszusammenhang gestellt.

Das erste Glied bringt in V.8a einen Klageaufruf zur Darstellung, den die Figur Michas an sich selbst richtet. Der Anlass der Klage besteht im Schlag JHWHs gegen Samaria (עַל־זֹאת), der zugleich Unheil für Juda und Jerusalem bedeutet. Die Dringlichkeit der Aufforderung lässt der Kohortativ dreier Verbformen (סְפַד־יְלֵל־הלך) in unmittelbarer Folge erkennen. Das Verbum ספד, das die Reihe in V.8a eröffnet, stammt aus der rituellen Leichenklage um einen verstorbenen Menschen.[99] Von dort wird es – in auffälliger Dichte bei Jer – auf die Klage des Volkes übertragen, das über sein Schicksal insbesondere angesichts des Strafgerichts JHWHs gegen Jerusalem trauert (Jer 4,8; 16,4 – 6; 22,8; vgl. ferner Jes 32,12; Jer 25,33; 34,5; 49,3; Jl 1,13).

Die Klage findet einen hör- und einen sichtbaren Ausdruck, der sich mit den beiden folgenden Verben der Reihe verbindet. Der akustische Aspekt besteht darin, dass die prophetische Trauer von Weinen (ילל) begleitet wird. Das Begriffspaar ספד und ילל begegnet über V.8 hinaus in Jer 4,8 (vgl. Jer 49,3) und Jl 1,13 (jeweils in Verbindung mit Klageriten). Die Parallelen führen ihrerseits in den Kontext des Strafgerichts JHWHs über Juda und Jerusalem hinein, der auch im Hintergrund von Mi 1,8 steht. Der visuelle Aspekt der Klage findet seinen Ausdruck darin, dass der Prophet seine Trauer anschaulich macht, indem er barfuß und nackt geht (הלך). Sowohl die Barfüßigkeit als auch (mit Einschränkung) die Nacktheit gehören zum Motivinventar alttestamentlicher Klageriten.

Die Terminologie in V.8aβ weist jedoch zwei Auffälligkeiten auf.[100] Zum einen wird die Barfüßigkeit nicht mit dem geläufigen Begriff יָחֵף (vgl. 2 Sam 15,30; Jes 20,2 – 4; Jer 2,25), sondern mit dem hap. leg. שֵׁילָל (Ketib) formuliert. Die Wurzel שלל bezeichnet wie das sinnverwandte בזז für gewöhnlich den Raub oder die feindliche Ausplünderung (vgl. Jes 10,6; 59,15; Jer 50,10; Ez 26,12; 29,19; 38,12 – 13; 39,10; Hab 2,8; Sach 2,12), das Nomen שָׁלָל die Beute, das Adjektiv שׁוֹלָל ferner, das dem Qere zu V.8 entspricht, die (barfüßige) Deportation Kriegsgefangener (vgl. Hi 12,17.19 mit הלך).[101] Zum anderen übersteigt die Nacktheit den Umfang üblicher Klageriten, die

---

99 Vgl. Gen 23,2 (Sarah); Gen 50,10 (Jakob); 1 Sam 25,1; 28,3 (Samuel); 2 Sam 1,12 (Saul und Jonathan); 2 Sam 3,31 (Abner); 2 Sam 11,26 (Uria); 1 Reg 13,29 – 30 (Gottesmann); 1 Reg 14,13.18 (Sohn Jerobeams).

100 Vgl. LANG/HENTSCHEL, Art. Trauerbräuche, 918 – 919; KUTSCH, Trauerbräuche, 78 – 95; OSSWALD, Art. Trauer, Trauerbräuche, 2021 – 2023.

101 Zur Semantik von שלל in Verbindung mit בזז s. ausführlich RINGGREN, Art. בזז, 585 – 588. Das akk. Äquivalent šalālu(m) trägt gleichfalls die Bedeutung *plündern, (in die Gefangenschaft) fortführen* und begegnet mit persönlichem (*šallatu* Kriegsgefangene) und sachlichem (*Beute*) Objekt (vgl. AHw, 1142 s.v. šalālu[m]).

nur die teilweise Entblößung und das Anlegen des Trauergewandes vorsehen.[102] Dementsprechend begegnet der Terminus עָרוֹם an keiner weiteren Stelle im Zusammenhang eines Klageritus. Vielmehr steht er mit ökonomischer Not (vgl. Jes 58,7; Hi 24,7.10), Flucht (vgl. Am 2,16) und wie ähnlich der Begriff שׁוֹלָל mit Kriegsgefangenschaft (vgl. Jes 20,2 – 4) in Verbindung. Die Nacktheit wurde Kriegsgefangenen als Zeichen der Erniedrigung und Demütigung auferlegt.[103]

Beide Auffälligkeiten lassen erkennen, dass in V.8aβ nicht nur ein Aufruf zum Klageritus vorliegt, sondern der Ritus das Format einer prophetischen Zeichenhandlung besitzt.[104] Indem er barfuß und nackt geht, wird der Prophet zum Sinnbild des Schicksals Samarias, dessen Fundamente bloß liegen (גלה vgl. V.6), und Jerusalems, dessen Bewohner in die Gefangenschaft ziehen (גלה vgl. V.16). In ihrer Zeichenhandlung weist die Figur Michas Züge Jesajas auf, der nach Jes 20,2 – 4 auf Geheiß JHWHs ebenfalls nackt und barfuß geht (הָלֹךְ עָרוֹם וְיָחֵף), um die assyrische Kriegsgefangenschaft der Ägypter und Kuschiter zu veranschaulichen.[105]

Das zweite Glied in V.8b illustriert die prophetische Untergangsklage mit Vergleichen aus der Tierwelt. Michas Klage (מִסְפֵּד) gleicht dem Ruf der Schakale (תַּנִּים), sein Trauerjammer (אֵבֶל) dem Ruf der Strauße (בְּנוֹת יַעֲנָה). Beide Tierarten stehen für Chaos und Verwüstung, „eine gegenmenschliche, aus Wüste und Trümmerstätten bestehende unheimliche Welt, die unbewohnbar ist"[106] (vgl. Jes 13,21 – 22; 34,13; Jer 9,10; 10,22; 49,33; 50,39; 51,37). Eine besondere Nähe weist V.8 zu den Unheilsverheißungen gegen Jerusalem in Jer 9,10 und Jer 10,22 auf. Nach Jer 9,10 wird aus Jerusalem im Zuge des Strafgerichts eine Trümmerstätte (לְגַלִּים vgl. Mi 1,6 [לְעִי]; 3,12 [עִיִּין]) und eine Behausung für Schakale (מְעוֹן תַּנִּים). Dasselbe kündigt Jer 10,22 an und deutet es als Konsequenz eines von Norden herannahenden Unheils. Indem die Figur Micha in V.8 bereits wie die Ruinenbewohner klagt, nimmt sie das Untergangsschicksal Jerusalems vorweg. Während Micha im Spiegel von V.8a einen Zug der Figur Jesajas aufweist, nimmt sie in V.8b einen Aspekt der Verkündigung Jeremias an.

Mit dem dritten Glied erhält die Untergangsklage Michas eine ausführliche Begründung, die sich zugleich als Inhalt des Klageausrufs in einer Sequenz von vier prägnanten Sätzen verstehen lässt (V.9a.bα.bβ₁.bβ₂). V.9a stellt zunächst einen

---

102 Vgl. WINTER, Art. Nacktheit, 886 – 888; WEIPPERT, Art. Kleidung, 495 – 499.

103 Vgl. WEIPPERT, Art. Kleidung, 496 (mit Abb. 17).

104 Vgl. HARDMEIER, Texttheorie, 358, und in seinem Gefolge JEREMIAS, ATD, 138 Anm. 59; WOLFF, BK, 27. Anders versteht KESSLER, HThK.AT, 93, die Handlung ausschließlich als „Teil der Trauerhandlungen des Propheten" (ebd.).

105 Vgl. entsprechend MAYS, OTL, 54; KESSLER, HThK.AT, 93; WOLFF, BK, 29.

106 RIEDE, Art. Strauß, 713; vgl. DERS., Art. Schakal, 460; ähnlich MITTMANN, Totenklage, 37; JEREMIAS, ATD, 138.

Rückbezug auf V.5bα.6 her und bestimmt Samaria als Ausgangspunkt des Unheils, bevor V.9b daraus die heillose Gefährdung Judas und Jerusalems ableitet. Das erste Kolon qualifiziert Samarias Schlag (מַכָּה) als heillos bzw. unheilbar (אֲנוּשָׁה). Mit dem Begriff אֲנוּשָׁ können todbringende Krankheiten (2 Sam 12,15), nicht zu lindernde Schmerzen (Jes 17,11), nicht zu heilende Wunden (Jer 15,18) oder ein unabwendbares Schicksal (Hi 34,6 vgl. Jer 17,16) bezeichnet werden. Der Begriff charakterisiert somit das jeweilige Unheil als ausweglos und zutiefst existenziell.

Der Terminus מַכָּה besitzt eine doppelte Semantik. Einerseits bezeichnet er den gewaltsamen Schlag (מַכָּה), häufig mit JHWH als Subjekt, und bestimmt die Ursache des Unheils.[107] Andererseits verweist er auf die Wunde (מַכָּה) als Folge äußerer Gewalteinwirkung.[108] In V.9a besitzt der Begriff beide Konnotationen. Als Schlag bezieht er sich auf die Gewaltmaßnahme JHWHs gegen Samaria (V.6), als Wunde auf deren Konsequenzen für Juda und Jerusalem (V.8 – 9.16). JHWHs Schlag gegen Samaria hat eine Wunde gerissen, die bis nach Juda und Jerusalem reicht und das Südreich tödlich infiziert hat (V.9 mit אֲנוּשָׁה). In ähnlicher Weise ist in Hos 5,13 von Krankheit (חֳלִי) und Verwundung (מָזוֹר) die Rede, die von JHWH verursacht worden sind und beide Reiche in Mitleidenschaft ziehen.[109] In Mi 1,9 dürfte auf diese Weise eine gezielte Verbindungslinie zur Hoseatradition gezogen werden.

Den allmählichen Fortschritt des Unheils von Samaria nach Juda und Jerusalem bringt V.9b über dreifaches עַד zur Darstellung. Damit erhält die Komposition ein Nord-Süd-Gefälle. Das Unheil gelangt nach Juda (בָּאָה עַד־יְהוּדָה), rührt an das Tor des Volkes (נָגַע עַד־שַׁעַר עַמִּי) und trifft schließlich Jerusalem (עַד־יְרוּשָׁלָם). Dass die Unheilsbewegung Jerusalem lediglich tangiert (נגע), die Stadt selbst aber letztlich nicht erreicht, ist schon aufgrund der klimaktischen Reihung in V.9b wenig wahrscheinlich, die ausdrücklich auf Jerusalem zuführt.[110] Weiterhin spricht der Vorgang (עַד) נגע gegen diese Annahme. Das Verbum נגע (im Parallelismus mit בוא) bestimmt die „räumliche Erstreckung"[111] einer Bewegung. Dabei berührt der Vorgang (עַד) נגע sein Objekt nicht allein äußerlich, sondern erreicht es selbst, einen Menschen (Hi 4,5), die Todespforten (Ps 107,18), den Staub (Jes 26,5),

---

107 Vgl. u. a. Lev 26,21; Num 11,33; Dtn 28,59.61; Jdc 11,33; 15,8; 1 Sam 6,19; Jes 14,6.
108 Vgl. 1 Reg 22,35; 2 Reg 8,29 = 2 Chr 13,17; 9,15 = 2 Chr 22,6; Jes 1,6; 30,26; Jer 14,17; 15,18; 19,8; 30,12.17; Nah 3,19; Sach 13,6; Ps 64,8.
109 Vgl. bereits SCHART, Entstehung, 181 – 182. Weiterhin macht er auf die V.9bα (בוא) entsprechenden Formulierungen in Hos 9,7 und Am 8,2 aufmerksam.
110 Vgl. etwa JEREMIAS, ATD, 138. Diese Deutung ist jedoch weniger vom Text selbst aus als vom mutmaßlichen Zeithorizont des ausgehenden 8. Jh. her motiviert. In diesem Sinne konsequent hat WELLHAUSEN, Propheten, 136, vorgeschlagen, die Zielführung auf Jerusalem als Glosse zu streichen.
111 SCHWIENHORST, Art. נָגַע, 224.

ein Herz (Jer 4,18). Die Pointe des Schlusskolons besteht also gerade darin, dass der Schlag Samarias die Stadt Jerusalem als Zentrum Judas trifft.[112]

Im Anschluss an V.9bβ₁ (Perf. 3. Fem. Sg. von בוא) ist die Genusinkongruenz des Verbums נָגַע (Perf. 3. Mask. Sg.) auffällig, immerhin wäre nach dem Subjekt aus V.9a (fem.) eine Verbalform im Fem. zu erwarten. Vermutlich ist „JHWH als implizites Subjekt"[113] vorausgesetzt, der den Schlag (מכה) ausführt. Oder sollte unter geringfügiger Änderung und im Parallelismus zu מכה in V.8a das Nomen נֶגַע zu lesen sein? Beide Begriffe bilden Synonyme und können Plagen bezeichnen, die JHWH bewirkt.[114] V.8bβ wäre in der Folge nominal zu verstehen: Plage ans Tor meines Volkes, (Plage) nach Jerusalem.

Der Parallelismus aus יְרוּשָׁלָ͏ִם und שַׁעַר עַמִּי in V.9bβ lässt erkennen, dass Jerusalem als point of view der Klage zu verstehen ist. Da V.8 – 9 als Prophetenrede formuliert ist, bezieht sich das Suff. 1. Sg. auf die Figur des Propheten, der sich mit seinen Landsleuten (עַמִּי) solidarisiert. Von Jerusalem aus sieht er das Unheil auf sich und seine Stadt zukommen. Damit unterscheidet sich die Perspektive der geschichtstheologischen Komposition von derjenigen des Schefela-Städte-Gedichts. Darin ist der point of view mit einiger Wahrscheinlichkeit in Moreschet Gat zu suchen.[115]

4.3.4 Die Klage Jerusalems und ihre Begründung in Mi 1,16

Die prophetische Untergangsklage in V.8 – 9 besitzt ein Pendant in V.16. Beide Elemente legen einen Klagerahmen um die Spruchreihe in V.10 – 15. Sie folgen einem ähnlichen Bauprinzip und dürften von derselben Hand stammen.[116] In beiden Elementen sind Aufforderungen zur Klage und zum Vollzug von Trauerriten enthalten (V.16aα.bα par. V.8a), die mit einem Tiervergleich illustriert (V.16bα par. V.8b) und abschließend begründet werden (V.16aβ.bβ par. V.9). Anders als in V.8 – 9, worin die Begründung zusammenhängend am Ende erfolgt (V.9), begegnet sie in V.16 im unmittelbaren Anschluss an die Aufforderungen (V.16aβ.bβ). Während sich die Figur Michas nach V.8 weiterhin selbst zur Trauer aufruft, richten sich die Imp. in V.16a an eine namentlich ungenannte Größe im Fem.

---

112 Vgl. entsprechend bereits MARTI, KHC, 269 („wir würden also sagen: der Schlag trifft *ins Herz* meines Volkes").
113 KESSLER, HThK.AT, 91.
114 Vgl. Gen 12,17; Ex 11,1; 1 Reg 8,37; Ps 38,12 [נֶגַע] sowie Dtn 28,59.61; 29,21; 1 Sam 4,8; Jer 19,8 [מַכָּה] u. ö.).
115 S. dazu unten 5.3.2.3 und 5.3.3.
116 Vgl. entsprechend etwa JEREMIAS, ATD, 137; MARTI, KHC, 272; WOLFF, BK, 19. Anders hebt KESSLER, HThK.AT, 91 – 92, V.8 – 9 von V.10 – 16 ab.

Da die prophetische Klage in V.8 – 9 dem Schicksal Judas und Jerusalems gilt, Jerusalem in V.9 als Zielpunkt der Unheilsbewegung erscheint und die Klageelemente parallel gestaltet sind, dürfte die fem. Größe in V.16 mit der personifizierten Stadt Jerusalem identisch sein, die nun ihrerseits die Untergangsklage zu vollziehen hat.[117] Sie wird aufgerufen sich eine Glatze zu schneiden (קרח) und das Haar zu scheren (גזז). Wie die in V.8 bezeichneten Riten stammt auch die volle oder teilweise Schur des Haupthaares aus dem Bereich der Leichenklage (vgl. Lev 19,27; 21,5; Dtn 14,1; Jer 16,6) und wird von dort auf die Klage über politisches Unheil Israels und Judas sowie insbesondere Jerusalems übertragen.[118]

Die optische Gestalt des personifizierten Jerusalem nach seiner Schur setzt V.16bα ins Bild. Seine Glatze soll breit werden wie das kahle Haupt des Geiers. Die Tierart fügt sich mit Schakal und Strauß (V.8) in die Reihe der Bewohner lebenswidriger Orte ein. Als Aasfresser, darin besteht die Pointe der Tiermetapher, ernährt sich der Geier vom Kadaver toter Lebewesen und dem Fleisch der Erschlagenen (vgl. Hi 39,27 – 30).[119] Während der Prophet nach V.8 – 9 wie die Ruinenbewohner heult und damit das Schicksal Jerusalems in seiner Untergangsklage vorwegnimmt, entspricht das Ansehen der personifizierten Stadt in V.16 denjenigen Tieren, die sich an den Erschlagenen nähren. Diese über den Tiervergleich assoziierte Szene erinnert an das Resultat einer verheerenden Feindinvasion und korrespondiert mit der Begründung der Klageaufrufe in V.16aβ.bβ.

Anders als in V.8 – 9 wird die Begründung der Aufforderungen in V.16 nicht im Zusammenhang formuliert, sondern jeweils im Anschluss an den jeweiligen Aufruf. Dadurch wird eine Spannung zwischen beiden Vershälften generiert. Zunächst weist V.16aβ die „Kinder ihrer Wonne" als Anlass der Klage Jerusalems aus. Über das Suff. 2. Fem. Sg. wird die Stadt zu ihren Bewohnern in Beziehung gesetzt, die sich hinter der

---

117 Vgl. entsprechend JEREMIAS, ATD, 143 – 144; MAYS, OTL, 60; RUDOLPH, KAT, 49. JEREMIAS, ATD, 144, hat weiterhin darauf aufmerksam gemacht, dass der zweifache Imp. Fem. in Mi 1,16 mit Mi 4,10.13 korrespondiert. Dort wird die Adressatin jeweils explizit mit der Tochter Zion identifiziert. Durch diese kompositionelle Beziehung, die im Laufe der literarischen Fortbildung des Michabuches hergestellt worden ist, gewinnt die Vermutung weitere Plausibilität, dass in V.16 das personifizierte Jerusalem angesprochen ist. Anders sehen seit WELLHAUSEN, Propheten, 137, etwa KESSLER, HThK.AT, 109 – 110; WILLI-PLEIN, Vorformen, 75; WOLFF, BK, 34, die „Bewohner aller Städte Judas" (WOLFF, ebd.) adressiert. Diese Position allerdings ist maßgeblich durch den veranschlagten Zeithorizont des ausgehenden 8. Jh. motiviert, zu dem eine Klage Jerusalems über ihre (eigenen) Bewohner nicht recht passt.

118 Vgl. KUTSCH, Trauerbräuche, 78 – 95 mit Anm. 8 – 10 sowie die atl. Parallelen in Jes 3,24; 7,20; 22,12; Jer 2,16; 7,29; Ez 7,18; 27,31; Am 8,10.

119 Vgl. FELIKS, Art. Geier, 533 – 534; MAIBERGER, Art. Geier, 763.

Größe בְּנֵי תַּעֲנוּגָיִךְ verbergen.[120] Der Begriff בֵּן bringt ein Verwandtschaftsverhältnis zum Ausdruck, der seltene Terminus תַּעֲנוּג (neben Mi 2,9 lediglich in Prov 19,10; Hld 7,7; Qoh 2,8), der Lust, Wonne, Wohlleben bezeichnet, stellt eine Verbindung zum früheren Wohlbefinden Jerusalems her und formuliert einen gezielten Kontrast zum gegenwärtigen Unheil der Stadt. In Jes 13,22 werden in ähnlicher Weise die verwüsteten Paläste Babels als הֵיכְלֵי עֹנֶג bezeichnet, in denen nunmehr Hunde und Schakale heulen. In Jer 6,2 heißt die Tochter Zion selbst die Schöne und Lustvolle (הַנָּוָה וְהַמְּעֻנָּגָה), bevor JHWH ihr die Vernichtung ansagt.

Was mit den Kindern der Stadt geschehen ist und weshalb diese ihr zum Klagegrund werden, bleibt in V.16aβ noch offen. Diese inhaltliche Spannung löst das Schlusskolon in V.16bβ auf. Ihre Kinder begründen die Untergangsklage der Stadt, weil sie fort und in die Gefangenschaft gezogen sind.[121] Die Formulierung im Perf. (V.16bβ) und die Tiermetapher (V.16bα) lassen darauf schließen, dass Jerusalem der gewaltsamen Eroberung bereits erlegen ist. Das Verbum גלה schließt den Rahmen zum Strafurteil gegen Samaria in V.6 (גלה). Das Unheil, das in Samaria seinen Anfang nahm, hat Jerusalem getroffen. Das Motiv der Entblößung, das mit dem Verbum verbunden ist, weist daraufhin, dass der Klageritus in V.16 (wie in V.8) wiederum die Funktion einer Zeichenhandlung erfüllt. Das geschorene Jerusalem versinnbildlicht die menschenleere Stadt, die nunmehr Geier bewohnen und sich an den Gefallenen nähren.

4.3.5 Der geschichtstheologische Zusammenhang in Mi 1,5bα-16*

Die Komposition in Mi 1,5bα-16* setzt mit einem thetischen Schuldvorwurf gegen Jakob ein. Der Vorwurf wird auf Samaria konzentriert und begründet sein Untergangsurteil (V.5bα.6). Daraus wird in Gestalt der Untergangsklagen in V.8–9.16 das äquivalente Schicksal Jerusalems abgeleitet. Der Schlag gegen Samaria trifft Juda und Jerusalem in gleicher Weise. Obwohl der jeweilige Niedergang der Hauptstädte historisch mehr als ein Jahrhundert auseinander liegt, erscheinen beide in Mi 1* als Ergebnis eines organischen Ereigniszusammenhangs.

Diese Beobachtung zur Gesamtanlage der Komposition führt zu der Vermutung, dass sie das Ergebnis einer geschichtstheologischen Reflexion aus der Retrospektive

---

120 Anders haben etwa JEREMIAS, ATD, 144, und MAYS, OTL, 60, an die Bevölkerung des Umlandes gedacht, die Jerusalems Klage motiviert. Diese Hinsicht ist wiederum maßgeblich durch den veranschlagten Zeithorizont des ausgehenden 8. Jh. motiviert, als Jerusalems Bewohner von der Eroberung verschont geblieben waren. Allerdings lässt sich eine Untergangsklage Jerusalems vor dem Hintergrund dieses Zeitkontextes kaum plausibilisieren.
121 Derselbe Vorgang des Verlassens der Stadt und der Deportation in die Kriegsgefangenschaft wird in Mi 4,10 mit der Tochter Zion verbunden.

darstellt. Aus der deutenden Rückschau scheint sie dem Interesse zu folgen, das Schicksal beider Reiche ins Verhältnis zu setzen und den Fall Samarias als Anfang vom Ende Judas, und damit Jakob-Israels insgesamt (vgl. V.5bα), darzustellen. Da die Komposition in Mi 1* von einem Strafurteil gegen Samaria ausgeht, das seine Zerstörung impliziert, mit den historischen Ereignissen des 8. Jh. jedoch nicht kongruent ist, und auf die Untergangsklage Jerusalems zielt, lässt sich weiterhin vermuten, dass sie zeitgeschichtlich dem Horizont der babylonischen Invasion und der Zerstörung Jerusalems zumindest näher steht als dem assyrischen Kontext.

Die Prophetenfigur aus V.8–9 lässt signifikante Züge zweier Prophetenprofile erkennen, die mit dem jeweiligen Zeithorizont des ausgehenden 8. Jh. (assyrische Krise) und des frühen 6. Jh. (babylonische Krise) verbunden sind. Die Zeichenhandlung in V.8a erinnert an Jesaja (vgl. Jes 20,2–4), die Tiermetaphorik in Verbindung mit der Klage über Jerusalem in V.8b erinnert an Jeremia. In der Figur Michas scheinen sich beide Profile miteinander zu verbinden. Auf diese Weise wird der zeitliche Abstand eines guten Jahrhunderts literarisch überbrückt. Da die Schuld Samarias am Kopf der Komposition lediglich thetisch verzeichnet wird und das Strafurteil ohne expliziten Schuldaufweis ausgerichtet wird, dürfte Mi 1* die Gerichtsankündigungen bei Hos* und Am* voraussetzen und ihren Tenor in nuce einspielen. Die geschichtstheologische Komposition könnte also von vornherein als judäische Fortsetzung der Prophetentraditionen des Nordreichs angelegt worden sein.[122]

Da Mi 1* ferner auch hinsichtlich der konkreten Ursachen für ein Strafgericht gegen Juda und Jerusalem unbestimmt bleibt, ist die Komposition entweder von vornherein auf Fortsetzung angelegt oder bietet mit dieser Leerstelle den entscheidenden Anknüpfungspunkt für ihre literarische Fortbildung. Da die geschichtstheologische Komposition mit Mi 1,16 einen Schlusspunkt setzt, liegt die Vermutung näher, dass die anschließende Unheilsbegründung in Mi 2–3 das Ergebnis einer Fortschreibung von Mi 1* darstellt.[123]

4.4 Literarischer Ort

Die geschichtstheologische Komposition in V.5bα.6.8–9.16 (mit V.10–15*) bildet die älteste erreichbare Gestalt des Michabuches. Sie nimmt auf die Strafgerichtsankündigung der Nordreichsprophetie bei Am* und Hos* Bezug (V.5bα.6), um das Schicksal Samarias auf Jerusalem zu übertragen (V.8–9.16) und das politische Ende beider Reiche Jakobs als organischen Ereigniszusammenhang dar-

---

122 Vgl. entsprechend bereits SCHART, Entstehung, 201–204.
123 S. dazu Teil B.

zustellen (V.5bα-16). Die Komposition bildet die älteste erreichbare Gestalt des Michabuches, jedoch nicht seine älteste Substanz. Vielmehr ist in Mi 1* mit der Reihe der Stadt-Sprüche in V.10 – 15* ein älteres Traditionselement integriert und literarisch ausgestaltet worden.

Die Spruchreihe bildet in ihrem Grundbestand die militärische Verheerung von Ortschaften im Bereich der judäischen Schefela ab.[124] Sie wird durch die Aufrufe zur Untergangsklage in V.8 – 9 und V.16, die das Schicksal Judas und Jerusalems zum Gegenstand haben, eingefasst und in das Unheilsgefälle zwischen Samaria und Jerusalem hineingestellt. Die Verheerung, die in der Spruchreihe zur Darstellung gelangt, erhält auf diese Weise einen Ursprung und einen Zielpunkt. Im Zusammenhang der geschichtstheologischen Komposition illustrieren die Stadt-Sprüche den allmählichen Unheilsfortschritt zwischen den beiden Hauptstädten.

Die Spruchreihe hat in mehrfacher Hinsicht auf die Gestaltung der Komposition in Mi 1* eingewirkt. Die Stadt-Sprüche bilden die Auswirkungen einer unheilvollen militärischen Invasion ab. Denselben Hintergrund einer gewaltsamen Eroberung weisen V.6 und V.16 auf. Im Rahmen der geschichtstheologischen Komposition wird das Unheilsgeschehen innerhalb der Schefela aufgenommen und in einen israelitisch-judäischen Horizont hineingestellt. Der Aspekt der Kriegsgefangenschaft (V.16), mit dem sich in Mi 1* das Motiv der Entblößung verbindet (גלה in V.6 vgl. V.8), ist weiterhin im Schafir-Spruch (V.11a*) vorgebildet.[125] Schließlich ist der Spruchreihe, die das beklagenswerte Ende der betroffenen Städte beschreibt, das Klagemotiv implizit enthalten. Dieser implizite Aspekt wird innerhalb der geschichtstheologischen Komposition zu einer ausdrücklichen Untergangsklage entfaltet.

4.5 Kompositioneller Zusammenhang

Die geschichtstheologische Komposition in V.5bα.6.8 – 9.16 (mit V.10 – 15*) hat die literarische Fortbildung von Mi 1 und Mi 2 – 3 in mehrfacher Hinsicht angeregt. Zunächst haben der Schuldvorwurf gegen Jakob und das Strafurteil gegen Samaria die Gestaltung der Theophanieschilderung am Bucheingang beeinflusst.[126] Das Motiv der fundamentalen Entblößung aus V.6bβ (vgl. Hab 3,13; Ps 18,16) korrespondiert mit der Erschütterung von Berg und Tal in V.4. Das Verbum נגר, das in V.6bα die gewaltsame Zerstörung Samarias bezeichnet, im Zuge derer JHWH die

---

124 Zur Analyse der Spruchreihe s. ausführlich unten 5.
125 S. dazu unten 5.3.2.1.
126 Vgl. KESSLER, HThK.AT, 88.

Stadtbefestigungen zu Tal befördert, wird in V.4bβ im Bild der herabstürzenden Wasser aufgenommen. Die auf Jakob bezogene Sündenterminologie aus V.5bα (פֶּשַׁע) hat schließlich Eingang in den Brückenvers V.5a gefunden, der die Theophanieschilderung mit ihrem Zielkontext verknüpft.

Weiterhin gab der thetische Schuldvorwurf gegen Jakob, der in V.5bα zunächst mit Samaria in Beziehung gesetzt wird, zu einer zweifachen literarischen Ausgestaltung Anlass. Einerseits sind die in V.5bα noch unterbestimmten Vergehen Samarias in V.7 (sukzessiv) entfaltet und konkretisiert worden. Andererseits haben Spätere im Sinne des auf Jerusalem zuführenden Unheilsnexus der geschichtstheologischen Komposition einen Schuldvorwurf gegen Jerusalem am Bucheingang in V.5bβ unter dem Vorbild von V.5bα nachgetragen. Die Schuld Jerusalems wird darin, wie ähnlich in V.7 in Bezug auf Samaria, kultkritisch pointiert.

Ein inhaltliches Merkmal der geschichtstheologischen Komposition in Mi 1* motivierte schließlich die Anfügung der sozialkritischen Gerichtsrede in Mi 2–3.[127] Abgesehen von den kleinen, gegenüber Mi 2–3* vermutlich jüngeren Einschaltungen in V.5bβ und V.13b ist darin eine Schuld Jerusalems, die seine Zerstörung rechtfertigt, noch nicht erwiesen. Diese inhaltliche Leerstelle wird durch die Gestaltung von Mi 2–3 gefüllt. Dem Interesse der geschichtstheologischen Komposition gemäß, den Schlag gegen Jerusalem aus dem Schicksal Samarias zu deduzieren, werden äquivalente Vergehen im Südreich unter dem Einfluss der Nordreichsprophetie herausgestellt. Mit dem Untergang Jerusalems finden die Kompositionen in Mi 1* und Mi 2–3* in Mi 3,12 zu demselben Zielpunkt.

Daraus ergibt sich die Vermutung, dass nicht etwa das Strafurteil gegen Samaria dem Urteil gegen Jerusalem nachempfunden ist, wie es innerhalb der Michaforschung mehrheitlich angenommen wird.[128] Vielmehr dürfte Mi 3,12 unter dem Eindruck seiner Vorlage in Mi 1,6 gestaltet worden sein. Der Aspekt der Renaturierung einer ruinierten Stadt wird aus V.6a (עִי הַשָּׂדֶה) übernommen und auf Zion/Jerusalem sowie den Tempelberg übertragen. Auffälligerweise findet V.6b, worin eine konkrete Gewaltmaßnahme JHWHs gegen Samaria bezeichnet wird, in Mi 3,12 keine Entsprechung. Dies begründet sich möglicherweise aus Mi 1,16, dem Zielpunkt der geschichtstheologischen Komposition und (ersten) Höhepunkt in Mi 1–3. Darin wird mit dem Verbum גלה ein Rückverweis auf die Mi 1,6b (גלה) bezeichnete Gewaltmaßnahme JHWHs hergestellt, die Anlass und Hintergrund der Untergangsklage in Mi 1,16 begründet. Das Urteil gegen Zion/Jerusalem in Mi 3,12 als zweiter Höhepunkt in Mi 1–3 bezieht sich gezielt auf V.6a, näherhin

---

127 S. dazu die Untersuchung unter Teil B.
128 Vgl. etwa JEREMIAS, ATD, 136; KESSLER, HThK.AT, 136; MAYS, OTL, 47; WÖHRLE, Sammlungen, 192–193.

denjenigen Aspekt des Strafurteils zurück, der in Mi 1* noch nicht auf Jerusalem übertragen worden war, um nach V.16 (גלה) in Mi 3,12 (שָׂדֶה neben עִי) eine weitere Klammer zu Mi 1,6 zu schließen. Die Kompositionen in Mi 2 – 3* und Mi 1* führen mit dem Untergang Jerusalems inhaltlich auf denselben Zielpunkt zu und reformulieren Mi 1,6 in Mi 1,16 und Mi 3,12 komplementär.

4.6 Ergebnis

Die geschichtstheologische Komposition in V.5bα.6.8 – 9.16 (mit V.10 – 15*) bringt den Untergang der Hauptstädte Israels und Judas als Ergebnis eines organischen Ereigniszusammenhangs zur Darstellung. Sie bildet die älteste erreichbare Gestalt des Michabuches und das Ergebnis einer geschichtstheologischen Deutung aus der Retrospektive. Die Komposition integriert in V.10 – 15* ein älteres Traditionselement, das im vorfindlichen Textgefüge den Unheilsverlauf zwischen Samaria und Jerusalem illustriert. Der Spruchreihe über die Städte der Schefela wenden wir uns im nächsten Schritt der Analyse zu.

5 Das Schefela-Städte-Gedicht in Mi 1,10 – 15*

Die Stadt-Sprüche in V.10 – 15* nehmen das Unheilsgeschehen einzelner Ortschaften im Regionalhorizont der judäischen Schefela in den Blick. In ihrer literarischen Gesamtanlage bilden sie das Schefela-Städte-Gedicht. Im gegenwärtigen Textgefüge sind die Stadt-Sprüche mit Textelementen verbunden, die das Unheil innerhalb der Schefela auf das Schicksal Israels im Ganzen und insbesondere auf die judäische Hauptstadt Jerusalem beziehen. Sie stehen mit der jüngeren geschichtstheologischen Komposition in Mi 1* in Verbindung. Die nachfolgende Analyse wird zu dem Ergebnis führen, dass der Jerusalem-Israel-Nexus innerhalb der Spruchreihe nicht ursprünglich ist und die Sprüche über die Schefela-Städte den Kernbestand des Gedichts und den Ausgangspunkt der literarischen Traditionsbildung innerhalb des Michabuches bilden.

5.1 Abgrenzung und Aufbau

Die Spruchreihe über das Unheilsgeschehen innerhalb der Schefela wird in V.10 mit den Stadt-Sprüchen über Gat und Beth-Le-Aphra eröffnet und mit dem Spruch über Adullam in V.15b abgeschlossen. Im vorfindlichen Zusammenhang werden die Stadt-Sprüche von den Klageaufrufen gerahmt, die die Figur Michas aufgrund des von

Samaria aus gegen Jerusalem ziehenden Unheils in V.8–9 an sich selbst und in V.16 an das personifizierte Jerusalem richtet. Sie gehören der geschichtstheologischen Komposition in Mi 1* an und sind der Spruchreihe in V.10–15* nachträglich angegliedert worden. Die Stadt-Sprüche heben sich in formaler und inhaltlicher Hinsicht von ihrem Nahkontext ab und bilden eine Größe eigener Art.[129]

In formaler Hinsicht weisen sie auffällige Regelmäßigkeiten auf. Die Stadt-Sprüche in V.11a.bα.12a.13a.14a.15a nennen den Ortsnamen jeweils im zweiten Kolon und führen ihn mit dem Terminus יוֹשֶׁבֶת ein, der die Einwohner der jeweiligen Stadt bezeichnet. Dadurch erhalten sie einen regelmäßigen Schlussrefrain, der lediglich in V.14a mit dem Ortsnamen Moreschet Gat (גַּת מוֹרֶשֶׁת) variiert. Die scheinbare Ausnahme in V.14a fügt sich jedoch durch das Klangspiel מוֹרֶשֶׁת / יוֹשֶׁבֶת in die Reihe ein. Inhaltlich konzentrieren sich die Stadt-Sprüche, die das Element יוֹשֶׁבֶת bzw. מוֹרֶשֶׁת enthalten, auf Vorgänge innerhalb der judäischen Schefela.

Eine vergleichbare Regelmäßigkeit weisen die Jerusalem-Verse in V.12b und V.13bα sowie das Israel-Element in V.14b (vgl. V.13bβ.15b) auf. Sie bezeichnen die Zielgröße ihrer Aussage ebenfalls im zweiten Kolon (V.13bα) bzw. am Zeilenende (V.12b.14b) und führen sie jeweils mit der Präp. לְ ein (לְבַת־צִיּוֹן, לְשַׁעַר יְרוּשָׁלָם sowie לְמַלְכֵי יִשְׂרָאֵל). Inhaltlich korrespondieren V.12b und V.13bα miteinander, indem sie ihre Aussagen auf Zion/Jerusalem beziehen, ebenso V.13bβ und V.14b (vgl. V.15b), die jeweils eine Aussage über Israel treffen. Die Analyse von Mi 1,3–5a* hat zu der Vermutung geführt, dass V.12b im Zuge der Einfügung der Theophanieszene gestaltet wurde.[130] Ob diese Vermutung zutrifft, wird die Untersuchung der Spruchreihe prüfen.

Die Rahmensprüche in V.10 und V.15b zeichnen sich schließlich dadurch aus, dass sie den Ortsnamen ebenfalls präpositional einführen, jedoch nicht am Ende, sondern am Zeilenanfang bieten (בְּגַת sowie בְּבֵית לְעַפְרָה in V.10 und עַד־עֲדֻלָּם in V.15b). V.15b weist eine Nähe zu den Israel-Elementen in V.14b und V.13bβ auf, indem von Adullam aus auf das Schicksal des Glanzes Israels geschlossen wird. V.14b wiederum ähnelt den Elementen in V.10 und V.15b, indem die Ortsbezeichnung ebenfalls am Zeilenanfang steht. Aufgrund ihrer Kürze sind die beiden Zeilen in V.11bβγ auffällig. Sie weisen keine der genannten Regelmäßigkeiten auf.

Auf der Grundlage der formalen Eigenschaften der Stadtsprüche lassen sich vier Spruchkategorien unterscheiden und die Textarchitektur von V.10–15 folgendermaßen darstellen:

---

129 S. dazu bereits oben 4.2.3.
130 S. dazu oben 3.4.

Kategorie A	Kategorie B	Kategorie C	Kategorie D		
			בְּגַת	Gat	V.10a
			בְּבֵית לְעַפְרָה	Beth-Le-Aphra	V.10b
יוֹשֶׁבֶת שָׁפִיר				Schafir	V.11a
יוֹשֶׁבֶת צַאֲנָן				Zaanan	V.11bα
				Beth Haezel (?)	V.11bβ
				(?)	V.11bγ
יוֹשֶׁבֶת מָרוֹת				Marot	V.12a
	לְשַׁעַר יְרוּשָׁלָ͏ם			Jerusalem	V.12b
יוֹשֶׁבֶת לָכִישׁ				Lachisch	V.13a
		לְבַת־צִיּוֹן		Lachisch/Zion	V.13bα
		פִּשְׁעֵי יִשְׂרָאֵל		Lachisch/Israel	V.13bβ
מוֹרֶשֶׁת גַּת				Moreschet Gat	V.14a
	לְמַלְכֵי יִשְׂרָאֵל	(בָּתֵּי אַכְזִיב)		Achsib/Israels Könige	V.14b
יוֹשֶׁבֶת מָרֵשָׁה				Marescha	V.15a
		עַד־עֲדֻלָּם	(כְּבוֹד יִשְׂרָאֵל)	Adullam/Israels Glanz	V.15b

Für sich betrachtet lassen die Spruchkategorien ein je individuelles, formales und inhaltliches Profil erkennen. Die Elemente der Kategorie A weisen ein dichtes Stilgefüge auf, indem sie die Unheilsbotschaften in horizontaler Hinsicht als Klangspiele mit den jeweiligen Ortsnamen gestalten und in vertikaler Hinsicht einen strukturell gleichförmigen Schlussrefrain ausbilden. In ihrer Gesamtanlage besitzen sie für sich betrachtet die Form eines Gedichts. Inhaltlich betrachten sie ein Unheilsgeschehen im Regionalhorizont der judäischen Schefela im Umfeld von Lachisch, Marescha und Moreschet Gat, der mutmaßlichen Heimatstadt des Propheten (vgl. V.1*). Diese hebt V.14a über eine Variation im Endreim betont hervor.

Die Elemente der Kategorien B und C lehnen sich eng an die Schefela-Stadt-Worte an, reflektieren jedoch von den Stadt-Sprüchen aus entweder auf das Schicksal Jerusalems (B) oder Israels (C). Sie heben den begrenzten Regionalhorizont der Schefela-Stadt-Worte der Spruchkategorie A auf. Weiterhin fügen sie den Stadt-Sprüchen eine (theologische) Reflexion bei und betrachten die Implikationen des Geschehens für Jerusalem und Israel. V.12b deutet es als von JHWH gegen Jerusalem heraufgeführtes Unheil (vgl. V.3 – 5a und V.5b – 9*.16). V.13bα bestimmt Lachisch als Hauptsünde zunächst Zions, V.13bβ sodann Israels insgesamt. V.14b abstrahiert von den Häusern Achsibs auf die betrogenen Könige Israels, V.15b schließlich auf den Glanz Israels. In stilistischer Hinsicht unterscheiden sie sich von den Stadt-Sprüchen der Kategorie A, indem sie keine oder keine vergleichbaren Klangspiele enthalten.

Die Elemente der Kategorie D bilden mit V.10 und V.15b den Rahmen der Spruchreihe und bieten den Ortsnamen am Zeilenanfang. Sie verbleiben mit ihren Aussagen über Gat und Adullam (für Beth-Le-Aphra bleibt eine Lokalisierung unsicher) innerhalb des geographischen Horizontes der Schefela und teilen die Paronomasie als Stilmerkmal mit den Schefela-Stadt-Worten der Kategorie A. Inhaltlich enthalten sie jedoch bemerkenswerte Anspielungen auf die davidische Aufstiegsgeschichte, der weder in den Schefela-Stadt-Worten der Kategorie A noch in den Jerusalem-Israel-Elementen der Kategorien B und C eine erkennbare Bedeutung zukommt.

Innerhalb der Spruchreihe lassen sich somit vier Spruchkategorien von einander unterscheiden, die ein je individuelles, formales und inhaltliches Profil besitzen. In der vorfindlichen Gesamtanlage der Reihe sind Sprüche aus verschiedenen Kategorien miteinander verbunden. Die Elemente der Kategorien A und B/C alternieren, die Elemente der Kategorie D bilden den Rahmen. Diese Beobachtung gibt zu der Frage Anlass, ob die vorfindliche Anlage der Spruchreihe ursprünglich ist oder ob die Sprüche der verschiedenen Kategorien nachträglich miteinander verbunden wurden bzw. allmählich zusammengewachsen sind.

Da die Schefela-Stadt-Sprüche, die der Kategorie A zugeordnet worden sind, für sich betrachtet die Form eines Gedichts aufweisen, legt sich die Vermutung nahe, dass sie die Bestandteile einer vormals selbständigen Einheit darstellen. Sollte also ein Gedicht aus Schefela-Stadt-Sprüchen der Kategorie A den Grundbestand in V.10 – 15 bilden, dem die Elemente der anderen Kategorien nachträglich zugefügt wurden? Diese Vermutung ist im Rahmen der folgenden Integritätsanalyse zu prüfen. Zunächst gilt es jedoch zu klären, wie der Überlieferungszustand der Spruchreihe, die bis in die Gegenwart als fragmentarisch gilt, zu bewerten ist, um die weitere Untersuchung auf der Basis einer verlässlichen Textgrundlage vornehmen zu können.

5.2 Integrität

„Nicht jede der Fragen, die uns das Alte Testament [...] stellt, würde ich ein Rätsel nennen. Aber Micha 1 scheint mir recht eigentlich ein Rätsel aufzugeben, und die Antworten, die man hin und her auf seine Fragen findet, gleichen wohl auch oft genug einem Rätselraten."[131] Die Rätsel von Mi 1, von denen Karl Budde sprach, entdeckte er insbesondere in der Spruchreihe in V.10 – 15, „wo mit dem Eintritt der Wortspiele kaum ein Wort des Textes mehr vollkommen gesichert erscheint."[132] Das erste Rätsel der Spruchreihe besteht somit in ihrer formalen Gestalt, die den Eindruck einer fragmentarischen Überlieferung weckt. Insbesondere die letzten

---

131 BUDDE, Rätsel, 77 – 78.
132 BUDDE, Rätsel, 79.

beiden Zeilen in V.11 sind auffällig kurz und folgen keinem der innerhalb der Spruchreihe unterschiedenen Bauprinzipien.[133]

In der Forschungsgeschichte sind vielfältige Versuche unternommen worden, die ursprüngliche Gestalt des Versteils und mit diesem den Wortlaut der gesamten Reihe zu rekonstruieren. Besondere Aufmerksamkeit verdient Karl Elligers Studie „Die Heimat des Propheten Micha" aus dem Jahre 1934, worin er zunächst den genauen Ort der Beschädigung zu bestimmen suchte.[134] Elliger lokalisierte den Schaden am Zeilenanfang und führte ihn auf „eine ganz mechanische Beschädigung des äußeren rechten Randes des Blattes oder der Handschriftkolumne"[135] zurück. In ihrer Mitte und am Ende seien die Zeilen intakt.

Für die Rekonstruktion der Zeilenanfänge formulierte Elliger drei Kriterien: Hinsichtlich ihres Metrums enthält erstens keine der Zeilen mehr als sechs Hebungen (3+3 oder 3+2). Die Aussage über eine Ortschaft samt Wortspiel bleiben zweitens auf je eine Zeile beschränkt. Je zwei Zeilen bilden drittens eine Strophe.[136] Nach dieser Maßgabe bemühte sich Elliger in freier Formulierung um Ergänzungen, die „wenigstens den Sinn, wenn auch nicht, mindestens nicht in allen Fällen, den Wortlaut annähernd treffen"[137].

Das Hauptverdienst der Studie Elligers besteht darin, dem Rätseln der älteren Forschung über die angemessene Rekonstruktion des Textes eine Methode gegeben zu haben. Er hat zurecht darauf hingewiesen, dass die Zeilenenden mit ihren parallel gestalteten Schlussrefrains intakt sind und die Botschaften der Stadt-Sprüche auf jeweils eine Zeile beschränkt bleiben. Ein Wortspiel für jedes Element erhält Elliger allerdings erst durch seine Textrekonstruktion, so dass die Annahmen hypothetisch bleiben, dass jeder Spruch ein Wortspiel enthält und dass jedes Wortspiel auf eine Zeile beschränkt ist.

Darüber hinaus erscheint das metrische Kriterium fragwürdig, da Elliger dieses aus der prophetischen Klage in V.8 – 9 gewinnt und die bisherige Analyse zu dem Ergebnis gelangt ist, dass der Klagerahmen in V.8 – 9.16 ursprünglich nicht mit der Spruchreihe verbunden war.[138] Doch auch unabhängig von diesem Ergebnis bleibt die Annahme hypothetisch, dass sich das Metrum der Klage tatsächlich in der Spruchreihe durchhält. Die Klage tritt darin in Terminologie und Motivik ab V.11 zugunsten einer Darstellung kriegerischen Unheils in den Hintergrund.

---

133 S. dazu oben 5.1.
134 Vgl. ELLIGER, Heimat, 81 – 152 = DERS., Schriften, 9 – 71.
135 ELLIGER, Heimat, 83 = DERS., Schriften, 10.
136 Vgl. ELLIGER, Heimat, 83 f = DERS., Schriften, 11.
137 ELLIGER, Heimat, 85 = DERS., Schriften, 12.
138 S. dazu oben 4.2.3.

Eine schlichte Textbeobachtung lässt schließlich Elligers Grundannahme der durchgehenden „Beschädigung des äußeren rechten Randes"[139] zweifelhaft erscheinen. Die Zeilenanfänge in V.10 – 15 weisen ebenso wie ihre Enden eine auffällige Regelmäßigkeit auf. Die Sprüche beginnen in der Mehrzahl (10 von 14) zu je zweien mit demselben Konsonanten, also kaum zufällig alliterativ.[140] Damit wird eine durchgehende Textbeschädigung am Ende wie am Anfang der Zeilen des Gedichts unwahrscheinlich. Es müsste schon mit einem großen Zufall einhergehen, wenn eine mechanische Beschädigung eine solche Reihe von Alliterationen hinterlässt. Sie weckt weitaus eher den Verdacht eines gezielten literarischen Gestaltungswillens.

Gegenüber einer freien Textrekonstruktion, wie sie die ältere Michaforschung unternommen hat, sind grundsätzliche methodische Bedenken anzumelden. Selbst unter Anwendung einer begründeten Methodik, wie Karl Elliger sie vorgeschlagen hat, bleiben auf diese Weise gewonnene Textelemente ebenso hypothetisch wie die auf ihrer Grundlage erzielten Untersuchungsergebnisse. Weiterhin erscheint eine Gesamtrekonstruktion in V.10 – 15 keineswegs erforderlich. Die überwiegende Mehrzahl der Stadt-Sprüche stellt dem Verständnis keine unüberwindlichen Schwierigkeiten in den Weg. Entsprechend enthält sich die jüngere Forschung bei der Rekonstruktion der Spruchreihe, obwohl sie weiterhin davon ausgeht, dass „der Text ungewöhnlich fehlerhaft überliefert ist"[141].

Bei näherer Hinsicht bleibt das formale Rätsel der Stadt-Sprüche auf diejenigen Versteile beschränkt, die aufgrund ihrer Kürze erst zum Rätselraten Anlass gegeben haben: die Zeilen 3 und 4 in V.11. Losgelöst von ihrem Nahkontext bleiben sie kryptisch. Möglicherweise aber wollen sie (anders als die übrigen Stadt-Sprüche) gar nicht aus sich selbst heraus verstanden sein. V.11by zieht mit doppeltem Pronominalsuffix Verbindungslinien in seinen Nahkontext und scheint diesen inhaltlich zu entfalten. Diese Spur, die eine redaktionsgeschichtliche Lösung des Rätsels nahelegt, wird zu verfolgen sein. Mit der jüngeren Michaforschung enthalte ich mich jedenfalls der freien Textrekonstruktion und gehe gegen die mehrheitlich vertretene Position aufgrund der Beobachtungen zur regelmäßigen Struktur der Stadt-Sprüche von einem insgesamt intakten Text aus.

Die Rätsel der Stadt-Sprüche erschöpfen sich allerdings nicht in der Frage nach ihrer formalen Gestalt, sondern begegnen noch auf weiteren Ebenen. Ein zweites Rätsel betrifft den Horizont der Spruchreihe und die Geographie der Einzelsprüche, da eine Lokalisierung lediglich für einen Teil der genannten Orte möglich ist. Ab-

---

139 ELLIGER, Heimat, 83 = DERS., Schriften, 10.
140 So V.10 ב, V.11a ע, V.12 כ, V.13 ר, V.15 ע.
141 JEREMIAS, ATD, 139; vgl. u. a. FOHRER, Propheten, 169; MAYS, OTL, 51; WOLFF, BK, 17 – 18; KESSLER, HThK.AT, bes. 99 – 100.

gesehen von Jerusalem ist die Identifikation lediglich für Gat/*Tell eṣ-Ṣāfī* (V.10a) und Lachisch/*Tell ed-Duwēr* (V.13a) einigermaßen gesichert. Mit abnehmender Wahrscheinlichkeit sind die Positionen Mareschas/*Tell Sandaḥanna* (V.15a), Adullams/ *Ḫirbet eš-Šēh Maḍkūr* (V.15b), Moreschet Gats/*Tell ed-Ǧudēde* (V.14a) und Achsibs/*Tell ēl-Bēḍa* (V.14b) zu bestimmen; für die übrigen Ortschaften Beth-Le-Aphra, Schafir, Zaanan, Beth Haezel und Marot, sofern es sich im Einzelnen überhaupt um Ortsnamen handelt, ist eine Lokalisierung aufgrund mangelnder Indizien bislang nicht möglich.[142] Legt man für ihre hypothetische Verortung denjenigen Radius an, in dem sich die relativ sicher oder mit hoher Wahrscheinlichkeit identifizierten Orte befinden, begegnet ein kleinräumiger Horizont innerhalb der judäischen Schefela.[143] Gat, Moreschet Gat, Lachisch, Adullam und Marescha befinden sich – innerhalb eines Radius von kaum 15 km – in überschaubarer Entfernung zueinander.

Aus diesem Lokalhorizont ragt eine Stadt heraus: Jerusalem (V.12b)/Zion (V.13b) in den judäischen Bergen. Mit dieser Beobachtung ist ein drittes Rätsel verbunden. Ab V.12 wird jeweils in der zweiten Vershälfte eine Perspektive eingenommen, die den Schefela-Horizont verlässt und den Fokus auf Zion/Jerusalem richtet (V.12b.13bα) oder auf Israel ausweitet (V.13bβ.14b.15b). Das Interesse dieser Zeilen gilt augenscheinlich nicht mehr (allein) der Schefela, sondern Zion/Jerusalem und Israel im Ganzen. Die Elemente in V.14b und V.15b sind weiterhin zwar formal als Schefela-Stadt-Worte gestaltet, ihre Botschaft betrifft jedoch nicht in erster Linie das Unheil der jeweiligen Städte, sondern das Schicksal der Könige und des Glanzes Israels. Neben dem inhaltlichen Fokus wechselt in V.12b.13b.14b. 15b schließlich das formale Bauprinzip. Den wiederkehrenden, aus יוֹשֶׁבֶת samt Ortsnamen gebildeten Schlussrefrain enthalten diese Zeilen nicht.

Das vierte Rätsel von Mi 1 betrifft den Stil der Stadt-Sprüche. Sie sind als Klangspiele gestaltet, die den Ortsnamen mit der jeweiligen Unheilsbotschaft in Beziehung setzen. So klingt beispielsweise der Ortsname Lachischs לָכִישׁ (V.13a) in den Wagengespannen הַמֶּרְכָּבָה (לָרֶכֶשׁ) an oder der Besatzer הַיֹּרֵשׁ im Namen Mareschas מָרֵשָׁה (V.15a) nach. Auffälligerweise fehlen vergleichbare Klangspiele im gegenwärtigen Textgefüge nicht nur den kurzen Zeilen in V.11bβγ, sondern auch dem Wort über Marot in V.12a und Moreschet Gat in V.14a sowie den Zion/Jerusalem-Elementen in V.12b.13b, so dass das Stilmittel als durchgängiges Charak-

---

142 Zur Lokalisierung vgl. insbesondere KEEL/KÜCHLER, OLB II, 836 – 837 (Gat), 846 – 847 (Adullam), 849 – 851 (Moreschet Gat), 854 – 857 (Marescha), 881 – 882 (Lachisch).
143 Diesen Radius hat ELLIGER, Heimat, 99 – 136 = DERS., Schriften, 25 – 56, abgesteckt, der lediglich für die Stadt Beth-Haezel V.11bβ, „über die schlechterdings nichts zu sagen ist" (131), und Schafir V.11a keine Lokalisierung innerhalb der Schefela vorschlägt.

teristikum des Gedichts zunächst fragwürdig erscheint.[144] „Although word play occurs here in abundance, yet fairly obvious puns occur in only about a half of the sayings in the text."[145]

Sieht man jedoch versuchsweise von den Elementen V.12b.13b.14b ab, die den Jerusalem-Israel-Nexus in die Spruchreihe einbringen, treten die vermeintlich fehlenden Klangspiele hervor: der Ortsname Marot מָרוֹת in V.12a klingt über die Variation seines Konsonantenbestandes in der Aufforderung an Lachisch רְתֹם in V.13a nach; die Stadt-Sprüche über Moreschet Gat in V.14a und Maresha in V.15a lassen Klangspiele mit der Wurzel ירשׁ (bzw. ihrem Konsonantenbestand) erkennen, welche die Ortsnamen mit dem unheilbringenden Besatzer הַיֹּרֵשׁ in Beziehung setzen. Sofern diese Wortspiele zutreffend beobachtet sind und den Stil eines älteren Textes in V.10 – 15* ausmachen, erweist sich Elligers Annahme als unzutreffend, dass die Klangspiele auf eine Zeile beschränkt bleiben.[146] In V.12a.13a und V.14a.15a verbinden sie offenbar zwei Elemente der Spruchreihe miteinander. Die Vermutung, dass je zwei Stadt-Sprüche eine Strophe bilden, scheint sich hingegen (in alternativer Zuordnung) zu bestätigen.

Die Beobachtungen zum geographischen Horizont, zum inhaltlichen Fokus und zum Stil der Spruchreihe unterstützen die im Rahmen der Analyse ihres Aufbaus formulierte Vermutung, dass die Jerusalem-Israel-Perspektive innerhalb der Spruchreihe über die Schefela-Städte nicht ursprünglich sein könnte.[147] Für die weitere Analyse ergeben sich damit die folgenden Hypothesen. Die Sprüche über die Schefela-Städte, die sich durch Klangspiele und einen über den Begriff יֹשֶׁבֶת gebildeten, regelmäßigen Schlussrefrain auszeichnen, bilden erstens den Grundbestand der Spruchreihe (Kategorie A). Die Spruchreihe ist zweitens durch die Jerusalem-Israel-Elemente in V.12b.13b.14b (Kategorie B und C) erweitert worden, die im vorfindlichen Zusammenhang aus inhaltlichen, stilistischen und geographischen Gründen auffällig sind. Durch ihre Einschaltung wird das Stilgefüge des älteren Gedichts aufgelöst und das regionale Unheilsgeschehen in einen übergeordneten Kontext gestellt.

---

144 Im Rahmen meiner Analyse lasse ich ausschließlich das deutlich erkennbare Klangspiel, das aus der Variation des Konsonantenbestandes der Ortsnamen gewonnen wird, als Stilmerkmal des Städte-Gedichts gelten; über die Klangspiele hinaus subtile Sinnspiele innerhalb derjenigen Städte-Worte zu vermuten, denen das Klangspiel fehlt, erscheint fragwürdig. Dass etwa über die volksetymologische Deutung des Ortsnamens Marot *Bitterkeit* ein gezielter Gegensatz zum Warten auf Gutes (טוֹב) konstruiert würde (vgl. etwa KESSLER, HThK.AT, 107; JEREMIAS, ATD, 141), ist möglich, allerdings nicht methodisch kontrolliert zu beweisen. Darüber hinaus ist das Sinnspiel ein zweites Stilmittel neben dem Klangspiel, beide sind voneinander zu unterscheiden.

145 HILLERS, Micah, 24.

146 Vgl. ELLIGER, Heimat, 83 = DERS., Schriften, 11.

147 Zum Aufbau der Spruchreihe s. oben 5.1.

Während sich im Hinblick auf die Sprüche der Kategorien A, B und C somit eine Tendenz abzeichnet, ist die Frage bislang offen, wie die kurzen Zeilen in V.11 und die Elemente der Kategorie D zu bewerten sind, die durch ihr individuelles Bauprinzip und insbesondere durch ihre Nähe zur Davidstradition aufgefallen waren. Sollten sie der älteren Spruchreihe (ebenfalls) nachträglich zugefügt worden sein oder gehörten sie derselben ursprünglich an? Die Integritätsanalyse wird im Folgenden die einzelnen Elemente im Detail betrachten, die als mögliche Fortschreibungen des Grundbestandes in V.10 – 15 bestimmt worden sind, um die Frage nach ihrer ursprünglichen Zugehörigkeit und ihrer Funktion innerhalb der Spruchreihe zu beantworten. Sie beginnt mit den Sprüchen über Gat, Beth-Le-Aphra und Adullam, die der Kategorie D zugewiesen wurden.

5.2.1 Gat, Beth-Le-Aphra und Adullam: Davidische Anspielungen in V.10.15b

Die Reihe der Stadt-Sprüche wird im vorfindlichen Zusammenhang mit den Elementen Gat und Beth-Le-Aphra in V.10 eröffnet und mit dem Spruch über Adullam in V.15b abgeschlossen. Die Aufrufe zur Untergangsklage in V.8 – 9 und V.16 fassen die Reihe ein, gehören jedoch der jüngeren geschichtstheologischen Komposition in Mi 1* an.[148] Innerhalb der Forschung wird der Abschnitt in V.10 – 15 weithin auf den historischen Propheten des 8. Jh. zurückgeführt und von Nachinterpretationen in V.12b und V.13b abgesehen als literarische Einheit betrachtet.[149] Die Elemente in V.10 und V.15b bilden Anfang und Ende der Spruchreihe über die Schefela-Städte.

Beide Elemente fügen sich in formaler Hinsicht ohne Weiteres in die Spruchreihe ein, indem sie als Stadt-Sprüche gestaltet sind und ihre Nachrichten in einem mehr oder minder deutlich erkennbaren Klangspiel mit dem Ortsnamen formulieren. So klingt Gat (גַּת) in der Aufforderung אַל־תַּגִּידוּ (V.10a) nach, Beth-Le-Aphra in עָפָר, dem Staub des bezeichneten Klageritus (V.10b). In V.15b wird das Klangspiel über die Alliteration der Präp. עַד mit dem Ortsnamen Adullam gestaltet. Überdies scheinen die

---

148 Zur geschichtstheologischen Komposition s. oben 4.

149 Gegen die ursprüngliche Zugehörigkeit von V.12b zur Spruchreihe argumentieren etwa KRATZ, Propheten, 71; MAYS, OTL, 57 – 58; METZNER, Kompositionsgeschichte, 65.131; SCHART, Entstehung, 182; WÖHRLE, Sammlungen, 145. Dass V.13b ebenfalls einen jüngeren Nachtrag darstellt, hatten bereits DUHM, Anmerkungen, 45 – 46, und WELLHAUSEN, Propheten, 137, vermutet und darf gegenwärtig als Forschungskonsens gelten, vgl. etwa JEREMIAS, ATD, 142; KESSLER, HThK.AT, 104; KRATZ, Propheten, 71; LESCOW, Worte, 70; MAYS, OTL, 58; METZNER, Kompositionsgeschichte, 65.131; RUDOLPH, KAT, 47; SCHART, Entstehung, 182; WÖHRLE, Sammlungen, 145; WOLFF, BK, 31 – 32. Einzelpositionen haben MARTI, KHC, 262.269 – 272, und GRAHAM, Suggestions, 237 – 258, vertreten, indem sie die Stadt-Sprüche insgesamt oder zu großen Teilen als Glossen betrachteten.

Sprüche in V.10aβ (בְּכוֹ אַל־תִּבְכּוּ) und V.15b (יָבוֹא כְּבוֹד) allerdings noch je ein weiteres Klangspiel zu gestalten, was innerhalb der Spruchreihe auffällig ist, insofern ihre übrigen Glieder (höchstens) eines aufweisen.

Neben dem Stilmerkmal der Paronomasie teilen V.10 und V.15b weiterhin den geographischen Horizont der Spruchreihe. Die genannten Städte befinden sich im kleinräumigen Bereich der judäischen Schefela im Umfeld Lachischs, Mareschas und Moreschet Gats. Gat ist mit hoher Wahrscheinlichkeit auf *Tell eṣ-Ṣāfī* zu suchen und am Ende des 8. Jh. vermutlich judäisch.[150] Für Adullam wird die Ortslage *Ḫirbet eš-Šēḫ Maḍkūr* vorgeschlagen.[151] Lediglich für Beth-Le-Aphra, sofern es sich um einen Ortsnamen handelt, blieb die Lokalisierung bislang erfolglos.[152]

Innerhalb der bisherigen Analyse war die Sonderstellung der Sprüche in V.10 und V.15b dadurch aufgefallen, dass sie den Ortsnamen nicht am Ende, sondern zu Beginn der Zeile nennen. Weiterhin bieten sie den charakteristischen Schlussrefrain mit dem wiederkehrenden Element יוֹשֶׁבֶת nicht, der die Stadtbewohner mit der jeweiligen Unheilsbotschaft in Verbindung bringt. Wer die Handlungen ausführen soll, bleibt in der Folge uneindeutig. Neben die formalen Aspekte treten inhaltliche Auffälligkeiten, die die Sonderstellung der Stadt-Sprüche über Gat, Beth-Le-Aphra und Adullam hervorheben.

Der Spruch in V.10a hält dazu an, Gat nicht zu benachrichtigen, eine Nachricht dort jedenfalls nicht öffentlich kundzutun und das Weinen zu unterlassen. Der Adressat des Aufrufs wird nicht genannt, der Inhalt der Nachricht ebenfalls nicht. Da die Klage über das Schicksal Jerusalems in V.8–9 einer jüngeren literarischen Ebene angehört, kann jene Nachricht jedoch nur das Unheil der judäischen Schefela zum Gegenstand haben, sofern V.10a innerhalb der Spruchreihe ursprünglich ist. Warum sollte man aber die Benachrichtigung Gats, das im ausgehenden 8. Jh. vermutlich zu Juda gehörte, unterbinden und die eigenen Landsleute nicht vor dem Unheil warnen? Hätte es ferner überhaupt einer Nachricht bedurft? Gat liegt schließlich in Sichtweite der umgebenden Städte und wäre selbst unmittelbar in ein Unheilsgeschehen involviert, das die Nachbarn trifft. Warum sollte man das Weinen unterlassen, wo es doch offenbar allen Anlass

---

150 Zur Lokalisierung Gats vgl. EHRLICH, Suche, 56–69; KEEL/UEHLINGER, OLB II, 836–837; SCHNIEDEWIND, History, 69–77; UZIEL/MAEIR, Surface, 50–67. Zu den politischen Verhältnissen innerhalb der Schefela des 8. Jh. und Gats im Besonderen vgl. LEHMANN/NIEMANN, Shephelah, 77–94, bes. 85–90.

151 Zu Lokalisierung und Geschichte Adullams vgl. GÖRG, Art. Adullam, 35; KEEL/UEHLINGER, OLB II, 846–847.

152 Nach ELLIGER, Heimat, 125–128 = DERS., Schriften, 47–49; RUDOLPH, KAT, 45, sei es in *eṭ-ṭaijibe* zwischen *bēt-ǧibrīn* und Hebron. Anders vermuteten BUDDE, Rätsel, 96; NOWACK, HK³, 203, hinter Beth-Le-Aphra den Ortsnamen Bethel.

dazu gab?[153] Allein im Kontext der Stadt-Sprüche betrachtet, bleiben die mit V.10a verbundenen inhaltlichen Schwierigkeiten ohne Lösung.

In V.10b folgt der Spruch über Beth-Le-Aphra, der einen ebenfalls ungenannten Adressatenkreis dazu aufruft, sich zum Zeichen der Trauer im Staub zu wälzen. Im Anschluss an das Kündungsverbot für Gat überrascht der Aufruf in Richtung Beth-Le-Aphra. Was unterscheidet beide Orte, dass dort die Trauer untersagt und hier in aller Deutlichkeit geboten ist? Eine Ortschaft namens Beth-Le-Aphra ist weiterhin über Mi 1,10 hinaus unbekannt. Dasselbe trifft zwar auch für die Städte Schafir und Zaanan in V.11 zu. Allerdings folgt der Name Beth-Le-Aphra (בֵּית mit der Präp. לְ) einer im Vergleich zu anderen Ortsbezeichnungen, die das Element בֵּית enthalten, untypischen Bildeweise.[154] Sollte V.10b keine oder eine namentlich anderslautende Ortschaft bezeichnen, um diese „von vornherein als ‚Haus für den Staub' zu charakterisieren"[155] und auf diese Weise zu verballhornen? Beides würde seine Sonderstellung im Kontext der Stadt-Sprüche umso deutlicher unterstreichen, die den tatsächlichen Namen der Ortschaften nennen und mit allem Ernst das jeweilige Schicksal der Städte betrachten.

Der Spruch über Adullam in V.15b bildet im vorfindlichen Zusammenhang den Abschluss der Reihe. In inhaltlicher Hinsicht fällt V.15b dadurch auf, dass der Spruch eine Aussage über die Zukunft des Glanzes Israels (כְּבוֹד יִשְׂרָאֵל) trifft, über Adullam hingegen nicht unmittelbar. Im Kontext der Spruchreihe ist eine Aussage über die Stadt jedoch zu erwarten. Ihre Situation wird allein dadurch charakterisiert, dass sie den Glanz Israels beherbergen wird. Die Wendung כְּבוֹד יִשְׂרָאֵל dürfte eine Anspielung auf das Königshaus darstellen.[156] Sofern dies zutrifft, steht in V.15b wie in den Jerusalem-Israel-Elementen in V.12b.13b.14b ein übergeordneter (politischer) Zusammenhang im Blick. Was bedeutet es aber, wenn Israels Glanz nach Adullam kommt? Was bedeutet es für Adullam? Was bedeutet es für den Glanz Israels? Bedeutet es Unheil oder Heil? Einen unheilvollen Charakter erhält

---

153 Entsprechend notiert Weiser, ATD, 241, „eine Verheimlichung des vor aller Augen sich abspielenden Geschehens [...] kann in diesem Zusammenhang nicht in Frage kommen", und hält Elliger, Heimat, 87 = ders., Schriften, 14, es für „ein sonderbares Ansinnen, wenn der Prophet selbst klagt und jammert, im gleichen Atem von seinen Landsleuten – an andere zu denken ist sinnlos – zu verlangen, daß sie nur ja nicht weinen, damit die Bewohner von Gath von dem Unglück Judas nichts merken."
154 Innerhalb der Forschung wird die Präp., die auch S und Tg nicht wiedergeben, gern gestrichen (vgl. etwa Elliger, Heimat, 90 – 91 = ders., Schriften, 16 – 17; Robinson/Horst, HAT, 132; Jeremias, ATD, 130 mit Anm. 34; Mays, Micah, 49; Weiser, ATD, 239 mit Anm. 6). Anders vermutete Rudolph, KAT, 34, dass der Ortsname nicht Beth-Le-Aphra laute, sondern Afra und dieser eine zweigliedrige Präp. ל בבית bei sich führt, die mit *drinnen in* wiederzugeben sei.
155 Wolff, BK, 12; vgl. Jeremias, ATD, 130 Anm. 34; von Soden, Ortsbenennungen, 217.
156 S. dazu unten 5.2.1.3.

V.15b nur aus dem Zusammenhang.[157] Anders als in den Stadt-Sprüchen in V.11–15a*, die aus ihrem unheilvollen Hintergrund keinen Hehl machen, bleibt V.15b in dieser Hinsicht unbestimmt.[158]

Neben den formalen und inhaltlichen Eigentümlichkeiten begründen die Stadt-Sprüche in V.10 und V.15b ihre Sonderstellung schließlich dadurch, dass sie „überraschende Anspielungen an David-Erzählungen"[159] enthalten und offenbar einen gemeinsamen traditionsgeschichtlichen Hintergrund besitzen. V.10aα (בְּגַת אַל־תַּגִּידוּ) bietet ein Zitat aus dem Klagelied Davids über die gefallenen Helden (2 Sam 1,20). Die Philister als Feind der Tage Davids nennt die Wortkompilation am Ende von V.10b (הִת־פְּלַשְׁתִּי). Die Ortschaft Adullam in V.15b ist schließlich innerhalb der Davidsgeschichte prominent, insofern der designierte König David vor seinen Widersachern dorthin flieht, und „von Adullam aus den langen Marsch zum Königtum über Juda und Israel"[160] beginnt. Hinsichtlich des auffälligen Ortsnamens Beth-Le-Aphra hat Wolfram von Soden darüber hinaus den Verdacht geäußert, dass es sich um einen chiffrierten Ortsnamen handelt, der Bethlehem Ephrata anklingen lässt.[161] Damit läge ein nächster Hinweis auf die Geschichte Davids vor, näherhin eine Anspielung auf seinen Geburtsort.

Dass die davidischen Anklänge keinesfalls zufällig sind, die Anfänge der Königsgeschichte Davids vielmehr gezielt eingespielt werden, zeigt sich daran, dass die Elemente in V.10 und V.15b erst vor ihrem traditionsgeschichtlichen Hintergrund verständlich werden. Was motiviert das Kündungs- und Klageverbot für Gat in V.10a? Wie verbindet sich dieses mit dem anschließenden Klageaufruf für Beth-Le-Aphra in V.10b? Welche Botschaft enthält der Spruch über Adullam in V.15b? Diese offenen Fragen, die aus dem Nahkontext in V.10 – 15 nicht zu lösen sind, lassen sich unter Berücksichtigung der Davidsgeschichte beantworten.

Die nachfolgende Betrachtung des Traditionshintergrundes der drei Stadt-Sprüche wird zeigen, dass sie auf Tiefpunkte der frühen Königsgeschichte in Israel

---

157 Ein explizit unheilvoller Charakter der Zeile ist innerhalb der Forschungsgeschichte durch Textänderungen herzustellen versucht worden, so etwa bei MAYS, OTL, 50 Anm. y; SCHWANTES, Notes, 460 (לֹא עֹד עַד־עֹדְלָם יָבוֹא כבד). Anders fand BUDDE, Rätsel, 103, „[d]aß die Stadt Adullam hier nichts zu suchen hat". Über den Ortsnamen hinaus tauscht er das Verbum gegen das eindeutige אבד und schlägt die Rekonstruktion עַד־עֹלָם יֹאבֵד (BUDDE, Rätsel, 104; vgl. entsprechend BRUNO, Micha, 37; NOWACK, HK³, 206; LINDBLOM, Micha, 51; LIPPL, HSAT, 190, und ähnlich ELLIGER, Heimat, 98 – 99 = DERS., Schriften, 22 – 23).
158 Vgl. bereits WELLHAUSEN, Propheten, 137.
159 JEREMIAS, ATD, 139.
160 KEEL/KÜCHLER, OLB II, 847; vgl. 1 Sam 22,1 ff; 2 Sam 23,13 ff = 1 Chr 11,15 ff.
161 Vgl. VON SODEN, Ortsbenennungen, 217. Innerhalb der älteren Forschung waren bereits BUDDE, Rätsel, 96, und NOWACK, HK³, 203, von einem entstellten Ortsnamen ausgegangen und vermuteten Bethel hinter Beth-Le-Aphra.

anspielen, den Tod Sauls und die Anfeindungen gegen David. Mit diesen Tiefpunkten ist innerhalb der Geschichte Davids zugleich das Ende seines Widersa-
chers Saul (V.10 vgl. 2 Sam 1,20) und die Bewahrung des designierten Königs in
Adullam (V.15b vgl. 1 Sam 22,1– 5; 2 Sam 23,13 – 14) verbunden. Beide Ereigniszusammenhänge stellen entscheidende Etappen seines Aufstiegs zur Königsherrschaft über Juda und Israel dar und eröffnen dem davidischen Königshaus somit
eine heilvolle Zukunftsperspektive.

Indem die Stadt-Sprüche in V.10 und V.15b auf die Tiefpunkte der Davidsgeschichte anspielen, fügen sie sich stilgerecht in den Kontext der Spruchreihe ein.
Indem mit ihnen jedoch zugleich eine Heilsperspektive auf die künftige Königsherrschaft (Davids) assoziiert ist, weisen sie über den Unheilshorizont in Mi 1– 3*
hinaus. Sie dürften mit dem Bethlehemorakel in Mi 4,14 – 5,4a in Beziehung stehen, das die Zukunft der Herrschaft in Israel nach dem Untergang Jerusalems mit
einem neuen David verbindet.[162] Hinsichtlich ihres literarischen Ortes innerhalb
des Michabuches sind die Sprüche mit der Sammlungsverheißung in Mi 2,12 – 13
vergleichbar, die ihrerseits inmitten des Unheilstextes von Mi 1– 3 eine Heilsperspektive andeutet und auf Mi 4 – 5 vorausweist.

Die Sonderstellung der Stadt-Sprüche in V.10 und V.15b war durch ihre formalen und inhaltlichen Eigenheiten aufgefallen. Sofern der traditionsgeschichtliche Hintergrund von V.10.15b und die daraus resultierende Botschaft und
Funktion der Elemente auf der Ebene von Mi 1– 5* zutreffend bestimmt ist, leidet
es keinen Zweifel, dass sie am Anfang und am Ende der Spruchreihe in V.10 – 15
nicht ursprünglich sind. Den traditionsgeschichtlichen Hintergrund in seiner
Bedeutung für die drei Stadt-Sprüche gilt es im Folgenden zu beleuchten.

5.2.1.1 Das Kündungs- und Klageverbot für Gat in V.10a

Der Stadtspruch in V.10a verhängt über Gat ein Kündungs- und Klageverbot. Weder
durch Benachrichtigung (V.10aα) noch durch offene Trauer (V.10aβ) soll man dort
vom Unheil Judas Kenntnis erhalten. Das erste Kolon bietet ein Zitat aus Davids
Klagelied in 2 Sam 1,20aα. König Saul und sein Sohn Jonathan sind im Kampf
gegen die Philister gefallen (1 Sam 31,1– 5), was Hintergrund und Anlass des
Klageliedes in 2 Sam 1,19 – 27 darstellt. Von seiner Vorlage (אַל־תַּגִּידוּ בְגַת) unter-

---

162 Mit dem Bethlehemorakel teilen die Stadt-Sprüche in V.10.15b neben dem traditionsge-
schichtlichen Hintergrund das formale Bauprinzip. Wie V.10a.10b.15b sind auch Mi 4,14 und
Mi 5,1 als Stadt-Sprüche gestaltet. In Mi 4,14 liegt überdies ein chiffrierter Ortsname vor, mit dem
die Tochter Zion im Sinne des bezeichneten Klageritus als Tochter der Ritzung angesprochen wird.
Von Mi 4,14 gewinnt die Vermutung an Wahrscheinlichkeit, das Beth-Le-Aphra auf Bethlehem
Ephrata (vgl. Mi 5,1) anspielt. Zur These vgl. VON SODEN, Ortsbenennungen, 217.

scheidet sich das Zitat lediglich durch die Wortstellung; der Ortsname steht in
V.10aα voran (בְּגַת אַל־תַּגִּידוּ).

Exkurs:

Die forschungsgeschichtliche Diskussion über das Zitat aus 2 Sam 1,20

Dass das erste Kolon V.10a ein Zitat aus Davids Klagelied beinhaltet, ist längst erkannt
worden; bereits Julius Wellhausen hatte es als solches bestimmt und daraus geschlossen:
„„Sagt es nicht an zu Gath' passt hier nicht!"[163] Ebenso wies Bernhard Duhm V.10a als
späteren Nachtrag aus.[164] Wilhelm Nowack war beiden zunächst darin gefolgt: „Wahrscheinlich verdanken die Worte einer Interpolation aus II Sam 1,20 ihr Dasein"[165], neigte
jedoch später einer Textänderung zu.[166] Darin begegnet einerseits der Trend der älteren
Forschung, die inhaltlich begründeten und mit dem Zitat verbundenen Schwierigkeiten
durch Textänderungen zu erleichtern – freilich unter der Annahme, man habe es in Mi 1
ohnehin mit einem Text zu tun, der „hoffnungslos verderbt"[167] ist. Arthur Weiser vermutet
entsprechend, dass das Zitat später „an die Stelle des nicht mehr leserlichen Textes gesetzt
wurde, aber hier keinen annehmbaren Sinn ergibt"[168]. Andererseits zeigt sich darin der
frühere Forschungskonsens, dass das Zitat aus Davids Klagelied im Zusammenhang kaum
ursprünglich ist. So formulierte Ernst Sellin: „Die Worte *in Gat verkündet es nicht*, die
wörtliches Zitat aus 2 Sam 1,20 sind, dürften nur Beischrift eines Lesers sein, der sich mit
Recht an die Qina Davids erinnert fühlte."[169] In dem Maße, wie die jüngere Forschung zunehmend und mit gutem Recht am überlieferten Text von Mi 1 festhält, in V.10 – 15 aber den
Propheten selbst zu hören glaubt, tritt das Fehlen einer plausiblen Lösung für das Zitat im
hiesigen Kontext wieder deutlich zutage. Rainer Kessler nimmt an, dass das Klagelied Davids
im Juda des 8. Jh. wohlbekannt sei.[170] Selbst wenn das Klagelied bekannt und Gat zur
fraglichen Zeit des ausgehenden 8. Jh. – wie Kessler meint – weder judäisch noch phili-

---

163 WELLHAUSEN, Propheten, 136.

164 Vgl. DUHM, Anmerkungen, 45.

165 NOWACK, HK², 210.

166 Vgl. NOWACK, HK³, 203. Im Anschluss an ELHORST, Profetie, 114 f; WINCKLER, Untersuchungen, 186; BUDDE, Rätsel, 95, schlägt er בְּגִלְגָּל אַל־תַּגִּילוּ *In Gilgal jubelt nicht!* zu lesen vor; diesen
ist auch SCHMIDT, Propheten, 132, gefolgt. Ähnlich viele Anhänger hat ELLIGER, Heimat, 87 – 90 =
DERS., Schriften, 14 – 16, gefunden, der בְּגַנּוֹת גִּלֹה אַל־תַּגִּילוּ *In den Gärten Gilohs jubelt nicht* rekonstruiert; vgl. WEISER, ATD, 238; LIPPL/THEIS, Propheten, 188; MAYS, Micah, 48 mit Anm. e. Mit
einer weniger umfangreichen und allein das Verbum betreffenden Änderung kommen LINDBLOM,
Micha, 47; ROBINSON/HORST, HAT, 132 [בְּגַת אַל־תַּגְדִּילוּ] sowie DONNER, Israel, 94; WILLI-PLEIN,
Vorformen, 72; WOLFF, BK, 10; HILLERS, Micah, 25 Anm. a; SHAW, Micah, 224 [nach G οἱ ἐν Γεθ μὴ
μεγαλύνεσθε בְּגַת אַל־תַּגְדִּילוּ], aus.

167 NOWACK, HK², 210.

168 WEISER, ATD, 241; so bereits BUDDE, Rätsel, 95; ELLIGER, Heimat, 88 = DERS., Schriften, 15,
und in jüngerer Zeit wieder MAYS, OTL, 56.

169 SELLIN, KAT, 276 (Hervorhebung ebd.); entsprechend bereits ELHORST, Profetie, 148 („Dat
בגת אל תגידו oorspronkelijk in margine stond, is zeer aannemelijk"), und in jüngerer Zeit wieder
SCHWANTES, Notes, 455, „this latter text might already appeared as a marginal gloss calling attention to a similar paronomasia" (ebd.).

170 Vgl. KESSLER, HThK.AT, 104 – 105.

stäisch, sondern assyrisch beherrscht gewesen ist, mutet doch das Verbot einer Kündung des „vor aller Augen sich abspielenden Geschehens"[171] und von den Assyrern selbst bewirkten Unheils seltsam an. Jörg Jeremias, der den archäologischen Daten folgend Gat zur Zeit des Propheten für judäisch hält, sieht die „Aussage darauf zielen, dass die Totenklage still vonstatten gehen soll, damit die Feinde nichts merken"[172]. Seine Argumentation bleibt allerdings insofern in der Schwebe, als er hinter einer nicht mehr rekonstruierbaren Gestalt von V.10 zwar den Propheten selbst vermutet, jedoch „Assoziationen der späteren Tradenten des Textes"[173] für die davidischen Reminiszenzen verantwortlich macht. Zwar enthält er sich einer Rekonstruktion der hypothetischen Vorlage, kehrt aber *de facto* zum Konsens der älteren Forschung zurück, das Zitat aus Davids Klagelied dem Propheten Micha absprechen zu müssen.[174]

Im Kontext des Klageliedes wird in 2 Sam 1,20 ein Kündungs- und Klageverbot über die Städte Gat und Aschkelon verhängt. Beide Städte repräsentieren Metropolen der philistäischen Feinde (vgl. בְּנוֹת פְּלִשְׁתִּים in 2 Sam 1,20b). Die Absicht der Verbote besteht darin, die Philister vom Tod König Sauls und des potenziellen Thronfolgers Jonathan in Kenntnis zu setzen. Die Feinde sollen keine Schadenfreude hegen. Eine dem Zitat entsprechende Aussage lässt sich für Mi 1,10a am Beginn der Stadt-Spruchreihe, für die im Sinne der Überschrift des Prophetenbuches das späte 8. Jh. zu veranschlagen ist, nicht plausibilisieren.

Erstens ist das vormals philistäische Gat (*Tell eṣ-Ṣāfī*) am Ende des 8. Jh. mit einiger Wahrscheinlichkeit judäisch, so dass das Kündungsverbot die eigenen Landsleute treffen würde.[175] Zweitens bestünde die Nachricht, die es nicht kundzutun gilt, im Sinne der Spruchreihe im Unheil der Schefela-Städte wie Lachisch, Marescha oder Moreschet Gat. Diese liegen jedoch von *Tell eṣ-Ṣāfī* aus in Sichtweite, so dass es dort keiner Benachrichtigung bedurft hätte. Gat wäre selbst unmittelbar vom Kriegsunheil betroffen. Im fraglichen Zeitkontext bildet das Zitat aus 2 Sam 1,20 in Mi 1,10a somit einen Anachronismus.

Mit dem Zitat in V.10a wird ein literarischer Topos in den Zusammenhang der Spruchreihe eingebracht. Die Ortschaft Gat repräsentiert das Lager der Feinde und erinnert als das Gat der Philister (vgl. Am 6,2) an die prototypische Feindmacht der königszeitlichen Anfänge Israels. Das mit dem Kündungs- und Klageverbot in V.10a verbundene Interesse besteht im Sinne des Zitats aus 2 Sam 1,20 darin, die

---

171 WEISER, ATD, 241.

172 JEREMIAS, ATD, 140. Ähnlich bereits BECK, Erklärung, 94 („vielmehr tiefschweigend sollen sie sich in die ganze Tiefe ihres Schmerzes zurückziehen").

173 JEREMIAS, ATD, 139.

174 Im Anschluss an WOLFF, BK, 9.12, u. a. mutmaßt JEREMIAS, ATD, 140 Anm. 68, der ältere Text könnte *In Gat jubelt nicht, weint, ja weint!* gelautet haben.

175 Vgl. dazu LEHMANN/NIEMANN, Shephelah, 85 – 90; JEREMIAS, ATD, 140; WINCKLER, Untersuchungen, 185 – 186.

Feinde vom Unheil Judas nichts wissen zu lassen, damit diese keine Schadenfreude hegen. Da das Unheil der Schefela-Städte als Gegenstand der Nachricht
aufgrund der geographischen Nähe der Städte ausscheidet, dürfte ihr Inhalt, den
es nicht kundzutun gilt, im Anschluss an V.8 – 9 im unheilvollen Schicksal Jerusalems bestehen. V.10a wird also bereits die Klage auf der Ebene der geschichtstheologischen Komposition voraussetzen.

Die Assoziation des Klageliedes Davids, die zur Aufnahme des Zitats geführt
hat, wurde vermutlich durch drei Charakteristika des Elements in 2 Sam 1,20
angeregt, die mit Merkmalen des Zielzusammenhangs in Mi 1* korrespondieren.
Es nennt wie die Stadt-Sprüche in V.11– 15* eine Stadt aus der Schefela (גַּת). Es
gestaltet seine Botschaft als Paronomasie (אַל־תַּגִּידוּ בְגַת). Es ist Teil einer Leichenklage und korrespondiert als solche mit der prophetischen Untergangsklage
aus V.8 – 9 (vgl. V.16). Da das Zitat somit wesentliche Merkmale von V.8 – 9 und
V.11– 15* teilt, konnte es am Beginn der Spruchreihe als Bindeglied zwischen der
Klage und der Schefela-Spruchreihe dienen. Das erste Kolon zitiert 2 Sam 1,20aα
(בְּגַת אַל־תַּגִּידוּ) und formuliert das Kündungsverbot, das zweite Kolon das Trauer-
verbot (בָּכוֹ אַל־תִּבְכּוּ). Das Motiv des Weinens ist in Davids Klagelied ebenfalls
vorgebildet (vgl. בכה in 2 Sam 1,24).

Schließlich bleibt zu klären, weshalb das Zitat in V.10aα und seine Entfaltung
in V.10aβ in den literarischen Zusammenhang von Mi 1 überhaupt eingesetzt
worden ist und welche Funktion es darin erfüllt. Wie in seiner Vorlage besteht das
Interesse der Zitation zunächst darin, die Feinde vom Schicksal Judas und Jerusalems nicht in Kenntnis zu setzen, um ihrem Spott zu entgehen. Da mit dem
Klagelied Davids allerdings der weitere Zusammenhang seiner Aufstiegsgeschichte verbunden ist, die ihn letztlich zur Königsherrschaft führt, dürfte sich die
Funktion von V.10a darin nicht erschöpfen. Um die Funktion von V.10a näher
bestimmen zu können, ist der weitere traditionsgeschichtliche Zusammenhang
des Zitats zu betrachten und mit dem Kontext in Mi 1* in Beziehung zu setzen.

Mit dem Klagelied Davids in 2 Sam 1 ist ein Tiefpunkt der frühen Königsgeschichte erreicht. König und Thronfolger sind im Krieg gefallen, mit Saul und
Jonathan geht die saulidische Dynastie in Jerusalem zuende. Vergleichbare historische Tiefpunkte bringt Mi 1 mit dem Niedergang der Schefela (V.11– 15*) und
dem Fall Samarias und Jerusalems samt ihrer Königshäuser (V.5b – 9.16*) zur
Darstellung.[176] Innerhalb der Davidsgeschichte bedeutet der Untergang des Kö-

---

176 Den inhaltlichen Vergleich zog bereits VON UNGERN-STERNBERG, Rechtsstreit, 34 – 35 („Die
Katastrophe, die Juda jetzt treffen wird, ist auch dem Unheil ähnlich, das Sauls totale Niederlage
im Kampfe gegen die Philister für Israel einst bedeutete [...]. Voll Schmerzes denkt dort David und
hier Micha daran, wie die Kunde von einer solchen Zerstörung Judas vom Gegner wohl frohlockend
aufgenommen wird.").

nigshauses Sauls jedoch zugleich den Beginn der davidischen Herrscherdynastie. In unmittelbarem Anschluss an das Klagelied berichtet 2 Sam 2 von Davids Königssalbung in Hebron, 2 Sam 2 – 5 im weiteren Kontext von der Festigung seiner Herrschaft und seinem Aufstieg nach Jerusalem.[177] Mit David als neuem König gelangt die Königsherrschaft in Israel nach ihrem zeitweiligen Ende zu neuer Blüte. Einen analogen Verlauf bildet die Struktur des Michabuches ab. Mi 1 – 3 beschreibt den Niedergang Jerusalems und seines Königshauses, in Mi 4 – 5 findet eine heilvolle Zukunftsperspektive, im Bethlehemorakel in Mi 4,14 – 5,4a* näherhin die Erwartung eines neuen David aus Bethlehem ihren Ausdruck. Mit dem Bethlehemorakel teilt Mi 1,10a den Traditionshintergrund der Davidsgeschichte und über die Zitation von 2 Sam 1,20 die Frage nach der Zukunft des Herrscherhauses in Israel. Wie im weiteren Kontext von 2 Sam 1,20 wird diese Frage in Mi 4,14 – 5,4a mit dem Bethlehemiten David beantwortet.

Vor diesem Hintergrund legt sich die Schlussfolgerung nahe, dass Mi 1,10a durch die Aufnahme des Zitats aus 2 Sam 1,20 auf das Bethlehemorakel und inmitten des unheilvollen Zusammenhangs von Mi 1* subtil auf die heilvolle Zukunft der Herrschaft vorausweist. Da sich der Niedergang des Früheren und der künftige Neubeginn in der Leichenklage aus 2 Sam 1,20 miteinander verbinden, fügt sich das Zitat in V.10a in seinen Zielkontext ein, zugleich öffnet es einen Spannungsbogen, der auf das Bethlehemorakel innerhalb der Heilskomposition zielt. Sofern dieser Zusammenhang zutreffend bestimmt ist, setzt Mi 1,10a bereits eine entfaltete Buchkomposition auf der Ebene von Mi 1– 5* voraus.

5.2.1.2 Der Klageaufruf für Beth-Le-Aphra in V.10b

Während V.10a ein Kündungs- und Klageverbot über Gat verhängt, ruft V.10b ausdrücklich zu Klage und Klageritus auf. In Beth-Le-Aphra wälze man sich zum Ausdruck der Trauer im Staub. Wie in V.10a wird der Ortsname samt Präp. im ersten Kolon genannt und ein Klangspiel formuliert, das den Ortsnamen über den Begriff עָפָר auf den Klageritus bezieht. Durch die Paronomasie fügt sich auch die zweite Vershälfte stilgerecht in den Zusammenhang der Spruchreihe ein. Das Klangspiel erscheint in seiner Bildeweise im Vergleich mit den folgenden Sprüchen allerdings weniger feinsinnig, da es aus einer einfachen Konsonantenwiederholung gewonnen wird (לְעַפְרָ֑ה עָפָר vgl. אכז־יב ל־אכז־ב in V.14b).[178]

---

178 Vgl. KESSLER, HThK.AT, 105, der auf die Weise antiker Zitation aufmerksam macht, „bei der der Textanfang für das Ganze des zitierten Textes steht."
178 Der Spruch über die Häuser Achsibs in V.14b gehört ebenfalls zu den nachträglichen Erweiterungen der Spruchreihe (s. dazu unten 5.2.3.3).

Die Aufforderung zum Vollzug der Trauerhandlung enthält das letzte Wort der
Zeile. Der Imp. הִתְפַּלָּשִׁי (Qere i.p.) dürfte im Fem. Sg. das Kollektiv der Ortsbewohner adressieren, allerdings werden diese nicht ausdrücklich genannt.[179] Das
Verbum פלש bezeichnet einen Klageritus angesichts eines unmittelbar bevorstehenden oder bereits eingetretenen Unheils (vgl. Jer 6,26; 25,34; Ez 27,30). Das Ketib
enthält ein überschüssiges Taw (התפלשׁ־תּ־י) und deutet im Schriftbild das Gentilizium *Philister* oder *Philistäa* (הת־פלשתי) an.[180] Ob die Wortkompilation gezielt
gebildet wurde oder sich der Assoziation eines Tradenten verdankt, der anlässlich
des Zitats aus 2 Sam 1,20 in V.10a an die Philister dachte, lässt sich nicht entscheiden. Allerdings ist in V.10b im vorfindlichen Text nunmehr ein Hinweis auf
die Philister enthalten. Im Ganzen weist V.10 mit Gat zu Beginn und den Philistern
am Ende somit eine denkwürdige philistäische Inklusion auf, die beide Vershälften miteinander verknüpft.[181]

Indem V.10b die Aufforderung mit dem Gentilizium in einem Wort verbindet,
werden die Philister unmittelbar mit dem Klageritus in Verbindung gebracht.
Sollte auf diese Weise zum Ausdruck kommen, dass die Philister für das Unheil,
das den Klageritus veranlasst, verantwortlich sind? Damit wäre in V.10b ebenfalls
ein Anachronismus enthalten. Im Zeithorizont des 8. Jh., in dem die Spruchreihe
mutmaßlich entstanden ist, waren es nicht die Philister, sondern die Assyrer, die
die Not der judäischen Städte hervorgerufen haben. Im Kontext des Leichenliedes
in 2 Sam 1,19 – 27 ist der Zusammenhang allerdings plausibel, da die Philister den
Tod Sauls und Jonathans verantworten und die Klage Davids provozieren.

Nach V.10a trägt somit auch das Gentilizium in V.10b einen literarischen Topos
in den Kontext ein. Vertrat Gat in V.10a das Lager der Feinde, so dürften die
Philister in V.10b – von den tatsächlichen politischen Verhältnissen unabhängig –
die feindliche Macht als solche repräsentieren, die Judas Unheil hervorgerufen
hat. Im Vergleich beider Vershälften ist der Sachverhalt auffällig, dass in V.10a die
Klage untersagt und in V.10b ausdrücklich geboten wird. In 2 Sam 1,19 – 27 ist der
Zusammenhang von Klage- und Kündungsverbot zur einen und dem Trauergebot
zur anderen Seite vorgebildet. Das Kündungsverbot richtet sich zunächst nach
außen und wird für Gat und Aschkelon in Geltung gesetzt (2 Sam 1,20), bevor David
einen Klageaufruf an seine Landsleute im judäischen Binnenraum ausrichtet (2
Sam 1,24[.26]). Die Aussage in V.10 dürfte folglich darin bestehen, dass die
Nachricht vom Unheil Judas und Jerusalems nicht nach außen dringen soll (V.10a),
im Inneren jedoch Wehklage geboten ist (V.10b vgl. V.8 – 9.16).

---

179 Vgl. GK § 122 s.
180 Vgl. schon WELLHAUSEN, Propheten, 136, und NOWACK, HK³, 210, sowie unter den jüngeren
RUDOLPH, KAT, 35.45; JEREMIAS, ATD, 140; KESSLER, HTHK.AT, 98.
181 Vgl. bereits DUHM, Anmerkungen, 45.

Beide Elemente in V.10 weisen dasselbe Bauprinzip auf, besitzen denselben traditionsgeschichtlichen Hintergrund und dürften somit von einer Hand in den Zusammenhang eingefügt worden sein. Als Stadt-Sprüche fügen sie sich stilkonform in den Kontext ein. Weiterhin teilen beide Sprüche das Motiv der Klage, das sie mit der prophetischen Untergangsklage in V.8 – 9 in Verbindung bringt. Unter ihrem Einfluss wird in V.10b ein äquivalenter Aufruf zum Klageritus formuliert, der wie das Klageverbot in V.10a durch das Unheil Jerusalems motiviert ist. In Jer 6,26; 25,34 (פלש) bringt derselbe Trauerritus die Untergangsklage über Jerusalem zum Ausdruck. Vor dem Hintergrund der Davidsgeschichte dürfte sich der Blick in V.10b jedoch wiederum über den gleichzeitigen Unheilshorizont hinaus auf die heilsgeschichtliche Zukunft richten, die sich mit Bethlehem-Ephrata in Mi 4,14 – 5,4a verbindet.

Sofern der traditionsgeschichtliche Hintergrund von V.10 und der Konnex zwischen Mi 1,10 und Mi 4,14 – 5,4a zutreffend beobachtet ist, gewinnt der Vorschlag Wolfram von Sodens, hinter Beth-Le-Aphra könnte der chiffrierte Ortsname Bethlehem Ephrata stehen, an Plausibilität. Die graphische Nähe (עפר[ת]ה [לחם] בית) zwischen Beth-Le-Aphra (בית לעפרה) und Bethlehem Ephrata (בית־לחם אפרתה) ist evident. Darüber hinaus ist auch die Bethlehemverheißung in Mi 4,14 (עַתָּה תִּתְגֹּדְדִי בַת־גְּדוּד) und Mi 5,1 (וְאַתָּה בֵּית־לֶחֶם אֶפְרָתָה) aus Stadt-Sprüchen gebildet, die ihrerseits Klangspiele aufweisen.

5.2.1.3 Die Glanzverheißung für Adullam in V.15b

Eine letzte Anspielung auf die Davidsgeschichte ist dem Spruch über Adullam enthalten. Indem V.15b als Stadt-Spruch gestaltet ist und über die Alliteration עַד־עֲדֻלָּם ein Klangspiel enthält, fügt sich die Zeile stilgerecht in den Kontext der Spruchreihe ein. Ihre Sonderstellung war dadurch aufgefallen, dass sie wie die Sprüche in V.10 den Ortsnamen samt Präp. gleich zu Beginn bietet und den charakteristischen Schlussrefrain mit יוֹשֶׁבֶת samt Ortsnamen am Ende nicht enthält. Überdies betrifft die Aussage in V.15b, anders als innerhalb der Spruchreihe üblich, nicht in erster Linie die betroffene Stadt, sondern den Glanz Israels. Das Schicksal Adullams wird nur dadurch berührt, dass die Stadt diesen Glanz beherbergen wird.

Die Wendung כְּבוֹד יִשְׂרָאֵל dürfte den König bzw. das Jerusalemer Königshaus bezeichnen.[182] Wann immer vom *Kabod* eines Volkes atl. die Rede ist, geht es wie im Kontext der Spruchreihe um seine politische und religiöse Identität und In-

---

182 Vgl. etwa JEREMIAS, ATD, 143; WOLFF, BK, 33. Anders hingegen RUDOLPH, KAT, 49 („Mit כבוד ישראל aber ist alles gemeint, was Israel je Macht und Ruhm und Glanz gebracht hat.").

tegrität, steht mehr noch selbige in Gefahr (so vom *Kabod* Israels in Jes 17,3 – 4, vom *Kabod* Assurs Jes 10,16 oder Moabs Jes 16,14).[183] Von Menschen gebraucht bezeichnet der Begriff „im metaphorischen Sinn: die Edelsten"[184] (vgl. Jes 5,13 im Gegensatz zu הָמוֹן und Jes 8,7 im Parallelismus zu מֶלֶךְ). Entsprechend bezeichnet David zu Beginn seines Klageliedes in 2 Sam 1,19 den König und seinen Thronfolger als הַצְּבִי יִשְׂרָאֵל.[185] V.15b enthält mit כְּבוֹד יִשְׂרָאֵל eine vergleichbare Wendung. Sofern ihre Deutung auf den König zutrifft, lässt sich erkennen, dass nach V.10 (mit 2 Sam 1,20) auch V.15b die Frage nach der Zukunft des Königs stellt. Als Antwort wird formuliert, dass der König als כְּבוֹד יִשְׂרָאֵל nach Adullam gelangt.

Der Ort Adullam ist innerhalb der Davidsgeschichte von prominenter Bedeutung und erinnert wiederum an Tiefpunkte der frühen Königsgeschichte.[186] Dorthin flieht der spätere König David vor den Nachstellungen seiner Gegner (vgl. 1 Sam 22,1 ff; 2 Sam 23,13 ff = 1 Chr 11,15 ff). Die Pointe der Adullam-Episoden besteht allerdings gerade in der Bewahrung Davids vor dem Unheil und der Wende seiner Not. Auf die Spruchreihe in Mi 1 übertragen, bedeutet dieser Hintergrund zunächst, dass der Glanz Israels (wie einst David) einer existenziellen Gefahr ausgesetzt ist. Auf diese Weise fügt sich der Stadt-Spruch in V.15b in den Unheilshorizont der Spruchreihe ein. Vor dem Hintergrund der Aufstiegsgeschichte Davids ist mit dem Namen Adullam jedoch nicht der Untergang, sondern die Bewahrung vor dem Unheil verbunden. Vor diesem Hintergrund dürfte auch V.15b über den gleichzeitigen Unheilshorizont in Mi 1* auf die Zukunft der Königsherrschaft in Israel vorausweisen und auf subtile Weise bereits an dieser Stelle der Buchkomposition eine Heilsperspektive andeuten.

183 Vgl. WESTERMANN, Art. כבד, 799 (794 – 812); MAYS, OTL, 59, „[t]he expression 'glory of Israel' belongs to that group of phrases in which the 'glory' (*kābōd*) is that of a particular land or people, and refers to the prestige of their existence, their honour and importance apparent in wealth, population, military strength" (s. vom *Kabod* der Völker Jes 10,16; 16,14; 21,16; Jer 48,18; Hab 2,16; von Israels *kabod* Jes 17,3 – 4; 62,2; 66,11).
184 BECK, Erklärung, 106, der darüber hinaus auf die volksetymologische Deutung Adullams (עֲדֻלָּם) עדל עם *der Adel des Volkes* aufmerksam macht. Vgl. WEINFELD, Art. כבד, 26 – 27 („'Ehre' geziemt sich für Gott, König und Personen von hoher Autorität und Status." [26]).
185 Vgl. bereits WOLFF, BK, 33.
186 Die Nähe von V.15b zu den Adullam-Episoden der Davidsgeschichte wird von vielen Auslegern zwar notiert (vgl. etwa JEREMIAS, ATD, 143; KESSLER, HThK.AT, 105; RUDOLPH, KAT, 49; WOLFF, BK, 33), ihre Pointe für den hiesigen Kontext allerdings nicht ausgewertet. Die ältere Forschung hat unter der Voraussetzung einer fehlerhaften Textüberlieferung verschiedene Rekonstruktionsvorschläge unterbreitet, so ELLIGER, Heimat, 90 – 91 = DERS., Schriften, 16 – 17 (בְּכָרְמֵי בֵית עָפְרָה vgl. BHS) oder SCHWANTES, Notes, 456; MAYS, OTL, 49 (בְּחוּצוֹת בֵּית עָפְרָה).

5.2.1.4 Zwischenergebnis

Die Stadt-Sprüche über Gat und Beth-Le-Aphra in V.10 und Adullam in V.15b bilden im vorfindlichen Textgefüge den Rahmen der Spruchreihe, gehörten ihr ursprünglich jedoch nicht zu. Ihre Sonderstellung besteht in formaler Hinsicht darin, dass sie den Ortsnamen nicht am Ende des Spruchs, sondern am Anfang bezeichnen und den charakteristischen Schlussrefrain (יוֹשֶׁבֶת) nicht enthalten. In inhaltlicher Hinsicht weisen sie signifikante Anspielungen auf die Davidstradition auf. Gleichermaßen thematisieren sie die Frage nach der Zukunft der Königsherrschaft. Wie das Bethlehem-Orakel in Mi 4,14 – 5,4a deuten die Sprüche vor dem Hintergrund der davidischen Aufstiegsgeschichte die künftige Erneuerung der Herrschaft Davids an. Dem Sammlungsorakel in Mi 2,12 – 13 vergleichbar, bringen sie auf subtile Weise eine heilvolle Zukunftsperspektive in den unheilvollen Zusammenhang ein.

5.2.2 Nachbarn in Schande und Wehklage: Deutungen in V.11

Dass die Spruchreihe in Mi 1 Rätsel enthält, trifft insbesondere für V.11 zu. Darin begegnen die Sprüche über die Orte Schafir in der ersten und Zaanan in der zweiten Zeile. Beide teilen wesentliche Stilmerkmale der Spruchreihe über die Schefela-Städte, indem sie den charakteristischen Schlussrefrain aus יוֹשֶׁבֶת samt Ortsnamen enthalten (V.12a.13a.15a vgl. V.14a) und die Ortsnamen mit der jeweiligen Botschaft im Klangspiel verbinden. Die Bewohner Schafirs (שָׁפִיר) ziehen vorüber (עבר), die Bewohner Zaanans (צַאֲנָן) sind nicht ausgezogen (יצא). Diese beiden Elemente in V.11a* und V.11bα sind ohne gravierende Schwierigkeiten. Sofern V.10 zutreffend als Zusatz bestimmt worden ist, enthält das Schafir-Wort das erste Element der Spruchreihe. Wie die Elemente in V.12 – 15 Zeile für Zeile je eine syntaktische und semantische Einheit bilden, so ist auch die erste Zeile der Spruchreihe aus sich heraus ohne Weiteres verständlich. Für die zweite Zeile gilt dies schon nicht mehr.

Im Vergleich der ersten beiden Zeilen fällt bereits in formaler Hinsicht auf, dass die zweite Zeile (2+2+2) gegenüber der ersten (2+2) um ein Kolon länger ist. Der Atnach markiert nach עֶרְיָה־בֹשֶׁת zu Beginn der zweiten Zeile eine Zäsur und weist das Wortpaar noch der ersten Zeile zu, obwohl diese mit dem Schlussrefrain יוֹשֶׁבֶת שָׁפִיר (vgl. V.12a.13a.15a) abgeschlossen wird. Der Terminus בֹשֶׁת bezieht sich offenbar auf עֶרְיָה zurück. Er disqualifiziert die Nacktheit als Schande und stellt damit die einzige explizite Abwertung eines Vorgangs innerhalb der Reihe der Stadt-Sprüche dar. Ob sich עֶרְיָה *nackt* auf die Bewohner Schafirs zurückbezieht oder dem Spruch über die Bewohner Zaanans zugehört, ist syntaktisch uneindeutig. Mit MT liegt es näher, den Begriff auf V.11a zu beziehen und als Näherbestimmung des Vorgangs עבר aufzufassen. Beide Begriffe בֹשֶׁת und עֶרְיָה (st. abs.)

sind jedenfalls weder miteinander verbunden noch in ihren Nahkontext eingeflochten. Sie erscheinen formal wie lose Beifügungen und inhaltlich wie „nach-
gerufene Schimpfworte"[187].

Dieser Befund legt die Vermutung nahe, dass es sich bei dem Begriffspaar um
Nachträge handelt, die den Beginn der Spruchreihe zu kommentieren suchen. Sie
wird zunächst dadurch gestützt, dass die Septuaginta beide Begriffe nicht wiedergibt.[188] Dass בֹשֶׁת als Wortglossierung zu עֶרְיָה einen Nachtrag darstellt, ist
innerhalb der Forschung mittlerweile anerkannt.[189] Dasselbe ist nun auch für den
Terminus עֶרְיָה wahrscheinlich, der den Spruch in V.11a gegen die Regel der
Spruchreihe über die Zeilengrenze hinaus verlängert. Sieht man von עֶרְיָה־בֹשֶׁת als
glossierender Nachinterpretation ab, ergeben sich zwei regelmäßige Bikola (2+2)
in den ersten beiden Zeilen der Spruchreihe, die jeweils eine klare Aussage treffen.

Die Rätsel von V.11 bestehen weiterhin in den beiden folgenden, mit jeweils
drei Worten auffällig kurzen Zeilen drei (V.11bβ) und vier (V.11by). Im Unterschied
zu V.11a* und V.11bα und gegen den Stil der folgenden Sprüche über die Städte der
Schefela (vgl. V.12a.13a.15a vgl. V.14a) enthalten sie weder den Refrain am Zeilenende noch ein erkennbares Klangspiel. Überdies weist V.11by keinen Ortsnamen auf und dass hinter Beth-Ha-Ezel in V.11bβ ein historischer Ort steht, erscheint
angesichts seiner für Ortsnamen untypischen Bildeweise mit Artikel mehr als
fragwürdig.[190] Der Konsonantenbestand lässt neben dem Verbum אצל *zurück-
halten, wegnehmen* an die Präp. אֵצֶל denken, die etwas *neben, bei* oder *zur Seite*
Gelegenes bezeichnet. Entsprechend könnte בֵּית הָאֵצֶל eher auf das benachbarte
Haus oder die Nachbarstadt und weniger auf eine empirische Ortschaft dieses
Namens hinweisen.[191] Träfe dies zu, so wäre weder V.11bβ noch V.11by ein Ortsname enthalten.

---

187 WOLFF, BK, 12.

188 Für den Begriff בֹשֶׁת bietet G keine Entsprechung, statt עֶרְיָה wird עריה (τὰς πόλεις αὐτῆς)
gelesen.

189 Vgl. etwa DUHM, Anmerkungen, 45; WOLFF, KB, 12; SHAW, Micah, 225; SCHWANTES, Notes,
456; ELLIGER, Heimat, 92 = DERS., Schriften, 18; DONNER, Israel, 94; ROBINSON/HORST, HAT, 132;
MAYS, Micah, 49 Anm. l; WILLI-PLEIN, Vorformen, 73; SMITH, ICC, 43. Anders halten in jüngster
Zeit wieder JEREMIAS, ATD, 130, und KESSLER, HThK.AT, 98, an בֹשֶׁת als ursprünglichem Text-
bestandteil fest.

190 Vgl. entsprechend VON SODEN, Ortsbenennungen, 218–219.

191 Vgl. bereits BECK, Micha, 97 („ganz passend für das stammverwandte Juda" [99]). Entsprechend wird בֵּית הָאֵצֶל auch in G (ἐχόμενον αὐτῆς) und Vg (domus vicina) wiedergegeben.
Dieselbe Aussage treffen ferner die Übersetzungen *Nebenhausen* bei VON ORELLI, Buch, 300, oder
Seitingen bei WOLFF, BK, 9.11 Anm. g. Beide halten jedoch daran fest, dass sich hinter Beth Haezel
eine empirische Ortschaft verbirgt.

Über die formalen Aspekte hinaus weisen die beiden Zeilen in V.11bβ und V.11bγ ihre Sonderstellung über eine Reihe inhaltlicher Gesichtspunkte aus. V.11bβ konstatiert eine Wehklage. Der Terminus מִסְפֵּד hebt die Zeile innerhalb der Spruchreihe inhaltlich hervor. Zwar begegnet der Klageaspekt durchaus im Hintergrund derselben, indem sie ein (beklagenswertes) Unheilsgeschehen innerhalb der Schefela zur Darstellung bringt. Vordergründig beschreiben die Stadt-Sprüche jedoch zunächst Kriegsereignisse samt ihrer Konsequenzen für die betroffenen Ortschaften. Die Stadt-Sprüche bestimmen somit erst Grund und Anlass der Klage, die V.11bβ bereits zu Beginn der Reihe hervorhebt und in den Vordergrund stellt. Dieser Sachverhalt verbindet die Zeile mit den jüngeren Rahmengliedern in V.8 – 9 und V.16, die die Spruchreihe einfassen und den Unterton der Klage aus V.11 – 15* zu einer expliziten Untergangsklage ausgestalten. In vergleichbarer Weise machen auch die Zusätze in V.10 die Klage ausdrücklich.

Eine zweite Auffälligkeit tritt hinzu, die V.11bβ von den Stadt-Sprüchen unterscheidet. Im vorfindlichen Text ist V.11bβ als Constructus-Verbindung vokalisiert. Die Aussage bleibt uneindeutig. Ist die Nachbarstadt (Beth-Ha-Ezel) selbst die Klagende (gen. subj.) oder bildet sie Anlass und Gegenstand der Klage (gen. obj.)? Unter geringfügiger Veränderung der Punktation ließe sich die Zeile als Nominalsatz auffassen: *Wehklage (bestimmt) das Nachbarhaus/Beth-Ha-Ezel* (מִסְפֵּד בֵּית הָאֵצֶל).[192] Damit erhält man zwar ein eindeutiges Objekt, Anlass und Umstände der Klage bleiben jedoch weiterhin unklar. Anders als die übrigen Elemente der Spruchreihe, die einen aus sich verständlichen Spruch formulieren, ist V.11bβ zwingend auf seinen Kontext angewiesen. Sollte die Zeile möglicherweise keine eigenständige Aussage zu treffen, sondern von vornherein – wie עֶרְיָה־בֹשֶׁת in V.11a – ihren Nahkontext zu kommentieren beabsichtigen? Der Verdacht erhärtet sich durch die Eigenheit von V.11bγ.

Die letzte Zeile in V.11 stellt heraus, dass den Städten der Schefela eine Stütze bzw. eine Unterstützung (עֶמְדָּתוֹ) genommen wird. V.11bγ trifft zwar eine eigenständige Aussage, die sich überdies aus dem Zusammenhang einer militärischen Auseinandersetzung ohne Weiteres verstehen lässt. Allerdings gibt die Zeile syntaktisch ausdrücklich zu erkennen, dass sie sich auf ihren Nahkontext bezieht und diesen entfaltet. Mit doppeltem Suff. werden Verbindungslinien in den Nahkontext gezogen. Die Suff. vertreten unterschiedliche Subjekte, mit dem Suff. 2. Fem. Pl. (מִכֶּם) wird ein Adressat im Pl. angesprochen und über das Suff. 3. Mask. Sg. (עֶמְדָּתוֹ) mit einer Größe im Sg. in Beziehung gesetzt. Auf diese Weise wird ein Beziehungsgefüge innerhalb der Spruchreihe und unter den Schefela-Städten ausdrücklich gemacht: *von euch wird seine Unterstützung genommen* (V.11bγ). Zwar weisen auch die Elemente der Schefela-

---

192 Vgl. etwa RUDOLPH, KAT, 35; JEREMIAS, ATD, 130 mit Anm. 37.

Spruchreihe auf die enge Beziehung der Städte zueinander und ihre wechselseitige Angewiesenheit, an keiner Stelle jedoch wird beides über Suffixverbindungen explizit. Innerhalb der Spruchreihe wird das Beziehungsgefüge vielmehr subtil durch die Klangspiele zur Darstellung gebracht.[193]

Sofern die Zeilen in V.11bβ und V.11by sowie die Glossen in V.11a (עֶרְיָה־בֹשֶׁת) zutreffend als Nachtrag bestimmt sind, die einen vorliegenden Text zu deuten beabsichtigen, müsste dieser einen plausiblen Anlass dazu gegeben haben. Was motiviert die Einschaltungen in V.11, die nicht nur aus einem einzelnen Wort wie בֹשֶׁת bestehen, sondern noch einmal so lang sind wie die Stadt-Sprüche in V.11a* und V.11bα selbst? Das mit den Einschaltungen verbundene Interesse gründet im ambivalenten Charakter, den die Sprüche über Schafir in V.11a* und Zaanan in V.11bα aufweisen. Zwar enthalten beide Stadt-Sprüche eine klare und aus sich heraus verständliche Aussage. Ob die Bewegung, die Schafirs Einwohnerschaft ausführen soll (עִבְרִי) und in Zaanan unterbleibt (לֹא יָצְאָה), jedoch einen heil- oder unheilvollen Hintergrund hat, bleibt in V.11a* und V.11bα zunächst offen. Für sich betrachtet lassen sich die Stadt-Sprüche ohne Weiteres positiv auffassen: Schafir, der Ortsname lässt die Schöne anklingen, zieht friedlich daher. Die Bewohner Zaanans haben Ruhe und rücken nicht aus, weil es keine Veranlassung dazu gibt. Der ältere Text überlässt den Erweis des Hintergrundes gezielt dem Folgezusammenhang.

Die Zusätze folgen dem Interesse, den unheilvollen Charakter beider Aussagen zu explizieren und gleich zu Beginn der Spruchreihe festzustellen. Schafirs Bewohner ziehen in die Kriegsgefangenschaft und Zaanan ist zur Mobilisierung seiner Streitkräfte nicht mehr imstande. Auf welche Weise die Einschaltungen ihr Interesse umsetzen, ist nachfolgend zu zeigen. Die Zeilen in V.11bβ und V.11by sowie die Glossen in V.11a stellen jedenfalls jüngere Kommentierungen der beiden ersten Elemente der Spruchreihe dar und sind innerhalb derselben nicht ursprünglich. Sie dürften zunächst als Randbemerkungen der Handschriftenkolumne zugefügt worden sein, was ihre Kürze begründet, und im Zuge der weiteren Abschrift in das Schriftbild der Kolumne eingetragen worden sein.

5.2.2.1 In Nacktheit und Schande: Die Glossen in V.11a

Die Einschaltung in V.11a besteht aus dem Begriffspaar בֹשֶׁת und עֶרְיָה (jeweils im st. abs.). Beide Elemente lehnen sich an die Sprüche über Schafir und Zaanan an, sind syntaktisch mit ihnen jedoch nicht verbunden. Der Terminus בֹשֶׁת bietet eine Apposition zu עֶרְיָה.[194] Der Terminus עֶרְיָה bezieht sich im Sinne eines *accusativus*

---

193 S. dazu unten 5.3.1.
194 Vgl. GK § 131 a.

adverbialis auf die Handlung in V.11a* (עבר) zurück und bestimmt seine Art und Weise.[195] Die Bevölkerung Schafirs zieht nicht friedlich einher, sondern nackt vorüber. Solche Nacktheit ist eindeutig negativ konnotiert und verweist auf die „erniedrigende N[acktheit] der Kriegsgefangenschaft" (vgl. Dtn 28,48).[196]

Die Nachinterpretation עֶרְיָה dürfte durch die Untergangsklage in V.8 – 9 inspiriert worden sein; diese zeigt die Figur Micha im Vollzug eines Klageritus angesichts des heraufziehenden Unheils Jerusalems ebenfalls nackt (עָרוֹם). Im synchronen Gefüge von Mi 1 hat Schafir wohl bereits ereilt, was Jerusalem noch bevorsteht: der Fall der Stadt und die Deportation ihrer Bewohner (vgl. V.16).[197] Anstelle des geläufigen עָרוֹם nach V.8 bemüht die Glosse allerdings das seltene Synonym עֶרְיָה (vgl. Ez 16,7.22.39; 23,29; Hab 3,9). Möglicherweise folgt die Wahl dem Interesse, die vorgefundene Klangreihe שָׁפִיר / עָבְרִי mit עֶרְיָה um ein zusätzliches Element zu erweitern und entsprechend fortzuführen.

Während die Glosse עֶרְיָה eine explikative Deutungsfunktion erfüllt, besitzt der Terminus בֹּשֶׁת einen wertenden Charakter und macht die Nacktheit Schafirs als Schande verächtlich. Eine vergleichbar despektierliche Verbindung zwischen Nacktheit, Scham und Schande stellen Jes 20,4 und Hos 2,4 – 5 her (vgl. 1 Sam 20,30). Insofern בֹּשֶׁת bereits עֶרְיָה kommentiert, wird der Begriff die jüngere Glosse darstellen. In V.11 provoziert vermutlich eine Glosse gleich die nächste.

5.2.2.2 In Wehklage: Die Deutung in V.11bβ

Die zweite kommentierende Einschaltung enthält V.11bβ. Sie konstatiert eine Wehklage, die sich mit בֵּית הָאֵצֶל verbindet. Aufgrund mehrerer Indizien ist zu vermuten, dass sich dahinter keine historische Ortschaft verbirgt.[198] Zunächst ist ein Ort dieses Namens weder lokalisiert noch atl. an anderer Stelle belegt. Beides trifft zwar auch für Schafir und Zaanan zu. Die Ortsbezeichnung folgt jedoch einer für hebräische Ortsnamen ganz untypischen Bildeweise, insofern der Name über den Begriff בַּית hinaus noch den Artikel enthält. Ähnliches war bereits für die Formulierung Beth-Le-Aphra in V.10 beobachtet worden. Darüber hinaus bezieht sich das Suff. 3. Mask. Sg. in V.11by (עֶמְדָתוֹ) auf בֵּית הָאֵצֶל zurück. Da Ortsnamen der grammatikalischen Regel gemäß fem. Geschlechts sind, wäre ein Suff. im Fem. zu

---

195 Vgl. GK § 118 m-n.

196 WINTER, Art. Nacktheit, 887; vgl. RINGGREN, Art. Nacktheit, 1277.

197 Vgl. entsprechend JEREMIAS, ATD, 141.

198 Anders etwa JEREMIAS, ATD, 141; KESSLER, HThK.AT, 106; MAYS, OTL, 57; RUDOLPH, KAT, 46; WOLFF, BK, 30. Zumeist wird der Artikel gestrichen. Wolfram von Soden geht erst ab V.13 von empirischen Ortsnamen aus (vgl. VON SODEN, Ortsbenennungen, 216 – 219).

erwarten. Statt Textänderungen den Vorzug zu geben, liegt die Schlussfolgerung näher, dass die Wendung keinen Ortsnamen darstellt.

Daraufhin stellt sich jedoch die Frage, was die Wendung בֵּית הָאֵצֶל bezeichnet. Die Formulierung legt eine Wiedergabe mit *das Haus der Seite* oder (freier) *das Nachbarhaus* nahe, womit die benachbarte Stadt gemeint sein dürfte. Der Begriff אֵצֶל ist atl. zwar ausschließlich in präpositionaler Verwendung belegt, geht als Präp. jedoch auf ein Substantiv zurück.[199] Inhaltlich fügt sich die Wiedergabe in den Zusammenhang der Spruchreihe über die Städte der Schefela ein. Die Orte liegen nämlich, soweit sie lokalisiert sind, in nachbarschaftlicher Entfernung zueinander. Da sich die Einschaltung in V.11bβ an die Stadt-Sprüche über Schafir und Zaanan anlehnt, dürften ihre jeweiligen Bewohner die hier bezeichneten Nachbarn darstellen. Welche der beiden Nachbarstädte führt aber die Wehklage aus? Und worin besteht näherhin ihr Anlass?

Von Schafirs Einwohnern wird in V.11a* bereits eine aktive Handlung (עבר) bestimmt, von Zaanan allerdings nicht. Was machen die Bewohner Zaanans, wenn nicht ausrücken (לֹא יָצְאָה)? Die Glosse עֶרְיָה hatte sich ferner auf V.11a* bezogen, um den Charakter des dort bezeichneten Vorgangs zu explizieren. So ergibt sich die Vermutung, dass die zweite Einschaltung nun dem zweiten Stadt-Spruch in V.11bα gilt und Zaanans Passivität angesichts des Schicksals Schafirs zu begründen sucht. Die Handlung יצא, die Zaanans Einwohner nach V.11bα unterlassen, ist im Kontext einer militärischen Auseinandersetzung am ehesten als Ausrücken zum Kampf zu verstehen.[200] Statt mit seinen Streitkräften gegen das feindliche Heer auszurücken, um sich selbst und die Nachbarn zu verteidigen, möglicherweise Schafirs Schicksal noch zu wenden, vollzieht Zaanan die Untergangsklage. V.11bβ dürfte somit herausstellen, dass auch Zaanan seinem Ende entgegen sieht. Nachdem Schafir bereits in die Gewalt des Feindes übergegangen ist, steht dasselbe für Zaanan unmittelbar bevor. Zu einer militärischen Intervention jedenfalls ist die Stadt nicht mehr in der Lage.

Die Glosse in V.11bβ begründet die Regungslosigkeit Zaanans und wirft über מִסְפֵּד ein Schlaglicht auf die Situation seiner Bewohner: Wehklage (bestimmt) das Nachbarhaus. Syntaktisch ist V.11bβ entweder als genitivus subjectivus aufzufassen, sofern die Constructus-Verbindung beibehalten wird, oder unter geringfügiger Änderung der Vokalisation (מְסֻפָּד) als Nominalsatz. Auffällig bleibt die

---

199 Vgl. GK § 101 a. Zur künstlichen Bildung des Ortsnamens s. bereits VON SODEN, Ortsbenennungen, 218–219.

200 Zu יצא als term. techn. für das Ausrücken der Streitkräfte vgl. JENNI, Art. יצא, 755–761; PREUSS, Art. יָצָא, 795–822, bes. 799f. Dieselbe Deutung vertreten etwa JEREMIAS, ATD, 141, KESSLER, HThK.AT, 106. Anders deutet WOLFF, BK, 30, die Aussage nicht auf die Streitkräfte, sondern auf das Schicksal der Einwohner Zaanans, die dem Feind nicht entkommen sind.

sonderbare Bezeichnung des Nachbarn (בֵּית הָאֵצֶל). Der Begriff שָׁכֵן bietet die weitaus geläufigere Alternative. Zwei Gründe könnten diese künstliche Bildung veranlasst haben. Zum einen klingt das Verbum אצל *wegnehmen, vorenthalten* an.[201] Der Aspekt des Wegnehmens könnte auf die erwartbare Eroberung Zaanans hinweisen, der Aspekt des Vorenthaltens auf die ausbleibende Unterstützung der judäischen Nachbarn. Die kommentierende Einschaltung in V.11by (לקח מִכֶּם) leuchtet diesen Zusammenhang aus. Zum anderen mag der Begriff אֵצֶל gewählt worden sein, um die Klangreihe יָצְאָה / צַאֲנָן mit אֵצֶל fortzuführen, die aus den Konsonanten א und צ gewonnen wird. Dasselbe Anliegen war bereits zu עֶרְיָה in V.11a aufgefallen.[202]

Mit der expliziten Klageterminologie, die die Glosse in den Zusammenhang einträgt, stellt sie den hintergründigen Klageton der Spruchreihe in den Vordergrund. Sie dürfte durch die prophetische Untergangsklage in V.8 – 9 angeregt worden sein, der die Glosse in V.11a (עֶרְיָה) bereits das Motiv der Nacktheit entnommen hat. Da beide Nachinterpretationen von V.8 – 9 inspiriert worden sind, den Klageaspekt der Spruchreihe explizieren und in ähnlicher Weise die älteren Klangreihen fortzuführen suchen, legt sich die Vermutung nahe, dass sie von derselben Hand eingetragen wurden. Gleichermaßen folgen sie jedenfalls dem Interesse, den unheilvollen Charakter der Stadt-Sprüche über Zaanan und Schafir im Horizont von Mi 1* eindeutig herauszustellen.

5.2.2.3 In mangelnder Unterstützung: Die Deutung in V.11by

Die dritte Einschaltung in V.11by zeichnet sich dadurch aus, dass sie die Städte Schafir und Zaanan über ein zweifaches Suff. miteinander in Verbindung bringt und die beiden Sprüche aufeinander bezieht. Die Aussage besteht darin, dass jemand jemandem etwas nimmt (לקח q. mit Präp. מִן). Im Kontext einer militärischen Auseinandersetzung ist an eine feindliche Aneignung zu denken. Der Gegenstand derselben ist עֶמְדָתוֹ (hap. leg.). Die Eigenheit der Glosse in V.11by, ein Beziehungsgefüge zwischen unterschiedlichen Subjekten herzustellen, begründet seine inhaltlichen Schwierigkeiten. Wer ist Subjekt der Aussage (יָקַּח)? Was bezeichnet das Objekt (עֶמְדָּה)? Wer verbirgt sich schließlich hinter den jeweiligen Pronominalsuffixen? Diesen Fragen gilt es im Folgenden nachzugehen.

Obwohl das Subjekt der Aussage namentlich nicht genannt wird, lässt es sich vor dem Hintergrund der innerhalb der Spruchreihe abgebildeten Kriegsereignisse verlässlich erschließen. Da sich die judäischen Städte als unterlegen erweisen,

---

201 Vgl. bereits WOLFF, BK, 30.
202 S. oben 5.2.2.1.

dürfte die feindliche Macht diejenige Größe darstellen, die nach V.11by etwas
(gewaltsam) an sich nimmt. V.15a bezeichnet den Feind wie in V.11by anonym und
inhaltlich äquivalent als denjenigen, der in Besitz nimmt (יָקַח), als den Besatzer
(הַיֹּרֵשׁ pt.). Die Übersetzung gibt das Subjekt MT folgend unpersönlich wieder. Im
Zusammenhang der Stadt-Sprüche ist an die judäischen Ortschaften wie Schafir
und Zaanan zu denken, die in den Besitz der Feinde übergehen.

Das Nomen עָמְדָּה (hap. leg.) geht auf die Wurzel עמד *(hin)treten, sich aufstellen*
zurück, in militärischen Kontexten *sich aufstellen, entgegenstellen, Aufstellung
nehmen* (vgl. 1 Sam 17,3; 2 Sam 2,25; 2 Reg 3,21; 11,11).[203] Seine nominalen Derivate
bezeichnen mit עַמּוּד *Säule, Pfeiler* die konkreten architektonischen Stabilisie-
rungselemente von Gebäuden (vgl. Jdc 16,25 f.29; 1 Reg 7,2 f.; Ez 42,6 u. ö.)[204] sowie
mit עֹמֶד im abstrakten Sinne *den Standort, die Stelle* (vgl. Dan 8,17.18 u. ö.).[205]
Innerhalb dieses semantischen Rahmens lässt sich die Bedeutung von עָמְדָּה in
V.11by erschließen. Als *Stütze* besitzt das Nomen eine doppelte Konnotation und
bezeichnet einerseits im Sinne von *Stützpunkt* einen konkreten Standort (ähnlich
עֹמֶד), im Sinne von *Unterstützung* andererseits die mit diesem Ort verbundene
Funktion (ähnlich עַמּוּד).[206] Wie mit dem Stützpfeiler einem Gebäude seine Sta-
bilität genommen wird, so entzieht der Feind den Orten ihre Integrität und den
Verbündeten ihre militärische Unterstützung.[207]

Wem allerdings wird nach V.11by wessen Unterstützung genommen? Das
Suff. 3. Mask. Sg. (עָמְדָּתוֹ) bezieht sich auf die Nachbarstadt (בֵּית הָאֵצֶל) zurück.
Diese dürfte mit Zaanan identisch sein.[208] Der Standort Zaanan wird von den
Feinden in Besitz genommen, was die Klage in V.11bβ rückwirkend begründet,
seine Unterstützung geht den judäischen Nachbarn verloren. Der Aspekt des
Wegnehmens (אצל) scheint der Wendung בֵּית הָאֵצֶל in V.11bβ entnommen und mit
dem Verbum לקח (mit Präp. מִן) in geläufige Terminologie übersetzt worden zu
sein.[209] Wer sich schließlich hinter dem Adressaten der Botschaft verbirgt, den das

203 Vgl. Ringgren, Art. עמד, 195 (194 – 204).

204 Vgl. Freedman/Willoughby/Fabry, Art. עַמּוּד, 204 – 209; Kessler, HThK.AT, 106.

205 Vgl. Ringgren, Art. עֹמֶד, 202 f; das Nomen ist ausschließlich 2 Chr, Neh und Dan belegt. Zum
Standort einer Stadt (עמד) s. Jos 11,13.

206 Demgegenüber deutet Na'aman, House, 521, עָמְדָּה von akk. *imdu* (Steuer) auf die Vasalli-
tätsverpflichtung der Unterlegenen gegenüber den assyrischen Besatzern; ähnlich wie עַמּוּד bezeichnet allerdings auch akk. *imdu* in der Grundbedeutung zunächst im konkreten Sinne die
Stütze, den Stützpfeiler.

207 Vgl. entsprechend Kessler, HThK.AT, 106.

208 S. dazu oben 5.2.2.2.

209 Auf das beiden Verben gemeinsame Motiv des Wegnehmens haben bereits Mays, OTL, 57;
Wolff, BK, 30, u. a. hingewiesen.

Suff. 2. Mask. Pl. (יִקַּח מִכֶּם) bezeichnet, ist weniger eindeutig zu bestimmen. Zwei Deutungsoptionen legen sich vom Kontext her nahe. In V.11a* sind die Bewohner Schafirs bereits mit dem Suff. 2. Mask. Pl. (עִבְרִי לָכֶם) angesprochen worden. Ihnen könnte nun auch die Botschaft der Einschaltung in V.11bγ gelten. Inhaltlich jedoch ist diese Zuordnung fragwürdig, da sich die Bevölkerung Schafirs nach V.11a* bereits auf dem Weg in die Gefangenschaft befindet. Dass sie von Zaanan keine Unterstützung zu erwarten hat, dürfte der Lauf der Ereignisse längst erwiesen haben. Für Schafir besitzt V.11bγ also keinen Nachrichtenwert. Höhere Wahrscheinlichkeit besitzt die zweite Deutungsoption. Das Suff. dürfte sich kataphorisch auf den Folgekontext beziehen und die Nachricht aus V.11bγ den Bewohnern der nachfolgend genannten Ortschaften gelten. Für diese enthält die Einschaltung eine durchaus relevante Information: mit Zaanan ist eine weitere Ortschaft im Begriff, an den feindlichen Besatzer überzugehen, eine weitere Stütze geht den judäischen Verbündeten verloren.

Die Einschaltung in V.11bγ folgt dem Interesse, den unheilvollen Charakter der Stadt-Sprüche über Schafir und Zaanan nach V.11bβ und der Glosse zu V.11a* (עֶרְיָה) weiter zu entfalten. Überdies macht sie das dichte Beziehungsgefüge zwischen den einzelnen Ortschaften explizit, die im militärischen Verbund einem gemeinsamen Feind gegenüber stehen. Die ältere Spruchreihe bringt dieses Beziehungsgefüge durch ihre Paronomasien zum Ausdruck.[210] Sofern es zutrifft, dass sich die Glosse in V.11a (עֶרְיָה) und der Zusatz in V.11bβ (אֵצֶל) noch um Fortführung der älteren Klangreihen bemühen, weisen sie noch eine größere Nähe zum Städte-Gedicht auf. V.11bγ enthält reine Prosa und dürfte im Verhältnis zu beiden Einschaltungen jünger sein.

5.2.2.4 Zwischenergebnis

Die Wendung עֶרְיָה־בֹשֶׁת sowie die beiden auffällig kurzen Zeilen in V.11bβγ, die den Eindruck des fragmentarischen Überlieferungszustandes der Spruchreihe maßgeblich befördert haben, sind als Nachinterpretationen der Stadt-Sprüche über Schafir und Zaanan zu bewerten. Sie verfolgen das Interesse, den unheilvollen Charakter beider Sprüche zu explizieren. Der Begriff עֶרְיָה deutet den Vorgang עבר als Zug in die Kriegsgefangenschaft, der Terminus בֹשֶׁת deklariert die Nacktheit Schafirs als Schande. V.11bβ begründet die Passivität Zaanans und kommentiert V.11bα. Die Bewohner Zaanans sind zur militärischen Intervention außerstande und beklagen den eigenen (unmittelbar bevorstehenden) Untergang. In V.11bγ wird das Ende Zaanans in seiner Bedeutung für die judäischen Verbündeten

---

210 S. unten 5.3.

bewertet. Ihnen geht eine (weitere) Unterstützung im Kampf gegen den (gemeinsamen) Feind verloren.

5.2.3 Jerusalems Unheil, Zions Sünde und der Trug der Könige: Deutungen in V.12b.13b.14b

Die Reihe der Stadt-Sprüche enthält in V.12.13.14 jeweils im zweiten Halbvers ein Textelement, das die Ereignisse innerhalb der Schefela zu Zion/Jerusalem (V.12b. 13bα) und Israel im Ganzen (V.13bβ.14b) in Beziehung setzt. Zeile für Zeile werden die Lokalereignisse in einen übergeordneten Zusammenhang hineingestellt. Auf diese Weise wird der kleinräumige Horizont der Schefela-Stadt-Sprüche aufgehoben. Inhaltlich gilt das Interesse der Jerusalem-Israel-Elemente nicht mehr dem konkreten Einzelschicksal der Schefela-Städte, vielmehr beleuchten sie in abstrakter Weise die Implikationen des dortigen Geschehens für das Reich und seine Hauptstadt. V.12b bringt eine theologische Deutung in den Kontext ein und wertet das Unheil als Strafgericht JHWHs, das auf Jerusalem zielt. V.13b bestimmt das fehlgeleitete Vertrauen auf militärische Stärke als ursächlich, das sich auf die Festungsstädte der Schefela, wie insbesondere Lachisch, statt auf JHWH gründet. V.14b weist diese Festungen als Trugburgen für Israels Könige aus.

Indem formaler Hinsicht unterscheiden sich die Jerusalem-Israel-Elemente von den Schefela-Stadt-Sprüchen dadurch, dass sie den charakteristischen Schlussrefrain aus יוֹשֶׁבֶת samt Ortsnamen nicht enthalten. Stattdessen bilden sie eine ähnliche Reihe aus, indem sie das Objekt ihrer Aussagen in V.12b.13bα.14b gleichförmig mit der Präp. לְ einführen (לְמַלְכֵי יִשְׂרָאֵל – לְבַת־צִיּוֹן – לְשַׁעַר יְרוּשָׁלָ͏ִם). Ein den Stadt-Sprüchen vergleichbares Klangspiel begegnet weiterhin nur in V.14b (אַכְזִיב לְאַכְזָב). In seiner Bildeweise entspricht es dem Klangspiel des Spruchs in V.10b (לְעָפְרָה עָפָר), der sich allerdings als Zusatz erwiesen hat und die älteren Paronomasien zu imitieren scheint. Wie in V.10b wird das Klangspiel in V.14b aus einer schlichten Konsonantenwiederholung gewonnen (אכז־יב ל־אכז־ב).[211]

Indem die Jerusalem-Israel-Elemente kein oder kein der älteren Spruchreihe vergleichbares Klangspiel enthalten, irritieren sie das Stilgefüge des Gedichts nicht nur, sondern unterbrechen es förmlich. Im vorfindlichen Zusammenhang fehlt auch den Sprüchen über Marot (V.12a) und Moreschet Gat (V.14a) ein solches, obwohl sie sich ansonsten trefflich in die Schefela-Spruchreihe einfügen. Das vermeintliche Fehlen einer Paronomasie in V.12a.14a ist durch die Einschaltungen

---

211 Sofern das Ostrakon VIII aus Lachisch (HAE III, 428; vgl. den Hinweis bei KESSLER, HThK.AT, 109) mit אכזב die ursprüngliche Schreibweise des Ortsnamens bewahrt, tritt der Sachverhalt noch deutlicher hervor (אכזב ל־אכזב).

von V.12b.13b.14b verursacht. Hebt man diese aus dem Kontext heraus, zeigt sich das Klangspiel für Marot (מָרוֹת) in der Aufforderung an Lachisch רְתֹם (V.13a). Die Sprüche über Moreschet Gat in V.14a und Marescha in V.15a sind in der Klangreihe מֹרֶשֶׁת – הַיֹּרֵשׁ – מָרֵשָׁה über den Konsonantenbestand der Wurzel ירשׁ aufeinander bezogen. Die Klangspiele der Reihe reichen in V.12a und V.14a über die Zeilengrenzen hinaus und lassen auf die ursprüngliche Zusammengehörigkeit der Stadt-Sprüche in V.12a und V.13a und in V.14a und V.15a schließen.²¹²

Aus formalen und inhaltlichen Gründen ergibt sich somit die Vermutung, dass die Jerusalem-Israel-Elemente dem Schefela-Städte-Gedicht in V.11–15* ursprünglich nicht zugehört haben. Sie sind an die Stadt-Sprüche über Marot, Lachisch und Moreschet Gat mit dem Interesse angefügt worden, die lokalen Ereignisse innerhalb der Schefela auf den nationalen Zusammenhang hin auszulegen. In besonderer Weise lässt V.13b diesen Deutungsvorgang erkennen. Durch das Personalpronomen הִיא (V.13bα) und das Suff. 3. Fem. Sg. (V.13bβ) bezieht sich V.13b auf die Stadt Lachisch zurück und schließt eine Reflexion über Zions Sünde und Israels Schuld an. Eine ähnliche Deutungsfunktion erfüllen V.12b und V.14b. Die Jerusalem-Israel-Elemente bilden zwei Kategorien: das Interesse der Einträge in V.12b und V.13bα richtet sich auf Zion/Jerusalem, in V.13bβ und V.14b auf Israel und sein Königshaus. Ob die Differenz eine literarkritische Unterscheidung zwischen diesen beiden Kategorien nahelegt, ist im Rahmen der folgenden Analyse zu prüfen.

5.2.3.1 Jerusalems Unheil: Die Deutung in V.12b

Die Deutung in V.12b folgt auf den Spruch über Marot.²¹³ Unter Wiederaufnahme der Konjunktion כִּי (vgl. V.12aα) wird V.12b in den Zielkontext eingesetzt. Anders als zu Beginn von V.12a erfüllt sie in V.12b keine emphatische, sondern eine kausative Funktion. Das Schicksal der Bewohner Marots erhält eine Begründung und das Unheilsgeschehen eine theologische Deutung. Indem es auf JHWH selbst zurückgeführt wird, gewinnt es den Charakter eines Strafgerichts. Über die Antonyme טוֹב (V.12a) und רָע (V.12b) wird weiterhin ein scharfer Kontrast zwischen dem Guten, das sich die Bewohner Marots erhoffen, und dem tatsächlich zu er-

---

212 Vgl. bereits oben 5.2.
213 Dass V.12b einen Nachtrag darstellt, haben bereits MAYS, Micah, 57; METZNER, Kompositionsgeschichte, 131; KRATZ, Propheten, 71; SCHART, Entstehung, 182 – 183; WÖHRLE, Entstehung, 145, zur Diskussion gestellt. KESSLER, HThK.AT, 107, markiert zwar die „Sonderstellung" von V.12b, wertet sie allerdings nicht literarkritisch aus.

wartenden Unheil gezeichnet. Mit dem Tor Jerusalems erhält der Ereignisverlauf durch V.12bβ schließlich eine klare Zielrichtung.[214]

Die Formulierung in V.12b lässt Bezüge auf den kompositionellen Zusammenhang in Mi 1* erkennen. Über die Zielrichtung auf Jerusalem stellt V.12bβ (לְשַׁעַר יְרוּשָׁלָ͏ִם) einen Rückbezug zu V.9 her.[215] Darin wird die Untergangsklage (V.8) mit dem allmählichen Fortschritt des Unheils gegen Juda und Jerusalem begründet. Von Samaria aus gelangt es bis nach Juda (עַד־יְהוּדָה), bis ans Tor des Volkes (עַד־שַׁעַר עַמִּי), bis nach Jerusalem (עַד־יְרוּשָׁלָ͏ִם). Unter Aufnahme von שַׁעַר wird in V.12b der Zielpunkt der Unheilsbewegung in Erinnerung gebracht. V.12b könnte somit der geschichtstheologischen Komposition in Mi 1* zugehören, die das Schicksal der Schefela in den Samaria-Jerusalem-Nexus hineinstellt. Diese stellt allerdings noch nicht heraus, dass es sich bei den Ereignissen um ein Strafgericht JHWHs handelt. Erst die Theophanie (V.3 – 5a) bietet jene theologische Entfaltung und bestimmt JHWH ausdrücklich als Urheber des Unheilsgeschehens.

Mit der Theophanie steht V.12b über das Verbum ירד in Verbindung und nimmt die Bewegung des Unheils auf, deren Ausgangspunkt V.3 – 5a* bezeichnet hat. Wie die Theophanie führt V.12b das Unheil auf JHWH zurück und weist es als Strafgericht gegen das Volk Israels auf. Die Einschaltung in V.12b dürfte somit im Zuge der Einfügung der Theophanieszene in den kompositionellen Zusammenhang eingesetzt worden sein. Sie führt den inhaltlichen Tenor aus V.3 – 5a* (יָרַד רָע מֵאֵת יְהוָה) und V.9 (לְשַׁעַר יְרוּשָׁלָ͏ִם) zusammen und verankert V.3 – 5a auf diese Weise im kompositionellen Gefüge von Mi 1.

Über den Kontext in Mi 1* hinaus korrespondiert V.12b mit der entfalteten Buchkomposition auf der Ebene von Mi 1 – 3*. Mit dem Tor (שַׁעַר), das in V.12b den Zielpunkt des Unheils bestimmt, ist das Tor als Ort der Rechtsprechung assoziiert und lässt das zentrale Thema der Sozialkritik in Mi 2 – 3 anklingen. Sie lastet der politischen Führung die Verkehrung des Rechts (מִשְׁפָּט vgl. Mi 3,1.8.9) an. Mit dem Terminus רָע enthält V.12b einen Leitbegriff aus Mi 2 – 3, der darin einerseits das soziale Unheil bezeichnet (Mi 2,1.3; 3,2), andererseits den Zeitkontext des gesell-

---

214 Die Erwähnung Jerusalems im Kontext der Schefela-Sprüche hat die ältere Forschung aufmerken lassen. So vermutet Friedrich Horst, „die Erwähnung Jerusalems in unserer Stelle (12) beruht auf einem Textfehler" (ROBINSON/HORST, HAT, 132), und schlägt alternativ das Jos 15,36 belegte *Saaraim* zu lesen vor. Sein Vorschlag hat zwar keine Anhänger gefunden, macht allerdings auf die problematische Position des Jerusalem-Elements in V.11 – 15* aufmerksam.
215 Der Rückbezug auf V.9 ist von vielen Auslegern beobachtet worden, vgl. etwa JEREMIAS, ATD, 141; MAYS, OTL, 58; METZNER, Kompositionsgeschichte, 131; SCHART, Entstehung, 182; WOLFF, BK, 30.

schaftlichen Unheils insgesamt als böse deklariert (Mi 2,3 vgl. 3,11).[216] Über die
Antonyme טוֹב und רָע aus V.12 wird eine Verbindungslinie zum Schuldaufweis
gegen die Häupter und Anführer Judas in Mi 3,2a gezogen, der dasselbe Begriffspaar enthält.

Innerhalb der Schefela-Spruchreihe schließt V.12b an den Spruch über Marot an.
Die Erwähnung des Guten (טוֹב), auf das Marots Bewohner warten, könnte die An-
fügung von V.12b an V.12a motiviert haben, um die Hoffnung auf Heil zu ernüchtern.
Worin besteht jedoch das Gute aus Sicht Marots? Die ursprüngliche Abfolge der
Sprüche in V.12a und V.13a weckt den Verdacht, dass es sich um die Streitwagen
Lachischs handelt, auf die man in Marot hofft.[217] Der Ortsname in V.12a (מָרוֹת) und die
Aufforderung in V.13a (רְתֹם) sind in der Paronomasie kaum zufällig miteinander
verbunden. Indem V.12b die beiden Stadt-Sprüche in V.12a und V.13a trennt und das
Klangspiel unterbricht, könnte eine subtile Kritik an dieser Hoffnung Ausdruck fin-
den, die sich auf militärische Stärke statt auf JHWH richtet. Den Zusammenhang aus
fehlgerichtetem Vertrauen und Vergeltung trägt die zweite Einschaltung in V.13b jedenfalls ausdrücklich in den Kontext von V.11 – 15* ein.

5.2.3.2 Zions Sünde: Die Deutungen in V.13b

Die Deutungen in V.13b folgen im vorfindlichen Textgefüge dem Stadt-Spruch über
Lachisch. Sie lehnen sich in formaler Hinsicht eng an V.13a an, indem mit dem fem.
Personalpronomen הִיא in V.13aα und dem Suff. 2. Fem. Sg. in V.13bβ ein Rückbezug
auf die Streitwagenstadt hergestellt wird. Auf diese Weise lässt sich die Zeile als
Kommentar zu V.13a erkennen. Inhaltlich wird Lachisch als Haupt- oder Anfangssünde (רֵאשִׁית חַטָּאת) der Tochter Zion deklariert. Dadurch erhält das Unheilsgeschehen eine sündentheologische Begründung. Mit den Begriffen Schuld
und Sünde wird eine neue Kategorie in die Spruchreihe eingetragen, was die
Sonderstellung von V.13b im Kontext der Spruchreihe betont.[218]

Aus welchem Grund Lachisch im Spiegel von V.13b den Anfang der Sünde
Zions darstellt, bestimmt die Einschaltung nicht. Die ältere Spruchabfolge in

---

216 Diese Verbindungslinie haben bereits JEREMIAS, ATD, 141, und KESSLER, HThK.AT, 107,
identifiziert.
217 S. unten 5.3.2.2.
218 Vgl. entsprechend JEREMIAS, ATD, 142; DERS., Deutung, 339; KESSLER, HThK.AT, 108; MAYS,
OTL, 58; METZNER, Kompositionsgeschichte, 131; RUDOLPH, KAT, 47; SCHART, Entstehung, 18 –
19; WILLI-PLEIN, Vorformen, 74; WÖHRLE, Sammlungen, 145; WOLFF, BK, 31. Bereits DUHM,
Anmerkungen, 45, hatte die ursprüngliche Zugehörigkeit zur Spruchreihe angezweifelt. „Ob V.13^b
echt ist, das ist mir nicht ganz sicher, da im übrigen in dem Gedicht von den Verschuldungen, die
das Unheil herbeigeführt haben, nicht die Rede ist" (aaO., 45 – 46).

V.12a.13a lässt allerdings erkennen, dass das militärische Potenzial Lachischs den Gegenstand der Hoffnung in Marot darstellt. Da V.13a überdies die für die Streitwagenstadt charakteristischen Rosse und Gespanne erwähnt, liegt die Vermutung nahe, dass das fehlgerichtete Vertrauen auf militärische Stärke den Schuldvorwurf veranlasst hat. „Das Vertrauen auf ‚viele Rosse' hat das Vertrauen auf JHWH verdrängt."[219] Die Terminologie von Schuld und Sünde (חַטָּאת neben פֶּשַׁע) begegnet in V.13b im Parallelismus, ebenso Tochter Zion (בַת־צִיּוֹן) und Israel (יִשְׂרָאֵל).

Obwohl V.13bα und V.13bβ denselben Sachverhalt kritisieren und einen Aspekt des Schefela-Geschehens gleichermaßen in einen übergeordneten Horizont stellen, ist V.13b literarisch nicht aus einem Guss. Darauf lassen neben der Zeilenüberlage der Neueinsatz mit emphatischem כִּי in V.13bβ und der Personenwechsel schließen. Während V.13bα in 3. Pers. eine Aussage über Lachisch trifft, wird die Stadt in V.13bβ in 2. Pers. angesprochen (בָּךְ). Inhaltlich konzentriert V.13bα den Schuldvorwurf weiterhin auf die Tochter Zion und begründet damit rückwirkend das Strafgericht, das V.12b als gegen Jerusalem gerichtet ausgewiesen hat. V.13bβ nimmt hingegen einen weiteren Radius in den Blick, indem der Schuldvorwurf auf Israel insgesamt ausgedehnt wird. V.13bβ dürfte V.13bα mit generalisierendem Interesse nachträglich angefügt worden sein.

Im kompositionellen Zusammenhang folgt V.13bα dem Interesse, das Strafgericht mit dem falschen Vertrauen auf militärische Stärke zu begründen, die Lachisch in besonderer Weise repräsentiert. Damit entfaltet V.13bα die Einschaltung in V.12b, die den früheren Konnex zwischen V.12a und V.13a, der Not Marots und der Streitmacht Lachischs, aufgehoben hatte. V.13bα könnte von derselben Hand oder in unmittelbarer Tradition von V.12b gestaltet worden sein. Der Jerusalem-Fokus in V.13bα entspricht neben V.12b der Untergangsklage in Mi 1,9. Da Lachisch als Haupt- oder Anfangssünde Zions markiert wird, ist in V.13bα schließlich der Aufweis weiterer Schuld als Neben- oder Folgesünden in Mi 2–3* im Blick. Die Einschaltung setzt mithin bereits eine entfaltete Buchkomposition in Mi 1–3* voraus.

Die gegenüber V.13bα jüngere Erweiterung in V.13bβ legt den Schuldvorwurf im Sinne von V.5* auf Israel aus. Israel in seiner Gesamtheit wird das fehlgerichtete Vertrauen auf eigene Stärke, die „die für Lachisch typischen Streitwagen"[220] repräsentieren, angelastet. In formaler Hinsicht leitet V.13bβ zum Folgekontext über,

---

219 Wolff, BK, 32. In diesem Sinne verstehen V.13b u.a. auch Jeremias, ATD, 142; Kessler, HThK.AT, 108; Mays, OTL, 58; Metzner, Kompositionsgeschichte, 131; Schart, Entstehung, 182. Der Vorwurf falschen Vertrauens auf Mittel militärischer Macht begegnet ähnlich in Jes 30,1 ff; 31,1 ff; Hos 10,13 ff; 14,4 (vgl. Dtn 7,16). In Mi 5,9 – 13 gehören Rosse und Wagen zu den ersten Elementen, die im Zuge des Reinigungsgerichts aus der Mitte des Volkes entfernt werden.
220 Jeremias, ATD, 142; entsprechend bereits Weiser, ATD, 143.

indem über das Suff. 2. Fem. Sg. die Perspektive der Du-Anrede Lachischs aus V.14a aufgenommen und über לָכֵן eine Überleitung zum anschließenden Spruch über Moreschet Gat hergestellt wird.[221] Der Israel-Radius in V.13bβ und der Gegenstand des Schuldvorwurfs entspricht der Einschaltung in V.14b, worin die Häuser Achsibs als Trugburgen der Könige Israels ausgewiesen werden.

5.2.3.3 Trug für Israels Könige: Die Deutung in V.14b

Die Einschaltung in V.14b folgt im vorfindlichen Textgefüge dem Spruch über Moreschet Gat und bezeichnet die Häuser Achsibs als Trug für Israels Könige. Noch einmal wird der Regionalhorizont der Schefela mit dem Schicksal des Reiches verbunden und das dortige Geschehen in einen übergeordneten Zusammenhang hineingestellt. Beide Kola in V.14b enthalten auffällige Formulierungen im Pl. V.14bα bestimmt die Häuser Achsibs (בָּתֵּי אַכְזִיב) in der Mehrzahl als Subjekt der Täuschung, von denen sich nach V.14bβ die Könige Israels (מַלְכֵי יִשְׂרָאֵל) ebenfalls in der Mehrzahl haben blenden lassen.[222] Was ist mit den Trughäusern Achsibs in V.14bα gemeint? Und welche Könige haben sich täuschen lassen? Beiden Fragen, die mit den Formulierungen im Pl. verbunden sind, gilt es im Folgenden nachzugehen.

Eindeutig ist zunächst der Sachverhalt der Täuschung selbst: Als Nominalform zu כזב bezeichnet אַכְזָב in metaphorischem Sinne den Trugbach, der Wasser erwarten lässt, jedoch kein (oder nicht beständig) Wasser führt (vgl. Jer 15,18).[223] Die Metapher wird in V.14b auf Achsib übertragen und seine Häuser als Trugursache bestimmt.

Die Stadt Achsib ist vermutlich mit *tell el-beda* zu identifizieren.[224] In nächster Nachbarschaft nordwestlich zu Lachisch, Marescha und Moreschet Gat gelegen, fügt sich dieser Standort in den kleinräumigen Schefela-Horizont ein. Aaron Demsky und Hans Walter Wolff haben Achsib nach 1 Chr 4,22 mit der Handwerkerstadt Koseba in Verbindung gebracht und den Pl. auf die einzelnen Hand-

---

221 Vgl. entsprechend Kessler, HThK.AT, 108, der die Verbform (2. Fem. Sg.) allerdings für eine sekundäre Angleichung hält.

222 Die auffälligen Formulierungen im Pl. haben innerhalb der Forschungsgeschichte zu erleichternden Textänderungen Anlass gegeben. So lesen in V.14bβ (מַלְכֵי יִשְׂרָאֵל) den einfachen Sg. etwa Robinson/Horst, HAT, 132; Lindblom, Micha, 50; Sellin, KAT, 266; Weiser, ATD, 239 mit Anm. 7, in V.14bα (בָּתֵּי אַכְזִיב) etwa Robinson/Horst, HAT, 132; Rudolph, KAT, 36 Anm. f. Anders streichen Budde, Rätsel, 102; Lindblom, Micha, 50, und Sellin, KAT, 266, das Jod als Dittographie und deuten בַּת auf die Bevölkerung Achsibs.

223 Vgl. Mosis, Art. כזב, 123 – 125 mit einer Diskussion der metaphorischen Bedeutung. Dieser Hintergrund ist innerhalb der Forschung wiederholt beschrieben worden, vgl. etwa Jeremias, ATD, 143; Kessler, HThK.AT, 109; Mays, OTL, 59; Rudolph, KAT, 48; Wolff, BK, 32.

224 Vgl. Görg, Art. Achsib, 27 – 28; Elliger, Heimat, 122 – 124 = ders., Schriften, 44 – 47.

werkseinrichtungen gedeutet. Hier seien jene für die Speicherung von Öl und Wein vorgesehenen *lmlk*-Krüge hergestellt worden, die der Versorgung des Jerusalemer Königshauses dienten. Nach ihrer Einschätzung weise V.14b daraufhin, dass sich dieser Vorrat als trügerisch erwiesen hat.[225] Der Vorwurf fehlgerichteten Vertrauens, den V.13b auf das Militärpotenzial Lachischs konzentriert, wäre diesem Vorschlag folgend in V.14b auf die ökonomischen Ressourcen Judas ausgeweitet worden. Da V.14b jedoch Achsib (und nicht Koseba) als Trugstadt bezeichnet und die Reflexion über wirtschaftliche Sicherheiten einen zwar verwandten, aber doch neuen Aspekt in eine Spruchreihe eintrüge, die von militärischem Versagen handelt, liegt es näher, aus diesem Themenkreis nach einer Erklärung zu suchen.

Dieser Spur ist in jüngerer Zeit Jörg Jeremias gefolgt, der hinter den Häusern Achsibs die Gebäude der Stadt, näherhin ihre Befestigungsanlagen vermutet.[226] Auf die Festungsanlagen innerhalb Achsibs hätten die Könige Israels ihr Vertrauen gesetzt, was sich im Spiegel von V.14b als trügerisch erwiesen hat. Anders als die Rosse und die Streitwagen Lachischs in V.13b, denen eine zentrale Rolle im judäischen Verteidigungssystem zukam, werden die Festungsanlagen in V.14b allerdings nicht eindeutig als solche ausgewiesen, so dass sich nicht sicher entscheiden lässt, ob der Terminus בַּיִת eben solche bezeichnet. Und sollten die einzelnen Verteidigungsanlagen innerhalb Achsibs tatsächlich von einer derart prominenten, den Streitwagen Lachischs vergleichbaren Bedeutung gewesen sein, um das Gewicht dieser generellen Aussage tragen zu können?

Obwohl die von Jörg Jeremias vertretene Position in die richtige Richtung weist, liegt es nach meiner Einschätzung näher, die Formulierung in der Mehrzahl in V.14bα als Pl. generis zu begreifen und sie nicht auf die Befestigungsanlagen *innerhalb* Achsibs zu deuten, sondern auf die vielen *Häuser Achsibs* innerhalb der judäischen Schefela, mithin auf die Festungsstädte (nach Art Achsibs) insgesamt. Dieselben vertritt Achsib in V.14b pars pro toto möglicherweise weniger aufgrund seiner eigenen strategischen Bedeutung, sondern weil es die mit ihnen verbundene Täuschung bereits im Namen trägt. Das Aussageinteresse (אַכְזָב) könnte in diesem Spruch zur Wahl des Ortsnamens (אַכְזִיב) in V.14b geführt haben.[227] Auf diese Weise wäre ein Klangspiel gewonnen, mit dem sich V.14b stilkonform in die Spruchreihe einfügt. Anders als bei den übrigen Schefela-Stadt-Sprüchen hätte

---

225 Vgl. DEMSKY, Houses, 211–215; WOLFF, BK, 32; MITTMANN, Königliches *bat*, 59–76. Sie bringen die בָּתֵּי (Pl. zu בַּת) mit den *Bath*-Gefäßen, eben jenen zur staatlichen Vorratsspeicherung vorgesehenen Gefäßen, in Verbindung.
226 Vgl. JEREMIAS, ATD, 142–143.
227 Vgl. die vermutlich ursprüngliche Schreibweise des Ortsnamens (אכזב), die Ostrakon VIII aus Lachisch belegt (s. oben Anm. 211).

allerdings nicht das Schicksal der Ortschaft die Formulierung veranlasst, sondern erst das Aussageinteresse.

Der vorgeschlagenen Deutung gemäß besitzt V.14b eine generalisierende Tendenz: die Häuser (nach Art) Achsibs haben sich als Trugburgen erwiesen. Der Verdacht gewinnt vor dem Hintergrund des zweiten Kolons an Plausibilität, das dieselbe generalisierende Tendenz aufweist. Immerhin wird nicht ein König im Sg. genannt, sondern die Vielen im Pl. Bereits Julius Wellhausen hat den Pl. מַלְכֵי יִשְׂרָאֵל in V.14bβ als pl. generis verstanden.[228] In diesem Sinne besteht die Kritik in V.14b darin, dass die Könige Israels insgesamt ihr Vertrauen auf das militärische Potenzial – die Häuser (nach Art) Achsibs – gesetzt haben. Der Name Israel repräsentiert in V.14b Israel in seiner Gesamtheit, der Vorwurf gilt sämtlichen Königen.[229] Solches Vertrauen deutet V.14b als trügerisch.

Das Strafgericht JHWHs, das V.12b innerhalb der Spruchreihe explizit macht, gewinnt damit eine weitere Begründung. Nicht allein Lachisch (V.13bα), sondern der Festungsgürtel insgesamt hat das falsche Vertrauen der Könige genährt und JHWHs Strafhandeln veranlasst.[230] In die Reihe der jüngeren Einschaltungen fügt sich V.14b auf plausible Weise ein, indem der Anlass des Strafgerichts JHWHs nach V.12b und V.13bα weiter entfaltet wird. Insofern V.14b allerdings den in V.12b und V.13bα zentralen Jerusalem-Fokus nicht aufweist, den Zusammenhang von Schuld und Strafe vielmehr wie V.13bβ auf Israel insgesamt ausweitet, dürfte V.14b beide Einschaltungen voraussetzen und mit V.13bβ einer jüngeren literarischen Ebene zugehören.

5.2.3.4 Zwischenergebnis

Die Jerusalem-Israel-Elemente in V.12b.13b.14b sind nachträglich in das Schefela-Städte-Gedicht eingefügt worden. Sie heben das dichte Stilgefüge der älteren Spruchreihe auf und überformen das Gedicht, indem sie die Darstellung des Unheilsgeschehens innerhalb der Schefela auf der Linie der geschichtstheologischen Komposition in einen übergeordneten Horizont hineinstellen und seine Implikationen für Jerusalem (V.12b), Zion (V.13b) und die Könige Israels (V.14b) entfalten. Die

---

228 Vgl. WELLHAUSEN, Propheten, 137, und in seinem Gefolge u. a. JEREMIAS, ATD, 143.
229 Der Ortsname Achsib, der in V.14b mit dem Trug der Könige in Verbindung gebracht wird, passt zu jenem generalisierenden Aussageinteresse. Immerhin ist je ein Ort dieses Namens im Norden (Jos 19,29; Jdc 1,31) und im Süden (Jos 15,44) belegt. Vor diesem Hintergrund gewinnt die Vermutung zusätzliche Plausibilität, dass die Wahl des Ortsnamens in V.14b durch das Aussageinteresse motiviert ist.
230 Anders deutet RUDOLPH, KAT, 48, die Aussage auf die Enttäuschung der Jerusalemer Davididen, die „in Zukunft von Achsib nichts mehr haben, weil es ihnen nicht mehr gehört."

geschichtstheologische Komposition in Mi 1* setzen die Jerusalem-Israel-Elemente bereits voraus. V.12b nimmt auf die Theophanieszene in V.3 – 5a* Bezug und richtet die als Strafgericht JHWHs gedeutete Unheilsbewegung des Schefela-Städte-Gedichts auf Jerusalem aus, V.13bα begründet das Gericht daraufhin mit der Schuld Zions. Die Deutungen in V.13bβ und V.14b stehen in der Tradition von V.12b.13bα und weiten den Horizont schließlich auf Israel im Ganzen aus.

5.2.4 Ergebnis: Die Fortschreibungen zum Schefela-Städte-Gedicht in V.10 – 15

Im Verlauf der Wachstumsgeschichte der Komposition in Mi 1 hat die Spruchreihe in V.10 – 15 eine differenzierte literarische Fortbildung erfahren. Im Rahmen der Analyse ihres Aufbaus waren vier Spruchkategorien unterschieden worden, die sich aus formalen Beobachtungen ergeben haben.[231] Erstens variieren Position und Einführung der Ortsnamen innerhalb der Reihe. Zweitens wechselt der Fokus zwischen Schefela, Jerusalem und Israel im Ganzen. Drittens lassen sich Klangspiele als Stilmerkmal der Spruchreihe nur für einen Teil ihrer Elemente identifizieren. Die Integritätsanalyse hat die Spruchkategorien und die zugehörigen Glieder im Detail untersucht und zu dem Ergebnis geführt, dass ihre Eigentümlichkeiten nicht als Stilmerkmale der Spruchreihe zu bewerten sind, sondern als Spuren ihrer Wachstumsgeschichte.

Die Stadt-Sprüche über Gat, Beth-Le-Aphra (V.10) und Adullam (V.15b) waren der Kategorie D zugeordnet worden. Formal bieten sie den Ortsnamen gleich zu Beginn und enthalten inhaltlich signifikante Anspielungen auf die Davidsgeschichte. Sie fügen sich in den Unheilszusammenhang von Mi 1 ein, indem sie jeweils an Tiefpunkte der frühen Königszeit erinnern, weisen jedoch zugleich über diesen hinaus, da sich mit diesen Tiefpunkten innerhalb der Geschichte Davids gerade die Anfänge seiner Königsherrschaft verbinden. Die Stadt-Sprüche dieser Kategorie teilen ihren traditionsgeschichtlichen Hintergrund mit dem Bethlehemorakel. Wie in Mi 4,14 – 5,4a* wird mit V.10.15b die Frage nach der Zukunft der Herrschaft in Israel eingespielt und vor dem Hintergrund der Davidstradition mit einem (neuen) David beantwortet. V.10 und V.15b sind entweder auf die Verfasser des Bethlehemorakels selbst zurückzuführen oder in ihrer Tradition entstanden. Inmitten des Unheilshorizontes von Mi 1 weisen sie gezielt auf Mi 4,14 – 5,4a* voraus und deuten den mit David verbundenen Neuanfang auf subtile Weise an. Eine entsprechende Verweisfunktion erfüllt die Sammlungsverheißung in Mi 2,12 – 13 innerhalb des Gerichtstextes Mi 2 – 3. Auf der Ebene der Eingliederung von V.10 und V.15b ist bereits eine entfaltete Buchkomposition auf der Ebene von Mi 1 – 5* im Blick.

---

231 S. oben 5.1.

Die Elemente V.12b und V.13bα sind durch ihren Zion/Jerusalem-Fokus (Kategorie B), V.13bβ und V.14b durch ihren gesamtisraelitischen Horizont (Kategorie C) aufgefallen. In formaler Hinsicht nennen sie die Zielgröße ihrer Botschaft wie die Sprüche über die Schefela-Städte (Kategorie A) jeweils im zweiten Kolon, weisen jedoch den wiederkehrenden Schlussrefrain aus יוֹשֶׁבֶת samt Ortsnamen nicht auf, der die Elemente der Kategorie A kennzeichnet. Inhaltlich betrachten sie nicht in erster Linie das konkrete Unheilsgeschehen innerhalb der Schefela, sondern stellen es in einen übergeordneten Zusammenhang. V.12b und V.13bα deuten das Unheil als Strafgericht JHWHs gegen Jerusalem und begründen es mit Zions Schuld, V.13bβ und V.14b weiten den Radius von Schuld und Vergeltung auf Israel insgesamt aus. Die Elemente der Kategorie B dürften gegenüber den Elementen der Kategorie C älter sein. Gleichermaßen setzen sie allerdings die geschichtstheologische Komposition in Mi 1 voraus: B stellt auf der Linie von V.8 – 9.16 Jerusalem als Ziel der Unheilsbewegung heraus, C nimmt den Samaria-Jerusalem-Nexus aus V.5b – 9*.16 auf und weist das Vertrauen auf militärische Machtmittel als Schuld Israels im Ganzen aus. Da V.13bα die Haupt- oder Anfangsschuld Zions (רֵאשִׁית חַטָּאת) bestimmt und damit weitere Vergehen als Neben- oder Folgeschuld impliziert, die daraufhin in Mi 2 – 3 zur Darstellung kommen, ist bereits eine entfaltete Buchkomposition auf der Ebene von Mi 1 – 3* im Blick.

Neben diesen drei Spruchkategorien sind in V.11 deutende Erweiterungen identifiziert worden. Die Glossen zu V.11a und die Zusätze in V.11bβ und V.11bγ explizieren den unheilvollen Charakter der Sprüche über Schafir und Zaanan. Sie dürften als Randkommentare dem älteren Text beigefügt worden sein und im Zuge der weiteren Abschrift Eingang in das Schriftbild gefunden haben. Sind die David-Elemente in V.10 und V.15b (Kategorie D), die Jerusalem-Israel-Elemente in V.12b. 13b.14b (Kategorien B und C) und die Kommentierungen in V.11 zutreffend als spätere Einträge bestimmt worden, so begegnet in den Schefela-Stadt-Sprüchen (Kategorie A) der ältere Kern der Spruchreihe.

5.3 Detailanalyse

Das Schefela-Städte-Gedicht in V.11 – 15* bringt ein Unheilsgeschehen im Bereich der judäischen Schefela zur Darstellung, das sich als Auswirkung einer feindlichen Invasion begreifen lässt. Zeile für Zeile wechselt der Fokus und das Schicksal einer anderen Stadt gerät ins Blickfeld. Nach Abzug der Fortschreibungen ergibt sich die folgende Spruchreihe als ältester Traditionsbestand in Mi 1,10 – 15.

V.11aαβ	Fort mit euch, Einwohnerschaft Schafirs!	עִבְרִי לָכֶם יוֹשֶׁבֶת שָׁפִיר
V.11bα	Es ist nicht ausgerückt die Einwohnerschaft Zaanans.	לֹא יָצְאָה יוֹשֶׁבֶת צַאֲנָן
V.12a	Sie windet sich nach Gutem, die Einwohnerschaft Marots.	חָלָה לְטוֹב יוֹשֶׁבֶת מָרוֹת
V.13a	Binde den Wagen an das Gespann, Einwohnerschaft Lachischs,	רְתֹם הַמֶּרְכָּבָה לָרֶכֶשׁ יוֹשֶׁבֶת לָכִישׁ
V.14a	du wirst Abschiedsgeschenke geben für Moreschet Gat.	תִּתְּנִי שִׁלּוּחִים עַל מוֹרֶשֶׁת גַּת
V.15a	Noch (dauert) die Eroberung (an), wehe dir, Einwohnerschaft Mareschas.	עֹד הַיֹּרֵשׁ אָבִי לָךְ יוֹשֶׁבֶת מָרֵשָׁה

Das Schefela-Städte-Gedicht besteht aus sechs Stadt-Sprüchen, die nach Form, Stil und Inhalt eine geschlossene literarische Einheit bilden. Die formalen und stilistischen Eigenheiten, den inhaltlichen Gegenstand sowie die Funktion des Gedichts gilt es nachfolgend zu beleuchten und nach einem möglichen zeitgeschichtlichen Hintergrund zu fragen. Schließlich gilt es zu erwägen, ob V.11–15* als Kernbestand von Mi 1 auf eine vorliterarische Tradition und eine historische Prophetengestalt des 8. Jh. zurückgehen könnte.

5.3.1 Die formale und stilistische Gestalt des Gedichts

Die sechs Stadt-Sprüche in V.11–15* zeichnen sich durch wiederkehrende Endreime und Klangspiele mit den jeweiligen Ortsnamen aus. Die Endreime stellen in vertikaler Hinsicht eine Beziehung zwischen den genannten Städten her und verbinden die Einzelsprüche miteinander. Die Klangspiele der Einzelsprüche beziehen ihre Botschaft in horizontaler Hinsicht auf die jeweilige Stadt und ihre Einwohner. Beide Stilmerkmale prägen neben dem Stil auch die Struktur des Gedichts, indem sie je zwei Stadt-Sprüche zu einer Strophe verbinden. Obwohl jede Zeile eine geschlossene syntaktische und semantische Einheit bildet, lässt erst das Gedicht im Ganzen ein Gesamtbild der Ereignisse erkennen.

Die Endreime des Gedichts werden in vertikaler Hinsicht durch einen wiederholten Schlussrefrain im zweiten Kolon der Sprüche gebildet. Dieser besteht aus dem Begriff יוֹשֶׁבֶת und einem jeweils zugeordneten Ortsnamen. Lediglich in V.14a variiert der Refrain, indem der Name Moreschet Gat das gesamte Kolon füllt. Über das (einzige) vertikale Klangspiel aus יוֹשֶׁבֶת und מוֹרֶשֶׁת fügt sich V.14a stilgerecht in die Spruchreihe ein. Der Terminus יוֹשֶׁבֶת ist in keinem Vers mit einem horizontalen Klangspiel verbunden, sondern bleibt den Endreimen vorbehalten. Die Variation in V.14a hebt den Ortsnamen Moreschet Gat betont hervor. Dieses Stilmerkmal dürfte ein besonderes Interesse des Gedichts bzw. seines Urhebers an jener Stadt ausweisen und Moreschet Gat als point of view der Spruchreihe bestimmen.

Die Paronomasien beziehen in horizontaler Hinsicht jeweils einen Vorgang auf eine Stadt und ihre Bewohner. Die Klangspiele scheiden sich in zwei Kategorien: während sie in den ersten beiden Versen noch auf eine Zeile beschränkt bleiben, führen sie ab V.12a über die Zeilengrenzen hinaus. In V.11a* klingt der Ortsname Schafir (שָׁפִיר) über die Labiale פ/ב, den Guttural ר sowie den i-Vokal (י) in der Aufforderung עִבְרִי an; V.11bα erzielt eine Paronomasie des Ortsnamens Zaanan (צַאֲנָן) mit der Aussage יָצְאָה (לֹא) über die Konsonanten א/צ sowie den a-Vokal. Ab V.12a verbinden die Klangspiele die Stadt-Worte zu je zweien miteinander. Über eine Konsonantenvariation klingt Marot (מָרוֹת) in der Aufforderung רֹתֳם nach, die sich an Lachisch richtet. Die für Lachisch charakteristischen Streitwagen (רֶכֶשׁ) bilden in V.13a ein Klangspiel mit seinem Ortsnamen (לָכִישׁ).[232] Die beiden letzten Zeilen des Städte-Gedichts in V.14a und V.15a lassen schließlich eine dreigliedrige, aus Variationen zur Wurzel ירשׁ (oder ihres Konsonantenbestandes) gewonnene Reihe erkennen und stellen mit Moreschet Gat (מוֹרֶשֶׁת גַּת) und Marescha (מָרֵשָׁה) zwei Orte mit der Größe הַיֹּרֵשׁ in Beziehung.[233] Das Part. הַיֹּרֵשׁ dürfte auf die unheilvolle Situation der Besatzung oder auf den Besatzer als ihren Verursacher hinweisen.

Indem die Klangspiele ab dem dritten Vers des Gedichts über die Zeilenenden hinaus führen und die Vorgänge zweier Ortschaften miteinander verbinden, fügen sie V.12a und V.13a sowie V.14a und V.15a zu je einer Strophe zusammen. Die stilistisch unverbundenen ersten beiden Verse formieren die Eingangsstrophe. Paarweise bilden die Sprüche über Schafir und Zaanan somit die erste, die Sprüche über Marot und Lachisch die zweite und die Sprüche über Moreschet Gat und Marescha die dritte Strophe des Gedichts. Durch die zeilenübergreifenden Paronomasien gewinnt das Gedicht eine vorwärtsdrängende Dynamik, die inhaltlich mit dem voranschreitenden Unheil korrespondiert, das die Städte nacheinander erfasst. Jede Strophe enthält eine Anrede oder Aufforderung an eine der

---

232 Das Klangspiel aus dem Ortsnamen Lachisch לָכִישׁ und seinen Streitwagen רֶכֶשׁ tritt bei der vermutlich ursprünglichen, defektiven Schreibung לָכִשׁ (vgl. HAE III, 422) auch graphisch deutlich hervor (vgl. Kessler, HThK.AT, 108).

233 Während der Ortsname Moreschet Gat (מוֹרֶשֶׁת גַּת) auf die Wurzel ירשׁ zurückzuführen ist, besitzt der Ortsname Marescha (מָרֵשָׁה) vermutlich einen anderen etymologischen Ursprung. Ausweislich der Schreibung מָרֵאשָׁה in Jos 15,44 (nur wenige Mss bezeugen מָרֵשָׁה) dürfte der Ortsname als „Ort auf der Höhe" ursprünglich von ראשׁ *Haupt* gebildet worden sein (vgl. Rudolph, KAT, 48; Görg, Art. Marescha, 707 f). Sei es dass die plene-Schreibung in V.15a ausgefallen ist, um die Alliteration auch graphisch abzubilden, sei es dass der Ortsname sein Alef im Laufe der Zeit verloren hat (vgl. die Schreibung מָרֵשָׁה in 2 Chr 11,8; 14,8 f; 20,37), die klangliche Nähe zwischen dem Ortsnamen מָרֵשָׁה und der Wurzel ירשׁ ist jedenfalls evident (vgl. Wolff, BK, 33).

Städte (V.11a*.13a.14a) und ordnet ihr eine Aussage über die jeweils andere Stadt zu (V.11b*.12a.15a).

Im Gefüge der Verse korrespondieren Form und Stil mit ihren Inhalten. Die Wurzel יָשַׁב, aus der die Endreime gebildet sind, wird über die Variation des Refrains in V.14a mit der Klangreihe der dritten Strophe verschränkt, die aus Konsonantenvariationen zu יָרַשׁ gewonnen wird. Die judäischen Städte und ihre Einwohner (יוֹשֶׁבֶת) werden auf diese Weise mit ihrem gemeinsamen Schicksal, der feindlichen Eroberung und Inbesitznahme (הַיֹּרֵשׁ), in Verbindung gebracht. Weiterhin setzen die zeilenverbindenden Klangspiele sowie der gleichförmige Schlussrefrain die Ortschaften untereinander in Beziehung und bilden somit ein enges (politisches und militärstrategisches) Beziehungsgefüge unter den genannten Orten ab.

Der Spruch über Lachisch in V.13a sticht innerhalb der Reihe durch seine Länge hervor und stellt die Wagenstadt unter den Orten der Schefela betont heraus. Darüber hinaus ist V.13a durch das Klangspiel (מָרוֹת / רְתֹם) stilistisch mit dem Spruch über Marot in V.12a und inhaltlich mit dem Spruch über Moreschet Gat verbunden, indem die Aufforderung aus V.14a ebenfalls der Wagenstadt gilt. Da Lachisch als einzige Stadt innerhalb der Reihe mit zwei Ortschaften in Verbindung gebracht wird, tritt seine besondere Bedeutung im Verbund der Städte hervor, was einen historischen Sachverhalt spiegeln dürfte.[234]

Hermeneutisch erfüllt schließlich die letzte Strophe des Gedichts in V.14a.15a eine zentrale Funktion. Durch die Variation des Schlussrefrains wird der Stadt-Spruch in V.14a und mit diesem die Ortschaft Moreschet Gat pointiert. Indem Moreschet Gat der Abschied in Aussicht gestellt wird, offenbart sich die Ausweglosigkeit des Unheils für die verbündeten judäischen Städte. Von V.14a aus betrachtet erscheint die Mobilisierung Lachischs (V.13a) erfolglos, die Hoffnung Marots (V.12a) vergeblich. Allesamt teilen die Ortschaften letztlich das Schicksal Schafirs (V.11a*) und Zaanans (V.11b*), das die erste Strophe bereits angedeutet hatte. Die volle Tragweite der Kriegsereignisse und ihre Auswirkungen treten somit erst in V.14a offen zutage.

Neben V.14a wird auch der letzte Vers des Gedichts durch ein formales Merkmal betont. Während die ersten fünf Verse als Verbalsätze gestaltet sind, beinhaltet der Spruch über Marescha den einzigen Nominalsatz der Spruchreihe. Inhaltlich ist V.15a insofern von wesentlicher Bedeutung, als darin erst der Urheber bzw. die Ursache des Unheilsgeschehens näher bestimmt und mit dem Besatzer bzw. der feindlichen Inbesitznahme (הַיֹּרֵשׁ) identifiziert wird. Über die Verschränkung von יָשַׁב und יָרַשׁ im Schlussrefrain (מוֹרֶשֶׁת / יוֹשֶׁבֶת) werden die Be-

---

234 Zur Bedeutung Lachischs vgl. zusammenfassend UEHLINGER, Art. Lachisch, 572–574.

wohner der genannten Schefela-Städte insgesamt mit dem Besatzer und der feindlichen Eroberung in Beziehung gesetzt. Erst die dritte Strophe bringt somit den Hintergrund des Unheils und seine Ausweglosigkeit für die judäische Schefela offen zum Ausdruck.

Ein Vergleich der Strophen untereinander lässt den Unheilsfortschritt recht klar erkennen. Da Schafirs Bewohner bereits in die Gefangenschaft ziehen und Zaanan zur Mobilisierung seiner Streitkräfte außerstande ist, hat das Unheil seine letzten Konsequenzen offenbar gezeitigt (Strophe 1). In Marot, dessen Einwohner sich nach Gutem winden, scheint man noch auf eine Schicksalswende zu hoffen, woraufhin die Streitkräfte Lachischs zum Kampf ausrücken (Strophe 2). Moreschet Gat und Marescha steht das Unheil noch bevor, insofern Moreschet Gat der Abschied und Marescha die Besatzung erst in Aussicht gestellt werden (Strophe 3). Die Paraphrase lässt den Fortschritt eines vergangenen, gleichzeitigen und künftigen Unheilsgeschehens in der Darstellungsfolge erahnen.

Die einzelnen Verse der Spruchreihe bilden kleine, in sich geschlossene Einheiten, die jeweils eine Botschaft für oder über einen konkreten Ort enthalten. Stilistisch jedoch sind sie unlöslich miteinander verbunden. Da die Tragweite des Geschehens erst im Ganzen deutlich wird, besitzt die Spruchreihe eine horizontale (Stadt-Sprüche) und eine vertikale sinnerschließende Dimension (Städte-Gedicht). Ihr Stil und die dichte Korrespondenz von Form und Inhalt erweisen ihren poetischen Charakter. Innerhalb des Gedichts bringt die Form nicht nur einen Inhalt zur Darstellung, sondern präsentiert ihn selbst.

5.3.2 Die Botschaft der Städteworte

Die Stadt-Sprüche werfen Schlaglichter auf Vorgänge innerhalb einzelner judäischer Ortschaften und bilden insgesamt ein Kriegsunheil ab, das sich für die betroffenen Städte als ausweglos darstellt. Die Situation einer militärischen Auseinandersetzung lässt V.13a an der Mobilisierung von Ross und Streitwagen erkennen. Die gegnerische, namentlich ungenannte Streitmacht nennt V.15a den Besatzer (הַיֹּרֵשׁ) und bezeichnet damit den Verursacher des Unheils und die feindliche Eroberung als Konsequenz in einem Wort.[235] Die Städte, denen die Stadt-Sprüche gelten, liegen in kleinräumigem Umfeld im Bereich der judäischen Schefela. Diesen Radius legen zumindest die (recht) sicher zu lokalisierenden Orte Lachisch, Marescha und Moreschet Gat nahe. Wie sich das Kriegsunheil in den betroffenen Städten darstellt und in welchem

---

235 Ähnliches war bereits hinsichtlich der auffälligen Wortkompilation (התפלשתי) in V.10b beobachtet worden, die den Klageaufruf mit den Philistern in Beziehung setzt. Die Bildeweise könnte durch V.15a (הַיֹּרֵשׁ) inspiriert worden sein.

Verhältnis die Einzelschicksale zueinander stehen, wird die folgende Detailuntersuchung zeigen. Die Struktur des Gedichts legt es nahe, die aus je zwei Stadt-Sprüchen gebildeten Strophen für sich zu betrachten.

5.3.2.1 Schafir und Zaanan: Die erste Strophe in V.11*

Die Schlaglichter der ersten Strophe nehmen die Ereignisse in den Ortschaften Schafir und Zaanan in den Blick. Beide sind zwar über Mi 1,11 hinaus atl. nicht belegt und archäologisch bislang nicht lokalisiert, dürften jedoch die Erinnerung an historische Orte bewahren.[236] Anders als bei Beth-Le-Aphra (V.10b), Beth-Ha-Ezel (V.11bβ) und Achsib (V.14b) wird nicht die beabsichtigte Botschaft die Wahl des Ortsnamens oder seine künstliche Bildung veranlasst haben, sondern das historische Schicksal der Stadt die Formulierung des Spruchs. Dass die mit den Ortsnamen verbundenen Assoziationen, die einen Kontrast zum Unheilsgeschehen erkennen lassen, auf die Formulierung der Sprüche Einfluss genommen haben dürften, ist aber durchaus wahrscheinlich. In Schafir klingt das Schöne (שפר) an; Zaanan weist eine klangliche und graphische Nähe zu שַׁאֲנָן auf, was einen Zustand der Ruhe, des Friedens und der Sicherheit bezeichnet.[237]

Der erste Spruch enthält eine Aufforderung an die Bewohner Schafirs. Sie sollen sich aufmachen und vorüberziehen – und zwar jeder für sich (עִבְרִי לָכֶם).[238] Die Aussage wirkt auf den ersten Blick beschaulich: das schöne Schafir zieht vorüber. Da V.11a* jedoch über seinen Schlussrefrain in die Spruchreihe über die Unheilsstädte eingeflochten ist, besteht am unheilvollen Hintergrund des Vor-

---

236 Für Zaanan wird die Identifikation mit Zenan (Jos 15,37) vorgeschlagen, vgl. etwa ELLIGER, Heimat, 128 = DERS., Schriften, 49; MAYS, OTL, 57; RUDOLPH, KAT, 46; WOLFF, BK, 30. VON SODEN, Ortsbenennungen, 218–219, rechnet hingegen erst ab V.13 mit historischen Ortschaften und empirischen Ortsnamen. Anders als für Beth-Le-Aphra in V.10b und Beth-Ha-Ezel in V.11bβ erscheint mir jedoch der Verdacht nicht hinreichend begründbar, dass es sich bei Schafir und Zaanan um keine historischen Ortschaften handelt. Weder aus formaler noch aus inhaltlicher Sicht lässt sich ein Unterschied zu den Stadt-Sprüchen über Marot, Lachisch, Moreschet Gat oder Marescha erkennen, bei denen es sich ohne Zweifel um empirische Ortsnamen handelt. Das Gedicht betrachtet auch Schafir und Zaanan als solche.

237 Vgl. THIEL, Art. שַׁאֲנָן, 927–928.

238 Die ältere Forschung hat im Anschluss an DUHM, Anmerkungen, 45, den vermeintlich verlorenen Zeilenanfang rekonstruiert und שֹׁפָר הֶעֱבִרוּ לָכֶם vorgeschlagen; vgl. etwa BUDDE, Rätsel, 96; NOWACK, HK³, 204; WEISER, ATD, 239.242, sowie in ähnlicher Weise ELLIGER, Heimat, 91–92 = DERS., Heimat, 17–18; SCHMIDT, Propheten, 132; MAYS, OTL, 49 Anm. j.56; SELLIN, KAT, 266; SCHWANTES, Notes, 456 [שֹׁפָר הֶעֱבִרוּ לָךְ]. Der gewonnene Sinn fügt sich in den Zusammenhang ein. Mit dem Schophar-Horn wird ein Alarmsignal ausgegeben. „The Horn is blown for Shaphir, under attack and soon to fall." (MAYS, OTL, 56).

gangs kein Zweifel.[239] Seine Bewohner trifft mit der feindlichen Eroberung dasselbe Schicksal wie die im Folgenden genannten Orte. Der Imp. adressiert das fem. Kollektiv der Bevölkerung Schafirs, das präpositional eingeführte Suff. 2. Mask. Pl. trägt daraufhin „eine wohl bewusste Inkongruenz"[240] in den Spruch ein. Als dat. ethicus zielt die Formulierung darauf, die Art und Weise des Vorgangs für die betroffene Personengruppe näher zu bestimmen.[241] Dass jeder für sich fort muss, wird zunächst den Verlust der kommunalen Integrität und des städtischen Zusammenhalts andeuten und könnte darüber hinaus auf eine Situation der Flucht, Vertreibung oder Deportation hinweisen.[242] Die Aufforderung ist kaum als Weckruf zu verstehen, wie mitunter erwogen wurde, vielmehr dürfte sich darin ein seitens des Feindes erzwungener Vorgang spiegeln.[243]

Der zweite Stadt-Spruch trifft eine Aussage über Zaanan und formuliert einen gezielten Gegensatz zum vorherigen Vers. Während Schafir fort muss, ist Zaanan nicht herausgekommen (לֹא יָצְאָה). Im Kontext militärischer Auseinandersetzungen ist das Verbum יצא als term. techn. für das Ausrücken der Streitkräfte zu begreifen.[244] Da V.11b* den unheilvollen Hintergrund der Spruchreihe teilt und darin allein Lachisch noch eine aktive militärische Rolle zugewiesen wird, lässt die Nachricht darauf schließen, dass die Streitkräfte Zaanans entweder bereits geschlagen sind oder sich die Stadt gegenwärtig unter Belagerung befindet, so dass niemand heraus- noch entkommen kann.[245] Unter beiden Umständen ist an ein Ausrücken der Streitkräfte jedenfalls nicht zu denken.

Zwei Merkmale kennzeichnen die erste Strophe des Gedichts. Zunächst präsentiert sie mit den Schlaglichtern auf den Zug des schönen Schafir und die Ruhelage Zaanans ein für sich betrachtet geradezu idyllisches Bild. Der Erweis des unheilvollen Charakters der Vorgänge wird offenbar gezielt dem Folgekontext überlassen, mit dem sie über die vertikale Klangreihe verbunden ist. Sollte sich darin eine historische Erinnerung an die Umstände der feindlichen Invasion aussprechen? Sind Schafir und Zaanan in schöner, ruhiger Situation von der Feindmacht überrascht worden? Oder sind Schön-Schafir und Ruhig-Zaanan dem

---

239 S. dazu oben 5.3.1.
240 Jeremias, ATD, 130 Anm. 36.
241 Vgl. bereits Kessler, HThK.AT, 98. Zum Phänomen vgl. GK § 119 s.
242 Im Sinne einer Deportation in die Kriegsgefangenschaft hat die Glosse zu V.11a den Vorgang gedeutet und über die Beifügung von עֶרְיָה expliziert (s. dazu oben 5.2.2.1). Als Ruf zum Aufbruch in die Kriegsgefangenschaft erklären V.11a etwa auch Jeremias, ATD, 141; Wolff, BK, 29.
243 Anders Rudolph, KAT, 46, der V.11a als Aufruf zur Flucht versteht.
244 Vgl. Jenni, Art. יצא, 755 – 761; Preuss, Art. יָצָא, 795 – 822, bes. 799 – 800, und entsprechend u. a. Jeremias, ATD, 141; Kessler, HThK.AT, 106; Mays, OTL, 57.
245 Vgl. Jeremias, ATD, 141; Mays, OTL, 57. Wolff, BK, 30, sieht den Tenor der Aussage darin, dass niemand dem Feind entrinnen wird.

Irrtum gefolgt, selbst nicht in den Griff des Unheils zu gelangen? Hatten sie sich etwa allzu sehr auf die eigene militärische Stärke verlassen? Oder begegnet darin ein poetisches Stilmittel, das den idyllischen Schein als trügerisch entlarvt (vgl. Jes 5)? Der schillernde Charakter der ersten Strophe könnte mithin eine zynische Nuance aufweisen.[246]

Weiterhin sind beide Sprüche stilistisch zwar durch den Schlussrefrain mit der Spruchreihe verbunden, ihre Klangspiele jedoch bleiben auf die jeweilige Zeile beschränkt. Da die horizontalen Klangspiele in der zweiten und dritten Strophe eine politische und militärische Verbindung unter den Schefela-Städten abbilden dürften, könnte das Fehlen einer zeilenübergreifenden Paronomasie die Herauslösung Schafirs und Zaanans aus eben diesem Verbund andeuten.[247] Beide Städte gehen in die Hand des Feindes über und dem judäischen Bündnis verloren. Die erste Strophe bringt jedenfalls Vorgänge zur Darstellung, die sich als Konsequenz einer feindlichen Invasion, Belagerung und Eroberung verstehen lassen. Die zweite Strophe nimmt hingegen Ereignisse in den Blick, die der Eroberung noch vorausliegen und an eine unmittelbare Konfrontation mit der feindlichen Macht denken lassen.

5.3.2.2 Marot und Lachisch: Die zweite Strophe in V.12a.13a

Die Schlaglichter der zweiten Strophe gelten dem Geschehen in Marot (V.12a) und Lachisch (V.13a).[248] Die Orte sind offenbar noch in judäischer Hand und ihre Bewohner zumindest in Lachisch handlungsfähig. Die Aussagen beider Stadt-Sprüche lassen sich inhaltlich als Reaktionen auf einen unmittelbaren Feindkontakt verstehen, wenn Marots Einwohnerschaft die Angst packt und Lachisch die Streitwagen rüstet. V.12a deutet die emotionale Reaktion der Bevölkerung auf ein existenzbedrohendes Unheils an, V.13a daraufhin die militärische. Wie die Auseinandersetzung ausgeht und welches Schicksal den Ortsbewohnern bevor-

---

246 Entsprechend sieht VON SODEN, Ortsbenennungen, 218, die Anspielung auf שַׁאֲנָן im Ortsnamen darauf zielen, die Sorglosigkeit der Einwohner mit dem „so bedrohlichen Ernst der Stunde" (ebd.) zu kontrastieren. Ferner weist THIEL, Art. שַׁאֲנָן, 928, auf die semantische Ambivalenz des Begriffs שַׁאֲנָן hin. Neben Frieden und Sicherheit im positiven Sinne (vgl. Jes 32,18; 33,20) bezeichnet er „die vermeintliche Ruhe, die illusionäre Sicherheit, die frevelhafte Sorglosigkeit, kurz: die stolze Überheblichkeit, die Hybris" (vgl. 2 Reg 19,28; Hi 12,5; Jes 32,9.11; 37,29; Am 6,1; Sach 1,15; Ps 123,4). Vor diesem Hintergrund gewinnt die Vermutung eine gewisse Plausibilität.
247 Diesen Sachverhalt macht jedenfalls die Nachinterpretation in V.11by explizit (s. dazu oben 5.2.2.3).
248 Zur Ortslage Marots vgl. ELLIGER, Heimat, 128–129 = DERS., Schriften, 49–50. Zur Ortslage Lachischs vgl. ELLIGER, Heimat, 104–117 = DERS., Schriften, 28–40; KEEL/UEHLINGER, OLB II, 881 ff; UEHLINGER, Art. Lachisch, 573–574.

steht, lassen V.12a und V.13a offen. Erst die dritte Strophe erschließt die Ausweglosigkeit der Situation.

Die Partikel כִּי in emphatischer Funktion, sofern sie V.12a ursprünglich zugehört und keine redaktionelle Naht zu den Kommentierungen in V.11 darstellt,
eröffnet die Strophe und verleiht dem Spruch über Marot Nachdruck. Die Reaktion
seiner Bewohner bringt das Verbum חָלָה zum Ausdruck und leitet über die Präp. לְ
ein Objekt (טוֹב) ein. Der Begriff טוֹב formuliert einen scharfen Gegensatz zum
Unheil, das Marot und der judäischen Schefela im Ganzen widerfährt.[249] Auf
welche Wurzel das Verbum zurückzuführen ist, ist innerhalb der Forschung
umstritten.[250] Eine Herleitung von חלה (Perf. 3. Mask. Sg.), was einen Krankheits-
oder Schwächezustand bezeichnet, fügt sich zwar in den inhaltlichen Zusammenhang ein, hat aber das syntaktische Gefüge gegen sich, da das Subjekt im
zweiten Kolon (יוֹשֶׁבֶת מָרוֹת) fem. Geschlechts ist.[251] Weiterhin ist eine Herleitung
von (לֹ) יחל *warten/hoffen auf* erwogen worden. Sie trifft ebenfalls den Sinn, kommt
jedoch nicht ohne Textänderungen aus.[252]

Der masoretische Text selbst ist auf die Wurzel חיל (Perf. 3. Fem. Sg.) zurückzuführen.[253] Das Verbum bezeichnet das Kreißen und schmerzerfüllte Winden
der Gebärenden und erscheint als „zusammenfassender Ausdruck für den ganzen
Zustand zwischen dem Einsetzen der Geburtswehen und der Geburt selbst"[254] (vgl.
etwa Jes 26,17–18; 45,10; 51,2; 66,7–8). Im übertragenen Sinne bedeutet חיל die
angsterfüllte Reaktion auf plötzlich und unerwartet hereinbrechendes Unheil (vgl.
etwa Jes 13,8; Ez 30,16). Dabei ist „die innere Verfassung der vom *ḥîl* Ergriffenen [...]
ein Zustand schlotternder, panischer Angst."[255] Die vorgeschlagene Herleitung
entspricht sowohl dem syntaktischen Gefüge, als auch dem Sinn des Spruchs. Wie

---

249 Diesen impliziten Kontrast nimmt die Fortschreibung in V.12b auf und macht ihn über das
Antonym רַע ausdrücklich; s. dazu oben 5.2.3.1. Weiterhin erkennen etwa JEREMIAS, ATD, 141;
KESSLER, HThK.AT, 107; MAYS, OTL, 57; RUDOLPH, KAT, 46; WOLFF, BK, 30, einen Kontrast
zwischen טוֹב *gut* und מַר *bitter*, der ersten Silbe des Ortsnamens. Dabei handelt es sich jedoch nicht
um eines der für die Spruchreihe charakteristischen Klangspiele, sondern bestenfalls um ein
Sinnspiel.

250 Vgl. den Überblick bei KESSLER, HThK.AT, 107.

251 Zur Semantik von חלה s. SEYBOLD, Art. חָלָה, 964.

252 Eine entsprechende Textänderung (מִי־יְחַלָּה לְטוֹב) vertreten etwa NOWACK, HK³, 205; ELLIGER,
Heimat, 95 = DERS., Schriften, 20; SELLIN, KAT, 266; RUDOLPH, KAT, 35; WOLFF, BK, 13; JEREMIAS,
ATD, 130 Anm. 39. Ähnlich etwa ROBINSON/HORST, HAT, 132; WEISER, ATD, 239; JEREMIAS, ATD,
130 Anm. 39 (אֵיךְ־יְחַלָּה לְטוֹב).

253 Vgl. entsprechend KESSLER, HThK.AT, 107.

254 BAUMANN, Art. חיל, 899.

255 BAUMANN, Art. חיל, 900. Dieser Angstzustand kann von physischen Reaktionen begleitet sein
(חיל) erfüllte Lenden in Jes 21,3; schlotternde Glieder in Nah 2,11; schlaffe Hände in Jer 6,24;
Stöhnen in Jer 4,31; 22,23; Mi 4,10; Schreien in Jes 26,17; Jer 4,31.

die Wehen eine Schwangere überkommen, sieht sich Marot plötzlich der feindlichen Streitmacht gegenüber, was ein angsterfülltes Kreißen und Winden innerhalb seiner Bevölkerung provoziert. Das Verbum besitzt in V.12a mit טוֹב ein Objekt.[256] Im Allgemeinen dürfte es die Hoffnung auf eine Wende der aktuellen Notsituation zum Guten bezeichnen. Worin es näherhin besteht, lässt der folgende Vers erkennen.

Der Aussage über Marot folgt in V.13a eine Aufforderung an die Bewohner Lachischs. Sie sollen den Streitwagen mit dem Ross verbinden, mithin die Streitkräfte mobilisieren. Die Bedeutung des hap. leg. רְתֹם lässt sich über die Nomina מֶרְכָּבָה und רֶכֶשׁ in Verbindung mit der Präp. לְ, die beide zueinander in Beziehung setzt, verlässlich erschließen.[257] Das Verbum רְתֹם (Imp. Mask. Sg.) bezeichnet das Anspannen von Ross und Streitwagen. Die Wortfolge, die zunächst den Wagen und erst dann die Pferde nennt, sowie die präpositionale Formulierung sind ungewöhnlich. Beides dürfte eine Stileigentümlichkeit des Verses im Dienste des Klangspiels darstellen, das den Ortsnamen לָכִישׁ mit den für Lachisch charakteristischen Pferden לָרֶכֶשׁ verbindet.[258] Auf dieselbe Weise lässt sich auch die Genusinkongruenz erklären.[259] Gegen die grammatikalische Regel wird die Einwohnerschaft mit einem Imp. Mask. adressiert. Sowohl die Wahl der Verbwurzel רתם als auch seine syntaktische Einbindung folgt dem Interesse, ein Klangspiel mit dem Ortsnamen aus V.12a zu gestalten. Über eine Konsonantenvariation klingt der Name מָרוֹת in der Aufforderung רְתֹם nach.

In der zweiten Strophe begegnet das erste zeilenübergreifende Klangspiel des Gedichts und verbindet das Schicksal Marots mit dem Marschbefehl an Lachisch. Dieser Zusammenhang legt die Vermutung nahe, dass die Bewohner Marots angesichts des heraufziehenden Unheils nicht bloß auf eine allgemeine Wende zum Guten hoffen, sondern näherhin auf die militärische Unterstützung der Verbündeten (in

---

256 Dass auf das Verbum חיל ein Objekt folgt, ist in V.12a singulär. Im Hinblick auf diese außergewöhnliche Bildung hat Rainer Kessler zum einen auf die vergleichbare Formulierung in Dtn 30,9 (לְשׂוֹשׂ [ ] לְטוֹב) aufmerksam gemacht und zum anderen darauf hingewiesen, dass der Text ohnehin „spielerisch frei mit der Sprache umgeht" (KESSLER, HThK.AT, 107).
257 RUDOLPH, KAT, 36, macht darüber hinaus auf das arab. *ratma* bzw. *ratīma* aufmerksam, was einen als Erinnerungshilfe um den Finger zu *bindenden* Merkfaden bezeichnet.
258 Vgl. entsprechend etwa WOLFF, BK, 13, und JEREMIAS, ATD, 141.
259 Die Inkongruenz ist zu beseitigen versucht worden, indem unter geringfügiger Änderung der Vokalisation statt des Imp. Mask. Sg. der Inf. abs. רְתֹם gelesen wurde (vgl. etwa SELLIN, KAT, 266; ROBINSON/HORST, HAT, 132; RUDOLPH, KAT, 36; WOLFF, BK, 13; JEREMIAS, ATD, 130). Darüber hinaus ist das hap. leg. רְתֹם zu ändern und durch geläufige Terminologie zu ersetzen versucht worden, so etwa durch עִרְכִי *rüste* bei ELLIGER, Heimat, 95 = DERS., Schriften, 20, מַהֲרִי *schnell* bei NOWACK, HK³, 205, oder אָסְרְתְּ *du spannst an* bei SCHWANTES, Notes, 458. Dazu besteht jedoch keine Veranlassung.

Lachisch) warten. Das Gute (טוב) als Motivation des Kreißens in Marot vor dem Hintergrund existenzbedrohenden Unheils dürfte nach V.13a mit dem Militärpotenzial Lachischs identisch sein.[260] Die Mobilisierung der Streitkräfte in V.13a dürfte somit nicht allein auf Selbstverteidigung zielen, sondern unmittelbar durch einen Notruf Marots (V.12a) veranlasst sein. Der Marschbefehl an Lachisch in V.13a deutet jedenfalls keineswegs auf die Flucht der Ortsbewohner oder den Aufbruch in die Kriegsgefangenschaft.[261] Vielmehr wird die Aufforderung auf die bevorstehende militärische Konfrontation mit den Streitkräften der Feinde zu beziehen sein.[262]

Die zeilenverbindende Paronomasie in der zweiten Strophe lässt Rückschlüsse auf die Funktion der Klangspiele innerhalb des Schefela-Städte-Gedichts zu. Zunächst dienen sie dazu, das unheilvolle Schicksal einer Ortschaft mit dem jeweiligen Ortsnamen in Beziehung zu setzen.[263] Weiterhin können sie ein bedeutendes Charakteristikum einer Stadt hervorheben, wie es in V.13a mit dem Ortsnamen Lachisch und seinen Pferden geschieht. Und schließlich dienen sie dazu, das politische und militärische Verbundsystem innerhalb der judäischen Schefela abzubilden. Vor diesem Hintergrund plausibilisiert sich die zur ersten Strophe erwogene Vermutung, dass in V.11* gezielt keine zeilenübergreifende Paronomasie formuliert wurde, um den Verlust beider Städte aus dem judäischen Militärverbund anzuzeigen.[264] Während Schafir und Zaanan für die Verbündeten bereits verloren sind, steht Marot noch mit Lachisch in Verbindung, dasselbe gilt für Moreschet Gat und Marescha. Der Verbund der Städte scheint also erst teilweise durch die feindliche Invasion aufgelöst.

5.3.2.3 Moreschet Gat und Marescha: Die dritte Strophe in V.14a.15a

Die dritte Strophe des Gedichts enthält die Sprüche über Moreschet Gat (V.14a) und Marescha (V.15a).[265] V.14a trifft eine Aussage über Moreschet-Gat, Subjekt derselben bleibt nach V.13a allerdings weiterhin Lachisch. V.15a richtet eine Warnung an Marescha aus, mit der sich zugleich eine unheilvolle Zukunftsprognose ver-

---

260 Die Hoffnung auf militärische Stärke, die sich in der zweiten Strophe andeutet, ist im Zuge der Fortschreibung zum Gegenstand der Kritik geworden (vgl. V.13b); s. dazu oben 5.2.3.1 und 5.2.3.2.

261 Vgl. etwa HAUPT, Capucinade, 90; MARTI, KHC, 271; WEISER, ATD, 242; LINDBLOM, Micha, 49; MAYS, OTL, 58; WOLFF, BK, 31.

262 Vgl. etwa KESSLER, HThK.AT, 108, und vorsichtiger JEREMIAS, ATD, 141.

263 S. dazu oben 5.3.1.

264 S. dazu oben 5.3.2.1.

265 Zur Lokalisierung Moreschet Gats vgl. KEEL/UEHLINGER, OLB II, 849; WEHRLE, Art. Micha, 794 – 796. Zur Lokalisierung Mareschas vgl. GÖRG, Art. Marescha, 707 – 708; KEEL/UEHLINGER, OLB II, 854 – 856.

bindet. Indem in V.14a der gleichförmige Schlussrefrain der Spruchreihe variiert und V.15a den einzigen Nominalsatz derselben enthält, wird die dritte Strophe in formaler Hinsicht hervorgehoben. Sie erfüllt eine hermeneutische Schlüsselfunktion für das Gedicht, da erst sie die Ausweglosigkeit der Unheilssituation für die genannten Ortschaften offenbart und ihre Ursache benennt.[266]

Die Aussage über Moreschet Gat in V.14a adressiert die Wagenstadt Lachisch (תִּתְּנִי Impf. 2. Fem. Sg.).[267] Sie hat die Entlassgaben für Moreschet Gat auszugeben. Der Terminus שִׁלּוּחִים bezeichnet im Zusammenhang des Hochzeitsritus die Mitgift, die der Brautvater seiner Tochter mit in die Ehe gibt (vgl. 1 Reg 9,16), oder die Entlassung einer Frau als solche (Ex 18,2). In beiden Fällen ist mit שִׁלּוּחִים die Trennung ehemals zusammengehöriger Personen – sei es in der Eltern-Kind-Beziehung, sei es im Eheverhältnis – verbunden. Dieselbe inhaltliche Pointe besitzt die Aussage über Moreschet Gat. Auf der Ebene der Metapher betrachtet, agiert Lachisch als Brautvater, der seine Tochter Moreschet Gat in die Hand des Bräutigams übergibt. Der Bräutigam ist die besitzergreifende Feindmacht, die Mitgift die Stadt selbst. Kaum zufällig lässt der Ortsname Moreschet Gat מאַרשׂה *die Verlobte* anklingen und steht über die Wurzel ירשׁ mit ihrem künftigen Besitzer (הַיֹּרֵשׁ) in Verbindung.[268]

Auf die Sachebene übertragen, weist die Metapher in V.14a darauf hin, dass die Ortschaft aus dem Verbund der judäischen Städte gelöst wird und in die Gewalt des Feindes übergeht.[269] Die Verbform תִּתְּנִי lässt offen, ob es sich dabei um ein gleichzeitiges oder noch ausstehendes Ereignis handelt. Da Moreschet Gat jedoch als point of view des Gedichts zu bestimmen ist, von wo aus das Untergangsschicksal der Schefela-Städte in den Blick tritt, liegt die Vermutung näher, dass für Moreschet Gat die feindliche Invasion noch aussteht. Sollte ferner der Anklang der Verlobten im Ortsnamen beabsichtigt sein, gewinnt diese Vermutung zusätzliche Plausibilität, da einer Verlobten ihre Vermählung noch bevorsteht. Dass die Ortschaft das Schicksal der Verbündeten teilen wird, daran lässt V.14a jedenfalls keinen Zweifel.

---

266 S. dazu bereits oben 5.3.1.

267 Vgl. entsprechend KESSLER, HThK.AT, 98. Obwohl der Rückbezug auf die Wagenstadt Lachisch (תִּתְּנִי Impf. 2. Fem. Sg.) eindeutig ist, wenn man von der Nachinterpretation in V.13b absieht, wird innerhalb der Forschung die erleichternde 3. Pers. vorgeschlagen und entweder unpersönlich (Sg.) oder mit allgemeinem Bezug auf die Gegner (Pl.) wiedergegeben (vgl. etwa JEREMIAS, ATD, 130 Anm. 39; MAYS, OTL, 49 Anm. s; RUDOLPH, KAT, 36; WOLFF, BK, 13).

268 Dass in Moreschet Gat der Begriff מאַרשׂה anklingt, ist seit WELLHAUSEN, Propheten, 136, vielfach herausgestellt worden (vgl. etwa JEREMIAS, ATD, 142; KESSLER, HThK.AT, 108; RUDOLPH, KAT, 48; WOLFF, BK, 32).

269 Vgl. entsprechend KESSLER, HThK.AT, 108.

Der Spruch in V.15a beschließt das Schefela-Städte-Gedicht und blickt auf das zu erwartende Schicksal Mareschas voraus. Erneut klingt im Ortsnamen der Begriff מארשה *die Verlobte* an und dürfte wie in V.14a auf die zwar noch ausstehende, jedoch gewisse Vermählung einer weiteren Stadt mit dem Besatzer hinweisen. Die Nachricht an Marescha (עֹד הַיֹּרֵשׁ) ist nominal formuliert: noch (dauert) die Eroberung (an). Der Aspekt der fortwährenden Dauer wird über die Präp. עֹד in Verbindung mit dem Part. הַיֹּרֵשׁ zum Ausdruck gebracht.[270] Die unheilvolle Implikation, die diese Botschaft enthält, stellt die Interjektion samt dat. commodi אֹבִי לָךְ *Wehe dir!* heraus (vgl. Hi 34,36).[271] Mit dem Part. הַיֹּרֵשׁ wird zum Ende der Spruchreihe nunmehr die feindliche Macht explizit genannt, die das Unheil bewirkt und der die Schefela-Städte in die Hände fallen. Namentlich bleibt sie anonym. Sie wird allein über ihr feindseliges Handeln, die gewaltsame Eroberung und Gebietsaneignung (ירשׁ) identifiziert und charakterisiert.

In doppelter Hinsicht besitzt die dritte Strophe eine hermeneutische Schlüsselfunktion für das Schefela-Städte-Gedicht. Erstens bestimmt V.15a mit הַיֹּרֵשׁ den Verursacher des Unheilsgeschehens, das die Spruchreihe insgesamt prägt. Über die Wurzel ירשׁ werden Moreschet Gat und Marescha im Klangspiel auf jenen Besatzer bezogen und ihr Schicksal mit der feindlichen Eroberung gleichgesetzt. Durch die Variation des Schlussrefrains in V.14a (יוֹשֶׁבֶת / מֹרֶשֶׁת) werden die Wurzeln ירשׁ und ישׁב miteinander verschränkt. Auf diese Weise stehen sämtliche Orte und ihre Bewohner mit der Eroberung in Beziehung. Die beiden Stilmerkmale des Gedichts, die Endreime in der Vertikalen und die Klangspiele in der Horizontalen, bringen das gemeinsame Schicksal der Schefela-Städte zum Ausdruck.

Zweitens offenbart der Spruch über Moreschet Gat in V.14a die Ausweglosigkeit des Unheils, was in den beiden vorherigen Strophen noch offen geblieben war. Indem Lachisch als Subjekt der Entlassung Moreschet Gats erscheint, deutet sich die herausragende Stellung der Streitwagenstadt im Verbund der judäischen Städte an.[272] Wird nun Lachisch der Abschied von Moreschet Gat bedeutet, tritt mit

---

270 Vgl. GK § 163 a.

271 Vgl. bereits DUHM, Anmerkungen, 46, sowie in jüngerer Zeit METZNER, Kompositionsgeschichte, 24. MT ließe sich anders auch als Impf. 1. Sg. von der Wurzel בוא verstehen (so auch G ἀγάγω und Vg *adducam*, zum ruhenden Alef s. GK § 74 k). Subjekt müsste allerdings JHWH sein, der innerhalb des Städte-Gedichts jedoch sonst nicht explizit als handelndes Subjekt begegnet. Statt der Interjektion אֲבִי liest die Forschung mehrheitlich unter Textänderung eine 3. Sg. der Wurzel בוא. So etwa JEREMIAS, ATD, 130 Anm. 39.143; KESSLER, HThK.AT, 108; NOWACK, HK³, 206; RUDOLPH, KAT, 37; WEISER, ATD, 240; WOLFF, BK, 13.

272 Damit bewahrt das Schefela-Städte-Gedicht zweifellos eine historische Erinnerung, insofern Lachisch seinerzeit das militärstrategische Zentrum der Schefela darstellte, vgl. RÜGER, Art. Lachis, 1036f; UEHLINGER, Art. Lachisch, 572 – 574 (mit weiterer Lit.). Die Erwähnung Lachischs ermöglicht Rückschlüsse auf den zeitgeschichtlichen Hintergrund des Gedichts, s. dazu unten 5.3.3.

V.14a pars pro toto die ausweglose Lage des Städteverbandes insgesamt hervor: Lachisch ist nicht mehr imstande, Moreschet Gat zu halten (V.14a), seine Mobilmachung bleibt letztlich erfolglos (V.13a), Marots Kreißen nach Gutem vergeblich. Wie bereits Schafir und Zaanan (V.11*) geht eine Stadt nach der anderen allmählich in die Gewalt des Feindes über. Kaum zufällig weist das Gedicht über seine Endreime und Klangspiele eine vorwärtsdrängende und auf die dritte Strophe zielende Dynamik auf. Darin werden schließlich Ursache und Tragweite des Unheilsgeschehens erst eindeutig.

5.3.3 Der geographische und zeitgeschichtliche Horizont des Gedichts

Das Schefela-Städte-Gedicht bildet Unheilsereignisse innerhalb der judäischen Schefela ab, die durch eine feindliche Invasion verursacht wurden. Der Gesichtskreis der Stadt-Sprüche ist kleinräumig. Die genannten Städte befinden sich in überschaubarer Entfernung zueinander und liegen, sofern ihre Lokalisierung möglich ist, im Umfeld Lachischs, Moreschet Gats und Mareschas. Das Gedicht zeichnet sich durch eine detaillierte Kenntnis der Geographie und des Ereignisverlaufs aus, was eine große räumliche und zeitliche Nähe zum abgebildeten Geschehen selbst anzeigen dürfte.[273]

Mit Moreschet Gat wird in V.14a eine Ortschaft innerhalb der Spruchreihe betont hervorgehoben. Hier begegnet vermutlich der point of view des Gedichts, von dem aus die Ereignisse in der Region in den Blick genommen werden. Über die Pointierung Moreschet Gats dürfte der Urheber des Gedichts sein besonderes Interesse an dieser Ortschaft kenntlich machen. Dieser Sachverhalt korrespondiert mit der Buchüberschrift, die Micha einen Moreschetiter nennt. Die Herkunftsbestimmung des Propheten, auf den die Überschrift in Mi 1,1 das Buch zurückführt, besitzt somit einen eindeutigen Anhalt an seinem ältesten Traditionsbestand. Dieser Sachverhalt könnte darauf hinweisen, dass das Gedicht auf eine historische Figur aus Moreschet Gat zurückgeht.

Die Buchüberschrift verbindet den Propheten mit der Zeitgeschichte der judäischen Könige Jotam, Ahas und Hiskia (vgl. Hos 1,1), was auf eine relativ lange Wirkungszeit in der zweiten Hälfte des 8. Jh. schließen lässt. Ob sich darin eine historische Erinnerung oder eine gewisse Unsicherheit hinsichtlich der tatsächlichen Dauer des Wirkens Michas dokumentiert, ist kaum zu entscheiden. Der Überlieferungskern des Michabuches, den das Schefela-Städte-Gedicht darstellt, lässt sich jedoch mit einiger Wahrscheinlichkeit und recht präzise datieren. Da es die Festung Lachisch unter den Ortschaften nennt, die von der feindlichen In-

---

273 Vgl. entsprechend JEREMIAS, ATD, 131.

vasion erfasst werden, und die Forschung über ihre Geschichte zuverlässig informiert ist, ermöglicht Lachisch den Rückschluss auf den zeitgeschichtlichen Hintergrund des Schefela-Städte-Gedichts.[274]

Die Stadt Lachisch (*Tell ed-Duwer*) liegt 45 km südwestlich von Jerusalem innerhalb der judäischen Schefela.[275] Eine Palastanlage aus dem frühen 9. Jh. wurde im Verlauf des 8. Jh. zur Festung ausgebaut. Als Militärstützpunkt diente sie der Verteidigung der judäischen Schefela und des Berglandes gegen von der Küstenregion aus heraufziehende feindliche Streitkräfte. Neben Aseka stellte Lachisch den wichtigsten Militärstützpunkt Judas in dieser Region dar. Seine Streitwagengarnison hat im Laufe der Geschichte zwei bedeutende Schlachten geschlagen. Die erste im ausgehenden 8. Jh. gegen die Assyrer, die zweite im frühen 6. Jh. gegen die Babylonier. In beiden Auseinandersetzungen war Lachisch unterlegen und fiel samt weiterer judäischer Städte innerhalb der Schefela dem Gegner in die Hände. Auf der Grundlage archäologischer und epigraphischer Informationen sind Einblicke in beide Ereigniszusammenhänge möglich.

Den Sieg der Assyrer über Lachisch am Ende des 8. Jh. stellt ein Wandrelief aus dem königlichen Palast Sanheribs in Ninive dar. Es zeigt die Eroberung der Stadt sowie den Zug der Gefangenen samt Kriegsbeute, die ihre geschlagene Festung verlassen.[276] Bis in die Gegenwart lässt die Ruine noch die massive Belagerungsrampe erkennen, die den assyrischen Streitkräften seinerzeit den Zugang zur Anlage und ihre Einnahme ermöglichte. Schließlich berichtet das sog. Chicago-Prisma vom Verlauf des Feldzuges und gibt Einblick in das historische Geschehen. Das assyrische Heer zieht von Norden her über die philistäische Küstenregion ins Binnenland und wendet sich gegen die Festungsstädte Judas. Eine Zahl von 46 judäischen Städten wird genannt, die im Zuge der Invasion an Assur übergingen. Darüber hinaus findet der judäische König Hiskia Erwähnung, der in Jerusalem wie ein Vogel im Käfig eingeschlossen wurde.

„Im Laufe meines Feldzuges belagerte, eroberte und plünderte ich [...] die sich meinen Füßen nicht schleunig unterworfen hatten. Die Statthalter, die Fürsten und die Einwohner von Ekron, die Padi, ihren König, der durch Vertrag und Eid mit Assyrien verbunden war, in eiserne Fesseln gelegt hatten und ihn in feindlicher Absicht Hiskia von Juda übergeben hatten

---

274 Zur Geschichte Lachischs vgl. Rüger, Art. Lachis, 1036 – 1037; Uehlinger, Art. Lachisch, 572 – 574 (Lit.), sowie ausführlich Keel/Uehlinger, OLB II, 881 – 923.

275 Zu den politischen Verhältnissen innerhalb der Schefela im 8. Jh. im Spiegel archäologischer Erkenntnisse vgl. Lehmann/Niemann, Shephelah, 77 – 94.

276 Vgl. AOB, 46 – 48 Abb. 137 – 141; Keel/Uehlinger, OLB II, 896 – 900. Das Wandrelief lässt möglicherweise einen jener Lachisch-Streitwagen erkennen, die das Städte-Gedicht in V.13a erwähnt und den Feinden nach dem Fall der Festung in die Hände fielen (s. Keel/ Uehlinger, OLB II, 898 auf der Abb. links oben).

– wegen des Frevels, den sie begangen hatten, fürchtete sich ihr Herz [...] Ich näherte mich Ekron. Die Statthalter und die Fürsten, die Vergehen begangen hatten, tötete ich, an die Türme der ganzen Stadt hängte ich ihre Leichen [...] Padi, ihren König, holte ich aus Jerusalem heraus und setzte ihn (wieder) auf den Thron der Herrschaft über sie [...] Abgabe an meine Herrschaft legte ich ihm auf. Hiskia von Juda jedoch, der sich nicht unter meine Herrschaft gebeugt hatte – 46 mächtige ummauerte Städte sowie die zahllosen kleinen Städte ihrer Umgebung belagerte und eroberte ich durch das Anlegen von Belagerungsdämmen [...] 200.150 Leute, groß und klein, männlich und weiblich, Pferde, Maultiere, Esel und Kamele, Rinder und Kleinvieh ohne Zahl, holte ich aus ihnen heraus und zählte sie als Beute. Ihn selbst [sc. Hiskia von Juda] schloss ich gleich einem Käfigvogel in Jerusalem, seiner Residenz ein. Schanzen warf ich gegen ihn auf, und das Hinausgehen aus seinem Stadttor verleidete ich ihm. Seine Städte, die ich geplündert hatte, trennte ich von seinem Land ab [...] und verkleinerte so sein Land."[277]

Nach dem Verlust Lachischs in der Schlacht gegen Sanherib ist die Stadt im ausgehenden 7. Jh. noch einmal von Juda in Besitz genommen und als Garnisonsstadt wiedererrichtet worden. Die politische Landkarte hatte sich in der Zwischenzeit zugunsten der Babylonier verschoben. Im Zuge des Expansionsstrebens Nebukadnezzars, der anders als die Assyrer vor ihm nicht mehr vor Jerusalems Toren Halt machte, sondern auch die Hauptstadt Judas in Besitz nahm und verwüstete, hat Lachisch die zweite verlustreiche Schlacht geschlagen. Historische Momentaufnahmen aus der judäischen Schefela vor dem Fall Jerusalems und dem Ende der Staatlichkeit in Juda enthalten die in Lachisch aufgefundenen Ostraka „mit militärisch-administrativer Korrespondenz aus dem frühen 6. Jh."[278] Sie lassen erkennen, dass es einen regen Informationsaustausch zwischen dem Provinzstatthalter in Lachisch und den umliegenden Ortschaften gegeben hat und die judäischen Städte der Schefela untereinander in enger Verbindung gestanden haben. In Ostrakon IV berichtet ein Schreiber von Signalen aus Lachisch, die möglicherweise der Informationsübermittlung dienten, die in der Region jedenfalls aufmerksam beobachtet und zu festen Zeiten erwartet wurden.

RECTO [1] Jahwe lasse meinen Herrn gerade jetzt [2] günstige Nachrichten hören! Und jetzt: Gemäß allem, was mein Herr geschickt hatte, [3] so tat Dein Diener. Ich schrieb auf das Blatt alles so, [4] wie [mein Herr m]ir geschickt hatte. Und wenn mein Herr schickte wegen Beth Harapid, dort ist nie [6] mand. Was Semachjahu betrifft, ihn holte Schema'jahu und [7] brachte ihn zur Stadt. Und ich, dein Knecht, werde nicht VERSO [8] dorthin schicken [heute], [9] allenfalls wenn es wieder Morgen wird [werde ich schicken]. [10] Und er (mein Herr) soll wissen, dass wir das Signal von Lachisch [11] beobachten, entsprechend allen Zeiten, die [12] mein Herr gegeben hat. Jedoch Aze [13] qah sehen wir nicht.[279]

---

277 TUAT I, 389–390.
278 UEHLINGER, Art. Lachisch, 574; vgl. HAE I, 406 ff; TUAT I, 620–624.
279 TUAT I, 620–621.

In den Auseinandersetzungen des späten 8. und des frühen 6. Jh. hat sich aus der Perspektive Lachischs und der judäischen Schefela strukturell dasselbe ereignet. Die eigenen Streitkräfte waren dem gegnerischen Militär unterlegen und die Ortschaften gingen in den Besitz des Feindes über. Da das Schefela-Städte-Gedicht Momentaufnahmen aus einer kriegerischen Konfrontation zur Darstellung bringt und Lachisch in seiner militärischen Funktion unter den Unheilsstädten Erwähnung findet, lässt sich das Gedicht auf plausible Weise mit beiden Zeitkontexten verbinden.

Wie Ostrakon IV aus babylonischer Zeit spiegelt das Schefela-Städte-Gedicht ein enges Beziehungsgefüge judäischer Orte innerhalb der Schefela mit Lachisch als Zentrum und enthält Nachrichten über einzelne Ortschaften der Region. Wie der Schreiber des Ostrakons von seinem Standort aus über Beth Harapid und die Signale aus Lachisch und Azeqah, so bringt das Schefela-Städte-Gedicht mutmaßlich aus der Perspektive Moreschet Gats die Ereignisse zwischen Schafir und Marescha zur Darstellung. Das Ostrakon bietet einen externen Beleg dafür, dass vergleichbare Nachrichten nicht nur ausgetauscht, sondern im Dienste der Übermittlung auch schriftlich niedergelegt wurden.

Obwohl sich das Schefela-Städte-Gedicht sowohl mit dem assyrischen als auch mit dem babylonischen Kontext verbinden ließe, liegt das ausgehende 8. Jh. für seine Datierung näher.[280] Einerseits verbindet die Buchüberschrift den Propheten aus Moreschet mit diesem Zeithorizont. Andererseits fehlt dem Gedicht in seiner ursprünglichen Gestalt jeder Hinweis auf das Schicksal Jerusalems, sofern die Jerusalem-Israel-Einschaltungen in V.12b.13b.14b zutreffend als Nachtrag bestimmt worden sind. Eine vergleichbare Spruchreihe über Unheilsstädte des 6. Jh. käme kaum ohne einen Spruch über Jerusalem aus. Im Sinne der Buchüberschrift ist das Schefela-Städte-Gedicht also mit einiger Wahrscheinlichkeit mit dem Horizont des ausgehenden 8. Jh. in Verbindung zu bringen. Es enthält Momentaufnahmen der assyrischen Invasion der Schefela und dürfte in zeitlicher Nähe zum Fall Lachischs entstanden sein. Für die judäische Schefela waren diese Ereignisse – von Moreschet Gat (*Tell edǦudēde*) aus mit bloßem Auge zu beobachten – von schicksalhafter Bedeutung, was die Zusammenstellung der Spruchreihe motiviert haben dürfte.

Sollte es zutreffen, dass die Entstehung des Schefela-Städte-Gedichts mit dem Feldzug Sanheribs im ausgehenden 8. Jh. in unmittelbarer Verbindung steht, läge damit eine judäische Binnenperspektive auf diejenigen Ereignisse vor, die das Chicago-Prisma aus der Perspektive der siegreichen Assyrer zur Darstellung

---

280 Vgl. im Anschluss an ELLIGER, Heimat, 136 – 147 = DERS., Schriften, 56 – 66, etwa JEREMIAS, ATD, 140; KESSLER, HThK.AT, 102; MAYS, OTL, 53. Anders WOLFF, BK, 22, der von einem authentischen Gerichtswort gegen Samaria in V.6 ausgeht und einen Zeitraum zwischen 734 und 722 für die Datierung von V.6.7b – 13a.14 – 16 veranschlagt. FOHRER, Micha, 79; METZNER, Kompositionsgeschichte, 132; ROBINSON/HORST, HAT 132, denken an eine Situation um 712/711.

bringt. Hier käme das Schicksal von sechs judäischen Ortschaften zur Sprache, wie sie das Chicago-Prisma summarisch – „46 mächtige ummauerte Städte sowie die zahllosen kleinen Städte ihrer Umgebung"[281] – verzeichnet.

5.3.4 Die Funktion des Gedichts

Das Schefela-Städte-Gedicht bringt aus der Perspektive Moreschet Gats das Kriegsunheil innerhalb der judäischen Schefela zur Darstellung. Zeile für Zeile wechselt die Blickrichtung und wendet sich einer anderen Ortschaft zu. Als judäische Städte sind die Ortschaften politisch miteinander verbündet und scheinen ein gemeinsames Verteidigungssystem zu unterhalten, als dessen Zentrum die Streitwagenstadt Lachisch fungiert. Die Momentaufnahmen lassen erkennen, dass Schafir und Zaanan bereits gefallen, während Marot und Lachisch unmittelbar in Kampfhandlungen verstrickt sind und Moreschet Gat sowie Marescha die Belagerung noch zu erwarten haben. Insgesamt zeigen sich die Städte als unterlegen, die judäische Schefela geht allmählich in die Gewalt des Feindes über.

Das Gedicht beschreibt das Unheilsgeschehen als Konsequenz einer voranschreitenden Feindinvasion. Eine weitergehende Reflexion enthält es noch nicht. Das Geschehen wird weder theologisch gedeutet noch explizit mit JHWH in Verbindung gebracht, obwohl es erhebliche theologische Implikationen beinhaltet. Äußerlich betrachtet beschreibt das Gedicht eine Ereignisfolge, ohne Anklage zu erheben oder nach Schuld und Vergeltung zu fragen. Sämtliche Metareflexion bleibt der literarischen Fortbildung innerhalb des Michabuches überlassen, die die theologischen Implikationen auf unterschiedlichen Ebenen zur Entfaltung bringt. Erst im weiteren Verlauf der Tradition wird das Geschehen in einen Zusammenhang aus Schuld und Strafgericht hineingestellt und explizit theologisch gedeutet. In dieser Hinsicht korrespondiert das Städte-Gedicht mit dem Überlieferungskern der Jeremiatradition und seiner Rezeptionsgeschichte.

Der Überlieferungskern des Jeremiabuches begegnet in Jer 4–10, näherhin in den Unheilsansagen bzw. Unheilsklagen in Jer 4–6 und Jer 8–10.[282] Wie im Schefela-Städte-Gedicht wird in Jer 6,1.22–26* (und ähnlich in Jer 4,7.11aβ.15.19–21; 10,22) ein „bevorstehendes oder gegenwärtig schon im Ablauf begriffenes Unheil in einer Weise hervorgehoben, daß lediglich die Außenseite des Geschehens erkennbar wird. Der jeweils zuständige Sprecher konfrontiert die Adressaten seines Wortes mit Hinweisen auf einen bedrohlichen Geschehenszusammen-

---

281 TUAT I, 389.
282 Vgl. KRATZ, Propheten, 77–82; LEVIN, Verheißung, 153–154 mit Anm. 22; DERS., Testament, 47.61; SCHMID, Propheten, 351–359; DERS., Buchgestalten, 330–340.

hang."[283] Jede über das faktische Geschehen hinausreichende Reflexion oder theologische Analyse fehlt. Karl Friedrich Pohlmann begründet das Fehlen der Metaebene bei Jer* damit, „daß die sich deutlich abzeichnende oder schon gegenwärtige Katastrophensituation seinen bisherigen Ordnungs- und Vorstellungshorizont in jeglicher Hinsicht in Frage stellt. [...] Charakter und Ausmaß der vor Augen stehenden katastrophalen Entwicklungen sind für den Sprecher derart bestürzend und irritierend, daß Zusammenhänge mit einem Hintergrundwirken Jahwes unvorstellbar erscheinen."[284]

Dasselbe ist für die Spruchreihe im Michabuch wahrscheinlich. Sie nimmt ebenfalls ein bis zu diesem Zeitpunkt der Geschichte Israels singuläres Geschehen in den Blick. Selbst der Ton der Klage tritt hinter der Unheilsbeschreibung zurück. Wie in Jer 6,22 – 26* ist die Explikation desselben der literarischen Fortentwicklung überlassen, insofern erst die Rahmenelemente in Mi 1,8 – 9.16 sowie die noch einmal jüngeren Einschaltungen in V.10 und die Zusätze in V.11 die Klage ausdrücklich machen.[285] Das Fehlen der Metareflexion in der Spruchreihe des Schefela-Städte-Gedichts wie in den Unheilsansagen des Jeremiabuches legt die Vermutung nahe, „daß gerade diese Worte der Quell- und Ansatzpunkt all jener theologischen Reflexionsprozesse geworden sind"[286], die die entfaltete Buchkomposition jeweils aufweist.

Wie die Unheilsansagen in Jer 6,22 – 26* beschreibt das Schefela-Städte-Gedicht zunächst die Außenseite eines Unheilszusammenhangs. Obwohl der Aspekt der Klage nicht ausdrücklich wird, steht er doch im Hintergrund der einzelnen Stadt-Sprüche, wenn ihr Urheber (aus der Perspektive Moreschet Gats) den in jeder Hinsicht beklagenswerten Niedergang seiner Region in den Blick nimmt. Angesichts der Stärke der feindlichen Streitkräfte wird ihm das Gefahrenpotenzial für das Reich Juda insgesamt nicht verborgen sein. So dürfte im Hintergrund der Unheilsbeschreibung die (verzweifelte) Klage angesichts „einer sich abzeichnenden militärischen Katastrophe"[287] stehen. Diese verzweifelte Klage wird im Rahmen der literarischen Fortbildung des Gedichts in den Vordergrund gestellt und damit die Innenseite des Unheilsgeschehens beleuchtet.

---

283 POHLMANN, Ferne, 181 – 182. Ähnlich LEVIN, Verheißung, 154 – 155; SCHMID, Buchgestalten, 330 – 332. Neben den Klagen des Jeremiabuches wäre der Blick auf die Klagelieder Jeremias (vgl. KRAUS, BK XX, bes. 8 – 18) und die Klagelieder aus der altorientalischen Umwelt wie insbesondere um Stadt und Heiligtum in Ur lohnend (vgl. FALKENSTEIN/VON SODEN, Hymnen, 192 – 213). Dieser Spur kann ich in diesem Rahmen nicht mehr folgen.

284 POHLMANN, Ferne, 182 – 183.

285 Zur Analyse von Jer 6,22 – 26 s. POHLMANN, Ferne, 152 – 160.

286 POHLMANN, Ferne, 183. Vgl. LEVIN, Testament, 59 – 60.

287 POHLMANN, Ferne, 182.

Welche Funktion werden die Stadt-Sprüchen erfüllt und welcher Absicht wird ihre poetische Ausgestaltung im Rahmen des Schefela-Städte-Gedichts gedient haben? Betrachten wir zunächst die Außenseite des Gedichts, lässt sich eine Unheilsbeschreibung erkennen, mit der das Interesse einer Informationsübermittlung verbunden gewesen sein könnte. Aus der Blickrichtung Moreschet Gats findet die voranschreitende Eroberung der benachbarten Städte Ausdruck. Dass es entsprechende Beobachtungsposten innerhalb der Schefela und eine damit verbundene Korrespondenz gegeben hat, ist durch die Lachisch-Ostraka historisch belegt.

Für wen könnte eine solche Unheilsbeschreibung Nachrichtenwert besitzen? Zunächst ist an die Städte der näheren Umgebung zu denken, die auf Informationen der Verbündeten angewiesen sind, um von einer drohenden Invasion Kenntnis zu erhalten und entsprechende Vorkehrungen zu treffen. Eine solche Benachrichtigung des Nachbarn könnte der letzte Spruch des Gedichts enthalten. Aus den bisherigen Kriegsereignissen werden Rückschlüsse auf das künftige, mit einiger Wahrscheinlichkeit zu erwartende Geschehen getroffen und Mares

cha in V.15a vor dem bevorstehenden Unheil gewarnt. Wäre die Spruchreihe dorthin übermittelt worden, wüssten die Bewohner nicht nur, dass die feindlichen Streitkräfte auf dem Vormarsch sind, sondern auch welchen Weg sie genommen haben, welche Stützpunkte bereits gefallen sind und welches Ausmaß die Verheerung hat.

Von dringendem Interesse dürfte die Spruchreihe weiterhin in der Hauptstadt Jerusalem gewesen sein. Der Schefela kommt schließlich in wirtschaftlicher und militärstrategischer Hinsicht eine zentrale Rolle für die Versorgung und Verteidigung des Berglandes und der judäischen Hauptstadt zu. Fallen die Festungen der Schefela dem Feind in die Hände, ist Jerusalem unmittelbar bedroht. Die Kürze der Stadt-Sprüche, der einprägsame Stil sowie die Strophenstruktur des Gedichts erfüllen beste Voraussetzungen für eine mündliche Übermittlung (auch über weitere Distanzen hinweg). In schriftlicher Form hätte das Gedicht in seiner Kürze andernfalls etwa auf einem Ostrakon ausreichend Platz. Der Zweck der Übermittlung bestünde darin, weitere Gebietsverluste zu verhindern und die Gefährdung der Hauptstadt abzuwenden.

Allerdings bietet die Spruchreihe keine schlichte Abfolge von Kriegsnachrichten, was sie etwa von der Lachisch-Korrespondenz unterscheidet, sondern kleidet ihre Momentaufnahme in die Formgestalt eines Gedichts. Mit ihren wiederkehrenden Endreimen und Klangspielen wirken die Verse eindringlich. In ihrer poetischen Form dürften sie der Absicht folgen, ein bis dahin singuläres Unheilsgeschehen in Worte zu fassen, greifbar werden zu lassen und auf diese Weise zu verarbeiten. Weiterhin könnte mit dem eindringlichen Ton der Stadt-Sprüche ein beschwörender Charakter des Gedichts im Ganzen verbunden sein, der darauf zielt, das Unheil in letzter Konsequenz abzuwenden. Damit wäre JHWH selbst der implizite Adressat der Spruchreihe, dem der Sprecher das Unheil und seine

Ausweglosigkeit klagt, um die Gottheit zum Eingreifen zu bewegen und den erwartbaren Untergang des Reiches zu vereiteln. Im Zeitkontext der assyrischen Invasion hätte das Gedicht seine Funktion in dieser Hinsicht durchaus erfüllt. Immerhin fiel zwar die judäische Schefela in die Hand der feindlichen Macht, das politische Zentrum Jerusalem blieb hingegen verschont.

In zeitlichem Abstand zum Unheilsgeschehen selbst könnte sich mit dem Gedicht schließlich eine belehrende Funktion verbunden haben, um die Erinnerung an einen katastrophalen Ereigniszusammenhang zu erhalten und ein Klagegebet zu bewahren, das sein schicksalwendendes Potential aus zeitgenössischer Perspektive erwiesen hat. Insbesondere im Horizont der babylonischen Invasion, die einen vergleichbaren Ereignisverlauf genommen hat, dürfte es von bedeutendem Interesse gewesen sein. Da sich in babylonischer Zeit strukturell dasselbe Unheil noch einmal ereignet hat und sich die geschichtstheologische Komposition in Mi 1* im Verhältnis zum Schefela-Städte-Gedicht als jünger erwiesen hat, liegt die Vermutung nahe, dass das Gedicht in babylonischer Zeit eine Renaissance erfuhr. Möglicherweise hat das Gedicht in babylonischer Zeit als eine Art Klageritual fungiert.

Die Inschriften aus Tell Deir Alla bilden hinsichtlich der didaktischen Funktion des Gedichts eine ansprechende Vergleichsgröße. Sie stammen aus dem frühen 8. Jh. und geben die Unheilsschau eines Göttersehers namens Bileam, Sohne Beors, wieder.[288] Die Inschriften bezeugen für den fraglichen Zeitraum nicht nur die Schriftlichkeit prophetischer Omina, sondern auch die mit ihnen verbundene didaktische Funktion. Die Inschriften waren mit Tinte auf Wandverputz sichtbar angebracht. Ob sich damit das Interesse verband, „generelle Bildung oder spezifisches Prophetenwissen"[289] zu vermitteln, ist kaum sicher zu entscheiden. Jedenfalls zielten die Texte auf eine belehrende Kundgabe an eine wie auch immer zu bestimmende Öffentlichkeit.

Das mit dem Schefela-Städte-Gedicht verbundene Lehrinteresse wird im Rahmen seiner literarischen Fortentwicklung zur Entfaltung gebracht. Die Komposition in Mi 1* nimmt das Gedicht, möglicherweise im Horizont der babylonischen Zeit, als älteres Element auf und stellt es in einen geschichtstheologischen Zusammenhang hinein. Die geschichtstheologische Komposition stellt den Untergang Judas und Jerusalems mit dem analogen Schicksal Samarias in Beziehung und zielt auf die Erkenntnis, dass beide Ereignisse durch Jakobs Schuld veranlasst sind und auf JHWHs Strafgerichtshandeln zurückgehen. Die Komposition wird in V.5b* (מִי־פֶשַׁע יַעֲקֹב הֲלוֹא שֹׁמְרוֹן) mit rhetorischen Fragen eröffnet, auf deren „eindringlichen Lehrwillen"[290] bereits Hans

---

288 Vgl. TUAT II, 138 – 147; HOFTIJZER/VAN DER KOOIJ, Texts, 173 – 182; WEIPPERT, Bileam, 131 – 161.163 – 188.
289 JEREMIAS, Rätsel, 99.
290 WOLFF, BK, 16.

Walter Wolff aufmerksam gemacht hat. Wie der implizite Klageton des Gedichts in V.8 – 9.16, wird auch seine belehrende Funktion im Rahmen der geschichtstheologischen Komposition von Mi 1* ausdrücklich.

IV Kompositionsgeschichte von Micha 1

Die Anfänge der literarischen Traditionsbildung innerhalb des Michabuches stehen in enger Verbindung mit der judäischen Schefela und dem Zeithorizont des ausgehenden 8. Jh., als die Region von den assyrischen Streitkräften erobert und verwüstet wurde. Das Schefela-Städte-Gedicht, das den Nukleus des Michabuches darstellt, dürfte Momentaufnahmen dieser Invasion wiedergeben. Mit einiger Wahrscheinlichkeit geht es auf eine historische Figur aus Moreschet-Gat zurück, die die kriegerischen Ereignisse in seinem unmittelbaren Gesichtskreis und in zeitlicher Nähe zum Geschehen selbst betrachtet. Im Folgenden gilt es, die Kompositionsgeschichte des ersten Buchkapitels vom Schefela-Städte-Gedicht in V.11–15* als seinem Kristallisationskern aus nachzuzeichnen.

1 Das Schefela-Städte-Gedicht als Nukleus von Mi 1

Die Spruchreihe in Mi 1,11–15* bildet den Kristallisationskern von Mi 1 und den Ausgangspunkt der literarischen Traditionsbildung innerhalb des Michabuches. Sie beschreibt den Niedergang der judäischen Schefela im Umfeld Lachischs, Mareschas und Moreschet Gats. Das zentrale Stilmerkmal der Spruchreihe besteht in ihren Paronomasien, die das unheilvolle Schicksal der Städte mit dem jeweiligen Ortsnamen in Verbindung bringen. Klangspiele in der Horizontalen und Endreime in der Vertikalen verleihen der Reihe die Form eines Gedichts. Sechs Sprüche, unter denen je zwei zu einer Strophe zusammengefügt sind, geben schlaglichtartig Einblick in das Geschehen innerhalb der einzelnen Städte, das an eine verheerende militärische Invasion erinnert. Die Kriegsereignisse erweisen sich für die Städte Judas als ausweglos, eine Stadt nach der anderen geht in die Gewalt des Feindes über.

Indem die Klangspiele in der zweiten und dritten Strophe über die Zeilenenden hinausreichen, werden die Städte nicht nur mit ihrer je eigenen Unheilsbotschaft, sondern auch untereinander in Beziehung gesetzt. Auf diese Weise bildet sich ein judäisches Städte- und Militärbündnis innerhalb der Schefela ab. Weiterhin erhält das Gedicht durch sein stilistisches Gefälle eine vorwärtsdrängende Dynamik, die mit dem allmählichen Fortschritt des Kriegsgeschehens korrespondiert und auf die dritte Strophe des Gedichts zuführt. Während die Eroberung Schafirs und Zaanans bereits erfolgt ist (Strophe 1), befinden sich Marot und Lachisch akut in der militärischen Auseinandersetzung (Strophe 2), für Moreschet Gat und Marot steht die Feindinvasion noch aus (Strophe 3). In der

Abfolge der Strophen gelangt somit ein vorzeitiges, ein aktuelles und ein bevorstehendes Geschehen zur Darstellung.

Eine hermeneutisch entscheidende Funktion erfüllt die letzte Strophe des Gedichts. Während in den ersten beiden Strophen Ursache und Tragweite des Geschehens noch unbestimmt bleiben, erweist die dritte Strophe die Ausweglosigkeit der Lage und lässt eine feindliche Eroberung als Hintergrund der Vorgänge erkennen. Mit dem Begriff הַיֹּרֵשׁ bezeichnet V.15a zugleich den Hintergrund und den Verursacher des Unheils. Wer sich dahinter verbirgt, bleibt offen. Weder die Assyrer noch die Babylonier noch eine andere Feindmacht werden namentlich genannt. Schließlich hebt die dritte Strophe durch eine Variation des Endreims mit Moreschet Gat eine Ortschaft betont hervor. V.14a dürfte auf diese Weise den point of view des Gedichts bestimmen, von dem aus die Einzelschicksale in den Blick treten, und das besondere Interesse seines Urhebers an Moreschet Gat ausweisen.

Die Erwähnung der Stadt Lachisch, die sich nach V.13a unter den Unheilsstädten befindet, ermöglicht einen Rückschluss auf den zeitgeschichtlichen Hintergrund des Gedichts. In seiner Geschichte hat Lachisch zwei bedeutende Schlachten geschlagen, gegen die Assyrer am Ende des 8. Jh. und gegen die Babylonier im frühen 6. Jh. In beiden Kontexten hat sich strukturell dasselbe Unheil ereignet: die Schefela wurde verheert und die Städte gingen in die Hand des jeweiligen Feindes über. Vor diesem Hintergrund lässt sich sowohl die assyrische als auch die babylonische Krise als zeitgeschichtlicher Hintergrund des Gedichts plausibilisieren. Im Sinne der Buchüberschrift in Mi 1,1 ist jedoch anzunehmen, dass das Schefela-Städte-Gedicht ursprünglich mit den Ereignissen im Kontext der assyrischen Invasion in Beziehung steht.

Mit der Beschreibung des Kriegsunheils aus der Perspektive der judäischen Schefela im Gesichtskreis Moreschet Gats bringt das Gedicht zunächst die Außenseite der Geschehnisse zur Darstellung. Im Hintergrund jeder Momentaufnahme dürfte allerdings die verzweifelte Klage des Betrachtenden über den allmählichen und zu Teilen erfolgten Verlust der Region stehen. Das Gedicht könnte den Charakter eines Klagegebetes angesichts des verheerenden Untergangs der judäischen Schefela (oder im Rückblick darauf) besitzen. Es fasst ein bis zu diesem Zeitpunkt der Geschichte beispielloses Geschehen in Worte, um es greifbar werden zu lassen und das Unheil möglicherweise in letzter Konsequenz abzuwenden. Weiterhin könnte die Spruchreihe der Übermittlung von Kriegsnachrichten gedient haben, um die benachbarten Städte und letztlich die judäische Hauptstadt vom Verlauf der Ereignisse in Kenntnis zu setzen und vor dem Herannahen der feindlichen Streitkräfte zu warnen.

Sofern es zutrifft, dass das Städte-Gedicht der Nachrichtenübermittlung diente oder als Stadtklage eine schicksalwendende Funktion erfüllte, zielt die Spruchreihe darauf, weiteres und neues Unheil von Juda abzuwenden. Aus der

Perspektive Jerusalems am Ende des 8. Jh. hat sich dieses Anliegen erfüllt. Die assyrischen Streitkräfte hinterließen zwar die judäische Schefela verwüstet, die Hauptstadt hingegen blieb verschont. Dieser Sachverhalt dürfte dem Gedicht ein beträchtliches Ansehen verliehen haben. Mit seiner Reimstruktur und seinem einprägsamen Stil bot das Schefela-Städte-Gedicht der mündlichen Überlieferung etwa als Klagegebet günstige Voraussetzungen. Als Teil einer möglicherweise gar schriftlichen Korrespondenz hätte es auf einem Ostrakon ohne Weiteres Platz gefunden und könnte unter einer Überschrift im Umfang von V.1a* (דְּבַר־יְהוָה אֲשֶׁר הָיָה אֶל־מִיכָה הַמֹּרַשְׁתִּי) Eingang in die königlichen Archive gefunden haben.

Die literarische Ausgestaltung des Schefela-Städte-Gedichts haben zwei Sachverhalte maßgeblich motiviert. Zum einen enthält es noch keine Aussage über Anlass, Ursache und Hintergrund des abgebildeten Geschehens. Obwohl das machtvolle und beispiellose Walten der Gottheit hinter jedem der Stadt-Sprüche steht, werden die Ereignisse weder ausdrücklich mit dem Willen und Handeln JHWHs in Beziehung gesetzt noch im Ursachenzusammenhang von Schuld und Strafgericht betrachtet. Wie in der Jeremiatradition ist die theologische Reflexion insgesamt Gegenstand der literarischen Fortbildung. Zum anderen begründet seine Kontextambivalenz die literarische Renaissance des Gedichts. In babylonischer Zeit ereignete sich das innerhalb der Spruchreihe vermutlich für die assyrische Krise dokumentierte Unheil in äquivalenter Weise noch einmal.

Dieser Sachverhalt erwies die kontextübergreifende Relevanz des Gedichts, was ihm entsprechende Achtung zugetragen haben dürfte. Sollte das Gedicht militärstrategischen Zwecken gedient haben, um aus einem früheren Kriegsverlauf Rückschlüsse auf die eigene Situation zu ziehen? Sollte es Bestandteil eines Klagerituals gewesen sein, um sein schicksalwendendes Potenzial angesichts der (wiederholten) Gefährdung Judas und Jerusalems (ein weiteres Mal) zu entfalten? Die Verfasser der jüngeren geschichtstheologischen Komposition in Mi 1* haben das Schefela-Städte-Gedicht jedenfalls zum Anlass genommen, das darin dokumentierte Unheil ausdrücklich in einen übergreifenden politischen und religiösen Horizont zu stellen. Von den Kriegsereignissen in der Schefela schließen sie auf einen israelitisch-judäischen Schicksalszusammenhang und deuten den Untergang Israels und Judas mit ihren Hauptstädten Samaria und Jerusalem als Resultat des Strafgerichts JHWHs. Da das Schefela-Städte-Gedicht sowohl mit den Ereignissen in assyrischer Zeit als mit dem Geschehen in babylonischer Zeit in Einklang zu bringen ist, konnte es als Bindeglied zwischen beiden Kontexten dienen. Die Verfasser der geschichtstheologischen Komposition überführen das Gedicht auf diese Weise in die biblische Literatur.

2 Die geschichtstheologische Komposition in Mi 1,5b – 16*

Die Verfasser der geschichtstheologischen Komposition in Mi 1,5b – 16* konstituieren das literarische Fachwerk von Mi 1. Ihre Komposition bildet die älteste Buchgestalt innerhalb der Michatradition. Das Schefela-Städte-Gedicht (V.11– 15*) wird als älteres Überlieferungselement in den neugeschaffenen literarischen Zusammenhang integriert und mit theologischem Interesse ausgelegt. Das Gedicht wird in einen als Strafgericht JHWHs gedeuteten Unheilsnexus hineingestellt, der vom Untergangsurteil gegen Samaria ausgeht und auf das Ende Judas und Jerusalems zielt.

Die geschichtstheologische Komposition setzt mit einem thetischen Schuldvorwurf gegen Jakob in V.5b* ein und identifiziert seine Schuld mit Samaria. Daraufhin bietet V.6 das als Gottesrede formulierte Strafurteil JHWHs, das der Hauptstadt des Nordreichs ihren Untergang ankündigt. Da dieser Schlag JHWHs gegen Israel die existenzielle Gefährdung Judas bedeutet und seine letzte Konsequenz im Untergang Jerusalems zeitigt, hebt die Figur Micha in V.8 – 9 zur Klage an und ruft in V.16 das personifizierte Jerusalem zur Untergangsklage auf. Da die Klage Jerusalems mit der Deportation der Stadtbewohner begründet wird und das Erscheinungsbild der Stadt im Zuge des Trauerritus mit dem Ansehen der Schakale als Ruinenbewohner verglichen wird, dürfte V.16 bereits auf die erfolgte Verwüstung Jerusalems zurückblicken. Im Zusammenhang eines von Samaria auf Jerusalem zielenden Ereignisgefüges dient das Schefela-Städte-Gedicht der Illustration des Unheilsfortschritts. Indem das Gedicht durch die Klagen in V.8 – 9 und V.16 eingerahmt wird, tritt der implizite Klagecharakter der Stadt-Sprüche in den Vordergrund der Komposition.

Das Fachwerk der geschichtstheologischen Komposition in Mi 1* bildet einen unlöslichen Zusammenhang. Auf den thetischen Schuldvorwurf in V.5b* folgt mit konsekutivem Perf. das Strafurteil. Die Wendung עַל־זֹאת in V.8 erfüllt eine Brückenfunktion und führt das Klageelement in V.8 – 9 ein, das Suff. in V.9 (מִכּוֹתֶיהָ) weist explizit auf das vorausliegende Strafurteil gegen Samaria in V.6 zurück. Der Klageaufruf in V.16 schließt den Rahmen zu V.8 – 9 und bindet das Schefela-Städte-Gedicht ein. Die Aufforderungen zum Vollzug der Untergangsklage sind strukturäquivalent formuliert. Über den Terminus גלה wird ferner eine Klammer zwischen V.6 (Untergang Samarias) und V.16 (Untergang Jerusalems) gestaltet. Das Motiv der Entblößung (גלה) wird an der Figur Micha anschaulich, die als Zeichen ihrer Klage über das Untergangsschicksal Israels und Judas barfuß und nackt erscheint, und erfüllt im Rahmen der geschichtstheologischen Komposition eine inklusive Funktion.

Die Komposition in Mi 1* ist in mehrfacher Hinsicht durch das Schefela-Städte-Gedicht inspiriert. Über die Klageimplikation hinaus scheint sie durch die militärische Verheerung angeregt, die den inhaltlichen Gegenstand der Spruchreihe darstellt. Das Strafgericht gegen Samaria (V.6) wird in Bildern kriegerischer Verwüstung gezeichnet. Die Stadt wird zur Feldruine (שֹׁמְרוֹן לְעִי הַשָּׂדֶה) und ihre Stadtkultur zum Agrarland (לְמַטָּעֵי כָרֶם), ihre Befestigungsanlagen werden verwüstet (וְהִגַּרְתִּי לַגַּי אֲבָנֶיהָ) und bis auf die Fundamente freigelegt (וִיסֹדֶיהָ אֲגַלֶּה). Der heillose Schlag gegen Samaria in V.9 (מַכָּה) erinnert ebenfalls an einen Akt militärischer Aggression. Die Gefangenschaft der Stadtbewohner (גלה), die Jerusalems Untergangsklage in V.16 begründet, deutet auf die Konsequenz einer verlustreichen Invasion. Auf die Deportation Kriegsgefangener dürfte im Rahmen des Schefela-Städte-Gedichts bereits der Spruch über die Bewohner Schafirs, die zum Aufbruch aufgerufen werden (V.11a*), hinweisen.

Während für das Schefela-Städte-Gedicht eine zeitliche Nähe zum Ereignishorizont des ausgehenden 8. Jh. wahrscheinlich ist, dürfte die Komposition in Mi 1* diesem Zeitkontext ferner liegen. Möglicherweise setzt ihre geschichtstheologische Reflexion, die den Untergang beider Reiche im Zusammenhang betrachtet und als Konsequenz eines einzigen vernichtenden Strafgerichts JHWHs deutet, bereits den politischen Niedergang in Nord- und Südreich sowie die Zerstörung beider Hauptstädte Samaria und Jerusalem voraus. Aufgrund seiner Kontextambivalenz konnte das Schefela-Städte-Gedicht als Bindeglied zwischen der assyrischen Zeit und dem Fall des Nordreiches auf der einen und der babylonischen Zeit und dem Niedergang des Südreiches auf der anderen Seite dienen.

Die Verfasser der geschichtstheologischen Komposition scheinen beide Unheilshorizonte in der Figur ihres literarischen Micha zu verbinden, die sie aus dem klagenden Betrachter im Hintergrund des Gedichts entwickeln. Im Spiegel der Komposition in Mi 1* richtet Micha im Namen JHWHs sowohl das Gerichtswort gegen Samaria (V.6) als auch den Aufruf zur Untergangsklage an Jerusalem (V.16) aus. Überdies finden beide Horizonte im Profil des klagenden Micha in V.8 – 9 zusammen. Sein Profil weist charakteristische Züge zweier Prophetenfiguren auf, die innerhalb der prophetischen Literatur mit den Kontexten der assyrischen bzw. babylonischen Krise verbunden werden. Die Zeichenhandlung, die Micha barfüßig und nackt präsentiert, erinnert an den Propheten Jesaja (Jes 20), der mit dem Horizont der assyrischen Zeit verbunden ist. Michas Jammer, der dem Geheul von Schakal und Strauß inmitten ruinierter Städte entspricht, erinnert an die Gerichtsankündigung Jeremias gegen Jerusalem in babylonischer Zeit (Jer 9,10; 10,22 vgl. Jer 51,37 gegen Babel).

Der Anfang der Komposition in V.5b – 6* fällt durch seinen thetischen Schuldvorwurf und sein prägnantes Urteil über Samaria auf. Fortan ist im Michabuch (wie im gesamten Dodekapropheton) von Samaria nicht mehr die Rede. Da das Strafurteil gegen Samaria keine nähere Begründung erfährt, liegt die Vermutung nahe, dass die geschichtstheologische Komposition den Schuldaufweis der Nordreichspropheten Am* und Hos* voraussetzt. Die Komposition in Mi 1* scheint die

Gerichtsprophetie gegen Samaria zu Anfang in nuce in Erinnerung zu bringen, um daraus das äquivalente Schicksal Judas und Jerusalems abzuleiten. In diesem Sinne dürften ihre Verfasser den Titel, unter dem JHWHs Wort an Micha aus Moreschet (V.1aα) tradiert wurde, um V.1b (אֲשֶׁר־חָזָה עַל־שֹׁמְרוֹן וִירוּשָׁלָם) erweitert haben.

3 Die Theophanie in Mi 1,3 – 5a*

Der geschichtstheologischen Komposition ist mit Mi 1,3 – 5a* nachträglich eine Theophanieszene vorangestellt worden. Sie bildet die jüngere Einleitung des Michabuches auf der Ebene der entfalteten Buchkomposition in Mi 1 – 3*. Wie in Am 1,2 (mit Am 4,13) wird die Theophanie in V.3 – 5a* als Kommen JHWHs zum Strafgericht ausgewiesen und gattungsuntypisch gegen sein eigenes Volk gerichtet. Das Michabuch erhält mit V.3 – 5a* eine dezidiert theologische Einleitung. Der Ereignisverlauf, der nach V.5b – 16* von Samaria über die Schefela nach Jerusalem reicht, wird im Rahmen der Theophanieschilderung zu seinem Ursprung in JHWHs himmlischer Wohnung zurückverfolgt. Mit V.5a* leiten ihre Verfasser zur älteren geschichtstheologischen Komposition über und nehmen die Sündenterminologie aus V.5b* (vgl. Mi 3,8) auf. Während die Schuld in V.5b mit Samaria identifiziert und die anschließende Darstellung auf die Hauptstädte Israels und Judas konzentriert bleibt, wird der Schuldradius in V.5a auf Jakob (als Volk) und das Haus Israel (als politisches System) ausgeweitet. Die Verfasser der Theophanie lassen somit ein generalisierendes Interesse erkennen, das mit dem globalen Horizont ihrer Theophanieszene entspricht.

4 Die Nachinterpretationen zur Komposition in Mi 1,3 – 16*

Die Komposition in Mi 1,3 – 16 hat im Verlauf ihrer literarischen Fortbildung eine Reihe von Einschaltungen und Nachinterpretationen erfahren. Sie weisen ein je individuelles Profil und Interesse auf und sind nachfolgend im Einzelnen zu betrachten.

4.1 Der Zion-Jerusalem-Fokus in V.12b.13bα

Die Einschaltung in V.12b bringt exakt in der Mitte des Schefela-Städte-Gedichts Herkunft und Zielrichtung des Unheils zur Darstellung. Das erste Kolon in V.12bα (כִּי־יָרַד רָע מֵאֵת יְהוָה) bestimmt den Ausgangspunkt des Unheils und bezieht sich auf die Theophanieszene in V.3 – 5a* zurück; das zweite Kolon in V.12bβ (לְשַׁעַר יְרוּשָׁלָם) richtet die Unheilsbewegung auf Jerusalem aus und entspricht der Klagebegründung aus V.9. Da die Einschaltung den Tenor der geschichtstheologischen Komposition in V.5b – 16* mit dem theologischen Hintergrund der Theophanie in V.3 – 5a* vermittelt, dürfte V.12b unter dem Eindruck der Theophanieschilderung (wenn nicht von derselben Hand) in den Zusammenhang eingetragen worden sein. Durch V.12b wird die Theophanie jedenfalls fest im kompositionellen Gefüge von Mi 1* verankert.

Innerhalb des Zielkontextes unterbricht V.12b die zweite Strophe des Schefela-Städte-Gedichts und zieht die Stadt-Sprüche über Marot und Lachisch auseinander. Beide waren zuvor über das Klangspiel des Ortsnamens Marot (V.12a) und der Aufforderung an Lachisch (V.13a) eng miteinander verbunden. Das zeilenübergreifende Klangspiel hatte die Vermutung nahe gelegt, dass das militärische Potenzial den Gegenstand der Hoffnung Marots auf eine Wende der Not darstellt und die Not Marots (מָרוֹת) den Marschbefehl Lachischs (רְתֹם) motiviert hat. Das Gute, das Marots Bewohner nach V.12a erwarten, bestünde somit in den Mitteln militärischer Macht (V.13a). Möglicherweise hebt V.12b diesen Zusammenhang gezielt auf. Damit könnte sich auf subtile Weise bereits diejenige Kritik andeuten, die V.13bα expliziert.

Die Einschaltung in V.13bα markiert Lachisch als die Haupt- oder Anfangssünde der Tochter Zion. Die Kritik besteht im fehlgeleiteten Vertrauen, das auf eigene militärische Stärke statt auf JHWHs Hilfe setzt. Wie V.12b verbindet sich auch der Zusatz in V.13bα mit der zweiten Strophe des Schefela-Städte-Gedichts. Beide Elemente bilden strukturanaloge Formulierungen im zweiten Kolon aus (לְשַׁעַר יְרוּשָׁלָם neben לְבַת־צִיּוֹן), die an die Schlussrefrains des Schefela-Städte-Gedichts erinnern und diese zu imitieren scheinen. Gemeinsam ist ihnen schließlich der Zion-Jerusalem-Fokus, so dass sie von derselben Hand in den Zusammenhang eingetragen worden sein könnten. Da V.13bα Lachisch als Haupt- und Anfangssünde Zions bestimmt, ist der Aufweis weiterer Schuld als Neben- oder Folgevergehen vorausgesetzt, den die Komposition in Mi 2 – 3* enthält. V.12b und V.13bα dürften wie die Theophanieszene bereits eine entfaltete Buchkomposition auf der Ebene von Mi 1 – 3* voraussetzen.

4.2 Der Israel-Horizont in V.13bβ.14b

Die Nachinterpretationen in V.13bβ und V.14b generalisieren den älteren Schuldaufweis, der sich in V.12b.13bα auf Zion/Jerusalem konzentriert (vgl. V.3 – 5a*). V.13bβ weitet den Vorwurf fehlgeleiteten Vertrauens auf Mittel militärischer Macht auf Israel im Ganzen aus. V.14b bestimmt die Häuser Achsibs, die Israels Festungsanlagen insgesamt repräsentieren dürften, als Trugburgen der Könige Israels. Der gesamtisraelitische Horizont und die generalisierenden Tendenzen in

V.13bβ und V.14b lassen vermuten, dass beide Einschaltungen auf denselben Verfasser zurückzuführen sind. Sie setzen bereits die um V.12b.13bα und die Theophanie in V.3–5a* erweiterte Komposition in Mi 1* voraus.

4.3 Die kultkritischen Erweiterungen in V.3.5.7

Die deutenden Zusätze in V.3.5.7 erweitern den Schuldvorwurf in Mi 1 über das fehlgerichtete Vertrauen auf militärische Stärke hinaus um kultkritische Aspekte. Die Glosse in V.5bβ [וּמִי בָּמוֹת יְהוּדָה הֲלוֹא יְרוּשָׁלָ͏ם] richtet die Kritik gegen Judas Höhenheiligtümer (בָּמָה) und konzentriert die Anklage unter dem Vorbild von V.5bα auf die Hauptstadt Jerusalem. Die profane Bezeichnung der Höhen in Mi 1,3 und Mi 3,12 erhält daraufhin eine kultkritische Konnotation. Im Zuge der Einschaltung von V.5bβ dürfte weiterhin die Theophanieszene in V.3 um das Verbum דרך erweitert worden sein, um JHWHs Kommen explizit gegen die Höhen als Höhenheiligtümer zu richten und sein Herabschreiten als gewaltsames Zertreten derselben zu deuten.

Die kultkritische Nachinterpretation in V.7 wendet sich gegen Samaria und fügt dem Strafurteil in V.6 eine kultkritische Begründung bei. Die Gottes- und Götzenbilder Samarias werden in das vernichtende Strafgericht einbezogen (V.7a) und der Stadt wird ihre Hurerei vergolten (V.7b). Die kultkritischen Erweiterungen in V.3.5.7 weisen Bezüge zu Am* und Hos* auf. Die Kritik an den Höhenheiligtümern in V.3bβ und V.5bβ ist unter dem Eindruck von Am 4,13 (וְדֹרֵךְ עַל־בָּמֳתֵי אָרֶץ) formuliert worden. V.7b nimmt mit dem Terminus זנה einen Leitbegriff der Hoseatradition auf. Diese Verbindungslinien dürften gezielt gezogen worden sein, um das Michabuch mit den Traditionen Am* und Hos* zu verbinden.

4.4 Die Nachinterpretationen zu V.11

Im Verlauf der Überlieferung und literarischen Fortbildung der Komposition in Mi 1 sind die Sprüche über Schafir und Zaanan in der ersten Strophe mit jüngeren Kommentierungen versehen worden. Die auffällig kurzen Zusätze zu V.11* dürften zunächst als Randkommentare den Sprüchen beigegeben worden sein, bevor sie im Zuge der weiteren Abschrift Eingang in den kompositionellen Zusammenhang gefunden haben. Da die Kommentare zu V.11a (עֶרְיָה) und zu V.11bα (מִסְפַּד בֵּית הָאֵצֶל) noch den paronomastischen Stil des Schefela-Städte-Gedichts aufnehmen, dürften sie im Verhältnis zur Glosse (בֹשֶׁת) und gegenüber der rein prosaischen Deutung in V.11by (יִקַּח מִכֶּם עֶמְדָּתוֹ) älter sein, so dass zwei Phasen der Kommentierung in V.11 zu unterscheiden sind.

In der ersten Phase werden die Stadt-Sprüche in V.11* durch den Zusatz עֶרְיָה und die Wendung מִסְפַּד בֵּית הָאֵצֶל ausgelegt. Der Terminus עֶרְיָה bezieht sich auf V.11a zurück und weist die Handlung Schafirs (עבר) als Zug in die Kriegsgefangenschaft aus, die Wendung מִסְפַּד בֵּית הָאֵצֶל begründet das regungslose Verhalten Zaanans in V.11b. Seine Bewohner prägt die Wehklage über das eigene Schicksal, zur militärischen Intervention sind sie außerstande. Beide Orte hat die feindliche Invasion bereits ereilt. Die Nachinterpretationen folgen dem Interesse, den unheilvollen Charakter der ersten Strophe des Schefela-Städte-Gedichts zu explizieren. Im älteren Textgefüge des Gedichts bleibt der Erweis des unheilvollen Hintergrundes der Vorgänge gezielt dem Folgekontext überlassen.

Wann die Nachinterpretationen den Sprüchen über Schafir und Zaanan beigefügt worden sind, lässt sich nicht eindeutig bestimmen. Da sie jedoch wie V.8 – 9.16 den Klageaspekt innerhalb der Spruchreihe explizieren, werden sie die geschichtstheologische Komposition in Mi 1* bereits voraussetzen. In der zweiten Phase der Kommentierung wird V.11 um die Glosse בֹּשֶׁת in V.11aβ und die Wendung יִקַּח מִכֶּם עֶמְדָּתוֹ in V.11by erweitert. Der Terminus בֹּשֶׁת bildet eine Wortglossierung zu עֶרְיָה und bewertet die Nacktheit der Bewohner Schafirs als Schande. V.11by leuchtet das Beziehungsgefüge aus, das V.11bβ durch בֵּית הָאֵצֶל angedeutet hatte. Durch den Verlust der Nachbarn an die feindliche Macht geht den judäischen Städten eine politische und militärische Stütze verloren. Im älteren Gefüge des Schefela-Städte-Gedichts erfüllten die Paronomasien die Funktion, das (politische und militärische) Beziehungsgefüge der Städte abzubilden. V.11by bringt diesen Sachverhalt in explizierender Prosa zum Ausdruck.

5 Die davidischen Anspielungen in Mi 1,10 und Mi 1,15b im Kontext von Mi 1 – 5*

Die Sprüche über Gat, Beth-Le-Aphra und Adullam legen einen Rahmen um die ältere Spruchreihe in V.11 – 15a*. Sie unterscheiden sich von den Elementen des Schefela-Städte-Gedichts, indem sie den Ortsnamen jeweils zu Beginn bezeichnen und den charakteristischen Schlussrefrain aus יֹשֶׁבֶת samt Ortsnamen nicht enthalten. Weiterhin formulieren sie ihre Aussage unter Anspielung auf die Davidsgeschichte. V.10 stellt über das Zitat aus 2 Sam 1,20 in V.10aα einen Bezug zu Davids Klagelied in 2 Sam 1,19 – 26 her. V.15b erinnert an die Erzählungen über Davids Flucht nach Adullam vor den Nachstellungen seiner politischen Gegner (vgl. 1 Sam 22,1ff; 2 Sam 23,13ff). Mit diesen Episoden sind Tiefpunkte der frühen Königsgeschichte verbunden, der Untergang der saulidischen Dynastie sowie die Gefährdung des designierten Königs David. Zugleich bilden sie entscheidende Wegmarken innerhalb der davidischen Aufstiegsgeschichte, die David letztlich zu seiner Königsherrschaft über Juda und

Israel führt. Mit Saul stirbt der politische Kontrahent, in der Zufluchtstätte Adullam bleibt der künftige König vor dem Unheil bewahrt.

Indem die Stadt-Sprüche in V.10 und V.15b auf Tiefpunkte der Davidsgeschichte anspielen, fügen sie sich in den Unheilshorizont von Mi 1 ein. Zugleich weisen sie jedoch über diesen hinaus und deuten eine Heilsperspektive an, insofern mit den eingespielten Tiefpunkten der Aufstieg Davids untrennbar verbunden ist. Da das Bethlehemorakel in Mi 4,14 – 5,4a* ebenfalls unter dem Einfluss der Davidstradition gestaltet ist und seinerseits die Frage nach der künftigen Herrschaft in Israel problematisiert, dürften die Sprüche über Gat, Beth-Le-Aphra und Adullam mit dem Bethlehemorakel in Beziehung stehen und inmitten ihres unheilvollen Nahkontextes auf dieses vorausweisen. Die Einschaltungen haben somit bereits eine entfaltete Buchkomposition auf der Ebene von Mi 1–5* im Blick. Eine entsprechende Verweisfunktion innerhalb des älteren Gerichtstextes erfüllt das Sammlungsorakel in Mi 2,12–13.

6 Der Höraufruf an die Völkerwelt in Mi 1,2 im Kontext von Mi 1–5*

Der Höraufruf in V.2 bildet den vorfindlichen Eingang des Michabuches. Er setzt die geschichtstheologische Komposition in V.5b–16* ebenso voraus wie die Theophanieszene in V.3–5a* und steht bereits mit der entfalteten Buchkomposition auf der Ebene von Mi 1–5* in Verbindung. Der Höraufruf bezieht die Völkerwelt gleich zu Beginn des Michabuches in das Gerichtshandeln JHWHs mit ein und eröffnet einen völkerkritischen Spannungsbogen, der in Mi 5,14 geschlossen wird. Die völkerkritischen Elemente in Mi 1,2 und Mi 5,14 formulieren eine bedingte Gerichtsankündigung gegen die Völkerwelt und kündigen denjenigen Völkern das Strafgericht an, die sich dem Höraufruf widersetzen und ungehorsam sind (שמע in Mi 1,2 und Mi 5,14). Da erst das Völkerwallfahrtslied in Mi 4,1–5* bestimmt, was die Völker zu hören und worauf sie ihren Gehorsam auszurichten haben und was die Grundlage für JHWHs Rechtsstreit mit ihnen darstellt, nämlich seine Torah aus Zion, dürfte die Völkerkritik auf das Wallfahrtslied hin gestaltet worden sein. Die völkerkritischen Elemente folgen dem Interesse, die zutiefst völkerfreundliche Perspektive in Mi 4,1–5* zu präzisieren bzw. zu korrigieren.

Teil B **Vom Schuldaufweis zum Strafurteil gegen Jerusalem in Micha 2 – 3**

I Forschungsgeschichte

Seitdem Bernhard Stade die Schlusskapitel in Mi 4–7 als jüngeren Zusatz ausgewiesen hat, gilt die Komposition in Mi 1–3* gegenwärtig als kritisch gesichertes Minimum des Michabuches.[1] Während der Umfang des Textbestandes in Mi 1*, der dem Propheten des 8. Jh. oder seinen nächsten Tradenten zugeschrieben wird, innerhalb der Forschung recht unterschiedlich bestimmt worden ist, hat sich im Hinblick auf die Gerichtskomposition in Mi 2–3* ein doppelter Konsens herausgebildet. Dieser besteht zum einen darin, dass Mi 2–3* ab ovo die Fortsetzung des Unheilstextes in Mi 1* bildet. Zum anderen wird die Ansicht geteilt, dass die Gerichtskomposition, von einzelnen Erweiterungen abgesehen, der Sache nach auf den historischen Micha zurückgeht. Allerdings geht die jüngere Forschung davon aus, dass für ihre schriftliche Niederlegung nicht der Prophet selbst, sondern seine Tradition verantwortlich ist.

Hinsichtlich der Fortschreibungsprozesse in Mi 2–3* war es wiederum das Verdienst Bernhard Stades (1881), der historisch-kritischen Forschung den Weg gewiesen zu haben, indem er die Sammlungsverheißung in Mi 2,12–13 als „eine exilische oder nachexilische Einschaltung"[2] erkannte. Da sie den Duktus des Unheilstextes unterbricht und sachlich der Heilskomposition in Mi 4–5 zugehört, vermutete Bernhard Duhm (1911) weiterhin, „2 12 13 muß ursprünglich vor 4 6 gestanden haben und an seine jetzige Stelle dadurch geraten sein, daß man die durch Einschiebung von 4 1–5 entstandene Verwirrung zu beseitigen suchte: man schrieb 2 12f. aufs neue ab und zwar am Rande, worauf dann ein späterer Abschreiber es in die falsche Kolumne einsetzte."[3] Ähnlich sah Karl Budde (1917/1918) in Mi 2,12–13 einen „handgreiflichen Einschub", der mit dem Ziel eingesetzt worden sei, „eine klaffende Lücke der Handschrift"[4] zu füllen.

Freilich hat es nicht an Versuchen gefehlt, das Sammlungsorakel für den historischen Propheten zu reklamieren und als ursprünglichen Bestandteil des Michabuches zu erhalten. So verstand Ernst Sellin (1922) die Verheißung aus dem Zeithorizont des Jahres 701 und deutet sie auf die „Sammlung der bei dem Ansturme Assurs nach Jerusalem flüchtenden Bevölkerung Palästinas"[5]. Ähnlich

---

1 Vgl. den Überblick über die Forschungsgeschichte zum Michabuch im Rahmen der Einleitung unter II sowie den Fokus auf die Forschungsgeschichte zu Mi 1 unter Teil A. Die Darstellung konzentriert sich auch an dieser Stelle auf entscheidende Wegmarken innerhalb der Forschungsgeschichte zu Mi 2–3.
2 STADE, Bemerkungen, 162; vgl. bereits EWALD, Propheten, 525–537.
3 DUHM, Anmerkungen, 49.
4 BUDDE, Micha 2–3, 2.
5 SELLIN, KAT, 275, und entsprechend LIPPL, HSAT, 183.194; SCHMIDT, SAT, 147–148.

(in seiner zeitlichen Ansetzung allerdings zurückhaltend) erklärte noch Wilhelm Rudolph (1975) das Orakel aus der Folge von Gericht und Heil. Nach seiner Einschätzung blickt der Prophet in Mi 2,12–13 auf die künftige Heilszeit voraus, die „erst nach der Katastrophe beginnen"[6] kann. Eine alternative Ansicht ist von Adam S. van der Woude (1969) und in jüngster Zeit von Helmut Utzschneider (1999, 2005) vertreten worden.[7] Die Verheißung sei nicht als Rede Michas, sondern als Wort der Falschpropheten im Anschluss an Mi 2,11 zu verstehen. Eine Minderheit hat wie insbesondere Gershon Brin (1989) schließlich den heilvollen Charakter der Ankündigung im Grundsatz bestritten und sie im Sinne des literarischen Kontextes als Sammlung zum Strafgericht gedeutet.[8]

Eine Breitenwirkung vermochten diese Vorschläge nicht zu erzielen. Die Heilsperspektive, die in Mi 2,12–13 zum Ausdruck gelangt und die Verheißung inhaltlich in die Nähe der jüngeren Heilskomposition in Mi 4–5 rückt, ist innerhalb der Forschung im Gefolge Stades wiederholt erkannt und begründet worden. Mi 2,12–13 bildet „[...] ein sekundäres Element. Die Verse sind weder ein Stück der Rede der falschen Propheten, noch ein dislocierter Passus, der auf Micha zurückgeht. Denn es wird fraglos das Exil, und zwar nicht nur in Gedanken, sondern als geschichtliche Thatsache vorausgesetzt und die Heimkehr aus demselben verkündet."[9] Mit diesem Resümee formulierte Karl Marti bereits im Jahre 1904 denjenigen Konsens, den die Forschung im Hinblick auf die Sammlungsverheißung gegenwärtig weithin teilt.[10]

Während die Forschung die Gerichtskomposition in Mi 2–3*, von Mi 2,12–13 abgesehen, für literarisch weitgehend einheitlich erachtete und auf den historischen Micha zurückführte, folgte Karl Marti dem von Bernhard Stade gewiesenen Weg und identifizierte weitere Textelemente als Nachinterpretationen. So wies er in Mi 2,1–5 die Wendung עַל־הַמִּשְׁפָּחָה הַזֹּאת als „mildernde Glosse"[11] und das „völlig nichtssa-

---

6 RUDOLPH, KAT, 64.
7 Vgl. VAN DER WOUDE, Micah, 244–260; UTZSCHNEIDER, Reise, 126–137; DERS., ZBK, 68–72, und unter den älteren Arbeiten bereits etwa VON ORELLI, Propheten, 115.
8 Vgl. insbesondere BRIN, Micah 2,12–13, 118–124; HAGSTROM, Coherence, 51–54. Der unheilvolle Charakter der Sammlungsverheißung ist in jüngerer Zeit wieder von METZNER, Kompositionsgeschichte, 71–72.119–129; MAYS, OTL, 74–76; WÖHRLE, Sammlungen, 148–153.156, vertreten worden, die Mi 2,12–13 allerdings in je unterschiedlicher Weise als Element der Nachinterpretation von Mi 2–3 begreifen.
9 MARTI, KHC, 276.
10 Vgl. für die ältere Forschung etwa NOWACK, HK³, 197.212–213; ROBINSON, HAT, 136–137; WEISER, ATD, 252; VON UNGERN-STERNBERG, Rechtsstreit, 48; WELLHAUSEN, Propheten, 139; WILLI-PLEIN, Vorformen, 79, und für die jüngere Forschung JEREMIAS, ATD, 154–155; KESSLER, HThK.AT, 137–143; WAGENAAR, Judgement, 230–240; WOLFF, BK, 45–46.55–56; ZAPFF, Studien, 38–39.
11 MARTI, KHC, 273, und ähnlich etwa SCHMIDT, SAT, 138; SELLIN, KAT, 270.

gende Sätzchen כִּי עֵת רָעָה הִיא, das ganz gleichlautend auch Am 5 13 in einer Glosse steht"[12], als Zusätze aus. Und da „v. 3 sehr wohl der Schluss sein kann, so darf man v. 4 als spätere Zuthat betrachten, die in einer Klage über die Art und Weise des Unheils (הָרָעָה v. 3) Auskunft geben wollte."[13] Ähnliches vermutete Marti für das Strafurteil in V.5. Mi 2,4–5 stellt nach seiner Wahrnehmung insgesamt eine aktualisierende Nachinterpretation zu Mi 2,1–3* dar, die das ältere Gerichtswort „auf die Neuverteilung des Landes in der Zeit der messianischen Restauration"[14] bezieht.

In Mi 3* erachtete Karl Marti neben der redaktionellen Redeeinleitung וָאֹמַר (V.1), „vielleicht noch eingefügt vor der Interpolation 2 12f."[15], und dem Abschluss der Schlachtungssequenz (V.3b), den er im Gefolge Wellhausens als „eine plumpe und schiefe Ausführung der vorangegangenen bildlichen Redensarten"[16] bezeichnete, die Zeitangabe in Mi 3,4 als Nachtrag. „בָּעֵת הַהִיא ist, wie das Metrum zeigt, Glosse, die unnötigerweise אָז näher bestimmen will"[17]. Die Unheilschronologie in Mi 2–3, namentlich כִּי עֵת רָעָה הִיא in Mi 2,3 und בָּעֵת הַהִיא in Mi 3,4, wird damit insgesamt als spätere Zufügung ausgewiesen. Mit den genannten Elementen, die er in Mi 2,1–5 und Mi 3,4 als Nachinterpretationen erkannte, hat Marti auf diejenigen Textbestandteile aufmerksam gemacht, die in ihrer Mehrzahl noch ein gutes Jahrhundert später die Diskussion um literarische Fortbildungen in Mi 2–3* bestimmen.

In seiner Studie zur „Deutung der Gerichtsworte Michas in der Exilszeit"[18] hat Jörg Jeremias (1971) die Spuren literarischer Fortbildung in Mi 2–3 redaktionsgeschichtlich ausgewertet. Jeremias sieht eine exilische Redaktion für die aktualisierende Interpretation und Neuausrichtung des Gerichtstextes verantwortlich. Derselben weist er einzelne Zusätze in Mi 2,3–5.10 und Mi 3,4 zu. Auf ihre Hand führt Jeremias die Adressatenangabe in Mi 2,3a (עַל־הַמִּשְׁפָּחָה הַזֹּאת) sowie die Unheilschronologie in Mi 2,3b (כִּי עֵת רָעָה הִיא) und Mi 3,4a (בָּעֵת הַהִיא) zurück. Weiterhin schält er die Binnenkola der Klage in Mi 2,4aβ (אֵיךְ יָמִישׁ לִי) und in Mi 2,4bα (חֵלֶק עַמִּי יָמִיר) als kommentierende Erläuterungen ihrer Rahmenelemente

---

12 MARTI, KHC, 273, und entsprechend etwa LIPPL, HSAT, 191; SCHMIDT, SAT, 138; SELLIN, KAT, 270.
13 MARTI, KHC, 274.
14 MARTI, KHC, 274. Dass V.5 zum ältesten Bestand in Mi 2–3 gehört, hatte auch NOWACK, HK², 215, in Zweifel gezogen, der seine Position später jedoch revidierte (vgl. DERS., HK³, 209).
15 MARTI, KHC, 277.
16 MARTI, KHC, 277, im Anschluss an WELLHAUSEN, Propheten, 140. Wellhausen bestimmte überdies V.2b als Zusatz (ebd.), vgl. entsprechend etwa NOWACK, HK³, 214; ROBINSON, HAT, 137; SCHMIDT, SAT, 138. Anders dagegen DUHM, Anmerkungen, 48; SELLIN, KAT, 276–277.
17 MARTI, KHC, 278, und entsprechend etwa LIPPL, HSAT, 196; SCHMIDT, SAT, 138; SELLIN, KAT, 276–277.
18 Vgl. JEREMIAS, Deutung, 330–354.

heraus.[19] Schließlich verdanke sich die Umwandlung von Mi 2,10*, ursprünglich „Anrede [...] an die vertriebenen Frauen"[20] im Anschluss an V.9, in ein Strafurteil der exilischen Redaktion, die Mi 2,10* um V.10b erweitert habe.

Die von Jeremias vorgestellten Hypothesen zur literarischen Fortbildung der Gerichtskomposition, die in ihrer Tendenz der Position Karl Martis entsprechen, in Mi 2,4* allerdings noch eine ältere Substanz erkennen, haben innerhalb der Forschung eine beachtliche Resonanz gefunden.[21] Sie wurden etwa von Hans Walter Wolff aufgenommen und verfeinert, indem er noch die Redeeinleitung in Mi 2,4 (בַּיּוֹם הַהוּא) und den Urteilsspruch in Mi 2,5 auf die Hand der exilischen Redaktion zurückgeführt hat.[22] Im Verlauf eines Jahrhunderts der Forschung wurden damit zwei literarische Ebenen in Mi 2–3* ansichtig: die Grundschicht, deren Substanz mutmaßlich auf den Propheten selbst zurückgeht, und eine „Interpretationsschicht"[23], die auf Aktualisierung, Generalisierung und Radikalisierung der älteren Anklage zielt.[24]

In jüngerer Zeit hat Rainer Kessler (1999) Bedenken gegen die Methode vorgebracht, die zur Unterscheidung beider Ebenen geführt hat. Seine Kritik richtet sich auf das zweifelhafte Verfahren, allein diejenigen Elemente des Textes zu entfernen, die der These im Wege stehen, die man zu begründen beabsichtigt. Um in Mi 2 „V 1–5 als eine in sich geschlossene Einheit aufzufassen [...], hat man literarkritisch alle Signale entfernt, die eine Gliederung des Textes in V 1–3 und V 4f. nahelegen. Wichtigstes Opfer ist V 3bβ, der V 1–3 resümierende und abschließende Satz"[25]. Kessler selbst vertritt demgegenüber die Ansicht, „daß V 4f.

---

19 Vgl. Jeremias, Deutung, 333–335 (ders., ATD, 149–151). Dass die Binnenkola im Gefüge des alten Michatextes „erhebliche Schwierigkeiten" (Nowack, HK³, 208) bereiten, ist bereits von der älteren Forschung gesehen worden. Allerdings wurden diese Schwierigkeiten nicht literarkritisch ausgewertet, sondern durch Textrekonstruktion nach G beseitigt.

20 Jeremias, Deutung, 339 (nach einer These von A.B. Ehrlich).

21 Vgl. ihre Rezeption bei Lescow, Analyse von Micha 1–5, 50–52; Mays, OTL, 61–62; Metzner, Kompositionsgeschichte, 114–116; Mommer, Prophetie, 185–189; Otto, Techniken, 129; Schart, Entstehung, 183–184; Vermeylen, Isaie, 579–580; Wolff, BK, 45.49–50.

22 Vgl. Wolff, BK, 45.49–50, entsprechend Lescow, Analyse von Micha 1–5, 50–51; Metzner, Kompositionsgeschichte, 115; Vermeylen, Isaie, 579–580. In seinem Kommentar (2007) hat sich Jeremias dieser Sichtweise angeschlossen (vgl. Jeremias, ATD, 150–151).

23 Jeremias, Deutung, 346.

24 Zu Anlass und Tendenz der Nachinterpretationen vgl. Jeremias, Deutung, 349–352.

25 Kessler, ThK.AT, 113. Die von Kessler vorgetragene Kritik wird von Wöhrle, Sammlungen, 146–148 mit Anm. 41, aufgenommen. Allerdings betrachtet er Mi 2,1–5 in der Folge wieder als literarisch einheitliches Gerichtswort aus „Schuldaufweis (1–2) und Strafankündigung (3–5)" (aaO., 146). Zwar hält er es für „nicht ausgeschlossen, daß das vorliegende Wort kleinere Überarbeitungen erfahren hat", erkennt jedoch „keine klaren Kriterien für derart kleinräumige Operationen" (aaO., 147–148).

als ebenfalls in sich geschlossener Nachtrag zu V 1–3 [...] am besten zu verstehen ist"[26] und eine Interpretation der älteren Sozialkritik darstellt. Sie sei vor dem Hintergrund neuen sozialen Unfriedens in nachexilischer Zeit zu verstehen und schreibe die ältere Komposition „auf der Ebene des Textes von Mi 1–5"[27] fort. Indem Kessler Mi 2,4–5 insgesamt als Interpretament betrachtet, erneuert er die schon von Karl Marti vertretene These, dass V.4 und V.5 gleichermaßen nachgetragen sind. Die „Interpretationsschicht" gewinnt auf diese Weise formal an Substanz und inhaltlich an Kontur.

Eine alternative Differenzierung zwischen dem älteren Traditionsbestand und der redaktionellen Ebene ist von Eckart Otto (1991, 1992) vorgenommen worden.[28] In Mi 2–3* macht er eine Redaktion aus, die „exilisch eine deuteronomistisch [sic!] beeinflußte Sammlung von Michasprüchen redigiert, deren Abschluss Mich 3,12 bildete."[29] Als Grundsubstanz in Mi 2 bestimmt Otto V.1–3*.4*.8–10*. Über die Uminterpretationen in V.4.10 und die Einschaltung von V.5 hinaus führt er den Konflikt mit den sog. Falschpropheten auf die Hand der Redaktion zurück.[30] In Mi 3 habe sie weiterhin die „drei Unheilsankündigungen in Mich 3,1–4.5–8.9–12"[31] zusammengefügt und das Schuldsummarium in Mi 3,11 formuliert, das „der redaktionellen Zusammenbindung der Sprüche dient."[32] Die Buchkomposition in Mi 1–3*, die unter Aufnahme von älterem Überlieferungsgut michanischer Provenienz gestaltet worden sei, begreift Otto als Ergebnis einer dtr Redaktion der Exilszeit.

Während Eckart Otto in Mi 1–3* eine Sammlung von Prophetensprüchen verarbeitet sieht, vermutet die Forschung mehrheitlich eine ältere literarische Vorlage im Hintergrund der Komposition, die in die Nähe des historischen Propheten führt. So nahm Hans Walter Wolff (1982) drei von Micha selbst verfasste Auftrittsskizzen in Mi 1,6–16*, Mi 2,1–11* und Mi 3,1–12 als Ausgangspunkt der Traditionsbildung an. Rainer Kessler geht im Anschluss an Karl Budde von einer durch die Michatradenten veranlassten Denkschrift des 7. Jh. im Umfang von Mi 1,10–16*, Mi 2,1–3.6–11 und

---

26 Kessler, HThK.AT, 113 mit Analyse 120–123.

27 Kessler, HThK.AT, 120.

28 Otto, Art. Micha/Michabuch, 695–704; Ders., Techniken, 119–150. In seinem Aufsatz macht Eckart Otto auf das „Verfahren redaktioneller Inklusion durch Rahmung" (Ders., Techniken, 129) aufmerksam, um Einsicht in die Redaktionstechnik im Rahmen der literarischen Gestaltung des Michabuches zu geben.

29 Otto, Techniken, 129.

30 Vgl. Otto, Techniken, 129–130. Den Weissagungsdiskurs in V.6–7.11 betrachten in seinem Gefolge auch Metzner, Kompositionsgeschichte, 117–118, und Wagenaar, Judgement, 227–228, als jüngeren Zusatz.

31 Otto, Techniken, 126.

32 Otto, Techniken, 127, und entsprechend Metzner, Kompositionsgeschichte, 113; Vincent, Gerichtswort, 169; Vermeylen, Isaie, 591–592.

Mi 3,1–12 aus, und Jörg Jeremias (2007) schließlich von einem Rechenschaftsbericht des Propheten.[33] Jeremias macht allerdings darauf aufmerksam, dass „ein solcher Rechenschaftsbericht insofern Hypothese bleiben [muss], als er sich *nicht mehr exakt rekonstruieren lässt*. [...] Die Kernkapitel 1–3 des Michabuches liegen in einer Gestalt vor, die Leser voraussetzt, die den Zusammenbruch Jerusalems schon erlebt haben oder von ihm wissen. Einzig das Kap. 3 hat noch eine ältere literarische Form bewahrt, die aber auch nicht bis zur Zeit Michas, sondern nur bis zur Epoche des Propheten Jeremia zurückreicht."[34]

Damit ist der derzeitige Stand der Forschung im Hinblick auf die Gerichtskomposition erreicht. Sie unterscheidet eine recht umfangreiche Grundschicht in Mi 2–3* von (einzelnen) interpretierenden Zusätzen. Obwohl sich der alte Traditionsbestand nicht (eindeutig) rekonstruieren lässt, wird die Grundschicht der Sache nach auf den historischen Micha zurückgeführt.[35] Im Verhältnis zum Ausgangspunkt der Traditionsbildung im späten 8. Jh. sei ihre überlieferte Gestalt jünger. Im Horizont der Exilszeit habe Mi 2–3* eine Nachinterpretation (vor allem in Mi 2,4–5.10; Mi 3,4) erfahren, die auf die Aktualisierung der Botschaft Michas zielt. Nach Ansicht Ottos erhält das Michabuch erst in dieser Zeit eine greifbare Gestalt.[36] Durch die Einschaltung des Sammlungsorakels in Mi 2,12–13 sei der Unheilstext in Mi 1–3* in (früh-)nachexilischer Zeit schließlich mit Mi 4–5* verbunden worden.

Da sich die Entstehungsgeschichte des Michabuches auf der Grundlage eines hypothetischen Traditionsgutes nicht verlässlich rekonstruieren lässt, stellt sich vor dem Hintergrund des aktuellen Forschungsstandes die Frage, ob innerhalb der im Verhältnis zu ihrem traditionsgeschichtlichen Ursprung jüngeren Komposition ein älterer Kern auszumachen ist, von dem aus die Komposition in Mi 2–3 Gestalt angenommen hat. Sollte ein solcher Überlieferungskern zu erheben sein, ist weiterhin zu fragen, ob dieser auf eine vorliterarische Tradition michanischer Provenienz im 8. Jh. schließen lässt und wie er sich in das bisher gewonnene Bild von der Entstehungsgeschichte des Michabuches einfügt.

Die bisherige Analyse hat zu dem Ergebnis geführt, dass das Schefela-Städte-Gedicht in Mi 1,11–15* den Nukleus der Komposition in Mi 1 darstellt. Für das Gedicht

---

33 Vgl. WOLFF, BK, XXI – XXII; KESSLER, HThK.AT, 94 – 97; JEREMIAS, ATD, 116 – 118. In seiner Studie „Tradition und Redaktion in Micha 3" hat Jörg Jeremias (2000) auf die redaktionelle Prägung von Mi 3 aufmerksam gemacht und „als überlieferungsgeschichtlichen Kern [...] Michas Auseinandersetzung mit seinen Berufskollegen in den Versen 5 – 8" (JEREMIAS, Tradition, 146) bestimmt.

34 JEREMIAS, ATD, 117 – 118 (Hervorhebung ebd.), vgl. ähnlich WÖHRLE, Sammlungen, 155 mit Anm. 76.

35 Zur Kritik an der Methode, von einer hypothetischen Prämisse aus auf die vorliterarische Tradition zu schließen, s. die Problematisierung im Rahmen der Einleitung (II).

36 Vgl. OTTO, Art. Micha/Michabuch, 698 – 699; ähnlich bereits WILLI-PLEIN, Vorformen, 110 – 111.

ist eine vorliterarische Tradition mit Moreschet Gat, der mutmaßlichen Heimat des historischen Micha, als Ausgangspunkt wahrscheinlich. Die geschichtstheologische Rahmenkomposition ist im Verhältnis zu ihrem Überlieferungskern jünger. Sie entstand vermutlich erst in babylonischer Zeit, als sich das Unheil im Bereich der Schefela, das die Stadtsprüche des Gedichts spiegeln, strukturanalog noch einmal ereignete, nun allerdings im Niedergang Jerusalems gipfelte.

Vor dem Hintergrund dieser Untersuchungsergebnisse lassen sich zwei Möglichkeiten erwägen, wie die Gerichtskomposition in Mi 2–3 im Anschluss an Mi 1 entstanden sein könnte. Ihre Entstehung könnte erstens analog verlaufen und von einem eigenständigen Kristallisationskern ausgegangen sein. Sollte sich in Mi 2–3 ein dem Schefela-Städte-Gedicht vergleichbarer Nukleus als Ausgangspunkt der Traditionsbildung erheben lassen, für den ebenfalls ein vorliterarischer Hintergrund wahrscheinlich ist, würde dies für die etwa von Eckart Otto vertretene Annahme einer älteren Sammlung von Michaworten sprechen, die in Mi 1 und Mi 2–3 verarbeitet wurde.

Sollte der Grundbestand in Mi 2–3 jedoch kein vergleichbares Traditionselement darstellen, müsste dies zweitens bedeuten, dass die Grundschicht der Gerichtskomposition, sei es als ursprüngliche Fortsetzung, sei es als jüngere Fortschreibung, mit einer Textebene der Komposition in Mi 1 in literarischem Zusammenhang steht. Da das Schefela-Städte-Gedicht eine nach Form, Stil und Inhalt geschlossene Größe bildet und sich die in Mi 2–3 verhandelten Themen fundamental vom Gegenstand der Stadtsprüche unterscheiden, ist die Gerichtskomposition weder als Fortsetzung noch als Fortschreibung des Überlieferungskerns in Mi 1 zu plausibilisieren und wird daher mit einer jüngeren Textebene im ersten Buchkapitel in Verbindung stehen.

Dieses Ergebnis hätte Konsequenzen für die zeitliche Ansetzung der Grundschicht in Mi 2–3, da bereits die geschichtstheologische Komposition in Mi 1* nicht aus dem Zeithorizont des historischen Micha stammt. Die Gerichtskomposition in Mi 2–3* würde sich ebenso wie die geschichtstheologische Komposition in Mi 1* als Ergebnis der späteren Traditionsbildung erweisen. Als sozialkritischer Untergangsprophet wäre Micha somit ein Phänomen der Literatur. In der Folge wäre das kritische Minimum des Michabuches neu zu bestimmen. Als Spiegel des Wirkens Michas verbliebe in Mi 1–3 allein das Schefela-Städte-Gedicht in Mi 1*.

Auf welche Weise die Gerichtskomposition in Mi 2–3 ihre literarische Gestalt gewonnen hat, ist im Folgenden zu beleuchten. Die Analyse zielt darauf, den Kristallisationskern der Komposition zu erheben, um Rückschlüsse auf seinen traditionsgeschichtlichen Hintergrund und seinen Ort im Wachstumsgefüge des Michabuches ziehen zu können. Abschließend ist die Genese der Gerichtskomposition im Anschluss an Mi 1 darzustellen. Die Untersuchung beginnt an der Textoberfläche der Komposition mit der synchronen Lektüre von Mi 2–3.

II Synchrone Lektüre

1 Übersetzung und Text

(2,1) Wehe denen, die Unrecht ersinnen und Unheilshandeln auf ihren Lagern.
Im Morgenlicht vollbringen sie es, denn es steht in ihrer Macht.

(2) Sie begehren Felder und rauben (sie), Häuser und nehmen (sie) weg;
sie bedrücken den Mann und sein Haus, jedermann und seinen Erbteil.

(3) Deshalb spricht JHWH folgendermaßen:
„Siehe, ich ersinne Unheil gegen dieses Geschlecht, aus dem ihr eure Hälse
nicht herausziehen werdet. Und ihr werdet nicht mehr aufrecht gehen, denn
dies ist eine Zeit des Unheils."

(4) An jenem Tag erhebt man einen Spruch über euch und stimmt eine geklagte
Wehklage an. Man sagt:
„Verwüstet, ja verwüstet sind wir!
Der Erbteil meines Volkes wird vertauscht!
Wie entzieht man (ihn) mir!
Dem Rückkehrer teilt man unsere Felder aus!"

(5) Deshalb wirst du keinen haben, der die Meßschnur wirft im Losverfahren in
der Gemeinde JHWHs.

(6) „Weissagt nicht!" weissagen sie. „Man weissagt nicht nach dieser Weise:
Sie weicht nicht, die Schande!" Was sagt man, Haus Jakobs:

(7) „Ist JHWH etwa ungeduldig? Oder sind dieser Art seine Taten?"
Sind meine Worte nicht gut für den, der aufrichtig wandelt?

(8) (Was) zuvor mein Volk (war), erhebt es sich zum Feind.
Vom ‚Friedfertigen' zieht ihr den Mantel ab, von denen, die sicher wandeln
und dem Krieg den Rücken kehren.

(9) Die Frauen meines Volkes vertreibt ihr aus den Häusern ihrer Wonne, von
ihren Kindern nehmt ihr ‚ihre' Würde auf immer.

(10) Auf und geht! Denn dies ist kein Ruheort (mehr für euch).
Wegen Unreinheit verdirbst du. Und das Verderben ist unheilbar.

(11) Wenn jemand ginge, Wind und Trug löge:
„Ich weissage dir von Wein und Rauschgetränk!"
Das wäre ein Weissager für dieses Volk.

(12) Sammeln, ja sammeln werde ich dich, Jakob insgesamt,
zusammen-, ja zusammenbringen werde ich den Rest Israels.
Vereinigen werde ich ihn wie Schafe in einem Pferch,
wie eine Herde inmitten der Trift – sie wird vor Menschen überschäumen.

(13) Es ist vor ihnen her hinaufgezogen, der (sie) zerbrochen hat, (und) sie haben sich ausgebreitet.
Da durchzogen sie das Tor und brachen aus durch es.
Und ihr König zog vor ihnen her, JHWH an ihrer Spitze.

(3,1) Ich aber sage:
Hört, Häupter Jakobs und Anführer des Hauses Israel:
Ist es nicht an euch, das Recht zu kennen?

(2) Die das Gute hassen und das Unheil lieben,
die ihre Haut von ihnen abziehen und ihr Fleisch von ihren Knochen

(3) und die das Fleisch meines Volkes gefressen haben.
Und ihre Haut haben sie ihnen abgezogen
und ihre Knochen haben sie zerbrochen
und zerlegt wie im Topf und wie Fleisch im Kessel.

(4) Dann werden sie zu JHWH schreien und er wird ihnen nicht antworten.
Und er wird sein Antlitz vor ihnen verbergen in dieser Zeit,
weil ihre Taten böse waren.

(5) So spricht JHWH gegen die Propheten, die mein Volk irreführen,
die, so sie denn zu beißen haben zwischen ihren Zähnen, Frieden rufen,
wer ihnen aber nicht nach Geschmack gibt, gegen den heiligen sie den Krieg:

(6) „Deshalb wird euch Nacht zuteil statt Schauung und Finsternis statt Wahrsagung."
Und die Sonne geht über den Propheten unter und es verfinstert sich über ihnen der Tag.

(7) Und es werden zuschanden die Seher und beschämt die Wahrsager, und sie verhüllen den Lippenbart allesamt. Denn es gibt keine Antwort Gottes.

(8) Doch ich hingegen, ich bin erfüllt mit Kraft – das ist der Geist JHWHs – und Recht und Stärke, Jakob seine Schuld anzuzeigen und Israel seine Vergehen.

(9) Hört dies, Häupter des Hauses Jakob und Anführer des Hauses Israel,
die das Recht verabscheuen und alles Gerade verdrehen,

(10) (und) wer Zion mit Blutschuld baut und Jerusalem mit Unrecht.

(11) Seine Häupter, sie richten gegen Bestechung,
und seine Priester, sie lehren nach Bezahlung,
und seine Propheten, sie wahrsagen für Geld,
und sie stützen sich auf JHWH, indem sie sagen:
„Ist JHWH nicht in unserer Mitte? Kein Unheil kann über uns kommen."

(12) Deshalb wird euretwegen Zion als Feld gepflügt,
und Jerusalem zur Ruine und der Berg des Hauses zu Waldeshöhen.

Mi 2,1 | Der klassischen Bildeweise eines Weherufs gemäß folgt auf das einleitende הֹוֹי (G ἐγένοντο las vermutlich das Verbum הִיוּ) eine Partizipialkonstruktion, die seine Adressaten charakterisiert (רָע וּפֹעֲלֵי־אָוֶן חֹשְׁבֵי).[1] Die Wendung רָע פֹּעֲלֵי ist weder aus metrischen noch aus inhaltlichen Gründen als Nachinterpretation zu bewerten (BHS), etwa „weil die Schilderung der Ausführung der bösen Pläne erst in v. b folgt."[2] Ebenso wenig erforderlich ist es, den Terminus פעלי nominal (פָּעֳלֵי oder sg. פֹּעַל) statt partizipial (MT) zu vokalisieren.[3] Im Parallelismus mit אָוֶן figuriert רָע פֹּעֲלֵי als zweites Genitivobjekt zu חשב.[4] Sowohl die abstrakte Idee (אָוֶן) als auch ihre Konkretion auf der Handlungsebene (רָע פֹּעֲלֵי) sind als Gegenstand des Ansinnens (חשב) zu begreifen. Das fem. Suff. in V.1bα (יַעֲשׂוּהָ) bezieht sich entweder auf den abstrakten Vorgang (חשב) im Sinne der Ausführung desselben oder auf das Kollektiv der Pläne (vgl. GK § 122 p). Das Machtpotenzial der Delinquenten bringt die Wendung יָדָם יֶשׁ־לְאֵל כִּי in V.1bγ zum Ausdruck. Sie lässt zwar die Gottesbezeichnung אֵל anklingen (s. dazu die Analyse unter 4.1.3.1), ist allerdings von אֵל ‚Macht/Kraft' abzuleiten (vgl. Gen 31,29; Dtn 28,32; Prov 3,27; Neh 5,5).[5] G (διότι οὐκ ἦραν πρὸς τὸν θεὸν τὰς χεῖρας αὐτῶν) fasst die Wendung in religiösem Sinne auf: statt ihre Hände zum Gebet Gott entgegen zu strecken, gebrauchen sie diese für unrechtes Handeln.[6]

V.2 | Das erste Kolon überträgt den Zusammenhang aus Sinnen und Handeln (V.1) auf die Handlungsebene. Beide Vorgänge, חמד neben גזל, beziehen sich gleichermaßen auf die Felder als Objekt der Begierde (שָׂדֶה). G (καὶ διήρπαζον ὀρφανοὺς) fügt dem Vorgang גזל ein Objekt bei und füllt das Kolon um ὀρφανός auf. Im letzten Kolon bieten einige Handschriften und Versionen die Kopula (וְאִישׁ) nicht. MT „entspricht aber dem Stil des Kontextes (vgl. 2aβ) und ist, wo es fehlt, als Haplographie zu erklären "[7]

V.3 | In V.3a bestimmt BHS die Wendung הַזֹּאת עַל־הַמִּשְׁפָּחָה, die das Objekt des unheilvollen Ansinnens bezeichnet, als mögliches Additum. Die Bedenken gegen

1 Vgl. WESTERMANN, Grundformen, 138.

2 WILLI-PLEIN, Vorformen, 75. Ähnlich etwa WELLHAUSEN, Propheten, 137; MARTI, KHC, 272 – 273; RUDOLPH, KAT, 51.

3 Vgl. etwa JEREMIAS, ATD, 144 Anm. 79; RUDOLPH, KAT, 51; WOLFF, BK, 39.

4 Vgl. entsprechend MOMMER, Prophetie, 186; WAGENAAR, Judgement, 63.

5 Vgl. entsprechend etwa JEREMIAS, ATD, 148; KESSLER, HThK.AT, 115; METZNER, Kompositionsgeschichte, 25; RUDOLPH, KAT, 52; WAGENAAR, Judgement, 64; WOLFF, BK, 47.

6 WAGENAAR, Judgement, 65, vermutet unter Hinweis auf Ps 27,2; 62,5; 118,48 (G), dass „LXX [...] probably had another sin in mind than the MT. The expression 'lift up the hands' could be understood as a token of piety". Die Assoziation der Gebetshaltung wird zunächst durch die Erwähnung der Hände in V.1bβ hervorgerufen worden sein. Weiterhin könnte sie durch das Verbum גזל in V.2aα, das in Mi 3,2bα wieder aufgenommen wird und in Mi 3,3aα₂ durch פרש interpretiert wird, befördert worden sein. Das Verbum פרש ist vom Ausbreiten der Hände zum Gebet vielfach belegt (vgl. Ex 9,33; 1 Reg 8,22; Jes 1,15; Ps 143,6 u.ö.).

7 WOLFF, BK, 39. Dagegen anders MAYS, OTL, 60 Anm. a; WAGENAAR, Judgement, 67.

ihre ursprüngliche Zugehörigkeit bzw. ihre syntaktische Position sind durch zwei formale Beobachtungen motiviert. Sie gründen einerseits im Numeruswechsel innerhalb des Botenspruchs. Während V.3a seine Adressaten in 3. Pers. bezeichnet, geht V.3b zur direkten Anrede in 2. Pers. Pl. über. Andererseits wird der Vorgang חשב durch die Adressatenangabe von seinem Gegenstand רָעָה entfernt, „sprengt"[8] sie mutmaßlich auseinander. Beide Beobachtungen begründen die Annahme einer Glosse nicht hinreichend.[9] Zum einen finden sich entsprechende Numeruswechsel innerhalb der Gerichtskomposition etwa auch in Mi 2,4 – 5; Mi 2,8 – 10 oder Mi 3,5 – 7 und lassen sich als Stileigentümlichkeit auffassen. Zum anderen begegnet der Gegenstand des Vorgangs (עַל) חשב in analogen Formulierungen regelmäßig hinter der Angabe, auf wen sich das Ersonnene bezieht (vgl. Gen 50,20; Jer 18,18; 48,2; 49,30; Nah 1,11; Dan 11,25).[10] Noch weniger als die formalen Beobachtungen dürfen inhaltliche Auffälligkeiten dazu verleiten, die Wendung aus ihrem literarischen Zusammenhang zu lösen. Die mit dem Begriff מִשְׁפָּחָה verbundene generalisierende Tendenz, die eine Erweiterung des Adressatenkreises von V.1 – 2 bedeutet, machen ein wesentliches Charakteristikum des Botenspruchs aus (s. dazu die Analyse unter 4.1.2.1 und 4.1.3.2). Der Terminus רוֹמָה in V.3bα bildet einen accusativus adverbialis und bestimmt die Art und Weise der Handlung לֹא הלךְ (vgl. GK § 118 m und z.St. q). Der Zusatz in G ἐξαίφνης „may be the result of an interpretative translation."[11]

V.4 | Der Text in V.4 ist in mehrfacher Hinsicht auffällig. Die figura etymologica in V.4a נָהָה נְהִי findet sich um den Begriff נִהְיָה erweitert. Die graphische und klangliche Nähe zu נָהָה נְהִי hat zu der Annahme geführt, dass MT als Dittographie zu erklären sei.[12] 4QXII[g] und MurXII bestätigen MT. Anders hat Wilhelm Rudolph vorgeschlagen, den Terminus נִהְיָה als Nebenform zu נְהִי aufzufassen, „wobei die

---

8 WOLFF, BK, 39.

9 WILLI-PLEIN, Vorformen, 75, sieht das Element in V.3 „sicher nicht am richtigen Ort [...]. Hingegen ergibt es unmittelbar hinter der Gottesspruchformel zusammen mit dieser einen sachlich korrekten Doppeldreier." Innerhalb der Forschung wird die Wendung mehrheitlich als (exilische) Nachinterpretation angesehen, vgl. JEREMIAS, Deutung, 333 – 335; DERS., ATD, 151; MARTI, KHC, 273; MAYS, OTL, 61 – 62; METZNER, Kompositionsgeschichte, 114 – 115; MOMMER, Prophetie, 187; SCHART, Entstehung, 183; WOLFF, BK, 39.45. Anders RUDOLPH, KAT, 54 mit Anm. 6; KESSLER, HThK.AT, 117 – 118; WAGENAAR, Judgement, 68.212 – 216.

10 Vgl. entsprechend bereits WAGENAAR, Judgement, 68.

11 WAGENAAR, Judgement, 68.

12 Vgl. bereits WELLHAUSEN, Propheten, 138, und in seinem Gefolge etwa LESCOW, Analyse von Micha 1 – 5, 73 – 74; MARTI, KHC, 273; MAYS, OTL, 60 Anm. b; MOMMER, Prophetie, 186; WILLI-PLEIN, Vorformen, 76.

Genitivverbindung superlativen Sinn hat"[13]. Diese Form ist alttestamentlich allerdings nicht belegt. MT lässt sich einwandfrei als Part. ni. von היה begreifen. Dieser Spur ist in jüngster Zeit Rainer Kessler gefolgt, der das Part. mit Hinweis auf Prov 13,19 als Näherbestimmung von נְהִי im Sinne einer „in Erfüllung gegangenen Wehklage"[14] auffasst. In formaler Hinsicht ist נִהְיָה als Part. (היה ni.) nicht zu beanstanden und aus inhaltlichen Gründen bedeutsam, da es die beiden Wehklagen in V.1–2 und V.4–5 ins Verhältnis setzt (s. dazu die Analyse 4.1.3.3).

Das Verbum אָמַר figuriert als verbum dicendi zur Einführung der nachfolgenden Klage im Zentrum von V.4–5. Die Kopula mag ausgefallen sein (s. BHS).[15] Da sie syntaktisch jedoch nicht zwingend erforderlich und in MurXII (vgl. G λέγων) nicht bezeugt ist, wird man MT als ursprünglich folgen dürfen. Das Subjekt zu אָמַר ist wie bei יֵשׁ unpersönlich (vgl. GK § 114 d). Der Folgezusammenhang weist die Klagenden als implizites Subjekt der Verben aus.

Die viergliedrige Klage repräsentiert die Seite der Opfer des sozialen Unrechts. Die figura ethymologica, außergewöhnlich von verschiedenen Stämmen der Wurzel aus gebildet (zum Phänomen s. GK § 113 w), stellt zu Beginn zunächst pointiert die verheerende Situation der Klagenden heraus, bevor die Ursache des Ruins zur Sprache kommt. Eine Umstellung nach V.4bβ (BHS) ist willkürlich. MurXII und G (ταλαιπωρίᾳ ἐταλαιπωρήσαμεν) unterstützen die Reihenfolge von MT.

Vielfach ist die Verbform יָמִיר (מור hi.) in V.4aβ in Zweifel gezogen worden, weil sie vermeintlich „ein Subjekt (oder Objekt?) vermissen"[16] lässt. Mit G (μερὶς λαοῦ μου κατεμετρήθη ἐν σχοινίῳ) wurde daraufhin מדד ni. zu lesen vorgeschlagen.[17] G verdeutlicht den Vorgang im Hinblick auf V.5 noch durch Zufügung von ἐν σχοινίῳ. Das Verbum מור hi. MT (Ez 48,14 vgl. Ruth 4,7) ergibt allerdings „im Kontext wirtschaftlicher Vorgänge [...] durchaus Sinn."[18] Als Objekt der Vertauschung ist

---

13 RUDOLPH, KAT, 52 mit Hinweis auf G (ἐν μέλει), und in seinem Gefolge METZNER, Kompositionsgeschichte, 25–26; WAGENAAR, Judgement, 69–70.

14 KESSLER, HThK.AT, 120; vgl. WOLFF, BK, 39.

15 Den kopulativen Anschluss rekonstruieren etwa JEREMIAS, ATD, 145 Anm. 81; MAYS, OTL, 60 Anm. c; WILLI-PLEIN, Vorformen, 76. WELLHAUSEN, Propheten, 138, liest לאמר statt אָמַר (vgl. WOLFF, BK, 39). Anders punktiert RUDOLPH, KAT, 52, eine 1. Pers. Sg. und zieht das Verbum in das Zitat hinein. In Mi 2,7 und Mi 3,1 begegnet das Verbum אמר jedoch ebenfalls außerhalb der direkten Rede und figuriert als Struktursignal zur Einleitung derselben. In Mi 2,4 erfüllt es dieselbe Funktion.

16 WOLFF, BK, 40.

17 Vgl. etwa JEREMIAS, ATD, 145 Anm. 82; MAYS, OTL, 60 Anm. d; WILLI-PLEIN, Vorformen, 76; WOLFF, BK, 40.

18 KESSLER, HThK.AT, 120, und ähnlich METZNER, Kompositionsgeschichte, 26; RUDOLPH, KAT, 52.54; WAGENAAR, Judgement, 70–71, der weiterhin darauf aufmerksam macht, dass das Verbum „καταμετρέω is, in marked difference from μετρέω [...] nowhere else in the LXX used as a

חֵלֶק עַמִּי zu sehen. Das Subjekt ist wie in V.4a (יִשָּׂא) neben (וְנָהָה) unpersönlich, wobei es im Rahmen der Klage auf die Widersacher der Klagenden zu beziehen ist.

Vor dem Hintergrund der Vertauschung der Erbbesitztümer ist sodann auch V.4bα zu verstehen. Der Terminus אֵיךְ mit nachfolgendem Impf. leitet einen „klagende[n] Ausruf" (GK § 148 a und z.St. b) ein, das Verbum מוש hi. (vgl. Mi 2,3) bezeichnet den beklagten Vorgang des Landentzugs, wobei das Objekt nicht mehr eigens genannt wird (vgl. חֵלֶק in V.4aβ). Die Präp. לְ mit Suff. 1. Pers. Sg. führt das Objekt des Schadens ein (dat. comm.), das mit dem Klagenden (Suff. 1. Pers. Sg.) identisch ist. In 1. Pers. Sg. repräsentiert dieser die Seite der Geschädigten. MT ist syntaktisch einwandfrei und im Kontext der Klage inhaltlich ohne Weiteres verständlich. Eine Textänderung etwa nach G καὶ οὐκ ἦν ὁ κωλύσων αὐτὸν τοῦ ἀποστρέψαι (vgl. BHS) ist daher nicht erforderlich.[19] Die Formulierung אֵיךְ ימיש wird überdies durch MurXII bestätigt. G hebt den Klageton auf, indem אֵין (οὐκ) statt אֵיךְ gelesen wird, und deutet ihren Gegenstand.

Der Terminus לְשׁוֹבֵב leitet in V.4bβ den Abschluss der Klage ein und bezeichnet mit der nota dativi den Nutznießer der Verteilungsmaßnahme. Als Inf. cs. von שׁוב pil. (zur Vergeltung/um zu vergelten)[20] ist der Begriff im Kontext unverständlich, da eine Vergeltungsmaßnahme, die sich gegen das über seinen Ruin klagende Volk (עַמִּי) richten müsste, in keiner Weise inhaltlich vorbereitet ist. Der Terminus ist mit Jer 31,22; 49,4 als Nomen zu fassen (s. dazu die Analyse unter 4.1.3.3).[21] Das Verbum חלק pi. verweist in 3. Pers. Sg. noch einmal auf das Subjekt der Verteilungsmaßnahme und beschließt die Reihe der Verben mit unpersönlichem Subjekt (יָמִישׁ־יְמִיר). Eine Textänderung mit BHS חלק pu. im Sinne von G διεμερίσθησαν ist nicht angezeigt und würde den unpersönlichen Stil der Reihe irritieren.[22]

V.5 | Statt des Suff. 2. Mask. Sg. (לְךָ) schlägt BHS das Suff. 2. Mask. Pl. (לָכֶם) zu lesen vor und stellt damit eine Angleichung an V.4a (עֲלֵיכֶם) her. Angesichts des nachfolgenden מַשְׁלִיךְ (מ) ließe sich der Schreibfehler als Haplographie verstehen.[23] Näher liegt es jedoch, den Numeruswechsel als Stilmerkmal aufzufassen (vgl. ähnlich in Mi 2,3; Mi 2,8–10; Mi 3,5–7). MT scheint in V.4 zunächst die Mehrzahl der Delinquenten zu adressieren (עֲלֵיכֶם), in V.5 sodann auf die Konse-

---

translation of מדד. On the other hand καταμετρέω is also used in Ez. 48:14 to render the *Hiph'il* of מור." (aaO., 70).

19 Anders etwa MAYS, OTL, 60 Anm. e ([לְשׁוֹבֵב] וְאֵין מֵשִׁיב) und WILLI-PLEIN, Vorformen, 76 (אֵיךְ יְמִשֵׁל [לְשׁוֹבֵב]). Beide ziehen das folgende לְשׁוֹבֵב aus V.4bβ zu V.4bα.

20 Vgl. etwa JEREMIAS, ATD, 145 Anm. 83; MOMMER, Prophetie, 186.188; RUDOLPH, KAT, 52–53.

21 Vgl. entsprechend KESSLER, HThK.AT, 120.

22 Vgl. WAGENAAR, Judgement, 73. Anders MAYS, OTL, 61.

23 Diesem Vorschlag folgen u.a. MARTI, KHC, 274; MAYS, OTL, 61 Anm. g; RUDOLPH, KAT, 53. Anders JEREMIAS, ATD, 145 Anm. 85; METZNER, Kompositionsgeschichte, 27; WAGENAAR, Judgement, 73–74; WOLFF, BK, 40.

quenzen zu reflektieren, die das Urteil für die Adressaten je individuell zeitigt. Ein vergleichbarer Wechsel zwischen Gesamt- und Partikularperspektive, mit der ein Sachverhalt pars pro toto beschrieben wird, kennzeichnet auch die Wehklage der Opfer des sozialen Unfriedens in V.4. Als lectio difficilior jedenfalls ist der Sg. beizubehalten und wird von G (σοι) gestützt.

V.6 | In V.6 kommen die Gegner der Weissagungsweise Michas zu Wort. Über das Verbum יַטִּפוּן in V.6a, das als verbum dicendi figuriert, wird die Zitation als solche kenntlich gemacht. Lamed relationis mit Demonstrativum (אֵלֶּה), das sich auf den Inhalt der Weissagung (vgl. Jer 28,8 – 9) bezieht, ist nicht zu beanstanden (anders BHS כָּאלֶּה).[24] Ebenso gibt das Verbum סוג ni. guten Sinn, sofern in V.6bβ diejenige Weissagung in nuce wiedergegeben wird, auf die sich der Einspruch bezieht (s. dazu die Analyse 3.1.3 und 3.1.4). V.6bβ enthält somit das Zitat jener Weissagung im Zitat der Gegner, die Wendung לָאֵלֶּה figuriert als Einleitung derselben. Dem Vorschlag יַשִּׂיג (נשׂג hi.) statt יִסַּג (BHS) ist nicht zu folgen, da auf diese Weise der Inhalt des Kolons in sein Gegenteil verkehrt wird.[25] Zur unverdächtigen Inkongruenz zwischen dem Subjekt im Pl. (כְּלִמּוֹת) und voranstehendem Verbum im Sg. (יִסַּג) s. GK § 145 o.

V.7 | Der Terminus הֶאָמוּר (Was wird gesagt? Was sagt man?), He interrogativum mit Part. pass. q. von אמר (vgl. GK § 100 n), bildet das verbum dicendi zur Einleitung der anschließenden Fragen und fügt sich auf diese Weise in den diskursiven Stil der Debatte ein. Der Vorschlag, הֶאָרוּר statt הֶאָמוּר zu lesen, korrespondiert zwar mit dem Inhalt der Weissagung, der die Debatte provoziert und sich als Fluch gegen das Haus Jakob begreifen ließe, wird jedoch von keiner Version bezeugt und dürfte kaum den ursprünglichen Wortlaut darstellen. Das auf die Redeeinleitung folgende בֵּית־יַעֲקֹב ist weniger als accusativus loci, denn vielmehr als Vokativ zu begreifen.[26] Das Haus Jakob wird als Auditorium in die Debatte einbezogen. Mit der ersten rhetorischen Frage in V.7a kommen zunächst die Gegner Michas zu Wort, die sich auf die orthodoxe Schulmeinung berufen, mit der zweiten Frage die Seite Michas (s. dazu die Analyse unter 3.1.3 und 3.1.4). Vor diesem Hintergrund versteht sich MT (יֵיטִיבוּ) דְּבָרַי ungezwungen. Der Terminus דְּבָרַי repräsentiert die Weissagung Michas und seines Gleichen. Wie die Seite der Gegner in V.11 mit der 1. Pers. Sg. (אַטִּף) auf einen paradigmatischen Weissager reduziert wird, so auch die Seite Michas in V.7b. Zur Textänderung etwa mit BHS (דְּבָרָיו יֵיטִיב) im Anschluss an

---

24 Vgl. entsprechend etwa Metzner, Kompositionsgeschichte, 27; Rudolph, KAT, 56; Wagenaar, Judgement, 76.

25 Eine Textänderung in diesem Sinne ist vielfach vertreten worden, vgl. etwa Jeremias, ATD, 145 Anm. 86; Mays, OTL, 66; Rudolph, KAT, 56 – 57; Wolff, BK, 40.

26 Vgl. entsprechend Kessler, HThK.AT, 126.

G οἱ λόγοι αὐτοῦ besteht keine Veranlassung.[27] Das Schlusskolon (עִם הַיָּשָׁר הֹלֵךְ) ist mit einleitendem ה als selbständiger Relativsatz zu verstehen (vgl. GK § 138 i), der die Bedingung einer günstigen Weissagung betrachtet.[28]

V.8 | Im Hinblick auf die problematische Formulierung וְאֶתְמוּל עַמִּי in V.8aα₁ ist eine fehlerhafte Worttrennung erwogen und (עַל־עַמִּי) וְאַתֶּם לְעַמִּי zu lesen vorgeschlagen worden (s. BHS).[29] Die Verbform in V.8aα₂ (יְקוֹמֵם), die MurXII bestätigt, wird daraufhin angepasst (תְּקוּמוּ). MT lässt sich jedoch ohne Textänderung verstehen. Der Begriff אתמול (G ἔμπροσθεν vgl. 8HevXIIgr) ist als Zeitangabe (gestern, vormals) aufzufassen, die auf ein zurückliegendes Ereignis oder auf einen früheren Zustand verweist.[30] In V.8aα₁ dürfte sie den vormaligen Status der Übeltäter als עַמִּי bezeichnen, den diese infolge ihrer Gewalttaten an den eigenen Volksgenossen verloren haben. Was zuvor „mein Volk" war (וְאֶתְמוּל עַמִּי), hat sich als Feind erhoben (לְאוֹיֵב יְקוֹמֵם). Als „Vormals-mein-Volk" hat die Wendung in Hos 1,9; 2,1 (לֹא עַמִּי) ansprechende Parallelen (s. dazu die Analyse unter 4.2.3).

Neben der Präp. מִמּוּל, die in Verbindung mit dem Vorgang פשט dieselbe Funktion erfüllt wie die weitaus geläufigere Präp. מֵעַל (vgl. Mi 2,9b; 3,2b.3), sollte diese nicht selbst den ursprünglichen Wortlaut gebildet haben (s. BHS), fällt V.8aβ dadurch auf, dass der Mantel als Gegenstand der räuberischen Aneignung zweimal bezeichnet wird: zum einen mit dem Begriff שַׂלְמָה, der den gewöhnlichen Mantel bezeichnet (vgl. Ex 22,25; Dtn 24,13 u. ö.), zum anderen über אֶדֶר bzw. אַדֶּרֶת als Terminus für den Mantel des Propheten (1 Reg 19,13.19; 2 Reg 2,8.13 – 14) oder bestimmter Würdenträger (Jos 7,21; Jona 3,6). Diese Doppelung ist kaum ursprünglich.[31] Wellhausen hat sie überzeugend aufgelöst, indem er שְׁלֵמִים (vgl. BHS) statt שַׂלְמָה liest (vgl. G κατέναντι τῆς εἰρήνης).[32] Die friedliche Gesinnung der Geschädigten korrespondiert jedenfalls mit ihrer weiteren Charakterisierung in V.8 (מֵעֹבְרִים בֶּטַח שׁוּבֵי neben מִלְחָמָה).

V.9 | Die beiden Suff. im Sg. in V.9a (תְּעַנְגֶיהָ) und V.9b (עֹלָלֶיהָ), die jeweils eine Bezugsgröße im Pl. haben (נְשֵׁי עַמִּי), sind in distributivem Sinne zu begreifen (zum distributiven Sg. s. GK § 146 l-m). Mit Suff. 1. Sg. ergibt V.9b (הֲדָרִי) als Aussage über den Propheten keinen rechten Sinn. Der Begriff ist inhaltlich auf die Kinder (עֹלָלֶיהָ)

---

27 Anders etwa WILLI-PLEIN, Vorformen, 77; MAYS, OTL, 66 Anm. d.
28 Vgl. entsprechend etwa JEREMIAS, ATD, 145 Anm. 89; RUDOLPH, KAT, 57; WOLFF, BK, 40.
29 Vgl. bereits WELLHAUSEN, Propheten, 138, und entsprechend JEREMIAS, ATD, 145 Anm. 90; MAYS, OTL, 67 Anm. f; WOLFF, BK, 40.
30 Vgl. entsprechend KESSLER, HThK.AT, 127.
31 Anders KESSLER, HThK.AT, 127, der beide Begriffe für ursprünglich erachtet.
32 Vgl. WELLHAUSEN, Propheten, 138, und entsprechend etwa JEREMIAS, ATD, 145 Anm. 90; MAYS, OTL, 67 Anm. i; WOLFF, BK, 40.

zu beziehen, sodass ursprüngliches הֲדָרוֹ mit Suff. 3. Mask. Sg. (in distributiver Funktion) anzunehmen ist (s. BHS).

V.10 | Der Schuldaufweis gegen die Unrechttäter aus V.8 – 9 ist abgeschlossen. V.10 enthält das Strafurteil. Dass V.10a noch der Anklage zugehöre und „als Zitat von Worten der Angeklagten entsprechend den Zitaten in 6 – 7a zu verstehen"[33] sei, ist unwahrscheinlich. „Ein Wechsel der Anrede wird durch nichts angedeutet; also wird hier denen das Urteil gesprochen, deren Schuld in v. 8. 9 dargelegt ist"[34]. Die Formulierung in V.10bα בַּעֲבוּר טָמְאָה ist syntaktisch einwandfrei und ergibt einen klaren Sinn. Das Unrecht erhält eine moralische Qualität und eine kultische Dimension. MT wird von G ἕνεκεν ἀκαθαρσίας und MurXII (אה[בע]בור טמ) unterstützt. Zu Textänderungen besteht kein Anlass. Der Vorschlag, im ersten Kolon unter geringfügiger Textänderung בַּעֲבוּר מְאוּמָה („wegen Nichtigkeit") zu lesen, löst die kultische Qualifizierung des Unrechts auf (lectio difficilior).[35] Der Vorschlag zu V.10bβ schließlich, die Formulierung תְּחַבֵּל וְחֵבֶל in (נִמְרָץ) חֲבֹל תַּחְבְּלוּ zu ändern, führt kaum zum „vermutlich ältere[n] Text"[36], sondern hebt das im vorfindlichen Zusammenhang evidente Strafurteil auf und gleicht V.10b formal und inhaltlich der Anklage aus V.8 – 9 an. Der Numeruswechsel zwischen V.10a und V.10b ist unverdächtig (vgl. ähnlich in Mi 2,4 – 5). In V.10a wird zunächst über die Mehrzahl der Straftäter das Urteil gesprochen, in V.10b sodann auf seine je individuellen Konsequenzen reflektiert.

V.11 | Die Folge aus Part. (הֹלֵךְ) und verbum finitum (כָּזָב) in V.11aα entspricht der Syntax von Wunschsätzen mit der Part. לוּ und ist textkritisch nicht zu beanstanden.[37] Das Daherkommen (הֹלֵךְ) des Lügenweissagers bildet den Hintergrund seiner Lügenrede (כָּזָב). Der Sg. in V.11aβ, worin die Lügenrede in 1. Pers. Sg. eine 2. Pers. Sg. adressiert, entspricht dem Stil der Weissagungsdebatte, die Konfliktparteien jeweils auf ein paradigmatisches Subjekt zu konzentrieren (vgl. V.7b). In V.11aβ vertritt das Subjekt des Verbums die Opposition Michas pars pro toto, der Adressat repräsentiert die Lobbyisten der Lügenweissager (s. dazu die Analyse unter 3.1.3 und 3.1.4).

V.12 | In V.12aα ist das Suff. 2. Fem. Sg. (כֻּלֵּךְ vgl. Vg totum te) auffällig, da von Jakob/Israel nachfolgend in 3. Pers. die Rede ist. Mit G σὺν πᾶσιν schlägt BHS eine

---

33 WOLFF, BK, 41; vgl. JEREMIAS, ATD, 153; KESSLER, HThK.AT, 129; RUDOLPH, KAT, 59.

34 WELLHAUSEN, Propheten, 139.

35 So JEREMIAS, Deutung, 339 – 340 (DERS., ATD, 146 Anm. 94), und entsprechend WOLFF, BK, 41. Anders liest RUDOLPH, KAT, 59, קִנְאָה statt טָמְאָה.

36 JEREMIAS, ATD, 146 Anm. 94.

37 Vgl. JEREMIAS, ATD, 146 Anm. 95; WOLFF, BK, 41 mit Hinweis auf 2 Sam 18,12; 2 Reg 3,14; Ps 81,14.

Numerusänderung vor (כֻּלֹּה).[38] Unter Hinweis auf Mi 1,2 argumentiert Jan A. Wagenaar jedoch dagegen: „An emendation may be unnecessary in view of the more or less abrupt transition from second person to a third person, especially after a vocative, which may be observed elsewhere in prophetic and poetic texts"[39]. Der Ortsname Bozra in V.12aα ergibt keinen erkennbaren Sinn.[40] Der Parallelbegriff דֹּבֶר lässt unter Änderung der Vokalisation ein ursprüngliches בַּצָּרָה vermuten (vgl. Vg *in ovili*, Tg בגו חטרא).[41] Anders liest G ἐν θλίψει (בְּצָרָה), was sich allerdings schwerlich in den Zusammenhang eines Orakels mit heilvoller Aussageabsicht einfügt (zum Charakter des Orakels s. die Analyse 1.2). Die doppelte Determination in V.12bα הַדְּבָרֹו ist grammatikalisch unmöglich. Das Waw am Wortende wird man als Konjunktion zu V.12bβ ziehen und G ἐν μέσῳ κοίτης folgend בְּתוֹךְ הַדֹּבֶר (vgl. Jes 5,17) vokalisieren dürfen.[42] V.12bβ ist als Glosse zu bewerten. Das Verbum ist mit המה sinnverwandt, הום dürfte eine Nebenform darstellen.[43] Die Formulierung im Pl. folgt dem Interesse, das Bild der Viehherde auf eine große Menschenansammlung hin auszulegen (vgl. Ez 36,37–38).

V.13 | Um dem futurischen Charakter der Weissagung Rechnung zu tragen, schlägt BHS die Änderung sämtlicher Verbformen in V.13 vor und setzt sie ins Futur.[44] Auf diese Weise wird allerdings das differenzierte Zeitgefüge unkenntlich, das die einzelnen Vorgänge in ein zeitliches Verhältnis setzt. Die verschiedenen Zeitebenen sind für das Verständnis von V.13 wesentlich.[45] MT ist in V.13 insgesamt nicht zu beanstanden.

---

38 Vgl. entsprechend etwa EHRLICH, Randglossen, 278; LIPPL, HSAT, 194; WEISER, ATD, 252 Anm. 1; WELLHAUSEN, Propheten, 139.

39 WAGENAAR, Judgement, 96, und entsprechend etwa JEREMIAS, ATD, 146; KESSLER, HThK.AT, 136; MAYS, OTL, 73 Anm. a; METZNER, Kompositionsgeschichte, 32; WOLFF, BK, 42; WILLI-PLEIN, Vorformen, 79; ZAPFF, Studien, 20–21. Ähnlich behält auch RUDOLPH, KAT, 62, MT an dieser Stelle bei, möchte aus Gründen der Kongruenz allerdings in V.12aβ statt אֲשִׂימֶנּוּ ein Suff. in 2. Pers. lesen (aaO., 64–65). MT ist als lectio difficilior beizubehalten.

40 KESSLER, HThK.AT, 136, vermutet, dass „das edomitische Bozra […] für seine Schafe berühmt" gewesen sein könnte, und behält den Ortsnamen bei. ZAPFF, Studien, 21 ff, denkt gar an eine Sammlung der Herde in Bozra.

41 Vgl. u. a. JEREMIAS, ATD, 146 Anm. 96; MAYS, OTL, 73 Anm. b; RUDOLPH, KAT, 62; WOLFF, BK, 42.

42 Vgl. entsprechend etwa JEREMIAS, ATD, 146 Anm. 97; KESSLER, HThK.AT, 137; MAYS, OTL, 73 Anm. c; METZNER, Kompositionsgeschichte, 34; WOLFF, BK, 42.

43 Vgl. METZNER, Kompositionsgeschichte, 34; RUDOLPH, KAT, 63; WAGENAAR, Judgement, 99; anders hingegen u. a. JEREMIAS, ATD, 146 Anm. 97; KESSLER, HThK.AT, 137; WOLFF, BK, 42.

44 Vgl. entsprechend WILLI-PLEIN, Vorformen, 80.

45 S. unter III die Analyse 1.2 und 1.4.

Mi 3,1 | G bietet καὶ ἐρεῖ für וְאֹמַר und überträgt die (anstößige?) Prophetenrede, die in Mi 3,1 pointiert eröffnet wird, in die Gottesrede. Das prophetische Ich Michas in V.1 korrespondiert allerdings mit der 1. Pers. in V.8 (וְאוּלָם אָנֹכִי) und wird von dort bestätigt.

V.2 | MT bietet in V.2a das defektiv vokalisierte Ketib רעה (רָעָה) und liest als Qere die Kurzform רָע. Sie dürfte wie in Mi 2,1a (vgl. Mi 1,12b) den ursprünglichen Wortlaut enthalten (zur Begründung s. die Analyse unter 4.3.3.1). Weiterhin schlägt BHS V.2b nach V.3 zu positionieren vor und das Part. גֹּזְלֵי in ein verbum finitum יִגְזְלוּ im Stil von V.3 umzuwandeln. Der Vorschlag folgt der Beobachtung, dass die vier Suff. 3. Mask. Pl. ohne eindeutige Bezugsgröße sind.[46] Erst V.3 nennt עַמִּי als Objekt des gewaltsamen Vorgangs. Gegenüber entsprechenden Vorschlägen ist aus methodischen Gründen Zurückhaltung geboten und MT als lectio difficilior beizubehalten.

V.3 | V.3a (וַאֲשֶׁר) bildet die Ausführung zu V.2b. V.3 bringt das Handeln der politischen Führung durch verba finita zur Darstellung, während V.2b die Täter partizipial charakterisiert. Der über וַאֲשֶׁר gestaltete Versanschluss entspricht der Struktur von V.5, wo die Partikel dieselbe explikative Funktion erfüllt, und ist entsprechend beizubehalten. V.3aα₂ weist BHS zutreffend als Nachinterpretation aus, insofern der Inhalt von V.2b darin wiederholt wird (s. dazu die Analyse unter 4.3.3.2). In V.3b ist mit G ὡς σάρκας im Interesse der Parallelstruktur der beiden Kola כִּשְׁאֵר (par. כִּבְשָׂר in V.3bβ) statt כַּאֲשֶׁר zu lesen. „Die Verlesung kann auf Augensprung zu 3aα (וַאֲשֶׁר) zurückgehen."[47]

V.4 | BHS bestimmt die Zeitangabe רָעָה הַהִיא in V.4bα als mögliches Additum[48] Weder metrisch noch inhaltlich lässt sich dieser Verdacht hinreichend begründen. V.5a ist ebenso lang wie V.4b, die Zeitangabe ferner korrespondiert mit der Part. אָז am Versanfang und bestimmt diese näher. Schließlich synchronisiert sie V.4 mit der Zeitebene עֵת (vgl. Mi 2,3) und erfüllt auf diese Weise eine kompositionelle Funktion.

V.5 | In V.5a (מתע אֶת־עַמִּי) begegnet der Begriff עַם mit Suff. 1. Sg. (עַמִּי) außerhalb der Gottesrede. Obwohl im Vergleich zu seiner üblichen Verwendung mit JHWH als Subjekt ungewöhnlich, besteht zu erleichternden Textänderungen kein Anlass (s. BHS). In Mi 1–3 begegnet עַמִּי jedoch wiederholt innerhalb der Prophetenrede (vgl. Mi 1,9; 2,8–9) und stellt ein Stilmerkmal des Michabuches dar.

---

46 Vgl. mit entsprechender Schlussfolgerung etwa Deissler, NEB, 179; Mays, OTL, 77.79–80; Weiser, ATD, 254–255. Anders sieht Marti, KHC, 277–278, V.2b nicht hinter V.3, sondern hinter V.5a am rechten Ort.

47 Wolff, BK, 61; vgl. Kessler, HThK.AT, 145.

48 Vgl. entsprechend etwa Jeremias, Deutung, 335; ders., ATD, 161; Mays, OTL, 80; Rudolph, KAT, 67; Willi-Plein, Vorformen, 81; Wolff, BK, 61.

Zu V.5bα (קְרָא שָׁלוֹם) bietet G die Wiedergabe κηρύσσοντας ἐπ' αὐτὸν εἰρήνην und erweitert MT um eine Adressatenangabe (ἐπ' αὐτὸν). Die Variante stellt eine sekundäre Angleichung an V.5by (קִדֵּשׁ עָלָיו מִלְחָמָה) dar und bewahrt kaum den ursprünglichen Wortlaut.

V.6 | Das Verbum וְחָשְׁכָה hebt den Parallelismus in V.6a auf (vgl. ähnlich in V.2b.3b). Mit G καὶ σκοτία ist das Nomen וַחֲשֵׁכָה zu vokalisieren.[49]

V.8 | BHS markiert die Wendung אֶת־רוּחַ יְהוָה zutreffend als Glosse, da sie die dreigliedrige Aufzählung unterbricht.[50] Die Nachinterpretation folgt dem Interesse, den Terminus כֹּחַ näherzubestimmen und die Vollmacht Michas auf den Geist JHWHs zurückzuführen.

V.10 | Anstelle des Part. Sg. בֹּנֶה schlägt BHS mit G οἱ οἰκοδομοῦντες den Pl. בֹּנֵי zu lesen vor. Durch die Numerusänderung würde die Inkongruenz von V.10 (Sg.) im Verhältnis zum Adressatenkreis des Höraufrufs (Pl.) beseitigt. Überdies fügte sich die Formulierung im Pl. in den Zusammenhang des Schuldaufweises ein, der in Mi 2–3* regelmäßig über Part. im Pl. erfolgt (vgl. Mi 2,1a; 3,2.5aβ.9a). Da V.10 aber das einzige Part. im Sg. enthält, ist die Form als lectio difficilior beizubehalten. Angesichts des folgenden Schuldsummariums in Mi 3,11 dürfte der Numerus in V.10 als „[d]istributiver Sing."[51] zu bestimmen sein (vgl. GK § 145 l).

V.12 | Im Unterschied zur üblichen hebräischen Form עִיִּים (vgl. Jer 26,18) bietet MT den aramaisierenden Pl. עִיִּין (vgl. GK § 87 e). Möglicherweise ist die Endung gewählt, um Zion als Gegenstand der Zerstörung in der Bezeichnung ihres Resultats nachklingen zu lassen.[52]

2 Struktur und Gliederung

Das erste Kapitel des Michabuches hat ein Unheilsgeschehen zur Darstellung gebracht und als Ausdruck des Strafgerichts JHWHs gedeutet, das Israel und Juda gemeinsam trifft und von Samaria aus über die judäische Schefela bis nach Jerusalem reicht. Der Anlass desselben wurde in Mi 1 allerdings nur ansatzweise bestimmt, indem V.5bβ und V.7 kultische Verfehlungen in Samaria und Jerusalem herausstellen und V.13b (wie ähnlich V.14b) das fehlgerichtete Vertrauen auf die

---

49 Vgl. bereits WELLHAUSEN, Propheten, 141, und entsprechend etwa JEREMIAS, ATD, 157 Anm. 129; MAYS, OTL, 80 Anm. a. KESSLER, HThK.AT, 152–153, folgt hingegen MT und belässt das Verbum.

50 Vgl. bereits WELLHAUSEN, Propheten, 141, und u. a. NOWACK, HK², 221 (anders DERS., HK³, 216); SCHMIDT, SAT, 135; SELLIN, KAT, 278.

51 JEREMIAS, ATD, 157 Anm. 130.

52 Vgl. JEREMIAS, ATD, 157 Anm. 131; RUDOLPH, KAT, 68; WOLFF, BK, 61.

eigene militärische Stärke statt auf JHWH für ursächlich erklärt. Die bisherige Analyse hat zeigen können, dass die Elemente der Schuldreflexion der Komposition in Mi 1* nachträglich zugewachsen sind.[53] Insofern V.13b Lachisch pars pro toto für die judäische Eigensicherung als Haupt- oder Anfangsschuld der Tochter Zion bezeichnet, sind auf dieser Textebene weitere Schuldzusammenhänge im Sinne von Neben- oder Folgevergehen und der detaillierte Schuldaufweis in Mi 2–3* bereits im Blick.

Während die geschichtstheologische Komposition in Mi 1* im Traueraufruf an das personifizierte Jerusalem angesichts des Schicksals seiner Bewohner gipfelt, die im Zuge einer feindlichen Invasion in die Kriegsgefangenschaft gezogen sind (V.16), ist in Mi 2–3 das bewohnte und politisch integere Jerusalem noch vorausgesetzt. Die Gerichtskomposition führt hinter den Ziel- und Gipfelpunkt von Mi 1* zurück und folgt dem Interesse, das Strafhandeln JHWHs mit der sozialen Ungerechtigkeit innerhalb des Volkes sowie der Rechtsvergessenheit und Korruption seiner Eliten zu begründen. Auf diese Weise wird eine inhaltliche Leerstelle in Mi 1* ausgefüllt. Während die geschichtstheologische Komposition in Mi 1* einen gesamtisraelitischen Unheilsnexus zur Darstellung bringt, richtet sich der Fokus in Mi 2–3 auf Jerusalem und die Begründung des Strafurteils gegen die judäische Hauptstadt. Das Urteil in Mi 3,12 trägt den rechtlichen Hintergrund für das in Mi 1,16 bezeichnete unheilvolle Schicksal Jerusalems nach.

Da Mi 2–3 das Unheilsgeschehen aus Mi 1 rückwirkend begründet, gibt sich die Gerichtskomposition als Entfaltung der geschichtstheologischen Komposition in Mi 1* zu erkennen. In mehrfacher Hinsicht korrespondieren beide Kompositionen miteinander. Mi 1 beschreibt mit der Feindinvasion einen außenpolitischen Konflikt und bestimmt das Stadttor Jerusalems (vgl. V.9.12b), stellvertretend für die Stadt im Ganzen, als Zielpunkt des Unheils. In Mi 2–3 wird der Konflikt auf die sozialpolitische Ebene im Inneren übertragen und die mit dem Stadttor als Ort der Rechtspflege assoziierte Rechtsthematik in den Fokus gestellt. Bildete das Tor in Mi 1* das Ziel des feindlichen Angriffs, ist die verbundene Thematik in Mi 2–3 Gegenstand der Reflexion über Schuld und Strafe. Die Missachtung des Rechts wird als maßgebliche Ursache des Unheils und als Anlass des Strafgerichts ausgewiesen.

Das Stadttor ist in Mi 1 des Weiteren über die Größe עַמִּי näherbestimmt (V.9). Dieselbe kehrt in Mi 2–3 als Opfer der sozialen Ungerechtigkeit und der verfehlten Amtsführung der Mächtigen wieder (vgl. Mi 2,4.8.9; Mi 3,3.5). Die Leichenklage schließlich bestimmt das kompositionelle Fachwerk in Mi 1,8–9.16. Der Klageton wird in Mi 2 über den Weheruf in V.1 (הוֹי) und die Wehklage in V.4 (נהה נְהִי) fortgeführt. Beide Begriffe haben ihren ursprünglichen Sitz im Leben im Bereich der

---

53 S. oben unter Teil A die Analyse 4.2 und 5.2.2.

Leichenklage, die in Mi 1 bereits über Jerusalem angestimmt worden war. Indem beide Kompositionen auf den Untergang Jerusalems (Mi 1,16) bzw. sein Untergangsurteil (Mi 3,12) zuführen, besitzen sie einen identischen Zielpunkt. Der Urteilsspruch in Mi 3,12 schließt einen Rahmen zum Strafurteil gegen Samaria in Mi 1,6. Die Kapitel Mi 2–3 nehmen auf diese Weise das Interesse der geschichtstheologischen Komposition in Mi 1* auf, den Niedergang beider Hauptstädte in ein Entsprechungsverhältnis zu stellen.

Die Gerichtskomposition in Mi 2–3 beinhaltet drei unterschiedliche Themenbereiche. Der erste Themenbereich (A) ist sozialkritisch orientiert und in den vier Abschnitten Mi 2,1–5; Mi 2,8–10; Mi 3,1–4 und Mi 3,9–12 enthalten. Mi 2,1–5 eröffnet die Komposition. Der Weheruf samt Begründung in V.1–2 gilt den Unrechttätern innerhalb der Gesellschaft, die sich an fremdem Besitz bereichern. Er führt auf das Strafurteil JHWHs in V.3 zu, mit dem die Täter zur Rechenschaft gezogen werden. Die Klage über die soziale Ungerechtigkeit wird im Anschluss an das Strafurteil in V.4 wieder aufgenommen und mit unrechtmäßiger Landzueignung konkretisiert. Den Nutznießern derselben wird daraufhin ihre Teilhabe am Besitzstand der Gemeinde JHWHs aberkannt (V.5). In V.8–10 wird der Aufweis sozialen Unheils fortgeführt und im Hinblick auf einzelne Bevölkerungsgruppen konkretisiert. Man raubt den ‚Friedfertigen‘ den Mantel, vertreibt die Frauen aus ihren Häusern und nimmt den Kindern ihre Würde (V.8–9). Die Täter werden in der Folge des Landes verwiesen und in ihr heilloses Verderben gesandt (V.10).

Während die Straftäter in den ersten beiden sozialkritischen Abschnitten in Mi 2,1–5 und Mi 2,8–10 noch nicht näher bestimmt und vorrangig über ihr unrechtes Handeln charakterisiert werden, richten sich Mi 3,1–4 und Mi 3,9–12 ausdrücklich gegen die politische Elite des Volkes, die das soziale Unheil aufgrund ihrer versäumten Rechtspflege und Korruption zu verantworten hat. Beide Abschnitte werden mit einem Höraufruf eröffnet (V.1a.9a) und führen auf das Untergangsurteil gegen Zion/Jerusalem zu, das expressis verbis ihretwegen fällt (Mi 3,12). Mi 3,1–4 legt den Häuptern und Anführern ihre Rechtsvergessenheit zur Last (V.1b). Indem sie das Gute hassen und das Unheil lieben (V.2a), begründen sie die Not des Volkes, das wie Schlachtvieh geschunden wird (V.2b–3). Daraufhin wird ihnen eine Zeit der Gottesferne ohne Heil und Rettung verheißen (V.4). Diese Ankündigung weist auf die Konsequenzen des Strafgerichts voraus, die dem Urteilsspruch in Mi 3,12 folgen.

Der letzte sozialkritisch orientierte Abschnitt in Mi 3,9–12 ruft mit den Häuptern und Anführern denselben Adressatenkreis wie Mi 3,1 noch einmal auf und setzt die Anklage fort, indem ihnen die Verkehrung des Rechts angelastet wird (V.9b). Zion/Jerusalem ist aus Blutschuld und Unrecht erbaut (V.10). Der Schuldaufweis wird in V.11 mit einem Schuldsummarium abgeschlossen. Neben der politischen Elite gilt darin auch den Priestern und den Propheten der Korruptionsvorwurf. Allesamt orientieren sie ihre Amtsführung an entsprechender Entlohnung oder Vorteilsgabe statt an Recht und Ordnung. Zugleich verlassen sie sich blind auf JHWH als unbedingten Heilsgaranten. Das Summarium erweist die drei Stände Judas insgesamt als des Strafurteils würdig, das in Mi 3,12 gegen Zion/Jerusalem formuliert wird.

Der zweite Themenbereich (B) in Mi 2–3 problematisiert die Frage nach der angemessenen Weissagungspraxis in Mi 2,6–7.11 und die Amtsführung der institutionellen Prophetenzunft in Mi 3,5–8. Im vorfindlichen Textgefüge begegnet der sozialkritische Abschnitt in Mi 2,8–10 inmitten der Weissagungskontroverse und scheidet sie in zwei Hälften. Die Weissagungsdebatte in Mi 2,6–7.11 zeigt die Figur Michas in Auseinandersetzung mit seinen Gegnern, die im Rahmen des lebhaften Wortwechsels in V.6–7 zu Wort kommen. Sie maßen sich Urteilskompetenz über eine angemessene Weissagung im Namen JHWHs an und berufen sich auf JHWHs Geduld und Langmut. Micha hingegen bekräftigt die Gültigkeit seiner Gerichtsankündigung und polemisiert in V.11 abschließend gegen seine Opposition, indem er ihr einen Lügenpropheten als angemessenen Weissager vorstellt.

Der zweite prophetenkritisch orientierte Abschnitt in Mi 3,5–8 enthält ein Gerichtswort gegen die institutionelle Prophetenzunft. Sie wird beschuldigt, ein positives oder negatives Orakel von gefälligen Bestechungsgaben abhängig zu machen, wodurch sie Gottes Weisung verdunkelt und das Volk in die Irre leitet (V.5). Hier begegnet erstmals der Korruptionsvorwurf, der in V.11 auf die staatlichen Institutionen insgesamt ausgeweitet wird. Aufgrund ihrer verfehlten Amtspraxis verhängt das Strafurteil in V.6a die Gottesfinsternis über die Propheten, was ihnen die Amtsausübung unmöglich macht (V.6b) und Scham und Schande provoziert (V.7).

Im vorfindlichen Textzusammenhang folgt V.5–7 auf die Ankündigung in V.4, die den Häuptern und Anführern aufgrund ihrer Bosheit den Verlust der göttlichen Weisung in Aussicht stellt. Insofern die Propheten für die Einholung göttlicher Orakel im Dienste der Orientierung des Volkes und seiner politischen Führung verantwortlich sind, begründet das Gerichtswort gegen die Propheten in V.5–7 rückwirkend, weshalb die Erkundung der göttlichen Weisung auf institutionellem Wege unmöglich ist.

Im Anschluss an das Strafurteil gegen die Propheten profiliert V.8 mit pointiertem Ich die Figur des vollmächtigen Micha. In dieser Figur wird alles Vermögen konzentriert, das der politischen Elite zur einen und den Propheten zur anderen Seite fehlt: Kraft, Recht und Stärke zur Anzeige der Schuld Jakobs und der Vergehen Israels. Das Ich Michas in V.8 korrespondiert mit der betonten Redeeröffnung in 1. Sg. in Mi 3,1 (וָאֹמַר). Gemeinsam formieren V.1 (וָאֹמַר) und V.8 (וְאוּלָם אָנֹכִי) einen Rahmen um V.1–7 und verleihen der Anklage prophetische Vollmacht. Auf diese Weise gerät die Figur Michas in einen scharfen Kontrast zum Lügenkünder

der Weissagungskontroverse (Mi 2,11) und den entmachteten Propheten (V.5 – 7) sowie den Häuptern und Anführern des Hauses Israel (Mi 3,1 – 4.9 – 12).

Im Zentrum der Komposition begegnet der dritte Themenbereich (C). In Mi 2,12 – 13 wird Jakob und dem Rest Israels die Sammlung und Vereinigung zu einer Herde verheißen, an deren Spitze JHWH als Haupt und König voranzieht. Das Sammlungsorakel besitzt eine Parallele in Mi 4,6 – 7 und enthält inmitten des Gerichtstextes eine erste explizite Heilsverheißung für das Volk JHWHs. Durch Mi 2,12 – 13 wird der unheilvolle Teil des Michabuches in Mi 1 – 3 mit den Heilskapiteln in Mi 4 – 5 verklammert und auf die Kontinuität der Geschichte Israels nach dem Strafgericht verwiesen.

In der Gesamtanlage der Gerichtskomposition werden die verschiedenen Themenbereiche nicht nacheinander verhandelt. Vielmehr begegnen die Sozialkritik (A) und die Auseinandersetzungen über Weissagung und Prophetie (B) miteinander verschränkt und um das Sammlungsorakel im Zentrum (C) gruppiert.[54] Die Komposition weist die folgende ringförmige Struktur auf:

A Mi 2,1 – 3.4 – 5 Sozialkritik
B Mi 2,6 – 7 Weissagung und Prophetie
A Mi 2,8 – 10 Sozialkritik
B Mi 2,11 Weissagung und Prophetie (*Ich des Lügenweissagers*)
C Mi 2,12 – 13 Sammlungsorakel
B Mi 3,1 (וָאֹמַר) Weissagung und Prophetie (*Ich des vollmächtigen Micha*)
A Mi 3,1 – 4 Sozialkritik
B Mi 3,5 – 7.8 Weissagung und Prophetie
A Mi 3,9 – 12 Sozialkritik

Im Vergleich von Mi 2 und Mi 3 lässt sich ein wesentlicher Unterschied erkennen. Während die Konfliktkonstellationen in Mi 2 noch recht diffus bleiben und die Oppositionsparteien lediglich andeutungsweise bestimmt werden (הַמִּשְׁפָּחָה הַזֹּאת gegen אִישׁ und גֶּבֶר in V.1 – 3, שׁוֹבֵב gegen עַמִּי in V.4 – 5, אוֹיֵב gegen עַמִּי in V.8 – 10, dieses Volkes [הָעָם הַזֶּה] und sein gefälliger Lügenweissager gegen Micha und seinesgleichen in V.6 – 7.11 vgl. Mi 3,1[וָאֹמַר].8), werden die Institutionen, die das Unheil zu verantworten haben, in Mi 3 ausdrücklich beim Namen genannt: die politische Führung (V.1a.9a), die Propheten (V.5) und im Schuldsummarium neben den Häuptern und Propheten auch die Priester (V.11). Mi 2 scheint zunächst die

---

54 Eine ähnliche „alternierende Anordnung" hat bereits Otto, Techniken, 130 (vgl. ders., Art. Micha/Michabuch, 699, sowie Wöhrle, Sammlungen, 155) herausgearbeitet. Die Ringstrukturen begreift er als Ergebnis einer inklusiven Redaktionstechnik, die ähnlich auch in der Redaktionsgeschichte der alttestamentlichen und altorientalischen Rechtskorpora begegnet.

gesellschaftlichen Erscheinungsformen des Unheils zu bezeichnen, bevor Mi 3 sodann die institutionellen Ursachen desselben zur Sprache bringt. Die Gerichtskomposition in Mi 2–3 lässt damit eine ähnlich sukzessive Erschließung der Tragweite des Unheils erkennen, wie sie bereits im Zusammenhang der Analyse der geschichtstheologischen Komposition in Mi 1* sowie insbesondere des Schefela-Städte-Gedichts aufgefallen war.[55]

Der Schuldvorwurf in Mi 3 ist zweigliedrig. Er besteht erstens in der Pervertierung des Rechts (samt resultierender Gewaltverbrechen) und richtet sich gegen die politische Führung (V.1–4.9). Dieser Schuldaspekt bezeichnet rückwirkend die institutionelle Ursache der sozialen Ungerechtigkeit, die Mi 2 zur Sprache gebracht hatte. Die Mächtigen innerhalb des Volkes bereichern sich nach Gutdünken (vgl. Mi 2,2), weil eine mangelhafte Rechtspflege ihnen alle Möglichkeiten dazu eröffnet. Der Schuldvorwurf besteht zweitens in der Korruption der Amtsträger. Er wird in Mi 3,5 zunächst gegen die Propheten erhoben und im Schuldsummarium in Mi 3,11 auf die Häupter und Priester ausgeweitet. Die korrupte Prophetenzunft begründet die Fehlorientierung des Volkes (Mi 3,5) und verantwortet die Orientierungskrise innerhalb der Weissagungspraxis, die sich schon in der Weissagungsdebatte (Mi 2,6–7.11) andeutet. Das in Mi 2 beschriebene gesellschaftliche Unheil erweist Mi 3 somit als Folge des Versagens der staatlichen Institutionen.

Neben der sukzessiven Erschließung von Tragweite und Hintergrund des gesellschaftlichen Unheils zeigt das inhaltliche Gefälle der Gerichtskomposition in Mi 2–3 drei weitere Tendenzen. In der Beschreibung der Gewaltverbrechen lässt sich zunächst eine allmähliche Radikalisierung erkennen. Mi 2,1–5 bezeichnet den Raub des äußeren Besitzstandes (Feld, Haus und Erbbesitz in V.1–2) und die unrechtmäßige Landenteignung (Feld und Erbteil in V.4), Mi 2,8–10 daraufhin den Verlust der persönlichen Habe (Mantel und Haus in V.8–9a), der generationenübergreifende Konsequenzen zeitigt (V.9b). Mi 3 verschärft die Darstellung der Straftaten, indem die resultierende Not des Volkes mit einer Viehschlachtung verglichen wird (V.2b–3), und führt auf den Vorwurf von Unrecht und Blutschuld als Baugrund Jerusalems zu (V.10). Bis in die Fundamente hinein erscheint Zion schuldbehaftet.

Mit der radikalisierenden ist weiterhin eine generalisierende Tendenz im Gefälle von Mi 2–3 verbunden. Während Mi 2 noch die Anklage gegen bestimmte, namentlich differenzierte Gruppen von Potentaten (הַמִּשְׁפָּחָה הַזֹּאת in V.3, שׁוֹבֵב in V.4, אוֹיֵב in V.8) erhebt, wird in Mi 3,8 ausdrücklich Jakob/Israel als (zumindest potenzieller) Adressat der Strafanzeige und in Mi 3,10 Zion/Jerusalem insgesamt als Schandfleck des Unrechts ausgewiesen, bevor Mi 3,11 die gesamte Füh-

---

55 S. unter Teil A die Analyse 5.3.1.

rungsriege für schuldig erklärt. Allein die Größe עַמִּי erscheint konsequent als Opfer des gesellschaftlichen Unheils. Weiterhin setzt Mi 2 zwar mit der Anklage konkreter Einzelvergehen ein, weist daraufhin allerdings mit Blick auf Mi 3,12 den gesamten Zeithorizont als böse aus, in dem sich solche Straftaten ereignen (כִּי עֵת רָעָה הִיא in Mi 2,3 vgl. בָּעֵת הַהִיא in Mi 3,4). Die Einzelvergehen erscheinen damit als Symptom einer umfassenden Unheilszeit, die im vernichtenden Strafurteil gegen Zion/Jerusalem gipfelt.

Neben der radikalisierenden und generalisierenden zeigt die Gerichtskomposition schließlich eine individualisierende Tendenz, die sich mit der (literarischen) Figur Michas verbindet. Nach der Ausrichtung von Weheruf, Schuldaufweis und Strafurteil in Mi 2,1–5 gewinnt er im Rahmen der Weissagungsdebatte in Mi 2,6–7.11 Kontur. Er steht mit seiner Gerichtsansage einer Opposition gegenüber, die sich auf die unbedingte Heilsgarantie JHWHs berufen zu können glaubt (V.7). Die Polemik in V.11 profiliert Micha als Antitypus eines gefälligen Lügenweissagers, bevor er in Mi 3,1 (וָאֹמַר) sodann in 1. Sg. pointiert zu Wort gebracht wird. V.8 spricht ihm schließlich mit Kraft, Recht und Stärke ein umfassendes Vermögen und die Kompetenz zu, Jakob/Israel die Schuld anzuzeigen, was ihm eine hohe Autorität und seinem Urteilsspruch in Mi 3,12 Gewicht verleiht. Anders als das Urteil über die Straftäter in Mi 2,3 und die Propheten in Mi 3,5 kommt Mi 3,12 daraufhin ohne die Botenformel oder einen vergleichbaren Hinweis auf Gottesrede aus. Im vorfindlichen Textgefüge ist Mi 3,12 als Prophetenrede gestaltet.

Ein letztes Merkmal der Gerichtskomposition besteht in den auffälligen Bezügen, die Mi 2–3 zu anderen Büchern des Dodekapropheton aufweist. So erinnert die rhetorische Frage in Mi 3,1b an Hos 5,1, der Blutschuldvorwurf in Mi 3,10 besitzt eine Parallele in Hab 2,12.[56] Eine besondere Nähe lässt die Gerichtskomposition zum Amosbuch erkennen.[57] Beiden Büchern ist inhaltlich zunächst ihre sozialkritische Orientierung gemeinsam. Darüber hinaus weisen sie bemerkenswerte terminologische Entsprechungen auf. Die Unheilschronologie aus Mi 2,3bβ [כִּי עֵת רָעָה הִיא] und Mi 3,4bα [בָּעֵת הַהִיא] begegnet zusammenhängend in Am 5,13, der Schuldvorwurf in Mi 3,2a [שֹׂנְאֵי טוֹב וְאֹהֲבֵי רָעָה] erinnert weiterhin an Am 5,15. Die folgende Wortstatistik lässt die dichten Bezüge zwischen beiden Prophetenbüchern erkennen und die korrespondierenden Textpassagen näher eingrenzen:

---

56 Auf diese Parallelen ist innerhalb der Forschung wiederholt aufmerksam gemacht worden; vgl. exemplarisch JEREMIAS, Tradition, 148–150.
57 Vgl. bereits SCHART, Entstehung, 183–184.

		Mi 2	
1	Wehe	הוֹי	Am 5,18; 6,1
	planen	חשׁב	Am 6,5
	Unrecht	אָוֶן	Am 1,5; 5,5
	Licht	אוֹר	Am 5,18.20
	begehren	חמד	Am 5,11
	bedrücken	עשׁק	Am 4,1
3	Sippschaft	מִשְׁפָּחָה	Am 3,1.2
	denn es ist eine böse Zeit	כִּי עֵת רָעָה הִיא	Am 5,13
4	Wehklage	נְהִי	Am 5,16
	austeilen	חלק	Am 7,4.17
5	Messschnur	חֶבֶל	Am 7,17
6	geifern	נטף	Am 7,16; 9,13
7	kurz s.	קצר	(Am 9,13)
8	sorglos	בֶּטַח	Am 6,1
9	Frauen (Kinder)	(עוֹלָל) אִשָּׁה	Am 7,17
10	unrein	טמא	Am 7,17
	Verderben (Messschnur)	(חֶבֶל) חבל	Am 2,8; 7,17
11	lügen	כזב	(Am 2,4)
	weissagen	נטף	Am 7,16; 9,13
12	sammeln	אסף	(Am 3,9)
13	durchbrechen	פרץ	Am 4,3; 9,11

		Mi 3	
1	ich aber sage	וָאֹמַר	Am 7,2.5.8; 8,2
2	Recht	מִשְׁפָּט	Am 5,7.15.24; 6,12
	lieben/hassen Böses/Gutes	אהב/שׂנא טוֹב/רָעָה	Am 5,15
3	Kochtopf (Haken)	סִיר	Am 4,2
5	Prophet (prophezeien)	(נבא) נָבִיא	Am 2,11–12; 3,7; 7,14
6	Tag (Licht) / Finsternis	חשׁך/יֹם	Am 5,8.18.20
8	Schuld / Verfehlung	חַטָּאת / פֶּשַׁע	Am 5,12
9	verabscheuen	תעב	Am 5,10
10	bauen	בנה	Am 5,11; 9,6.11.14

Die Wortstatistik lässt erkennen, dass über die Parallelen in Mi 2,3bβ und Mi 3,5bα (Am 5,13) sowie Mi 3,2a (Am 5,15) jeder Vers in Mi 2 und jeder zweite Vers in Mi 3 eine terminologische Entsprechung im Amosbuch besitzt. Zweifellos ist im Einzelnen nicht jede terminologische Entsprechung belastbar, um etwa ein Abhängigkeitsverhältnis zu begründen, die Summe der Bezüge allerdings und die Regelmäßigkeit ihrer Verteilung lässt zumindest auf eine enge Beziehung zwischen Am und Mi schließen. Eine besondere Nähe weist die Sozialkritik in Mi 2–3 zu Am 5 und die Weissagungskontroverse samt der integrierten Sozialkritik in Mi 2,6–11 zu Am 7 auf. Wie ähnlich mit dem Strafurteil gegen Samaria zu Beginn der geschichtstheologischen Komposition in Mi 1* der Tenor der Gerichtsprophetie des Nordreichs eingespielt wird, dürfte sich in Mi 2–3 an das Amosbuch erinnert fühlen, wer von seiner Lektüre aus die Gerichtskomposition im Michabuch zur Kenntnis nimmt.

3 Fragestellung und These

Von der Sammlungsverheißung in Mi 2,12–13 und jüngeren Einschaltungen in Mi 2,4–5 und Mi 3,4 abgesehen wird die Gerichtskomposition in Mi 2–3* insgesamt auf die Verkündigung des Propheten Micha im ausgehenden 8. Jh. zurückgeführt, wenngleich die Forschung mittlerweile für ihre schriftliche Niederlegung ein späteres Datum veranschlagt. Überdies wird die Komposition als weitgehend einheitliches literarisches Gebilde betrachtet. Die komplexe Gesamtanlage der Komposition sowie ihr disparater Inhalt wecken allerdings erhebliche Zweifel daran, dass uns in Mi 2–3* tatsächlich ein ursprünglich einheitlicher Zusammenhang überliefert ist.

Weshalb sollte ein und dieselbe Hand ihre Sozialkritik mit den Passagen über Weissagung und Prophetie auf eine Weise miteinander verschränken, dass der sozialkritische Schuldaufweis an nicht weniger als drei Stellen in Mi 2,6–7; Mi 2,11 und Mi 3,5–8 unterbrochen wird? Weshalb sollte sie in Mi 2,4–5 und Mi 2,8–10 im Anschluss an Mi 2,1–2 äquivalente Vergehen noch einmal thematisieren, nachdem doch bereits in Mi 2,3 das Urteil über die Straftäter gesprochen ist? Weshalb sollte sie in die Weissagungskontroverse hinein, bevor diese in Mi 2,11 ihren Abschluss findet, eine sozialkritische Passage einstellen, die keine organische Verbindung zum Weissagungsdiskurs aufweist? Weshalb bietet sie gegen die politische Elite und die Propheten einen ausführlichen Schuldaufweis auf, während die Strafwürdigkeit der Priester in Mi 3,11 nur knapp erwähnt wird?

Diese Eigentümlichkeiten lassen weniger auf eine literarische Einheit als auf mehrstufige Wachstumsprozesse in Mi 2–3 schließen. Die nachfolgende Analyse geht von den drei Themenbereichen aus, die innerhalb der Gerichtskomposition unterschieden worden sind, und fragt nach dem literarischen Verhältnis der jeweils zugehörigen Textbestandteile. Sie wird den ältesten Bestand in Mi 2–3 erheben und nach seinem Ort im Wachstumsgefüge des Michabuches fragen, um daraufhin die Genese der Gerichtskomposition von ihrem Kristallisationskern aus nachzuzeichnen. Von zentraler Bedeutung ist dabei die Frage, wie das Verhältnis zwischen der Grundschicht in Mi 2–3 und der geschichtstheologischen Komposition in Mi 1* zu bestimmen ist. Besitzt die Gerichtskomposition einen, dem Schefela-Städte-Gedicht in Mi 1,11–15* vergleichbaren, älteren Überlieferungskern oder bildet ihr Grundbestand die Fortsetzung der (jüngeren) geschichtstheologischen Komposition?

Die Analyse wird zeigen, dass nicht nur die Sammlungsverheißung in Mi 2,12–13 eine nachträgliche Einschaltung darstellt (C), sondern auch die beiden weiteren Themenbereiche in Mi 2–3, die Sozialkritik (A) und der Diskurs über Weissagung und Prophetie (B), sekundär miteinander verflochten worden sind. Die Sozialkritik in Mi 2,1–2 und Mi 3,1–2a*.9b.12 bildet die Grundschicht der Komposition, die das innerhalb der geschichtstheologischen Komposition beschriebene Unheilsgeschehen rückwirkend begründet, und somit als Fortschreibung von Mi 1* wahrscheinlich ist. Die sozialkritische Grundschicht ist im Verlauf der Wachstumsgeschichte von Mi 2–3 um das Prophetengericht in Mi 3,5–7 (mit Mi 2,3; Mi 3,4.9a) und den Weissagungsdiskurs in Mi 2,6–7.11 (mit Mi 3,1[וָאֹמַר].8) erweitert worden und hat in Mi 2,4–5.8–10 und Mi 3,2b–3.10–11 eine Aktualisierung erfahren. Das Sammlungsorakel in Mi 2,12–13 verschränkt den Unheilstext in Mi 1–3* schließlich mit seiner heilskompositionellen Fortsetzung in Mi 4–5*.

Die Untersuchung setzt mit der Betrachtung des Sammlungsorakels im Zentrum der Gerichtskomposition ein. Innerhalb der Forschung besteht ein weitgehender Konsens darüber, dass die Verheißung als erstes explizites Heilsorakel nachträglich in den Gerichtszusammenhang eingesetzt worden ist und einer jüngeren literarischen Ebene innerhalb des Michabuches zugehört.

III Diachrone Analyse

1 Das Sammlungsorakel in Mi 2,12 – 13

Inmitten der Gerichtskomposition begegnet in Mi 2,12 – 13 überraschend das erste Heilsorakel des Michabuches. Es kündigt Jakob sowie einem Rest Israels die Sammlung und Heimkehr unter der Führung seines Königs JHWH an. Das Strafgericht gegen Jerusalem und die Zerstreuung des Volkes sind vorausgesetzt. Das Orakel deutet über den Unheilshorizont hinaus und impliziert bereits die heilsgeschichtliche Wende nach dem Gericht. In kompositioneller Hinsicht verklammert Mi 2,12 – 13 den Unheilstext in Mi 1 – 3 mit den Heilskapiteln in Mi 4 – 5 und weist auf diese voraus (vgl. Mi 4,6 – 7). Im Zuge der Anfügung von Mi 4 – 5 dürfte das Sammlungsorakel in die Gerichtskomposition in Mi 2 – 3* eingesetzt worden sein.

1.1 Abgrenzung und Aufbau

Das Sammlungsorakel in Mi 2,12 – 13 begegnet im Zentrum der Gerichtskomposition von Mi 2 – 3 und scheidet diese gegenwärtig in zwei annähernd gleichlange Teile. Im vorfindlichen Textgefüge folgt es dem Abschluss der Weissagungskontroverse in Mi 2,11 und steht der Eröffnung des Schuldaufweises gegen die politische Führung in Mi 3,1 voran. Mit der figura ethymologica in V.12aα wird ein formaler Neueinsatz markiert, überdies wechselt der Sprecher. Während in V.11 noch der Prophet gegen seine Opposition im Weissagungsdiskurs polemisiert, hat in V.12 JHWH das Wort, ohne dass der Sprecherwechsel jedoch eigens angezeigt wird. Die nächste Zäsur begegnet in Mi 3,1. Über die betont voranstehende Redeeinleitung וָאֹמַר und den Höraufruf an die politische Führung wird ein neuer Zusammenhang eröffnet und die sozialkritische Anklage fortgeführt.

Die Sammlungsverheißung besteht aus zwei Elementen. V.12 enthält die Proklamation und damit das eigentliche Verheißungswort. Im synonymen Parallelismus wird Jakob und dem Rest Israels die Sammlung angekündigt (V.12aα) und mittels der Herdenmetapher illustriert (V.12aβ.b). V.13 bietet die narrative Entfaltung des angekündigten Vorgangs. JHWH (הַפֹּרֵץ) zieht hinauf und führt sein versammeltes Volk als Haupt und König an. Während die Proklamation in V.12 als Wort JHWHs formuliert ist, handelt die Explikation in V.13 von JHWH in 3. Pers. und gibt sich als Prophetenrede zu erkennen. Wiederum wird der Sprecherwechsel nicht explizit herausgestellt. Durch Suff. 3. Mask. Pl., die in V.13 gleich viermal begegnen und sich auf das zusammengeführte Herdenvolk zurückbeziehen, ist die Explikation engstens mit der Proklamation verbunden.

1.2 Position und Charakter des Sammlungsorakels

Im Zusammenhang der Gerichtskomposition überrascht die Verheißung in Mi 2,12–13, da sie ein Heilsorakel darzustellen scheint und damit den Duktus des Gerichtstextes unterbricht. Schon Bernhard Stade hat daraus geschlossen, dass „diese Verse frühestens aus der Zeit des Exiles stammen können."[1] Seine mittlerweile ausführlich begründete Position wird innerhalb der Forschung derzeit weitgehend geteilt.[2] An alternativen Erklärungsversuchen hat es jedoch nicht gefehlt.[3]

Die ältere Forschung hatte vermutet, dass das Heilsorakel seinen ursprünglichen Ort in Mi 4–5 hatte und erst im Laufe der Textüberlieferung an die hiesige Stelle geraten ist.[4] So nahm Bernhard Duhm an, dass Mi 2,12–13 einmal vor Mi 4,5 stand.[5] Wie Mi 2,12–13 enthält Mi 4,6–7 eine Sammlungsverheißung, die zahlreiche formale und inhaltliche Gemeinsamkeiten mit Mi 2,12–13 aufweist. Ähnlich sah Karl Budde in Mi 2,12–13 eine frühere Beischrift zu Mi 4,6–7 und hegte den Verdacht, dass die Verse zwischen Mi 2 und Mi 3 eingesetzt worden sind, um hier „eine klaffende Lücke der Handschrift"[6] auszufüllen. Gegen beide Annahmen sprechen die Funktion des Orakels innerhalb der Gerichtskomposition und seine terminologischen Bezüge zum Nahkontext, die darauf schließen lassen, dass es von vornherein für seinen gegenwärtigen Ort formuliert worden ist.[7]

In kompositioneller Hinsicht konterkariert die Sammlungsverheißung den unheilvollen Duktus der Gerichtskomposition in Mi 2–3 und stellt dem Ziel- und Höhepunkt von Mi 1, der in V.16 die Deportation des Volkes bezeichnet, seine

---

1 STADE, Bemerkungen, 165, und entsprechend etwa EHRLICH, Randglossen, 278; NOWACK, HK³, 212; SMITH, ICC, 67; VON UNGERN-STERNBERG, Rechtsstreit, 48; WEISER, ATD, 252; WELLHAUSEN, Propheten, 139.

2 Vgl. etwa JEREMIAS, ATD, 147.154–156; KESSLER, HThK.AT, 46.136–143; MARTI, KHC, 276; WILLI-PLEIN, Vorformen, 79; WOLFF, BK, 45–46. Ähnlich erkennt auch RUDOLPH, KAT, 64, in Mi 2,12–13 einen jüngeren Zusatz, der die „Exils- oder Diasporasituation" voraussetzt, sieht aber keinen Grund, die Heilsankündigung der Sache nach dem historischen Propheten abzusprechen. Allein ihre schriftliche Niederlegung sei später erfolgt.

3 Vgl. JEREMIAS, ATD, 154–155; KESSLER, HThK.AT, 137–143; WAGENAAR, Judgement, 234 ff; ZAPFF, Studien, 15–19.

4 Dem historischen Propheten selbst ist Mi 2,12–13 etwa noch von ALLEN, NICOT, 302; KEIL, Propheten, 324–325; LIPPL, HSAT, 194; SELLIN, KAT, 260–261, zugeschrieben worden.

5 Vgl. DUHM, Anmerkungen, 48. Vgl. ähnlich RENAUD, Formation, 540–542, und LESCOW, Worte, 167–170.

6 BUDDE, Micha 2 und 3, 2 sowie 13–15; vgl. entsprechend auch SELLIN, KAT, 275.

7 Vgl. dazu unten 1.5. Die vielfältigen Kontextbezüge hat bereits ZAPFF, Studien, 39–40, zusammengestellt und ausgewertet.

Sammlung und Wiedervereinigung entgegen.[8] Als „Semi – Klimax"[9] von Mi 1– 3*
formiert das Orakel mit Mi 4 – 5* weiterhin einen Rahmen um „das harte Wort
Michas über die Zerstörung des Tempels aufgrund der Schuld der Jerusalemer"[10]
in Mi 3. Es übersteigt den Unheilshorizont von Mi 2 – 3 und weist auf die Heilskapitel in Mi 4 – 5* voraus. In terminologischer Hinsicht ist neben der Wiederaufnahme des Begriffspaares Jakob/Israel (Mi 3,1a vgl. V.9a) insbesondere auf den
Terminus ראשׁ hinzuweisen, der in Mi 3,1a die politische Führung in Jerusalem und
in Mi 2,13 die Spitzenposition König JHWHs bezeichnet. Durch die Aufnahme des
Begriffs wird Mi 2,12 – 13 mit seinem Zielkontext eng verflochten. Das Orakel lässt
JHWH gezielt an die Stelle der politischen Anführer treten, bevor ihnen in Mi 3 der
Prozess gemacht wird.[11]

Einen zweiten Vorschlag haben insbesondere Adam S. van der Woude und
Helmut Utzschneider zur Diskussion gestellt.[12] Sie verstehen die Verheißung nicht
als Teil der Verkündigung Michas, sondern als Zitat der Falschpropheten, gegen
die Micha in Mi 2,11 polemisiert. Obwohl das Orakel an den Weissagungsdiskurs
anschließt, ist es als seine originäre Fortsetzung unwahrscheinlich. Die Debatte
findet mit der Polemik in V.11 ihren Zielpunkt. Die abschätzige Bezeichnung der
Opposition als הָעָם הַזֶּה erzielt Schlusswirkung. Überdies weist die fünfmalige
Verwendung des Verbums נטף, das in V.6 – 7.11 eine inklusive Funktion erfüllt, die
vorangehende Textpassage als „abgeschlossene Einheit"[13] aus. Schließlich spricht
das Pendant der Sammlungsverheißung in Mi 4,6 – 7 gegen den Vorschlag, das
Orakel den Lügenweissagern beizulegen. Mi 4,6 – 7 formuliert dieselbe Verheißung
mit allem Ernst und führt sie ausdrücklich auf JHWH zurück. Läge in Mi 2,12 – 13
ein Wort der Falschpropheten vor, besäße Mi 4,6 – 7 entweder einen zweifelhaften
Charakter oder setzte die Lügenweissager rückwirkend gegen den literarischen
Micha ins Recht.

Ein dritter Vorschlag stellt die Deutung von Mi 2,12 – 13 als Heilsorakel schließlich
grundsätzlich infrage. Die Sammlung des Volkes erfolge nicht mit dem Interesse

---

8 Auf die Beziehung zwischen Mi 1,16 und Mi 2,12 – 13 hat bereits Utzschneider, ZBK, 69, aufmerksam gemacht, allerdings andere Schlussfolgerungen daraus gezogen; s. dazu das Folgende.
9 Metzner, Kompositionsgeschichte, 129. S. dazu unten 1.6.
10 Jeremias, ATD, 155.
11 Vgl. entsprechend Zapff, Studien, 28. Zu den Kontextbezügen von Mi 2,12 – 13 s. unten 1.5.
12 Vgl. van der Woude, Micah, 244 – 260; Utzschneider, Reise, 126 – 137; ders., ZBK, 68 – 72, und
vor ihnen bereits etwa von Orelli, Propheten, 115 – 116, der in V.12 und V.13 „übrigens zwei
selbständige Sprüche solcher Propheten" (aaO., 116) erkennt. Ähnlich deutet auch Metzner, Kompositionsgeschichte, 129, die Sammlungsverheißung von der Weissagungsdebatte her und versteht sie
als Abschluss derselben. Allerdings bestreitet sie den heilvollen Charakter von Mi 2,12 – 13. „Der
Passus ersetzt das im Kontext zu erwartende Gerichtswort auf eine ungewöhnliche Weise." (ebd.).
13 Kessler, HThK.AT, 137 mit entsprechender Argumentation.

seiner heilvollen Restitution, sondern im Dienste des Strafgerichts JHWHs.[14] So argumentierte etwa Gershon Brin im Hinblick auf die Begrifflichkeit in V.12, die Sammlungsterminologie (אסף q. neben קבץ pi.) und den Restbegriff (שְׁאֵרִית), „that their usage is not confined to the salvation meaning"[15]. Die Wurzel פרץ in V.13 besitzt ferner nach seiner Wahrnehmung „a definitely military meaning"[16].

Zweifellos fügt sich ein Verständnis von Mi 2,12–13 als Sammlung zum Strafgericht trefflich in den Zusammenhang von Mi 2–3 ein. Allerdings wäre dieser Deutung folgend das Volk Jakob insgesamt (יַעֲקֹב כֻּלָּךְ) das Ziel der Strafhandlungen JHWHs. Die Gerichtskomposition bringt es aber in erster Linie gegen diejenigen in Stellung, die das soziale Unheil verantworten, die gesellschaftlich Mächtigen und die politische Elite.[17] Das Volk (עַמִּי) erscheint hingegen durchgehend als Opfer des Unheils. Lediglich Mi 3,8 bringt Jakob/Israel mit Verfehlungen in Verbindung, ohne diese jedoch zu konkretisieren. Ein Strafgericht gegen das Volk Jakob als solches ist also in keiner Weise argumentativ vorbereitet. Überdies setzt der Restgedanke (שְׁאֵרִית יִשְׂרָאֵל) die (zumindest teilweise) erfolgte Strafhandlung JHWHs bereits voraus, die im Sinne der vorgeschlagenen Deutung erst noch erfolgen müsste. Schließlich sprechen Terminologie und Metaphorik in V.12 entscheidend dagegen, das Sammlungsorakel als Strafgerichtsankündigung zu begreifen.

Die Verheißung wird mit dem Verbum אסף in Spitzenposition eröffnet. Dasselbe vermag, wo es eine Handlung JHWHs bezeichnet, seine unheilvolle Sammlungsabsicht (Jer 8,14; 21,4; Zef 1,2; vgl. Jer 4,5; Sach 14,2) ebenso zum Ausdruck zu bringen wie sein Heilsinteresse (Jes 11,12; Ez 11,17; Zef 3,18). Anders verhält es sich hingegen mit dem Verbum קבץ, das in V.12a im synonymen Parallelismus mit אסף begegnet.[18] Während קבץ q. mit unheilvoller Konnotation belegt ist (Ez 20,34; 22,19–20; Hos 8,10), erscheint קבץ pi. beinahe ausschließlich

---

14 Vgl. BRIN, Micah 2,12–13, 118–124; HAGSTROM, Coherence, 51–54; METZNER, Kompositionsgeschichte, 71–72.119–129; MAYS, OTL, 74–76; WÖHRLE, Sammlungen, 148–153. Mays, Metzner und Wöhrle sehen allerdings in Mi 2,12–13 keinen originären Bestandteil der Gerichtskomposition von Mi 2–3. Mays bestimmt V.13 als unheilvolle Nachinterpretation des Orakels in V.12* (aaO., 76), Metzner fasst V.12–13 als Teil der jüngeren Weissagungsdebatte in Mi 2,6–7.11–13 auf (aaO., 129), Wöhrle weist V.12–13* als Nachinterpretation zur Gerichtskomposition aus (aaO., 152).

15 BRIN, Micah 2,12–13, 121, und entsprechend METZNER, Kompositionsgeschichte, 119–120; WÖHRLE, Sammlungen, 149–150.

16 BRIN, Micah 2,12–13, 123. Ähnlich auch MAYS, OTL, 75; METZNER, Kompositionsgeschichte, 124–125; WÖHRLE, Sammlungen, 150–152.

17 Vgl. entsprechend bereits KESSLER, HThK.AT, 143.

18 Zur Semantik der Wurzel קבץ vgl. SAWYER, Art. קבץ, 583–586; MOMMER, Art. קבץ, 1144–1149. Zum Wortpaar אסף und קבץ s. den Überblick bei WATSON, Word-pair, 426–434, sowie die Wortfeldanalyse bei ZAPFF, Studien, 27–28.

soteriologisch ausgerichtet, wo es eine Handlung JHWHs an seinem Volk beschreibt.[19] Entsprechende Zusätze im Nahkontext lassen dies deutlich erkennen.[20] Innerhalb des synonymen Parallelismus von V.12aα überträgt sich die heilvolle Färbung von קבץ pi. auf das semantisch weniger festgelegte Verbum אסף (vgl. denselben Parallelismus in Jes 11,12; Ez 11,17), obwohl hier ein vergleichbarer Zusatz fehlt, und legt die heilvolle Zukunftsperspektive für Jakob und den Rest Israels fest (שְׁאֵרִית יִשְׂרָאֵל vgl. Jer 23,3). Der Terminus שְׁאֵרִית hat in hiesiger Verwendung die Neubeschreibung des Restgedankens, der insbesondere bei Jer und Ez noch weitgehend negativ konnotiert belegt ist, hinter sich (vgl. Jes 11,11.16; Jer 31,7).[21]

---

19 BRIN, Micah 2,12 – 13, 118 – 126, stützt seine unheilvolle Deutung von Mi 2,12 – 13 insbesondere auf Jer 8,13 – 14. Die Sammlungsaussage wird dort allerdings lediglich mit dem Verbum אסף und nicht mit dem Wortpaar אסף neben קבץ pi. formuliert. Überdies wird die Sammlung ins Bild der Ernte gesetzt, während sie in Mi 2,12 mit der Herdenmetapher illustriert wird. Mit beiden Bildern sind unterschiedliche Vorstellungen und Aussageabsichten verbunden, so dass Jer 8,13 – 14 als Referenzstelle ausscheidet. Anders erkennt METZNER, Kompositionsgeschichte, 129, die heilvolle Konnotation von קבץ pi. zwar an, sieht in Mi 2,12 – 13 jedoch „gängige Heilsterminologie" gezielt umgedeutet. Diese Schlussfolgerung begründet sich nicht aus dem Orakel selbst, sondern allein von seinem literarischen Kontext her. WÖHRLE, Sammlungen, 149 mit Anm. 54, stellt schließlich zwar mit einer Vielzahl von Belegen die weitgehend heilvolle Färbung von קבץ heraus (aaO., 149 Anm. 53), bestreitet sie für Mi 2,12 jedoch unter Hinweis auf Ez 22,19.20; Hos 8,10; 9,6 und Jl 4,2. In Ez 22,19.20 steht das Verbum allerdings im q., in Hos 9,6 ist Ägypten Subjekt von קבץ pi., in Jl 4,2 bezeichnet קבץ pi. schließlich wie in Mi 4,12 einen an den Völkern vollzogenen Vorgang. Gegen die Vielzahl soteriologisch konnotierter Belegstellen lässt sich mithin allein Hos 8,10 in Stellung bringen.

20 Vgl. KESSLER, HThK.AT, 138. Die Sammlung des Volkes vollzieht sich als Wende der Gefangenschaft (וְשָׁב יְהוָה [ ] אֶת־שְׁבוּתְךָ Dtn 30,3; בְּשׁוּבִי אֶת־שְׁבִיתְכֶם Zef 3,20; וְשַׁבְתִּי אֶת־שְׁבִיתְכֶם Jer 29,14), als Sammlung des Volkes vom *Ende des Himmels* (מִקְצֵה הַשָּׁמַיִם Dtn 30,4; vgl. Neh 1,9), *von Ost und West* (וּמִמַּעֲרָב [ ] מִמִּזְרָח Jes 43,5; vgl. Ps 107,3), *aus dem Lande des Nordens* (מֵאֶרֶץ צָפוֹן Jer 31,8; vgl. Ps 107,3), *von den vier Enden der Erde* (מֵאַרְבַּע כַּנְפוֹת הָאָרֶץ Jes 11,12; vgl. Jer 31,8), *aus Ägypten und Assyrien* (מֵאֶרֶץ מִצְרַיִם וּמֵאַשּׁוּר Sach 10,10), *aus Völkern und Ländern* (מִן־הָאֲרָצוֹת [ ] מִן־הָעַמִּים Ez 11,17; vgl. 20.34.41; 34,13; 39,27), *aus den Völkern* (מִכָּל־הָעַמִּים אֲשֶׁר הֱפִיצְךָ Dtn 30,3; vgl. Ez 28,25f). Weiterhin begegnet קבץ in Verbindung mit Verben der Rettung (פדה *erlösen* Jer 31,11; Sach 10,8; ישע *helfen* Zef 3,19; vgl. Jer 23,6; 31,7; Ez 36,29; 37,23; Zef 3,17; Sach 10,6; גאל *erlösen* Jes 43,1; 54,8; Jer 31,11), als Antonym zu גלה hi. *wegführen* (Jer 29,14), פוץ *zerstreuen* (Dtn 30,3; Ez 11,17; 20,41) und זרה *zerstreuen* (Jer 31,10) sowie im Parallelismus mit שׁוב שְׁבוּת *die Gefangenschaft wenden* (Dtn 30,3; Zef 3,20; vgl. Jer 29,14).

21 Zur Geschichte des Topos vgl. WILDBERGER, Art. שאר, 848 – 854; KREUZER, Art. Rest, 348, sowie grundlegend MÜLLER, Rest. Horst Dietrich Preuß resümiert in seinen Nachträgen zur älteren Arbeit von Werner E. Müller im Hinblick auf unsere Stelle: „Spätestens seit dem Exil ist ‚Rest' ein heilsgeschichtlicher Begriff geworden, der sich mit messianisch-eschatologischen Erwartungen verband. Hierher gehören auch die nachgetragenen Reststellen, wie Jes. 4,2f.; 10,20ff.; 28,5; Mi. 2,12; 4,6f." (aaO., 109). Die Neuausrichtung des Restgedankens vollzieht sich innerhalb der

In V.12aβ.b wird die Sammlung des Volkes mit dem Bild der Herde illustriert, die JHWH zusammenzuführen beabsichtigt. Damit wird eine geläufige Metapher aufgenommen, die etwa in Jes 40,11; Jer 23,3; 31,10; Ez 34,13 mit dem קבץ pi. bezeichneten Vorgang in Verbindung steht. Am heilvollen Charakter der Herdenmetapher besteht in diesen Fällen kein Zweifel. „Fast immer ist eindeutig vorausgesetzt, daß dabei an die Sammlung der in die Gola zerstreuten Israeliten gedacht ist.“[22] Denselben Hintergrund dürfte die Verheißung in V.12 besitzen. Die Näherbestimmung hinsichtlich des Ortes der Sammlung in V.12b (דֹּבֵר neben בְּצָרָה [BHS]) lässt in diesem Sinne auch nicht auf die Bedrängnis der Herde schließen, sondern wird vielmehr ihre Wiedervereinigung in einem klar umgrenzten Verband veranschaulichen.[23]

Während die Proklamation in V.12 kaum anders denn als Heilsorakel JHWHs zu verstehen ist, erscheint der Charakter seiner narrativen Entfaltung in V.13 weniger eindeutig. Zwar fügt sich das Bild einer Prozession des zusammengeführten Volkes, an deren Spitze König JHWH zieht, sinnvoll in den Duktus eines Heilsorakels ein. Das Verbum עלה ist term. techn. der Zionwallfahrt und innerhalb der Exodustradition bedeutsam, so dass sich an einen Auszug aus der Gefangenschaft im Sinne eines neuen Exodus und an Jerusalem als Zielpunkt desselben denken ließe.[24] Einige Schwierigkeiten bereitet allerdings das Verbum פרץ, das in V.13a gleich zweimal begegnet, und von dessen Verständnis die Deutung des Verses insgesamt abhängt. In V.13 bezeichnet es zunächst eine Handlung JHWHs und erscheint als Part. nachgerade als Epitheton der Gottheit (הַפֹּרֵץ), sodann beschreibt es in 3. Mask. Pl. eine Handlung des Volkes (פָּרְצוּ).[25] Die Semantik von פרץ lässt sich nicht einseitig auf eine heil- oder unheilvolle Bedeutung festlegen.

Jesajatradition über den Terminus שְׁאָר. WILDBERGER, Art. שאר, 853, macht insbesondere auf Jes 10,20–22 in seiner Bedeutung für die „Neuformulierung des Restbegriffs“ aufmerksam.

22 KESSLER, HThK.AT, 138. Anders entnehmen METZNER, Kompositionsgeschichte, 119–120, und WÖHRLE, Sammlungen, 150–151, der Herdenmetapher einen unheilvollen Sinn. Sie stützen ihre Deutung darauf, dass in V.12 der Hirtentitel für JHWH und das Motiv des Weidens nicht explizit wird. Da JHWH aber die Handlung יַחַד שִׂים ausführt, die sich im Bildvergleich auf die Herde bezieht, ist JHWH eindeutig als Hirt vorgestellt. Der Vorgang des Weidens (רעה) setzt ferner den Herdenverband bereits voraus, auf dessen Konstitution die Aussage in Mi 2,12 aber erst noch zielt. Im kompositionellen Zusammenhang wird er im Rahmen der Bethlehemverheißung entfaltet (vgl. Mi 5,3).

23 Vgl. entsprechend etwa JEREMIAS, ATD, 156; RUDOLPH, KAT, 65.

24 Vgl. entsprechend etwa KESSLER, HThK.AT, 141; MENDECKI, Sammlung, 88; RUDOLPH, KAT, 64; WILLI-PLEIN, Vorformen, 79; WOLFF, BK, 56. Anders hingegen ZAPFF, Studien, 32–33, der in Mi 2,13 nicht die Vorstellung eines neuen Exodus, sondern eine „Reminiszenz an den *einstigen* Auszug aus Ägypten" (33) erkennt.

25 Wie viele andere vor ihm beseitigt WÖHRLE, Sammlungen, 151–152, den Subjektwechsel, indem er die Pluralendung des Verbums als Dittographie streicht und die beiden mit פרץ formulierten Vorgänge auf JHWH bezieht. Das Verbum akzentuiere im Perf., dass JHWH als הַפֹּרֵץ die im Pt. be-

Die Wurzel פרץ trägt die Grundbedeutung ‚durchbrechen, einreißen'.[26] Das Nomen פֶּרֶץ bezeichnet den Riss, die Bresche, zumeist im materiellen Sinne den Bruch in einer Barriere oder Mauer.[27] Das Verbum verweist, in der Regel unter Bezeichnung von Objekt[28] oder Resultat[29], auf den Vorgang konkreten Einreißens, Abbrechens oder Beschädigens, und figuriert in Qoh 3,3 als Antonym zu בנה. Weiterhin bestimmt es das Überlaufen der Kelter (Prov 3,10), das Hereinbrechen der Plagen über das Volk (Ps 106,29), den Ausbruch von Sklaven (1 Sam 25,10), die eindringliche Aufforderung zu einer Handlung (1 Sam 28,23; 2 Sam 13,25; 2 Reg 5,23) sowie die hereinbrechende Offenbarung des Willens Gottes (1 Sam 3,1; 1 Chr 13,2; 2 Chr 31,5). Sämtlichen Belegen ist im konkreten wie im metaphorischen Sinne der Aspekt der Überwindung einer Grenze oder der Durchbrechung einer Barriere gemeinsam. Im Vergleich derjenigen Belegstellen, in denen das Volk zur einen und JHWH zur anderen Seite das Subjekt des Vorgangs פרץ darstellt, lässt sich eine signifikante Differenz erkennen.

Wo das Verbum wie in V.13aβ mit dem Volk als Subjekt begegnet, bezeichnet es die Mehrung und Ausbreitung desselben (mit מִשְׁפָּחָה in Gen 28,14; 1 Chr 4,38; parallel zu רבה in Ex 1,12; mit לָרֹב in Gen 30,30; vgl. Hos 4,10). Im Sinne der Grundbedeutung wird durch seine Mehrung der frühere Umfang des Volkes ‚aufgebrochen' und erweitert. Da sich die Mehrung dem Segen JHWHs verdankt, figuriert das Verbum in Gen 28,14; 30,30 (vgl. Hi 1,10) im Parallelismus mit ברך und adressiert jeweils den Stammvater Jakob, dessen Name in Mi 2,12 das Volk der Sammlung vertritt.[30] Im Zusammenhang einer prophetischen Heilsverheißung, die auf die Mehrung des Volkes zielt, ist es in Jes 54,3 belegt. Eine äquivalente Aussage dürfte das Verbum פרץ in V.13aβ treffen und auf die Ausbreitung des Volkes am Ort

zeichnete Bresche bereits geschlagen hat, woraufhin die feindlichen Mächte durch dieselbe in die Stadt einziehen können. Eine entsprechende Textänderung ist nicht hinreichend begründbar. Wie die im Perf. bezeichneten Vorgänge bringen auch die anschließenden Narrative die jeweiligen Handlungen mit dem Volk als Subjekt auf der einen und JHWH auf der anderen Seite in Verbindung.

26 Vgl. ausführlich CONRAD, Art. פרץ, 763–770.

27 Vgl. Gen 38,29; Jdc 21,15; 1 Reg 11,27; 1 Chr 14,11; Neh 6,1; Hi 16,14 [2]; 30,14; Ps 106,23; 144,14; Jes 30,13; 58,12; Ez 13,5; 22,30; Am 4,3; 9,11.

28 Mit חוֹמָה *Mauer* in 2 Reg 14,13; 2 Chr 25,23; 26,6; 32,5; Neh 1,3; 2,13; 3,35; 4,1; 6,1; Prov 25,28; Jes 30,13; mit גָּדֵר *Mauer* in Ps 80,13; Qoh 10,8; Jes 5,5; 58,12; Ez 13,5; 22,30; Am 9,11 sowie mit גְּדֵרָה in Ps 89,41 oder *Damm* (mit מַיִם) in 2 Sam 5,20 = 1 Chr 14,11.

29 Vgl. פֶּרֶץ *Riss* in Gen 38,29; Hi 16,14; נַחַל *Schacht* in Hi 28,4.

30 ZAPFF, Studien, 34.38, hat vor dem Hintergrund dieser Beobachtung auf eine gezielte Anspielung auf die Vätertradition geschlossen. Dass eine solche Assoziation in Mi 2,12–13 zumindest angelegt ist, lässt die Parallele in Mi 4,6–7 erkennen, insofern diese eindeutig auf die Vätertradition zurückgreift (vgl. הַצֹּלֵעָה in V.6 mit צלע in Gen 32,32 und לְגוֹי עָצוּם in V.7 mit גָּדוֹל וְעָצוּם לְגוֹי in Gen 18,18).

seiner Zerstreuung hinweisen, was sich ohne Weiteres mit der Heilsverheißung in V.12 verbinden lässt.[31]

Einen anderen Charakter besitzt allerdings das Verbum, wo es wie in V.13aα eine Handlung JHWHs zum Ausdruck bringt. Er zerschmettert den, der seiner Heiligkeit zu nah tritt (Ex 19,22.24), zerbricht die feindliche Streitmacht (2 Sam 5,20 = 1 Chr 14,11), zerstört Menschenwerk (2 Chr 20,37) und Stadtmauern (Ps 80,13; 89,41; vgl. Jes 5,5; 30,13), provoziert das Auseinanderbrechen des Volkes (1 Chr 15,13; vgl. Jdc 21,15), das Hereinbrechen der Plagen (Ps 106,29), schlägt Breschen in den Leidenden (Hi 16,14) und tötet (2 Sam 6,8 = 1 Chr 13,11). Das Verbum פרץ mit JHWH als Subjekt ist somit eindeutig negativ konnotiert. In V.13aα wird das Objekt der Handlung פרץ nicht ausdrücklich genannt.[32] Da V.13 jedoch insgesamt Vorgänge beschreibt, die JHWH im Verhältnis zu seinem Volk ausführt, und die Beziehung zwischen Gott und Volk gleich viermal über Suffixbezüge zum Ausdruck kommt, legt sich die Vermutung nahe, dass sich auch die Handlung פרץ auf das Volk bezieht. Dazu bietet Ps 60,3 eine erhellende Parallele. Der Beter klagt darüber, dass JHWH sein Volk im Zorn verstoßen (זנח) und zerbrochen habe (פרץ).

Der negative Aspekt der Wurzel פרץ hat die unheilvolle Deutung von V.13, mitunter die literarkritische Unterscheidung zwischen der Proklamation in V.12 und der Explikation in V.13 motiviert. So lässt etwa James Luther Mays zwar V.12* als Heilsorakel gelten, V.13 indes „must be an expansion of the salvation oracle of v. 12 which reinterprets it as a prophecy of the gathering of the population into Jerusalem at the time of the Babylonian siege."[33] Das Zerstörungshandeln JHWHs (פרץ) bezieht Mays auf die Stadt Jerusalem. „YHWH is not 'the breaker' who breaks walls of captivity to rescue his flock, but the one who breaks down the fortified gate of Jerusalem and leads them out through it."[34] Das Verbum וַיַּֽעֲבֹר in V.13aβ streicht er

---

31 Vgl. entsprechend bereits KESSLER, HThK.AT, 142, und ZAPFF, Studien, 34–35, die insbesondere auf das absolute פרץ in Hi 1,10 verweisen. Mehrheitlich wird das Verbum wie das Part. innerhalb der Forschung gleichermaßen auf das Durchbrechen einer materiellen Barriere bezogen (vgl. etwa JEREMIAS, ATD, 155; WOLFF, BK, 56). Da nun aber Verb und Part. unterschiedliche Subjekte besitzen, mutet die Vorstellung seltsam an, dass ein Durchbrechen derselben Barriere zweimal vollzogen werden muss, zunächst von JHWH und vom Volk anschließend noch einmal. Insofern die Wurzel פרץ auf der Linie dieser Deutung weiterhin das Durchbrechen einer Mauer bezeichnet (vgl. Ps 80,13; 89,41), erscheint der Vorgang merkwürdig, dass das Volk nicht etwa durch den eigens dafür hergestellten Durchbruch, sondern durch das Stadttor auszieht.
32 Innerhalb der Forschung reichen die Vorschläge zum Objekt des Durchbruchs von den Mauern (JEREMIAS, ATD, 155) oder Sperren Babylons (WOLFF, BK, 56) über den Pferch der Herde (RUDOLPH, KAT, 65) bis zum Tor Jerusalems (KESSLER, HThK.AT, 142) und seiner Stadtmauer (WÖHRLE, Sammlungen, 151–152).
33 MAYS, OTL, 76.
34 MAYS, OTL, 75. Ähnlich WÖHRLE, Sammlungen, 151–152.

als „superfluous repetition of *happōrēṣ*."[35] Abgesehen davon, dass Jerusalem als Objekt von פרץ nicht ausdrücklich genannt wird und eine literarkritische Unterscheidung zwischen V.12 und V.13 nicht hinreichend begründbar erscheint, spricht schon die Bewegung עלה vor dem Hintergrund der Geographie Jerusalems gegen seine Deutung.[36] Mit seiner unheilvollen Deutung von פרץ behält Mays jedoch zumindest im Hinblick auf eine Handlung JHWHs Recht.

Wie verbindet sich also die heilvolle Konnotation, die פרץ in V.13aβ mit dem Volk als Subjekt aufweist, mit der unheilvollen, die הַפּרֵץ als Epitheton JHWHs in V.13aα besitzt? Die Lösung ergibt sich nach meiner Einschätzung aus der Zeitstruktur des Verses: V.13aα (עָלָה הַפּרֵץ) und V.13aβ (פָּרְצוּ) sind im Perf. formuliert.[37] Sie beschreiben den Hintergrund derjenigen Vorgänge, die in V.13aγ und V.13b im Narr. entfaltet werden, und blicken hinter diese zurück. Sollte Mi 2,13aα nun eine Ps 60,3 vergleichbare Aussage treffen und der Vorgang פרץ auf das Volk zu beziehen sein, was sich im Gesamtduktus des Verses nahelegt, ließen sich die Aussagen folgendermaßen begreifen: JHWH war als הַפּרֵץ (der sein Volk zerbrochen hatte) vor ihnen her (nach Jerusalem) hinaufgezogen (עָלָה). Das Volk hatte sich (inzwischen) ausgebreitet (פָּרְצוּ). Das Epitheton הַפּרֵץ (V.13aα) nähme auf das vormalige Zerstörungshandeln JHWHs Bezug (vgl. Ps 60,3), während die Vorgänge עלה und פרץ die Heilswende implizieren (vgl. Jes 54,3). Sollte die vorgeschlagene Deutung zutreffen, enthielte das Heilsorakel in Mi 2,12–13 eine Unheilsreminiszenz in V.13aα, die eine Verbindung zum Gerichtstext in Mi 2–3 herstellt, um vor seinem Hintergrund die heilvolle Zukunftsperspektive Jakobs anzuzeigen.[38] Solche Unheilsreminiszenzen sind in vergleichbaren Sammlungsverheißungen belegt

---

35 MAYS, OTL, 73 Anm. f.

36 Vgl. entsprechend RUDOLPH, KAT, 64; WOLFF, BK, 56. Zur Frage der Integrität von Mi 2,12–13 s. unten 1.3.

37 Auf die Bedeutung der unterschiedlichen Zeitstufen in Mi 2,13 haben mit unterschiedlichen Schlussfolgerungen bereits KESSLER, HThK.AT, 141, und ZAPFF, Studien, 25–26.32–33, aufmerksam gemacht. Anders hat WILLI-PLEIN, Vorformen, 80, vorgeschlagen, „[d]ie präteritalen Tempora [...] wegen des Weissagungscharakters jeweils in die futurischen umzuvokalisieren." Das Ereignisgefüge, das Mi 2,12–13 gerade über die unterschiedlichen Zeitebenen abbildet, wird auf diesem Wege durch ein schlichtes Nacheinander ersetzt.

38 Dass mit הַפּרֵץ in V.13 eine Reminiszenz früherer Ereignisse verbunden ist, hat bereits Burkhard Zapff herausgearbeitet. Er vermutet allerdings, dass „in V.13aα eine bewußte Reminiszenz an die Exodusereignisse vorliegt, so daß [...] an Gottes Heilstaten in früheren Zeiten erinnert wird." (ZAPFF, Studien, 34). Die unheilvolle Konnotation des Epithetons spricht entscheidend dagegen, dasselbe auf den Exodus zu beziehen. Dass jedoch die Exodustradition im Hintergrund der nachfolgend geschilderten Prozession des Volkes unter Führung JHWHs steht, besitzt eine hohe Wahrscheinlichkeit.

(vgl. etwa Jer 23,2; 31,10; Ez 36,37; 37,21) und scheinen zum Inventar der Gattung zu gehören.

Darüber hinaus bietet das Michabuch selbst der vorgeschlagenen Deutung eine gewichtige Stütze. Die Sammlungsverheißung in Mi 2,12–13 besitzt ein Pendant in Mi 4,6–7, das unter ihrem Vorbild formuliert worden ist. Was Mi 2,13 über הַפֹּרֵץ andeutet, macht Mi 4,6 ausdrücklich, indem V.6b einen expliziten Rekurs auf das frühere Unheilshandeln JHWHs (וַאֲשֶׁר הֲרֵעֹתִי) enthält und mit der Sammlungsverheißung verbindet. Daraufhin kündigt V.7aβ dem Verstoßenen eine Zukunft als großes Volk (לְגוֹי עָצוּם) an, was seine Mehrung und Ausbreitung impliziert. V.6b korrespondiert mit dem Epitheton הַפֹּרֵץ (V.13aα), V.7aβ mit dem Verbum פָּרְצוּ (V.13aβ).[39] Beide Sammlungsverheißungen entsprechen einander spiegelbildlich. Die Verbindung von Unheilsreminiszenz und Heilsankündigung begegnet ferner auch innerhalb des Erlösungsorakels in Mi 4,10 (V.10a) und der Bethlehemverheißung in Mi 4,14–5,4a (V.14) und lässt sich somit als Stilmittel dieser Heilsverheißungen des Michabuches erkennen. Mi 2,12–13 dürfte dasselbe bereits innerhalb der Gerichtskomposition realisieren und auf diese Weise seinen unheilvollen Nahkontext mit der neuen Heilsperspektive vermitteln, die in Mi 4–5 zur Entfaltung kommt.

Am heilvollen Charakter der Sammlungsverheißung kann m.E. kein begründeter Zweifel bestehen. Damit ist zugleich der Verdacht hinreichend begründet, dass das Sammlungsorakel innerhalb der Gerichtskomposition in Mi 2–3* kaum ursprünglich ist. Als erstes explizites Heilsorakel im synchronen Gefüge setzt es die Zerstreuung des Volkes und den Verlust Jerusalems als seiner Heimat ebenso voraus wie die heilsgeschichtliche Wende, die in Mi 1–3* längst noch nicht im Blick ist. Auf der Ebene der Buchkomposition in Mi 1–5* trägt Mi 2,12–13 einen gezielten Anachronismus in seinen Nahkontext hinein und spannt einen Bogen zur Heilskomposition in Mi 4–5.[40]

---

39 Toll, Wurzel, 75–77, hat der Wurzel פרץ die Bedeutung ‚potent/mächtig sein' entnommen. Sollte das Verbum diesen Bedeutungsaspekt tragen, gewinnt der Verdacht weitere Plausibilität, dass in Mi 4,7aβ (לְגוֹי עָצוּם) eine Deutung zu Mi 2,13aβ (פָּרְצוּ) vorliegt.

40 Ähnliche Anachronismen mit entsprechender Verweisfunktion waren im Zusammenhang der Analyse von Mi 1,10.15b aufgefallen, s. dazu unter Teil A die Analyse III.5.2.1.

1.3 Integrität: Die Glossierung in V.12bβ

Die Sammlungsverheißung stellt eine geschlossene literarische Einheit dar. Sie ist am Ende der Proklamation in V.12 allerdings um וְ]תְהִימֶ֫נָה מֵאָדָם] erweitert worden.[41] Schon die Überlänge der Zeile lässt die Wendung als Glosse erkennen. Inhaltlich löst sie den bildhaften Vergleich des gesammelten Volkes mit Herdenvieh in V.12b* auf und überträgt ihn auf die Sachebene, indem die zusammengeführte Viehherde als Ansammlung von Menschenmassen gedeutet wird. Damit beschreibt die Glosse die literarische Brücke zwischen der Metapher der Sammlungsproklamation in V.12 und ihrer Entfaltung in V.13, die wieder von einer Menschenherde handelt.

Das Verbum הום bezieht sich in 3. Fem. Pl. auf das Kollektiv der Viehherde in V.12b zurück. Es bezeichnet einen Zustand physischer Bewegung und innerer Erregung (Dtn 7,23; 1 Reg 1,45; Rut 1,19), der mit Lautäußerungen verbunden sein kann (1 Sam 4,5; vgl. Ps 55,3). In V.12b scheint הום (‚rauschen, überschäumen') mit dem Verbum המה sinnverwandt und bezeichnet die Konsequenz der Ausbreitung der auf begrenztem Raum versammelten Herde.[42] Das Verbum nimmt ferner den mit פרץ verbundenen Aspekt der Mehrung und Ausbreitung auf.

Die Glosse dürfte durch Ez 36,37–38 inspiriert worden sein, worin die Deutung einer großen Vieh- als Menschenherde vorgebildet ist. Wie in Mi 2,12–13 wird die Heilsverheißung in Ez 36,37–38 mit dem Herdenmotiv (צֹאן אָדָם) illustriert und inhaltlich mit dem Aspekt der Mehrung (רבה vgl. פרץ in V.13aβ) verbunden.[43]

Über die Nachinterpretation zu Mi 2,12 ist die Einheitlichkeit des Orakels nicht infrage zu stellen. Weder die unvermittelten Übergänge zwischen Gottes- und Prophetenrede noch die Verbindung des Verheißungswortes mit einer narrativen Entfaltung begründen eine literarkritische Unterscheidung zwischen V.12 und V.13 hinreichend.[44] Vergleichbare Übergänge begegnen über Mi 2,12–13 hinaus etwa auch in Mi 1,5b–9*, Mi 3,5–7 oder Mi 4,14–5,4a*. Das Pendant der Samm-

---

41 Vgl. die Textanmerkung z.St. unter II.2 und entsprechend METZNER, Kompositionsgeschichte, 34; WILLI-PLEIN, Vorformen, 80; WOLFF, BK, 42.56; SELLIN, KAT, 276; SMITH, ICC, 66. Anders argumentieren etwa WÖHRLE, Sammlungen, 150; ZAPFF, Studien, 27, für die originäre Zugehörigkeit der abschließenden Wendung zu V.12.

42 Die Wiedergabe des Begriffs הום *rauschen, überschäumen* versucht die Aspekte der physischen Bewegung samt resultierender Laute zum Ausdruck zu bringen (vgl. Jes 17,12). Zur Semantik der Wurzel המה und ihrer Derivate vgl. BAUMANN, Art. הָמָה, 444–449.

43 Auf die Verbindung zu Ez 36,37–38 haben u. a. bereits KESSLER, HThK.AT, 140, und WOLFF, BK, 42, aufmerksam gemacht.

44 Vgl. entsprechend JEREMIAS, ATD, 155; KESSLER, HThK.AT, 138.140–141; RUDOLPH, KAT, 64–65; WILLI-PLEIN, Vorformen, 79; ZAPFF, Studien, 27. Anders jedoch MAYS, OTL, 74–75; WOLFF, BK, 44.46.

lungsverheißung in Mi 4,6 – 7 gibt diese Auffälligkeiten in derselben Weise wieder.[45] Offenbar haben die Tradenten des Michabuches daran keinen Anstoß genommen. Vielmehr dürfte es sich um Stileigentümlichkeiten desselben handeln.

1.4 Detailanalyse

Die Heilsverheißung in Mi 2,12 – 13* ist aus zwei Gliedern zusammengesetzt. Die Proklamation (Gottesrede) in V.12 bringt die Absicht JHWHs zum Ausdruck, sein Volk zusammenzuführen und wie Kleinvieh im Herdenverband wieder zu vereinigen. Ihre anschließende Entfaltung (Prophetenrede) in V.13 blickt zunächst auf das frühere Unheil zurück, das JHWH über sein Volk gebracht hat, indem er seinen Verband zerbrochen und seine Integrität aufgehoben hatte (הַפֹּרֵץ). Insofern JHWH nunmehr jedoch bereits seinem Volk voran (nach Jerusalem) hinaufzieht, ist die Wende zum Heil impliziert. Im Narrativ wird daraufhin der Auszug des Volkes unter der Führung König JHWHs (in die Freiheit und in sein Stammland) dargestellt. Obwohl vorzeitig formuliert ist V.13 von der Zeitstufe der Sammlungsverheißung in V.12 abhängig, die im Gefälle des Michabuches eine literarische Zukunftsperspektive formuliert. Die Vorzeitigkeit in V.13 erfüllt die Funktion, den Hintergrund und den Modus der Heilswende zu erschließen, die sich in der Sammlung des Volkes und seiner Heimkehr konkretisiert.[46]

1.4.1 Die Sammlungsproklamation in V.12*

In Gestalt einer doppelten figura ethymologica wird Jakob und dem Rest Israels die Sammlung angekündigt und der entsprechenden Handlungsabsicht JHWHs Nachdruck verliehen. Die Verben אסף q. und קבץ pi. sowie die Adressaten des Vorgangs יַעֲקֹב כֻּלָּךְ neben שְׁאֵרִית יִשְׂרָאֵל bilden einen synonymen Parallelismus. Das Verbum אסף q., das einen unheilvollen Vorgang ebenso bezeichnen kann wie einen heilvollen, steht dem Verbum קבץ pi. voran, das den heilvollen Charakter der Sammlung feststellt und rückwirkend auch אסף q. „einen tröstlichen Klang"[47] gibt. Möglicherweise ist die Reihenfolge, die erst im zweiten Kolon die Heilsperspektive ausdrücklich zu erkennen gibt, mit Rücksicht auf den unheilvollen Zielzusammenhang gewählt worden, in den das Orakel hineingestellt worden ist.

---

45 Vgl. JEREMIAS, ATD, 155, der darauf aufmerksam macht, „dass 4,6 f in ihrer Anknüpfung an 2, 12 f den analogen Stilwechsel von der Gottes- zur Prophetenrede [...] imitieren."
46 Vgl. die ähnliche Deutung der Zeitstufen in Mi 2,12 – 13 bei KESSLER, HThK.AT, 141 – 142.
47 WOLFF, BK, 55. S. dazu ausführlich oben 1.2.

Die Adressatenangabe יַעֲקֹב neben יִשְׂרָאֵל entspricht derjenigen des Höraufrufs in Mi 3,1 (vgl. V.8.9a). Der Begriff שְׁאֵרִית (vgl. Mi 4,7; 5,6–7) allerdings akzentuiert, dass vom früheren Haus Israel (בֵּית יִשְׂרָאֵל) lediglich ein Rest verbleibt. Aus diesem Rest wird das neue Volk Jakob konstituiert (יַעֲקֹב כֻּלָּךְ). Auffälligerweise wird Jakob als fem. Kollektiv mit dem Suff. 2. Fem. Sg. direkt angesprochen. Darin mag die Beziehung Ausdruck finden, die JHWH zu seinem verbliebenen Volk nach der Zeit des Unheils wieder aufnimmt. Mit dem Begriffspaar Jakob/Israel klingt das erwählungstheologische Paradigma an, das mit dem Namen Jakob (vgl. Gen 32,32) verbunden ist. Dieser traditionsgeschichtliche Hintergrund wird in Mi 4,6–7 entfaltet. Der Anredestil dürfte literarisch durch die vorangehende Weissagungsdebatte inspiriert worden sein. Darin wurde Jakob als בֵּית־יַעֲקֹב bereits in 2. Pers. angesprochen (V.7 vgl. לְךָ in V.11aβ).[48]

Im Anschluss an Mi 2,11 gerät Jakob in einen Gegensatz zu jenem despektierlich als הָעָם הַזֶּה bezeichneten Volk (vgl. Jes 6,10; 8,6.11.12), gegen das der Micha der Weissagungsdebatte polemisiert. Dieser Kontrast lässt erkennen, dass V.12aα nicht etwa eine Kontinuität zum früheren Gottesvolk beschreibt. Vielmehr steht die Vorstellung im Hintergrund, dass JHWH den Rest als neuen Jakob zum Verheißungsträger macht. Da Mi 1,16 die Deportation des Volkes in die Gefangenschaft herausgestellt hatte, woraufhin das personifizierte Jerusalem in Trauer und scheinbar allein zurückbleibt (vgl. Mi 4,10*), bildet Mi 2,12–13 das heilsgeschichtliche Pendant zu Mi 1,16. In V.12 ist an eine Sammlung des Volkes und die Herkunft des neuen Jakob aus der Diaspora gedacht. Dieser Hintergrund wird in V.13 entfaltet.[49]

Der Sammlungsvorgang wird in V.12aβ.b* mit der Herdenmetapher illustriert. JHWH erscheint als Hirt seiner Schafe, denen er die Zusammenführung und Wiedervereinigung im Herdenverband ankündigt. Das Suff. 3. Mask. Sg. (יַחַד אֲשִׂימֶנּוּ) bezieht sich auf den Adressatenkreis in V.12aα zurück. Das Motiv des Hirtengottes, der sein Herdenvolk sammelt, ist alttestamentlich konventionell und begegnet wiederholt in äquivalenten Zusammenhängen (vgl. Jes 40,11; 43,5; Jer 23,3; 31,10; Ez 34,13; Zef 3,19). Beide Kola sind strukturanalog aufgebaut (כְּעֶדֶר בְּתוֹךְ neben כְּצֹאן בָּ) und bilden wie V.12aα einen synonymen Parallelismus. V.12b nennt die Trift (דֹּבֶר vgl. Jes 5,17) als Ort der Sammlung und (Wieder)Vereinigung. In V.12aβ (בצרה) lässt sich בַּצָּרָה *Pferch* [BHS] als Äquivalent erschließen.[50] Der Akzent der Aussage liegt auf der Zusammenführung der Herde an einem fest umgrenzten und nach außen sicher abge-

---

48 Vgl. bereits Zapff, Studien, 39.

49 Vgl. entsprechend Jeremias, ATD, 154; Wolff, BK, 55.

50 Im Anschluss an Dalman, AuS VI, 277–278, macht Jeremias, ATD, 156, auf die arab. Parallele *ṣīrat* aufmerksam (vgl. bereits Nowack, HK³, 213). Dalman bietet überdies eine eindrückliche Beschreibung der Schutzfunktion solcher Hürden.

schlossenen Ort, an dem sich der Herdenverband konstituiert und als solcher erkennbar wird.

An welchem Ort sich die Sammlung vollzieht lässt V.12aβ.b offen.[51] Die Metapher bleibt vollends im Rahmen ihrer Bildwelt. Insofern sie aber auf die Wiedervereinigung des Volkes (יַחַד שִׂים) an einem sicheren Ort und die Neukonstitution Jakobs vorausweist, liegt der Verdacht nahe, dass es sich dabei um Jerusalem handelt, das im Kontext des Strafgerichts verlassen worden war (vgl. Mi 1,16; 4,10*). In dieselbe Richtung weist das Verbum עלה in Mi 2,13, mit dem das Hinaufziehen JHWHs an der Spitze seines Volkes zum Ausdruck gelangt. Diese Bewegung lässt an die Aliyah des Herdenvolkes und seine Heimkehr nach Jerusalem denken.

1.4.2 Die Sammlungsexplikation in V.13

Auf das Orakel in V.12 folgt in V.13 seine narrative Entfaltung, die den Hintergrund der Heilsperspektive und den Modus der Sammlung zur Darstellung bringt. Sie enthält zwei Zeitebenen, wie wir sahen. Auf der ersten Zeitebene zu Beginn des Verses werden im Perf. (עָלָה הַפֹּרֵץ לִפְנֵיהֶם פָּרְצוּ) die Voraussetzungen derjenigen Vorgänge beschrieben, die auf der zweiten Ebene sodann über Narrative dargestellt werden. JHWH als הַפֹּרֵץ war vor ihnen her hinaufgezogen (עלה) und das Volk hatte sich ausgebreitet (פרץ), bevor es sich in Bewegung setzt und seinem Gott nachfolgt.

Das Part. הַפֹּרֵץ betrachtet den Hintergrund beider Vorgänge. Es rekurriert auf das frühere Strafhandeln JHWHs und bildet eine literarische Brücke zur Gerichtskomposition in Mi 2–3.[52] Die über das Epitheton הַפֹּרֵץ formulierte Unheilsreminiszenz erfüllt in V.13 dieselbe Funktion wie das in äquivalenten Zusammenhängen geläufigere Verbum פוץ (Dtn 30,3; Ez 11,16–17; 20,41; 28,25; 29,13; 34,5–6.12; vgl. Jer 30,11). Anstelle desselben dürfte das alternative פרץ aufgrund seiner doppelten Semantik gewählt worden sein, die eine gewaltsame Handlung JHWHs ebenso bezeichnen kann wie die Mehrung des Volkes (als Ausdruck göttlichen Segens). Ihr schillernder Charakter entspricht jedenfalls der Position

---

51 MT nennt die edomitische Hauptstadt Bozra als Ort der Sammlung. Dabei dürfte es sich um eine Nachinterpretation unter dem Einfluss von Jes 34–35 handeln. „Demnach erfolgt nach der Vernichtung Edoms in Jes 34, die sich zum universalen Völkergericht ausweitet, die endgültige, ungehinderte Heimkehr der Exilierten in Jes 35 über das nun von allen Hindernissen befreite frühere Gebiet Edoms." (ZAPFF, Studien, 30–31, im Anschluss an STECK, Heimkehr, 42ff.) Da in Mi 4,11–13 ein universales Völkergericht zur Darstellung kommt, könnte die Nachinterpretation in Mi 2,12 auf die Hand seiner Verfasser zurückgehen.

52 S. dazu bereits oben 1.2.

des Heilsorakels inmitten der Gerichtskomposition von Mi 2–3. In formal ähnlicher Weise wird in Mi 1,15a der Urheber des Unheils als הַיֹּרֵשׁ bezeichnet, was der Formulierung in V.13 als Vorbild gedient haben wird.

Mit den Verben עלה und פרץ werden die Voraussetzungen der anschließenden Prozession des Volkes bestimmt. JHWH war vor ihnen her hinaufgezogen (עלה), was die erste Voraussetzung der Prozession darstellt. Obwohl das Ziel der Bewegung nicht ausdrücklich genannt wird, ist mit hoher Wahrscheinlichkeit an Jerusalem zu denken. Immerhin begegnet das Verbum prominent im Kontext der Zionwallfahrt (vgl. nur Mi 4,2) und als konstitutives Element der sog. Heraufführungsformel innerhalb der Exodustradition (vgl. nur Ex 3,8.17).[53] Überdies korrespondiert Mi 2,12–13 im kompositionellen Zusammenhang mit Mi 1,16 und Mi 4,10*. Sowohl der Zielpunkt der geschichtstheologischen Komposition in Mi 1,16 (כִּי גָלוּ מִמֵּךְ) als auch die Unheilsreminiszenz des Erlösungsorakels in Mi 4,10* (כִּי־עַתָּה תֵצְאִי מִקִּרְיָה) beschreiben eine Bewegung, die als Konsequenz des Strafgerichts aus Jerusalem herausführt. Das Sammlungsorakel kehrt diese Bewegung in heilvollem Sinne um.

Während JHWH seinem Volk vorauszieht und ihm den Weg weist, befindet sich das Volk selbst in V.13a noch am Ort seiner Gefangenschaft (vgl. Mi 1,16), wo es sich ausgebreitet hatte. Mit dem Verbum פרץ wird die zweite Voraussetzung des Auszugs bestimmt und auf die Mehrung und Ausbreitung des Volkes hingewiesen. Obgleich in ungewöhnlicher Terminologie wird damit ein Aspekt aufgenommen, der über Mi 2,13 hinaus im Kontext heilsgeschichtlicher Wendepunkte belegt ist (vgl. Jes 54,3; Jer 23,3; Mi 4,7) und prominent am Beginn der Exoduserzählung begegnet (vgl. רבה in Ex 1,7.20; רבה neben פרץ in Ex 1,12).

Drei Verben im Narr. bringen sodann den Aufbruch des Volkes unter Führung JHWHs zur Darstellung. Die ersten beiden Narrative haben in 3. Pl. das Volk zum Subjekt, der dritte schließlich JHWH. Das Volk durchquert das Stadttor (וַיַּעַבְרוּ שַׁעַר), wie einst durch die trockene Pforte im Schilfmeer (vgl. עבר in Ex 15,16), und rückt durch dasselbe aus (וַיֵּצְאוּ בוֹ), JHWH zieht ihm voraus (וַיַּעֲבֹר). Obwohl nicht näherbestimmt wird, welcher Stadt das Tor zugehört, wird man es doch auf die „Stadt der Gefangenschaft"[54] und konkret auf Babel beziehen dürfen (vgl. Jes 52,11–12).[55] Mit

---

53 Vgl. entsprechend KESSLER, HThK.AT, 141 mit weiteren Belegstellen.

54 WOLFF, BK, 56.

55 MENDECKI, Sammlung, 99, hat darauf aufmerksam gemacht, dass der Stadtname Babel im Akk. (*bab-ili*) und Sum. (*ka-*DINGIR*[ra]*) Gottes Tor bedeutet und daraus geschlossen, „daß durch die Nennung eines Tores eine Anspielung auf den Namen ‚Babel' gemacht" worden sein könnte (vgl. Mi 4,10). Insofern die Narrative eine Bewegung von innen (וַיַּעַבְרוּ שַׁעַר) nach außen (וַיֵּצְאוּ בוֹ) unter JHWHs Führung (וַיַּעֲבֹר מַלְכָּם לִפְנֵיהֶם) bezeichnen und das Verbum עלה die Orientierung derselben bestimmt, ist eindeutig, dass das Stadttor jedenfalls nicht Jerusalem zugehören kann (so

dem Durchqueren des Tores (עבר) beginnt das Volk seinen Zug in die Freiheit (יצא). Als term. techn. des neuen Exodus ist das Verbum יצא bei DtJes vorgebildet (Jes 48,20; 49,9; 52,11; 55,12 vgl. Ex 13,3 – 4; 14,8; 16,1 u. ö.). Wie in Mi 2,13 begegnet es dort ferner in Verbindung mit der Königsherrschaft JHWHs und der Vorstellung des seinem Volk vorausziehenden Gottes (vgl. Jes 52,12).[56]

Die herausgehobene Stellung JHWHs im Verhältnis zu seinem Volk betrachtet der Abschluss der Explikation in V.13b. Der vor seinem Volk hinaufgezogen war (עלה), führt es als König an (וַיַּעֲבֹר מַלְכָּם לִפְנֵיהֶם) und zieht an seiner Spitze (וַיהוָה בְּרֹאשָׁם) voraus. Die Königsherrschaft JHWHs besitzt das „Achtergewicht"[57] der Sammlungsverheißung und begegnet in V.13b im Parallelismus mit dem Begriff רֹאשׁ, der aus Mi 3,1 (vgl. V.9.11) aufgenommen ist. In V.13b bestimmt er zum einen die Position JHWHs, der an der Spitze seines Volkes vorausgeht. Zum anderen deutet die Verbindung zum folgenden Höraufruf an, dass JHWH als Haupt seines Volkes (בְּרֹאשָׁם) die politischen Anführer früherer Tage ablöst und an ihre Stelle tritt (vgl. Ez 34).[58] Damit weist Mi 2,12 – 13* das Königtum JHWHs als das heilszeitliche Herrschaftskonzept in Israel aus. Schließlich nimmt der Begriff בְּרֹאשָׁם das doppelte לִפְנֵיהֶם wieder auf. Gleich dreifach stellt V.13 auf diese Weise heraus, dass JHWH sein Volk in heilvoller Absicht anführt.

1.5 Literarischer Ort

Die Sammlungsverheißung ist in die Gerichtskomposition von Mi 2 – 3* nachträglich eingefügt worden und setzt diese zu weiten Teilen voraus. Näherhin begegnet sie zwischen der Schlusspolemik der Weissagungsdebatte in Mi 2,11 zur einen und der Eröffnung des Schuldaufweises gegen die politische Führung in Mi 3,1a zur anderen Seite und ist für diesen Zielzusammenhang eigens formuliert worden. Zur Bezeichnung der Adressaten werden die Begriffe Jakob und Israel aus Mi 3,1a (vgl. V.8.9a) aufgenommen, zur Bestimmung der Position JHWHs als An-

---

etwa KESSLER, HThK.AT, 142; ZAPFF, Studien, 35). Auf dieser Linie hat UTZSCHNEIDER, ZBK, 70 – 71, darauf hingewiesen, dass in V.13 vor dem Hintergrund von Jes 45,2; 43,13 – 14 ein verdeckter Hinweis auf den Perserkönig Kyros vorliegen könnte, „für den YHWH Türen geöffnet und Tore aufgeschlossen hat [...] zweifellos, um damit den Auszug Israels aus Babel – der Stadtname bedeudet Tor Gottes! – vorzubereiten."

56 Vgl. bereits JEREMIAS, ATD, 155; KESSLER, HThK.AT, 141; WOLFF, BK, 56.

57 JEREMIAS, ATD, 156.

58 Die über den Terminus רֹאשׁ hergestellte und inhaltlich überaus bedeutsame Verknüpfung von Mi 2,12 – 13 mit Mi 3,1 spricht entscheidend dagegen, das Schlusskolon in V.13 als Nachtrag auszuweisen, was WÖHRLE, Sammlungen, 152, zur Diskussion gestellt hat.

führer seines Volkes der Terminus רֹאשׁ, der in Mi 3,1a (vgl. V.9a) ebenfalls vorgebildet ist.

Durch diese terminologischen Bezüge zum Nahkontext wird Mi 2,12–13* fest an seinem literarischen Ort verankert und sein Zielzusammenhang inhaltlich neu akzentuiert.[59] Indem JHWH die Position רֹאשׁ übernimmt, substituiert er die politischen Anführer. Mit der Heilswende tritt das Königtum JHWHs an ihre Stelle. Durch die Aufnahme des Begriffspaares Jakob/Israel aus Mi 3,1a verweist Mi 2,12aα weiterhin auf die Zukunft des Volkes nach dem Strafgericht und verbindet sie mit der Perspektive der heilvollen Sammlung. Da vom Haus Israel (בֵּית יִשְׂרָאֵל) allerdings allein ein Rest Israel (שְׁאֵרִית יִשְׂרָאֵל) bleibt, wird keine umfassende Restitution des Früheren angekündigt. Vielmehr wird der aus der Diaspora zusammengeführte Rest zum Ursprung des neuen Jakob.

Über ihren Nahkontext hinaus weist die Sammlungsverheißung weitere Kontrastbezüge zum Gerichtstext in Mi 2–3* sowie insbesondere zum inhaltlichen Gefälle der Komposition in Mi 1* auf. Führte der Unheilsverlauf in Mi 1* auf die Deportation der (Jerusalemer) Bevölkerung zu, konterkariert Mi 2,12 dieses Ergebnis mit der Ankündigung der heilvollen Sammlung des Volkes. Dem über dreifaches עַד in Mi 1,9 abgebildeten sukzessiven Unheilsverlauf stellt Mi 2,13 die künftige Heilsbewegung des Volkes entgegen, das unter wiederum dreifach betonter Führung JHWHs in seine frühere Heimat zurückkehrt. Die Begriffe עבר und יצא, die jene Heilsbewegung zur Darstellung bringen, begegnen mit unheilvoller Konnotation zu Beginn des Schefela-Städte-Gedichts in Mi 1,11.

Im Hinblick auf den Folgezusammenhang mildert die Sammlungsverheißung die Härte des in Mi 3 angekündigten Unheils, indem es über den Unheilshorizont hinaus auf den heilvollen Fortgang der Geschichte Israels verweist, noch bevor das Strafurteil gesprochen ist. Die schuldbelastete Führungselite fällt zwar endgültig dem Strafgericht JHWHs anheim, das Volk Jakob wird JHWH allerdings neu konstituieren und seiner Herrschaft unterstellen. Zwischen den Höhepunkten des Unheilstextes in Mi 1,16 und Mi 3,12 figuriert Mi 2,12–13 als „Semi – Klimax"[60] und deutet auf der Mitte zwischen diesen beiden auf die Heilskapitel in Mi 4–5* voraus. Diese Mittelposition zwischen den Höhepunkten in Mi 1–3* dürfte der Heilsverheißung in formaler Hinsicht ihren Ort innerhalb der Komposition angewiesen haben.

---

59 Vgl. ZAPFF, Studien, 39–40.

60 METZNER, Kompositionsgeschichte, 129.

1.6 Kompositioneller Zusammenhang

Das Sammlungsorakel in Mi 2,12–13 verweist auf die heilvolle Zukunftsperspektive des Volkes Jakob nach dem erfolgten Strafgericht. Damit setzt es ein Referenzelement im Anschluss an das Strafurteil in Mi 3,12 und die heilskompositionelle Fortsetzung des älteren Gerichtstextes zumindest im Grundbestand voraus. Ohne diese bliebe die Heilsperspektive des Sammlungsorakels in der Schwebe. Den Kristallisationskern von Mi 4–5 bildet das Erlösungsorakel in Mi 4,10* (ohne seine Nachinterpretation auf die Deportation nach Babel in V.10bα₂).[61] Mit der Unheilsreminiszenz in V.10a.bα₁ schließt es an den vorliegenden Gerichtstext an und leitet zur Erlösungsverheißung für die Tochter Zion in V.10bβ über. Im Anschluss an Mi 3,12 bringt Mi 4,10* die Leiden der Tochter Zion zum Ausdruck, die Pointe des Orakels besteht allerdings in der Heilswende und der Erlösungsperspektive Zions. Durch die Anfügung von Mi 4,10* erhält Mi 1–3* einen neuen, nunmehr heilvollen Zielpunkt.

Im Rahmen seiner Unheilsreminiszenz nimmt das Erlösungsorakel charakteristische Merkmale der Höhepunkte des Unheilstextes in Mi 1,16 und Mi 3,12 auf und zeigt sich als literarischer Reflex auf beide. Unter dem Eindruck von Mi 1,16 (קׇרְחִי וָגֹזִּי) wird zu Beginn ein doppelter Imp. formuliert, der die Tochter Zion (חוּלִי וָגֹחִי) zur Trauer aufruft.[62] Wie Mi 1,16 beschreibt Mi 4,10bα₁ sodann eine Bewegung, die aus der Stadt hinausführt. Während nach Mi 1,16 die Stadtbewohner (Jerusalems) in die Gefangenschaft ziehen, verlässt nach Mi 4,10bα₁ die Tochter Zion ihre Stadt, um auf dem Feld zu lagern und dort ihre Erlösung zu erwarten. Mit dem Höhepunkt der Gerichtskomposition in Mi 3,12 teilt Mi 4,10* schließlich die Begriffe צִיּוֹן und שָׂדֶה. Während Zion in Mi 3,12 das Objekt und das Feld das Ergebnis des Strafgerichts darstellt, ist Zion (als Tochter Zion) Adressat des Orakels und lagert auf dem Feld, an demjenigen Ort also, der nach dem Strafgericht von Jerusalem übrig bleibt. Dort erwartet Tochter Zion die Erlösung aus der Hand ihrer Feinde.

Das Orakel in Mi 4,10* beschränkt sich auf die Ankündigung der Erlösung, auf welche Weise sich diese allerdings konkret vollzieht, bleibt der literarischen Fortbildung im Rahmen der Heilskomposition des Michabuches überlassen. Das älteste Element dieser literarischen Fortbildung dürfte die Sammlungsverheißung in Mi 2,12–13* enthalten. Sie deutet die Erlösung als Sammlung und Heimkehr des verstreuten Volkes unter der Führung König JHWHs. Die übrigen Textbausteine in Mi 4–5, die das

---

61 S. dazu unter Teil C die Analyse 2.1.
62 Auf das Korrespondenzverhältnis der beiden doppelten Imp. in Mi 1,16 und Mi 4,10* (vgl. Mi 4,13) hat bereits JEREMIAS, ATD, 144, hingewiesen.

Erlösungsgeschehen ihrerseits in je unterschiedlicher Hinsicht ausleuchten und als Reaktion auf Mi 4,10* zu verstehen sind, setzen die Präsenz JHWHs und seines Volkes in Jerusalem schon voraus, was in Mi 2,12 – 13* vorbereitet wird.[63]

Über ihre jeweiligen Unheilsreminiszenzen schließen Mi 2,12 – 13* und Mi 4,10* an ihren Zielzusammenhang an, führen jedoch mit ihren Heilsverheißungen über diesen hinaus und richten das Michabuch auf diese Weise neu aus. Die Zeit von Deportation und Strafgericht erscheint daraufhin als Vorgeschichte von Sammlung und Erlösung. Gemeinsam legen beide Elemente einen Rahmen um das zentrale Unheilskapitel in Mi 3 und eine heilsgeschichtliche Perspektive über den älteren Gerichtstext. Unter Berücksichtigung der beiden unheilvollen Zielpunkte in Mi 1 – 3* ergibt sich die folgende Struktur:

Mi 1,16	Gericht: Klimax A	Klage über die Deportation
Mi 2,12 – 13*	Heil: Semi-Klimax	Sammlung Jakobs und Heimkehr
Mi 3,12	Gericht: Klimax B	Untergang Zions (Jerusalem)
Mi 4,10*	Heil: Klimax C	Erlösung Zions (Tochter Zion)

Mit der Anfügung des Erlösungsorakels in Mi 4,10* und seiner Fortbildung in Mi 2,12 – 13 ist die für das Michabuch charakteristische Alternation von Heil und Unheil grundgelegt. Ein heilvoller Plot wird in den Unheilszusammenhang eingeflochten. Im Vergleich der ersten beiden Höhepunkte mit den beiden folgenden fällt auf, dass Mi 1,16 und Mi 2,12 – 13* das Schicksal des Volkes ins Zentrum stellen, während Mi 3,12 und Mi 4,10* das Schicksal Jerusalems bzw. Tochter Zions als seiner Personifikation betrachten. Diese Regelmäßigkeit wird durch die Einschaltung der Sammlungsverheißung in den Gerichtstext erreicht.

Das Sammlungsorakel besitzt eine Parallele in Mi 4,6 – 7, die ihm in formaler und inhaltlicher Hinsicht ähnlich ist. Gleichermaßen kündigen sie die heilvolle Sammlung (אסף q. neben קבץ pi.) des Volkes an, dem Unheil widerfahren ist, betrachten die Heilsperspektive eines Restes (שְׁאֵרִית) und verbinden diese mit dem Herrschaftskonzept des JHWH-Königtums. Gemeinsam ist ihnen weiterhin der auffällig unvermittelte Übergang von der Gottes- zur Prophetenrede zwischen Proklamation (Mi 2,12* und Mi 4,6 – 7a) und Explikation (Mi 2,12 und Mi 4,7b). Anders als Mi 2,12 – 13 wird Mi 4,6 – 7 allerdings explizit als Gottesrede eingeführt

---

63 Konkret handelt es sich um das Völkerwallfahrtslied in Mi 4,1 – 5*, das Erlösung als Herstellung umfassenden Friedens deutet, die Bethlehemverheißung in Mi 4,14 – 5,4a*, die Erlösung als Neubegründung des Hauses David versteht, und das Reinigungsgericht in Mi 5,9 – 13*, das Erlösung als Herstellung eines unbelasteten Gottesverhältnisses begreift. Die weiteren Textbausteine enthalten interne Korrekturen oder Präzisionen. Zur literarischen Fortbildung des Erlösungsorakels und zur Entstehungsgeschichte der Heilskomposition in Mi 4 – 5 s. unter Teil C die Analyse 2.2 und 2.3.

und mit einer bestimmten Zeitebene des Michabuches (בַּיּוֹם הַהוּא vgl. Mi 2,4; 5,9) in Verbindung gebracht. Damit sind die Unterschiede zwischen beiden Verheißungen angesprochen, die darauf schließen lassen, dass Mi 4,6 – 7 unter dem Vorbild von Mi 2,12 – 13 formuliert worden ist und die Heilsperspektive im Sinne des eigenen Interesses präzisiert.[64]

Unter dem Einfluss von Gen 32,32 (צָלַע), wonach der Stammvater Jakob infolge seines Kampfes am Jabbok hinkt, wird der Name Jakob durch das Part. הַצֹּלֵעָה ersetzt und mit dem Part. הַנִּדְּחָה parallelisiert (vgl. Zef 3,19). Durch die Bezugnahme auf die Jakoberzählung in Gen 32,25 – 33 wird Jakob (vgl. Mi 2,12) ausdrücklich mit dem lahmen Stammvater Israel in Beziehung gesetzt. Darüber hinaus expliziert Mi 4,6b (וַאֲשֶׁר הֲרֵעֹתִי) die in Mi 2,13aα (הַפֹּרֵץ) nur angedeutete Unheilsreminiszenz und entfaltet den Mehrungsaspekt aus Mi 2,13aβ (פָּרְצוּ) in V.7a (לְגוֹי עָצוּם) im Rekurs auf die Abrahamsverheißung (vgl. Gen 18,18). V.7b bringt das JHWH-Königtum schließlich ausdrücklich mit Zion/Jerusalem in Verbindung, das als Zielperspektive der Aliyah-Bewegung in Mi 2,13 wahrscheinlich ist. Signifikant unterschiedlich sind jedoch die Vorstellungen vom Volk der Sammlung und die Verwendung des Restmotivs. Anders als Mi 2,12 – 13 akzentuiert Mi 4,6 – 7 die Versehrtheit des Volkes (הַצֹּלֵעָה) und bestimmt den Rest (im Parallelismus mit גוֹי עָצוּם) als Resultat der Sammlung, während er in Mi 2,12 – 13 als Ausgangsgröße derselben erscheint.

1.7 Ergebnis

Als erstes explizites Heilsorakel des Michabuches ist die Sammlungsverheißung in Mi 2,12 – 13* nachträglich in die Gerichtskomposition eingesetzt und für ihren literarischen Ort gestaltet worden. Sie verknüpft den Unheilstext von Mi 1 – 3* mit der Heilskomposition in Mi 4 – 5*. Gemeinsam mit dem Erlösungsorakel in Mi 4,10*, das den Kristallisationskern der Heilskomposition darstellt, richtet sie den Unheilstext neu aus und beschreibt die Heilsperspektive des neuen Jakob, den JHWH aus dem versammelten Rest Israels hervorbringt und als dessen König heimführt. Da die Proklamation in V.12 eine Nähe zu den Sammlungsverheißungen in Jer 23,3 und Ez 34,13 aufweist und ihre Explikation in V.13 über das Motiv des neuen Exodus mit DtJes in Beziehung steht, wird die Einschaltung von Mi 2,12 – 13 in den älteren Gerichtstext vermutlich im Horizont der frühen Perserzeit erfolgt sein. Die Exilswende jedenfalls liegt bereits zurück.

---

64 Vgl. entsprechend JEREMIAS, ATD, 175 – 176; KESSLER, HThK.AT, 192 – 193.

2 Die Integrität der Gerichtskomposition in Mi 2 – 3*

Während das Heilsorakel in Mi 2,12 – 13 innerhalb der Forschung mittlerweile konsensfähig als jüngerer Zusatz aus nachexilischer Zeit angesehen wird, steht die literarische Einheitlichkeit der Gerichtskomposition in Mi 2 – 3* (von einzelnen Nachinterpretationen abgesehen) im Grundsatz nicht infrage. Innerhalb der synchronen Betrachtung waren bereits erste Bedenken gegen diese Position erhoben worden.[65] Diese Bedenken haben sich aus der Beobachtung ergeben, dass die Gerichtskomposition mit der Sozialkritik und der Auseinandersetzung über Weissagung und Prophetie zwei unterschiedliche Themenkreise integriert.

Fraglos ist es ein und demselben Autor ohne Weiteres zuzutrauen, dass er in seinem Text verschiedene Aspekte verhandelt. Allerdings begegnen die Textpassagen, die dem einen oder dem anderen Themenkreis zugehören, auf eine Weise miteinander verschränkt, dass Zäsuren entstehen, die literarische Brüche darstellen. Solche Brüche zeigen sich weiterhin nicht nur an den Nahtstellen, an denen die Textelemente beider Themenbereiche aufeinander treffen, sondern auch innerhalb der Textbausteine, die ein und demselben Bereich zugehören. Die nachfolgende Durchsicht wird die Bruchstellen aufspüren, um vor dem Hintergrund des Befundes die These für die weitere Analyse zu gewinnen.

2.1 Die Sozialkritik in Mi 2,1 – 5

Die Gerichtskomposition wird mit einem Weheruf über eine Gruppe von Unrechttätern eröffnet, die gesellschaftliches Unheil stiften. Indem V.1 – 2 ein Leichenlied gegen sie richtet, das sie wie Tote beklagt, wird ihnen ihr Handeln heimgezahlt und das Handwerk gelegt. Der Weheruf trägt also den Urteilsspruch, der einem Todesurteil gleichkommt, bereits in sich. Vor diesem Hintergrund überrascht der Sachverhalt, dass mit dem Botenspruch in V.3 noch ein weiteres, nunmehr explizites Strafurteil folgt. Dass V.1 – 2 lediglich den Schuldaufweis darstellt, der das Urteil in V.3 begründet, ist unwahrscheinlich, da sich der Weheruf seiner Gattung gemäß nicht auf diese Funktion reduzieren lässt. Darüber hinaus sind die Adressatenkreise in V.1 – 2 und V.3 nicht kongruent. Der Terminus מִשְׁפָּחָה, der in V.3 die Adressaten des Strafurteils bestimmt, besitzt einen umfassenden Geltungsradius und bezeichnet für gewöhnlich das Volk insgesamt. Dieser Radius ist mit dem Adressatenkreis des Werufs nicht in Übereinstimmung zu bringen. Mit dem Botenspruch scheint das Interesse verbunden, das gesell-

---

65 S. oben II.2 und II.3.

schaftliche Unheil nach Art der in V.1–2 beklagten Vergehen in einen größeren Zusammenhang hineinzustellen und seine Vergeltung ausdrücklich auf einen Urteilsspruch JHWHs zurückzuführen.

Auf den Weheruf samt Botenspruch (V.1–2.3) folgt in V.4–5 ein Gerichtswort. Seine Eigentümlichkeit besteht darin, dass im Rahmen des Schuldaufweises in V.4 ein Aspekt des Leichenliedes aus V.2 wieder aufgenommen und noch einmal der Verlust von Feldern (שָׂדֶה) als Erbland (חֵלֶק) vgl. שָׂדֶה neben נַחֲלָה in V.2) beklagt wird. Durch seine Einleitung (נֶהָה נְהִי נִהְיָה) gibt sich V.4–5 als Neuauflage einer bereits vollzogenen Wehklage zu erkennen. Das Gerichtswort scheint somit eine Aktualisierung der älteren Anklage aus V.1–2 vorzunehmen. Die Zeitangabe in V.4 (בַּיּוֹם הַהוּא) schließt zwar an die Unheilschronologie aus V.3 (כִּי עֵת רָעָה הִיא) an, steht aber mit einer anderen Zeitebene des Michabuches in Beziehung (vgl. Mi 4,6–7; Mi 5,9).

Mit dem Weheruf in V.1–2, dem Botenspruch in V.3 und dem Gerichtswort in V.4–5 sind im vorfindlichen Textgefüge von Mi 2,1–5 drei Textelemente miteinander verbunden, die verschiedenen Textgattungen zugehören und keinen kohärenten Zusammenhang bilden. Diese Beobachtung legt die Vermutung nahe, dass die Sozialkritik in Mi 2,1–5 einen gewachsenen Zusammenhang darstellt. Das Leichenlied in V.1–2 scheint zunächst eine gerichtsprophetische Erweiterung in V.3 und schließlich eine sozialkritische Aktualisierung in V.4–5 erfahren zu haben.

2.2 Die Weissagungsdebatte in Mi 2,6–11

In Mi 2,6–11 begegnet die erste Textpassage, die dem Themenbereich Weissagung und Prophetie zugehört. Darin wird ein Streit zwischen Weissagern wie Micha und ihrer Opposition beschrieben, aus dem der Adressatenangabe בֵּית־יַעֲקֹב in V.7a (Vokativ) gemäß ein gesamtgesellschaftlicher Diskurs über die Grundlagen der Weissagungspraxis im Hause Jakob erwächst. Im Zusammenhang der Gerichtskomposition ist Mi 2,6–11 in doppelter Hinsicht auffällig. Zum einen wird die Ebene der konkreten Sozialkritik verlassen. An ihre Stelle tritt eine Metareflexion über Grundsatzfragen der Weissagungspraxis, bevor Mi 3,1ff zur Sozialkritik zurückkehrt und den Schuldaufweis fortsetzt. Zum anderen wird die Debatte, die in V.6–7 beginnt und in V.11 ihren Abschluss findet, durch ein sozialkritisches Textelement im Zentrum unterbrochen, das sich weder formal noch inhaltlich organisch aus dem Weissagungsdiskurs ergibt, diesen vielmehr in zwei Hälften scheidet. Die fünffache Verwendung der Wurzel נטף in V.6–7 und V.11, die eine inklusive Funktion innerhalb des literarischen Diskurses erfüllt, weist die enge Verbindung zwischen beiden Hälften aus. Die Collage aus Sozial- und Weissagungskritik in Mi 2,6–11 legt den Schluss nahe, dass beide Elemente im Laufe der

Wachstumsgeschichte der Gerichtskomposition miteinander verflochten worden sind und keine ursprüngliche Einheit bilden.

2.3 Die Sozialkritik in Mi 2,8–10

Die Sozialkritik in Mi 2,8–10 setzt mit einem Schuldaufweis in V.8–9 und dem anschließenden Strafurteil in V.10 die Anklage sozialen Unrechts fort. Da sie das dichte Stilgefüge der Weissagungsdebatte in Mi 2,6–7.11 unterbricht, dürfte V.8–10 nachträglich in diese eingesetzt worden sein. Wie bereits V.4–5 nimmt auch V.8–10 auf den Weheruf in V.1–2 Bezug und legt die Wendung גֶּבֶר וּבֵיתוֹ im Hinblick auf die einzelnen Glieder des Familienverbandes aus, indem ein ökonomisches Unrecht Ausdruck findet, das den ‚Friedfertigen (Männern)' (V.8 cj.), den Frauen (V.9a) und ihren Kindern (V.9b) widerfährt. Über die Begriffe עַמִּי (V.8–9 und V.4 vgl. Mi 3,3.5) und חֶבֶל (V.10 und V.5) weisen V.4–5 und V.8–10 signifikante Bezüge zueinander auf, die den Verdacht wecken, dass V.4–5 und V.8–10 auf derselben literarischen Ebene liegen. Im kompositionellen Zusammenhang folgen beide Textelemente auf Wendungen, die in konkretem oder metaphorischem Sinne eine Aussage zum aufrechten Gang treffen (וְלֹא תֵלְכוּ רוֹמָה in V.3bα und עִם הַיָשָׁר הֹלֵךְ in V.7bβ). Diese könnten als Positionsmarken gedient haben.

2.4 Die Sozialkritik in Mi 3,1–4

Nach dem polemischen Abschluss der Weissagungsdebatte in Mi 2,11 nimmt Mi 3,1–4 den sozialkritischen Themenstrang wieder auf. Die Anklage richtet sich nun gegen die politische Führung, der eine mangelhafte Rechtspflege und die Schändung des Volkes angelastet wird. Der Textbaustein ist in doppelter Hinsicht auffällig. Erstens erscheinen die Vorwürfe gegen die Häupter und Anführer disparat. Während sie in V.1–2a zunächst auf ihre Verantwortung für das Recht angesprochen werden, die sie aufgrund ihrer verkehrten Gesinnung grob vernachlässigt haben, werden sie in V.2b–3 in herber metaphorischer Sprache aktiver Gewaltverbrechen beschuldigt. Sollte die Schlachtungssequenz in V.2b–3 eine nachträgliche Radikalisierung des Schuldaufweises darstellen, der sich in V.1–2a (vgl. V.9b) allein auf die Frage der Rechtsobservanz konzentriert? Über den Terminus עַמִּי ist V.2b–3 jedenfalls mit denjenigen Elementen in Mi 2 verbunden, die mutmaßlich eine aktualisierende Interpretation der älteren sozialkritischen Anklage darstellen (vgl. Mi 2,4.8–9).

Im Anschluss an den Schuldaufweis in V.1–3 irritiert zweitens der Straffolgespruch in Mi 3,4, der das Textelement beschließt. Der politischen Führung wird darin eine Zeit der Not in Aussicht gestellt, in der sie JHWH vergeblich um Hilfe anrufen werden wird. Da entsprechende Hilferufe seitens der Häupter und Anführer im inhaltlichen Gefälle der Gerichtskomposition völlig unvorbereitet sind und erst von Mi 3,12 her verständlich werden, erscheint die Ankündigung an dieser Stelle verfrüht. Der Straffolgespruch ist bereits unter dem Eindruck des kompositionellen Zielpunktes in Mi 3,12 formuliert und weist am vorfindlichen Ort auf diesen voraus.

Weiterhin lässt V.4 eine weitaus höhere Affinität zum nachfolgenden Gerichtswort gegen die Propheten in V.5 – 8 erkennen als zur Sozialkritik in V.1 – 3. Das Motiv der Gottesfinsternis in V.4bα korrespondiert mit V.6, die Wendungen וְלֹא יַעֲנֶה אוֹתָם in V.4aβ und כִּי אֵין מַעֲנֶה אֱלֹהִים in V.7bβ bilden eine literarische Klammer. Sollte V.4 ein redaktionelles Scharnier darstellen, das im Zuge der womöglich nachträglichen Eingliederung von V.5 – 8 gestaltet wurde, um den Schuldaufweis gegen die politische Führung vorläufig abzuschließen und bereits an dieser Stelle auf den finalen Urteilsspruch gegen sie vorauszuweisen?

An Plausibilität gewinnt der Verdacht vor dem Hintergrund der Fortsetzung des sozialkritischen Schuldaufweises in V.9. Sie wird durch einen Höraufruf eröffnet, der denselben Adressatenkreis wie V.1a noch einmal adressiert. Die Höraufrufe sind bis auf zwei Elemente identisch. Neben dem Demonstrativum זֹאת, das dezidiert auf die Fortsetzung des Schuldaufweises hindeutet, füllt V.9a die Adressatenangabe auf, indem sie רָאשֵׁי בֵּית יַעֲקֹב statt רָאשֵׁי יַעֲקֹב (V.1a) bietet, und stellt auf diese Weise eine exakte Parallelität beider Kola des Höraufrufs her (בֵּית יַעֲקֹב neben בֵּית יִשְׂרָאֵל), die V.1a noch nicht enthielt. Dieser Sachverhalt lässt den redaktionellen Charakter des wiederholten Höraufrufs ahnen, dessen Gestaltung im Zuge der Einschaltung des Prophetengerichts erforderlich geworden sein könnte, um die Wiederaufnahme des Schuldaufweises gegen die Häupter und Anführer einzuleiten.

2.5 Das Prophetengericht in Mi 3,5 – 8

Das Gerichtswort in Mi 3,5 – 8 erhebt Anklage gegen die Propheten, die sich der Korruption schuldig gemacht und die Irreführung des Volkes zu verantworten haben. Mit dem Strafurteil in V.6 – 7 wird ihnen der Empfang jeder göttlichen Offenbarung entzogen und in V.8 abschließend das Prophetenformat Micha kontrastierend gegenüber gestellt. Im kompositionellen Zusammenhang fällt das Gerichtswort dadurch auf, dass mit den Propheten ein neuer Adressatenkreis aufgerufen wird, bevor die Anklage gegen die politische Führung zum Abschluss gelangt. Überdies motiviert der anscheinend redaktionelle Charakter der Rahmenverse in V.4 und V.9a den Verdacht, dass die Passage nachträglich in die Gerichtsrede eingesetzt worden ist. Sollte sie eine Nachinterpretation darstellen, dürfte ihre Einschaltung dem Interesse folgen, neben der politischen Führung auch die Propheten als zweite Institution für das Unheil zur Rechenschaft zu ziehen. Sie geht der Frage nach, weshalb es zur Verkehrung von Gut und Böse (vgl. Mi 3,2a) kommen konnte, und beantwortet sie mit der verfehlten Amtsführung der Propheten.

Nach der Weissagungskontroverse in Mi 2,6 – 7.11 bildet das Gerichtswort in Mi 3,5 – 8 das zweite Element, das dem Themenbereich Weissagung und Prophetie zugehört. Da Mi 3,5 – 7 das Versagen der institutionellen Prophetie begründet und die Weissagungspraxis in Mi 2,6 – 7.11 bereits im Bereich theologischer Gelehrsamkeit begegnet, dürfte das Prophetengericht im Verhältnis zum Weissagungsdiskurs älter sein. Eine gesellschaftliche Debatte über die Rahmenbedingungen der Weissagung versteht sich erst vor dem Hintergrund des Versagens derjenigen Institution, die für die Orientierung des Volkes in dieser Hinsicht verantwortlich ist.

2.6 Die Sozialkritik in Mi 3,9 – 12

Das letzte sozialkritische Element in Mi 3,9 – 12 bringt den Schuldaufweis gegen die politische Führung zum Abschluss und führt auf das Strafurteil in Mi 3,12 zu. Neben dem wiederholten Höraufruf in V.9a richten sich Bedenken gegen die ursprüngliche Zugehörigkeit des Schuldsummariums in V.11 zum älteren Gerichtstext. Darin werden neben den Häuptern und Propheten überraschend und unvorbereitet auch die Priester unter den Schuldigen genannt. Darüber hinaus ist der Sachverhalt auffällig, dass der Korruptionsvorwurf neben den Propheten auch gegen die politische Führung erhoben wird. Im Hinblick auf die Propheten ist dieser Vorwurf nach Mi 3,5 – 7 folgerichtig. Mit der Anklage gegen die politische Führung in Mi 3, der Rechtsverfehlungen und Gewaltmaßnahmen gegen das Volk zur Last gelegt worden waren, ist V.11 jedoch nicht deckungsgleich. Das Summarium scheint dem Interesse zu folgen, sämtliche der drei staatlichen Institutionen in den Zusammenhang von Schuld und Strafe einzubeziehen und den Korruptionsvorwurf zu generalisieren.

Das Schuldsummarium in V.11 ist mit der vorangehenden Baunotiz in V.10 eng verknüpft. Beiden Versen ist eine generalisierende Tendenz gemeinsam. Während V.11 den Schuldvorwurf gegen die drei staatstragenden Stände richtet, erklärt V.10 Zion/Jerusalem insgesamt als Gebäude von Blutschuld und Unrecht. Sollten V.10 und V.11 gleichermaßen am Ende der Komposition zugesetzt worden sein, bevor in Mi 3,12 das Strafurteil fällt? Mi 3,10 – 11 folgt mit V.9bβ (כָּל־הַיְשָׁרָה עִקֵּשׁ) auf ein Textelement, das über das Motiv der Geradheit den „Aufrichtigkeitsaussagen" in Mi 2,3bα und Mi 2,7bβ vergleichbar ist. Diese waren als mögliche Positionsmarken der sozialkritischen Aktualisierungen in Mi 2,4 – 5 und Mi 2,8 – 10 aufgefallen.

2.7 Ergebnis und Schlussfolgerung

Die Zäsuren in der Gesamtanlage von Mi 2–3 lassen darauf schließen, dass die Gerichtskomposition in ihrer vorfindlichen Gestalt keinen literarisch einheitlichen Zusammenhang bildet. Die Durchsicht führt zu der Hypothese, dass die Reflexion über Weissagung und Prophetie mit dem sozialkritischen Grundthema nachträglich verflochten wurde und beide Themenstränge jeweils interne literarische Fortbildungen erfahren haben. Im Bereich der Sozialkritik scheinen Mi 2,4–5 und Mi 2,8–10 die ältere Anklage aus Mi 2,1–2.3 zu aktualisieren, Mi 3,2b–3 im Anschluss an Mi 3,1–2a den Vorwurf gegen die politische Führung zu radikalisieren, Mi 3,10–11 nach Mi 3,9 schließlich den Schuldaufweis zu generalisieren. Im Bereich Weissagung und Prophetie scheint die Weissagungsdebatte in Mi 2,6–7.11 die gesellschaftlichen und theologischen Konsequenzen des Versagens der prophetischen Institution unter dem Eindruck von Mi 3,5–7 zu entfalten. Ob sich diese Hypothesen zur Entstehungsgeschichte der Gerichtskomposition aufrecht erhalten lassen, wird die Einzelanalyse prüfen, die nachfolgend mit der Betrachtung der Weissagungsthematik einsetzt.

3 Der Diskurs über Weissagung und Prophetie in Mi 2–3

In der Gerichtskomposition sind in Mi 2,6–11 und Mi 3,5–8 zwei Textelemente enthalten, die dem Themenkreis Weissagung und Prophetie zugehören.[66] Mi 2,6–11 bietet eine Debatte über die Weissagungspraxis im Haus Jakob, Mi 3,5–8 ein Gerichtswort gegen die Propheten. Beide Abschnitte sind nachfolgend zunächst für sich zu betrachten. Die Analyse wird zu dem Ergebnis führen, dass die Textelemente nachträglich in die Gerichtskomposition eingesetzt worden sind. Da sie nicht auf den historischen Micha zurückgehen, ist daraufhin die Frage nach der Herkunft der Passagen, ihrem Anliegen und literarischen Verhältnis zueinander zu problematisieren.

3.1 Die Weissagungsdebatte in Mi 2,6–11

Die Weissagungsdebatte bringt ein stilisiertes Streitgespräch Michas mit seinen Gegnern zur Darstellung, die gegen seine prophetische Botschaft Einspruch erheben. Die Frage nach der im Hause Jakob angemessenen Weissagungsweise steht

---

66 Zur Differenzierung der Themenbereiche in Mi 2–3 s. oben II.2.

im Zentrum der Kontroverse. Im vorfindlichen Textgefüge ist sie mit einem sozialkritischen Gerichtswort in V.8–10 verbunden, das soziales Unrecht zur Anzeige bringt (V.8–9) und die Straftäter verurteilt (V.10). Nach Form und Inhalt steht die Weissagungsdebatte in Mi 2,6–11 mit der Prophetenlegende in Am 7,10–17 in Verbindung, die eine vergleichbare Auseinandersetzung über die prophetische Praxis zwischen Amos und dem Priester Amazja wiedergibt.

3.1.1 Abgrenzung

Im gegenwärtigen Textgefüge folgt Mi 2,6–11 auf den sozialkritischen Abschnitt in Mi 2,1–5, der mit dem Urteilsspruch in V.5 (לָכֵן) abgeschlossen wird. Der Prohibitiv in V.6 eröffnet einen neuen Zusammenhang und präsentiert mit dem Verbum נטף sogleich den Gegenstand der Debatte. Dieser hebt V.6–11 in inhaltlicher Hinsicht von V.1–5 ab. Auf die Debatte folgt in V.12–13 die Sammlungsverheißung. Da diese eine im Verhältnis zu ihrem Nahkontext jüngere Einschaltung darstellt, dürfte der Höraufruf in Mi 3,1 unmittelbar an Mi 2,6–11 angeschlossen haben, bevor Mi 2,12–13 in die Gerichtskomposition eingesetzt wurde.[67] Der Höraufruf markiert einen Neueinsatz, indem er sich mit den politischen Anführern einem neuen Adressatenkreis zuwendet und das sozialkritische Thema wieder aufnimmt.

Die Weissagungsdebatte wird durch die fünffache Verwendung der Wurzel נטף als geschlossener Zusammenhang ausgewiesen. Da zu Beginn in V.6 dreimal und zum Ende in V.11 zweimal belegt, erfüllt sie eine inklusive Funktion.[68] Die Polemik gegen das Volk und seinen gefälligen Weissager in V.11 führt die Debatte zum Ende und formuliert einen pointierten Schlusspunkt.[69] Inmitten der Weissagungsdebatte begegnet in V.8–10 eine sozialkritische Textpassage. Da sie sich von der Thematik des Weissagungsdiskurses deutlich unterscheidet und die Debatte in zwei Hälften teilt, legt sich die Vermutung nahe, dass die Sozialkritik in V.8–10 der Debatte in V.6–7.11 ursprünglich nicht zugehört hat und nachträglich in diese eingefügt worden ist.

---

67 Zum Sammlungsorakel im Verhältnis zu seinem Nahkontext s. oben 1.2.
68 Vgl. entsprechend bereits KESSLER, HThK.AT, 128.
69 Anders sehen METZNER, Kompositionsgeschichte, 129; VAN DER WOUDE, Micah, 244–260; UTZSCHNEIDER, Reise, 126–137; DERS., ZBK, 68–72, die anschließende Sammlungsverheißung in V.12–13 noch als Teil der Auseinandersetzung mit den Weissagern und begreifen sie als deren originäre Fortsetzung. S. dazu oben 1.2.

3.1.2 Integrität: Die Sozialkritik in Mi 2,8–10

Innerhalb der Weissagungsdebatte begegnet in V.8–10 überraschend ein sozialkritisches Gerichtswort. Dasselbe lässt keine organische Verbindung zu seinem Rahmen erkennen. Vielmehr unterbricht es die Weissagungsdebatte, die über wiederholtes נטף in V.6 und V.11 eine hohe innere Geschlossenheit aufweist, und scheidet sie in die beiden Hälften V.6–7 und V.11. Die antithetische Beziehung zwischen V.7b und V.11aα, die über das doppelte Part. הֹלֵךְ / הָלַךְ sowie die Antonyme שֶׁקֶר / יָשָׁר ausgewiesen wird und Michas Weissagung mit der Lügenrede eines Falschpropheten kontrastiert, wird durch die Einschaltung von V.8–10 aufgelöst. Das Gerichtswort wirkt exkursartig zwischen diese beiden Zeilen eingeschoben.[70]

Über die formale Zäsur hinaus wechselt mit V.8 unvermittelt das Thema, noch bevor die Weissagungsdebatte ihren Abschluss findet. Während der Wortwechsel in V.6–7 die Frage nach der angemessenen Weissagung problematisiert, nimmt V.8–10 das sozialkritische Thema aus V.1–5 wieder auf und klagt erneut soziales Unrecht an. Dass Micha auf die Provokation in V.6 und die theologische Reflexion in V.7 mit einer gesellschaftskritischen Anklage reagiert (V.8–10), erscheint nicht konsequent.[71] In V.6–7.11 geht es um Form und Inhalt einer angemessenen Botschaft, nicht um ihren Anlass, der in V.8–10 wieder im Vordergrund steht.

Weiterhin ist die Streitkonstellation in V.8–10 eine andere als in V.6–7.11. Innerhalb der Weissagungsdebatte steht Micha einer Opposition gegenüber, die Weissagern wie ihm den Mund verbietet (V.6). Die rhetorischen Fragen (V.7) adressieren das Haus Jakob (בֵּית־יַעֲקֹר), die Polemik in V.11 disqualifiziert schließlich ein Volk (הָעָם הַזֶּה), das einen Lügner als Weissager schätzt. Innerhalb des Gerichtswortes bildet jene Gruppe, die zumindest einen Teil des Volkes repräsentiert, nicht mehr die Opposition Michas. Vielmehr begegnet dieser an der Seite des Volkes (עַמִּי [V.8.9]), näherhin auf Seiten derjenigen, die zu Opfern des Unrechts geworden sind, und wendet sich gegen all jene, die dasselbe zu verantworten haben. Der Terminus עַם repräsentiert in V.6–7.11 und in V.8–10 verschiedene gesellschaftliche Gruppen, die Streitparteien sind inkongruent. Sie lassen sich folgendermaßen schematisieren:

---

70 Dass die Weissagungsdebatte in V.6–7.11 und die Sozialkritik in V.8–10 nicht auf einer literarischen Ebene liegen, haben bereits Otto, Techniken, 129–130; Ders., Art. Micha/Michabuch, 698; Metzner, Kompositionsgeschichte, 117–118; Wagenaar, Judgement, 220–229, gesehen.
71 So etwa Jeremias, ATD, 152; Kessler, HThK.AT, 128; Mays, OTL, 68–72; McKane, Micah, 78; Rudolph, KAT, 61; Schart, Entstehung, 183; Sellin, KAT, 274; Smith, ICC, 61; von Ungern-Sternberg, Rechtsstreit, 44; Wöhrle, Sammlungen, 148; Wolff, BK, 52.

	Michas Position	*Michas Opposition*
Weissagungsdebatte	Michatypische Weissager	Haus Jakobs, näherhin הָעָם הַזֶּה
Sozialkritik	Micha und sein Volk (עַמִּי)	Feindselige Räuber (אוֹיֵב)

Die Streitparteien werden in sehr unterschiedlicher Weise näherbestimmt. Innerhalb der Weissagungsdebatte stehen aufrichtige Weissager im Format Michas einer Öffentlichkeit gegenüber, die sich auf eine unbedingte Heilsideologie beruft (V.7a) und nach Ansicht der michatypischen Propheten die Trugrede der Wahrheit vorzieht (V.11). Dass es sich auf beiden Seiten um Oppositionsparteien und nicht etwa um Einzelpersonen handelt, lassen die Verben im Pl. erkennen, mit denen die Auseinandersetzung in V.6a beginnt (אַל־תַּטִּפוּ neben יַטִּפוּן). Innerhalb der Sozialkritik hingegen figuriert Micha als Einzelner (Sg.) als Sprachrohr seines benachteiligten Volkes und setzt sich für dessen Rechte ein.

Dass die jeweiligen Parteien miteinander identisch oder zumindest annähernd deckungsgleich sind – und das wäre anzunehmen, sollte es sich tatsächlich um *eine* Auseinandersetzung Michas mit seinen Gegnern handeln und dieser nicht etwa gleichzeitig zwei (thematisch völlig unterschiedliche) Debatten mit verschiedenen Gruppen führen –, legt allein die kompositionelle Verbindung von V.6 – 7.11 und V.8 – 10 nahe. Weder stehen die Straftäter aus V.8 – 10 mit dem (gelehrten) Diskurs über Fragen der Weissagung in einem erkennbaren Zusammenhang, noch die Streitpartei aus V.6 – 7.11 mit den Gewaltverbrechen aus V.8 – 9.

Schließlich spricht der doppelte Schluss, den V.6 – 11 im vorfindlichen Textgefüge aufweist, gegen die Annahme eines einheitlichen Zusammenhangs. Das Strafurteil in V.10 folgt auf den Schuldaufweis in V.8 – 9 und beschließt das Gerichtswort. Die Polemik in V.11 weist über die Wurzel נטף auf V.6 zurück und bildet den Abschluss der Weissagungsdebatte. So unterschiedlich wie die thematische Ausrichtung beider Elemente sind auch ihre Zielpunkte. Während die Straftäter in V.10 des Landes verwiesen und in ihr Verderben gesandt werden, zielt die Weissagungsdebatte in V.11 auf Hohn und Spott gegen dieses Volk, das Weissager wie Micha verschmäht und Lügenpropheten vorzieht. Während das Urteil in V.10 der Wiederherstellung von Recht und Ordnung dient, folgt V.11 dem Interesse, Weissager wie Micha und ihre Botschaft in Abgrenzung zu den Lügenpropheten zu profilieren.

Aufgrund der formalen und inhaltlichen Differenzen zwischen der Weissagungsdebatte und der integrierten Sozialkritik legt sich die Schlussfolgerung nahe, dass beide Elemente keine ursprüngliche Einheit bilden, sondern nachträglich miteinander verbunden wurden. Da die Weissagungsdebatte von der Sozialkritik unterbrochen wird, dürfte V.8 – 10 nachträglich in diese eingeschoben worden sein.[72] Umgekehrt ließe sich kaum plausibilisieren, weshalb die Verfasser der Weissagungsdebatte mit V.6 – 7 und V.11 einen Rahmen um ein Element gestalten, dessen Inhalt sich nicht unmittelbar mit dem Gegenstand der Debatte verbindet. Überdies müsste V.8 – 10 etwa an V.1– 5 angeschlossen haben, wäre die Sozialkritik in V.8 – 10 im Verhältnis zum Weissagungsdiskurs älter. Die Anklage sozialen Unheils aus Mi 2,1– 5 korrespondiert zwar mit dem Thema von V.8 – 10, wird jedoch mit dem Strafurteil in V.5 bereits zum Abschluss geführt.[73] Die Weissagungsdebatte schließt hingegen sinnvoll an das vorausgehende Gerichtswort an und lässt sich als Reaktion auf den Urteilsspruch verstehen.

Lässt sich nun aber ein Grund erkennen, weshalb die Sozialkritik in die Weissagungsdebatte hineingestellt und an dieser Stelle platziert wurde? Das Gerichtswort in V.8 – 10 folgt auf die Reflexion in V.7, worin die strittigen Rahmenbedingungen einer angemessenen Weissagungspraxis bestimmt und die Positionen der Streitparteien theologisch begründet werden. Während sich die Opposition auf JHWHs unbedingte Geduld beruft, die sein Handeln prägt (V.7a), verteidigt Micha seine Weissagung (דְּבָרַי) mit dem Hinweis darauf, dass seine Verkündigung im Sinne der Heilsdogmatik seiner Gegner durchaus gut sei, sich allerdings für jene als günstig erweise, die einen aufrichtigen Lebenswandel führen (V.7b).

Diese „Aufrichtigkeitsaussage" dürfte der Sozialkritik in V.8 – 10 als Anknüpfungspunkt gedient haben.[74] Das Gerichtswort scheint den Zusammenhang zwischen günstiger Weissagung und aufrechtem Lebenswandel aufzunehmen und zu entfalten. Als gut erweist sich Michas Weissagung für sein Volk (עַמִּי), das in

---

72 Anders vermuten OTTO, Techniken, 129 – 130; DERS., Art. Micha/Michabuch, 698 – 699; METZNER, Kompositionsgeschichte, 117 – 118, und WAGENAAR, Judgement, 220 – 229, dass die Sozialkritik in V.8 – 10 nachträglich um die Rahmenverse erweitert worden sei. Metzner sieht V.6 – 7.11 in der Zeit Jeremias zugesetzt, in der eine „Verarbeitung der michanischen Botschaft in die Unheilsbotschaft" (aaO., 117 [Hervorhebung ebd.]) erfolgt sei. Otto führt die Verse auf einen dtr Redaktor zurück. Eine dritte Sichtweise hat schließlich SMITH, ICC, 63, vertreten, der V.6 – 10 als einheitlichen Zusammenhang auffasst und V.11 als Einzelzusatz begreift. Dieser Vorschlag übersieht jedoch einerseits die inklusive Funktion, die das Verbum נטף erfüllt. Andererseits fehlt dem Weissagungsdiskurs nach dieser Rekonstruktion ein plausibler Abschluss.
73 Darüber hinaus hat WÖHRLE, Sammlungen, 148, auf den „abrupte[n] Beginn" von V.8 – 10 hingewiesen (וְאֶתְמוּל עַמִּי), der sowohl einen ursprünglichen Anschluss an V.1 – 5 als auch den eigenständigen Charakter des Elementes unwahrscheinlich macht. Zwar erwog Wöhrle, dass der vorfindliche Zusammenhang aus Weissagungsdiskurs und Sozialkritik „sekundär" sein könne. „Da sich aber kein wirklich eigenständiges Wort mehr herausarbeiten läßt, wird eher von einer überlieferungsgeschichtlichen Lösung auszugehen sein, wonach hier vorgegebenes Gut neu zusammengestellt worden ist, was sich literarkritisch nicht mehr weiter auflösen läßt." (vgl. ähnlich LESCOW, Analyse von Micha 1 – 5, 52 – 53).
74 S. dazu unten 3.2.4.

Frieden und Sicherheit leben möchte (vgl. V.8–9), indem das Strafgericht den Peinigern das Handwerk legt (V.10). Das Gerichtswort dürfte gezielt in das Spannungsfeld eingesetzt worden sein, das sich durch die Antithetik zwischen V.7b und V.11aα ergibt. Was diese (jüngere) Sozialkritik veranlasst hat und in welchem Verhältnis sie zur älteren Anklage sozialen Unheils in Mi 2–3* steht, wird zu klären sein.[75]

3.1.3 Aufbau

Die Weissagungsdebatte bringt eine lebhaft anmutende Auseinandersetzung zwischen Micha und Weissagern seines Formats auf der einen und ihren Gegnern auf der anderen Seite zur Darstellung. Für die Debatte ist die wechselseitige Zitation der gegnerischen Positionen charakteristisch.[76] Die Zitate werden durch verba dicendi (יַטִּפוּן in V.6a, הֶאָמוּר in V.7a) als solche ausgewiesen. In V.7b und V.11aβ fehlt ein entsprechendes Struktursignal. Aus formalen (V.7b) oder inhaltlichen Gründen (V.11aβγ) ist der Sprecherwechsel jedoch evident. In V.7b bringt die Seite Michas, aus deren Perspektive die Debatte geschildert wird, in 1. Pers. (דְּבָרַי) ihre theologische Position zum Ausdruck, in V.11aβγ (אַטִּף) wird mit dem Hinweis auf Wein und Rauschgetränk die Karikatur eines gefälligen Lügenweissagers zitiert.[77]

Die Debatte besteht aus drei Teilen. Sie beginnt in V.6 mit der Provokation der Gegner, die Einspruch gegen die Weissagungspraxis der michatypischen Propheten erheben (אַל־תַּטִּפוּ in V.6a). Ihr Einwand wird von Seiten Michas zitiert. Das Zitat, über יַטִּפוּן als solches gekennzeichnet, wird in V.6b fortgesetzt. Zunächst bekräftigen die Gegner ihren Einspruch mit einer Grundsatzaussage in V.6bα (לֹא־יַטִּפוּ לָאֵלֶּה) und stellen in V.6bβ heraus, worauf sich ihr Einwand konkret bezieht (לֹא יִסַּג כְּלִמּוֹת) und fassen damit die Position der michatypischen Propheten in Kürze zusammen.[78]

Auf die Provokation folgt in V.7 die Reflexion, im Zuge derer die Positionen beider Seiten theologisch begründet werden. Die Seite Michas hat das Wort und adressiert das Haus Jakob (הֶאָמוּר בֵּית־יַעֲקֹב), um coram publico diejenige unbedingte Heilstheologie zu zitieren, auf die die Gegner ihre Einwände stützen. Daraufhin bekräftigt

---

75 S. dazu unten 4.5.

76 Zum Disputationsstil in Mi 2,6–11 und seinen Parallelen vgl. Wagenaar, Judgement, 220–223.

77 Innerhalb der Forschung stimmen die Meinungen überein, dass V.11aβγ die Karikatur eines Lügenweissagers zitiert. Im Hinblick auf V.7b wird allerdings die Ansicht vertreten, dass darin die Entgegnung der Opposition Michas fortgeführt werde. Diese Position hat das Suff. 1. Sg. (דְּבָרַי) gegen sich; s. dazu unten 3.1.4.2.

78 Die Forschung bezieht V.6bβ mehrheitlich wiederum auf die Position der Opposition. Dieser Deutung steht jedoch die Semantik des Kolons entgegen; s. dazu unten 3.1.4.1.

Micha stellvertretend für seine Streitpartei die eigene Weissagung (דְּבָרַי), indem er die geläufige Heilstheologie (יטב) aufnimmt, die günstige Weissagung allerdings an die Bedingung eines rechtschaffenen Lebenswandels knüpft.

Die Polemik in V.11 beendet die Debatte. Darin wird die Karikatur eines Weissagers entworfen, der Nichtigkeiten und Lügen kundtut. V.11aβγ legt diesem ein Wort über Wein und Rauschgetränk in den Mund, das seine Weissagung charakterisiert und zugleich disqualifiziert. Solch ein Weissager, so konstatiert V.11b schließlich, sei für die Opponenten adäquat, die abschätzig als הָעָם הַזֶּה bezeichnet werden.

3.1.4 Detailanalyse

Die Debatte zwischen Weissagern im Format Michas und ihrer Opposition problematisiert die Frage nach der angemessenen Weissagungspraxis im Haus Jakob. Diese Thematik verbindet sich mit der Wurzel נטף, die in V.6 – 7.11 als Leitwort figuriert und mit fünf Belegen in einzigartiger Dichte begegnet. Sie besitzt eine konkrete und eine übertragene Bedeutung.[79] Ihrer Grundbedeutung ‚tropfen, fließen' gemäß bezeichnet die Wurzel flüssige Elemente verschiedener Art (vgl. Ex 30,34; Prov 5,3; Hld 4,11; 5,5.13), insbesondere den Regen (vgl. Jdc 5,4; Ps 68,9; Hi 36,27). Der Regenfluss illustriert in Jdc 5,4 und Ps 68,9 die Begleiterscheinungen der Theophanie und dient ähnlich auch in Hi 36,29 dem Machterweis JHWHs. In Am 9,13 und Jl 4,18 bilden die Berge, von denen süßer Wein fließt, eine Metapher für die Heilszeit.

Im übertragenen Sinne bezeichnet die Wurzel נטף q. die fließende menschliche Rede in Hi 29,22.[80] In Ez 21,2.7 und Am 7,16 begegnet נטף hi. parallel zu נבא ni. als term. techn. prophetischer Weissagung. Dieselbe Bedeutung ist für נטף hi. auch in Mi 2,6.11 wahrscheinlich, obwohl der parallele Terminus fehlt (vgl. Mi 3,5).[81] Die Parallelisierung von נבא und נטף in Ez 21,2.7 und Am 7,16 legt die Vermutung nahe, dass die Weissagung נבא durch die Beiordnung des Verbums נטף in besonderer Weise zu charakterisieren und zu akzentuieren beabsichtigt ist.

---

79 Zur Semantik der Wurzel s. MADL, Art. נָטַף, 428 – 429, sowie WAGENAAR, Judgement, 75 – 76.

80 Aus dem konkreten Aspekt des Triefens hat SMITH, ICC, 59 – 60, auf die Weise solcher prophetischer Rede geschlossen. „The verb employed here is practically synonymous with נבא, the ordinary word for *prophesy*, yet lends itself readily to an unfavourable connotation by reason of its original meaning [...], of the foam from the mouth of ecstatic, epileptic *nebi'im*." (Hervorhebungen ebd.). Eine despektierliche Konnotation lässt das Verbum נטף innerhalb der Weissagungsdebatte jedoch nicht erkennen und steht seiner Verwendung in Am 7,16 und Ez 21,2.7 entgegen (vgl. mit ähnlicher Begründung MARTI, KHC, 209; NOWACK, HK³, 209; SELLIN, KAT, 273).

81 Vgl. entsprechend etwa JEREMIAS, ATD, 151; KESSLER, HThK.AT, 130; MAYS, OTL, 69; METZNER, Kompositionsgeschichte, 69; RUDOLPH, KAT, 60; WOLFF, BK, 91.

Auf den Charakter des Vorgangs נטף lässt der Regenfluss als tertium comparationis schließen, den das Verbum in seiner konkreten Verwendung bezeichnen kann. Allem menschlichen Einflussvermögen entzogen, ereignet er sich unbedingt, unverfügbar und unaufhaltsam. Es regnet, weil Gott es will (Hi 36,29) und bisweilen sein Kommen ankündigt (Jdc 5,4; Ps 68,9). Regen fließt herab ohne Aufhalten, was in der Natur der Sache liegt. Sollten also die Aspekte des Unbedingten, Unverfügbaren und Unaufhaltsamen, die mit dem Fließen des Regens (נטף) assoziiert sind, auch den Weissagungsvorgang נטף und die mit ihm verbundene Botschaft charakterisieren?

An Plausibilität gewinnt die Vermutung vor dem Hintergrund derjenigen Belege, an denen נטף (neben נבא ni.) als term. techn. prophetischer Rede belegt ist. So verbindet sich mit dem Verbum in Ez 21 die Weissagung eines unaufhaltsamen Strafgerichts JHWHs, das Nord- und Südreich vollständig vernichtet (V.2 – 3), Jerusalem, sein Heiligtum und ganz Israel ausrottet (V.7 – 8). In Am 7 besitzt die Weissagung נטף eine ähnliche Tragweite und zielt auf den Tod König Jerobeams und die Deportation Israels in die Kriegsgefangenschaft (V.11). Daran entzündet sich eine Auseinandersetzung zwischen Amazja und Amos über die prophetische Weissagungspraxis (V.10 – 17). In ihrem Rahmen versucht Amazja, die massive Gerichtsrede des Amos zu unterbinden, indem er ihm in V.14 den Mund verbietet (לֹא תִנָּבֵא [ ] וְלֹא תַטִּיף). Daraufhin zieht sich Amazja allerdings selbst ein Strafurteil des Propheten zu.

Vor dem Hintergrund seiner konkreten Semantik und seiner übertragenen Verwendung für Vorgänge prophetischer Weissagung erscheint das Verbum נטף als term. techn. für die Kundgabe eines unbedingten und umfassenden Strafgerichts JHWHs. Da die geschichtstheologische Komposition in Mi 1* ein Strafgericht gegen Israel und Juda beschreibt (vgl. נטף in Ez 21,2 – 3) und die Gerichtskomposition in Mi 2 – 3* auf das vernichtende Urteil gegen Jerusalem zielt (vgl. נטף in Am 7,16; Ez 21,7 – 8), dürfte dasselbe für die Weissagung gelten, die in Mi 2,6 – 7.11 zur Debatte steht.

Die drei Glieder der Weissagungsdebatte, die Provokation (V.6), die Reflexion (V.7) und die abschließende Polemik (V.11), gilt es im Folgenden im Detail zu betrachten. Der Anlass der Debatte und ihr Hintergrund sowie die Streitparteien und ihre Positionen sind darin näher zu bestimmen.

3.1.4.1 Die Provokation in V.6

Mit der Provokation in V.6 wird der Diskurs eröffnet. Durch dreifaches נטף bezeichnet bereits die erste Zeile ausdrücklich, worum es im Folgenden geht: die Weissagungspraxis im Hause Jakob. Die Debatte wird mit dem Einspruch אַל־תַּטִּפוּ eröffnet, der Weissagern wie Micha entgegen gebracht und von diesen zitiert wird. Das Verbum יַטִּפוּן fungiert in V.6a als verbum dicendi und ist ebenso wie der

Einspruch selbst von der Wurzel נטף aus gebildet. Dieser Sachverhalt ist insofern auffällig, als die Rede der Gegenseite dadurch selbst in den Rang einer Weissagung (נטף) erhoben wird, obwohl diese keine prophetische Qualität erkennen lässt.[82] Damit dürfte bereits zu Beginn der polemische Grundton anklingen, der am Ende der Debatte in V.11 deutlich in den Vordergrund tritt.

Das Zitat der Gegner wird in V.6b fortgeführt. Zunächst wird ihr Einwand zu einer grundsätzlichen Aussage stilisiert. Auf diese Weise wird deutlich, dass sich der Einwand nicht gegen eine Einzelbotschaft aus dem Munde der michatypischen Propheten, sondern gegen Inhalt und Weise ihrer Verkündigung insgesamt richtet: Dementsprechend weissagt man nicht (לֹא־יַטִּפוּ לָאֵלֶּה). Das Demonstrativum אֵלֶּה bezieht sich auf die vorausgehende Unheilsweissagung in V.1–5* zurück und leitet zugleich die anschließende Zusammenfassung derselben ein.[83] Im Hinblick auf den Folgekontext erfüllt das Demonstrativum לָאֵלֶּה als Struktursignal also eine ähnliche Funktion wie die verba dicendi.

Das Schlusskolon gibt die auf den Grundtenor reduzierte Position der michatypischen Weissager wieder.[84] V.6bβ enthält ein Zitat im Zitat, mit dem die Seite Michas zum Ausdruck bringt, was ihre Gegner ihnen entgegenhalten und wie diese ihre Unheilsweissagung verstehen: man weissage nicht (לֹא־יַטִּפוּ לָאֵלֶּה), dass die Schmach (כְּלִמּוֹת) unausweichlich sei (לֹא יִסַּג). Aus der Perspektive der Opposition bildet die Unausweichlichkeit der Schmach also die Essenz der Unheilsweissagung Michas und seines Gleichen, was dem Charakter des Weissagungsvorgangs נטף entspricht.[85]

Der Terminus כְּלִמָּה bezeichnet den Hintergrund des Unheils und seine objektiven wie subjektiven Konsequenzen. Schmähung geht mit dem objektiven

---

82 Vgl. entsprechend etwa KESSLER, HThK.AT, 130; RUDOLPH, KAT, 60.

83 Worauf sich der Einwand näherhin bezieht und woran sich die Debatte entzündet, ist im Folgenden zu bestimmen; s. dazu unten 3.1.5. Möglicherweise klingt mit dem Demonstrativum der Terminus אָלָה an. Damit wäre angedeutet, dass die Botschaft der michatypischen Weissager aus der Perspektive ihrer Gegner einem Fluch bzw. einer Verfluchung (אָלָה) gleichkommt, was durchaus sachgemäß erscheint. Die ursprüngliche Lesart bietet der Begriff jedoch nicht, wie bisweilen erwogen wurde (vgl. RIESSLER, Propheten, 110 Anm. 6; SELLIN, KAT, 273).

84 Vgl. entsprechend METZNER, Kompositionsgeschichte, 70; UTZSCHNEIDER, ZBK, 60.62. Anders wird V.6bβ etwa von JEREMIAS, ATD, 145 Anm. 86; KESSLER, HThK.AT, 126; MARTI, KHC, 209; MAYS, OTL, 66 Anm. b; McKANE, Micah, 80; RUDOLPH, KAT, 56; WOLFF, BK, 40; WILLI-PLEIN, Vorformen, 77, als Widerspruch der Gegenseite verstanden, die den michatypischen Propheten entgegenhalten, die Schmähungen würden nicht eintreffen. Mit BHS wird das Verbum יִסַּג auf die Wurzel נשׂג statt auf סוג zurückgeführt. Als Zusammenfassung der Gerichtsbotschaft Michas (Zitat im Zitat) erklärt sich das Kolon jedoch völlig ungezwungen und ohne Textänderung.

85 S. dazu oben 3.1.4.

Schaden der Betroffenen einher und begründet ihre subjektive Beschämung.[86] Sie bildet ein Resultat des göttlichen Strafgerichts, führt mithin letztlich auf JHWH als Urheber zurück, der dem Volk sein fehlorientiertes Vertrauen (vgl. Jes 30,3; 45,16; Ez 44,13) bzw. seinen Ungehorsam vergilt (vgl. Jer 3,25) und Schmach hinterlässt. Der Terminus lässt sich somit weniger als Element der Unheilsankündigung selbst bestimmen, sondern als Aspekt der Reflexion über den Zusammenhang von Schuld und Strafe und seine Folgeerscheinung.

Dieselbe Funktion erfüllt כְּלִמָּה innerhalb der Weissagungsdebatte und verweist bereits auf die Konsequenzen des Strafgerichts, bevor der Gerichtszusammenhang in Mi 3,12 seinen Abschluss findet. Unter Berücksichtigung des literarischen Kontextes der Debatte sind drei Parallelen bemerkenswert. Wie innerhalb der Gerichtskomposition in Mi 2–3* begegnet der Terminus in Jer 51,51 im Rahmen einer Reflexion über den Untergang Jerusalems. Darin wird כְּלִמָּה mit Scham und Schande in Verbindung gebracht und mit dem Eindringen der Fremden in das Jerusalemer Heiligtum konkretisiert. Weiterhin bezeichnet er in Ez 16,52.54.63 die Schande der beiden Schwestern Samaria und Jerusalem und zwar in der Weise, dass כְּלִמָּה von Samaria auf Jerusalem übergeht. Denselben Verlauf bildet die Komposition in Mi 1* ab. Im Pl. schließlich ist der Begriff neben Mi 2,6 lediglich ein weiteres Mal innerhalb des Gottesknechtsliedes in Jes 50,6 belegt. Dort figuriert er als Zusammenfassung der Schmähungen Israels, die es in großer Breite zu erleiden hatte.

Dass Schmach in beträchtlichem Umfang unausweichlich sei, motiviert den Einwand der Gegner im Rahmen der Debatte. Doch wer sind diese? Im Anschluss an die Sozialkritik in Mi 2,1–5 wäre an die verurteilten Straftäter zu denken, die gegen ihr Urteil Einspruch erheben. Da in V.7 allerdings das Haus Jakob insgesamt aufgerufen und in V.11 gegen dieses Volk (הָעָם הַזֶּה) polemisiert wird, dürfte die gesellschaftliche Opposition gegen Weissager wie Micha über diesen Täterkreis hinausreichen.[87]

---

86 Vgl. entsprechend JEREMIAS, ATD, 151. Zum Begriff s. WAGNER, Art. כלם, 196–208, und zum Wortfeld s. KLOPFENSTEIN, Scham, 140–157.

87 Vgl. JEREMIAS, ATD, 151; MAYS, OTL, 73; METZNER, Kompositionsgeschichte, 117. Anders vermuten etwa KESSLER, HThK.AT, 130; RUDOLPH, KAT, 60; SELLIN, KAT, 272; WOLFF, BK, 50–51, dass die Gegenseite in V.6ff mit den Gewalttätern aus V.1ff identisch sei. Auf dieser Linie vertrat SMITH, ICC, 59, die Ansicht, die Debatte bringe „the indignant protest of the rich who regard such preaching as disloyal and irreligous" zum Ausdruck.

3.1.4.2 Die Reflexion in V.7

Auf die Provokation folgt in V.7 die Reflexion. In der Form rhetorischer Fragen werden darin die theologischen Grundüberzeugungen der beiden Streitparteien gegenüber gestellt. Sie bilden den jeweiligen Maßstab für die Beurteilung einer redlichen Weissagung im Namen JHWHs. Dem grundsätzlichen Charakter der Argumentation entspricht der weite Radius, der mit einleitendem הֶאָמוּר בֵּית־יַעֲקֹב aufgerufen wird. Indem die erste rhetorische Frage das Haus Jakob adressiert und gleichsam als Publikum der Diskussion hinzuzieht, wird die Debatte zu einem gesamtgesellschaftlichen Diskurs stilisiert. Indem sie auf das allseits Bekannte zielt (הֶאָמוּר) und die theologische Position der Gegner entsprechend einführt, erscheint ihre Überzeugung als gesellschaftlicher Konsens. Dieser Sachverhalt impliziert eine gewisse Breite der Opposition, die der Unheilsweissagung der Propheten im Format Michas entgegensteht.

Die zweite rhetorische Frage enthält das theologische Argument der gegnerischen Seite, das ihren Einwand begründen soll. Im Hintergrund desselben steht das Bekenntnis zu JHWHs Geduld, Güte und Langmut (vgl. Ex 34,6; Jl 2,13; Jona 4,2; Ps 86,15; 103,8; 145,8), die sein Wesen ausmachen (רוּחַ) und sein Handeln bestimmen (מַעֲלָל).[88] Nicht weniger als einen Angriff auf dieses Grundbekenntnis des Hauses Jakob werfen sie den michatypischen Propheten und ihrer Weissagung vor. Im Dienste der Streitrhetorik wird jene Grundüberzeugung in ihr Gegenteil verkehrt und vorwurfsvoll gegen die Unheilsweissager in Stellung gebracht. Ist JHWH etwa kurzatmig oder sind solcher Art seine Taten? Das erste Kolon (הֲקָצַר רוּחַ יְהוָה vgl. Jes 50,2; 59,1) formuliert ein Antonym zu JHWHs Langmut (אֶרֶךְ אַפַּיִם), das zweite Kolon überträgt die unterstellte Ungeduld JHWHs auf seine Taten.

In der dritten rhetorischen Frage begegnet die theologische Position der michatypischen Weissager.[89] Auf den Subjektwechsel lässt das Suff. 1. Sg. (דְּבָרַי) schließen, das auf Micha und die von ihm repräsentierte Partei zu beziehen ist.

---

88 Vgl. entsprechend etwa JEREMIAS, ATD, 152; MAYS, OTL, 70; RUDOLPH, KAT, 60; SELLIN, KAT, 273; SMITH, ICC, 61; UTZSCHNEIDER, ZBK, 63; VON UNGERN-STERNBERG, Rechtsstreit, 43; WAGENAAR, Judgement, 79; WOLFF, BK, 51–52.

89 Vgl. entsprechend WAGENAAR, Judgement, 224; WOLFF, BK, 52. Anders sehen etwa JEREMIAS, ATD, 145 Anm. 88; KESSLER, HThK.AT, 131; MARTI, KHC, 210; MAYS, OTL, 66 Anm. d; McKANE, Micah, 81; RUDOLPH, KAT, 57; SMITH, ICC, 55; UTZSCHNEIDER, ZBK, 64; WILLI-PLEIN, Vorformen, 77.79, in V.7b eine Fortsetzung der gegnerischen Einwände und beziehen das Subjekt auf JHWH. Dazu setzen sie allerdings mit G οἱ λόγοι αὐτοῦ das Suff. 1. Sg. (דְּבָרַי) in die 3. Pers., da eine wörtliche Gottesrede im Zusammenhang völlig unvorbereitet ist. Aus dem Munde der michatypischen Weissager erklärt sich die 1. Pers. hingegen ungezwungen und ohne Eingriff in den überlieferten Text. WAGENAAR, Judgement, 224, macht darüber hinaus auf die Strukturfunktion von הֲלוֹא in V.7b aufmerksam. „It is, therefore, more reasonable to take הלוא in Micah 2:7b as the semantic marker indicating a change of speaker."

Das Ich Michas begegnet ähnlich pointiert in Mi 3,1.8 und ist durch Mi 1,9 (עַמִּי vgl.
Mi 2,4.8 – 9) literarisch vorbereitet. Das Nomen דְּבָרַי vertritt im Kollektivplural die
Summe der Weissagungen Michas, die den Streit ausgelöst haben. Im Anschluss
an V.7a wird zunächst das heilstheologische Paradigma der Gegenseite aufgenommen (הֲלוֹא דְבָרַי יֵיטִיבוּ). Ihre unbedingte Heilserwartung wird von Seiten
Michas allerdings an die Bedingung eines aufrichtigen Lebenswandels geknüpft
(עִם הַיָּשָׁר הוֹלֵךְ). Auf diese Weise stellen die michatypischen Weissager das Bekenntnis zu JHWHs Güte nicht im Grundsatz infrage, binden die günstige Weissagung aber an die Rechtschaffenheit ihrer Adressaten. Insofern die Gegner ihre
Position auf eine starre Heilsideologie stützen, die jedes gesellschaftskritische
Potenzial einbüßt, erscheinen sie als (stumme) Kollaborateure der Unrechttäter
innerhalb des Volkes, die in den sozialkritischen Passagen der Komposition angeklagt werden.

3.1.4.3 Die Polemik in V.11

Die Polemik („conclusion sarcastique"[90]) bringt in V.11 die Debatte zum Abschluss.
Darin wird den Gegnern Michas die Karikatur eines Weissagers präsentiert, der
Lüge und Nichtigkeiten kundtut und damit ihren Vorstellungen von einer angemessenen Weissagungspraxis entspricht. Dass V.11 ursprünglich auf V.7 gefolgt
sein dürfte und seine organische Fortsetzung darstellt, lässt die terminologische
Klammer הֹלֵךְ / הוֹלֵךְ ebenso erkennen wie der über die Antonyme יָשָׁר / שֶׁקֶר hergestellte Kontrast zwischen den michatypischen Propheten und dem Lügenweissager der Opposition. Die Polemik besteht aus drei Gliedern. Der einleitende
Bedingungssatz in V.11aα und die Schlussfolgerung in V.11b bilden einen Rahmen
um das zentrale Glied in V.11aβ, das jener Prophetenkarikatur eine Selbstäußerung
in den Mund legt.

Die Partikel לוֹ (mit Part. ähnlich in 2 Sam 18,12; 2 Reg 3,14; Ps 81,14) leitet den
Bedingungssatz als erstes Element der Polemik ein. Aus der Perspektive Michas
wird herausgestellt, wie ein Weissager und seine Botschaft beschaffen sein
müssten, um den Gegnern zu gefallen. Er geht hin und lügt, indem er Trugrede und
Nichtigkeit als Wahrheit vorgaukelt. Solchem Weissager eignet keinerlei tat-
sächliche prophetische Kompetenz, entsprechend wird er allgemein als אִישׁ הֹלֵךְ
eingeführt. Darin deutet sich eine verdeckte Kritik von Seiten der michatypischen
Weissager an. Insofern die unbedingte Heilsideologie nach V.7a als Fundament
jeder Weissagungspraxis im Hause Jakob erscheint, bedarf es keiner besonderen
prophetischen Begabung oder Eingebung, um ein Wort JHWHs auszurichten. Jeder

---

90 RENAUD, Formation, 128.

Dahergelaufene (אִישׁ הֹלֵךְ) vermag sich als Weissager aufzuspielen, da der Inhalt seiner Kunde ohnehin festliegt.

Aus der Perspektive der michatypischen Weissager besteht der Inhalt solcher Weissagung aus Wind und Trug (רוּחַ וָשֶׁקֶר) und wird als Lügenrede entlarvt (כזב).[91] Das Begriffspaar רוּחַ וָשֶׁקֶר charakterisiert die Weissagung in zweifacher Weise. Der Terminus רוּחַ bezeichnet die nichtige, inhaltsleere Rede (Hi 6,26; 16,3 vgl. Jes 41,29).[92] Eine besondere Nähe lässt sich zwischen V.11 und Jer 5,12–13 erkennen. Im Zitat der Gegner begegnet in Jer 5 der Vorwurf der inhaltslosen Geschwätzigkeit (רוּחַ) und bezieht sich auf die Botschaft der Unheilspropheten, deren Angemessenheit und Gültigkeit vehement bestritten wird (vgl. die drei Einsprüche der Opposition in Jer 5,12 – לֹוא נְראֶה – וְלֹא־תָבֹוא – לֹא־הוּא mit לֹא יַסַּג in Mi 2,6bβ). In Mi 2,11 geben die Unheilsweissager diesen Vorwurf gleichsam zurück.

Der Begriff שֶׁקֶר (vgl. im Zusammenhang prophetischer Kritik u. a. Jes 9,14; Jer 5,31; 6,13; 8,10; 14,14; 23,25; 27,14–16) bestimmt den Gehalt und die Wirkung solch nichtiger Rede. Als Falschrede (vgl. Ex 20,16; 23,7) ist sie ihrem Inhalt nach unsachgemäß, als Lügenrede (vgl. Jes 28,15; 59,13) täuscht sie über die Wahrheit hinweg und leitet das Volk in die Irre. Ob diese Lügenweissagung wider besseres Wissen und vorsätzlich geschieht, lässt sich nicht eindeutig erkennen. Das Verbum כזב legt zwar einen aktiven Vorgang nahe ebenso das desavouierende Zitat im Folgekolon, was jedoch auch dem polemischen Grundanliegen geschuldet sein könnte. Im Gesamtduktus der Kontroverse erscheint die Heilsweissagung als zwingender Ausdruck der undifferenzierten Heilsideologie der Opposition, die Frage nach Wahrheit oder Lüge stellt sich vor diesem Hintergrund erst gar nicht.

Das zweite Element der Polemik legt einem Weissager jenes Typs eine Äußerung in den Mund, die ihn und seine Botschaft disqualifiziert. Hatte V.11aα diesen Typus in 3. Pers. beschrieben, kreiert V.11aβ ein Paradigma desselben, das pars pro toto in 1. Sg. zu Wort kommt. Dass mit dem Personen- ein Subjektwechsel erfolgt und in V.11aβ somit ein Zitat vorliegt, lässt der Inhalt des Kolons zweifelsfrei erkennen, indem die Weissagung despektierlich mit Wein und Rauschtrank in Verbindung gebracht wird. Diese Polemik versteht sich nur als sarkastische Fremdbeschreibung.

Das Verbum נטף in V.11aβ (אַטִּף) und V.11b (מַטִּיף) schließt die Klammer zu V.6. In V.11aβ trägt es ein zweifaches Objekt und führt dieses jeweils mittels der Präp. לְ ein. Mit dem Suff. 2. Mask. Sg. bezeichnet es zunächst den Adressaten der Weissagung. Aus dem Sg. ist nicht auf ein individuelles Orakel zu schließen, das einem

---

91 WAGENAAR, Judgement, 76, macht auf die Parallelisierung von נטף mit כזב in CD 1,14; 8,13; 19,25; 1QpHab 10,9 aufmerksam.

92 Möglicherweise steht im Hintergrund der Verbindung von אישׁ und רוּחַ eine polemische Applikation des Titels אישׁ הָרוּחַ (vgl. Hos 9,7) auf die Prophetenkarikatur (so MAYS, OTL, 73).

Einzelnen gilt. Vielmehr korrespondiert die Adressatenangabe in V.11aβ mit dem Objekt in V.11b (הָעָם הַזֶּה). Ebenso wie der Lügenweissager im Sg. seinesgleichen repräsentiert, wird sein Gegenüber in V.11aβ auf einen paradigmatischen Hörer stellvertretend für הָעָם הַזֶּה enggeführt.[93]

Was das zweite über die Präp. לְ eingeführte Objekt in V.11aγ (לַיַּיִן וְלַשֵּׁכָר) bezeichnet, ist weniger eindeutig zu bestimmen. Die Präp. לְ lässt zwei Deutungsoptionen zu. So ließen sich die Rauschgetränke erstens als Gegenleistung für die Ausrichtung eines Orakels begreifen.[94] Damit wäre in V.11aγ eine ähnliche Kritik angedeutet, wie sie in Mi 3,5 gegen die korrupten Propheten erhoben wird, die nach Geschmack weissagen und den Inhalt ihrer Weissagung von mundgerechten Gaben abhängig machen. Da der Terminus שֵׁכָר allerdings im Klangspiel mit dem Begriff שֶׁקֶר verbunden ist, der in V.11aα den Trug als inhaltliches Merkmal der Lügenweissagung bestimmt, liegt die zweite Deutungsoption näher.[95] In V.11aγ dürfte das Begriffspaar שֵׁכָר und יַיִן den Gegenstand der Weissagung repräsentieren und auf ihre Wirkung verweisen.[96] Es handelt sich um eine gefällige Rede, die wie Wein und Rauschtrank die Sinne vernebelt, Unrechtsempfinden betäubt und eine nüchterne Erkenntnis der Wahrheit unmöglich macht.[97] Entsprechend begegnet das Begriffspaar in analogen Zusammenhängen prophetischer Kritik, sei es am Volk und seinen Repräsentanten (vgl. Jes 5,11.22; 56,12) oder an den Propheten selbst (vgl. Jes 28,7).[98]

---

93 Vgl. entsprechend WOLFF, BK, 55.

94 Noch weiter reicht der Vorschlag, solche Weissagung erfolge unter dem Einfluss von Wein und Rauschtrank, den DURAND, vino, 43 – 50, mit Hinweis auf Parallelen in der Mari-Korrespondenz zur Diskussion gestellt hat.

95 JEREMIAS, ATD, 154, macht darauf aufmerksam, dass mit שֶׁקֶר ein Terminus Verwendung findet, der „als Leitwort in den Worten des Propheten Jeremia die Heilsbotschaft der traditionellen Propheten charakterisieren und näherhin als Wunschdenken und Illusion entlarven sollte" (vgl. Jer 5,31; 6,13; 7,4; 8,10; 14,14; 23,14.25.26.32; 27,10 u.ö.).

96 MAYS, OTL, 73, spricht in diesem Zusammenhang von einer „sarcastic metaphor"; vgl. ähnlich KESSLER, HThK.AT, 135; RUDOLPH, KAT, 62; WOLFF, BK, 55; WAGENAAR, Judgement, 95. Wagenaar weist ferner auf den Kontrast zwischen V.7 und V.11 hin. „The ironic picture of a prophet prophesying about wine and liquor (ליין ולשכר) in v.11 thus constitutes the counterpart of the injunction of his opponents not to prophesy about these things (לאלה) in v.6." (WAGENAAR, Judgement, 95).

97 Unter Hinweis auf Lev 26,5; Dtn 28,4.11; Am 9,11; Jl 2,24; 4,18 erwägt WOLFF, BK, 55, weiterhin, dass Michas Gegner „Bier und Wein als Gaben des Landes zum Unterpfand ihrer Heilssicherheit" gerechnet hätten. Seine Vermutung entspricht zwar der in V.7a formulierten Heilsdoktrin. Weder שֵׁכָר noch יַיִן ist jedoch an den genannten Stellen belegt, das Begriffspaar überdies weithin negativ konnotiert.

98 Zur Kritik am Alkoholgenuss, sofern mit dem Begriffspaar verbunden, s. ferner Lev 10,9; Num 6,3; Jdc 13,4.7.14; Prov 20,1; 31,4.

Wie in V.6a (יִטִּיפוּן) wird dem Lügenweissager innerhalb seiner künstlichen Äußerung in V.11aβγ (אַטִּף) Weissagungskompetenz zugeschrieben, V.11b deklariert ihn sodann explizit als Weissager (מַטִּיף). Diese Zuschreibungen dienen in erster Linie seiner polemischen Abwertung. Darüber hinaus besitzen sie jedoch ein fundamentum in re. Da die Heilsideologie (V.7a) den Rahmen jeder Verkündigung bildet, bedarf es zur Weissagung weder einer besonderen Begabung noch einer Mitteilung Gottes. Der Charakter des Vorgangs נטף, der sich als Mitteilung des Unbedingten und Unabänderlichen gezeigt hat, lässt sich auf die Weissagung des Lügenkünders übertragen und plausibilisiert die Verwendung des Verbums für seine Weise der Verkündigung. So unbedingt die Gerichtsrede der michatypischen Propheten, so alternativlos ist die Heilsweissagung ihrer Gegner.

Die polemische Schlussfolgerung in V.11b führt die Debatte zum Ende. Nach der abschätzigen Fremdbeschreibung des gefälligen Weissagers (V.11aα) und seiner stilisierten Selbstdisqualifikation (V.11aβγ) konstatiert V.11b aus der Perspektive Michas, dass solch ein Weissager (מַטִּיף) für dieses Volk (הָעָם הַזֶּה) angemessen sei. Die Wendung הָעָם הַזֶּה trägt einen ähnlich abschätzigen Ton wie הַמִּשְׁפָּחָה הַזֹּאת in Mi 2,3. Dieselbe Konnotation besitzt sie insbesondere bei Jes (vgl. nur Jes 6,10; 8,6.11; 9,15; 28,11.14; 29,13 – 14) und Jer (vgl. nur Jer 5,14; 6,19; 7,16.33; 9,14; 11,14; 14,11; 15,1; 16,5; 19,11). In diesen Zusammenhängen bezeichnet הָעָם הַזֶּה weithin das Volk insgesamt, zumindest aber große Teile desselben.[99]

Die Wendung הָעָם הַזֶּה in V.11b korrespondiert mit dem Adressatenkreis aus V.7a (בֵּית־יַעֲקֹב), der das Auditorium der Debatte bildet, und wirft ein Licht auf ihn. Gegenüber Propheten im Format Michas bevorzugt dieses Volk die gefälligen Weissager, die betäubende Trugrede gegenüber der unbequemen Wahrheit. Damit trifft die Kritik der michatypischen Propheten nicht allein die Opposition der Lügenweissager, sondern das Volk insgesamt. Die abschließende Polemik gegen dieses Volk erscheint vor diesem Hintergrund folgerichtig.

3.1.4.4 Die Konfliktsituation

Die Auseinandersetzung um die angemessene, situations- und theologiegemäße Weissagungspraxis entzündet sich an der Unheilsweissagung von Propheten im Format Michas. Da sie das Grundbekenntnis zu JHWHs Güte und Langmut infrage zu stellen scheint, erhebt sich Protest innerhalb des Hauses Jakob. Den michatypischen Propheten steht eine breite Opposition gegenüber. Beiden Seiten wer-

---

99 Eine bemerkenswerte Nähe weist die Polemik in V.11, die שֶׁקֶר und הָעָם הַזֶּה in Beziehung setzt, zur Auseinandersetzung zwischen Jeremia und Hananja in Jer 28,15 auf. Darin wird Hananja vorgeworfen (הִבְטַחְתָּ אֶת־הָעָם הַזֶּה עַל־שָׁקֶר), dieses Volk auf Lüge trauen gemacht zu haben. In Jer 28,15 ist das Volk in seiner Gesamtheit im Blick.

den theologische Paradigmen als Grundüberzeugungen zugeordnet. Die Opposition beruft sich auf eine unbedingte Heilstheologie, die vermeintlich mit JHWHs Wesen in Einklang steht. Demgegenüber wird von Seiten Michas ein alternatives Paradigma vorgestellt, das die Güte JHWHs im Grundsatz nicht in Zweifel zieht, seine Gunst jedoch an einen rechtschaffenen Lebenswandel bindet.

Die Weissagungsdebatte folgt dem Interesse, die konservative Heilsideologie, die sich vor dem Hintergrund des (erfahrenen) Strafgerichts JHWHs als nicht länger tragfähig erwies, durch eine sozialethisch bedingte Heilszusage zu ersetzen. Dem Grundsatzcharakter der Reflexion entspricht der gesamtgesellschaftliche Horizont (Haus Jakob), innerhalb dessen die Debatte literarisch ausgetragen wird. Ihre Verfasser nehmen die michatypischen Unheilsweissager in Dienst, werben mit ihrer Autorität für das alternative Heilskonzept, mit dem wesentliche theologische Implikationen für das Gottesbild verbunden sind, und eifern mit Hohn und Spott gegen die konservative Schulmeinung. Das Haus Jakob steht vor der Entscheidung.

3.1.5 Literarischer Ort

Die Weissagungsdebatte in Mi 2,6–7.11 bildet das erste Element innerhalb der Gerichtskomposition in Mi 2–3, das dem Themenbereich Weissagung und Prophetie zugehört.[100] Sie bringt eine stilisierte Auseinandersetzung über die angemessene Weissagungspraxis im Hause Jakob zur Darstellung und verfolgt das Anliegen, die konservative Schulmeinung durch ein sozialethisch bedingtes Heilskonzept zu ersetzen. Für dieses Heilsparadigma wird Micha als literarische Figur in Dienst genommen.

Im vorfindlichen Textgefüge begegnet die Debatte im Zusammenhang einer sozialkritisch begründeten Strafgerichtsankündigung, die im Untergangsurteil gegen Jerusalem gipfelt. Da die Debatte den auf Mi 3,12 zielenden sozialkritischen Spannungsbogen unterbricht und bereits die strafrechtlichen Konsequenzen des gesellschaftlichen Unheils zum Anlass nimmt, eine theologische Grundsatzreflexion über die Weissagungspraxis zu führen, dürfte sie nachträglich in die Gerichtskomposition eingetragen worden sein. Ihr grundsätzlicher Charakter und polemischer Ton lässt eine deutliche Distanz zu derjenigen gesellschaftspolitischen Großwetterlage erkennen, welche die Strafgerichtskomposition in Mi 2–3* hervorgebracht hat.

Die bisherige Untersuchung hat zu dem Ergebnis geführt, dass die Sammlungsverheißung in Mi 2,12–13 und die sozialkritische Passage in Mi 2,8–10

---

100 Zur Differenzierung der Themenbereiche in Mi 2–3 s. oben II.2.

jüngere Zusätze in Mi 2–3 darstellen.[101] Da Mi 2,12–13 schon auf die Heilskapitel in Mi 4–5* vorausweist und Mi 2,8–10 die Weissagungsdebatte unterbricht, dürfte Mi 2,6–7.11 im Verhältnis zu beiden Elementen älter sein. Im Verlauf der Analyse wird sich weiterhin der Verdacht bestätigen, dass die Sozialkritik in Mi 2,1–5 nachträglich um V.4–5 erweitert worden ist.[102] Gleichermaßen aktualisieren Mi 2,8–10 und Mi 2,4–5 die ältere Anklage gesellschaftlichen Unrechts aus Mi 2,1–2.3 zur eigenen Zeit.

Als ursprünglicher literarischer Ort der Weissagungsdebatte ist somit die Position zwischen der Sozialkritik in Mi 2,1–2.3 und dem Höraufruf an die Häupter und Anführer in Mi 3,1 wahrscheinlich. Das Strafurteil in Mi 2,3 bietet der Auseinandersetzung einen plausiblen Anlass und Anknüpfungspunkt. Während der Weheruf in Mi 2,1–2 ein Leichenlied über die Unrechttäter anstimmt und das (begrüßenswerte) Ende ihrer Machenschaften impliziert, richtet sich das Strafurteil in Mi 2,3 an einen größeren Adressatenkreis (הַמִּשְׁפָּחָה הַזֹּאת) und deklariert den Zeithorizont des sozialen Unfriedens insgesamt als böse (כִּי עֵת רָעָה הִיא). Das Strafurteil in Mi 2,3 besitzt somit eine übergreifende Relevanz für alle Zeitgenossen jener bösen Zeit, die auf das Untergangsurteil gegen Jerusalem zuführt (Mi 3,12). Dieser umfassende Unheilsnexus, der sich bereits in Mi 2,3 andeutet und als Botschaft der michatypischen Weissager identifiziert wird, hat die Weissagungsdebatte angeregt.

Die Weissagungsdebatte ist für ihren literarischen Ort und unter dem Einfluss ihres Zielkontextes formuliert worden. Zunächst ist sie durch die Konfliktkonstellation aus Mi 2,1–2.3 angeregt, worin Micha im Gegenüber zu den Unrechttätern (V.1–2) und dem Adressatenkreis des Strafurteils (V.3) erscheint. Diese Konstellation wird zu einem gesellschaftlichen Diskurs ausgestaltet, innerhalb dessen Weissager im Format Michas einer Opposition innerhalb des Hauses Jakob (V.7a) gegenüberstehen, die als הָעָם הַזֶּה (V.11b) disqualifiziert wird. Die generalisierende Tendenz, die sich in Mi 2,3 mit der Diagnose einer bösen Zeit andeutet, wird in V.6–7.11 fortgeführt und auf die gesellschaftliche Ebene übertragen. Die Aufrichtigkeitsaussage in V.7b (הַיָּשָׁר הוֹלֵךְ), die das Heilsparadigma der michatypischen Propheten wesentlich ausmacht, ist durch das Strafurteil aus V.3bα (וְלֹא תֵלְכוּ רוֹמָה) inspiriert und ethisiert das Motiv des aufrechten Gangs.

Das Ich des literarischen Micha, das im Rahmen der Weissagungsdebatte hervortritt und Weissager seines Formats repräsentiert (V.7b.11), ist in Mi 1* vorgebildet, worin die Figur Micha in 1. Sg. über das Schicksal von Nord- und Südreich klagt (Mi 1,8–9). Im Rahmen der Weissagungsdebatte gewinnt dieses Ich zu-

---

nehmend an Kontur. Damit zeigt sich eine individualisierende Tendenz, die der generalisierenden Orientierung gegenläufig das Format des literarischen Micha als paradigmatischen Weissager in den Vordergrund treten lässt und in Abgrenzung zu den Lügenpropheten und ihrer Gefolgschaft profiliert.

Das Verbum נטף, das die Grundbedeutung ‚fließen' trägt und als Leitwort der Debatte figuriert, erinnert schließlich an die Theophanie am Bucheingang, die die Begleiterscheinungen des Kommens JHWHs ins Bild flüssigen Wachses und herabstürzender Wasser setzt (Mi 1,4b). Im Kontext einer Theophanieszene ist das Verbum in Jdc 5,4 und Ps 68,9 belegt. Überdies stellt der Begriff als term. techn. prophetischer Rede eine Verbindung zwischen der Debatte in Mi 2 und dem Konflikt zwischen Amos und Amazja in Am 7 her. Mit der Weissagungspraxis (נטף) teilen beide Auseinandersetzungen ihren Gegenstand. Wie Micha in Mi 2,6 (אַל־תַּטִּפוּ) wird Amos in Am 7,16 (לֹא תַטִּיף) die Weissagung von der Gegenseite verboten. Beide Prohibitive begegnen an ihren jeweiligen Orten im Zusammenhang einer Unheilsweissagung, die auf den Untergang des Reiches zielt (vgl. Am 7,11; Mi 3,12).

Im Verlauf der bisherigen Analyse sind vielfältige Bezüge innerhalb des Michabuches auf die Bücher der Nordreichspropheten, insbesondere das Amosbuch aufgefallen. Sie lassen vermuten, dass die Debatte in Mi 2 unter dem Einfluss von Am 7 gestaltet worden ist. So leitet die Komposition in Mi 1* das Schicksal des Südreiches aus dem äquivalenten Schicksal des Nordreiches ab und bringt in V.6 in nuce den Tenor der Untergangsweissagung der Nordreichsprophetie in Erinnerung. Die Theophanie am Kopf des Michabuches steht weiterhin mit Am 4,13 (vgl. Am 1,2) in Beziehung. In beiden Zusammenhängen wird JHWHs Kommen (gattungsuntypisch) gegen das eigene Volk in Stellung gebracht. Schließlich besitzt die Unheilschronologie in Mi 2,3 (כִּי עֵת רָעָה הִיא), die die Debatte in Mi 2 maßgeblich provoziert, eine exakte Entsprechung in Am 5,13.

Die Rezeption der Untergangsweissagung gegen den israelitischen Norden und ihre Applikation auf den judäischen Süden in Mi 1* sowie die analoge Gerichtsbegründung in Mi 2 – 3* dürfte Anlass dazu gegeben haben, die Anfeindung des Propheten als literarischen Topos in ähnlicher Weise innerhalb des Michabuches zu realisieren. Während Am 7 allerdings noch eine persönliche Auseinandersetzung zwischen Amos und Amazja zur Darstellung bringt und einen Konflikt des Propheten mit dem institutionellen Priestertum spiegelt, weitet Mi 2 diesen zu einem gesamtgesellschaftlichen Diskurs aus, indem das Haus Jakob (V.7a) aufgerufen und in die Debatte involviert wird. Die Debatte in Mi 2 entwickelt den Topos aus Am 7 inhaltlich weiter und verbindet damit einen theologisch grundsätzlichen Diskurs.

Unter dem Eindruck der sozialkritischen Gerichtskomposition in Mi 2 – 3* zur einen und der Prophetenlegende in Am 7 zur anderen Seite wird ein Diskurs über die angemessene, situations- und theologiegemäße Weissagungspraxis in Mi 2,6 – 7.11 gestaltet. Die Weissagungsdebatte verfolgt das Anliegen, das theologische Wertesystem im Haus Jakob neu auszurichten und das Paradigma einer unbedingten Heilsgarantie JHWHs für Zion und sein Volk (V.7a vgl. Mi 3,11bβ) durch die ethisch bedingte Heilszusage (V.7b) zu ersetzen. Die Debatte folgt somit einem lehrhaft-didaktischen Interesse und dürfte das Ergebnis einer (retrospektiven) Reflexion über die theologischen Implikationen des Untergangs Jerusalems darstellen, nach dem sich das konventionelle Heilsparadigma als nicht länger tragfähig erwiesen hat. Gezielt wird die Kontroverse vor Mi 3,12 positioniert, um das Drohpotenzial des Strafgerichts für die eigene Argumentation dienstbar zu machen. Auf den historischen Micha und einen Konflikt im ausgehenden 8. Jh. geht die Debatte nicht zurück.

3.1.5.1 Die Redeeinleitung in Mi 3,1

Im Zuge der Einschaltung von V.6 – 7.11 zwischen Mi 2,1 – 2.3 und Mi 3,1 – 12* dürfte die pointierte Einleitung וָאֹמַר dem Höraufruf in Mi 3,1 vorangestellt worden sein. Sie weist eine hohe formale und inhaltliche Affinität zur Weissagungsdebatte auf, die den Schluss nahe legt, dass beide Elemente auf dieselbe Hand zurückzuführen sind. Durch die Einführung des Höraufrufs mit וָאֹמַר wird der diskursive Stil, der für die Weissagungsdebatte charakteristisch ist, in die Sozialkritik hinein verlängert. Die Verbindung von וָאֹמַר und folgendem Höraufruf samt Adressatenangabe entspricht weiterhin der Eröffnung der theologischen Reflexion in Mi 2,7a (הֶאָמוּר בֵּית־יַעֲקֹב). Beide Einleitungen bilden einen Kontrast. Während הֶאָמוּר in Mi 2,7a die These der Gegner einführt, die sodann als trügerisch verabschiedet wird, leitet וָאֹמַר in Mi 3,1 zur vollmächtigen Gerichtsrede Michas über. Das allseits Bekannte (Mi 2,7a) und das unerhört Neue (Mi 3,1 – 12*) treten auf diese Weise in einen scharfen Gegensatz.

Die Gestaltung der Redeeinleitung in Mi 3,1 folgt einem formalen und einem inhaltlichen Interesse. In formaler Hinsicht ist sie auf der Schwelle zwischen der Polemik gegen den Lügenweissager in Mi 2,11 und dem Höraufruf an die politische Führung erforderlich, um dem Missverständnis vorzubeugen, der nachfolgende Schuldaufweis gehe von jenem Lügenpropheten aus. Da ein solches Missverständnis im Anschluss an den lebhaften Wortwechsel in V.6 – 7.11 möglich gewesen wäre, der in V.11 etwa ohne explizite Kennzeichnung des Zitats in V.11aβ auskommt, wird die Figur des Gerichtspropheten Micha in Mi 3,1 ausdrücklich eingeführt.

In inhaltlicher Hinsicht stellt die Redeeinleitung וָאֹמַר das Ich Michas betont in den Vordergrund. Auf diese Weise wird die Profilierung des Formats Micha fortgeführt, die im Rahmen der Debatte durch die Abgrenzung der michatypischen Weissager von ihrer Opposition begonnen worden war. Der Lügenweissager aus

Mi 2,11 und der vollmächtige Micha aus Mi 3,1 werden wie die jeweils zugeordneten theologischen Paradigmen antithetisch gegenüber gestellt. Das Anliegen, das Ich des literarischen Micha zu pointieren, lässt sich bis ins Schriftbild hinein beobachten, das eine sukzessive Verkürzung der Kola aufweist. Fünf Zeilen (V.6 – 7.11aα) bestehen aus 3+3, zwei Zeilen (V.11aβ.b) aus 2+2 syntaktischen Elementen, bevor schließlich וְאֹמַר als Einzelelement einen neuen inhaltlichen Zusammenhang eröffnet. Diese allmähliche Verkürzung gibt den planvollen Gestaltungswillen der Verfasser der Weissagungsdebatte in Mi 2,6 – 7.11 (mit וְאֹמַר in Mi 3,1) zu erkennen.

Wie die Weissagungsdebatte, die vermutlich unter dem Einfluss von Am 7,10 – 17 gestaltet wurde, könnte auch die Redeeröffnung in Mi 3,1 (וָאֹמַר) unter dem Vorbild der Amostradition formuliert worden sein. Ähnlich pointiert wie das Michabuch seinen Propheten in Mi 3,1 bringt das Amosbuch seinen Protagonisten in Am 7,2.5.8 und Am 8,2 (וָאֹמַר) zu Wort.

3.1.5.2 Die Vollmacht Michas in Mi 3,8

Das Ich des literarischen Micha kehrt in Mi 3,8 noch einmal in ähnlich pointierter Weise wieder. Nach dem Schuldaufweis gegen die politische Elite (Mi 3,1 – 4) und dem Gerichtswort gegen die Propheten (Mi 3,5 – 7) wird Micha in Abgrenzung zu beiden Gruppierungen (וְאוּלָם אָנֹכִי) ein Selbstzeugnis in den Mund gelegt. Mit Kraft, Recht und Stärke (כֹּחַ [ ] וּמִשְׁפָּט וּגְבוּרָה) wird ihm sämtliches Vermögen zugeschrieben, das den rechtvergessenen Anführern und den entmachteten Propheten fehlt. Daraus ergibt sich sein Auftrag, Jakob seine Vergehen und Israel seine Schuld anzuzeigen. Gleichförmig geht das Ich Michas in Mi 3,1 (וָאֹמַר) und Mi 3,8 (אָנֹכִי) den Höraufrufen voraus und verleiht ihnen die Autorität eines vollmächtigen Propheten. Die 1. Pers. Sg. in Mi 3,1 (וָאֹמַר) und Mi 3,8 (אָנֹכִי) formiert einen Rahmen um Mi 3,1 – 7. Da die Profilierung Michas im Interesse der Verfasser von Mi 2,6 – 7.11 mit Mi 3,1 (וָאֹמַר) liegt, könnte auch Mi 3,8 auf ihre Hand zurückgehen. Ob sich diese Vermutung bestätigt, ist im Rahmen der Analyse von Mi 3,5 – 7.8 zu prüfen.[103]

3.1.6 Kompositioneller Zusammenhang

Die Weissagungsdebatte ist in die Gerichtskomposition in Mi 2–3* nachträglich eingefügt worden.[104] Kompositorisch steht sie mit der jüngeren Sozialkritik in Mi 2,8 – 10 und inhaltlich mit dem Gerichtswort gegen die Propheten in Mi 3,5 – 7 in Verbindung. Unter Berücksichtigung der gewonnenen Einsichten in das Profil der

---

103 S. dazu 3.2.2.
104 S. dazu oben 3.1.5.

Weissagungsdebatte ist im Folgenden ihr literarisches Verhältnis zur jüngeren Sozialkritik in Mi 2 und zum Prophetengericht in Mi 3 zu beleuchten.

3.1.6.1 Die Weissagungsdebatte und die jüngere Sozialkritik in Mi 2

Die Weissagungsdebatte wird in Mi 2,8 – 10 durch ein sozialkritisches Gerichtswort unterbrochen, das nachträglich in den kompositionellen Zusammenhang eingesetzt worden ist.[105] Es erneuert die älteren Schuldvorwürfe aus V.1 – 2 zur eigenen Zeit und schließt an die „Aufrichtigkeitsaussage" aus V.7b (הַיָּשָׁר הֹולֵךְ) an. Die Verfasser der jüngeren Sozialkritik scheinen das neue sozialethisch konkretisierte Heilsparadigma, das im Rahmen der Weissagungsdebatte formuliert worden war, zu entfalten und auf die Herausforderungen ihrer eigenen Gegenwart anzuwenden.

Dasselbe ist für die sozialkritische Erweiterung in V.4 – 5 wahrscheinlich.[106] Gleichermaßen betrachten die Gerichtsworte in V.4 – 5 und V.8 – 10 Vorgänge innerhalb der Gesellschaft, die der Größe עַמִּי zum Nachteil gereichen (vgl. V.4.8.9). Wie V.8 – 10 folgt auch V.4 – 5 auf eine „Aufrichtigkeitsaussage" (vgl. וְלֹא תֵלְכוּ רֹומָה in Mi 2,3bα) im älteren Gefüge, die der Einschaltung als Positionsmarke gedient haben dürfte. Beide Elemente scheinen bemüht, das mit dem Begriff עַמִּי bezeichnete Volk in Abgrenzung zu הָעָם הַזֶּה positiv zu profilieren.

Die beiden „Aufrichtigkeitsaussagen" in V.3bα und V.7b tragen eine Spannung in das synchrone Textgefüge hinein. Während den Adressaten des Strafurteils JHWHs (V.3) angekündigt wird, dass sie nicht mehr aufrecht zu gehen vermögen, eröffnet V.7b denjenigen eine Heilsperspektive, die aufrichtig wandeln. Wer innerhalb des Hauses Jakob dieser Bedingung genügt, bleibt im Rahmen der Weissagungsdebatte zunächst offen. Durch die Eingliederung von V.8 – 10 (mit V.4 – 5) scheint das friedvolle, aber benachteiligte עַמִּי in diese Leerstellen einzurücken.

3.1.6.2 Die Weissagungsdebatte und das Prophetengericht in Mi 3

Thematisch steht die Weissagungsdebatte mit dem Gerichtswort gegen die Propheten in Mi 3,5 – 7.8 in Verbindung. Während Mi 2,6 – 7.11 eine gesellschaftliche Auseinandersetzung über die angemessene Weissagungspraxis im Hause Jakob darstellt, wird in Mi 3,5 – 7 Anklage gegen die Vertreter der prophetischen Institution erhoben. Weil sie den Inhalt ihrer Weissagung von Bestechungsgaben abhängig machen, wird ihnen im Strafurteil JHWHs mit dem Verlust jedweder Offenbarung die Grundlage ihrer Arbeit entzogen. Da sich das Gerichtswort noch mit konkreten Missständen innerhalb

---

105 S. dazu unten 4.2.
106 S. dazu unten 4.1.4.3.

der institutionellen Prophetie befasst, die Weissagungsdebatte hingegen bereits einen gelehrten Diskurs über die Grundlagen der Weissagung unabhängig von der prophetischen Institution enthält, lässt sich vermuten, dass Mi 3,5 – 7 gegenüber Mi 2,6 – 7.11 älter ist.[107] Das Gerichtswort gegen die Propheten gilt es im nächsten Analyseschritt detailliert in den Blick zu nehmen.

3.1.7 Zwischenergebnis

Die Weissagungsdebatte in Mi 2,6 – 7.11 (mit Mi 3,1 [וָאֹמַר] und Mi 3,8[?]) stellt eine jüngere Erweiterung der Gerichtskomposition dar. Ihren literarischen Ort fand sie ursprünglich zwischen dem Weheruf samt Strafurteil in Mi 2,1 – 2.3 und dem Höraufruf an die politische Führung in Mi 3,1. Unter dem Einfluss der Gerichtskomposition in Mi 2 – 3* und der Prophetenlegende in Am 7 bringt die Debatte einen theologischen Diskurs über die Grundbedingungen der Weissagungspraxis im Hause Jakob zur Darstellung. In zeitlichem Abstand zum Untergang Jerusalems wird das konventionelle (zionstheologische) Heilsparadigma verabschiedet und durch eine sozialethisch konkretisierte Heilszusage ersetzt. Für dieses neue Paradigma wird der literarische Micha in Dienst genommen und sein prophetisches Format im Sinne des neuen Heilskonzeptes profiliert. Die Debatte besitzt einen lehrhaft-didaktischen Charakter und ist um die Neuausrichtung des theologischen Wertesystems im Hause Jakob bemüht.

3.2 Das Prophetengericht in Mi 3,5 – 8

In Mi 3,5 – 7.8 begegnet das zweite Textelement, das dem Themenbereich Weissagung und Prophetie innerhalb der Gerichtskomposition in Mi 2 – 3 zugehört. Während Mi 2,6 – 7.11 eine Debatte über die Weissagungspraxis zur Darstellung bringt, wird mit dem Gerichtswort in Mi 3,5 – 7.8 Anklage gegen die prophetischen Amtsträger erhoben. Da sie ihre prophetische Verantwortung zur eigenen Vorteilsnahme missbraucht und das Volk in die Irre geführt haben, wird ihnen die Quelle ihres Offenbarungswissens verschlossen und die Ausübung ihres Amtes unmöglich gemacht.

---

[107] Zum literarischen Verhältnis zwischen der Weissagungsdebatte in Mi 2 und dem Prophetengericht in Mi 3 s. unter 3.2.5.2.

3.2.1 Abgrenzung und Aufbau

Das Gerichtswort gegen die Propheten begegnet zwischen dem Straffolgespruch in Mi 3,4 und dem erneuten Höraufruf an die politische Führung in Mi 3,9a (vgl. Mi 3,1a). Der Straffolgespruch in V.4 richtet sich an die politischen Anführer (V.1a) und stellt ihnen aufgrund der Bosheit ihres Handelns in Aussicht, dass JHWH sich vor ihnen verbergen und sie nicht erhören wird, wenn sie ihn um Hilfe anrufen. Da in V.1–3 noch keine Umstände zu erkennen sind, die ihre Hilferufe motivieren, dürfte V.4 mit Hilfe der Zeitangaben אָז und בָּעֵת הַהִיא auf das Strafurteil in Mi 3,12 und die mit dem Untergang Jerusalems für die politische Führung verbundenen Konsequenzen vorausweisen. Mit dem begründenden Resümee in V.4bβ (כַּאֲשֶׁר הֵרֵעוּ מַעַלְלֵיהֶם) wird der Straffolgespruch und mit diesem der sozialkritische Zusammenhang in V.1–4 einstweilen abgeschlossen. Erst V.9a (שִׁמְעוּ־נָא) nimmt den Themenstrang mit wiederholtem Aufruf des Adressatenkreises aus V.1a wieder auf.

Mit dem Gerichtswort in V.5–8 wechseln Thema und Adressaten. Es unterbricht den sozialkritischen Schuldaufweis und scheidet ihn in die beiden Teile V.1–4 und V.9–12. Die Botenformel markiert einen formalen Neueinsatz und führt die Propheten (הַנְּבִיאִים) als Adressaten ein. Das Gerichtswort besteht aus drei Teilen. Es wird mit dem Schuldaufweis in V.5 eröffnet. Den Propheten wird zur Last gelegt, ein günstiges oder unheilvolles Orakel von entsprechenden Gegenleistungen abhängig zu machen. In V.6a folgt daraufhin das Strafurteil (לָכֵן), das den Propheten die Quellen göttlicher Offenbarung verschließt. In V.6b–7 wird schließlich das Urteil entfaltet und hinsichtlich der individuellen Konsequenzen für die Propheten ausgelegt. Wenn die Sonne über ihnen untergeht und sich der Tag verfinstert und damit die Offenbarungsquellen versiegen, bleiben sie beschämt und in Schanden zurück.

Innerhalb des Gerichtswortes wird das Strafurteil in V.6a betont hervorgehoben. Als einziges Element in Mi 3,5–7.8 bietet es einen Nominalsatz und adressiert seine Adressaten in 2. Mask. Pl. (לָכֶם). Im gegenwärtigen Schriftbild wird das Urteil von je drei Zeilen zu beiden Seiten eingefasst, die von den Propheten in 3. Pers. handeln. Der Schuldaufweis ist von Part. bestimmt, die Explikationen werden im konsekutiven Perf. formuliert. Da V.5aα ein Wort JHWHs gegen die Propheten ankündigt und nur der pointierte V.6a diese direkt anspricht, dürfte darin das von Prophetenrede gerahmte Gotteswort begegnen.[108]

---

[108] Anders fassen etwa KESSLER, HThK.AT, 153, und WOLFF, BK, 63, den Abschnitt in V.5–7 insgesamt als Prophetenrede auf. Hans Walter Wolff vermutet überdies, dass die Botenformel erst nachträglich vorangestellt worden ist und einen ursprünglichen Höraufruf an die Propheten ersetzt. JEREMIAS, ATD, 162, hingegen versteht V.6–7, RUDOLPH, KAT, 71, V.5b–7 als Gotteswort. Diese Vorschläge tragen allerdings dem Personenwechsel in V.6a nicht Rechnung, der innerhalb der Prophetenrede auch auf einen Wechsel der Autorität hinweisen dürfte.

Im vorfindlichen Textgefüge folgt auf das Gerichtswort ein viertes Element. In betontem Kontrast zu den entmachteten Propheten (וְאוּלָם אָנֹכִי) beschreibt V.8 das prophetische Format Micha im Selbstzeugnis. Mit Kraft, Recht und Stärke wird ihm umfassende Kompetenz und die Vollmacht zugewiesen, Jakob und Israel ihre Vergehen anzuzeigen. Dieser weite Radius eines (zumindest potenziellen) Schuldaufweises an das Volk im Ganzen irritiert im Anschluss an das Gerichtswort in V.5 – 7, das sich auf die Anklage und Verurteilung der Propheten konzentriert.[109] Überdies erhält das Gerichtswort mit V.8 einen zweiten Abschluss, insofern V.7b (כִּי אֵין מַעֲנֶה אֱלֹהִים) bereits einen Schlusspunkt setzt und die Klammer zu V.4 schließt (לֹא יַעֲנֶה אוֹתָם).[110] Die Profilierung des prophetischen Formats Micha in V.8 dürfte daher eine jüngere Erweiterung des Prophetengerichts darstellen.

3.2.2 Integrität: Die Vollmacht Michas in Mi 3,8

Der umfassende Radius eines (potenziellen) Schuldaufweises gegen Jakob/Israel, der den Horizont der Anklage gegen die Propheten übersteigt, sowie der doppelte Abschluss, den das Gerichtswort im gegenwärtigen Textgefüge aufweist, lassen vermuten, dass V.8 diesem ursprünglich nicht zugehörte und das Gerichtswort ursprünglich mit dem Rückverweis auf V.4aβ in V.7b (כִּי אֵין מַעֲנֶה אֱלֹהִים) geendet hat. Weitere Beobachtungen zum Verhältnis zwischen dem Prophetengericht in V.5 – 7 und der Profilierung Michas in V.8 erhärten den Verdacht und führen zu dem Schluss, dass V.8 nachträglich angefügt worden ist.[111]

Das Gerichtswort wird in V.5 mit der Botenformel eröffnet. Damit ist das Interesse verbunden, Schuldaufweis und Strafurteil gegen die Propheten explizit der Autorität JHWHs zu unterstellen, der als Ankläger und Richter figuriert. V.8 profiliert hingegen ein vollmächtiges Prophetenformat (וְאוּלָם אָנֹכִי) und lässt Micha die Rolle des Anklägers übernehmen. V.5 – 7 und V.8 folgen damit unterschiedlichen Absichten. Ferner wechselt der Adressatenkreis des Schuldaufweises. Während die Anklage in V.5 – 7 gegen die Propheten gerichtet ist und diesen in aller Konkretheit ihre Vergehen (V.5) und die zu erwartenden Konsequenzen ihres Handelns (V.6 – 7) vor Augen führt, adressiert V.8, unvermittelt und ohne ihre Verfehlungen

---

109 Diesen Sachverhalt bezeichnet auch JEREMIAS, ATD, 164, als „[d]as Überraschende und Unerwartete im Kontext" und erachtet V.8 als „[f]ormgeschichtlich überschüssig (das Gerichtswort gegen die Propheten ist mit V.7 abgeschlossen)" (aaO., 163). Dennoch hält er am originären Zusammenhang von V.5 – 7 und V.8 fest.

110 KESSLER, HThK.AT, 153, macht auf die vergleichbare Abschlussfunktion des כִּי-Satzes in Mi 2,3 aufmerksam.

111 Vgl. entsprechend bereits KESSLER, HThK.AT, 153; WAGENAAR, Judgement, 246 – 247.

zu konkretisieren, das Volk Jakob und Israel insgesamt.[112] Dieser Adressatenkreis überrascht im Anschluss an V.5–7 ebenso wie im Kontext der Gerichtskomposition von Mi 2–3* insgesamt. Das Volk war in V.5a noch als Opfer der Fehlleitung ausgewiesen worden. Eine Schuld desselben ist inhaltlich in keiner Weise vorbereitet.

Weiterhin wird durch die Verbindung des Gerichtswortes mit der Profilierung des prophetischen Formats Micha in V.5–7.8 die Vollmacht Michas den entmachteten Propheten entgegengesetzt. Sollte hier „der Gegensatz zwischen wahrer und falscher Prophetie klar herausgestellt"[113] werden, hinkt allerdings der Vergleich. Der prophetische Typus, der von den Propheten auf der einen und Micha auf der anderen Seite repräsentiert wird, ist sehr unterschiedlich. Während die Propheten in V.5–7 einen Typus vertreten, der auf Anfrage hin und durch die Ermittlung eines Orakels die Nachricht der Gottheit weitergibt, verfügt Micha in V.8 selbst über alles Vermögen, dem Volk mit umfassender Autorität gegenüber zu treten. Einer (technischen) Orakelermittlung bedarf er offenkundig nicht.

Dass ein und dieselbe Hand in V.5–8 den einen mit dem anderen Typus kontrastiert, erscheint nicht konsequent. Immerhin zielt der Vorwurf in V.5–7 nicht auf die Weise der Divination als solche, sondern auf ihren Missbrauch. V.8 hingegen entwirft mit dem Format Micha ein Prophetenkonzept, das eine Alternative zur mantischen Praxis darstellt. Diese Beobachtungen sprechen insgesamt dafür, dass in V.5–7 und V.8 verschiedene Verfasser mit unterschiedlichen Interessen am Werk sind. Das spezifische Profil der Fortschreibung tritt vor dem Hintergrund ihrer inklusiven Funktion hervor, die V.8 im kompositionellen Zusammenhang von Mi 2–3* erfüllt, und ermöglicht es, ihren Ort innerhalb des Wachstumsgefüges von Mi 2–3 näher zu bestimmen.

Innerhalb der Gerichtskomposition führt die Profilierung des Prophetenformats Micha in V.8 die beiden Themenstränge aus Mi 2–3* zusammen, die Sozialkritik zur einen und den Diskurs über Weissagung und Prophetie zur anderen Seite. Mit dem sozialkritischen Themenbereich ist das Format Micha verbunden, indem ihm neben Kraft (כֹּחַ) und Macht (גְּבוּרָה)[114] auch Rechtskompetenz (מִשְׁפָּט vgl. Mi 3,1.9) zuge-

---

112 Dass Jakob/Israel in Mi 3,8 das Volk insgesamt repräsentiert, ist weithin anerkannt (vgl. JEREMIAS, ATD, 164; RUDOLPH, KAT, 73; ähnlich WOLFF, BK, 76). Anders reduziert Rainer Kessler das Begriffspaar mit Hinweis auf Mi 1,14; 2,7; 3,1.9 auf „die wirtschaftlich, politisch und religiös Dominierenden" (DERS., HThK.AT, 159). An keiner der genannten Stellen allerdings werden die Begriffe Jakob und Israel wie in Mi 3,8 absolut verwendet, sondern stehen mit anderen Größen in Beziehung, die sie näherbestimmen (מֶלֶךְ in Mi 1,14; בֵּית in Mi 2,7 und רֹאשׁ bzw. בֵּית in Mi 3,1.9).
113 RUDOLPH, KAT, 73.
114 Nebeneinander begegnen die Begriffe כֹּחַ und גְּבוּרָה sonst nur zur Beschreibung der Macht JHWHs (vgl. Ps 65,7; 1 Chr 29,12; 2 Chr 20,6), was das bemerkenswerte Potenzial erkennen lässt, das Micha in V.8 zugeschrieben wird.

schrieben wird und sein Auftrag darin besteht, Jakob und Israel (vgl. Mi 3,1.9) ihre Verfehlungen vorzuhalten (vgl. Mi 1,5.13).[115] Mit dem Themenbereich Weissagung und Prophetie steht Micha in Beziehung, indem sein vollmächtiges Ich mit der verurteilten Prophetenzunft kontrastiert wird. Einen ähnlichen Kontrast formuliert Mi 2,11 mit Mi 3,1 (וָאֹמַר) am Ende der Weissagungsdebatte.[116]

Die Profilierung Michas sowie die inklusive Funktion, die V.8 im Zusammenhang erfüllt, verbindet den Vers mit der Weissagungsdebatte in Mi 2,6–7.11 (mit Mi 3,1 [וָאֹמַר]). Wie Mi 3,8 (וְאוּלָם אָנֹכִי) konzentriert die Debatte in Mi 2* den Typus eines redlichen Weissagers auf das paradigmatische Ich Michas (דְּבָרַי in Mi 2,7b und וָאֹמַר in Mi 3,1) und profiliert dasselbe in Abgrenzung. Wie in Mi 3,8 wird ferner auch innerhalb der Weissagungsdebatte eine Brücke zwischen dem sozialkritischen und dem prophetischen Themenbereich gebaut, indem die günstige Weissagung (דְּבָרַי) nach V.7b von einem aufrichtigen Lebenswandel (הַיָּשָׁר הוֹלֵךְ) abhängt.

Schließlich teilt Mi 3,8 mit der Weissagungsdebatte die gegenläufigen generalisierenden und individualisierenden Tendenzen, die im Rahmen ihrer Analyse aufgefallen waren. Wie Mi 2,6–7.11 mit Mi 3,1 [וָאֹמַר] die Frage nach der Weissagung zu einem gesamtgesellschaftlichen Diskurs ausweitet (בֵּית־יַעֲקֹב in Mi 2,7a) und die Polemik gegen הָעָם הַזֶּה (Mi 2,11b) richtet, bringt Mi 3,8 die (potenzielle) Schuldanklage gegen das Volk Jakob/Israel insgesamt in Position. Wie Mi 2,6–7.11 mit Mi 3,1 [וָאֹמַר] das sozialethisch konkretisierte Heilsparadigma mit dem paradigmatischen Ich Michas (Mi 2,7b; 3,1) verbindet, so lässt Mi 3,8 dasselbe betont in den Vordergrund treten. Vor dem Hintergrund dieser signifikanten Entsprechung legt sich der Schluss nahe, dass Mi 3,8 auf die Verfasser der Weissagungsdebatte zurückzuführen ist (zumindest aber in ihrer Tradition gestaltet wurde).[117]

Im Anschluss an die Debatte in Mi 2,6–7.11 mit Mi 3,1 (וָאֹמַר), im Zuge derer ein alternatives Heilsparadigma entwickelt wird, folgt Mi 3,8 dem Interesse, einen Prophetentypus im Sinne dieses Konzeptes zu präsentieren und entsprechend zu profilieren. Wie die Prophetenkarikatur in Mi 2,11 die konservative Schulmeinung, so repräsentiert Micha in Mi 3,8 das sozialethische Heilsparadigma. Der Weissagungsdiskurs findet seinen eigentlichen Abschluss somit erst in Mi 3,8. Darin wird nicht etwa eine Prophetenpersönlichkeit bevollmächtigt, sondern ein neuer Prophetentypus geschaffen.[118] Diesem obliegt nicht die Verwaltung einer statischen Heilsdog-

---

115 Zur Begriffstrias s. insbesondere Kessler, HThK.AT, 157.
116 Vgl. bereits Kessler, HThK.AT, 153, der überdies auf den „reflektierenden Charakter" von Mi 3,8 hinweist. Auch dieser entspricht dem Charakter der Weissagungsdebatte.
117 S. dazu bereits oben 3.1.5.2.
118 Anders sehen etwa Jeremias, ATD, 163–164; Wolff, BK, 75; Metzner, Kompositionsgeschichte, 113–114, in Mi 3,8 eine umfassende Bevollmächtigung oder Vollmachtsbekundung des (historischen) Propheten. Rudolph, KAT, 73, erkennt in V.8 gar einen „Beweis dafür, daß auch er

matik (vgl. Mi 2,7a) oder des korruptionsanfälligen Orakelwesens (vgl. Mi 3,5 – 7), sondern das vollmächtige Wächteramt über Recht und Ordnung im Hause Jakob.[119]

Die Profilierung des Formats Micha in V.8 ist dem Prophetengericht in V.5 – 7 nachträglich angefügt worden und führt auf die Verfasser der Weissagungsdebatte (oder ihre Tradition) zurück. Die metrische Überlänge der ersten Zeile lässt erkennen, dass V.8 seinerseits eine interne Ausgestaltung erfahren hat. Seit Julius Wellhausen wird die Wendung אֶת־רוּחַ יְהוָה als Wortglossierung zu כֹּחַ bestimmt.[120] Sie ist syntaktisch lediglich lose beigefügt und folgt dem Interesse, Michas Potenzial ausdrücklich auf JHWH zurückzuführen und seiner Autorität zu unterstellen.[121] Durch diese Explikation seiner Geistbegabung (רוּחַ) gerät der Michatypus noch einmal in einen Kontrast zur geistlosen Weissagung des Lügenpropheten in V.11 (רוּחַ).

3.2.3 Detailanalyse

Ohne den jüngeren Abschluss in V.8 bildet das Gerichtswort gegen die Propheten in Mi 3,5 – 7 eine geschlossene literarische Einheit. Das Strafurteil im Zentrum (לָכֵן in V.6a) wird durch eine ausführliche Einleitung samt Schuldaufweis in V.5 und eine ebenso ausführliche Entfaltung in V.6b – 7 eingerahmt. Die drei Elemente des Gerichtswortes, der Schuldaufweis (V.5), das Strafurteil (V.6a) und die Entfaltung seiner Konsequenzen (V.6b – 7), sind nachfolgend gesondert zu betrachten.

---

eine Stunde der Berufung erlebt hat, auch wenn darüber in seinem Buche nichts vermeldet wird." (ähnlich MAYS, OTL, 84 – 85; VAN DER WOUDE, POT, 116).

119 In ähnlicher Weise bestimmt KESSLER, HThK.AT, 158, den Unterschied zwischen Micha und der verurteilten Prophetenzunft. „Micha wird also nicht in erster Linie als derjenige gesehen, der eine bestimmte Zukunft ansagt, sondern als der, der die Gegenwart schonungslos analysiert." Bei Rainer Kessler scheint jedoch die historische Prophetenpersönlichkeit im Blick zu sein.

120 WELLHAUSEN, Propheten, 141; vgl. entsprechend etwa JEREMIAS, ATD, 164 Anm. 149; KESSLER, HThK.AT, 157; MARTI, KHC, 279; MAYS, OTL, 81 Anm. b; METZNER, Kompositionsgeschichte, 74.113 – 114; RENAUD, Formation, 169; RUDOLPH, KAT, 68; SELLIN, KAT, 279; WAGENAAR, Judgement, 119; WILLI-PLEIN, Vorformen, 81; WOLFF, BK, 61.66.

121 UTZSCHNEIDER, Reise, 144, macht darauf aufmerksam, dass der Geist JHWHs eine „unverfügbare Kraft [darstellt], die den Richtergestalten von Othniel bis Simson, dazu auch Saul und David zugeschrieben wird und die diese charismatischen Helden zu ihrem ‚Amt' im allgemeinen, aber auch zu einzelnen ihrer wunderbaren Taten befähigte." Die Rettertradition des Richterbuches dürfte den traditionsgeschichtlichen Hintergrund der Wendung זעק אֶל־יְהוָה in Mi 3,4 bilden (s. dazu unten 3.2.4.1) und könnte die Gestaltung der Glosse angeregt haben.

3.2.3.1 Der Schuldaufweis in V.5

Die Botenformel leitet den Schuldaufweis in V.5 ein und bindet das Gerichtswort ausdrücklich an die Autorität JHWHs.[122] Das Wort JHWHs gerät auf diese Weise in einen betonten Kontrast zu denjenigen Orakeln, die die Propheten in seinem Namen ausrichten. Was sie (nachgerade zynisch) als letzte göttliche Nachricht empfangen, entzieht ihnen die Grundlage ihrer Amtsführung. Mit den Propheten als Adressaten (הַנְּבִיאִים) begegnet die „im strengen Sinne berufliche Seite der Prophetie"[123]. Anders als all jene, denen im Rahmen der Weissagungsdebatte in Mi 2 polemisch die Gabe der Weissagung (נטף) zugeschrieben wird, besitzen die Adressaten in Mi 3 tatsächlich prophetische Kompetenzen. Diese werden ihnen jedenfalls in keiner erkennbaren Weise abgesprochen.[124]

Bei den Propheten handelt es sich in phänomenologischer Hinsicht um Vertreter einer mantischen Praxis, die durch Schauung (חֹזֶה) und technisch ermittelte Orakel (קסם) Einsicht in den göttlichen Willen zu erlangen vermögen (V.6a).[125] Indem beide Wege des Offenbarungsempfangs verschlossen werden, erscheint der Verlust des Gotteskontaktes umfassend. Dass es sich bei beiden Weisen der Divination allerdings um legitime prophetische Praktiken handelt, bestreitet das Gerichtswort ebenso wenig wie die Kompetenz der Propheten. Die Anklage richtet sich ausschließlich gegen ihre missbräuchliche Amtsführung.[126]

Der Schuldaufweis in V.5 ist zweigliedrig. V.5a bringt zunächst die Auswirkung der verfehlten prophetischen Praxis für das Volk auf den Punkt, bevor V.5b die Ursachen derselben bestimmt. Die Propheten leiten das Volk in die Irre (V.5a), indem sie im Dienste des eigenen Vorteils statt der göttlichen Nachricht entsprechend gute oder ungünstige Orakel ausrichten (V.5b). Der Vorwurf der Irreführung des Volkes (תעה) trifft die prophetische Institution ins Mark, besteht doch ihre Amtspflicht und institutionelle Verantwortung darin, die Gesellschaft (und

---

122 Die Botenformel כֹּה אָמַר יְהֹוָה ist innerhalb des Michabuches selten. Sie begegnet über Mi 3,5 hinaus lediglich in Mi 2,3, vgl. ferner נְאֻם־יְהֹוָה in Mi 4,6; 5,9. Ein Grund dafür, die Botenformel als jüngeren Zusatz auszuweisen, lässt sich nicht erkennen (so etwa LESCOW, Analyse von Micha 1 – 5, 48; MAYS, OTL, 81; SMITH, ICC, 103; WOLFF, BK, 66). Ohne dieselbe fehlt dem Abschnitt seine Einleitung. LESCOW, Analyse von Micha 1 – 5, 48, löst diese „Schwierigkeit", indem er freihändig die Einleitung וַיֹּאמֶר aus Mi 3,1 ergänzt.
123 JEREMIAS, ATD, 163, und entsprechend etwa MAYS, OTL, 81; RUDOLPH, KAT, 72; UTZSCHNEIDER, Reise, 143; WOLFF, BK, 72.
124 So übereinstimmend etwa auch JEREMIAS, ATD, 163; KESSLER, HThK.AT, 154; RUDOLPH, KAT, 71; WOLFF, BK, 74. UTZSCHNEIDER, ZBK, 78, nennt sie „die Staatsmantiker" (vgl. ähnlich UTZSCHNEIDER, Reise, 143).
125 Vgl. zum Phänomen KRATZ, Propheten, 20 – 26.
126 Vgl. entsprechend KESSLER, HThK.AT, 154.156; RUDOLPH, KAT, 71; UTZSCHNEIDER, ZBK, 78 – 79; WOLFF, BK, 71 – 72.

ihre politische Führung) im Sinne der göttlichen Weisung zu führen und Orientierung zu stiften.

Das Verbum תעה bezeichnet in seiner konkreten Verwendung ein ziel- und orientierungsloses Umherwandern (Gen 20,13; 21,14; 37,15; Ps 107,4.40 vgl. Ex 23,4; Hi 38,41), im übertragenen Sinne Trug, Täuschung und Irreführung, wobei die Weisung JHWHs den Orientierungsmaßstab darstellt (vgl. 2 Reg 21,9 = 2 Chr 33,9; Jes 3,12; 9,15; 19,13 – 14; Jer 23,13.32; Ez 14,11; 44,10.15; 48,11; Hos 4,12; Am 2,4 u. ö.).[127] Der Begriff birgt somit Ursache und Konsequenz des Vorgangs in sich. Sofern er etymologisch mit akk. *ṭātum, ṭa'tu* für Zweckgeschenke/Bestechungsgaben in Beziehung steht, könnte das Verbum selbst die konkrete Ursache der Fehlorientierung des Volkes anklingen lassen, die V.5b daraufhin entfaltet.[128]

Weiterhin bezeichnet der Begriff תעה den taumelnden Gang Betrunkener (Jes 19,14; 28,7; Hi 12,25) sowie das Umherirren einer Schafherde als Metapher für das Gottesvolk (Jes 53,6; Jer 50,6; Ps 119,176).[129] Im synchronen Textgefüge von Mi 2–3 werden damit kompositionelle Verbindungslinien zur Weissagungsdebatte in Mi 2,6 – 7.11 und zur Sammlungsverheißung in Mi 2,12 – 13 sichtbar. In der Prophetenkarikatur und seiner Weissagung von Wein und Rauschgetränk geht das assoziierte Motiv der Trunkenheit auf (Mi 2,11), die wohlgeordnete Führung des Herdenvolkes durch JHWH in Mi 2,12 – 13 bildet das Kontrastmotiv zur Irreführung des Volkes durch die Propheten nach Mi 3,5.

Eine besondere Nähe weist der Vorwurf in Mi 3,5 zur Prophetenkritik in Jer 23 auf. Zweimal wird darin die inhaltlich und terminologisch äquivalent formulierte Anklage erhoben, dass die Propheten das Volk in die Irre führen (וַיַּתְעוּ אֶת־עַמִּי in V.13.32), indem sie eigenmächtig und opportunistisch weissagen, statt der Weisung JHWHs zu folgen. In Jer 23,13 – 14 wird die pervertierte Amtspraxis der Propheten Samarias auf der einen und der Propheten Jerusalems auf der anderen Seite miteinander in Beziehung gesetzt. Diese Analogie korrespondiert mit dem kompositionellen Gefälle in Mi 1–3*, innerhalb dessen aus dem Unheil des Nordreichs das Schicksal des Südreichs abgeleitet wird. Vor diesem Hintergrund legt sich die Vermutung nahe, dass mit der Anklage in Mi 3,5a die ausführliche Gerichtsrede gegen die Propheten aus Jer 23 in Erinnerung gebracht wird. Ein

---

127 Vgl. SAWYER, Art. תעה, 1055 – 1057; BERGES, Art. תָּעָה, 720 – 725.
128 AHw, 1382.
129 Indem in Mi 3,5 die Herdenmetapher angedeutet wird, „rücken die Propheten [...] in die Nähe der Häupter und Führer, denen in 3,1 – 4 ebenfalls die Verletzung ihrer Hirtenpflichten vorgehalten wird." (KESSLER, HThK.AT, 154).

literarisches Wechselverhältnis zwischen beiden Texten ist jedenfalls mehr als nur wahrscheinlich.[130]

Was die Fehlleitung des Volkes hervorgerufen hat, bringt V.5b mit einem eindrücklichen Bedingungsgefüge zum Ausdruck. Wer den Zähnen der Propheten zu beißen gibt, erhält das Heil versprochen (V.5bα); wer ihren Geschmack hingegen nicht trifft, gegen den heiligen sie den Krieg (V.5bβ). Dass es sich bei solch gefälligen Gaben nicht um die übliche (und rechtmäßige) Vergütung der Propheten handelt, leidet keinen Zweifel. „Vielmehr geht es um die Sonderzulagen, die Bestechungscharakter haben"[131]. Im Kern besteht der Vorwurf gegen die Propheten also darin, dass sie den Inhalt eines Orakels von adäquaten (materiellen) Zuwendungen abhängig machen. Dadurch verdunkeln sie die Weisung JHWHs und bedingen die Orientierungslosigkeit des Volkes (und seiner politischen Führung). Überdies benachteiligt eine solche Praxis naturgemäß diejenigen Bevölkerungsgruppen, die nur über beschränkte finanzielle Gestaltungsspielräume verfügen.[132]

In welcher Weise nun ein positives oder negatives Orakel von der prophetischen Gefälligkeit abhängig ist, stellt V.5b mittels eines zweigliedrigen Bedingungsgefüges heraus. Das Part. הַנֹּשְׁכִים führt den ersten Bedingungssatz in V.5bα ein, aus dem das heilvolle Orakel abgeleitet wird. Die Wendung הַנֹּשְׁכִים בְּשִׁנֵּיהֶם ist doppelsinnig. Im Sinne des Korruptionsvorwurfs stellt sie zunächst heraus, dass die Propheten ihre Heilsankündigung (קָרְאוּ שָׁלוֹם) davon abhängig machen, ob der Bittsteller ihren Zähnen hinreichend und adäquat zu beißen gibt, ihre Dienste mithin zufriedenstellend entlohnt. Da das Verbum נשׁך jedoch ausschließlich vom Biss der Schlange belegt ist (Gen 49,17; Num 21,6.8.9; Am 5,19; 9,13; Prov 23,32; Qoh 10,8.11; vgl. Hab 2,7), verbinden sich mit ihrer pervertierten Orakelpraxis die Aspekte der Falschheit und List (der Schlange) sowie die todbringende Wirkung (ihres Gifts).[133] Was die Propheten an umfassendem Heil (שָׁלוֹם) weissagen, wird auf diese subtile Weise als zutiefst trügerisch und am Ende tödlich erwiesen.[134]

---

130 Vgl. entsprechend Jeremias, ATD, 162, der das literarische Verhältnis jedoch umgekehrt bestimmt.

131 Wolff, BK, 72, und entsprechend Jeremias, Tradition, 146; ders., ATD, 163; Kessler, HThK.AT, 155.

132 Vgl. den entsprechenden Hinweis bei Kessler, HThK.AT, 155.

133 Vgl. ähnlich bereits Wolff, BK, 72.

134 Mays, OTL, 83, macht auf die Bedeutung des Begriffs שָׁלוֹם innerhalb der Diskussion über die angemessene Weissagungspraxis im Kontext des Untergangs Jerusalems aufmerksam. „In the crisis years of Jerusalem's fall the term would become a slogan of the struggle over the right word from God; Jeremiah and Ezekiel drew the battle line against their prophetic opposition with the cry, 'There is no peace' (Jer. 6.14; 8.11; 12.12; 30.5; Ezek 13.10, 16; the classic case is Jeremiah's

Der zweite Bedingungssatz (וַאֲשֶׁר) in V.5bβ betrachtet komplementär die Bedingung eines unheilvollen Orakels, das denjenigen Bittstellern zuteil wird, die den Propheten nicht mundgerecht, dh. nach Geschmack geben (können): gegen solche heiligen die Propheten den Krieg (קִדְּשׁוּ מִלְחָמָה).[135] Die bildhafte Sprache wird nach נָשַׁךְ בְּשִׁנֵּיהֶם über נָתַן עַל־פִּיהֶם in V.5bβ fortgesetzt. Allerdings eignet der Wendung in V.5bβ nicht dasselbe Maß an Konkretheit wie der Formulierung in V.5bα.[136] Die Antonyme Krieg (V.5bβ) und Frieden (V.5bα) und ihre Gegenüberstellung zeigen, dass solche Weissagung keine Zwischentöne zwischen beiden Extremen kennt. Krieg oder Frieden erscheinen als unbedingt, sofern die jeweilige Bedingung erfüllt ist.[137] Möglicherweise lässt der Sachverhalt, dass das Subjekt in V.5bβ im Sg. steht, während in V.5bα die Adressaten in der Mehrzahl begegnen, darauf schließen, dass die Heilsbotschaft den „Normalfall"[138] und das unheilvolle Orakel die Ausnahme darstellt. Auf dieser Linie weist die Weissagungsdebatte in Mi 2 eine noch weitergehende Reduktion auf, da die von der Opposition vertretene Heilsprophetie nach Mi 2,7a als die einzig legitime Weissagungsweise im Namen JHWHs erscheint.

3.2.3.2 Das Strafurteil in V.6a

Auf die Anklage in V.5 folgt in V.6a das Strafurteil gegen die Propheten (לָכֶן), die nun in 2. Mask. Pl. adressiert werden. Aufgrund ihrer verfehlten Amtsführung fallen Nacht und Finsternis auf die Propheten, was der visionären Schau (חָזוֹן) sowie der Orakelermittlung (מִקְסֹם) ein Ende setzt. Fortan bleibt ihnen sowohl die göttliche Selbstkundgabe als auch jede Antwort auf die technische Induktion göttlichen Willens vorenthalten.[139] Der Zusammenbruch der institutionellen

---

confrontation with Hananiah, Jer. 28)." Das Prophetengericht in Mi 3,5 – 7 könnte mit diesem Diskurs in Beziehung stehen.

135 Die Wendung kann die kultische Vorbereitung des JHWH-Krieges bezeichnen (JEREMIAS, ATD, 163 Anm. 146; WOLFF, BK, 73 mit Hinweis auf Jos 3,5; 1 Sam 13,8 – 12), „wird dann aber auch allgemeiner für die Eröffnung der Feindseligkeiten gebraucht" (RUDOLPH, KAT, 71 mit Hinweis auf Jer 6,4; Jl 4,9).

136 So etwa VAN DER WOUDE, POT, 109 – 110; WAGENAAR, Judgement, 115; WOLFF, BK, 73. Sie machen darauf aufmerksam, dass die Wendung נָתַן עַל־פֶּה nicht im konkreten (jmd. etwas in den Mund geben), sondern im metaphorischen Sinne (jmd. auf Befehle hin bzw. wunschgemäß zuteil werden lassen) zu verstehen ist (vgl. Gen 45,21; Num 3,51; 2 Reg 23,35).

137 Dieser Sachverhalt erinnert an die Merkmale des Weissagungsvorgangs נטף (s. oben 3.1.4) und könnte die Debatte in Mi 2,6 – 7.11 inspiriert haben.

138 JEREMIAS, Tradition, 147; DERS., ATD, 163 Anm. 147, sowie bereits WOLFF, BK, 73.

139 Auf diese „zwei verschiedene[n] Weisen des Offenbarungsempfangs" in Mi 3,5 – 7 hat bereits WOLFF, BK, 73, hingewiesen.

Prophetie zeitigt naturgemäß weitreichende Konsequenzen für die Gesellschaft und das Staatssystem, für deren Orientierung die Propheten verantwortlich sind. Wenn jede orientierende Mitteilung der Gottheit fehlt, werden nicht nur die Amtsträger, sondern mit diesen auch das Volk und seine Führung in die Gottesferne verabschiedet.[140]

Vor diesem Hintergrund verstehen sich die emotionalen Reaktionen der Propheten, die nach V.7 in Scham und Schande bestehen, sowie die Motivik, mit der das Prophetengericht gezeichnet wird. Nacht und Finsternis (V.6a), der plötzliche Untergang der Sonne und die Verfinsterung des Tages (V.6b) gehören in den Motivzusammenhang des Tages JHWHs (vgl. etwa Jl 2,1ff; Am 5,18 – 20; Zef 1,14ff;) „und assoziieren Chaos und Tod"[141]. Eine besondere Nähe weist das Prophetengericht in Mi 3 zu Am 5,18 – 20 auf. Neben der Licht-Finsternis-Motivik des Tages JHWHs (יוֹם neben חֹשֶׁךְ in V.18.20) wird sein Kommen in V.19 (נָחָשׁ נָשַׁךְ) mit dem Bild des Schlangenbisses illustriert. Derselbe (seltene) Terminus נשׁך figuriert in Mi 3,5bα zur Bezeichnung der entarteten Amtspraxis der Propheten. Sollte neben Jer 23 auch Am 5 auf die Formulierung des Prophetengerichts in Mi 3 Einfluss genommen haben? Angesichts der vielfältigen Bezüge, die Mi 2 – 3* zum Amosbuch aufweist, besitzt die Vermutung eine hohe Wahrscheinlichkeit.

Indem das Prophetengericht in Farben des Tages JHWHs gezeichnet wird, antizipiert Mi 3,5 – 7 das umfassende Strafgericht JHWHs, dessen Ankündigung für Zion/Jerusalem und das Staatssystem im Ganzen noch aussteht (vgl. Mi 3,12). Bevor das Strafurteil fällt, wird an den Propheten exemplarisch abgebildet, worauf das Unheil zielt. Dieselbe antizipatorische Funktion besitzt der Straffolgespruch in Mi 3,4, der in ähnlicher Weise auf die zu erwartenden Konsequenzen des Strafgerichts vorausweist.

3.2.3.3 Die Konsequenzen in V.6b – 7

In V.6b – 7 folgt die ausführliche Explikation des Strafurteils. Darin ist von den Propheten wie im Schuldaufweis in V.5 noch einmal in 3. Pers. die Rede (עַל־הַנְּבִיאִים neben עֲלֵיהֶם). In V.6b wird zunächst die Licht-Finsternis-Motivik, in V.7a sodann die Reaktion der Propheten auf ihr Schicksal ausgeführt und das Gerichtswort in V.7b mit einem Resümee zum Abschluss geführt. Während sich das Strafurteil in V.6a noch gegen die Medien der Divination und damit gegen die berufliche Arbeitsgrundlage der Propheten richtete, treten in V.6b – 7 die Amtsträger selbst in

---

140 Vgl. entsprechend Utzschneider, ZBK, 79 mit Hinweis auf Thr 2,9 und Ps 74,9. „Wenn Gottes Stimme schweigt, dann wird dies als Zeichen extremer Not angesehen" (ebd.).
141 Jeremias, ATD, 163.

den Fokus. Dieser Zusammenhang gibt die unlösliche Verbindung von Amt und Person innerhalb der Prophetie zu erkennen.[142]

Nachdem die Finsternis alle „Quelle[n] ihres Berufswissens"[143] verschlossen hat, erfasst sie nun die Propheten selbst (V.6b), über denen die Sonne untergeht (בּוֹא הַשֶּׁמֶשׁ) und der Tag finster wird (קָדַר הַיּוֹם). Beide Motive gehören wie die Licht-Finsternis-Metaphorik aus V.6a in den Zusammenhang des Tages JHWHs (vgl. Jl 2,10; 3,4; 4,15; Am 5,18–20; 8,9). Eine besondere Nähe weist V.6b in motivischer und terminologischer Hinsicht zu Am 8,9 auf (בּוֹא הַשֶּׁמֶשׁ neben חשׁך בְּיוֹם). Das Verbum קדר ist auffällig, insofern es zum einen den Vorgang konkreter Verfins-terung bezeichnet (1 Reg 18,45; Jer 4,28; Ez 32,7.8), zum anderen die mit großem Unheil verbundene Trauer. Solches Unheil, das zur Trauer (קדר) drängt, besteht beinahe ausschließlich im Untergang Judas, Jerusalems und seiner Bevölkerung (Jer 4,28; 8,21; 14,2 vgl. Ez 31,15). So bereitet V.6b die in V.7a unmittelbar folgende Schilderung der Trauer vor, mit der die Propheten zunächst auf ihr persönliches Schicksal reagieren. In dieser Trauer (קדר) dürfte jedoch bereits das Untergangs-schicksal Jerusalems aufscheinen (vgl. Mi 3,12).

In V.7a treten die individuellen Reaktionen der Propheten auf den Urteils-spruch und die damit verbundenen Konsequenzen in den Blick. Sie erleiden in-nere Scham (בושׁ) und äußere Beschämung (חפר).[144] Mit diesem Begriffspaar wird das Wortfeld berührt, das bereits zu כְּלִמָּה im Kontext der Weissagungsdebatte aufgefallen war. In Mi 2,6 figuriert der Terminus כְּלִמָּה als Zusammenfassung derjenigen Weissagung, mit der die michatypischen Propheten charakterisiert werden. Im kompositionellen Zusammenhang betrachtet, bewahrheitet sich diese nun (zunächst) paradigmatisch an den Propheten und setzt die Weissager im Format Michas gegen ihre Opposition (im synchronen Textgefüge rückwirkend) ins Recht.

Die Propheten werden in V.7a anders als etwa in V.5a.6b nicht mit ihrer ge-nerellen Berufsbezeichnung (הַנְּבִיאִים), sondern als Seher (הַחֹזִים) und Wahrsager (הַקֹּסְמִים) deklariert und über ihre verschiedenen beruflichen Funktionen und Tätigkeiten ausgewiesen.[145] Noch einmal wird auf diese Weise die enge Beziehung

---

142 Vgl. dazu JEREMIAS, ATD, 162–163.

143 WOLFF, BK, 74.

144 Im Anschluss an KLOPFENSTEIN, Scham, weist JEREMIAS, ATD, 163, daraufhin, dass Schmach und Schande „im Hebräischen subjektive Scham [...] und objektives Zuschanden Werden zugleich bezeichnen" kann (entsprechend KESSLER, HThK.AT, 156). Vgl. das Begriffspaar in Jes 1,29; 24,23; Jer 15,9; 50,12; Ps 35,4.26; 40,15; 70,3; 71,24; 83,18; Hi 6,20; Prov 19,26.

145 METZNER, Kompositionsgeschichte, 72, sieht in den Sehern und Wahrsagern hingegen über die Gruppe der Propheten hinausgehende Kreise. Dass in V.7a eine Binnendifferenzierung vor-genommen wird, liegt nach meiner Einschätzung jedoch wesentlich näher.

zwischen Person und Amt unterstrichen. Da sie an der Übermittlung einer göttlichen Weisung direkt beteiligt sind und „alle Gottesworte durch die menschlichen Eigenarten des prophetischen Mittlers mitgeprägt sind"[146], kommt ihnen als Amtspersonen selbst ein hohes Maß an Verantwortung zu. Da sie diese missbraucht haben, werden sie auch persönlich zur Rechenschaft gezogen.

Die nach Sehern und Wahrsagern differenzierten Propheten werden im generalisierenden כֻּלָּם in V.7aβ zusammengefasst. Allesamt sind sie vom Strafurteil JHWHs betroffen und verhüllen zum Ausdruck von Trauer und Beschämung ihre Lippenbärte (Ez 24,17.22 vgl. Lev 13,45). Mit diesem Trauerritus sind Entehrung und Selbstminderung verbunden.[147] Der Klageritus ist kaum zufällig gewählt. Wer nämlich den Lippenbart bedeckt, muss zugleich seinen Mund verhüllen, dasjenige Organ (פֶּה) also, das den Propheten zur Ausrichtung ihrer Gottesworte dient und nach V.5bβ mit den Korruptionsvorwürfen in Verbindung steht.[148]

Das Resümee in V.7b beschließt das Gerichtswort gegen die Propheten und begründet die Reaktion der Propheten zusammenfassend damit, dass es keine Antwort Gottes mehr gibt (כִּי אֵין מַעֲנֶה אֱלֹהִים). Die Gottesbezeichnung אֱלֹהִים ist insofern auffällig, als sie über Mi 3,7 hinaus im Michabuch nicht belegt ist. Sollte die Wahl des Gattungsbegriffs statt des Eigennamens die Verborgenheit JHWHs unterstreichen? Sollte sie zum Ausdruck bringen, dass den Propheten „jeglicher Kontakt zur Sphäre des Göttlichen abgeschnitten"[149] wird? Oder sollte מַעֲנֵה אֱלֹהִים hier schlicht als term. techn. figurieren und die innerhalb der Orakelpraxis ermittelte „Gottesantwort" bezeichnen? Die Pointe ist jedenfalls eindeutig. Fortan werden die Propheten keine Nachricht JHWHs – weder als Antwort auf eine Anfrage noch als göttliche Selbstmitteilung – mehr erhalten.

Diese Gottesferne hat Konsequenzen, die über die prophetische Institution weit hinausreicht und sowohl die politische Führung als auch die Gesellschaft insgesamt betrifft. Nach Mi 3,5–7 wird schließlich diejenige Institution ausgeschaltet, die für die Orientierung des Volkes und die Gewährleistung des Gotteskontaktes maßgeblich ist. Ohne die vermittelnde Instanz „wird die so dringend notwendige geistige Orientierung"[150] des Volkes unterbrochen. Das Haus Juda steuert ohne jede Möglichkeit der Einflussnahme seinem Untergang entgegen.

---

146 Jeremias, ATD, 162.
147 Vgl. Welten, Art. Bart, 245–246.
148 Vgl. ähnlich von Orelli, Propheten, 116; von Ungern-Sternberg, Rechtsstreit, 59.
149 Kessler, HThK.AT, 156. Rudolph, KAT, 72, vermutet hinter V.7b „eine ironische Anspielung an den Titel ‚Gottesmann', den diese Propheten tragen". Der Titel אִישׁ אֱלֹהִים ist in 1 Sam 2,27; 9,6; 1 Reg 13,1; 17,24; 2 Reg 1,10; 4,9 belegt. Ein äquivalenter Titel könnte (verballhornt) im Hintergrund der Polemik in Mi 2,11 (אִישׁ רוּחַ) stehen, s. oben 3.1.4.3.
150 Jeremias, ATD, 162.

Im kompositionellen Zusammenhang erfüllt V.7b eine inklusive Funktion. Über אֵין מַעֲנֶה אֱלֹהִים wird das Gerichtswort gegen die Propheten mit dem Straffolgespruch in V.4 verknüpft, worin den Häuptern und Anführern das Ausbleiben einer (rettenden) Nachricht JHWHs zur Zeit ihres Unheils angekündigt wird (וְלֹא יַעֲנֶה אוֹתָם). Das Gerichtswort in V.5–7 lässt sich als Begründung und Rechtfertigung des Straffolgespruchs begreifen, indem es die institutionelle Ursache des Ausbleibens einer göttlichen Reaktion beleuchtet. Sollten beide Elemente auch in textgenetischer Hinsicht miteinander in Beziehung stehen? Dieser Frage wird im Rahmen der nachfolgenden Betrachtung des literarischen Ortes von Mi 3,5–7 nachzugehen sein.

3.2.4 Literarischer Ort

Das Gerichtswort gegen die Propheten begegnet im gegenwärtigen Textgefüge inmitten des Schuldaufweises gegen die Häupter und Anführer im Hause Israel, der auf das abschließende Strafgerichtsurteil in Mi 3,12 zuführt, und scheidet die Anklage in die beiden Hälften Mi 3,1–4 und Mi 3,9–12. Der politischen Elite werden darin die Verkehrung der Rechtsordnung und die daraus resultierenden Gewaltverbrechen zur Last gelegt. In Mi 3,5–7 wechseln der Adressatenkreis sowie das Thema der Strafanklage. Die Propheten und ihre Amtsführung treten in den Fokus.

Innerhalb der Darstellung von Mi 3 überrascht der Sachverhalt, dass in V.5–7 ein neuer thematischer Zusammenhang verbunden mit einem anderen Adressatenkreis eröffnet wird, bevor die Kritik an den Häupter und Anführern ihren Abschluss findet. Das Gerichtswort gegen die Propheten wirkt exkursartig in seinen sozialkritischen Zusammenhang eingeschoben. Über den Wechsel von Thema und Adressaten hinaus sprechen die Eigenheit von V.5–7 sowie die Merkmale der Rahmenelemente in Mi 3,4 und Mi 3,9a, die das Gerichtswort ursprünglich eingefasst haben, für die Annahme, dass das Prophetengericht nachträglich in den kompositionellen Zusammenhang von Mi 3 eingesetzt worden ist.[151]

Das Gerichtswort gegen die Propheten ist bereits unter dem Eindruck des auf Mi 3,12 zielenden Zusammenhangs formuliert worden. Darauf lässt die Tag-JHWHs-Motivik schließen, die das Strafurteil in V.6a und seine Entfaltung in V.6b prägen. Erst vor dem Hintergrund des Untergangsurteils erscheint die gewählte Motivik folgerichtig. Da die Vorstellung vom Tag JHWHs stets einen umfassenden, nicht auf einen einzigen Adressatenkreis beschränkten Horizont besitzt, wird an den Propheten paradigmatisch vorabgebildet, was Jakob und das Haus Israel insgesamt an Unheil zu erwarten haben.

---

151 Zur Sekundarität von Mi 3,8 im Verhältnis zu Mi 3,5–7 s. oben 3.2.2.

Weiterhin begründen die Rahmenverse Mi 3,4 und Mi 3,9a den Verdacht, dass das Gerichtswort gegen die Propheten nachträglich in die Gerichtskomposition in Mi 2 – 3* eingesetzt worden ist. Beide dürften im Zuge seiner Einschaltung als Brückenverse gestaltet worden sein, um den Schuldaufweis in V.1 – 3* durch V.4 vorläufig abzuschließen und durch den wiederholten Höraufruf in V.9a wieder aufzunehmen.[152] Die Höraufrufe an die Häupter und Anführer in V.1a und V.9a sind weitgehend identisch. V.9a bietet allerdings ein zusätzliches Demonstrativum זאת, mit dem dezidiert auf den Folgekontext, also die Fortsetzung der sozialkritischen Anklage verwiesen wird, und füllt die Adressatenangabe im ersten Kolon um den Begriff בֵּית auf. Diese Ergänzung folgt offenkundig dem Interesse, einen strengen Parallelismus zwischen beiden Adressatenangaben (קְצִינֵי בֵּית יַעֲקֹב neben רָאשֵׁי בֵּית יִשְׂרָאֵל) herzustellen, den V.1a noch nicht enthält (קְצִינֵי בֵּית יַעֲקֹב neben רָאשֵׁי יִשְׂרָאֵל).

Der Straffolgespruch in Mi 3,4 weist sodann eine weitaus höhere Affinität zum Gerichtswort gegen die Propheten in V.5 – 7 als zur vorangehenden Sozialkritik in V.1 – 3 auf, obwohl er diese in formaler Hinsicht abschließt. In V.4 wird den Häuptern und Anführern angekündigt, dass sie JHWH künftig (אָז neben בָּעֵת הַהִיא) um Hilfe anrufen werden, aber weder Antwort noch Hilfe zu erwarten haben. Am vorfindlichen Ort begegnet V.4 verfrüht und ist als ursprünglicher Abschluss von V.1 – 3 nicht plausibel, da eine Situation der Hilflosigkeit in V.1 – 3 in keiner Weise vorbereitet ist.[153] Vielmehr erscheinen sie noch als diejenigen, die gerade aufgrund der Möglichkeiten ihrer Macht dem Volk erheblichen Schaden zufügen. Not und Hilflosigkeit stehen ihrer Charakterisierung in V.1 – 3 diametral entgegen. Erst mit dem Strafurteil in Mi 3,12 liegt eine Situation vor, die ihre eigene Not begründet. Die Zeitangaben weisen dementsprechend auf V.12 voraus und tragen einen Spannungsbogen in den Kontext ein, der insofern umständlich ist, als sich der Inhalt von V.4 nicht organisch aus V.1 – 3 ergibt. Während das Prophetengericht in V.5 – 7 das künftige Unheil antizipiert, weist der Straffolgespruch an dieser Stelle auf das Kommende voraus.

Darüber hinaus teilt V.4 mit dem Gerichtswort gegen die Propheten weitere formale und inhaltliche Gemeinsamkeiten. Als Merkmal desselben war die Tag-JHWHs-Motivik aufgefallen, die das Strafurteil und seine Konsequenzen prägt. In

---

152 Den redaktionellen Charakter von Mi 3,4 hat bereits JEREMIAS, Tradition, 149, herausgearbeitet.
153 Vgl. JEREMIAS, Tradition, 140 mit Anm. 6; DERS., ATD, 158. Innerhalb der Forschungsgeschichte ist das Fehlen einer Motivation für die Hilferufe seitens der politischen Elite zu beheben versucht worden, indem V.2b hinter V.3 positioniert und die Häutungsaussage auf die Häupter und Anführer gedeutet wurde; vgl. LINDBLOM, Micha, 70 – 72; VON UNGERN-STERNBERG, Rechtsstreit, 52; WAGENAAR, Judgement, 112, der dem Zusammenhang schließlich die Botenformel aus V.5a voranstellt. Eine redaktionsgeschichtliche Lösung ist diesen Versuchen vorzuziehen.

eine ähnliche Richtung weist erstens V.4bα (יַסְתֵּר פָּנָיו), wenngleich das Verbum סתר im Kontext des Tages JHWHs ansonsten nicht belegt ist. Zweitens bilden V.4aβ (וְלֹא יַעֲנֶה אוֹתָם) und V.7b (אֵין מַעֲנֶה אֱלֹהִים) eine formale Inklusion und rahmen das Gerichtswort ein. Drittens betrachtet V.5–7 die institutionelle Ursache dafür, dass eine Antwort JHWHs an die Häupter und Anführer ausbleibt. Erst vor dem Hintergrund des Versagens der prophetischen Institution erscheint der Verlust des Gotteskontaktes folgerichtig.[154] V.4 trägt somit dasjenige Thema in den Kontext ein, das daraufhin in V.5–7 erörtert wird. Umgekehrt begründet das Gerichtswort in V.5–7 rückwirkend das umfassende Gottesschweigen, das V.4 in Aussicht stellt.

Angesichts dieser Beobachtungen erscheint die Schlussfolgerung hinreichend begründet, dass das Gerichtswort gegen die Propheten nachträglich in den sozialkritischen Zusammenhang von Mi 3 eingesetzt worden ist und der Straffolgespruch in V.4 sowie der erneute Höraufruf in V.9a im Dienste seiner Integration als Brückenverse gestaltet wurden. V.5–7 antizipiert das Ziel der Gerichtskomposition und bringt das Strafhandeln JHWHs paradigmatisch an den Propheten zur Darstellung. Indem schon vorab diejenige Institution entmachtet wird, die für die Pflege des Gotteskontaktes im Interesse der (gesellschaftlichen und politischen) Orientierung des Volkes sowie im Dienste der Abwendung von Schaden verantwortlich ist, erscheint das heraufziehende Unheil unausweichlich.

Vor diesem Hintergrund zeigt sich das mit dem Prophetengericht in V.5–7 verbundene Interesse. Während der sozialkritische Rahmen insbesondere die politische Elite aufgrund ihrer Verletzung der Rechtsordnung für das Strafgericht verantwortlich macht, werden in V.5–7 die Propheten nicht nur als Mit- sondern als Hauptschuldige ausgewiesen. Indem sie ihre orientierende Verantwortung missbraucht haben, ermöglichten sie erst die Verkehrung von Gut und Böse, von Recht und Ordnung, die den Häuptern und Anführern zur Last gelegt wird. Folgerichtig vollzieht sich zuerst an den Propheten das vergeltende Strafgericht JHWHs.

Auf die konkrete Ausgestaltung von V.5–7 dürfte die Gerichtsrede gegen die Propheten aus Jer 23 Einfluss genommen haben. Der Vorwurf, das Volk in die Irre zu führen (הַמַּתְעִים אֶת־עַמִּי), der den Hauptanklagepunkt gegen die Propheten in Mi 3,5–7 darstellt, begegnet in identischer Formulierung in Jer 23,13.32 (וַיַּתְעוּ אֶת־עַמִּי). An keiner weiteren Stelle wird der Vorwurf תעה mit עם als Objekt des Vorgangs innerhalb des Alten Testaments gegen Propheten gerichtet. In Jes 3,12; 9,15; Jer 50,6 sind es die Hirten als politische Anführer, in Hos 4,12 ist es der Geist der Hurerei. Das Prophetengericht

---

154 Auf diesen Zusammenhang haben bereits METZNER, Kompositionsgeschichte, 73, und WOLFF, BK, 75, aufmerksam gemacht, ohne daraus jedoch literarkritische Konsequenzen zu ziehen. „6 f. erklärt geradezu 4: die Häupter und Führer finden keine Antwort (Erhörung) Gottes mehr, weil die Propheten kein Gotteswort mehr empfangen." (WOLFF, BK, 75).

in Mi 3 scheint die ausführliche Prophetenanklage des Jeremiabuches in nuce in Erinnerung zu rufen.

Als Anknüpfungspunkt innerhalb des älteren sozialkritischen Kontextes wird den Verfassern des Gerichtswortes die Aussage in Mi 3,2a gedient haben.[155] Darin wird der politischen Führung vorgehalten, Gutes zu hassen (שֹׂנְאֵי טוֹב) und Böses zu lieben (אֹהֲבֵי רָעָה). Mit der Alternative zwischen Gut und Böse ist die grundlegende Frage nach der Orientierung verbunden, die in den Verantwortungsbereich der Propheten gehört. Mit dem Schuldaufweis gegen die Propheten wird in V.5–7 herausgestellt, weshalb es zu dieser Fehlorientierung kommen konnte. Die Antonyme טוֹב und רָע kehren in V.5 mit den Begriffen שָׁלוֹם und מִלְחָמָה in ähnlicher Weise wieder und bezeichnen den Inhalt derjenigen Orakel, die die Irreführung und Fehlorientierung innerhalb der Gesellschaft hervorgerufen haben.

Der Schuldvorwurf aus Mi 3,2a besitzt eine sprachliche und sachliche Parallele in Am 5,15. In V.15aα (שִׂנְאוּ־רָע וְאֶהֱבוּ טוֹב) wird in derselben Terminologie die Mahnung formuliert, das Böse zu hassen und das Gute zu lieben. Wie der Vorwurf in Mi 3,2a richtet sie sich insbesondere an diejenigen, die sich des Unrechts schuldig gemacht haben. Mit dieser Mahnung wird die Möglichkeit verbunden, dass JHWH einem Rest vielleicht (אוּלַי) doch gnädig sein wird. Von dieser Option hat sich Mi 3,2a im Hinblick auf die politische Führung bereits entfernt und gestaltet die Mahnung zur Feststellung eines Schuldtatbestandes aus. Mi 3,2a lässt damit eine inhaltliche Fortentwicklung der Mahnung aus Am 5,15 erkennen und dürfte diese bereits kennen.

Sofern Am 5,15aα die Formulierung der Anklage in Mi 3,2a formal und inhaltlich angeregt hat und Mi 3,2a den Anknüpfungspunkt der Prophetenkritik in Mi 3,5–7 bildet, liegt die Vermutung nicht fern, dass der Nahkontext in Am 5 auch auf die Gestaltung des Gerichtswortes gegen die Propheten Einfluss genommen hat. In unmittelbarem Anschluss an Am 5,15 ist in V.16–17 von (künftiger) Wehklage und Geschrei (קרא) die Rede, was der Sache nach Mi 3,4 (אָז mit זעק) entspricht, die Zeitangabe in Mi 3,4 (בָּעֵת הַהִיא) besitzt ferner eine Parallele in Am 5,13. Am 5,18–20 leitet daraufhin in den Zusammenhang des Tages JHWHs über. Die Tag-JHWHs-Motivik (Licht vs. Finsternis), die das Strafgericht in Mi 3,5–7 prägt, könnte somit durch Am 5,18–20 inspiriert worden sein, ebenso die über das seltene Verbum נשׁך (Am 5,19; vgl. Am 9,3) formulierte Anklage in V.5bα. Neben Jer 23 dürfte somit auch die Amostradition die Gestaltung von Mi 3,5–7 beeinflusst haben.

Im Zuge der Einschaltung des Prophetengerichts in den Zusammenhang der älteren sozialkritischen Gerichtskomposition wurde die Gestaltung der Brücken-

---

155 Der Straffolgespruch in Mi 3,4 dürfte einmal unmittelbar an Mi 3,2a angeschlossen haben, s. dazu unten 4.3.2 und 4.3.5.

verse Mi 3,4 und Mi 3,9a erforderlich, um das Gerichtswort mit seinem Zielkontext zu verbinden. Über den Straffolgespruch in Mi 3,4 wird der Schuldaufweis gegen die politische Führung in Mi 3,1–3* einstweilen abgeschlossen und mittels des erneuten Höraufrufs an die Häupter und Anführer in Mi 3,9a sodann wieder aufgenommen. Auf diese Weise erhielt das Kapitel seine charakteristische, dreiteilige Struktur (Mi 3,1–4.5–7[.8].9–12). Die Brückenverse gilt es im Folgenden gesondert zu betrachten. Neben Mi 3,4 und Mi 3,9a gelangt mit Mi 2,3 schließlich ein Textelement in den Blick, das literarisch ebenfalls auf die Verfasser von V.5–7 zurückgehen könnte. Da Mi 2,3 das einzige weitere, explizite Strafurteil JHWHs innerhalb des Michabuches enthält, weist es eine gewisse Nähe zum Prophetengericht auf.

3.2.4.1 Der Straffolgespruch in Mi 3,4

Dass der Straffolgespruch in Mi 3,4 als ursprünglicher Abschluss des Schuldaufweises in V.1–3 unwahrscheinlich ist, wurde bereits entfaltet.[156] Die Argumente sind nachfolgend zusammenfassend in Erinnerung zu rufen. Der Schuldaufweis gibt erstens noch keine Umstände zu erkennen, unter denen die Hilferufe der politischen Anführer plausibel erscheinen, die der Straffolgespruch ankündigt. Da V.4 nicht ausdrücklich bestimmt, wer zu jener Zeit JHWH um Hilfe anruft, ließe sich das Volk nach V.2b–3 als Subjekt der Anrufung begreifen. Das Volk, das von seinen Hirten wie Schlachtvieh behandelt wird, hätte jedenfalls allen Anlass dazu. Weshalb aber sollte JHWH diesem seine Hilfe vorenthalten? Überdies liegt der Anlass ihrer Hilferufe in der Gegenwart, nicht in der Zukunft (זא). Damit leidet es keinen Zweifel, dass die politischen Anführer in V.4 das Subjekt darstellen. Der Straffolgespruch trägt somit einen Spannungsbogen in die Gerichtskomposition hinein, der auf das Untergangsurteil vorausweist und in Mi 3,12 geschlossen wird.

Der Straffolgespruch weist zweitens eine höhere Affinität zum Prophetengericht in V.5–7 als zur vorausgehenden Anklage in V.1–3 auf. Der Hinweis auf die Verborgenheit JHWHs zu jener Zeit des Unheils in V.4 korrespondiert mit der Tag-JHWHs-Motivik in V.6. V.4aβ und V.7b bilden eine formale Inklusion und legen einen Rahmen um das Gerichtswort gegen die Propheten. Schließlich besitzen V.4 und V.5–7 mit dem Schweigen JHWHs dieselbe inhaltliche Pointe. V.5–7 begründet im Anschluss an V.4, weshalb die Einholung einer Antwort JHWHs zu jener Zeit (auch) auf institutionellem Wege nicht (mehr) möglich sein wird.

Drittens bildet V.4 kein Strafgerichtsurteil im eigentlichen Sinn, da in V.4 keine Strafe angekündigt, sondern auf die Begleiterscheinungen einer künftigen Unheils-

---

156 S. dazu oben 3.2.1 und 3.2.4.

situation verwiesen wird.[157] Ein Strafurteil allerdings wäre im Sinne der Textgattung zu erwarten, lägen in V.1–4.5–8.9–12 tatsächlich „drei klassische Gerichtsworte"[158] vor. Da V.4 allerdings kein Strafurteil darstellt, bildet V.1–4 kein eigenständiges Gerichtswort im klassischen Format. Das einzige Strafurteil, das den (gesamten) sozialkritischen Schuldaufweis in Mi 3 beschließt, liegt in Mi 3,12 vor.

Im Zuge der Einschaltung von V.5–7 ist V.4 von den Verfassern des Prophetengerichts als Brückenvers in den Zusammenhang eingefügt worden. Mit Hilfe der Zeitangaben אָז und בָּעֵת הַהִיא weist der Straffolgespruch auf das Strafurteil in V.12 voraus und betrachtet seine Konsequenzen für die politische Führung.[159] Wenn das Haus Israel und seine Häupter aufgrund der Verkehrung der Rechtsordnung ihre Strafe empfangen und das Unheil über Zion/Jerusalem hereinbricht, werden sie zu JHWH schreien. Die Wendung זעק אֶל־יְהוָה begegnet wiederholt innerhalb der Rettertradition des Richterbuches (Jdc 3,9.15; 6,6.7; 10,10). Darin verbindet sich die Erfahrung einer Notsituation mit der Hoffnung auf JHWHs rettendes Eingreifen (vgl. 1 Sam 7,8–9; 12,8.10; Hab 1,2; Ps 107,13.19; 142,2.6). Denselben Erwartungszusammenhang lässt der Straffolgespruch in Mi 3,4 erkennen.

Die Hoffnung auf Rettung wird jedoch enttäuscht werden. In steigernder Folge stellt V.4aβ heraus, dass JHWH auf ihr Rufen nicht antworten (וְלֹא יַעֲנֶה אוֹתָם), dass er mehr noch selbst sein Angesicht vor ihnen verbergen wird (וְיַסְתֵּר פָּנָיו מֵהֶם). Mit dem Verbergen des Angesichts JHWHs ist größtes Unheil für all jene verbunden, denen er seine Zuwendung versagt (vgl. Dtn 31,17–18; 32,20; Jes 64,6; Jer 33,5; Ez 39,23–24; Ps 13,2; 44,25; 88,15; 104,29). Die nächste Parallele besitzt der Straffolgespruch in Jer 11,11 (vgl. Hab 1,2). Darin erklärt JHWH im Dialog mit dem Propheten, dass er umfassendes

---

157 PODELLA, Notzeit-Mythologem, 431–432, weist den Straffolgespruch in Mi 3,4 der Gattung der sog. Nichtigkeitsflüche zu (vgl. entsprechend UTZSCHNEIDER, ZBK, 77 Anm. 66). Da die Handlung des Schreiens, die vom Standpunkt der literarischen Gegenwart aus gesehen in der Zukunft liegt, performativ für ertraglos erklärt wird, erscheint diese Zuordnung plausibel.

158 WOLFF, BK, 62; vgl. entsprechend WAGENAAR, Judgement, 241. Zur Kritik an dieser Hinsicht s. insbesondere JEREMIAS, Tradition, 139–141; DERS., ATD, 158.

159 Diese Verweisfunktion haben bereits KESSLER, HThK.AT, 150; SELLIN, KAT, 277; UTZSCHNEIDER, ZBK, 78, herausgestellt. Die zweite Zeitangabe בָּעֵת הַהִיא aufgrund seiner Entsprechung in Am 5,13 als Einzelzusatz auszuweisen (vgl. JEREMIAS, Deutung, 347; DERS., ATD, 156; MAYS, OTL, 80; MCKANE, Micah, 103 Anm. 5; METZNER, Kompositionsgeschichte, 73; RUDOLPH, KAT, 67; SELLIN, KAT, 276; WAAGENAR, Judgement, 244–245; WILLI-PLEIN, Vorformen, 81; WOLFF, BK, 61), ist nach meiner Einschätzung nicht hinreichend begründbar. LESCOW, Analyse von Micha 1–5, 47, scheidet V.4b insgesamt als nachexilischen Zusatz aus. Da V.4b die Ankündigung der ersten Vershälfte prosaisch entfaltet, wäre durchaus zu erwägen, ob der Straffolgespruch eine nachträgliche interne Erweiterung erhalten hat. Die im Rahmen der vorliegenden Studie vorgetragene Rekonstruktion der Wachstumsgeschichte von Mi 2–3 verändert dieser Sachverhalt jedoch nur geringfügig.

Unheil über Juda und Jerusalem bringen wird, dem niemand entkommt, und all jene nicht erhört (לֹא שמע), die dann zu ihm schreien (זעק).

Der Straffolgespruch wird in V.4bβ mit einem Resümee abgeschlossen, das JHWHs Handeln prägnant begründet. Seine Antwort wird ihnen versagt, sein Angesicht vor ihnen verborgen, weil ihre Taten böse sind (כַּאֲשֶׁר הֵרֵעוּ מַעַלְלֵיהֶם).[160] Das Suff. 3. Mask. Pl. bezieht sich auf die Häupter und Anführer als Adressaten des Straffolgespruchs. Der Terminus מַעֲלָל ist in großer Dichte im Jeremiabuch belegt (vgl. Jer 4,4.18; 7,3.5; 17,10; 18,11; 21,12.14; 23,2.22; 26,3.13; 32,19; 35,15; 44,22).[161] Darin wird die Anzeige bösen Treibens regelmäßig mit der Mahnung zur Umkehr und zur Besserung des Lebenswandels verbunden (vgl. Am 5,14 – 15). Diese Option steht in Mi 3,4 nicht mehr offen. Im kompositionellen Zusammenhang von Mi 2 – 3 dürfte die Verknüpfung der Anklage bösen Handelns mit dem Umkehrruf innerhalb der Jeremiatradition, der sich in Mi 3,4 mit dem Begriff מַעֲלָל verbindet, die Ausgestaltung desjenigen sozialethisch konkretisierten Heilsparadigmas angeregt haben, das im Rahmen der Weissagungsdebatte seitens der michatypischen Propheten präsentiert wird (V.7b).[162]

3.2.4.2 Der Höraufruf in Mi 3,9a

Im Dienste der Einschaltung des Gerichtswortes gegen die Propheten wurde neben dem Straffolgespruch in Mi 3,4, der den sozialkritischen Schuldaufweis nach V.1 – 3 vorläufig unterbricht, ein Brückenelement zur Wiederaufnahme desselben erforderlich. Unter dem Vorbild von Mi 3,1a wurde daraufhin in V.9a ein äquivalenter Höraufruf an die politische Führung von den Verfassern des Prophetengerichts gestaltet. Die Vorlage wird an zwei Positionen erweitert. Durch die Zufügung des Demonstrativums זֹאת nach שִׁמְעוּ-נָא wird pointiert auf die anschließende Fortsetzung der Schuldanklage gegen die Häupter und Anführer verwiesen (vgl. Hos 5,1; Am 8,4). Eine vergleichbare Scharnierfunktion besitzt das Demonstrativum in Mi 1,5aα.8aα. Weiterhin wird durch die Auffüllung des ersten Kolons um den Terminus בֵּית eine Kon-

---

160 UTZSCHNEIDER, ZBK, 77 – 78, hat darauf hingewiesen, dass mit dem Ruf nach göttlicher Antwort in Zeiten der Not und dem Verbergen des göttlichen Antlitzes vor dem schuldigen Volk literarische Topoi in Mi 3,4 realisiert werden.

161 Schon JEREMIAS, Tradition, 145 Anm. 14; DERS., ATD, 161 Anm. 142; LESCOW, Worte, 101, haben darauf aufmerksam gemacht, dass die Formulierung ihre nächsten Parallelen in der Jeremiatradition besitzt.

162 In Mi 2,7 (vgl. Mi 7,13) ist der Terminus מַעֲלָל ebenfalls belegt, bezeichnet allerdings ungewöhnlich das Handeln JHWHs (sonst nur noch in Ps 77,12; 78,7). In V.7a könnte sich auf diese Weise der Vorwurf aussprechen, dass das Handeln JHWHs nach allzu menschlichen Maßstäben beurteilt wird.

gruenz in der Adressatenbezeichnung hergestellt (קְצִינֵי בֵּית יִשְׂרָאֵל neben רָאשֵׁי בֵּית יַעֲקֹב), die V.1a noch enthielt.

3.2.4.3 Das Strafurteil in Mi 2,3

Die Analyse des ersten Elementes der Sozialkritik in Mi 2,1–2.3 wird zu dem Ergebnis führen, dass das Strafurteil in Mi 2,3 schon aus formgeschichtlichen Gründen im Anschluss an den Weheruf nicht ursprünglich ist.[163] Daraus ergibt sich die Frage, wie Mi 2,3 an seinen vorfindlichen Ort geraten und von wem es aus welchen Gründen gestaltet worden ist. Das Strafurteil in Mi 2,3 weist Merkmale auf, die den Eigenheiten von Mi 3,5–7 und Mi 3,4 entsprechen. Dieser Sachverhalt motiviert den Verdacht, dass Mi 2,3 auf dieselbe Hand zurückgeht, die für die Formulierung des Prophetengerichts samt den Brückenversen verantwortlich ist.

Für das Prophetengericht in Mi 3,5–7 und den Straffolgespruch in Mi 3,4 ist die Konzentration auf die Reaktions- und Handlungsweise JHWHs anlässlich der gesellschaftlichen Missstände charakteristisch. In V.4 wird der politischen Führung angekündigt, dass JHWH sich vor ihnen verbergen wird. Dieselbe unheilvolle Gottesferne trifft nach V.5–7 die Propheten, die mit dem Verlust der göttlichen Offenbarung für ihren Amtsmissbrauch bestraft werden. Über die Botenformel wird das Gerichtswort ausdrücklich der Autorität JHWHs unterstellt. In ähnlich betonter Weise tritt auch in Mi 2,3 die Reaktions- und Handlungsweise JHWHs in den Fokus.[164]

Wie in Mi 3,5–7 werden in Mi 2,3 über einleitendes לָכֵן (vgl. Mi 3,6a) strafrechtliche Folgerungen aus den zuvor bezeichneten Vergehen gezogen (vgl. Mi 2,1–2) und über die Botenformel in Spitzenposition ein Gerichtswort JHWHs eingeführt (vgl. Mi 3,5a). Wie das Gerichtswort in Mi 3,5 wird auch das Strafurteil in Mi 2,3 (חֹשֵׁב) partizipial eröffnet (vgl. V.5aβ.bα) und über אֲשֶׁר לֹא entfaltet (vgl. V.5bβ). Die Reaktion JHWHs auf die gesellschaftlichen Missstände bezeichnet Mi 2,3aβ (mit Suff. 1. Sg. im Ich der Gottesrede). JHWH ersinnt Unheil gegen dieses Geschlecht (חֹשֵׁב) und wendet damit die bösen Pläne auf sie selbst zurück (חֹשֵׁב in Mi 2,1). Die Strafhandlung bringt V.3b zum Ausdruck. JHWH legt den Tätern eine Last auf, der sie sich nicht entziehen und unter der sie nicht mehr aufrecht gehen können.

Über die formalen Ähnlichkeiten und den gemeinsamen Fokus auf JHWH hinaus teilen die Gerichtsworte in Mi 2,3 und Mi 3,5–7 (mit Mi 3,4) schließlich eine Nähe zu den Traditionen Jer und Am.[165] Über den Schuldvorwurf תעה אֶת־עַמִּי steht

---

163 S. dazu unten 4.1.2.2.
164 Zu Mi 2,3 s. ausführlich unter 4.1.
165 Zu den Verbindungslinien zwischen Mi 3,5–7 (mit Mi 3,4) und den Traditionen Am und Jer s. oben 3.2.4 und 3.2.4.1.

Mi 3,5–7 mit Jer 23 in Beziehung, der Terminus מַעְלָל aus Mi 3,4 besitzt eine hohe Belegdichte innerhalb der Jeremiatradition. Die Begriffe מִשְׁפָּחָה und צַוָּאר in Mi 2,3 weisen in dieselbe Richtung.[166] Der Terminus מִשְׁפָּחָה bezeichnet bei Jer (zumeist) das Volk als Objekt des Strafgerichts JHWHs. Eine besondere Nähe lässt die Formulierung in Mi 2,3 (הַמִּשְׁפָּחָה הַזֹּאת רָעָה) zu Jer 8,3 (הַמִּשְׁפָּחָה הָרָעָה הַזֹּאת) erkennen. Der Begriff צַוָּאר für den Hals, dem in Mi 2,3 die Last des Unheils aufgelegt wird, begegnet prominent in Jer 28–29 und repräsentiert dort das Joch der babylonischen Fremdherrschaft.

Mit der Amostradition weist das Prophetengericht und sein Nahkontext in Mi 3 ebenfalls einige Berührungspunkte auf. So erinnert der Vorwurf in Mi 3,2a an Am 5,15a, das Klagegeschrei aus Mi 3,4 an Am 5,16, die Unheilschronologie aus Mi 3,4 an Am 5,13, die Licht-Finsternis-Motivik aus Mi 3,5–7 an Am 5,18–20. Das Strafurteil in Mi 2,3 besitzt mit seiner Unheilschronologie כִּי עֵת רָעָה הִיא eine exakte Entsprechung in Am 5,13. Die Zeitangaben aus Mi 2,3 und Mi 3,4 begegnen in Am 5,13 im Zusammenhang (בָּעֵת הַהִיא [ ] כִּי עֵת רָעָה הִיא), so dass eine literarische Beziehung dieser drei Stellen zueinander wahrscheinlich ist.

Die formalen und inhaltlichen Gemeinsamkeiten von Mi 2,3 und Mi 3,4.5–7 legen die Vermutung nahe, dass beide Elemente auf dieselbe Hand zurückzuführen sind. Trifft diese Vermutung zu, ergeben sich Einsichten in das kompositionelle Gestaltungsinteresse ihrer Verfasser. Sie tragen Zäsuren in die ältere sozialkritische Komposition ein (Mi 2,3; Mi 3,4; Mi 3,9a), durch die vier kleinere Texteinheiten entstehen (Mi 2,1–2.3; Mi 3,1–3*.4; Mi 3,5–7; Mi 3,9a.9b–12*). Die ersten drei Abschnitte werden durch die Zeitangaben (Mi 2,3; Mi 3,4) und die Tag-JHWHs-Motivik (Mi 3,6) auf den entscheidenden vierten Abschnitt hin orientiert, der mit dem Untergangsurteil gegen Zion/Jerusalem abschließt. Dadurch gewinnt die Gerichtskomposition in Mi 2–3* ein inhaltliches Gefälle und einen auf Mi 3,12 zielenden Spannungsbogen.

Weiterhin wird der Unheilszusammenhang um Textelemente erweitert, die adressatenbezogene Reaktionen JHWHs auf die Missstände beschreiben und auf die göttliche Ahndung des Fehlverhaltens hinweisen (Mi 2,3; Mi 3,4; Mi 3,6–7 vgl. Mi 3,12). Was auf diesem Wege literarisch geschieht, gehört eigentlich in den Verantwortungsbereich der prophetischen Institution. Die Verfasser des Prophetengerichts treten (literarisch) in den Funktions- und Aufgabenbereich der Propheten ein, über denen sie das Strafgericht verhängen. Im Format des voll-

---

166 Zu מִשְׁפָּחָה s. Jer 1,15; 2,4; 3,14; 8,3; 10,25; 15,3; 25,9; 31,1; 33,24. Über Jer hinaus ist der Begriff innerhalb der prophetischen Literatur lediglich in Ez 20,32; Am 3,1–2; Nah 3,4 und Sach 12,12–14; 14,17–18 belegt. Zu צַוָּאר s. Jer 27,2.8.11–12; 28,10–12.14; 30,8 (vgl. Thr 1,14; 5,5). Neben Jer begegnet der Terminus innerhalb der prophetischen Literatur lediglich in Jes 8,8; 10,27; 52,2; Ez 21,34; Hos 10,11 (vgl. Hab 3,13).

mächtigen Micha, der über Recht und Ordnung wacht (Mi 3,8), spiegelt sich ihr eigenes Profil.

3.2.5 Kompositioneller Zusammenhang

Innerhalb der Gerichtskomposition von Mi 2 – 3* steht das Prophetengericht mit den sozialkritischen Elementen zur einen und der Weissagungsdebatte zur anderen Seite in Verbindung. Da diese Textbestandteile nicht auf derselben literarischen Ebene liegen, ist im Folgenden ihr kompositionelles Verhältnis zu beleuchten.

3.2.5.1 Das Prophetengericht und die ältere Sozialkritik in Mi 2 – 3*

Das Gerichtswort gegen die Propheten in V.5 – 7 ist samt der Brückenverse Mi 3,4 und Mi 3,9a nachträglich in den Zusammenhang der älteren Sozialkritik eingesetzt worden. Diese setzt mit dem Aufweis konkreter gesellschaftlicher Missstände ein (Mi 2,1ff), klagt sodann die politische Führung aufgrund ihrer mangelhaften Rechtspflege an (Mi 3,1ff) und mündet in das Untergangsurteil gegen Zion/Jerusalem (Mi 3,12). Die Pervertierung von Recht und Ordnung wird als Ursache des sozialen Unfriedens ausgewiesen und daraufhin die politische Elite zur Verantwortung gezogen, zu deren Aufgaben die Gewährleistung des Rechts gehört.

Mit der Einschaltung des Gerichtswortes in V.5 – 7 wird der Kreis der Angeklagten um die Propheten erweitert. Hatte die ältere Sozialkritik die mangelhafte Rechtspflege als Ursache des sozialen Unheils diagnostiziert, so bestimmt die Prophetenkritik, weshalb es zur Verkehrung der Ordnung überhaupt kommen konnte. Dieser Sachverhalt wird innerhalb der älteren Sozialkritik lediglich konstatiert, aber nicht eigens begründet. Das Gerichtswort in Mi 3,5 – 7 füllt diese Leerstelle aus und legt den Propheten die gesellschaftliche Ordnungskrise zur Last.

Durch ihre ausschließlich am eigenen Vorteil orientierte Amtspraxis haben die Propheten ihre Kompetenzen missbraucht, ihre orientierende Funktion und korrektive Verantwortung hinsichtlich des Guten und des Bösen (vgl. Mi 3,2a) vernachlässigt. Das Fehlverhalten der Propheten wird somit als innere Ursache der Verkehrung von Recht und Ordnung erwiesen und als Ermöglichungsgrund des gesellschaftlichen Unfriedens herausgestellt. Folgerichtig sind es denn auch zu allererst die Propheten, gegen die das Strafurteil JHWHs ergeht.

3.2.5.2 Das Prophetengericht und die Weissagungsdebatte
in Mi 2,6 – 7.11 mit Mi 3,1[וָאֹמַר].8

Mit dem Prophetengericht und der Weissagungsdebatte begegnen in Mi 2–3* zwei Textpassagen, die dem Themenbereich Weissagung und Prophetie zugehören. Die Analyse der Weissagungsdebatte im kompositionellen Zusammenhang von Mi 2–3* hat bereits zu der Vermutung geführt, dass Mi 2,6 – 7.11 (mit Mi 3,1[וָאֹמַר].8) im Verhältnis zum Gerichtswort gegen die Propheten jünger ist. Vor dem Hintergrund der Untersuchung von Mi 3,5–7 (mit Mi 3,4.9a) bestätigt sich diese Vermutung.

Während das Gerichtswort erstens konkrete Missstände innerhalb der prophetischen Amtsführung zur Anklage bringt, wird in Mi 2 in allgemeiner und grundsätzlicher Weise über die Bedingungen einer angemessenen Weissagungspraxis debattiert. Während sich das Gerichtswort zweitens mit der institutionellen Prophetie auseinandersetzt, erscheint die Debatte in Mi 2 als ein gesamtgesellschaftlicher Diskurs. Während das Gerichtswort drittens noch die Alternative zwischen heil- und unheilvollen Orakeln kennt, ist in Mi 2 bereits eine unbedingte Heilgewissheit als gesellschaftlicher Konsens vorausgesetzt (V. 7a).

Schließlich hat sich die Weissagungsdebatte mit ihrem spöttischen Grundton, der vor allem die Polemik in Mi 2,11 prägt, vom tiefen Ernst des Prophetengerichts entfernt. Eine Verbindung zu der in Mi 3,5–7 problematisierten, mantischen Praxis lässt die Weissagungsdebatte nicht im Ansatz erkennen. Vielmehr erscheint die Weissagungspraxis im Haus Jakob im Rahmen der Debatte als Gegenstand (und Aufgabe) eines gelehrten theologischen Diskurses. In phänomenologischer Hinsicht repräsentieren die Textpassagen in Mi 2 und Mi 3 kategorial verschiedene Weissagungsformen.

Da die Fragen der Weissagung in Mi 2 von der prophetischen Institution unabhängig gestellt werden und als Aufgabe des theologischen Diskurses erscheinen, dürfte das Gerichtswort in Mi 3 bereits vorausgesetzt sein, worin das Versagen der institutionellen Prophetie erst begründet wird. Vor diesem Hintergrund plausibilisieren sich die theologischen Streitpositionen, die in Mi 2,7 gegenüber gestellt werden. Da die Mitteilung einer je und dann gültigen, positiven oder negativen Nachricht Gottes ausbleibt, erscheint es konsequent, dass sich die Gesellschaft zunächst auf eine orthodoxe Schulmeinung besinnt und auf diese beruft (V. 7a).

Zugleich macht das Ende des klassischen Orakelwesens eine Neuorientierung innerhalb der Prophetie erforderlich und bereitet ihrer Ethisierung den Boden, die sich mit dem alternativen, sozialethisch konkretisierten Heilsparadigma andeutet. Nicht länger ist es das günstige oder ungünstige Orakel, das über Wohl und Wehe entscheidet, sondern der individuelle Lebenswandel. Die Variable wird somit aus dem Bereich der Mantik in den Bereich der Ethik verschoben. Am Ende dieses Prozesses steht ein neues Prophetenbild, das im Spiegel von Mi 3,8 in der Figur

Michas Gestalt gewinnt. Statt Orakel zu erfragen, besteht sein prophetischer Auftrag darin, über Recht und Ordnung zu wachen und dem Volk, sofern erforderlich, seine Schuld vorzuhalten.

3.2.5.3 Das Prophetengericht und die jüngere Sozialkritik in Mi 2,8 – 10

Das Prophetengericht in Mi 3,5 – 7 (mit Mi 3,4.9a) ist auf der literarischen Ebene der Weissagungsdebatte in Mi 2,6 – 7.11 (mit Mi 3,1[וָאֹמַר].8) vorausgesetzt, beide Elemente sind jedoch gleichermaßen in ihren sozialkritischen Zielkontext nachträglich eingeschaltet worden.[167] Da die Weissagungsdebatte durch einen sozialkritischen Abschnitt in Mi 2,8 – 10 erweitert wurde, lässt sich auf eine ältere und eine jüngere sozialkritische Textebene in Mi 2 – 3 schließen.[168] Innerhalb der Wachstumsgeschichte der Gerichtskomposition stehen die Elemente, die dem Themenbereich Prophetie und Weissagung zugehören, in chronologischer Sicht zwischen der älteren Sozialkritik und ihrer aktualisierenden Fortschreibung.

Die jüngere Sozialkritik in Mi 2,8 – 10 setzt somit neben der Weissagungsdebatte auch das Gerichtswort gegen die Propheten in Mi 2 – 3* voraus. Ihre Verfasser nehmen die Größe עַמִּי, die in Mi 3,5 als Opfer prophetischer Irreführung bestimmt wird, auf und beklagen das soziale Unrecht, das diesem Volk widerfährt (Mi 2,8 – 9). Während עַמִּי in Mi 3,5 (wie in Mi 1,8) noch das gesamte Volk JHWHs bezeichnet, wird in Mi 2,8 – 10 eine Binnendifferenzierung vorgenommen. Die jüngere Sozialkritik unterscheidet zwischen denjenigen Gliedern des Volkes, die Krieg und Unheil ablehnen und mit der Größe עַמִּי identifiziert werden (vgl. V.8), von demjenigen Teil innerhalb des Volkes, der den sozialen Unfrieden provoziert. Die Begriffe Krieg (מִלְחָמָה) und Frieden (שָׁלוֹם), die in Mi 3,5 das ungünstige oder heilvolle Orakel charakterisieren, werden in Mi 2,8 als Wesensmerkmale auf das Volk עַמִּי übertragen (שָׁלֵם [cj.] neben מִלְחָמָה).

3.2.6 Zwischenergebnis

Das Gerichtswort gegen die Propheten in Mi 3,5 – 7 ist in den Schuldaufweis der älteren Sozialkritik in Mi 3* nachträglich eingesetzt worden, um neben den Häuptern und Anführern die Propheten in das Strafgericht einzubeziehen. Unter dem Einfluss von Jer 23 (vgl. V.13.32) und Am 5 formuliert, erörtert Mi 3,5 – 7 anlässlich der Verkehrung von Gut und Böse (Mi 3,2a), was die verkehrte Gesinnung im Hause Juda verursacht hat. Da die Propheten für die angemessene (offenba-

---

167 S. dazu oben 3.2.5.1 und 3.2.5.2.
168 S. dazu oben 3.1.2.

rungsgeleitete) Orientierung verantwortlich sind, wird gegen sie die Anklage erhoben. Indem sie den Inhalt eines Orakels nicht von der göttlichen Weisung, sondern von gefälliger Vergütung abhängig machen, haben die Propheten die Verirrung des Volkes und seiner politischen Führung hervorgerufen. Im Zuge der Einschaltung von V.5 – 7 sind der Straffolgespruch in V.4 als vorläufiger Abschluss der Sozialkritik in V.1 – 3* und der Höraufruf in V.9a gestaltet worden, der die Fortsetzung der Anklage gegen die Häupter und Anführer einleitet.

Die Textpassagen gehen auf gerichtsprophetische Tradenten zurück, die über Mi 3,5 – 7 (mit V.4.9a) hinaus auch den Botenspruch in Mi 2,3 in die Gerichtskomposition eingesetzt haben dürften. Durch ihre Hand erhält Mi 2 – 3* eine viergliedrige Struktur (Mi 2,1 – 2.3; Mi 3,1 – 3*.4; Mi 3,5 – 7; Mi 3,9a.9b – 12*). Jedes Element ähnelt im vorfindlichen Textgefüge einem Gerichtswort klassischen Formats. Unter Aufnahme der Unheilschronologie aus Am 5,13 in Mi 2,3 und Mi 3,4 gewinnt die Gerichtskomposition ein auf das finale Strafurteil zielendes Gefälle. Die Einschaltungen lassen das Interesse erkennen, JHWHs Reaktion auf den sozialen Unfrieden zum Ausdruck zu bringen und das Strafgericht explizit auf den Willen JHWHs zurückzuführen.

4 Die Sozialkritik in Mi 2 – 3

Die Gerichtskomposition enthält in ihrer vorfindlichen Struktur vier sozialkritische Elemente in Mi 2,1 – 5; Mi 2,8 – 10; Mi 3,1 – 4 und Mi 3,9 – 12.[169] Die ersten beiden Elemente bringen die konkreten gesellschaftlichen Erscheinungsformen des sozialen Unheils zur Darstellung und verurteilen die Straftäter. Die letzten beiden erheben Anklage gegen die führenden Institutionen, die das Unrecht verantworten, und münden in das Untergangsurteil gegen Zion/Jerusalem. Die bisherige Analyse hat zu dem Ergebnis geführt, dass die Textpassagen, die dem Themenbereich Weissagung und Prophetie zugehören, in den älteren sozialkritischen Zusammenhang nachträglich eingesetzt worden sind.[170] Da die Weissagungsdebatte in Mi 2 mit V.8 – 10 durch ein sozialkritisches Element unterbrochen wird, hatte sich weiterhin die Vermutung ergeben, dass die ältere Sozialkritik eine jüngere Fortschreibung erfahren hat.

Welche Textelemente der älteren Sozialkritik und damit der Grundschicht der Gerichtskomposition zugehören, und welche Elemente jüngere Erweiterungen darstellen, wird die nachfolgende Analyse zeigen. Die Abschnitte werden zunächst

---

169 Zur Differenzierung der sozialkritischen Textpassagen s. oben II.2.
170 S. oben 3.1.5 und 3.2.4.

für sich betrachtet und auf ihre literarische Integrität hin untersucht, um die verschiedenen sozialkritischen Textebenen in Mi 2–3* sichtbar zu machen.

Die Untersuchung wird die Vermutung bestätigen, die sich aus der Betrachtung von Mi 2,8–10 im Kontext von Mi 2 ergeben hat, und zu dem Ergebnis führen, dass die ältere Sozialkritik eine nachträgliche Aktualisierung erfahren hat. Angesichts dieses Befundes ist die Frage nach Anlass und Herkunft der aktualisierenden Elemente und ihrem literarischen Verhältnis zueinander zu stellen. Im Hinblick auf die Grundschicht gilt es schließlich zu klären, ob sie einen dem Schefela-Städte-Gedicht in Mi 1* vergleichbaren, alten Überlieferungskern darstellt, der auf einen vorliterarischen Traditionshintergrund schließen lässt, oder ob sie als Fortsetzung der geschichtstheologischen Komposition in Mi 1* anzusehen ist. Die Analyse von Mi 1 hat ergeben, dass die geschichtstheologische Komposition ein im Verhältnis zum Schefela-Städte-Gedicht jüngeres Überlieferungsstadium repräsentiert und nicht auf den historischen Micha zurückzuführen ist. Sollte die Grundschicht in Mi 2–3* diese Komposition, sei es als Fortsetzung auf derselben, sei es als Fortschreibung auf einer jüngeren Textebene, fortführen, würde dies bedeuten, dass die Sozialkritik Michas ebenfalls literarischer Natur ist.

4.1 Die Sozialkritik in Mi 2,1–5

Die Gerichtskomposition in Mi 1–2 wird mit der Sozialkritik in Mi 2,1–5 eröffnet. Der einleitende Weheruf in V.1–2 bietet eine Leichenklage über all jene, die sich an fremdem Besitz bereichern. Solch bösem Treiben bereitet das anschließende Strafurteil JHWHs in V.3 ein Ende. In V.4–5 erhält die Klage der Geschädigten ihren Ausdruck, woraufhin die Straftäter aus der Gemeinde JHWHs ausgeschieden werden. Die nachfolgende Analyse wird zeigen, dass der Weheruf (V.1–2) die Eröffnung der sozialkritischen Grundschicht darstellt und mit dem Urteil JHWHs (V.3) sowie der wiederholten Klage samt Strafurteil (V.4–5) eine zweifache literarische Fortbildung erfahren hat.

4.1.1 Abgrenzung und Aufbau

Der erste sozialkritische Textabschnitt folgt im vorfindlichen Textgefüge der Klage des personifizierten Jerusalem über seinen Untergang, näherhin die im Zuge desselben erfolgte Deportation seiner Bewohner. Über den Weheruf in Mi 2,1 wird der Klageton aus Mi 1,16 fortgesetzt und in den neuen thematischen Zusammenhang überführt. Die Zäsur zwischen Mi 1,16 und Mi 2,1 ist jedoch evident. Der Weheruf markiert einen formalen und inhaltlichen Neueinsatz. Während die Klage in Mi 1* durch die militärische Verwüstung Judas und Jerusalems hervorgerufen wurde, ist sie in Mi 2–3* durch sozialen Unfrieden im Inneren veranlasst. Weiterhin führt Mi 2–3* hinter den Zielpunkt von Mi 1* zurück, insofern das politisch integere Jerusalem und die dortige Präsenz seiner Bewohner noch vorausgesetzt ist.

Das Urteil in V.5 (לָכֵן vgl. V.3) bildet den vorläufigen Abschluss der Sozialkritik. Die Straftäter empfangen ihr Urteil und verlieren ihre Teilhabe an der Gemeinde JHWHs. Auf der synchronen Ebene wird der sozialkritische Themenstrang in Mi 2,8 ff und Mi 3,1 ff fortgeführt und in Mi 3,9 ff abgeschlossen. Mit der Debatte über die Weissagungspraxis, die sich an den harten Strafurteilen entzündet, wird in Mi 2,6 ein neuer thematischer Diskurs eröffnet. Die bisherige Analyse hat zu dem Ergebnis geführt, dass die Weissagungsdebatte in Mi 2,6–7.11 (mit Mi 3,1 [וְאֹמַר].8), die jüngere Sozialkritik in Mi 2,8–10 und das Sammlungsorakel in Mi 2,12–13 gegenüber Mi 2,1–5* jüngere Erweiterungen der Gerichtskomposition darstellen. Daher dürfte die ältere Sozialkritik im Grundbestand von Mi 2,1–5 ursprünglich dem Höraufruf in Mi 3,1 unmittelbar vorausgegangen sein.

Die Textpassage in Mi 2,1–5 besteht aus drei Gliedern. Das erste Glied bildet der Weheruf in V.1–2. Das Leichenlied wird über denen angestimmt, die das Unheil samt entsprechender Straftaten planen und umsetzen, indem sie ihre Machtposition dazu missbrauchen, sich an fremdem (Erb)besitz zu bereichern. Das zweite Glied enthält in V.3 das vergeltende Strafurteil JHWHs gegen diese Sippe. Über לָכֵן samt Botenformel als Gottesrede eingeführt, wendet JHWH sein eigenes unheilvolles Ansinnen gegen die Straftäter und legt ihnen das Handwerk. Mit der Unheilschronologie in V.3bβ (כִּי עֵת רָעָה הִיא) erhält der Urteilsspruch eine abschließende Begründung. Das dritte Glied bildet das Gerichtswort in V.4–5. Über die Zeitangabe בַּיּוֹם הַהוּא an die Unheilschronologie in V.3 angefügt, führt V.4 im Interesse eines (erneuten) Schuldaufweises eine „geklagte Wehklage" (נֶהָה נְהִי נִהְיָה) ein und bringt im Zitat die Perspektive der Opfer des Unfriedens zu Wort, die angesichts des Verlustes von Land und Erbbesitz ihren Ruin beklagen. Noch einmal wird daraufhin in V.5 ein Urteil gegen die Täter gefällt (לָכֵן).

4.1.2 Integrität

Die Sozialkritik in Mi 2,1–5 enthält mit dem Weheruf in V.1–2, dem Botenspruch in V.3 und dem Gerichtswort in V.4–5 drei Elemente unterschiedlicher Textgattungen.[171] Alle drei Elemente sind durch Struktursignale voneinander unterschieden.

---

171 Die Forschung unterscheidet in V.1–5 mehrheitlich nur zwei Elemente, die Gerichtsworte in V.1–3 und V.4–5, die entstehungsgeschichtlich auf ein einziges Gerichtswort in V.1–4* zurückgeführt werden. Durch die Einschaltung der Zeitangabe, die Nachinterpretationen in V.4aβ.bα und die Anfügung eines zweiten Urteilsspruchs in V.5 sei V.4 zu einem zweiten Gerichtswort ausgestaltet worden (vgl. etwa Jeremias, ATD, 150, und ähnlich ders., Deutung, 333–334;

Nach dem Weheruf in V.1–2 (הוֹי) markiert das folgernde לָכֵן samt der Botenformel eine erste formale Zäsur und leitet den Botenspruch in V.3 ein. Da V.3 ein Strafurteil anlässlich der in V.1–2 bezeichneten Vergehen enthält, wird der Weheruf (gattungsuntypisch) auf die Funktion des Schuldaufweises reduziert. Mit der Zeitangabe in V.4 (בַּיּוֹם הַהוּא), die zwar den zeitlichen Aspekt aus V.3bβ aufnimmt, jedoch mit einer anderen Zeitebene des Michabuches in Beziehung steht (vgl. Mi 4,6; 5,9), wird sodann ein zweiter Neueinsatz formuliert und ein Gerichtswort eingeführt, innerhalb dessen der Klageton aus V.1–2 wieder aufgenommen (V.4) und nach V.3 ein weiteres Urteil gesprochen wird (V.5).

Um einen literarisch weitgehend einheitlichen Zusammenhang in V.1–5* zu bewahren, hat sich die Forschung wiederholt gezwungen gesehen, diese (evidenten) Struktursignale zu entfernen.[172] So wurden die Einleitungen in V.3.5 (לָכֵן), die Botenformel (כֹּה אָמַר יְהוָה) sowie die Adressatenangabe (עַל־הַמִּשְׁפָּחָה הַזֹּאת) in V.3, der resümierende Abschluss in V.3bβ (כִּי עֵת רָעָה הִיא) sowie der Neueinsatz in V.4 (בַּיּוֹם הַהוּא) als Zusätze deklariert. Überdies hat man neben V.5 einzelne Elemente in V.4aβ.bα entfernt, weil sie unter dem Einfluss der Landnahmetradition „von einer neuen Landverteilung nach der Rückkehr aus Babylon"[173] handeln und damit schwerlich in den veranschlagten Zeithorizont des 8. Jh. passen.[174] Diejenigen Textelemente in V.4 hingegen, die mit diesem Traditionszusammenhang nicht ausdrücklich in Verbindung stehen, werden für ursprünglich erachtet. Literarische Indizien, die eine solche versinterne literarkritische Differenzierung hinreichend begründen, sind allerdings nicht zu erkennen. Die jeweils interne literarische Einheitlichkeit der drei Textelemente in V.1–5 ist nach meiner Wahrnehmung kaum sinnvoll in Zweifel zu ziehen, sehr wohl aber ihre ursprüngliche Verbindung.[175]

MAYS, OTL, 61–62; METZNER, Kompositionsgeschichte, 114–116; MOMMER, Prophetie, 187–189; WOLFF, BK, 45.49–50). Anders unterschied RUDOLPH, KAT, 53, in „V.1f. die Versündigung, V.3–5 die Strafe", und verstand V.1–5 noch als literarisch einheitlichen Zusammenhang. Diese Sichtweise hat in jüngster Zeit wieder WÖHRLE, Sammlungen, 146–148, vertreten.

172 Vgl. etwa JEREMIAS, Deutung, 333–335; DERS., ATD, 147–151 (bes. 150–151); MAYS, OTL, 61–66; METZNER, Kompositionsgeschichte, 114–116; MOMMER, Prophetie, 185–189; SCHART, Entstehung, 183–184; WAGENAAR, Judgement, 208–220 (bes. 218–220); WOLFF, BK, 45. Der Umfang der Zusätze wird allerdings recht unterschiedlich bestimmt. S. den Überblick und die Diskussion bei KESSLER, HThK.AT, 113, der selbst einen anderen Weg wählt.

173 JEREMIAS, ATD, 150.

174 Gegen literarkritische Eingriffe dieser Art meldet KESSLER, HThK.AT, 120, mit gutem Recht „grundsätzliche methodische Bedenken [an], weil sie sich den Text zurechtmachen, anstatt ihn, wie er überliefert ist, verstehen zu wollen."

175 Daraus hat KESSLER, HThK.AT, 119–123, den konsequenten Schluss gezogen, dass V.4f insgesamt „nicht zum alten Michatext von Mi 1–3* gehören" (120).

4.1.2.1 Der Botenspruch in V.3

Mit dem Weheruf in V.1–2 wird die Leichenklage über die Straftäter angestimmt. Seiner Gattung gemäß erfüllt der Weheruf eine doppelte Funktion. Zum einen erhebt er Anklage gegen die Straftäter, zum anderen impliziert er bereits das beschlossene Unheil, das über seine Adressaten hereinbricht. So bietet der Weheruf „eine Unheilsankündigung und Unheilsbegründung in einem"[176] und „bedeutet im Effekt, dass eine bestimmte Gruppe Lebender wegen ihres Verhaltens vom Propheten als jetzt schon tot behandelt wird."[177] In diesem Sinne stellt das einleitende Wehe „eine Unheilsankündigung in nuce"[178] dar und bedarf einer weiteren Entfaltung nicht.[179]

Vor dem Hintergrund dieses Gattungsmerkmals überrascht der Sachverhalt, dass an den Weheruf in V.1–2 mittels der Botenformel noch ein ausdrückliches Strafurteil JHWHs in V.3 angeschlossen ist. Die Strafankündigung erfolgt somit gleich zweimal. Claus Westermann hat in seiner formgeschichtlichen Studie darauf aufmerksam gemacht, dass die Verbindung von Weheruf und Botenformel samt לָכֵן nur bei Jer und Ez belegt ist und eine „erst sekundäre Angleichung der Wehe-Worte an das prophetische Gerichtswort"[180] darstellt. „Danach ist sicher anzunehmen, daß die Botenformel ursprünglich keinen Platz im Wehe-Wort hat"[181]. Im Hinblick auf Mi 2,1–3 hegte er den Verdacht, „daß die Ankündigung sekundär angefügt wurde"[182].

Ein zweites Gattungsmerkmal des Weherufs unterstützt diesen Verdacht. So „beziehen sich die Wehe-Worte nie auf das ganze Volk; selten auf bestehende Gliederungen des Volkes, also Priester, Propheten o.ä.; das Wehe gilt denen, die

---

176 Seybold, Poetik, 21.
177 Jeremias, ATD, 148.
178 Westermann, Grundformen, 137.
179 So Wildberger, BK X/1, 182 im Hinblick auf die Weherufe in Jes 5.
180 Westermann, Grundformen, 139.
181 Westermann, Grundformen, 138.
182 Westermann, Grundformen, 138, ähnlich Krause, Leichenklage, 29; Seybold, Poetik, 114. Robinson, HAT, 133, deklarierte Mi 2,3 als „alleinstehendes Fragment". Eine Mi 2,1–2.3 entsprechende Abfolge aus Weheruf (הוֹי), Botenformel samt לָכֵן und anschließendem Botenspruch, der sich (noch einmal) gegen die Adressaten des Weherufs richtet, ist lediglich ein weiteres Mal in Jer 23,1–2 belegt. Lescow, Analyse von Micha 1–5, 50–51, erachtet das einleitende לָכֵן als redaktionellen Zusatz und findet daraufhin eine Parallele in Jes 28,1–2. „So ist v.3 als auf v.1–2 folgender Drohspruch akzeptabel" (aaO., 51). Allerdings geht Lescow davon aus, dass der Weheruf in V.1–2 keinen ursprünglichen Typus seiner Gattung vertritt, und versteht V.1–2 als „Scheltrede, die der Ergänzung durch einen Drohspruch bedarf" (ebd.). Weshalb der Weheruf in Mi 2,1–2 keine Leichenklage im ursprünglichen Format repräsentieren soll, ist nicht zu erkennen. In Jes 28,1–2 ist die Sachlage überdies eine völlig andere als in Mi 2,1–2.3, da darin kein Botenspruch vorliegt. Als Vergleichsgröße scheidet Jes 28,1–2 somit aus.

jetzt gerade etwas Bestimmtes tun"[183], in Mi 2,1–2 namentlich denen, die Unheil planen und entsprechend handeln. Vor dem Hintergrund dieses Gattungsmerkmals lassen sich weder die Adressatenangabe in V.3aβ (הַמִּשְׁפָּחָה הַזֹּאת) noch die Diagnose einer bösen Zeit in V.3bβ plausibilisieren (כִּי עֵת רָעָה הִיא).[184] Mit dem grundsätzlichen Hinweis auf eine Unheilszeit, die naturgemäß nicht auf den Kreis der Straftäter beschränkt bleibt, lässt V.3bβ eine generalisierende Tendenz erkennen, die den Geltungsradius des Weherufs übersteigt. Dieselbe Tendenz ist mit dem Terminus מִשְׁפָּחָה verbunden, der in V.3aβ die Adressaten des Strafurteils bezeichnet. Innerhalb der prophetischen Tradition ist er vor allem bei Jer belegt und bezeichnet das Volk in seiner Gesamtheit (Jer 2,4; 8,3; 31,1 vgl. Jer 33,24; Am 3,1–2), zumindest aber in einer gewissen Breite (vgl. Nah 3,4).[185] Die Konzentration des Strafurteils auf die Schuldigen im Sinne des Weherufs ist damit weder gewährleistet noch überhaupt intendiert.

Da sich der Botenspruch in Mi 2,3 aus formalen und inhaltlichen Gründen von Mi 2,1–2 abhebt, legt sich die Schlussfolgerung nahe, dass Mi 2,3 dem Weheruf nachträglich angefügt wurde.[186] Der Botenspruch ist offenkundig unter dem Eindruck

---

183 WESTERMANN, Grundformen, 138.

184 Entsprechend bestimmen etwa JEREMIAS, Deutung, 333–335; DERS., ATD, 151; LESCOW, Analyse von Micha 1–5, 51; MAYS, OTL, 64–65; METZNER, Kompositionsgeschichte, 115; SCHART, Entstehung, 183–184; WOLFF, BK, 45, die Elemente als sekundäre Zusätze. Beide literarkritischen Eingriffe sind allerdings nicht hinreichend begründbar. Zwar trifft es durchaus zu, dass V.3bβ beigefügt ist. Diese syntaktische Position entspricht aber der semantischen Funktion einer Begründung. Überdies schließt der Begriff רָעָה in V.3bβ den Rahmen zum Eingang des Botenspruchs in V.3aβ und bildet eine formale Inklusion. Ähnlich willkürlich erscheint es, die Objektangabe in V.3aβ (עַל־הַמִּשְׁפָּחָה הַזֹּאת) aus dem Zusammenhang herauszuschälen. Das Verbum חשב samt Präp. עַל ist in Mi 2,1aα in ähnlicher Weise und auch darüber hinaus belegt, vgl. Gen 50,20; 2 Sam 14,13; Jer 11,19; 18,8.11.18; Ps 41,8 u. ö. (so bereits WAGENAAR, Judgement, 215–216). Der Grund für diese literarkritischen Eingriffe in Mi 2,3 liegt nach meiner Wahrnehmung weniger darin, dass sie sich vom Textbefund aus nahelegen. Vielmehr dürften sie durch die signifikanten Parallelen motiviert sein, die im Vergleich von V.3bβ mit Am 5,13 und V.3aβ mit Am 3,1; Jer 8,3 auffallen und die Schlussfolgerung nahelegen, dass der Botenspruch in Mi 2,3 mit dem Weheruf in Mi 2,1–2 nicht auf einer literarischen Ebene liegt.

185 Vgl. ZOBEL, Art. מִשְׁפָּחָה, bes. 89–90, und entsprechend etwa JEREMIAS, Deutung, 333–334; DERS., ATD, 151; MAYS, OTL, 64; SCHART, Entstehung, 183; WOLFF, BK, 49. Anders bezieht KESSLER, HThK.AT, 118, den Terminus allein auf „die wirtschaftlich mächtige Oberschicht" (ähnlich RUDOLPH, KAT, 54).

186 Innerhalb der Forschung wird Mi 2,1–3 (teils unter Abzug der Adressatenangabe und der Unheilschronologie in V.3, teils mit Fortsetzung in V.4–5*) hingegen weithin als einheitlicher literarischer Zusammenhang bewertet, vgl. etwa JEREMIAS, ATD, 147–151; METZNER, Kompositionsgeschichte, 114–116; KESSLER, HThK.AT, 113–114; MAYS, OTL, 61–62; MOMMER, Prophetie, 187–189; RUDOLPH, KAT, 53–55; SCHART, Entstehung, 183; WAGENAAR, Judgement, 62–63; WILLI-PLEIN, Vorformen, 75; WOLFF, BK, 42–43.

desselben formuliert worden. Die Terminologie aus V.1a (עַל ... חֹשֵׁב neben רָע) wird in V.3aβ (חֹשֵׁב רָעָה) wieder aufgenommen. JHWH erscheint nunmehr allerdings als Subjekt des unheilvollen Planens, das in V.1 das Wehe provoziert hatte, und wendet das Unheil im Strafurteil gegen „diese Sippschaft" (הַמִּשְׁפָּחָה הַזֹּאת). Über den Begriff רָעָה in V.3aβ und V.3bβ wird eine formale Inklusion gestaltet und ein Rückbezug auf das ältere רָע in V.1 hergestellt. Durch die abschließende Begründung in V.3bβ avanciert das Unrecht nach V.1–2 zum Symptom einer umfassenden Zeit des Unheils. Durch die Anfügung des Strafurteils in V.3 wird der ältere Weheruf in V.1–2, der daraufhin die Funktion des Schuldaufweises übernimmt, zu einem Gerichtswort ausgestaltet, das dem klassischen Gattungsformat ähnelt.

4.1.2.2 Das Gerichtswort in V.4 – 5

Dem erweiterten Weheruf in Mi 2,1–2.3 ähnlich enthält Mi 2,4–5 ein (weiteres) Gerichtswort, das aus einem Schuldaufweis in V.4 und einem Strafurteil in V.5 besteht. Es entspricht Mi 2,1–2.3 spiegelbildlich. Während V.1–2 eine Wehklage über die Täter zum Ausdruck brachte, bietet V.4 im Zitat die Wehklage der Opfer über ihr Unheil.[187] Schließlich wird in V.5 (wie explizit schon in Mi 2,3) über die Straftäter (erneut) ein Urteil gesprochen. Lägen die sozialkritischen Elemente in Mi 2,1–5 auf derselben Ebene, müsste dies bedeuten, dass dieselbe Konfliktsituation im Hintergrund steht und den Straftätern nicht weniger als dreimal (im Weheruf, im Botenspruch und im abschließenden Strafurteil) ihr Ende angekündigt wird. Weiterhin würde mit dem unrechtmäßigen Entzug von Landbesitz in V.4 derselbe Schuldaspekt noch einmal zur Anzeige gebracht, worüber aber schon in V.3 das Urteil gefällt worden ist. Dass in V.4 die ursprüngliche Fortsetzung des Strafurteils oder die Entfaltung seiner Konsequenzen vorläge, ist schließlich angesichts der formalen Zäsur, die die einleitende Zeitangabe markiert, unwahrscheinlich.[188]

Drei weitere Indizien erhärten den Verdacht, dass Mi 2,4–5 eine jüngere Fortschreibung zu Mi 2,1–2.3 darstellt. Die einleitende Zeitangabe בַּיּוֹם הַהוּא in V.4 unterscheidet das Gerichtswort erstens von der Zeitebene עֵת aus V.3 (vgl. Mi 3,4). Während עֵת den Aspekt der Dauer betont, besitzt die Wendung בַּיּוֹם הַהוּא einen eher ereignishaften Charakter. Sie korrespondiert mit der Zeitstruktur, „die der

---

187 Zum Subjekt der Wehklage in V.4 s. unten 4.1.5.2.
188 Um V.4 dennoch als organische Fortsetzung von V.3 zu erhalten, ist wiederholt der Vorschlag unterbreitet worden, die beiden strukturprägenden Elemente, die Zeitangabe in V.4 und das Strafurteil in V.5, als sekundäre Zusätze auszuweisen (vgl. JEREMIAS, ATD, 150–151; MAYS, OTL, 65–66; WOLFF, BK, 49–50). Als zweites eigenständiges Gerichtswort allerdings erklärt sich das Textelement ungezwungen (vgl. entsprechend KESSLER, HThK.AT, 120).

Textkomposition Mi 1–5 [...] zugrundeliegt"[189] (vgl. Mi 4,6; 5,9). Die Wehklage, die an jenem Tag angestimmt wird, charakterisiert V.4aα zweitens über das Part. נִהְיָה (vgl. Neh 6,8; Prov 13,19) als eine geklagte Wehklage, als eine Wehklage also, die schon in Erfüllung gegangen ist (נִהְיָה נִהְיִ נָהָה).[190] Damit weist sich das Gerichtswort in V.4–5 ausdrücklich als Wiederholung einer früheren Leichenklage aus, die im kompositionellen Zusammenhang dem Tenor des Weherufes aus V.1–2 entsprechen dürfte. Drittens steht V.4 (vgl. חֵלֶק in Jos 14,4; 15,13; 18,7; 19,9; 22,25.27) und noch deutlicher V.5 „mit der Terminologie sakraler Landverteilungstraditionen"[191] in Verbindung (vgl. גּוֹרָל in Jos 14,2; 15,1; 16,1; 17,1.14 u. ö.).[192] Diesen (vergleichsweise jungen) Traditionshintergrund lässt Mi 2,1–2.3 nicht erkennen.

Das Gerichtswort in Mi 2,4–5 dürfte somit eine gegenüber Mi 2,1–2.3 jüngere Fortschreibung darstellen und die ältere Anklage zur eigenen Zeit aktualisieren. Dass der um den Botenspruch erweiterte Weheruf bereits vorausgesetzt ist, ergibt sich daraus, „daß V 4 die Anrede in 2. ps. pl. aus V 3 einfach weiterführt, ohne die Angeredeten neu einzuführen oder näher zu kennzeichnen."[193] Da V.4–5 äquivalente Konflikte spiegelt wie Mi 2,1–2.3 und eine im Sinne des Straftatbestandes äquivalente Täterschaft adressiert, liegt die Vermutung nahe, dass das Gerichtswort aus einer Situation hervorgegangenen ist, in der sich strukturanaloge Auseinandersetzungen um Land und Erbbesitz erneut ereignet haben. Die Brisanz des Konfliktes lässt sich daran erkennen, dass einerseits das Gewicht „sakraler Landverteilungstraditionen"[194] in der Formulierung des Schuldaufweises aufgeboten wird und die Schuldigen im Urteilsspruch andererseits nicht nur eine dem Tatbestand entsprechende Strafe empfangen, sondern aus dem Zusammenhang der Gemeinde JHWHs insgesamt ausgeschieden werden. Welche Situation die sozialkritische Aktualisierung provoziert hat, wird zu erwägen sein.[195]

---

189 KESSLER, HThK.AT, 121.
190 Vgl. bereits KESSLER, HThK.AT, 119–120 im Anschluss an NICCACCI, Profeta, 13; ähnlich WOLFF, BK, 39, der den Terminus allerdings auf die Hand eines „Überarbeiters" zurückführt. Die Einschaltung folge dem Interesse einer „Bestätigung des inzwischen eingetroffenen Landverlustes" (ebd.). Zur Formulierung s. unten 4.1.3.3.
191 WOLFF, BK, 50.
192 Wiederum schälen etwa JEREMIAS, Deutung, 334; DERS., ATD, 150; WOLFF, BK, 40.45.50; MAYS, OTL, 65–66, mit V.4aβ.bα.5 diejenigen Elemente aus dem Zusammenhang heraus, die diesen Traditionshintergrund in den Zusammenhang einbringen.
193 KESSLER, HThK.AT, 120.
194 WOLFF, BK, 50.
195 S. unten 4.1.4.3.

4.1.2.3 Zwischenergebnis

Die Sozialkritik in V.1–5 ist in drei Wachstumsstufen entstanden. Der Weheruf in Mi 2,1–2 bildet das älteste Element und die Eröffnung der sozialkritischen Grundschicht in Mi 2–3*. Der Botenspruch in Mi 2,3 ist dem Weheruf nachträglich angefügt worden. Unter dem Eindruck von V.1–2 wird ein explizites Strafurteil JHWHs gegen diejenigen formuliert, die das soziale Unheil zu verantworten haben, und der gesellschaftliche Unfriede zum Symptom einer bösen Zeit erhoben. Nach seiner Erweiterung um V.3 erfüllt der ältere Weheruf die Funktion des Schuldaufweises und wird zu einem Gerichtswort klassischen Formats ausgestaltet. Das (im synchronen Gefüge zweite) Gerichtswort in Mi 2,4–5 aktualisiert schließlich die ältere Sozialkritik in Mi 2,1–2.3 zur eigenen Zeit. Es radikalisiert die ältere Anklage dadurch, dass die Täter nicht nur eine ihrem Handeln entsprechende Strafe erhalten, sondern aus dem Verband der Gemeinde JHWHs ausgewiesen werden.

4.1.3 Detailanalyse

Mit dem Weheruf in V.1–2, dem Botenspruch in V.3 und dem Gerichtswort in V.4–5 sind drei Elemente in Mi 2,1–5 unterschieden worden, die unterschiedlichen Textebenen in Mi 2–3* zugehören und auf verschiedene Verfasser zurückgehen. Die einzelnen Textabschnitte am Kopf der Gerichtskomposition gilt es nachfolgend jeweils für sich zu betrachten. Die Untersuchung beginnt mit dem Weheruf, der das älteste Textelement in V.1–5 und die Eröffnung der sozialkritischen Grundschicht in Mi 2–3* darstellt.

4.1.3.1 Der Weheruf in V.1–2

Die Sozialkritik in Mi 2 wird mit einem Weheruf in V.1–2 eröffnet. Gattungsgeschichtlich stammt er aus dem Kontext der Leichenklage und ist von dort in den Sprachgebrauch prophetischer Literatur übertragen worden (Jes 5,8ff; 10,1.5; Am 5,18; 6,1 u.ö.).[196] „Wer so beklagt und angeklagt wird, der hat demnach schon in der Domäne des Todes Quartier bezogen."[197] Der Weheruf besteht aus zwei Glie-

---

196 Vgl. insbesondere HARDMEIER, Texttheorie, bes. 373–379, und KRAUSE, Leichenklage, 15–46, sowie entsprechend etwa JEREMIAS, ATD, 147; KESSLER, HThK.AT, 114; METZNER, Kompositionsgeschichte, 68–69; WAGENAAR, Judgement, 62–63; WOLFF, BK, 47. Claus Westermann hatte hingegen den Weheruf noch „als prophetische Abwandlung des Fluchs" (WESTERMANN, Grundformen, 137) verstanden. Allzu scharf wird man die Alternative denn auch nicht fassen dürfen, da beide Formeln אָרוּר und הוֹי einen performativen Charakter besitzen.

197 WOLFF, BK, 47; vgl. ähnlich etwa KESSLER, HThK.AT, 114; JEREMIAS, ATD, 147–148.

dern. V.1 charakterisiert die beklagten Straftäter „nicht durch Namen oder Ämter"[198], sondern über ihr unheilvolles Sinnen und Handeln. Beides wird in V.1a über Part. im Pl. zum Ausdruck gebracht und über verba finita entfaltet. V.2 konkretisiert sodann das unrechtmäßige Tun der Beklagten. Sie rauben Felder und reißen Häuser an sich und bringen auf diese Weise den Mann, sein Haus und seinen Erbbesitz in Bedrängnis.

Den konkreten Anlass der Leichenklage bestimmt V.1a. Die Beklagten ersinnen Unheil (חֹשְׁבֵי־אָוֶן) und ein Handeln (פֹּעֲלֵי רָע), das bösen Schaden bringt. Da beides, die abstrakte Idee (אָוֶן חשב) und ihre Konkretion auf der Handlungsebene (פעל רָע), Elemente ihres unseligen Planens darstellen, ist das erste Part. (חשב) dem zweiten (פעל) logisch vorgeordnet.[199] Das Unheilsansinnen geschieht auf den Nachtlagern (מִשְׁכָּב). Diese Vorstellung besitzt in Ps 36,5 (vgl. Hos 7,14; Ps 4,5; Qoh 10,20) eine signifikante Parallele: Darin beklagt der Beter, dass Übeltäter Unheil (אָוֶן) auf ihren Nachtlagern erdichten (יַחְשֹׁב עַל־מִשְׁכָּבוֹ). Die Motive unheilvollen Planens und Handelns sind in den Psalmen vielfach belegt (vgl. חשב in Ps 10,2; 35,4.20; 52,4; 140,5 u. ö. und פעל אָוֶן in Ps 28,3; 92,8; 141,4 u.ö.) und mit Trug und Übertretung der göttlichen Ordnung verbunden.[200] In diesen Zusammenhängen bezeichnet der Terminus אָוֶן all jene Vorgänge, die der Ordnung und dem Willen JHWHs und „den heilvollen Wirkungen von Gesetz, Recht und Gerechtigkeit"[201] entgegenstehen. Der Weheruf nimmt einen konventionellen weisheitlichen Topos auf und bringt ihn in V.1a gegen diejenigen in Stellung, die solches Unheil zu verantworten haben.[202]

In doppelter Hinsicht werden die Straftäter in V.1b näherbestimmt. Sie planen Unheil auf ihren Lagern bis zum Morgengrauen, um es bei Tagesanbruch in die Tat umzusetzen (בְּאוֹר הַבֹּקֶר יַעֲשׂוּהָ), denn es liegt in ihrer Verfügungsgewalt (כִּי יֶשׁ־לְאֵל יָדָם). V.1bα verweist zunächst auf die Ruhelosigkeit, mit der ihre Pläne im ersten Morgenlicht zur Umsetzung drängen (vgl. G καὶ ἅμα τῇ ἡμέρᾳ).[203] V.1bβ stellt daraufhin ihre Machtposition heraus, mit der sie sich alle Dinge zum Besten dienen lassen können.[204] Ähnlich konventionell wie V.1a ist die Formulierung in V.1bβ gewählt

---

198 WOLFF, BK, 47.

199 S. dazu auch oben die Textanmerkung z.St.

200 WAGENAAR, Judgement, 64, vermutet, dass MT durch das weisheitlich vorgebildete אָוֶן פעל inspiriert ist.

201 KNIERIM, Art. אָוֶן, 84. Vgl. auch BERNHARDT, Art. אָוֶן, 151 – 159, sowie grundlegend MOWINCKEL, Äwän.

202 Vgl. KESSLER, HThK.AT, 115. Auf die Verbindung zu Ps 36,5 ist wiederholt aufmerksam gemacht worden, vgl. etwa MAYS, OTL, 63; WOLFF, BK, 47.

203 Entsprechendes hat bereits SMITH, ICC, 57, gesehen. „They lie awake at night revolving schemes to circumvent the poor." Vgl. auch VON UNGERN-STERNBERG, Rechtsstreit, 39; WOLFF, BK, 47.

204 Vor diesem Hintergrund hat Albrecht Alt den Vorschlag unterbreitet, dass es sich bei den Beklagten um „die Jerusalemer Herrengeschlechter" (ALT, Micha, 381) handelt. Über ihre be-

(יַד לְאֵל vgl. Gen 31,29; Dtn 28,32; Neh 5,5).[205] Indem sie die Gottesbezeichnung אֵל anklingen lässt (vgl. G πρὸς τὸν θεὸν τὰς χεῖρας αὐτῶν), zeigt V.1bβ eine theologische Tiefendimension. In ihren Handlungsvollzügen vertauschen die Delinquenten die göttliche Ordnung von Recht und Gerechtigkeit mit den machtvollen Möglichkeiten ihrer Hände, so dass „ihre Macht [als] einzige Norm des Handelns"[206] erscheint.

Eine theologische Qualität besitzt weiterhin auch die Licht-Finsternis-Motivik, die mit dem nächtlichen Planen und dem Vollbringen des Unheils im Morgengrauen ihren Ausdruck findet. Der Morgen bezeichnet denjenigen Zeitpunkt, an dem JHWH sein Recht aufs Neue ans Licht bringt (Zef 3,5 vgl. Jer 21,12; Ps 101,8), Chaos und Unordnung unterbindet.[207] Da die Wiederherstellung von Recht und Ordnung am Beginn eines neuen Tages nicht mehr gewährleistet ist (vgl. Jes 10,1; Hos 10,9; Am 5,5), erscheinen die Handlungsoptionen der Mächtigen in V.1–2 als Symptom einer grundlegenden Verkehrung der Rechtsordnung innerhalb der Gesellschaft. Die Licht-Finsternis-Motivik in Verbindung mit einer Leichenklage anlässlich sozialen Unheils teilt der Weheruf in Mi 2,1–2 mit Am 5* (bes. V.16–20) und lässt damit eine Verbindungslinie zur Gerichtsprophetie des Nordreichs erkennen.

Von eminent theologischer Relevanz sind schließlich die Straftaten selbst, die in V.2 mit vier Verben in konsekutivem Perf. konkretisiert werden. In Spitzenposition begegnet das Verbum חמד, das im Dekalog an prominenter Stelle das Begehren fremden Besitzes untersagt (vgl. Ex 20,17; Dtn 5,21).[208] Solches Begehren, das „alle Vorgänge bis zur schließlichen Inbesitznahme des Begehrten"[209] umfasst, wird den Beklagten zur Last gelegt. Ebenso wie חשב in V.1 ist das Verbum חמד in V.2 den nachfolgend konkretisierten Handlungen (גזל־נשׂא־עשׁק) vorgeordnet, die Vorgänge des räuberischen Entzugs und der wirtschaftlichen Bedrängnis und Unterdrückung bezeichnen, und lässt ihre niederen Beweggründe erkennen. Aus einfacher Begierde heraus werden Felder geraubt, Häuser in Beschlag genommen (שָׂדֶה neben בַּיִת), der Mann und sein (personeller wie materieller) Hausstand (גֶּבֶר וּבֵיתוֹ) in Bedrängnis

---

trächtlichen machtpolitischen Möglichkeiten hinaus bietet Mi 2,1–2 allerdings keine weiteren Indizien, die eine Näherbestimmung der Beklagten ermöglichen könnten.

205 Vgl. KESSLER, HThK.AT, 115; MOMMER, Prophetie, 191 Anm. 37; WOLFF, BK, 47.

206 JEREMIAS, ATD, 148, und ähnlich KESSLER, HThK.AT, 115.

207 Vgl. MOMMER, Prophetie, 190; KESSLER, HThK.AT, 115, sowie zum religionsgeschichtlichen Hintergrund der Motivik grundlegend JANOWSKI, Rettungsgewissheit.

208 Innerhalb des gesamten corpus propheticum ist das Verbum mit sozialkritischer Aussageabsicht nur in Mi 2,2 belegt (vgl. ferner Jes 1,29; 44,9; 53,2). Auf die Verbindung zum Gebot des Dekalogs haben u.a. bereits JEREMIAS, ATD, 148; KESSLER, HThK.AT, 117; MAYS, OTL, 63; MCKANE, Micah, 61; MOMMER, Prophetie, 191; RUDOLPH, KAT, 54; VON ORELLI, Propheten, 114; WOLFF, BK, 48, aufmerksam gemacht.

209 KESSLER, HThK.AT, 117, im Anschluss an die grundlegende Untersuchung von WALLIS, Art. חָמַד, 1020–1032.

gebracht, letztlich selbst sein Erbbesitz entzogen (נַחֲלָה). Versanfang (חמד) und Versende (נַחֲלָה) lassen die theologische Brisanz der Vorgänge deutlich hervortreten. Das Verbum חמד verweist auf die widergöttliche Gesinnung der Beklagten, der Erbbesitz נַחֲלָה auf die Schwere der Vergehen gegen die göttliche Ordnung. Der Erbbesitz gilt nach atl. Recht im Interesse nachfolgender Generationen immerhin als unveräußerlich (vgl. Lev 25,23; 1 Reg 21,3).

Das Sinnen und Handeln der Beklagten steht in fundamentalem Gegensatz zu Weisung und Ordnung JHWHs. Da es sich dabei allerdings um ein ermöglichtes Unrecht (כִּי יֶשׁ־לְאֵל יָדָם) handelt, ergibt sich aus V.1-2 unmittelbar die Frage nach den tieferen Ursachen, die ein derart schrankenloses Unheil zugelassen haben. Der Weheruf ist somit auf Fortsetzung hin angelegt und impliziert bereits die Frage nach Recht und Ordnung, die in Mi 3* problematisiert wird.

4.1.3.2 Der Botenspruch in V.3

Über folgerndes לָכֵן angeschlossen, folgt auf den Weheruf im vorfindlichen Textgefüge das Strafurteil in Mi 2,3. Durch die Botenformel wird es ausdrücklich der Autorität JHWHs unterstellt, der nun denjenigen die Vergeltung ankündigt, die den sozialen Unfrieden hervorgerufen und zu verantworten haben.[210] V.3a nimmt den Aspekt des Planens von Bosheit aus V.1 auf (חֹשֵׁב רָע) und überträgt ihn auf JHWH (חֹשֵׁב רָעָה). Das Unheil, das die Beklagten aus V.1-2 auf ihren Lagern (עַל) ausgeheckt haben, wendet der Botenspruch auf die Straftäter zurück (עַל).[211] Der Kreis der Straffälligen wird in V.3aβ als „diese Sippschaft" deklariert. Das Demonstrativum זֹאת, das den Adressatenkreis näherbestimmt, verleiht dem Begriff מִשְׁפָּחָה einen despektierlichen Unterton (vgl. Jer 8,3 und ähnlich הָעָם הַזֶּה in Mi 2,11).[212]

Innerhalb der prophetischen Literatur ist der Terminus מִשְׁפָּחָה in hoher Dichte bei Jer belegt (vgl. darüber hinaus lediglich Ez 20,32; Am 3,1-2; Nah 3,4; Sach 12,12-14; 14,17-18). In Jer 2,4 begegnet er in Verbindung mit בֵּית יִשְׂרָאֵל (par. בֵּית יַעֲקֹב) und

---

210 Die Pointierung JHWHs wird durch die Einleitung der Gottesrede mit dem Aufmerksamkeitsruf samt Suff. 1. Sg. (הִנְנִי) in V.3aβ unterstrichen. Sie lässt zwei kompositionelle Verbindungslinien erkennen. Die erste führt auf die Theophanie am Bucheingang zurück, die im vorfindlichen Textgefüge ihrerseits mit dem Aufmerksamkeitsruf (הִנֵּה יְהוָה) eingeleitet wird. Wie in Mi 1,3-4* ist mit dem Botenspruch in Mi 2,3 das Interesse verbunden, JHWH explizit als Urheber des Strafgerichts auszuweisen. Die zweite Verbindungslinie führt in den Zusammenhang der Profilierung des Prophetenformats Micha in Mi 3, der in Mi 3,1 (וָאֹמַר) und Mi 3,8 (וְאוּלָם אָנֹכִי) ähnlich pointiert zu Wort gebracht wird.

211 Vgl. die entsprechende Formanalyse bei WOLFF, BK, 42-43. „Maß und Art der Strafe sind genau von Maß und Art der Schuld bestimmt" (aaO., 49).

212 Vgl. bereits RUDOLPH, KAT, 54. Zum Begriff s. grundlegend ZOBEL, Art. מִשְׁפָּחָה, 86-93, bes. 91-93.

bezeichnet das Haus Juda insgesamt.[213] Einen ähnlich umfassenden Radius weist der Begriff in Jer 8,3 (הַמִּשְׁפָּחָה הָרָעָה הַזֹּאת) und Jer 31,1 (כֹּל מִשְׁפְּחוֹת יִשְׂרָאֵל) auf. In Jer 33,24 werden Nord- und Südreich als die beiden Geschlechter (שְׁתֵּי הַמִּשְׁפָּחוֹת) deklariert, die JHWH einst erwählt, nun aber verworfen hat. Dasselbe erwählungstheologische Paradigma verbindet sich mit dem Begriff auch in Am 3,1–2 (par. בְּנֵי יִשְׂרָאֵל) und begründet aus der exklusiven Beziehung zwischen JHWH und seiner Sippschaft die exklusive Heimsuchung und Vergeltung ihrer Sünden.

In dreifacher Hinsicht weist die Formulierung in Mi 2,3a im Kontext von Mi 1–3* Verbindungen zu den genannten Parallelen auf. Formal zeigt V.3a (הַמִּשְׁפָּחָה הָרָעָה הַזֹּאת רָעָה) zunächst eine signifikante Nähe zu Jer 8,3 (הַמִּשְׁפָּחָה הָרָעָה הַזֹּאת), insofern die Größe מִשְׁפָּחָה samt Demonstrativum זֹאת jeweils in ähnlicher Weise zu dem Begriff רָעָה in Beziehung gesetzt wird. Das inhaltliche Gefälle in Mi 1–3*, das vom Untergang Samarias ausgeht und auf den Fall Jerusalems zielt, entspricht ferner der geschichtstheologischen Zusammenschau des selbigen Schicksals beider Sippen in Jer 33,24. Hatte die geschichtstheologische Komposition in Mi 1* den Unheilsnexus zwischen Samaria und Jerusalem konstruiert, begründet die Gerichtskomposition in Mi 2–3* mit der Schuld im Haus Juda schließlich, weshalb Zion/Jerusalem solch ein Schicksal ereilt. Den erwählungstheologischen Hintergrund dieses Zusammenhangs bringt Am 3,1–2 auf den Punkt.

Vor diesem Hintergrund legt sich die Vermutung nahe, dass die Verwendung des Begriffs מִשְׁפָּחָה und seine Konnotation bei Jer (und Am) auf die Formulierung der Adressatenangabe in Mi 2,3 Einfluss genommen haben. Jedenfalls lassen die Parallelen erkennen, dass der Kreis derjenigen, denen das Strafurteil JHWHs in Mi 2,3 gilt, größer ist, als die Gruppe der Beklagten aus V.1–2. Über הַמִּשְׁפָּחָה הַזֹּאת wird das Urteil gegen das Haus Juda insgesamt in Geltung gesetzt, das die be-klagten Vergehen gegen Recht und Ordnung JHWHs beheimatet.[214] Näherhin betrifft es diejenigen, die das Unrecht des Volkes auf der gesellschaftlichen und der politischen Ebene zu verantworten haben. Der weite Radius der Adressaten-angabe korrespondiert mit der Fortsetzung des Schuldaufweises in Mi 3,1 ff, worin

---

213 Wie in Jer 2,4 figurieren die Begriffe Jakob/Israel innerhalb der Gerichtskomposition als Bezeichnungen des Südreichs (vgl. Mi 3,1.8.9).

214 Vgl. entsprechend etwa Jeremias, ATD, 151; Mays, OTL, 64; Metzner, Kompositionsge-schichte, 114; Mommer, Prophetie, 187; Schart, Entstehung, 183; Wolff, BK, 45, die die Adressatenangabe allerdings als Nachinterpretation ansehen (vgl. entsprechend bereits Marti, KHC, 273; Nowack, HK³, 207; Sellin, KAT, 270; Smith, ICC, 58). Rudolph, KAT, 54 Anm. 6, hingegen widerspricht der Ansicht, „[d]aß mit משפחה hier wegen Am 3,1 das ganze Volk gemeint sein soll". Sein einziges Argument besteht darin, dass V.3 ff und V.1 f literarisch in Verbindung stehen. Daraus ergibt sich nach seiner Auffassung „eindeutig, daß die Strafe nur dem Perso-nenkreis gilt, dem der Weheruf galt." (ebd.).

die politische Führung für das Unheil zur Rechenschaft gezogen wird, und dem umfassenden Horizont des finalen Urteilsspruchs gegen Jerusalem in Mi 3,12.[215]

Was JHWH an Bösem gegen diese Sippschaft ersinnt (V.3a), wird in der zweiten Vershälfte expliziert (V.3b). Er beschließt ein Unheil, dem sie ihre Hälse nicht entziehen (צַוְּארֹתֵיכֶם) und woraufhin sie nicht länger aufrecht gehen können (הלך רוֹמָה). Das Motiv des aufrechten Gangs, der infolge der Strafhandlung unmöglich wird, in Verbindung mit dem Terminus צַוָּאר lässt an eine Last denken, die den Betroffenen wie ein Joch auf den Nacken gelegt wird, und erinnert an die Zeichenhandlung in Jer 27 – 28. Darin wird Jeremia aufgerufen, sich ein Joch als Sinnbild für die babylonische Gefangenschaft auf den Nacken zu legen. Noch einmal wird ein Bezug zur Jeremiatradition sichtbar. Sollte Mi 2,3 eine gezielte literarische Anspielung auf die Zeichenhandlung Jeremias in Jer 27 – 28 enthalten? Wie der Begriff מִשְׁפָּחָה ist auch der Terminus צַוָּאר innerhalb der prophetischen Literatur in signifikanter Dichte lediglich bei Jer belegt.[216]

Der Botenspruch schließt mit einem begründenden Resümee in V.3bβ ab. Dieser Abschluss ist auffällig, insofern das Urteil nicht etwa mit der Bosheit der Beschuldigten begründet wird (vgl. Mi 3,4bβ). Vielmehr wird die Zeit an sich, in der sich solches Unrecht ereignet, als böse qualifiziert.[217] Der Unheilshorizont umfasst somit weitaus mehr als allein diejenige Unheilssphäre, die durch die konkreten Einzelvergehen (V.1 – 2) generiert wird. Diese Vergehen erscheinen aus der Perspektive von Mi 2,3 als Indikator eines umfassenden und tiefgreifenden Übels. Die Zeitebene עֵת teilt Mi 2,3 mit Mi 3,4 und weist auf das Untergangsurteil in Mi 3,12 voraus. In ähnlicher Weise ist das Schicksal Jerusalems in Jl 4,1; Zef 1,12 (vgl. Zef 3,19 – 20) mit der Zeitebene עֵת verbunden.

Die Formulierung in V.3bβ besitzt eine exakte Parallele in Am 5,13. Wie in Mi 2,3 wird in Am 5,13 der Zeithorizont sozialen Unrechts, der zum Untergang des Reiches führt, als böse deklariert. Diese signifikante Entsprechung zwischen Mi 2,3 und Am 5,13 lässt auf eine literarische Beziehung zwischen beiden Stellen

---

215 Die mit dem Begriff מִשְׁפָּחָה verbundenen Auffälligkeiten unterstützen die Vermutung, dass Mi 2,3 insgesamt einen Nachtrag zu Mi 2,1 – 2 darstellt, dürfen jedoch nicht dazu verleiten, allein die Adressatenangabe als Nachinterpretation zu bewerten; vgl. dazu die Kritik bei Kessler, HThK.AT, 117 – 118. Mit Recht macht Kessler, HThK.AT, 117, weiterhin darauf aufmerksam, dass „dieses Geschlecht" von der Größe עַמִּי abgehoben wird. Dieser impliziten Unterscheidung bedient sich die jüngere Sozialkritik in Mi 2 – 3 und bringt sie zur Entfaltung.
216 Zu צַוָּאר s. Jer 27,2.8.11 – 12; 28,10 – 12.14; 30,8; Thr 1,14; 5,5 (vgl. ferner Jes 8,8; 10,27; 30,28; 52,2; Ez 21,34; Hos 10,11; Hab 3,13).
217 Vgl. Kessler, HThK.AT, 118. „Die Gegenwart wie die aus ihr sich herausentwickelnde Zukunft sind insgesamt ‚böse Zeit'" (ebd.). Wiederum sprechen die Eigentümlichkeiten der Zeitangabe für die Sekundarität von Mi 2,3 insgesamt und nicht allein der Zeitangabe. Durch den Begriff רָעָה ist sie fest im Gefüge von Mi 2,3 verankert.

schließen.[218] Insofern weder Am 5,13 noch Mi 2,3 in ihren jeweiligen literarischen Kontexten ursprünglich sind, ist die Frage, wie das Abhängigkeitsverhältnis zu bestimmen ist, nur unter Vorbehalt zu entscheiden. Ein Indiz legt die Priorität der Unheilschronologie in Am 5,13 nahe. In Mi 2,3 und Mi 3,4 begegnen zwei Zeitangaben, die mit der Zeitebene עֵת verbunden sind. Beide Zeitangaben finden sich in Am 5,13 zusammenhängend.

Vor diesem Hintergrund ist es wahrscheinlicher, dass Mi 2,3 und Mi 3,4 gleichermaßen auf Am 5,13 rekurrieren, als dass Am 5,13 beide Zeitangaben aus Mi 2,3 und Mi 3,4 nachträglich miteinander verbindet. Im Anschluss an die geschichtstheologische Komposition in Mi 1*, die den Untergang Jerusalems aus dem Fall Samarias ableitet, ergibt die Bezugnahme auf Am 5,13 einen guten Sinn. Durch den Rekurs auf die Unheilschronologie in Am 5,13 werden die beiden Zeitkontexte miteinander verknüpft, die jeweils zum Untergang von Nord- und Südreich geführt haben.

4.1.3.3 Das Gerichtswort in V.4 – 5

Auf die Leichenklage samt Botenspruch in Mi 2,1–2.3 folgt im gegenwärtigen Textgefüge das Gerichtswort in V.4–5. Es besteht aus drei Elementen. Zwei (annähernd) gleichlange Rahmenglieder in V.4aα₁.5 fassen ein drittes Element im Zentrum ein. Die erste Zeile in V.4 beginnt mit einer Zeitangabe (בַּיּוֹם הַהוּא) und kündigt einen Spruch gegen die Straftäter (מָשָׁל) sowie die Wiederholung einer schon erfüllten Wehklage (נָהָה נְהִי נִהְיָה) an. Die letzte Zeile in V.5 (לָכֵן) leitet aus dem beklagten Unheil ein Strafurteil gegen diejenigen ab, die es hervorgerufen und zu verantworten haben. Die vier Kola im Zentrum enthalten, in 1. Pers. formuliert, die Klage der Opfer des sozialen Unheils. Sie wird durch das verbum dicendi אָמַר als Zitat eingeführt. Dem Format eines klassischen Gerichtswortes ähnlich erfüllt V.4 die Funktion des Schuldaufweises, V.5 bietet das Strafurteil.[219] V.4–5 entspricht V.1–2.3 spiegelbildlich. V.5 korrespondiert mit dem Urteilsspruch in V.3 (לָכֵן), V.4 (נְהִי) mit dem Weheruf in V.1–2 (הוֹי). Die Wehklage repräsentiert jeweils die Perspektive der Opfer des Unheils. Während in V.1–2 die Täter aufgrund ihrer Ma-

---

218 Die Beziehung zwischen Am 5,13 und Mi 2,3 ist von vielen Auslegern gesehen worden; vgl. etwa JEREMIAS, Deutung, 335; DERS., ATD, 151; MAYS, OTL, 65; METZNER, Kompositionsgeschichte, 115 Anm. 102; SCHART, Entstehung, 184. Mehrheitlich wird Am 5,13 als Vorbild für Mi 2,3 bezeichnet.

219 Vgl. entsprechend KESSLER, HThK.AT, 120. Zum Format des klassischen Gerichtswortes s. grundlegend WESTERMANN, Grundformen, 120–126, der allerdings V.4* mit Mi 2,1–3* verbindet und V.5 als Zusatz ausscheidet.

chenschaften beklagt werden, bringt V.4 allerdings die Situation der Geschädigten zum Ausdruck.

Mit einleitendem בַּיּוֹם הַהוּא knüpft V.4 an den Zeitaspekt aus V.3bβ an. Beide Zeitebenen sind jedoch nicht miteinander identisch. Während der Terminus עֵת (vgl. die Zeitangabe בָּעֵת הַהִיא in Mi 3,4) den durativen Aspekt betont, besitzt בַּיּוֹם הַהוּא einen stärker ereignishaften Charakter.[220] V.4 trägt damit eine zweite Zeitstufe in den Zusammenhang des Michabuches hinein. Während die Zeitebene עֵת in Mi 2,3 und Mi 3,4 auf das Strafurteil in Mi 3,12 vorausdeutet und den Unheilshorizont bezeichnet, der mit dem Untergang Jerusalems verbunden ist, steht die Zeitebene aus Mi 2,4 im synchronen Textgefüge mit der Sammlungsverheißung in Mi 4,6 – 7 (בַּיּוֹם הַהוּא) und dem Reinigungsgericht in Mi 5,9 – 13 (בַּיּוֹם הַהוּא) in Beziehung.[221]

Für jenen Tag kündigt V.4 an, man werde zu einem Spruch anheben (נָשָׂא מָשָׁל) und eine Wehklage klagen (נָהָה נְהִי). Das Subjekt beider Verbformen in 3. Pers. Sg. (unpersönlich wiedergegeben) bilden diejenigen, deren Klage nachfolgend zitiert wird, also die Opfer des sozialen Unfriedens. Der Terminus מָשָׁל kann den weisheitlichen Spruch (vgl. 1 Sam 24,14; 1 Reg 5,12; Ez 18,2 – 3; Ps 78,2; Prov 1,1.6; 10,1; 25,1; 26,7.9; Qoh 12,9), das Sprichwort im Kontext von Droh- und Spottrede (Dtn 28,37; 1 Sam 10,12; 1 Reg 9,7 = 2 Chr 7,20; Jes 14,4; Jer 24,9; Ez 14,8; Jl 2,17; Hi 17,6; Ps 44,15; 69,12), die nichtige Rede (Ez 12,22.23; Hi 13,12), das Gleichnis- oder Rätselwort bezeichnen (Ez 17,2; 21,5; 24,3; Ps 49,5).[222] In Mi 2,4 steht der Begriff מָשָׁל im Parallelismus zu נְהִי und dürfte wie ähnlich in Hab 2,6 (mit הוֹי) und Jes 14,4 (mit אֵיךְ) den Ton der Leichenklage tragen.[223] Die Wendung נָשָׂא מָשָׁל (mit folgendem אמר) begegnet stereotyp zur Einleitung eines Prophetenspruchs in Jes 14,4 und Hab 2,6 (vgl. Hi 27,1; 29,1) sowie in auffälliger Dichte innerhalb des Bileam-Zyklus (Num 23,7.18; 24,3.15.20.21.23). Als Redeeinleitung erfüllt sie in Mi 2,4 eine analoge Funktion.

Den zweiten Teil der Redeeinleitung bildet die Wendung נָהָה נְהִי נִהְיָה. Der Begriff נְהִי bezeichnet die Wehklage, das verbundene Verbum נהה ihren Vollzug. Diese Klageterminologie ist höchst selten, allerdings an signifikanten Parallelstellen belegt. In Am 5,16 erscheint die Wehklage נְהִי als unmittelbare Konsequenz des Unheils, das JHWH über sein Volk bringt (vgl. Am 5,17). In Jer 9 ist sie Ausdruck

---

220 Vgl. SCHART, Entstehung, 183 Anm. 92.
221 Zu den Zeitebenen im Michabuch vgl. den Exkurs bei KESSLER, HThK.AT, 124 – 125.
222 Vgl. grundlegend BEYSE, Art. מָשָׁל I, 69 – 73.
223 Dass es sich bei der nachfolgend zitierten Klage um ein spöttisches Untergangslied über die verurteilten Straftäter aus Mi 2,1 – 2.3 handelt (vgl. etwa JEREMIAS, ATD, 149 – 150; LESCOW, Analyse von Micha 1 – 5, 51 – 52; RUDOLPH, KAT, 54 – 55; SELLIN, KAT, 271; SMITH, ICC, 58 [„satirical dirge"]), wird weder durch seine Einleitung noch durch seinen Inhalt unterstützt. Zur Kritik an dieser innerhalb der Forschungsgeschichte oftmals vertretenen These vgl. KESSLER, HThK.AT, 121.

der Klage über die Vernichtung Jerusalems (vgl. V.9.18 – 19). Damit weist Mi 2,4 eine ähnliche Nähe zu den Traditionen Am und Jer auf, die bereits zu Mi 2,1 – 2.3 aufgefallen war. Der Begriff נְהִי dürfte gezielt aufgenommen worden sein, um beide Unheilszusammenhänge mit Mi 2,4 – 5 zu assoziieren. Indem נְהִי mit dem Untergang beider Reiche verbunden ist, erhalten Klage und Strafurteil in Mi 2,4 – 5 ein erhebliches Gewicht.

Die figura etymologica נָהָה נְהִי ist um das Part. נִהְיָה erweitert, das die folgende Wehklage charakterisiert. Sofern als Part. ni. von היה zutreffend bestimmt, wird die Wehklage als Wiederholung einer an anderer Stelle bereits vollzogenen bzw. in Erfüllung gegangenen Klage ausgewiesen: man klagt eine geklagte Wehklage.[224] Diese bereits geklagte Wehklage dürfte vor dem Hintergrund des Nahkontextes mit dem Weheruf in V.1 – 2 sachlich übereinstimmen, der am Anfang der Gerichtskomposition in Mi 2 – 3* steht. V.4 – 5 dürfte mithin eine strukturanaloge Situation sozialen Unfriedens zugrunde liegen, die einst die Wehklage provozierte und letztlich zum Untergang führte (Mi 3,12 vgl. Am 5,16; Jer 9). V.4 führt die Straftäter nicht eigens ein, sondern verschränkt sie über das Suff. 2. Mask. Pl. (עֲלֵיכֶם) mit dem Adressatenkreis aus V.1 – 2.3. Die Delinquenten der eigenen Gegenwart treten aufgrund äquivalenter Vergehen an die Stelle derjenigen früherer Tage, als die Klage erstmals erhoben wurde.

Die Wendungen נשׂא מָשָׁל und נהה נְהִי in Mi 2,4 dienen gleichermaßen der Einleitung der nachfolgenden Wehklage samt Strafurteil, besitzen allerdings unterschiedliche Bezugsgrößen. Die Wehklage נְהִי steht mit der anschließend zitierten Klage in Beziehung und führt dieselbe ein. Der Spruch מָשָׁל hingegen, der sich gegen die verantwortlichen Täter richtet (עֲלֵיכֶם), weist auf das Strafurteil in V.5 voraus. Anders als in Mi 2,1 – 2 gilt die Klage in V.4 nicht den Tätern, vielmehr betrauern die Opfer darin das eigene Unheil. Im Gegensatz zu Mi 2,1 – 2.3 bilden die Klage in V.4 und der Strafspruch in V.5 daher eine unlösliche Einheit. Ohne V.4 wäre das Urteil in V.5 ohne Anlass, ohne V.5 die Klage aus V.4 ohne Konsequenz.

Welche Situation die (erneute) Wehklage provoziert hat, lässt die Klage der Opfer im Zentrum des Gerichtswortes erkennen, die ihr unheilvolles Befinden in vier prägnanten Sätzen auf den Punkt bringen. Die äußeren beiden Kola betrachten in 1. Pers. Pl. die Situation der Geschädigten insgesamt, die inneren beiden reflektieren in 1. Pers. Sg. pars pro toto auf das Schicksal eines Einzelnen unter diesen, der die Klage stellvertretend ausrichtet. Die erste Klageäußerung bietet die figura etymologica zum Verbum שדד (שָׁדוֹד נְשַׁדֻּנוּ) und bezeichnet die vollständige Verwüstung auf Seiten der Opfer des sozialen Unfriedens. Noch einmal wird mit שדד ein Begriff aufgenommen,

---

224 Vgl. entsprechend KESSLER, HThK.AT, 119 – 120 mit Hinweis auf Prov 13,19, und vor ihm bereits VON ORELLI, Propheten, 114.

der in signifikanter Dichte bei Jer belegt ist (26 von 58 Belegen), und eine Verbindung zur Jeremiatradition herstellt.[225] In Jer 4 bringt das Verbum die Reaktion des Volkes auf die Zerstörung Jerusalems zum Ausdruck (V.13.20.30 vgl. Jer 10,20; 15,8), in Jer 9,18 ist es wie ähnlich in Mi 2,4 mit einer Wehklage (נְהִי) über den Ruin der Bewohner Zions verbunden.

Nach der Lagebeschreibung wird in den mittleren Gliedern V.4aβ und V.4bα konkretisiert, was den Ruin verursacht hat. Den Erbbesitzanteil des Volkes tauscht man aus (חֵלֶק עַמִּי יָמִיר), ach, man entzieht ihn seinem Besitzer (אֵיךְ יָמִישׁ לִי). Die Größe עַמִּי bezeichnet in V.4aβ nicht die Gesellschaft insgesamt, sondern den ruinierten Teil derselben, dem sein angestammter und erblicher Bodenanteil genommen wird. Der Terminus חֵלֶק besitzt eine vergleichbare Dignität wie נַחֲלָה (vgl. den Parallelismus in Dtn 10,9; 12,12; 14,27.29; Jos 18,7; 19,9 u. ö.) und die Klage somit eine zutiefst theologische Relevanz. Im Hintergrund derselben kommt eine Situation zum Vorschein, in der eine Um- oder Neuverteilung der Besitzanteile innerhalb des Landes vorgenommen wurde und die für einen Teil der Gesellschaft den Verlust seines angestammten Besitzes bedeutete.

Was mit den angestammten Besitztümern, näherhin den enteigneten Ländereien geschieht, bezeichnet das letzte Glied der Klage in V.4bβ. Die Felder werden neu verteilt (חלק). Mit dem Suff. 1. Pl. (שָׂדֵינוּ) nimmt V.4bβ wieder die Perspektive auf das Kollektiv der Geschädigten ein, die den Beginn der Klage prägte. Die Klage über ihre ruinöse Situation (שָׁדוֹד נְשַׁדֻּנוּ) lässt der Terminus שָׂדֵינוּ nachklingen, der Gegenstand der Neuverteilung חֵלֶק ferner ihren Vollzug, den das Verbum חלק zum Ausdruck bringt. Der Anlass und die Konsequenzen des Unheils werden auf diese Weise paronomastisch in Beziehung gesetzt.

Den Nutznießer dieser Neuordnung der Bodenanteile bezeichnet V.4bβ mit dem Begriff שׁוֹבֵב. Als Inf. cs. von שׁוב pil. (um zu vergelten) gedeutet, ließe sich die Austeilung der Felder als Vergeltungsmaßnahme zuungunsten der Klagenden verstehen.[226] Da diese aber in keiner erkennbaren Weise als schuldhaft ausgewiesen werden, erscheint eine solche Deutung wenig plausibel. Näher liegt es nach meiner Wahrnehmung, den Terminus im Sinne von Jes 57,17; Jer 3,14.22; 31,22 (vgl. Jer 49,4; 50,6) auf die „Abtrünnigen" (שׁוֹבֵב / שׁוֹבָב) zu beziehen.[227] Wer aber sind diese? Die Parallelen beziehen den Begriff auf das wegen seiner Untreue gestrafte Volk, verweisen allerdings zugleich auf die Wende seines unheilvollen Schicksals: JHWH gewährt ihm Heilung, Trost und Frieden (Jes 57,17–19) und

---

225 Vgl. Freedman/Welch, Art. שָׁדַד, 1072–1078.
226 Vgl. etwa Jeremias, ATD, 145 Anm. 83; Mommer, Prophetie, 186 mit Anm. 17; Rudolph, KAT, 52; Wolff, BK, 40.
227 Vgl. entsprechend bereits Kessler, HThK.AT, 120.

verheißt die Heimkehr nach Zion (Jer 3,14), dem heiligen Berg, der Wohnung der Gerechtigkeit (Jer 31,22–25).

Vor diesem Hintergrund könnte der Terminus שׁוֹבֵב in Mi 2,4 diejenigen repräsentieren, die im Zuge des Untergangs Judas und Jerusalems ihr Land verlassen mussten (vgl. Mi 1,16), dorthin jedoch zwischenzeitig (etwa aus der Golah) zurückgekehrt sind. In diesem Sinne würde die Klage einen Konflikt zwischen den Rückkehrern (שׁוֹבֵב) und den im Land verbliebenen Bevölkerungsteilen (עַמִּי) um Besitz- und Bodenrechte spiegeln.[228] Die Verbliebenen beklagen die aus ihrer Sicht unrechtmäßige Landzueignung an die Heimkehrenden, die strukturell an Begierde und Willkür der Mächtigen aus früheren Tagen erinnert (V.1–2). Aus ihrer Perspektive ereignet sich das frühere Unrecht strukturanalog noch einmal, was die Wiederaufnahme einer bereits geklagten Wehklage provoziert (נָהָה נְהִי נִהְיָה).[229]

Das über לָכֵן angeschlossene Strafurteil in V.5 bedeutet den Nutznießern der widerrechtlichen Landzueignung (שׁוֹבֵב), dass sie ihre Repräsentation im Losverfahren um Besitzanteile innerhalb der Gemeinde JHWHs verlieren. Der Begriff גּוֹרָל ist term. techn. für das prototypische Landverteilungsverfahren unter Josua (vgl. Num 26,55–56; Jos 14,2; 15,1; 16,1; 17,1.14.17; 18,6 u. ö.) und begegnet in Jos 17,14 im Parallelismus zu חֶבֶל. Der Vorgang שׁלד גּוֹרָל ist in Jos 18,8.10 belegt.[230] Die Wendung קְהַל יְהוָה ist innerhalb der prophetischen Literatur des Alten Testaments singulär. Sie bezeichnet für gewöhnlich das Volk JHWHs in seiner Gesamtheit, so die Exodusgemeinde in Num 16,3 und Num 20,4, die reine Gemeinde JHWHs in Dtn 23,2–9 und steht in 1 Chr 28,8 im Parallelismus mit כָּל־יִשְׂרָאֵל.

Vor diesem Hintergrund leidet es keinen Zweifel, dass V.5 unter dem Vorbild der Landverteilungstradition formuliert ist, mit der die prototypische Landzueignung der Josuazeit Ausdruck findet, und „von einer neuen Landverteilung nach

---

228 Vgl. entsprechend bereits KESSLER, HThK.AT, 123.
229 Unterstützt wird die vorgeschlagene Deutung durch die Sammlungsverheißung in Mi 2,12–13, die in die Gerichtskomposition eingeflochten ist und exakt diejenige Situation zur Darstellung bringt, die im Hintergrund der jüngeren Sozialkritik stehen könnte. Die Sammlungsverheißung besitzt ein Pendant in Mi 4,6–7. Wie Mi 2,4–5 wird Mi 4,6–7 mit der Zeitangabe בַּיּוֹם הַהוּא eingeleitet. Auf diese Weise wird das Sammlungsmotiv mit der jüngeren Sozialkritik im kompositionellen Zusammenhang ausdrücklich in Verbindung gebracht. Schließlich wird die Deutung durch die „Terminologie sakraler Landverteilungstraditionen" (WOLFF, BK, 50) bestärkt, die die Formulierung des Strafurteils in V.5 wesentlich ausmacht und an eine Situation der Neuverteilung des Landes denken lässt.
230 Die prototypische Landverteilung der Josuazeit hat WOLFF, BK, 50, als traditionsgeschichtliches Vorbild von Mi 2,5 beschrieben. „Der Satz kombiniert umständlich Vokabeln aus den Überlieferungen von der Erstverteilung des Landes in Jos 14f. und 18–20" (ebd.). Dieser Hintergrund ist vielfach gesehen worden, vgl. u. a. JEREMIAS, Deutung, 333–334; DERS., ATD, 150; MAYS, OTL, 66; MOMMER, Prophetie, 188; RUDOLPH, KAT, 55 Anm. 13.

der Rückkehr aus Babylon"[231] handelt. Die vorgeschlagene Deutung zur Konfliktkonstellation, die die erneute Wehklage in V.4 hervorgebracht hat, fügt sich vortrefflich in diesen Zusammenhang ein. Das Urteil entzieht den Abtrünnigen (שׁוֹבֵב), die nach ihrer Rückkehr durch Aneignung von Ländereien ihre Gebietsansprüche geltend machten und dadurch den Ruin des Volkes (עַמִּי) bewirkten, die Teilhaberechte; ihre legitimen Ansprüche werden jedoch nicht grundsätzlich infrage gestellt. Mit V.5 wird ein theologisch gewichtiges Urteil gesprochen, insofern den Heimkehrenden (שׁוֹבֵב) infolge der Konflikte um Bodenrechte ihr Platz innerhalb der Gemeinde aberkannt wird und nunmehr allein die Verbliebenen (עַמִּי) die Gemeinde JHWHs bilden.

Über den traditionsgeschichtlichen Hintergrund hinaus, der die Formulierung des Strafurteils maßgeblich beeinflusst hat, weist V.5 eine bemerkenswerte Nähe zu Am 7,17 auf. Infolge des Streitgesprächs zwischen Amos und Amazja kündigt Amos seinem Gegenüber an, dass sein Land (אֲדָמָה) mit der Meßschnur (חֶבֶל vgl. Mi 2,5aβ) ausgeteilt (חלק vgl. Mi 2,4bβ) und er selbst in unreinem Land (טמא vgl. Mi 2,10b) sterben wird. Diese terminologischen Entsprechungen fallen insbesondere dadurch ins Gewicht, dass im jeweiligen Nahkontext mit der Auseinandersetzung über die angemessene Weissagungspraxis (נטף) ein äquivalenter Sachverhalt verhandelt wird (vgl. Am 7,16; Mi 2,6 – 7.11). Sollte das Streitgespräch in Am 7, das bereits im Hintergrund der Weissagungsdebatte in Mi 2,6 – 7.11 aufgefallen war, näherhin das Strafurteil in Am 7,17 die Formulierung in Mi 2,5 inspiriert haben? Die enge Beziehung zwischen beiden Urteilssprüchen ist jedenfalls evident.[232]

4.1.4 Literarischer Ort

Die Sozialkritik in Mi 2,1 – 5 bildet das erste Element der Gerichtskomposition in Mi 2 – 3*, die mit dem Strafurteil gegen Jerusalem in Mi 3,12 ihren Abschluss findet. Sie führt hinter den Zielpunkt der geschichtstheologischen Komposition in Mi 1* zurück, die im Klageaufruf an das personifizierte Jerusalem angesichts seines Schicksals gipfelte, und stellt rückwirkend die Ursachen des Unheils heraus, die zum Fall Jerusalems führten. Damit legt sich die Vermutung nahe, dass es sich bei der Sozialkritik in Mi 2 – 3* bereits auf der Ebene ihrer Grundschicht um eine Fortsetzung der geschichtstheologischen Komposition in Mi 1* handelt. Eine

---

231 JEREMIAS, ATD, 150.
232 Einzelne Bezüge zwischen Mi 2,5 und Am 7,17 haben bereits KESSLER, HThK.AT, 122; MAYS, OTL, 66; METZNER, Kompositionsgeschichte, 116; RUDOLPH, KAT, 55, herausgestellt.

Entscheidung in dieser Frage ist erst von der vollständig rekonstruierten Grundschicht aus zu treffen.

Mit dem Weheruf in Mi 2,1–2, der den Eingang der Grundschicht in Mi 2–3* bildet, dem Botenspruch in Mi 2,3, der dem Leichenlied ein explizites Strafurteil JHWHs folgen lässt, und dem Gerichtswort in Mi 2,4–5, das die ältere Anklage aus Mi 2,1–2.3 zur eigenen Zeit wieder aufnimmt, sind drei Textebenen in Mi 2,1–5 unterschieden worden. Nachfolgend gilt es, den ursprünglichen literarischen Ort der zugehörigen Abschnitte zu betrachten und ihre Funktion im Nahkontext zu erheben.

4.1.4.1 Der Weheruf in V.1–2 als Eingang der sozialkritischen Grundschicht in Mi 2–3*

Der Weheruf in V.1–2 bildet den Eingang der sozialkritischen Grundschicht in Mi 2–3*. Diese folgt dem Interesse, das Strafgerichtshandeln JHWHs mit sozialen Vergehen innerhalb der Gesellschaft Judas zu begründen. Da die Ursachen des Unheils auf der Ebene der geschichtstheologischen Komposition in Mi 1* noch nicht näherbestimmt worden waren, füllt die Grundschicht in Mi 2–3* im kompositionellen Zusammenhang eine inhaltliche Leerstelle aus.[233] Während Mi 1* ein äußeres Unheil beschreibt, das Juda und Jerusalem in Gestalt einer militärischen Invasion trifft, überträgt Mi 2–3* die Konfliktkonstellation auf die gesellschaftspolitische Ebene. Das Unheil erweist die Sozialkritik demnach als nicht (nur) von außen bewirkt, sondern (vor allem) durch eklatante Missstände im Inneren begründet.

Drei Verbindungslinien lassen sich zwischen der geschichtstheologischen Komposition in Mi 1* und dem Eingang der Sozialkritik in Mi 2–3* erkennen. Der Aufruf zur Untergangsklage in V.16 bildet erstens den Zielpunkt von Mi 1*. Der Weheruf in V.1–2 nimmt den Klageton auf und trägt ihn in den gesellschaftlichen Bereich hinein. Im Anschluss an Mi 1,16 erscheint der Weheruf über das soziale Unrecht nachgerade als Inhalt derjenigen Klage, zu der das personifizierte Jerusalem aufgerufen ist. Der Unheilsfortschritt wird in Mi 1,9.12b zweitens gegen das Tor Jerusalems (pars pro toto für die Stadt im Ganzen) gerichtet. Die Sozialkritik in V.1–2 entfaltet daraufhin die mit dem Stadttor assoziierte Rechtsthematik und bestimmt die Vergehen gegen die Rechtsordnung als maßgebliche Ursache des Unheils.

Die geschichtstheologische Komposition bringt drittens einen gesamtisraelitischen Unheilszusammenhang zur Darstellung und leitet aus dem Untergang des Nordreichs um Samaria das äquivalente Schicksal Judas und Jerusalems ab (vgl. Mi 1,8). Dieser Nexus lässt (zumal Mi 1* ursprünglich noch keine eigene Schuldanzeige enthält) denjenigen Schuldzusammenhang assoziieren, mit dem

---

233 Vgl. entsprechend RUDOLPH, KAT, 53.

der Untergang Samarias seitens der Nordreichsprophetie begründet wurde. Die Hoseatradition hat kultische, die Amostradition vor allem soziale Vergehen für ursächlich erklärt. Inhaltlich korrespondiert V.1–2 insbesondere mit der Schuldanklage innerhalb der Amostradition, der Weheruf in Verbindung mit seinem sozialkritischen Gegenstand und der Licht-Finsternis-Motivik näherhin mit der Komposition in Am 5 (vgl. V.16.18–20). Damit legt sich die Vermutung nahe, dass bereits der Eingang der sozialkritischen Grundschicht unter dem Eindruck der (älteren) Amostradition gestaltet worden ist, um das äquivalente Schicksal von Nord- und Südreich (Mi 1*) mit einer äquivalenten Schuld (Mi 2–3*) zu begründen. Die Konventionalität der Sprache, die vor allem zu Mi 2,1 aufgefallen war (vgl. חֹשְׁבֵי־אָוֶן וּפֹעֲלֵי רָע עַל־מִשְׁכְּבוֹתָם in V.1a mit Ps 36,5; Ez 11,2 sowie כִּי יֶשׁ־לְאֵל יָדָם in V.1bβ mit Gen 31,29; Dtn 28,32; Neh 5,5)[234], unterstützt die These, dass der Weheruf in Mi 2,1–2 kaum auf ein originäres Prophetenwort zurückgeht.

Der Weheruf in V.1–2 bildet kein isoliertes Einzelstück, sondern ist als Anfang der sozialkritischen Grundschicht von vornherein auf Fortsetzung hin angelegt. Indem die Leichenklage das Ende der Täter antizipiert, wird ihnen zwar das Handwerk gelegt und (zumindest potenziell) ein Zustand von Recht und Ordnung wiederhergestellt. V.1bβ stellt jedoch als Bedingung der Möglichkeit ihres unheilbringenden Planens und Handelns heraus, dass es in ihrer Verfügungsgewalt liegt. Daraus ergibt sich unmittelbar die Frage nach den tieferen Ursachen, die eine derart schrankenlose Gewalt zugelassen haben. Folgerichtig wird die Anklage in Mi 3,1 mit dem Höraufruf an die politische Führung fortgesetzt. Die Pflege des Rechts, das Handeln normiert und Handlungsmöglichkeiten im Sinne der gesellschaftlichen Ordnung eingrenzt, gehört schließlich in ihren Verantwortungsbereich. Der Weheruf eröffnet somit einen literarischen Zusammenhang, der von der Klage anlässlich sozialen Unrechts über den Höraufruf an die politische Elite, die dasselbe ermöglicht hat, auf das abschließende Strafurteil in Mi 3,12 zielt.

4.1.4.2 Der Botenspruch in V.3 als Element der gerichtsprophetischen Erweiterung in Mi 2–3*

Der Botenspruch in Mi 2,3 stellt die literarische Fortbildung des Weherufs dar und ist unter seinem Einfluss formuliert worden. Das Motiv des unheilbringenden Ansinnens (חשׁב רַע), mit dem die Beklagten aus V.1–2 charakterisiert worden waren, wird auf JHWH übertragen (חשׁב רָעָה) und ein Strafurteil formuliert, das ausdrücklich seiner Autorität untersteht. Weiterhin dürften die Traditionen Jer und Am auf die Gestaltung des Botenspruchs eingewirkt haben. Die Wendung הַמִּשְׁפָּחָה הַזֹּאת (in Verbindung mit

---

234 S. dazu oben 4.1.3.1.

רָעָה) weist eine große Nähe zu Jer 8,3 (הָרָעָה הָרָעָה הַזֹּאת) vgl. הַמִּשְׁפָּחָה in Am 3,1–2) auf. מִשְׁפָּחָה wird der Kreis der Schuldigen über die in V.1–2 beklagten Unrechttäter hinaus erweitert. Im Anschluss an den Weheruf ist diese Erweiterung folgerichtig, da das (schrankenlose) Handeln der Delinquenten seine tiefere Ursache in der vernachlässigten Rechtspflege der politischen Führung besitzt (vgl. Mi 3,1 ff). Darüber hinaus ruft er das unheilvolle Schicksal (Israels und) Judas in Erinnerung, das mit dem Terminus bei Jer verbunden ist (vgl. Jer 33,24).

Die Verbindung zur Nordreichsprophetie wird explizit in Mi 2,3bβ (כִּי עֵת רָעָה הִיא) hergestellt. Die Unheilschronologie besitzt eine wörtliche Entsprechung in Am 5,13b. Diese Brücke zwischen Mi 2,3 und Am 5,13 dürfte mit dem Interesse gestaltet worden sein, die Zeiten des Unheils, die zum Untergang Israels und Judas führten, im Sinne der geschichtstheologischen Komposition aus Mi 1* miteinander zu verschränken. Während Mi 1* den Niedergang Jerusalems aus dem Fall Samarias abgeleitet hat, zielt Mi 2–3* auf ein Strafurteil (vgl. Mi 3,12), das der Sache nach dem Strafurteil gegen Samaria entspricht (vgl. Mi 1,6).

Innerhalb der Gerichtskomposition in Mi 2–3* ist mit der Anfügung des Botenspruchs in Mi 2,3 ein dreifaches Interesse verbunden. Indem V.3bβ das unheilvolle Planen und Handeln der Beklagten als Symptom einer bösen Zeit ausweist und der Begriff מִשְׁפָּחָה in V.3aβ einen über die beklagten Täter hinausreichenden Adressatenkreis impliziert, weist der Botenspruch eine generalisierende Tendenz auf. Indem er das Ende der Beklagten aus V.1–2 weiterhin auf ein Strafurteil JHWHs zurückführt, lässt Mi 2,3 das Anliegen erkennen, die Vergeltung des Unrechts ausdrücklich der Autorität JHWHs zu unterstellen. Die Unheilschronologie richtet den Botenspruch schließlich auf das Untergangsurteil in Mi 3,12 aus und trägt einen Spannungsbogen in die Gerichtskomposition ein.

Diese Merkmale lassen nun einen Rückschluss auf die Verfasser des Botenspruchs in Mi 2,3 zu. Insofern sie das Strafurteil explizit mit der Autorität JHWHs verbinden, steht Mi 2,3 mit Mi 3,5–7 (כֹּה אָמַר יְהוָה) in Verbindung. Die Zeitebene עֵת teilt Mi 2,3 (כִּי עֵת רָעָה הִיא vgl. Am 5,13b) ferner mit dem Straffolgespruch in Mi 3,4 (בָּעֵת הַהִיא vgl. Am 5,13a). Damit legt sich die Schlussfolgerung nahe, dass Mi 2,3 auf dieselben Verfasser zurückzuführen ist, die das Gerichtswort gegen die Propheten in Mi 3,5–7 (mit Mi 3,4.9a) in die ältere Komposition von Mi 2–3* eingesetzt haben.[235] Durch die Einschaltung von Mi 2,3 und Mi 3,5–7 (mit Mi 3,4.9a) erhält die Gerichtskomposition eine viergliedrige Struktur (Mi 2,1–2.3; Mi 3,1–3*.4; Mi 3,5–7; Mi 3,9–12*). Jedes Glied ähnelt im vorfindlichen Zusammenhang dem klassischen Gattungsformat eines Gerichtswortes.[236] Zur Gestaltung eines solchen wird in

---

235 S. dazu oben 3.2.2 und 3.2.4.3.
236 Vgl. WESTERMANN, Grundformen, 120–126.

Mi 2,1– 2.3 der (ältere) Weheruf als Schuldaufweis in Dienst genommen und ein Strafurteil in Mi 2,3 angefügt.

4.1.4.3 Das Gerichtswort in V.4 – 5 als Element der sozialkritischen Erweiterung in Mi 2 – 3*

Das Gerichtswort in Mi 2,4 – 5 ist dem erweiterten Weheruf in Mi 2,1– 2.3 nachträglich angefügt worden und bildet das erste Element der sozialkritischen Erweiterung in Mi 2 – 3*. Über die einleitende Zeitangabe schließt V.4 – 5 (בַּיּוֹם הַהוּא) an die Unheilschronologie aus V.3 (כִּי עֵת רָעָה הִיא) an und aktualisiert den Gegenstand des älteren Weherufs zur eigenen Zeit (וְנָהָה נְהִי נִהְיָה). Das Gerichtswort entspricht V.1– 2.3 spiegelbildlich. Die Wehklage in V.4 (נִהָי) korrespondiert mit dem Weheruf in V.1– 2 (הוֹי), das Strafurteil in V.5 mit dem Botenspruch in V.3. Im Gegensatz zu V.1– 2.3 bildet Mi 2,4 – 5 eine unlösliche Einheit. Anders als in V.1– 2 wird in V.4 keine Leichenklage über die Täter angestimmt und damit ihr Untergang besiegelt, vielmehr beklagen die Opfer des sozialen Unfriedens in V.4 ihre eigene Situation. Das Strafurteil in V.5 bildet daher die notwendige Fortsetzung ihrer Klage. Indem sich diese inhaltlich auf den Verlust von Ländereien bezieht (שָׂדֶה), wird der materielle Aspekt des Weherufs aus V.2a (שָׂדֶה) aufgenommen und auf die eigenen Verhältnisse übertragen.

Die Situation, die der aktualisierten Sozialkritik zugrunde liegt, besteht ausweislich der Klage in V.4 in der (unrechtmäßigen) Enteignung des Volkes (עַמִּי) und der Neuverteilung seiner Felder. Damit könnte die Neuordnung der Bodenrechte nach der Wende des Exils im Hintergrund stehen, die im Zuge der Heimkehr versprengter Bevölkerungsteile zu Konflikten im Stammland führte. Einen Hinweis auf die zurückkehrenden Glieder des Volkes dürfte dieser Deutung gemäß der Terminus שׁוֹבֵב enthalten. Sie erscheinen in V.4 als Nutznießer der Neuordnung der Besitzanteile. Ein weiteres Indiz für diesen zeitgeschichtlichen Hintergrund liefert das Strafurteil in V.5. Es ist unter dem Einfluss der Landnahmetradition formuliert und handelt „von einer neuen Landverteilung"[237] in nachexilischer Zeit.

Da die Umverteilungsmaßnahme den wirtschaftlichen Schaden derer bedeutet, denen man das Land entzieht, wird den Nutznießern mit dem Strafurteil ihre Repräsentation im Verteilungsverfahren und damit ihr Status innerhalb der Gemeinde JHWHs aberkannt. Mit Hilfe der Zeitangabe in V.4 בַּיּוֹם הַהוּא schließt das Gerichtswort an die (ältere) Unheilschronologie in V.3 (כִּי עֵת רָעָה הִיא) an, trägt

---

237 JEREMIAS, ATD, 150. Das Gerichtswort Mi 2,4 – 5 im Ganzen hat bereits MARTI, KHC, 274, für jünger erachtet, allerdings „auf die Neuverteilung des Landes in messianischer Zeit [bezogen], an die Micha noch nicht dachte".

jedoch eine zweite Zeitebene in die Gerichtskomposition ein. Mit derselben Zeitebene sind im kompositionellen Zusammenhang von Mi 1–5 neben dem Gerichtswort in Mi 2,4–5 die Sammlungsverheißung in Mi 4,6–7 und das Reinigungsgericht in Mi 5,9–13 verbunden, die entsprechend eingeleitet werden.

Die Beziehung, die mittels der Zeitangabe zwischen diesen drei Elementen hergestellt wird, ist bemerkenswert. In Mi 4,6–7 wird die Verheißung der Sammlung und Neukonstitution des Volkes JHWHs mit jenem Tag verbunden. Dieser Sachverhalt korrespondiert mit der vorgeschlagenen Deutung zum situativen Hintergrund des Gerichtswortes in Mi 2,4–5. Nach Mi 5,9–13 vollzieht JHWH die innere Reinigung seines Volkes, indem Gegenstände potenzieller Schuld entfernt werden, die ein ungestörtes Verhältnis zwischen JHWH und seinem Volk belasten könnten. Einen vergleichbaren Vorgang der Scheidung wendet das Gerichtswort in Mi 2,4–5 auf die Gesellschaft an, indem es aus dem Volk (עַמִּי), das die Gemeinde JHWHs repräsentiert (קְהַל יְהוָה), diejenigen aussondert, die sein Wohl gefährden.[238]

Neben der älteren Sozialkritik und der Landnahmetradition, die auf die Formulierung in Mi 2,4–5 Einfluss genommen haben, steht das Gerichtswort schließlich mit der Prophetenlegende in Am 7, näherhin dem Strafspruch in V.17 in Verbindung, den Amos gegen Amazja am Ende ihrer Auseinandersetzung über die angemessene Weissagungsweise ausrichtet. Wie ähnlich V.4 handelt Am 7,17 (חֶבֶל חִלֵּק) unter dem Einfluss der Landnahmetradition vom Entzug des Landbesitzes und seiner Neuverteilung. Da im kompositionellen Zusammenhang jeweils Fragen der Weissagungspraxis (נטף) problematisiert werden (vgl. Mi 2,6–7.11; Am 7,16), lässt sich vermuten, dass die jüngere Sozialkritik in V.4–5 mit der Prophetenlegende des Amosbuches in Beziehung steht.[239]

4.1.5 Zwischenergebnis

In Mi 2,1–5 sind mit dem Weheruf in V.1–2, dem Botenspruch in V.3 und dem Gerichtswort in V.4–5 drei Elemente unterschieden worden, die unterschiedlichen literarischen Ebenen angehören und auf verschiedene Verfasser zurückgehen. Sie sind für die Ausgestaltung der Komposition in Mi 2–3* insgesamt von maßgeblicher Bedeutung. Der Weheruf bildet den Eingang der sozialkritischen Grundschicht. Sie setzt mit der Leichenklage über ein soziales Unrecht ein und führt über den Schuldaufweis gegen die politische Führung in Mi 3,1ff auf das finale Strafurteil in Mi 3,12 zu. Auf diese Weise erhält der Unheilsnexus aus Mi 1* seine so-

---

238 Diese kompositionellen Spuren werden noch einmal aufzunehmen sein; s. unter Teil C die Betrachtung 2.1.3.
239 S. dazu unten 4.2.4.

zialkritische Begründung. Neben der Konventionalität der Formulierung, die vor allem zu V.1 aufgefallen war, lässt V.1–2 eine formale und inhaltliche Nähe zu Am 5* erkennen. In beiden Zusammenhängen wird anlässlich sozialer Ungerechtigkeit eine Leichenklage angestimmt und mit der Licht-Finsternis-Motivik verbunden (vgl. Am 5,16–20).

Der Botenspruch repräsentiert die zweite literarische Ebene in Mi 2–3* und fügt dem Weheruf mit V.3 ein Strafurteil an. Der erweiterte Weheruf in V.1–2.3 wird auf diese Weise zu einem Gerichtswort ausgestaltet, das dem klassischen Gattungsformat ähnlich ist. Indem das Strafurteil ausdrücklich auf JHWH zurückgeführt wird, tritt JHWHs Reaktion auf den gesellschaftlichen Unfrieden in den Fokus. Dieser Sachverhalt verbindet Mi 2,3 mit dem Gerichtswort über die Propheten in Mi 3,5–7 (mit Mi 3,4.9a) und lässt vermuten, dass beide Elemente auf dieselben gerichtsprophetischen Verfasser zurückgehen. Über den Begriff מִשְׁפָּחָה erweitern sie den Adressatenkreis aus V.1–2 und stellen eine Verbindung zur Jeremiatradition her. Über die Unheilschronologie in Mi 2,3 (und Mi 3,4), die auf das Strafurteil in Mi 3,12 ausgerichtet ist, wird das Unrecht als Symptom einer bösen Zeit erwiesen und mit der Gerichtsankündigung in Am 5* in Beziehung gesetzt. Durch die Aufnahme der Zeitangabe aus Am 5,13 werden die Unheilshorizonte in Nord- und Südreich miteinander verschränkt. In formaler Hinsicht erhält die Gerichtskomposition durch die gerichtsprophetischen Autoren eine viergliedrige Struktur (Mi 2,1–2.3; Mi 3,1–3*.4; Mi 3,5–7; Mi 3,9a.9b–12*). Inhaltlich weisen sie das Untergangsschicksal Jerusalems ausdrücklich als Ergebnis des Strafgerichts JHWHs aus (vgl. Mi 1,3–4*.12b).

Die dritte literarische Ebene begegnet mit der jüngeren Sozialkritik in Mi 2,4–5. Ihre Verfasser aktualisieren die ältere Klage aus Mi 2,1–2 zur eigenen Zeit. Da das Gerichtswort in Mi 2,4–5 einen gesellschaftsinternen Verteilungskonflikt um Landbesitztümer erkennen lässt und der Zurückkehrende (שׁוֹבֵב) als Nutznießer desselben erscheint, könnte die Situation der Neuordnung des Besitzstandes in nachexilischer Zeit im Hintergrund stehen. Über den Begriff עַמִּי, der die Seite der Geschädigten jener Verteilungsmaßnahme repräsentiert, steht die jüngere Sozialkritik in Mi 2,4–5 mit dem Gerichtswort in Mi 2,8–10 und der Schlachtungssequenz in Mi 3,2b–3 in Verbindung. Dieser Sachverhalt lässt eine literarische Beziehung zwischen diesen Textpassagen vermuten. Dem Gerichtswort in Mi 2,8–10 wenden wir uns im nächsten Schritt der Analyse zu.

4.2 Die Sozialkritik in Mi 2,8 – 10

Im synchronen Gefüge der Gerichtskomposition in Mi 2 – 3 enthält Mi 2,8 – 10 das zweite Element, das dem sozialkritischen Themenkreis zugehört.[240] Es bietet ein Gerichtswort gegen all jene, die sich als Feinde des Volkes erwiesen haben. Aufgrund ihrer Vergehen werden sie aus dem Verband des Volkes ausgestoßen. Das Gerichtswort führt, wie die nachfolgende Analyse zeigen wird, auf die Verfasser der jüngeren Sozialkritik zurück. Wie Mi 2,4 – 5 wird in Mi 2,8 – 10 der Gegenstand der älteren Klage aus Mi 2,1 – 2 zur eigenen Zeit wieder aufgenommen und die Situation der Größe עַמִּי (V.8 – 9) betrachtet.

4.2.1 Abgrenzung und Aufbau

Im vorfindlichen Zusammenhang begegnet Mi 2,8 – 10 inmitten der Debatte über die angemessene Weissagungspraxis im Haus Jakob, näherhin zwischen der theologischen Grundsatzreflexion in V.7 und der anschließenden Polemik in V.11. Kopulativ mit V.7b verbunden, folgt V.8 – 9 auf das sozialethisch konkretisierte Heilsparadigma, das als Grundlage einer angemessenen Weissagungspraxis seitens der michatypischen Propheten präsentiert wird, und klagt ein Verhalten an, das einem aufrechten Lebenswandel im Sinne von V.7b diametral entgegen steht. Mit dem Urteilsspruch in V.10 wird der sozialkritische Passus beendet. Über das Verbum נטף nimmt V.11 den Gegenstand aus V.6 – 7 wieder auf und setzt den Weissagungsdiskurs fort.

Dem Format eines klassischen Gerichtswortes ähnlich besteht Mi 2,8 – 10 aus einem Schuldaufweis in V.8 – 9 und einem Strafurteil in V.10.[241] Der Schuldaufweis deklariert die Straftäter in V.8α zunächst thetisch als Feinde des Volkes (אוֹיֵב) und entfaltet daraufhin in V.8β – 9, auf welche Weise sie sich als solche erwiesen haben, indem sie nämlich durch Raub (V.8β), Vertreibung (V.9a) und Entwürdigung (V.9b) den Frieden und die Sicherheit des Volkes (עַמִּי) beeinträchtigen. Mit dem Strafurteil in V.10 wird sodann das Unheil, das sie zu verantworten haben, auf sie selbst zurückgewandt, indem sie aus dem Land der Ruhe (מְנוּחָה) verbannt und in ihr persönliches Verderben (חבל) geschickt werden.

---

240 Zur Differenzierung der Themenbereiche in Mi 2 – 3 s. oben II.2.
241 Vgl. WESTERMANN, Grundformen, 102 – 116.120 – 126. Insofern Claus Westermann allerdings von einem literarisch einheitlichen Zusammenhang in Mi 2,6 – 11 ausgeht, verhandelt er V.8 – 10 im Zusammenhang der Textgattung des Disputationswortes (aaO., 144 – 145).

4.2.2 Integrität

Das Gerichtswort in Mi 2,8 – 10 ist literarisch integer. Zum ursprünglichen Bestand seines Nahkontextes in Mi 2,6 – 11 allerdings gehört es – trotz des kopulativen Anschlusses an V.7b – nicht.[242] Drei Beobachtungen hatten zu dem Schluss geführt, dass in V.6 – 11 zwei Textebenen zu unterscheiden sind und die Sozialkritik in V.8 – 10 nachträglich mit dem Weissagungsdiskurs verbunden worden ist.[243] Erstens wechselt in V.8 – 10 unvermittelt das Thema. Die Debatte über die Grundlagen der Weissagungspraxis wird unterbrochen und von erneuter Anklage sozialen Unrechts abgelöst.

Mit dem Themenwechsel ist zweitens ein Adressatenwechsel verbunden. Das Gerichtswort richtet sich gegen eine straffällige Gruppe innerhalb der Gesellschaft, die dem Volk zum Feind geworden ist. Der Weissagungsdiskurs adressiert hingegen das Haus Jakob (V.7) und polemisiert gegen das Volk (V.11). Die Konfliktparteien sind nicht kongruent. Während sich die michatypischen Propheten in V.6 – 7.11 mit den Lobbyisten einer trügerischen Heilsprophetie innerhalb des Hauses Jakob auseinandersetzen, steht Micha in V.8 – 10 an der Seite seines Volkes den Straftätern gegenüber.

Drittens besitzt V.6 – 11 im vorfindlichen Zusammenhang mit V.10 und V.11 zwei, auf synchroner Ebene unvermittelbare Zielpunkte und weist damit einen doppelten Abschluss auf. Während V.10 die Täter als Feinde des Volkes (עַמִּי) aus dem Land verbannt, hebt V.11 zur Polemik gegen das Volk (הָעָם הַזֶּה) an. In welcher Hinsicht das Volk derselben würdig ist, bleibt nach V.8 – 10 undeutlich; das Volk (עַמִּי) repräsentiert darin immerhin die Seite der Opfer des Unrechts. Der Terminus עַם bezeichnet in beiden Zusammenhängen offenkundig unterschiedliche Größen.

Damit ist der Verdacht hinreichend begründet, dass V.6 – 11 zwei verschiedene Elemente mit je eigenem thematischen Fokus vereint. Da die Weissagungsdebatte durch das Leitwort נטף (V.6.11) und den organischen Versanschluss in V.7b.11aα, der durch הֹלֵךְ / הֹלֵךְ und die Antonyme יָשָׁר / שֶׁקֶר gestaltet ist, ein hohes Maß an innerer Geschlossenheit aufweist und dieses dichte Stilgefüge durch V.8 – 10 unterbrochen wird, liegt der Schluss nahe, dass das Gerichtswort in V.8 – 10 nachträglich in den Weissagungsdiskurs eingesetzt worden ist.

---

242 Die Forschung geht hingegen weithin von einem einheitlichen Textzusammenhang in Mi 2,6 – 11 aus, vgl. etwa Jeremias, ATD, 151 – 154; Kessler, HThK.AT, 125 – 135; Mays, OTL, 66 – 73; Rudolph, KAT, 55 – 62; Wöhrle, Sammlungen, 148; Wolff, BK, 43.50 – 55. Anders halten Metzner, Kompositionsgeschichte, 117 – 118, und Otto, Techniken, 129 – 130; ders., Art. Micha/Michabuch, 698 – 699, V.8 – 10* für ursprünglich michanische Sozialkritik, die nachträglich um die Rahmenverse V.6 – 7.11 erweitert worden und zu einem Streitgespräch umgestaltet worden sei.
243 S. dazu ausführlich bereits oben 3.1.2.

4.2.3 Detailanalyse

Inmitten der Debatte über die angemessene Weise der Weissagung wird in Mi 2,8 – 10 erneut Gericht über den sozialen Unfrieden im Haus Jakob gehalten. Aus Schuldaufweis (V.8 – 9) und Strafurteil (V.10) wird ein Gerichtswort gegen Unrechttäter formuliert, deren Handeln einem aufrichtigen Lebenswandel im Sinne von Mi 2,7b diametral entgegensteht. Über den Begriff עַמִּי, der in Mi 2,8 – 10 die Seite der Opfer der feindlichen Machenschaften repräsentiert, steht das Gerichtswort mit der jüngeren Sozialkritik in Mi 2,4 – 5 in Verbindung. Während der Fokus in Mi 2,4 – 5 auf dem Verlust des Bodenbesitzes lag, tritt in Mi 2,8 – 10 der Ruin des Familienverbandes infolge des sozialen Unfriedens in den Blick.

4.2.3.1 Der Schuldaufweis in V.8 – 9

Der Schuldaufweis bringt ein Unrecht zur Anzeige, das dem Volk (עַמִּי) gewaltsam zugefügt wird. Solches Unrecht besteht im Raub seiner persönlichen Habe (V.8), in der Vertreibung aus seinen Häusern (V.9a) und seiner generationenübergreifenden Entwürdigung (V.9b). Diese drei Aspekte des Unheils werden mit einzelnen Gliedern des Familienverbandes, namentlich mit den Frauen des Volkes (V.9a) und ihren Kindern (V.9b) verbunden. Auffälligerweise finden die Männer des Volkes in V.8 – 9 keine ausdrückliche Erwähnung.[244] Da V.8aβγ.b allerdings den Raub des Mantels zur Anzeige bringen, der vor allem als Bekleidungselement des Mannes galt, und einen Angriff auf den rechtlichen Status impliziert, der insbesondere in den Verantwortungsbereich des männlichen Familienoberhauptes gehörte, liegt die Schlussfolgerung nahe, dass die Vergehen an den Männern des Volkes der Familienhierarchie gemäß in V.8aβγ.b zuvorderst in den Blick genommen werden.[245]

---

244 Diese Auffälligkeit hat die Forschung zu unterschiedlichen Spekulationen verleitet. „Da hier nur von Frauen und Kindern, aber nicht von Männern die Rede ist", meint Wilhelm Rudolph, „handelt es sich offenbar um Witwen, die wie alle sozial Benachteiligten dem besonderen Schutz Jahwes und damit der besonderen Fürsorge derer, die sein Volk heißen, unterstehen" (RUDOLPH, KAT, 61, und ähnlich VON UNGERN-STERNBERG, Rechtsstreit, 45). Mi 2,9 allerdings handelt nicht von Witwen und Waisen (wie etwa Jes 1,17.23; 10,2; Ez 22,7), sondern von Frauen und Kindern. Anders erklärt NOWACK, HK³, 211, das Fehlen einer Aussage über die Männer mit dem Hinweis auf die Kriegsgefangenschaft, in die sie deportiert worden seien. WOLFF, BK, 53, sieht ferner die Männer „nach Jerusalem zur Zwangsarbeit" verschleppt. KESSLER, HThK.AT, 132 – 133, schließlich vermutet, dass „die Männer entweder schon in Schuldsklaverei sind, oder aber, daß sie sich angesichts der hoffnungslosen Überschuldung davongemacht haben". Die genannten Vorschläge finden keinen unmittelbaren Anhalt am Text.
245 Vgl. entsprechend JEREMIAS, ATD, 152, und KESSLER, HThK.AT, 132.

Der Schuldaufweis beginnt in V.8aα mit der Bestimmung des Verhältnisses zwischen dem Volk (עַמִּי) und der Täterschaft (אוֹיֵב).[246] Die Täter werden darin als Feinde deklariert. Feinde des Volkes allerdings sind die Angeklagten nicht per se, vielmehr erweisen sie sich als solche erst durch ihr widerrechtliches Handeln. Wiederum steht offenkundig ein innergesellschaftlicher Konflikt im Hintergrund. Die Anklage wird in V.8aα₁ mit der rätselhaften Wendung עַמִּי אֶתְמוּל וְ eröffnet. Julius Wellhausen hat sie zu verstehen versucht, indem er eine fehlerhafte Worttrennung annahm und unter geringfügiger Änderung des Konsonantenbestandes עַמִּי עַל אַתֶּם וְ (vgl. BHS לְעַמִּי אַתֶּם וְ) zu lesen vorschlug.[247] Das Personalpronomen 2. Mask. Pl. korrespondiert zwar mit der Anrede in V.8aβ.9, die ebenfalls in 2. Mask. Pl. formuliert wird, hat allerdings die Verbform in V.8aα₂ (יְקוֹמֵם) gegen sich, die Wellhausen (wie viele nach ihm) entsprechend anpassen muss (תְקוּמוּ).

In jüngster Zeit hat Rainer Kessler einen alternativen Weg beschritten und darauf hingewiesen, dass der Terminus אֶתְמוּל zwar inhaltliche Schwierigkeiten bereitet, „sprachlich aber einwandfrei"[248] ist. Unter marginaler Änderung der Vokalisation (vgl. das Qere) oder als Nebenform (vgl. Jes 30,33) lässt er sich als Adverb אֶתְמוֹל begreifen, das auf ein zurückliegendes Ereignis oder auf einen früheren Zustand verweist (vgl. 1 Sam 4,7; 10,11; 14,21; 19,7; 2 Sam 5,2; Jes 30,33; Ps 90,4). Als adverbiale Näherbestimmung bezieht Kessler den Begriff אֶתְמוֹל („erst gestern"[249]) auf den Vorgang לְאוֹיֵב קוּם und deutet עַמִּי als Subjekt desselben. Worin jedoch der gestrige Aufstand gegen den Feind besteht und wen der Feind darstellen könnte, bleibt undeutlich. Weniger neue Schwierigkeiten bereitet nach meiner Wahrnehmung eine Deutung, die MT (אתמול) im Anschluss an Kessler zwar folgt, die zeitliche Näherbestimmung (אֶתְמוֹל) allerdings nicht adverbial auf den Vorgang קוּם bezieht, sondern auf das Subjekt (עַמִּי). Was zuvor mein Volk war (עַמִּי אֶתְמוֹל), erhebt sich als Feind (יְקוֹמֵם לְאוֹיֵב). Als „Vormals-mein-Volk" (עַמִּי אֶתְמוֹל) besitzt die Wendung in Hos 1,9; 2,1 (לֹא־עַמִּי) ein Äquivalent.[250]

---

246 Dass es sich um „die Reichen und Vornehmen des Volkes" handeln soll, die „die Armen und Geringen nicht in Ruhe" lassen (RIESSLER, Propheten, 110; vgl. SMITH, ICC, 61), lässt sich vom Textbefund aus nicht bestätigen. Über die soziale Stellung der Täter wird keine Aussage getroffen. Der geraubte Besitzstand auf Seiten der Opfer steht der Vermutung eher entgegen, dass sie einer armen und geringen Gesellschaftsschicht angehören.

247 Vgl. WELLHAUSEN, Propheten, 138. Sein Vorschlag hat zahlreiche Anhänger gefunden, vgl. etwa JEREMIAS, ATD, 145 Anm. 90; MAYS, OTL, 67 Anm f; McKANE, Micah, 85 – 86; NOWACK, HK³, 210; RENAUD, Formation, 116 – 118; RIESSLER, Propheten, 108; SMITH, ICC, 55; WILLI-PLEIN, Vorformen, 77; WOLFF, BK, 40.

248 KESSLER, HThK.AT, 127; vgl. bereits VON ORELLI, Propheten, 115.

249 KESSLER, HThK.AT, 127.

250 Vgl. ähnlich bereits LIPPL, HSAT, 193, der ebenfalls auf Hos 1,9 verweist.

In inhaltlicher Hinsicht entspricht diese Deutung dem Vorschlag, der von Julius Wellhausen in die Diskussion eingebracht wurde und innerhalb der Forschung viele Anhänger gefunden hat, ermöglicht es jedoch, den überlieferten Textbestand umfassend beizubehalten. Vor dem Hintergrund eines gesellschaftsinternen Konflikts besitzt sie eine hohe Plausibilität und korrespondiert mit dem abschließenden Strafurteil in V.10, das die Straffälligen aus dem Volk (עַמִּי) aussondert und des Landes (מְנוּחָה) verweist. Einen vergleichbaren Vorgang ließ bereits das Urteil in V.5 erkennen, das den Nutznießern des widerrechtlichen Landentzugs den Verlust ihres Status innerhalb der Gemeinde JHWHs bedeutet.[251] Die Wendung אֶתְמוֹל עַמִּי (אֶתְמוּל) könnte diesen Statusverlust (wie ähnlich Hos 1,9; 9,2) auf die Formel bringen.[252]

V.8aβγ beginnt sodann die Vergehen zu konkretisieren, die den (ehemaligen) Volksgenossen angelastet werden. Zunächst wird ihnen der Raub des Mantels vorgehalten. Der Terminus פשט bezeichnet neben dem Ausziehen von Kleidungsstücken (vgl. Gen 37,23; Lev 6,4; 1 Sam 18,4; Jes 32,11 u. ö.) die Häutung von Schlachtvieh (Lev 1,6) sowie den Überfall samt Plünderung feindlicher Lager (Jdc 9,33.44; 20,37; 1 Sam 23,27; 31,8; Hos 7,1 u. ö.) und erinnert an kriegsähnliche Zustände, die das Volk an Leib und Leben gefährden. Das Objekt der Räuberei bildet der Mantel אַדֶּרֶת (cj.).[253] Der Mantel, insofern er des Nachts als Decke gegen die Kälte dienen konnte (vgl. Ex 22,25–26; Dtn 24,13), genoss einen besonderen rechtlichen Schutz und durfte nicht dauerhafter Pfändung unterliegen.[254] Als Element der Bekleidung wies er ferner die soziale Stellung seines Trägers aus. Vor diesem Hintergrund dürfte der Mantel in V.8aβ die ökonomische Existenzgrundlage sowie den gesellschaftlichen Status repräsentieren.[255] Beides geht mit dem Raub desselben verloren. Die Anklage bezieht sich somit auf einen empfindlichen Straftatbestand.

---

251 S. dazu oben 4.1.3.3. Der Begriff אתמול lässt ferner die Wurzel מול aufscheinen, die den Vorgang der Beschneidung bezeichnet (vgl. Gen 17,10ff; Ex 12,44.48; Jos 5,2ff). Dieser bezöge sich etwa in Form einer (sonst nicht belegten) 1. Pers. Hitp. auf die Größe עַמִּי. Sollte der Vorgang der Beschneidung des Volkes um die straffälligen Volksgenossen hier subtil anklingen? Die Wurzel מול kehrt immerhin in V.8aβ in der ebenfalls auffälligen Präp. מִמּוּל wieder.

252 Der Sache nach ist dieser Statusverlust innerhalb der Forschung bereits aufgefallen; vgl. etwa JEREMIAS, ATD, 152; LIPPL, HSAT, 193; MAYS, OTL, 71. Dass aus Volkgenossen Feinde werden, bringt die Präp. לְ zur Darstellung. WILLI-PLEIN, Vorformen, 77, hingegen „erwartet [...] einen Vergleich" und rechnet „mit früher quadratschriftlicher Verschreibung von כ zu לְ". Dadurch wird die bezeichnete Entwicklung jedoch unkenntlich.

253 Zur Konjektur s. oben unter II.1 die Textanm. z.St.

254 Vgl. FOHRER, Art. Kleidung, 962–963, sowie DALMAN, AuS V, 248–251.

255 KESSLER, HThK.AT, 132, macht ferner darauf aufmerksam, dass „das Ausziehen auch ein Akt der Demütigung [ist], der an Kriegsgefangenen vorgenommen wird."

In betontem Kontrast zum Verhalten der Delinquenten bringt V.8aβγ.b die positive Gesinnung der Geschädigten sowie ihre vormals heile Lebenssituation zum Ausdruck. Sie werden als friedlich oder friedfertig (שָׁלֵם cj.)[256] und dem Krieg abgetan (שׁוּבֵי מִלְחָמָה) charakterisiert, ihr früherer Wandel wird ferner als sicher bezeichnet (מֵעֹבְרִים בֶּטַח)[257]. Die Motive des Friedens, der Abwesenheit von Krieg und der Sicherheit stehen mit der Vorstellung vom Ort der Ruhe (מְנוּחָה vgl. Jes 32,18; 1 Chr 22,9) des Volkes in Beziehung und verbinden sich mit dem heilsgeschichtlichen Ziel der Landnahme (vgl. Dtn 12,9). Die prototypische Verwirklichung dieser Ruhe ist mit dem Namen Salomos verbunden (vgl. 1 Reg 8,56; 1 Chr 22,9). Der Terminus מְנוּחָה wird im Urteilsspruch in V.10 aufgegriffen. Da die Straftäter die Ruhe des Volkes aufheben, werden sie in letzter Konsequenz des Ruheortes verwiesen (vgl. V.10).

Der Schuldaufweis wird in V.9 fortgeführt und legt den Tätern gewaltsame Maßnahmen gegen die Frauen des Volkes (V.9a) und ihre Kinder (V.9b) zur Last. Hinsichtlich der Frauen des Volkes (נְשֵׁי עַמִּי) wird ihnen vorgeworfen, dass sie diese aus den Häusern ihres Wohlbehagens (מִבֵּית תַּעֲנֻגֶיהָ) vertrieben haben. Das Verbum גרשׁ bezeichnet den Vorgang der Vertreibung mit dem Ziel feindlicher Inbesitznahme.[258] Der Terminus תַּעֲנוּג stellt eine Stichwortverbindung zur Untergangsklage in Mi 1,16 her und parallelisiert die Vertreibung der Frauen mit den deportierten Bewohnern Jerusalems (בְּנֵי תַּעֲנוּגָיִךְ), deretwegen die personifizierte Stadt die Untergangsklage anstimmen soll. „Beidemale geht es um den Verlust der Heimat"[259] unter feindlicher (außen- oder innenpolitischer) Gewalt.

---

256 Zur Konjektur s. oben unter II.1 die Textanm. z.St. Mit Recht weist JEREMIAS, ATD, 153, daraufhin, dass der Mantel אַדֶּרֶת (V.8aγ) üblicherweise „die Kleidung von Propheten (1Kön 19,13.19; 2Kön 2) und von Vornehmen des Zweistromlandes (Jos 7,21.24; Jon 3,6)" bezeichnet, während שַׂלְמָה (V.8aβ) ein „normaler Mantel" ist. Jeremias hält vor diesem Hintergrund den Begriff שַׂלְמָה (V.8aβ) für ursprünglich (vgl. aaO., 146 Anm. 91). Umgekehrt allerdings könnte durch den exklusiven Mantel (אַדֶּרֶת) gerade die besondere Würde der Größe עַמִּי zum Ausdruck gelangen und שַׂלְמָה (V.8aβ) eine Nachinterpretation darstellen. Im Duktus von V.8 – 9 erscheint mir dies ebenso wahrscheinlich.

257 Der Vorgang des Vorüberziehens (עבר) in Verbindung mit den Motiven der Ruhe (מְנוּחָה vgl. V.10) und der Sicherheit (בֶּטַח) besitzt eine bemerkenswerte Parallele in Dtn 12,10. Das Verbum עבר bildet das erste, das Motiv der Sicherheit בֶּטַח das letzte Wort einer Verheißung, mit der JHWH seinem Volk die Überquerung des Jordan, die Zuteilung des Landes und die Gabe der Ruhe ankündigt. Sollte die Charakterisierung des geschädigten Volkes in V.8 gezielt auf Dtn 12,10 anspielen, indem sie die erste und die letzte Vokabel der Verheißung aufnimmt? Die Landnahmetradition, die im Hintergrund der jüngeren Sozialkritik (vgl. bes. V.5) steht, macht diesen Verdacht durchaus wahrscheinlich.

258 Vgl. WOLFF, BK, 53 mit Hinweis auf Ex 23,28 ff; Num 22,6.11; Ps 78,55; 80,9.

259 KESSLER, HThK.AT, 133.

Der letzte Vorwurf in V.9b deckt die Konsequenzen des Unheils für die Kinder der in V.9a bezeichneten Frauen (עֹלְלֶיהָ) auf und klagt die Straftäter an, diesen die Würde zu nehmen. Da V.9b den Abschluss des Schuldaufweises darstellt, trägt der Vorwurf das Achtergewicht der Anklage und lässt erkennen, dass die Straftäter selbst vor den kleinsten und schwächsten Gliedern der Gesellschaft nicht Halt machen. Entsprechend bezeichnet der Terminus עֹלֵל die in besonderer Weise schutzbedürftigen Kleinstkinder und begegnet wiederholt in einer Reihe mit den Säuglingen (יוֹנֵק vgl. 1 Sam 15,3; 22,19; Jer 44,7; Jl 2,16; Ps 8,3; Thr 2,11; 4,4). Was den Kindern genommen wird (לקח), ist die ihnen von JHWH zugeeignete Herrlichkeit (הָדָר), die ihre individuelle menschliche Würde ausmacht. Den Zusammenhang zwischen zugeeigneter Herrlichkeit und persönlicher Würde bringt in aller Deutlichkeit Ps 8,6 zum Ausdruck: הָדָר bestimmt den Status eines Menschen innerhalb der Welt und coram deo.[260] „Gleichzeitig ist der *hā̱dār* des Menschen Hinweis auf Gottes Größe"[261].

Vor diesem Hintergrund wird deutlich, dass die beklagten Vergehen nicht allein eine sozialpolitische, sondern auch eine zutiefst theologische Qualität besitzen. Sie stellen einen Angriff auf eine göttliche Zueignung (הָדָר) dar, die die Ordnung innerhalb der Gesellschaft und im Verhältnis zur Gottheit grundlegend definiert. Worin besteht jedoch konkret die Entwürdigung der Kinder? Im Anschluss an den Schuldaufweis in V.8–9a ließe sich an den Verlust der ökonomischen Existenzgrundlage und des sozialen Status denken, der mit dem Raub von Haus und Mantel verbunden ist. Solches Unrecht, das zunächst den Eltern widerfährt, bestimmt naturgemäß die Lebenssituation der Kinder und zeitigt auf diese Weise generationenübergreifende Konsequenzen.[262] Insofern man הָדָר anzieht (vgl. Ez 16,14; Ps 45,4; Hi 40,10; Prov 31,25 u.ö.), korrespondiert V.9b jedenfalls mit dem Bekleidungsmotiv aus V.8. Den Schlusspunkt des Schuldaufweises setzt לְעוֹלָם, der Verlust der Würde ist endgültig.

---

260 Vgl. entsprechend KESSLER, HThK.AT, 133. WOLFF, BK, 41.53, hält hingegen die Anspielung an Ps 8 für eine nachträgliche Theologisierung des Schuldaufweises und nimmt ursprüngliches הָדָר (Schlafkammer) als Objekt des Raubes an. Damit würde V.9b allerdings den Vorwurf aus V.9a lediglich wiederholen, da zum Haus der Mutter üblicherweise auch die Schlafkammer ihrer Kinder gehört.
261 WARMUTH, Art. הָדָר, 361. Da הָדָר in V.9b selbst mit den Kleinstkindern in Verbindung gebracht wird, hat der Begriff הָדָר, der ursprünglich der Bezeichnung der Königswürde Gottes (vgl. etwa Ps 104,1) oder des irdischen Königs (vgl. etwa Ps 21,6; 45,4.5) vorbehalten ist, seine Demokratisierung bereits hinter sich.
262 Vgl. die entsprechende Deutung bei MAYS, OTL, 71.

4.2.3.2 Das Strafurteil in V.10

Auf den Schuldaufweis folgt in V.10 das Strafurteil.[263] Das Urteil ist zweigliedrig. Zunächst ruft V.10a mit doppeltem Imp. die Straftäter dazu auf, sich aufzumachen und fortzuziehen (קוּמוּ וּלְכוּ). Der doppelte Imp. korrespondiert im kompositionellen Zusammenhang mit Mi 1,16 (קָרְחִי וָגֹזִּי) und Mi 4,10 (חוּלִי וָגֹחִי). In beiden Fällen ist mit dem Aufruf zur Untergangsklage die Vertreibung des Volkes (Mi 1,16) bzw. Tochter Zions (Mi 4,10) von ihrem jeweils angestammten Aufenthaltsort verbunden. Was in Mi 1,16 und Mi 4,10 die Klageaufrufe motiviert, ist in V.9a Intention der Aufforderung. Die Straftäter sollen das Land (der Ruhe) verlassen.

Die Aufforderung wird in V.10aβ damit begründet, dass dieses Land (זֹאת) keinen Ruheort (mehr) darstellt. Mit der Ruhe (מְנוּחָה) als „Unterpfand der Heilsgaben Jahwes"[264] sind die Vorstellungen vom Landbesitz (Dtn 12,9), von Frieden (1 Chr 22,9) und Sicherheit (Jes 32,18) assoziiert. Damit dürfte V.10aβ einerseits den Schuldaufweis resümieren, insofern die Straftäter durch ihr Handeln die Ruhe aufgehoben haben, andererseits das Strafurteil entfalten, insofern sie ihr Bleiberecht an jenem Ort aufgrund ihrer Gewalttaten verwirkt haben. Die Verbannung der Delinquenten zielt auf die (Wieder)Herstellung der Ruhe und die Verwirklichung von Frieden und Sicherheit, was der Gesinnung des Volkes (עַמִּי), ausweislich seiner Charakterisierung in V.8, entspricht.

Der zweite Teil des Strafurteils in V.10b blickt auf die Konsequenzen der Ausweisung voraus (V.10bβ) und stellt noch einmal eine Urteilsbegründung voran (V.10bα). Während V.10a die Straftäter im Pl. adressierte, werden sie in V.10b im Sg. angesprochen. Der Numeruswechsel liefert kein Indiz für eine literarkritische Unterscheidung, sondern dürfte den unterschiedlichen Vorgängen geschuldet sein, die das Strafurteil ankündigt.[265] V.10a verbannt die Täter nach ihrer Zahl (Pl.), während V.10b auf ihr je individuelles Verderben pars pro toto reflektiert (Sg.). Ein entsprechender Wechsel zwischen der Gesamt- und der Partikularperspektive war bereits innerhalb der Klage in Mi 2,4 aufgefallen.[266]

Das Verderben als die je persönliche Folge der Ausweisung bezeichnet V.10bβ zunächst mit dem Verbum חבל und charakterisiert es sodann mittels der figura

---

263 Dass V.10 das Strafurteil gegen die Unrechttäter darstellt, denen das in V.8–9 bezeichnete Unheil angelastet wird, ist bereits von MARTI, KHC, 276; SMITH, ICC, 62, sowie in jüngerer Zeit andeutungsweise von METZNER, Kompositionsgeschichte, 118, vertreten worden. Weithin besteht jedoch die Auffassung, „hier würden die Worte der Mächtigen zitiert, mit denen sie die Vertreibung der Frauen begleiten" (KESSLER, HThK.AT, 134, und ähnlich u. a. JEREMIAS, ATD, 153; WOLFF, BK, 54).

264 WOLFF, BK, 54.

265 Anders hingegen JEREMIAS, Deutung, 339–340; DERS., ATD, 152–153; MAYS, OTL, 71–72; OTTO, Techniken, 129; DERS., Art. Micha/Michabuch, 698–699; WAGENAAR, Judgement, 227; WILLI-PLEIN, Vorformen, 78; WOLFF, BK, 41.45.

266 S. dazu oben 4.1.3.3.

etymologica חֶבֶל נִמְרָץ. Die Wurzel חבל spannt ein weites semantisches Feld auf. Ihre Nominalform חֶבֶל bezeichnet das Seil in profanem Sinne oder die Meßschnur mit juristischer Funktion (par. גּוֹרָל), die zur Bemessung von Land und Erbbesitz „vornehmlich in der Erstverteilung des Landes (Jos 14 f.) eine Rolle spielt"[267]. In diesem Sinne stellt die Wurzel einen Rückbezug auf das Strafurteil in V.5 (חֶבֶל בְּגוֹרָל שֶׁלֶד) her. Das Nomen חֶבֶל steht weiterhin für die Schmerzen der Gebärenden (vgl. Jes 13,8; Jer 13,21; 22,23; 49,24; Hi 39,3 u. ö.) und könnte die mit dem Verderben der Täter verbundenen Begleiterscheinungen von Angst und Schmerz andeuten.[268]

In ihrer verbalen Verwendung bezeichnet die Wurzel חבל einerseits den Vorgang des Pfändens und Schuldigwerdens im ökonomischen Sinne (vgl. Ex 22,25; Dtn 24,6.17; Ez 18,16; Hi 22,6; 24,3; Prov 13,13; u. ö.) und erinnert damit an den Gegenstand des Schuldaufweises in V.8 – 9. Andererseits (und diese Bedeutung trägt die Wurzel in V.10) steht sie für Verderben und Vernichtung (Jes 13,5; 32,7; 54,16; Neh 1,7), das den Betroffenen an die Schwelle des Grabes bringt (Hi 17,1). Die Wurzel חבל erschließt mithin zunächst die individuellen Konsequenzen für die Straftäter, die mit ihrer Ausweisung verbunden sind, und erfüllt sodann eine inklusive Funktion, indem sie Ursache und Folge des Unheils gleichermaßen bestimmt. Die nachklappende figura ethymologica akzentuiert solches Verderben abschließend als schlimm und schändlich (מרץ vgl. 1 Reg 2,8; Hi 6,25; 16,3) und verschärft das Strafurteil.

Wie die Ausweisung in V.10a erhält auch das angekündigte Verderben eine eigene Begründung. Nach V.10bα geschieht die Vernichtung wegen Unreinheit (בַּעֲבוּר טָמְאָה). Auf diese Weise wird den Straftaten, die den Verurteilten angelastet worden waren, eine kultische Qualität beigemessen. Da sich ihr Handeln gegen göttliches Recht, gegen das Land JHWHs, sein Volk und dessen Ruhe (מְנוּחָה) richtet, erscheint diese Qualifizierung folgerichtig. Ob sich die Unreinheit auf die Täter selbst oder ihre Taten bezieht, mit denen sie das Volk, sein Land und seine Ordnung verunreinigt haben, bleibt undeutlich. Vermutlich sind beide Aspekte gleichermaßen im Blick. Das Motiv der Beseitigung des Unreinen aus der Mitte des Volkes kehrt in Mi 5,9 – 13 wieder. Mi 2,10 könnte die Ausgestaltung des Reinigungsgerichts am Ende der Heilskomposition in Mi 4 – 5 inspiriert haben.

Das Strafurteil in Mi 2,10 weist eine bemerkenswerte Nähe zur Prophetenlegende in Am 7 auf. Näherhin korrespondiert es mit dem Strafspruch, den Amos in V.17 gegen Amazja richtet. Die Beziehung zwischen Mi 2 und Am 7 ist im Rahmen der bisherigen Analyse bereits in zwei unterschiedlichen Zusammenhängen aufgefallen. Zum einen teilt die Debatte über die angemessene Weissagung in

---

267 FABRY, Art. חבל I, 702.
268 Vgl. FABRY, Art. חבל IV, 716 – 720.

Mi 2,6 – 7.11 ihren Gegenstand (נטף) mit dem Konflikt zwischen Amos und Amazja in Am 7,10 – 17 (vgl. נטף in Am 7,16).[269] Zum anderen besitzt das Gerichtswort in Mi 2,4 – 5 signifikante terminologische Entsprechungen in Am 7,17 (חֶבֶל neben חלק).[270] Dasselbe gilt nun für das Strafurteil in Mi 2,10 sowie den vorausgehenden Schuldaufweis in Mi 2,8 – 9.

Wie Mi 2,8 – 9 betrachtet der Strafspruch gegen Amazja in Am 7,17 nicht nur sein eigenes unheilvolles Schicksal, sondern auch dasjenige seiner Frau, seiner Söhne und Töchter (vgl. Mi 2,9). Wie Mi 2,8 – 9 bringt Am 7,17 ferner die Aspekte der Schändung (der Frau), des ökonomischen Ruins (des Besitzstandes) und der Vertreibung (Amazjas) zum Ausdruck. Wie das Strafurteil in Mi 2,10 verbindet sich die Ausweisung Amazjas schließlich mit Tod und Unreinheit (טמא). Sollte die Prophetenlegende in Am 7,10 – 17 die Ausgestaltung der Gerichtskomposition in Mi 2,4 – 5 und Mi 2,6 – 11 angeregt haben? Diese Spur ist im nächsten Analyseschritt wieder aufzunehmen.

4.2.4 Literarischer Ort: Die Sozialkritik in V. 8 – 10 als Element der sozialkritischen Erweiterung

Das Gerichtswort in Mi 2,8 – 10 bildet nach Mi 2,1 – 5 den zweiten sozialkritischen Textbaustein der Gerichtskomposition in Mi 2 – 3* und begegnet im vorfindlichen Textgefüge inmitten der Weissagungsdebatte in Mi 2,6 – 7.11. Da Mi 2,6 – 7.11 einen in formaler und inhaltlicher Hinsicht kohärenten Zusammenhang bildet und die Sozialkritik keinen Bezug zum Gegenstand der Debatte aufweist, dieselbe vielmehr unterbricht, bevor mit V. 11 ein Abschluss erreicht ist, dürfte das Gerichtswort in V. 8 – 10 nachträglich eingefügt worden sein und die Weissagungsdebatte literarisch voraussetzen.[271] Im gegenwärtigen Zusammenhang wirkt die Einschaltung wie ein Exkurs zur Frage nach einem aufrichtigen Lebenswandel (vgl. Mi 2,7b), indem sie das diametrale Gegenteil desselben illustriert.

Thematisch steht das Gerichtswort in V. 8 – 10 mit der Sozialkritik am Eingang der Gerichtskomposition in Verbindung. Wie V. 1 – 5 bringt V. 8 – 10 gesellschaftliches Unrecht zur Anzeige. Die bisherige Untersuchung hat ergeben, dass Mi 2,1 – 5 drei literarische Ebenen enthält.[272] Der Weheruf in V. 1 – 2 bildet die Eröffnung der sozialkritischen Grundschicht in Mi 2 – 3*, der Botenspruch in V. 3 enthält eine gerichtsprophetische Erweiterung, V. 4 – 5 stellt schließlich eine Aktualisierung der älteren Anklage aus V. 1 – 2.3 dar. Zwischen dem Gerichtswort in V. 8 – 10 und der

---

269 S. dazu oben 3.1.5.
270 S. dazu oben 4.1.4.3.
271 S. dazu oben 3.1.2 und 4.2.2.
272 S. dazu oben 4.1.2 und 4.1.4.

aktualisierten Sozialkritik in V.4 – 5 lassen sich enge Bezüge erkennen, die zu dem Schluss führen, dass beide Elemente auf dieselben Verfasser zurückzuführen sind und V.8 – 10 seinerseits eine sozialkritische Aktualisierung enthält.

In formaler Hinsicht enthalten beide Elemente aus Schuldaufweis (V.4.8 – 9) und Strafurteil (V.5.10) ein sozialkritisches Gerichtswort und werden jeweils mit einer Zeitangabe, בַּיּוֹם הַהוּא in V.4 und אֶתְמוֹל (אֶתְמוֹל) in V.8, eröffnet. Die Strafurteile korrespondieren über das Motiv der Aussonderung, aus der Gemeinde JHWHs (V.5) und vom Ort der Ruhe (V.10), und die Wurzel חבל miteinander. Die Landnahmetradition, die im Hintergrund von V.5 (שְׁלֵךְ חֶבֶל בְּגוֹרָל vgl. Jos 17 – 19) evident ist, deutet sich in V.10 über den Begriff מְנוּחָה (vgl. Dtn 12,9) zumindest an. In inhaltlicher Hinsicht bringen beide Abschnitte Vergehen zur Anzeige, die an der Größe עַמִּי verübt werden und grenzen diesen Teil des Volkes von den Straftätern ab. Als frühere Volksgenossen (אֶתְמוֹל עַמִּי) verlieren diese infolge ihrer Machenschaften ihre ehedem selbstverständliche Repräsentation innerhalb der Gemeinde JHWHs (V.5) und ihre ehedem rechtmäßige Teilhabe am Land und seiner Ruhe (V.10).

In kompositioneller Hinsicht schließen beide Gerichtsworte an Elemente im älteren Textzusammenhang an, die eine Aussage zum aufrechten Gang im konkreten oder metaphorischen Sinne treffen. V.4 – 5 folgt auf V.3bα (לֹא תֵלְכוּ רוֹמָה), V.8 – 10 auf V.7bβ (עִם הַיָּשָׁר הוֹלֵךְ), beide „Aufrichtigkeitsaussagen" dürften den Elementen der jüngeren Sozialkritik als Positionsmarken gedient haben. Gleichermaßen interpretieren V.4 – 5 und V.8 – 10 ferner die ältere Sozialkritik, näherhin den Tatbestand des Weherufs in V.2 und leuchten diesen (vor dem Hintergrund einer analogen Konfliktsituation der eigenen Gegenwart) aus. Die Deutungen des Tatbestandes aus V.2 erfolgen komplementär. Das erste Element in V.4 – 5 bringt den Verlust des Landbesitzes zur Anzeige (שָׂדֶה) und entfaltet den materiellen Aspekt aus V.2a (שָׂדוֹת וּבָתִּים). Das zweite Element in V.8 – 10 klagt die Gewalt gegen den Familienverband an und deutet den personellen Aspekt aus V.2b (גֶּבֶר וּבֵיתוֹ). V.8 – 10 bildet somit die konsequente Fortsetzung von V.4 – 5 und den zweiten Teil der jüngeren Sozialkritik.

In beiden Gerichtsworten repräsentiert das Volk (עַמִּי) die Seite der Opfer des sozialen Unfriedens. In der Beschreibung der Widersacher lässt V.8 – 10 im Anschluss an V.4 – 5 jedoch eine Entwicklung und inhaltliche Steigerung erkennen. In V.4 erscheinen die Gegner noch als Nutznießer der Neuverteilung des Landes, in V.8 – 9 werden ihnen eigene Verbrechen zur Last gelegt. Während sie in V.4 noch nüchtern und sachlich als Rückkehrer (שׁוֹבֵב) deklariert werden und passiv im Hintergrund der Klage erscheinen, werden sie in V.8 – 9 aufgrund aktiver Gewaltmaßnahmen als Feinde angesprochen (אוֹיֵב) und verlieren als solche ihren Status innerhalb des Volkes (אֶתְמוֹל עַמִּי). Schließlich verlieren sie mit dem Strafurteil in V.5 ihre Repräsentation im Losverfahren um Bodenanteile innerhalb der

Gemeinde JHWHs, bevor sie das Strafurteil in V.10 des Landes verweist und in ihr Verderben entlässt. In der Abfolge der Gerichtsworte lässt die jüngere Sozialkritik eine klimaktische Tendenz und inhaltliche Radikalisierung erkennen.

Liegen beide Elemente der jüngeren Sozialkritik auf derselben literarischen Ebene, dürften sie den situativen Hintergrund teilen, der sie hervorgebracht hat. Der Entzug von Ländereien und ihre Neuverteilung, der den Gegenstand des Schuldaufweises in V.4 ausmacht, hatte den Verdacht motiviert, dass die Situation der Neuordnung des Landes nach der Wende des Exils das Gerichtswort in V.4 – 5 veranlasst hat und sich darin der Konflikt zwischen dem im Stammland verbliebenen Volk (עַמִּי) und ihren zurückkehrenden Volksgenossen (שׁוֹבֵב) spiegelt. Sollten V.4 – 5 und V.8 – 10 auf dieselben Verfasser zurückgehen, wäre derselbe Hintergrund für das zweite Element der jüngeren Sozialkritik anzunehmen. Im Spiegel desselben zeigt sich der Konflikt nicht nur in Gestalt einer rücksichtslosen (mutmaßlich staatlich gelenkten)[273] Neuordnung der Bodenanteile, sondern auch der gewaltsamen Auseinandersetzung zwischen den beiden Bevölkerungsgruppen.

Die theologisch gewichtige Aussage, die mit dem Strafurteil in V.5 getroffen wird und dem zurückkehrenden Teil des Volkes sein Anrecht innerhalb der Gemeinde JHWHs aberkennt, wird in V.8 – 10 entfaltet. Die Heimkehrer verlieren ihren Status als Volk JHWHs (אֶתְמוּל עַמִּי) und werden als Feind desselben bestimmt (אוֹיֵב). Als Volk Gottes verbleibt allein derjenige Teil, dem nach V.4 – 5 und V.8 – 10 Unrecht widerfährt und den die Größe עַמִּי repräsentiert. Sofern die Konfliktkonstellation im Hintergrund der Gerichtsworte zutreffend beschrieben ist, ließe sich die Wendung שׁוּבֵי מִלְחָמָה möglicherweise noch präziser fassen, mit der dieser Teil des Volkes in V.8 charakterisiert wird. Sie könnte den Gegenbegriff zu שׁוֹבֵב darstellen und diejenigen Bevölkerungselemente bezeichnen, die dem Deportationsschicksal entkamen und aus den Kriegshandlungen (מִלְחָמָה), die seinerzeit zum Untergang Judas und Jerusalems führten (vgl. Mi 1*), in ihre Heimat zurückkehren konnten (שׁוב).[274]

In evidenter Weise hat die Landnahmetradition auf die Formulierung des Strafurteils in V.5 Einfluss genommen. In V.10 ist ihr Einfluss allenfalls durch den Begriff מְנוּחָה (vgl. Dtn 12,9) und den über die Wurzel חבל angedeuteten Rückbezug auf die Formulierung שׁלף חֶבֶל בְּגוֹרָל in V.5 zu greifen. Allerdings weisen beide Urteilssprüche samt der zugehörigen Schuldaufweise eine formale und inhaltliche Nähe zu demjenigen Strafspruch auf, den Amos im Rahmen der Prophetenlegende

---

273 Die unpersönliche Formulierung der Klage über das Unheil in V.4, das dem שׁוֹבֵב nicht direkt zur Last gelegt wird und dennoch zu seiner Verurteilung führt, könnte darauf schließen lassen, dass es sich um einen staatlich gelenkten Vorgang handelt.

274 Den Hinweis auf die Kriegsheimkehrer als Deutungsoption für die Wendung שׁוּבֵי מִלְחָמָה gab bereits RUDOLPH, KAT, 61 Anm. 4.

in Am 7 gegen den Priester Amazja richtet. Wie in Mi 2,4 – 5.8 – 10 wird das Unheil in Am 7,17 mit dem Verlust des Landes (אֲדָמָה vgl. שָׂדֶה vgl. Mi 2,4bβ) und seiner Vermessung durch die Meßschnur (בַּחֶבֶל vgl. חלק in Mi 2,4bβ und חֶבֶל [חבל] in Mi 2,5.10), mit der Gewalt gegen Frau und Kinder (vgl. Mi 2,9), mit Ausweisung und Verderben (גלה neben מות vgl. קומו וּלְכוּ neben חבל in Mi 2,10) konkretisiert und über die Verbindung zur Unreinheit schließlich kultisch qualifiziert (טמא vgl. Mi 2,10b).

Sollte der Strafspruch in Am 7,17, der sämtliche der genannten Aspekte in komprimierter Form enthält, die Ausgestaltung der jüngeren Sozialkritik in Mi 2,4 – 5 und Mi 2,8 – 10 inspiriert haben? Die Vermutung gewinnt an Wahrscheinlichkeit vor dem Hintergrund der Tatsache, dass Am 7,17 den organischen Abschluss einer Auseinandersetzung darstellt, deren Gegenstand die angemessene Weissagungspraxis (נטף vgl. Am 7,16) bildet und in ähnlicher Weise in Mi 2,6 – 7.11 verhandelt wird. Da Mi 2,8 – 10 in die Weissagungsdebatte in Mi 2,6 – 7.11 einfügt wurde und mit Mi 2,4 – 5 auf einer literarischen Ebene liegt, setzen beide Elemente der jüngeren Sozialkritik die Debatte voraus. Vor dem Hintergrund von Am 7,10 – 17 plausibilisiert sich der Sachverhalt, dass Mi 2,4 – 5 und Mi 2,8 – 10 an die Weissagungsdebatte angegliedert sind.

4.2.5 Zwischenergebnis

Das Gerichtswort in Mi 2,8 – 10 bildet im vorfindlichen Textgefüge das zweite Element des sozialkritischen Themenstrangs in Mi 2 – 3* und geht auf die Verfasser der jüngeren Sozialkritik zurück, die die ältere Anklage aus Mi 2,1 – 2.3 zur eigenen Zeit aktualisieren und bereits in Mi 2,4 – 5 begegnet waren. Komplementär erschließen Mi 2,4 – 5 und Mi 2,8 – 10 dasjenige Unheil, das den wirtschaftlichen und persönlichen Ruin des Volkes (עַמִּי) hervorgerufen hat und den eigenen Volksgenossen zur Last gelegt wird. Infolge ihrer Vergehen verlieren sie ihren Status innerhalb der Gemeinde (V.5) und als Volk JHWHs (V.8) und werden schließlich des Landes verwiesen (V.10). Im Hintergrund steht ein Verteilungskonflikt um Bodenrecht und Besitzstand, der die Neuauflage der älteren Sozialkritik veranlasst hat.

Die literarische Ausgestaltung des Gerichtswortes in Mi 2,8 – 10 ist aus zwei Richtungen beeinflusst worden. Der Sache nach nimmt es auf den Weheruf Bezug und bringt das personelle Element des in Mi 2,1 – 2 beklagten Straftatbestandes (גֶּבֶר וּבֵיתוֹ) im Hinblick auf den Familienverband zur Entfaltung. Der Form nach dürfte Mi 2,8 – 10 durch den Strafspruch gegen Amazja in Am 7,17 inspiriert sein, den der Gegenstand der Weissagungsdebatte (נטף) assoziieren ließ. Dass das Gerichtswort mit der Debatte verflochten wird, die einen völlig anderen thematischen Fokus besitzt, erscheint recht erst vor dem Hintergrund von Am 7 als plausibel. Im gegenwärtigen Textgefüge schließt V.8 – 10 an die Aufrichtigkeitsaussage in Mi 2,7b an und illustriert den Zusammenhang zwischen aufrichtigem Lebenswandel und günstiger Weissagung, der seitens der michatypischen Weissager in den Diskurs eingebracht worden war. Für das rechtschaffene Volk (עַמִּי) erweist sich das Gerichtswort als günstig, da seinen Widersachern das Handwerk gelegt wird, für die Straftäter hingegen zeitigt es schwerwiegende, unheilvolle Konsequenzen.

4.3 Die Sozialkritik in Mi 3,1–4

Im synchronen Gefüge der Gerichtskomposition enthält Mi 3,1–4 den dritten Textabschnitt, der mit dem sozialkritischen Themenbereich in Mi 2–3* verbunden ist.[275] Nachdem Mi 2,1–5 und Mi 2,8–10 die konkrete Gestalt des sozialen Unfriedens innerhalb der Gesellschaft betrachtet hat, wird in Mi 3,1–4 nun die Anklage gegen die politische Führung erhoben, die das Unheil durch ihre mangelhafte Rechtspflege ermöglicht und protegiert hat. Aufgrund ihrer beruflichen Verfehlungen hat sie eine Zeit der Not zu erwarten, die den Verlust des Gotteskontaktes und der rettenden Hilfe JHWHs bedeutet. Über die Unheilschronologie in Mi 3,4 (בָּעֵת הַהִיא) wird die Ankündigung auf das Untergangsurteil in Mi 3,12 ausgerichtet.

Wie Mi 2,1–5 ist auch Mi 3,1–4 nicht aus einem Guss. Die bisherige Analyse hat zu dem Ergebnis geführt, dass die Redeeinleitung in Mi 3,1 (וָאֹמַר) gemeinsam mit V.8 (וְאוּלָם אָנֹכִי) auf die Verfasser des Weissagungsdiskurses in Mi 2,6–7.11 zurückzuführen ist, die im Rahmen ihrer Auseinandersetzung über die Grundlagen der Weissagungspraxis Micha als vollmächtigen Prophetentypus generieren.[276] Weiterhin wurde der Straffolgespruch in Mi 3,4 als Brückenvers bestimmt, der im Zuge der Einschaltung von V.5–7 gestaltet worden ist.[277] Die nachfolgende Analyse wird zeigen, dass auch der Schuldaufweis mit der Schlachtungssequenz in V.2b–3 eine jüngere Fortschreibung erfahren hat. Der sozialkritischen Grundschicht ist allein V.1–2a* zuzurechnen. Nicht weniger als vier unterschiedliche Hände waren somit an der literarischen Ausbildung von Mi 3,1–4 beteiligt.

4.3.1 Abgrenzung und Aufbau
Im gegenwärtigen Textzusammenhang begegnet Mi 3,1–4 zwischen der Sammlungsverheißung in Mi 2,12–13 und dem Gerichtswort gegen die Propheten in Mi 3,5–7. Der Höraufruf in V.1a markiert eine formale Zäsur und eröffnet einen neuen Zusammenhang, indem er die politische Führung Judas adressiert. Das

---

275 Zur Differenzierung der Themenbereiche in Mi 2–3 s. oben II.2.
276 S. dazu oben 3.1.5.
277 S. dazu oben 3.2.4.1.

Schuldresümee in V.4bβ, das den Straffolgespruch zusammenfassend begründet, beschließt den sozialkritischen Passus vorläufig. Die Botenformel in V.5 leitet daraufhin einen neuen Abschnitt ein, der sich nicht länger mit der politischen Führung, sondern mit den Propheten befasst. Erst in Mi 3,9 wird der sozialkritische Themenstrang wieder aufgenommen. Da das Sammlungsorakel in Mi 2,12–13, die Elemente der jüngeren Sozialkritik in Mi 2,4–5.8–10, die Weissagungsdebatte in Mi 2,6–7.11 (mit Mi 3,1[וְאֹמַר].8) sowie das Prophetengericht in Mi 3,5–7 (mit Mi 2,3; 3,4.9a) der sozialkritischen Grundschicht nachträglich zugewachsen sind, dürfte der mit dem Höraufruf in Mi 3,1* beginnende Schuldaufweis ursprünglich auf den Weheruf in Mi 2,1–2 gefolgt sein und mit seiner Fortsetzung in Mi 3,9–12* einen ursprünglichen Textzusammenhang gebildet haben.[278]

Die Sozialkritik in Mi 3,1–4 besteht im vorfindlichen Textgefüge aus drei Teilen. Der einleitende Höraufruf in V.1a* richtet sich an die Häupter Jakobs und die Anführer des Hauses Israel. Der anschließende Schuldaufweis in V.1b–3 bringt ihre Verfehlungen zur Anzeige. Er wird mit einer rhetorischen Frage eröffnet, die die politische Führung auf ihre Verantwortung für das Recht anspricht (V.1b). Über Part. in Spitzenposition und nachfolgende verba finita wird ihre Schuld daraufhin konkretisiert. Sie hassen das Gute und lieben das Böse (V.2a) und schinden das Volk wie Schlachtvieh (V.2b–3). Der Straffolgespruch in V.4 beschließt den Passus und kündigt der politischen Führung eine Zeit der unheilvollen Gottesferne an.

In seiner dreigliedrigen Struktur ähnelt Mi 3,1–4 dem klassischen Format eines prophetischen Gerichtswortes.[279] Das Format wird allerdings dadurch modifiziert, dass in Mi 3,1–4 kein Urteilsspruch enthalten ist, sondern auf das künftige Strafhandeln JHWHs vorausgewiesen wird.[280] Mit Hilfe der Zeitangabe אָז und בָּעֵת הַהִיא blickt V.4 auf das finale Strafurteil in Mi 3,12 voraus. Der Straffolgespruch bezeichnet schon im Vorfeld dasjenige Unheil, das mit dem Untergangsurteil gegen Zion/Jerusalem für seine Häupter und Anführer verbunden sein wird. In Mi 3,1–3 sind noch keine Umstände zu erkennen, die ihre Hilferufe in Richtung JHWH auch nur ansatzweise begründen.

4.3.2 Integrität

Innerhalb des Schuldaufweises hat die Schlachtungssequenz in V.2b–3 der Forschung in mehrfacher Hinsicht Rätsel aufgegeben. Die vier Suff. 3. Mask. Pl. in V.2b

---

278 S. dazu unten 4.3.4.
279 Vgl. WESTERMANN, Grundformen, 120–126 (mit Struktursynopse 124–125).
280 S. dazu oben 3.2.4.1.

sind ohne eindeutige Bezugsgröße im Nahkontext. Weiterhin ist die Aussage der Zeilen redundant formuliert, insofern V.3aα$_2$.β dem vorausgehenden V.2b sachlich entspricht. Schließlich führt V.3b die Schlachtungsmetapher in grotesker Weise fort, indem ein Vorgang beschrieben wird, der an die Zubereitung eines Mahls aus Fleisch und Knochen denken lässt. Dieser Vorgang geht dem Verzehr logisch voraus, der allerdings bereits in V.3aα$_1$ bezeichnet wird. Überdies bleibt undeutlich, worin eigentlich konkret der Vorwurf an die politische Führung besteht und welche Vorgänge mit dem Bild der Schlachtung zur Anzeige gebracht werden sollen.

Die ältere Forschung ist den formalen Auffälligkeiten in Mi 3,2b–3 teils durch Streichungen, teils durch Textumstellungen begegnet. So hat Julius Wellhausen V.3b, „eine plumpe und schiefe Ausführung der vorangegangenen bildlichen Redensart"[281], als Zusatz identifiziert und „grösseres Bedenken gegen v. 2^b"[282] vorgetragen, da die Suff. 3. Mask. Pl. erst über עַמִּי in V.3 ihre Bezugsgröße erhalten und die Aussage von V.2b in V.3 wiederholt wird. Als annehmbarer Ort für V.2b, sofern er denn beibehalten und nicht als Glosse ausgeschieden wird, ist daraufhin eine Position im Anschluss an V.3 oder V.5a vorgeschlagen worden.[283] Nur V.3a blieb als Element des Schuldaufweises weithin unangefochten. Die jüngere Forschung übt bei dieser Weise der Textrekonstruktion aus guten Gründen Zurückhaltung („ultima ratio"[284]) und betrachtet V.2b–3 als weithin einheitliches Element der Gerichtsrede gegen die politische Führung. Lediglich V.3aα$_2$, der V.2bα „wiederholt und erläutert"[285] und die Zeile aus dem Metrum der Doppeldreier heraushebt, ist in neuerer Zeit mitunter als Nachinterpretation markiert worden.

Gegen die ursprüngliche Zugehörigkeit von Mi 3,2b–3 zum sozialkritischen Schuldaufweis erheben sich allerdings grundsätzliche Bedenken. Während die Anklage der Häupter und Anführer, die das Recht kennen sollten (V.1b), aber Gutes hassen und Böses lieben (V.2a), das Recht verabscheuen und alles Gerade verdrehen (V.9b), erstens auf der Sachebene erfolgt, kleidet die Schlachtungssequenz die Anzeige ihrer Vergehen in metaphorische Sprache. Zweitens ist der Straftatbestand, der

---

281 WELLHAUSEN, Propheten, 140.

282 Ebd.

283 Für die Positionierung von V.2b nach V.3 haben sich etwa DEISSLER, NEB, 179; MAYS, OTL, 77.79–80; RENAUD, Formation, 159–160; VON UNGERN-STERNBERG, Rechtsstreit, 52; WEISER, ATD, 254–255, ausgesprochen. Für den Einschub von V.2b nach V.5a votierten u. a. MARTI, KHC, 277–278; SELLIN, KAT, 277. Anders verstanden etwa NOWACK, HK³, 214, und WILLI-PLEIN, Vorformen, 81, die Vershälfte V.2b im Anschluss an WELLHAUSEN, Propheten, 140, als Interpolation. Darüber hinaus hat WILLI-PLEIN, Vorformen, 81, vermutet, dass V.2b seine ursprüngliche Fortsetzung in V.3b besitzt.

284 JEREMIAS, ATD, 161 Anm. 139.

285 WOLFF, BK, 60–61, vgl. entsprechend RUDOLPH, KAT, 67 („metrisch überschüssig und sachlich unnötig").

ihnen jeweils zur Last gelegt wird, unterschiedlich. Während V.1b.2a.9b Vergehen gegen die Rechtsordnung zur Anzeige bringen, werden ihnen in V.2b–3 aktive Gewaltverbrechen gegen das Volk vorgeworfen. Straftaten, die entfernt an solche Gewalttaten erinnern, sind in Mi 2–3* zwar mit einzelnen Gruppierungen innerhalb der Gesellschaft verbunden (vgl. Mi 2,1–2; 2,4.8–9), nicht aber mit den Häuptern und Anführern.[286] Ihre Schuld besteht vielmehr darin, dass sie den sozialen Unfrieden durch ihre mangelhafte Rechtspflege ermöglicht haben.

Drittens ist mit der Schlachtungssequenz augenscheinlich das Interesse verbunden, die Vergehen der Anführer bis ins Abscheuliche hinein zu steigern. Insofern sie aber „ein Geschehen ins Bild faßt, das an Grausamkeit kaum zu überbieten ist"[287], der Schuldaufweis in Mi 3,1–3 aber noch nicht abgeschlossen wird, klappt der Vorwurf in V.9b nach und fällt im Anschluss an den Zenit der Grausamkeit kaum mehr ins Gewicht. Lässt man nun (versuchsweise) V.2b–3 innerhalb des sozialkritischen Schuldaufweises außer Acht, geben die Verben, welche die Anklage bestimmen, eine ebenfalls steigernde, allerdings inhaltlich stringente Reihenfolge zu erkennen. Auf die Frage nach dem Wissen und der Kenntnis des Rechts in V.1b (ידע), im hebräischen Denken bekanntlich eine Funktion des Herzens, folgt in V.2a die Alternative zwischen Hassen (שׂנא) und Lieben (אהב) und gipfelt in V.9a schließlich in dem Vorwurf, das Recht zu verabscheuen (תעב) und die Ordnung zu pervertieren (עקשׁ). Diese formal und inhaltlich stringente Reihe, aus Verben desselben Wortfeldes gebildet, wird durch die Schlachtungssequenz unterbrochen.

Sollte die Sequenz in V.2b–3 also insgesamt nachgetragen worden sein, um die Vergehen der Führung um aktive Gewaltverbrechen anzureichern? Der Verdacht erhärtet sich vor dem Hintergrund einer Beobachtung, die mit der Frage zusammenhängt, wen die referenzlosen Suff. 3. Mask. Pl. in V.2b vertreten, wer mithin die Opfer der Gewaltverbrechen sind. Dazu hat Hans Walter Wolff den entscheidenden Hinweis gegeben, demzufolge „die Suffixe auf die Bedrängten in 2,2.8f. zu beziehen"[288] sind. Die metaphorische Anklage in V.2b–3, die ihre Deutung nicht selbst enthält, versteht erst, wer die Sozialkritik in Mi 2* zur

---

[286] Der Blutschuldvorwurf in Mi 3,10 scheint dieser Beobachtung vordergründig zu widersprechen. So meinte RIESSLER, Propheten, 112, „[d]ie V. 3 und 4 sind ein Beleg zu V. 10". Der Blutschuldvorwurf bezieht sich mit dem Part. Sg. allerdings nicht auf die Häupter und Anführer (Pl.), sondern auf das Haus Jakob/Israel (Sg.). Im kompositionellen Zusammenhang von Mi 2–3 stellt Mi 3,10 ebenfalls eine nachträgliche Erweiterung der sozialkritischen Grundschicht dar; s. dazu unten 4.4.2.1.

[287] KESSLER, HThK.AT, 149.

[288] WOLFF, BK, 60; entsprechend JEREMIAS, ATD, 156 Anm. 122, und ähnlich bereits RUDOLPH, KAT, 70.

Kenntnis genommen hat.[289] Doch welches sozialkritische Element ist es näherhin, das den Suff. ihre Bezugsgröße und der Sequenz ihre Deutung ermöglicht?

Die bisherige Analyse hat zu dem Schluss geführt, dass in Mi 2 zwei sozialkritische Textebenen zu unterscheiden sind. Mi 2,1–2 gehört der sozialkritischen Grundschicht an, Mi 2,4–5 und Mi 2,8–10 enthalten jüngere Erweiterungen. Die Bestimmung des Verhältnisses zwischen der Schlachtungssequenz und den sozialkritischen Textbausteinen ist für die literarische Zuordnung von Mi 3,2b–3 entscheidend. Da der Weheruf in Mi 2,1–2 den Beginn der sozialkritischen Grundschicht darstellt, ist er in Mi 3,2b–3 jedenfalls vorausgesetzt. Entsprechend dürfte das Verbum גזל, das am Anfang der Schlachtungssequenz in Mi 3,2b steht, aus Mi 2,2a aufgenommen worden sein. Während Mi 3,2b–3 allerdings die Opfer der Gewalt ausweislich der Suff. in der Mehrzahl bestimmt, werden in Mi 2,1–2 lediglich die materiellen Objekte, die von den Beklagten begehrt werden, im Pl. genannt (V.2a). Die Geschädigten des sozialen Unheils hingegen erscheinen in V.2b pars pro toto im Sg. (גֶּבֶר וּבֵיתוֹ וְאִישׁ וְנַחֲלָתוֹ). Erst die jüngeren Erweiterungen in Mi 2,4.8–9 bezeichnen sie wie Mi 3,2b–3 im Pl. (vgl. die Suff. 1. Pl. in Mi 2,4aα.bβ, die Part. in Mi 2,8b sowie die Nomina in Mi 2,9).

Mit den Elementen der jüngeren Sozialkritik teilt die Schlachtungssequenz weiterhin den Begriff עַמִּי, der in beiden Zusammenhängen die Seite der Geschädigten repräsentiert. In Mi 2,4 erscheinen sie als Opfer der Neuverteilung des Landes, in Mi 2,9 des gewaltsamen Raubes und in Mi 3,2b–3 schließlich als Objekt der Schlachtung. Die Schlachtungssequenz setzt die Darstellung der Gewalt, die an der Größe עַמִּי verübt wird, in radikalisierender Weise fort. Eine signifikante terminologische Nähe ist zwischen Mi 3,2b–3 und Mi 2,8–9 zu erkennen. In Mi 2,9b wird das Objekt der Vergehen mit der Präp. מֵעַל eingeführt, die in Mi 3,2b–3 dreimal in entsprechender Verwendung wiederkehrt. In Mi 2,8aγ wird schließlich der Vorgang des Mantelraubs mit demselben Verbum פשט zum Ausdruck gebracht, das in Mi 3,3aα₂ für das Abziehen der Haut Verwendung findet. Das verbundene Motiv des Abziehens ist beiden Elementen gemeinsam. Da der Mantel als Kleidungsstück des Menschen als „seine zweite, in der Öffentlichkeit getragene Haut"[290] gilt, ist der Vorgang der Häutung, den Mi 3,2b–3 zur Entfaltung bringt, bereits in Mi 2,8–9 angelegt und inhaltlich vorbereitet.

Die jüngere Sozialkritik in Mi 2,8–10 gibt der Schlachtungssequenz somit diejenige Deutung vor, die sie selbst nicht enthält. Sie lässt an eine massive, nunmehr physische Existenzbedrohung denken. Vor diesem Hintergrund leidet es nach meiner Wahrnehmung keinen Zweifel, dass nicht nur der Weheruf am Beginn

---

289 Vgl. entsprechend RENAUD, Formation, 127.
290 WEIPPERT, Art. Kleidung, 496.

der sozialkritischen Grundschicht, sondern bereits ihre jüngeren Erweiterungen in Mi 2,4 – 5 und Mi 2,8 – 10 auf der Ebene von Mi 3,2b – 3 vorausgesetzt sind. Was Mi 2,8 auf der Sachebene als ökonomische Gewalt gegen das Volk (עַמִּי) zur Anzeige bringt, wird in Mi 3,2b – 3 in die Metapher der Schlachtung gesetzt und ins Extrem der Gewalt gegen Leib und Leben des Volkes (עַמִּי) gesteigert. Mit hoher Wahrscheinlichkeit geht die Schlachtungssequenz auf die Verfasser der jüngeren Sozialkritik in Mi 2,4 – 5 und Mi 2,8 – 10 zurück oder steht in ihrer Tradition.

4.3.3 Detailanalyse

Nachdem Mi 2* die konkrete Gestalt des gesellschaftlichen Unfriedens betrachtet hat, beleuchtet Mi 3* nun die institutionelle Seite des Unrechts in Juda und führt auf das Strafurteil in Mi 3,12 zu. Die bisherige Analyse hat die Redeeinführung וְאֹמַר in Mi 3,1 als literarischen Zusatz auf der Ebene des Weissagungsdiskurses in Mi 2,6 – 7.11 erwiesen, den Straffolgespruch in Mi 3,4 weiterhin als Brückenvers, der im Zuge der Einschaltung des Prophetengerichts in Mi 3,5 – 7 in die Komposition eingetragen worden ist. Beide Elemente sind bereits an anderer Stelle untersucht worden.[291] Die Integritätsanalyse hat mit V.1 – 2a* und V.2b – 3 schließlich zwei Textebenen in Mi 3,1 – 3 unterschieden. Diese gilt es nachfolgend gesondert zu betrachten.

4.3.3.1 Der Höraufruf und der Schuldaufweis in V.1 – 2a*

Der Schuldaufweis setzt mit dem Höraufruf in V.1a* (שִׁמְעוּ־נָא) ein und adressiert die Häupter Jakobs und die Anführer des Hauses Israel. Die Adressatenangabe ist in doppelter Hinsicht auffällig. Zum einen werden die Häupter und Anführer über die Begriffe Jakob und Haus Israel ausgewiesen, die ursprünglich das Nordreich Israel repräsentieren (vgl. Mi 1,5bα). Da der Schuldaufweis in Mi 3* allerdings auf die Zerstörung Jerusalems zielt, leidet es keinen Zweifel, dass beide Termini innerhalb der Gerichtskomposition das Südreich bezeichnen. Die Namen Jakob und Israel sind augenscheinlich auf Juda übertragen worden.[292] Da der Name Jakobs im Anschluss an Mi 1* untrennbar mit dem Fall Samarias verbunden ist (vgl. Mi 1,5bα), lässt schon der Höraufruf das äquivalente Schicksal Jerusalems erwarten.

Zum anderen ist der Parallelismus aus רֹאשׁ und קָצִין in Mi 3,1a (vgl. V.9a) beinahe singulär. Lediglich in Jdc 11,11 stehen beide Begriffe nebeneinander und

---

291 Zur Redeeinleitung in Mi 3,1 s. oben 3.1.5.1 und zum Straffolgespruch s. oben 3.2.4.1.
292 Vgl. JEREMIAS, ATD, 160; RUDOLPH, KAT, 70.

bezeichnen die Position, die Jephtach im Verhältnis zu den Ältesten Gileads und ihrem Volk einnimmt. Hans Walter Wolff hat sie daraufhin als Amtsbezeichnungen aufgefasst, mit denen unterschiedliche Funktionen im militärischen und zivilrechtlichen Bereich verbunden sind.[293] Angesichts der mangelnden Evidenz der ohnehin schmalen Textgrundlage ist ihm die Forschung in dieser Hinsicht nicht gefolgt.[294] In Mi 3,1a* dürften die Begriffe weniger politische Ämter im engeren Sinne, als vielmehr allgemein den Kreis derjenigen Personen bezeichnen, die leitende Positionen mit entsprechend verantwortungsvollen Aufgaben im politischen System Judas bekleiden.[295] Gezielt scheint V.1a* den Königs- oder Hirtentitel (anders etwa in Jer 23) zu vermeiden, um die Breite der politischen Führungselite in die Anklage einzubeziehen.[296]

Mit der rhetorischen Frage in V.1b (הֲלוֹא) wird der Adressatenkreis des Höraufrufs auf seine zentrale (berufsmäßige) Verantwortung angesprochen, die in der Kenntnis des Rechts besteht (מִשְׁפָּט) und zur Pflege und Umsetzung desselben verpflichtet.[297] Es handelt sich (zunächst) um keine aktiven Verbrechen, die den Häuptern und Anführern vorgehalten werden. Allerdings impliziert die Frage bereits, dass sie den

---

293 Vgl. Wolff, BK, 67–68; ähnlich Mays, OTL, 78; Rudolph, KAT, 69–70; von Ungern-Sternberg, Rechtsstreit, 53. McKane, Micah, verstand das Begriffspaar als „code-names for שׂרים which betray Micah's sympathy with a kind of leadership, belonging to an earlier age, which perhaps survived in the rural areas of Judah (Moresheth) from which Micah came" (aaO., 101). „Micah's intention in so naming them is to underline the gulf between the old style of government and new. [...] They are addressed satirically as ראשׁים and קצינים because of the entirely negative and malevolent character of their rule which is in stark contradiction with that of their predecessors." (aaO., 102). Ein ironischer Ton ist in Mi 3,1 allerdings nicht zu erkennen.

294 Vgl. etwa Jeremias, ATD, 160; Kessler, HThK.AT, 147–148.

295 Dass es sich dabei allerdings um die politische Führung „in eighth-century Jerusalem" (Mays, OTL, 78) handeln müsste, gründet allein in der Annahme, dass Mi 3 im Sinne der Buchüberschrift die politische Wirklichkeit des 8. Jh. spiegelt. Die Titulation selbst lässt nicht auf einen konkreten Zeitkontext schließen.

296 Daraus wird man allerdings keinesfalls den Schluss ziehen dürfen, „daß er [sc. der König] tatsächlich von den hier erhobenen Vorwürfen nicht betroffen war" (Rudolph, KAT, 70 Anm. 2). Unter den Häuptern und Anführern ist der König als Oberster derselben sicherlich in gleicher Weise adressiert (ähnlich bereits Kessler, HThK.AT, 148).

297 Kessler, HThK.AT, 148, hat darauf aufmerksam gemacht, dass der Begriff מִשְׁפָּט in Mi 3,1b angesichts der Antonymie טוֹב / רָע in V.2b nicht auf das kodifizierte Recht einzugrenzen ist. „Vielmehr dürfte daran gedacht sein, daß die Häupter und Führer für die gerechte Ordnung im Volk insgesamt Verantwortung tragen." Vor dem Hintergrund von Mi 2,1–2 repräsentiert der Begriff all jene gesellschaftlichen Ordnungskonventionen und Rechtsnormen, deren Missachtung zu einem Unrecht führt, wie es im Weheruf beklagt wird. Eine gewisse Nähe lässt allerdings Mi 2,1–2 über das Verbum חמד zum Dekalog erkennen (vgl. Ex 20,17; Dtn 5,21). Rudolph, KAT, 70, hat מִשְׁפָּט in diesem Sinne als „die gottgewollte Grundordnung [aufgefasst], die das ganze Leben regelt und klare Maßstäbe setzt".

Pflichten nicht entsprochen haben, die aus ihrer Verantwortung für das Recht re-
sultieren. Deshalb tragen sie die unverminderte Mit-, auf institutioneller Ebene gar die
Hauptschuld an denjenigen Vergehen, die in Mi 2,1–2 beklagt worden waren. Im
Anschluss an die Leichenklage erscheint die politische Führung als diejenige Größe,
die jene in Mi 2,1bβ ausgewiesene, schrankenlose Gewalt der Delinquenten zugelassen und protegiert hat. Der Fragestil in Mi 3,1b erinnert an den Eingang der geschichtstheologischen Komposition in Mi 1* und erfüllt wie in Mi 1,5bα eine über-
führende und eine belehrende Funktion.[298]

Die Eingliederung der Rechtspflege in den Verantwortungsbereich einer bestimmten Personen- oder Berufsgruppe besitzt eine Parallele in Hos 5,1. Darin
werden die Priester (שמע), das Haus Israel (קשׁב) und das Haus des Königs (אזן) zur
Aufmerksamkeit gerufen und auf ihre (gemeinsamen) Rechtspflichten verwiesen
(כִּי לָכֶם הַמִּשְׁפָּט). Die syntaktische und semantische Nähe zu Mi 3,1b legt den Schluss
nahe, dass die rhetorische Frage unter dem Einfluss der Hoseatradition formuliert
worden ist und ein „geringfügig abgewandelte[s] Zitat aus Hos 5,1"[299] darstellt.
Damit wird zu Beginn des Schuldaufweises gegen die Häupter und Anführer Judas
eine Verbindungslinie zur Unheilsprophetie des Nordreichs gezogen und in die
Gerichtskomposition in Mi 2–3* eingetragen.

Die Schuld der politischen Führung, die V.1b angedeutet hatte, wird in V.2a in
Gestalt einer zweigliedrigen Partizipialformulierung entfaltet. Die das Recht
kennen (sollten), hassen das Gute (שֹׂנְאֵי טוֹב) und lieben das Böse (וְאֹהֲבֵי רָעה). Da
der Vorgang ידע im hebräischen Denken mit dem Herzen verbunden ist, das „[a]ls
Sitz des Erinnerungsvermögens"[300] die Funktionen des Denkens und Wissens
erfüllt, schließen sich die Vorgänge שׂנא und אהב an die vorausgehende rhetorische Frage in V.1b (ידע) organisch an. Sie bezeichnen keine (spontanen) Ge-
fühlsregungen, sondern die pervertierte Grundorientierung der politischen Anführer, die an die verkehrte Gesinnung der im Rahmen des Leichenliedes in
Mi 2,1–2 beklagten Straftäter erinnert (vgl. חשׁב in V.1 und חמד in V.2). Die Häupter
und Anführer bilden das institutionelle Spiegelbild zu diesen. Das Missverhältnis
zwischen ihrer Rechtsverantwortung (V.1b) und ihrer faktischen Einstellung (V.2a)
erscheint eklatant.

Die Antonyme טוֹב und רָע)ה) (vgl. Mi 1,12; Mi 2,1.3) sowie שׂנא und אהב besitzen
eine weisheitliche Prägung.[301] So begegnen die Termini שׂנא und אהב etwa in Ps 11,5;

---

298 Auf die didaktische Funktion des Fragestils in Mi 1,5 haben WOLFF, BK, 16.21.25–26, und in
seinem Gefolge JEREMIAS, ATD, 135, aufmerksam gemacht.

299 JEREMIAS, ATD, 160, der überdies auf die „Zufügung des typisch hoseanischen Verbes
‚kennen'" aufmerksam macht.

300 BERGMAN/BOTTERWECK, Art. יָדַע, 493; vgl. RUDOLPH, KAT, 70.

301 Vgl. entsprechend MAYS, OTL, 79; WOLFF, BK, 69.

45,8; 97,10; Prov 1,22; 8,36; 12,1; 13,24; 27,6 nebeneinander, טוֹב und (רָע(ה in Ps 34,15; 35,12; 36,5; 37,27; 38,21; 52,5; 109,5; Prov 11,27; 13,21; 17,13.20. Von besonderem Interesse ist unter den genannten Belegstellen die Parallele in Ps 36,5, die als weisheitliches Pendant zum Eingang des Weherufs in Mi 2,1a aufgefallen war. Wie in Ps 36,5 wird das unheilvolle Planen (Mi 2,1–2) im kompositionellen Zusammenhang von Mi 2–3* mit Hilfe der Antonymie von Gut und Böse entfaltet (Mi 3,2a).[302]

Die Formulierung in Mi 3,2a besitzt weiterhin eine signifikante Parallele in Am 5. In Am 5,15a finden sich die Mahnungen, Böses zu hassen (שִׂנְאוּ־רָע) und Gutes zu lieben (אֱהֶבוּ טוֹב) sowie das Recht im Stadttor aufzurichten (vgl. den Begriff שַׁעַר in Mi 1,9bβ.12b). In Am 5,15b verbindet sich mit der Paränese die zaghafte Hoffnung, JHWH könne sich einem Rest im Strafgericht vielleicht (אוּלַי) als gnädig erweisen. Die beachtliche terminologische Nähe zwischen Mi 3,2a und Am 5,15b lässt auf eine literarische Beziehung zwischen beiden Stellen schließen.[303] Für die Bestimmung ihres Verhältnisses ist die Beobachtung wesentlich, dass Mi 3,2a den Gedanken aus Am 5,15a nicht nur in ähnlicher Weise formuliert, sondern inhaltlich weiterentwickelt. Während Am 5,15 noch eine vage Hoffnungsperspektive aufweist, konstatiert Mi 3,2a bereits die Verkehrung des Gebotenen und die Perversion der Ordnung. Damit leidet es keinen Zweifel, dass Mi 3,2a ein Element aus „Am 5,15 abgewandelt zitiert wird"[304].

Mit den Zitaten aus Hos 5,1 und Am 5,15a begegnen in Mi 3,1–2a* zwei Verbindungslinien zur Unheilsprophetie des Nordreiches. Da Hos 5,1 die rhetorische Frage in Mi 3,1b und Am 5,15a die Formulierung in Mi 3,2a vorgebildet haben, besteht der Schuldaufweis des mittleren Gliedes der sozialkritischen Grundschicht in Mi 2–3* insgesamt aus modifizierten Zitaten, die auf die Traditionen der Nordreichsprophetie zurückgehen. Durch die Zitation wird die Anklage gegen das Nordreich auf den judäischen Süden übertragen. Dieser Transfer scheint (ganz im Sinne der geschichtstheologischen Komposition in Mi 1*) dem Interesse zu folgen,

---

302 Die Formulierung in Mi 3,2a ist auffällig, insofern das Ketib die Langform רָעה bietet, Qere hingegen רָע liest. Dieses Phänomen ist nicht allein von textkritischer Relevanz. Vielmehr dürfte das Schriftbild noch zwei literarische Ebenen erkennen lassen, die in Mi 2–3* miteinander verbunden sind. Auf der Ebene der älteren Sozialkritik wird das Unheil mit der Kurzform רָע bezeichnet, auf der Ebene der gerichtsprophetischen Erweiterung mit der Langform רָעה (vgl. Mi 2,3). Neben dem Botenspruch in Mi 2,3 gehört derselben das Prophetengericht in Mi 3,5–7 (mit Mi 3,4.9a) zu. Möglicherweise wurde ursprüngliches רָע in Mi 3,2a (vgl. das entsprechende Antonym טוֹב / רָע in Am 5,15a) im Zuge der Einschaltung von Mi 2,3 und Mi 3,5–7 (mit Mi 3,4.9a) um jenes auffällige He (רָעה) erweitert, um im älteren Textgefüge von Mi 2–3* eine Angleichung an die Begrifflichkeit in Mi 2,3aβ (רָעה) und Mi 2,3bβ (רָעה) vorzunehmen. Auf ein gezieltes Gestaltungsinteresse hat diesbezüglich bereits KESSLER, HThK.AT, 148–149, aufmerkam gemacht.
303 Vgl. entsprechend JEREMIAS, ATD, 160; KESSLER, HThK.AT, 148; MAYS, OTL, 79; WOLFF, BK, 68.
304 JEREMIAS, ATD, 160.

den Niedergang Jerusalems mit äquivalenten Vergehen zu begründen. Insofern Mi 3,2a die Rettungsperspektive aus Am 5,15a nicht übernimmt, wird einem Leser, der von der Lektüre des Amosbuches herkommt, bereits an dieser Stelle zu verstehen gegeben, dass der Untergang Jerusalems unausweichlich ist.

4.3.3.2 Die Schlachtungssequenz in V.2b – 3

Die Schlachtungssequenz in Mi 3,2b – 3 schließt im vorfindlichen Textgefüge an die Eröffnung des Schuldaufweises gegen die Häupter und Anführer an und ist als dessen Fortsetzung gestaltet. In metaphorischem Stil benennt sie aktive Gewaltverbrechen der politischen Führung gegen das Volk und setzt diese ins Bild der Schlachtung.[305] Das Volk erscheint wie Herdenvieh, dem seine Hirten die Haut abziehen und das Fleisch von den Knochen schinden, um es letztlich aufzuzehren. Allein hinsichtlich des Opfers solcher Gewalt bleibt Mi 3,2b – 3 auf der Sachebene, indem es nicht mit der Herdenmetapher belegt, sondern als ‚mein Volk' (עַמִּי) bezeichnet wird.[306] Die Größe עַם verbindet den Passus mit den Elementen der sozialkritischen Erweiterung in Mi 2,4 – 5 und Mi 2,8 – 10. Durchgehend bezeichnet sie darin die Seite der Opfer sozialen Unrechts und erscheint nachgerade als Leitwort der jüngeren Sozialkritik.

Die Schlachtungssequenz besteht aus drei Gliedern, die verschiedene Stationen der Vorgänge zwischen der Schlachtung und dem Verzehr des Geschlachteten betrachten. Das erste Glied in V.2b legt der politischen Führung die Häutung und Entbeinung des Volkes zur Last. Wie in V.2a wird es mit einem Part. Pl. in Spitzenposition eröffnet, das den Adressatenkreis aus V.1a charakterisiert. Mit der Wurzel גזל wird ein Begriff aus Mi 2,1 – 2 aufgenommen, der innerhalb des Weherufs in V.2aα den gewaltsamen Raub von Besitztümern bezeichnet hatte. Von dort wird er in Mi 3,2b (in singulärer Weise) ins Bild der Schlachtung übertragen. Das Objekt des räuberischen Abziehens (גזל) stellen die Haut des Volkes und das Fleisch an seinen Knochen dar. Das vierfache Suff. 2. Mask. Pl., dessen Subjekt erst V.3a mit der Größe עַמִּי identifiziert, ist im unmittelbar vorausliegenden Nahkontext ohne Bezugsgröße und verweist auf die Geschädigten aus Mi 2,8 – 9 zurück.[307] Das Motiv des Abziehens begegnet in Mi 2,8 – 9 in ähnlicher Weise und wird darin mit dem gewaltsamen Entzug persönlichen Besitzes verbunden, u. a. der Häuser

---

305 WOLFF, BK, 69, macht darauf aufmerksam, dass in anderen Prophetenbüchern durchaus gewaltsame Handlungen gegen Personen oder Personengruppen unverblümt zur Sprache gebracht werden (vgl. etwa Am 2,7; Jes 3,15), nicht aber „eine solche Kette roher Handlungen, in denen der Mensch wie Schlachtvieh behandelt wird."

306 Vgl. bereits KESSLER, HThK.AT, 149.

307 Vgl. entsprechend WOLFF, BK, 60; JEREMIAS, ATD, 156 Anm. 122.

(V.9a) und des Mantels (V.8aβ). In Mi 3,2b – 3 wird das Motiv metaphorisch verwendet und ins Extrem der Häutung gesteigert.

Das zweite Glied in V.3a betrachtet die Vorgänge, die auf die Häutung und Entbeinung des Schlachtviehs folgen. Sie werden wie ähnlich in Mi 3,5bβ über וַאֲשֶׁר angeschlossen und im vorfindlichen Textgefüge über drei verba finita zur Darstellung gebracht. In Spitzenposition bestimmt V.3aα₁ (אכל) das inhaltliche Ziel der Sequenz. Die politischen Häupter, die den Schlachtungsvorgang verantworten, verzehren das Fleisch des Volkes (עַמִּי). Ein Kannibalismus dieser Art ist über Mi 3,2b – 3 hinaus durchaus belegt (vgl. Jes 9,19; Jer 19,9; Sach 11,9 sowie ferner Jes 49,26) und stellt eine Ausdrucksform von Angst, Not und Unordnung in Zeiten des Strafgerichts JHWHs dar. Das Objekt des Verzehrs aber wird gewöhnlich mit dem Begriff בָּשָׂר (vgl. V.3bβ) bezeichnet; die Wendung אכל שְׁאֵר ist singulär.

In V.2b – 3 begegnen שְׁאֵר (V.2bβ.3aα₁) und בָּשָׂר (V.3bβ) nebeneinander. Der Begriff שְׁאֵר stellt allerdings nicht allein eine terminologische Variante zu בָּשָׂר dar. Der Terminus bezeichnet weitaus mehr als das Fleisch in physisch-materiellem Sinne. So bildet er in Prov 11,17 einen Parallelismus mit נֶפֶשׁ, in Ps 73,26 mit לֵבָב. Leib und Leben, Fleisch und Herz werden in beiden Zusammenhängen nicht voneinander unterschieden, „beides bezieht sich auf die ganze Person."[308] Fressen die Häupter und Anführer das Fleisch des Volkes, zehren sie je individuelles Leben auf. Über diese inhaltliche Nuance hinaus mag der Begriff שְׁאֵר gewählt worden sein, weil sein Konsonantenbestand eine Nähe zu שַׁעַר und שְׁאֵר aufweist. Sollte hier die mit dem Stadttor (שַׁעַר) assoziierte Rechtsthematik anklingen, die den Nahkontext wesentlich bestimmt? Sollte die Wendung שְׁאֵר עַמִּי ferner שְׁאֵר עַמִּי (vgl. Jes 11,11.16; 28,5) andeuten und damit eine Näherbestimmung der Größe עַמִּי enthalten? Die jüngere Sozialkritik in Mi 2–3* scheint immerhin durch eine Situation veranlasst zu sein, die mit der Rückkehr versprengter Bevölkerungsteile in Verbindung steht. Vom Rest des Volkes ist weiterhin explizit in der Sammlungsverheißung (Mi 2,12) die Rede.

Während V.3aα₁ im Rückbezug auf V.2bβ (שְׁאֵר) zum Ausdruck bringt, was dem Fleisch des Volkes widerfährt, stellt V.3aβ abschließend unter Wiederaufnahme des Begriffs עֶצֶם aus V.2bβ das Schicksal seiner Gebeine in den Fokus, die zerbrochen werden (פצח). Vom Leben des Volkes עַמִּי bleibt unter der Gewalt der Häupter und Anführer also nicht mehr übrig als ein Häuflein Knochen. Das Verbum פצח begegnet vom Zerbrechen eines Objektes ausschließlich in Mi 3,3. Gewöhnlich bezeichnet es den Jubelruf des Volkes über die Heilstaten JHWHs (vgl. Jes 14,7; 44,23; 49,13; 52,9; 54,1; 55,12). Sollte der Vorgang פצח in V.3aβ einen gezielten Kontrast zu jenem heilszeitlichen Jubel zum Ausdruck bringen, der die Not

---

308 Ringgren, Art. שְׁאֵר, 932.

des Volkes umso drastischer erscheinen lässt? Oder deutet sich darin subtil der (verachtenswerte) Triumph der Täter an? Diese profitieren jedenfalls von der Schlachtung ihres Volkes.

Im Zentrum von V.3a wird die Aussage aus V.2bα inhaltlich und terminologisch weitgehend identisch wiederholt. Lediglich das Verbum גזל wird durch פשט ersetzt. Da V.3aα₂ den Vorgang der Häutung noch einmal beschreibt und die Zeile eine metrische Überlänge aufweist, legt sich die Vermutung nahe, dass das Kolon der Schlachtungssequenz nachträglich zugefügt worden ist.[309] Das Interesse der Nachinterpretation dürfte darin bestehen, den Vorgang der räuberischen Aneignung (גזל in V.2bα) über das Verbum פשט näherzubestimmen, das zum einen den räuberischen Überfall bezeichnet (vgl. Jdc 9,33.44; 20,37; 1 Sam 23,27 u. ö.), zum anderen aber auch als term. techn. für das Ausziehen von Kleidern (vgl. Gen 37,23; Lev 6,4; 1 Sam 18,4; Jes 32,11 u. ö.) oder das Häuten von Schlachtvieh (vgl. Lev 1,6; 2 Chr 29,34) belegt ist.[310] Das Verbum פשט verbindet auf diese Weise die Vorgänge des Raubes und der Häutung miteinander und vermittelt zwischen der Sach- und der Bildebene in Mi 3,2b – 3. Insofern das Verbum aus Mi 2,8aβ innerhalb der Schlachtungssequenz aufgenommen wird, macht es schließlich die Beziehung zwischen diesen beiden sozialkritischen Elementen explizit, stellt die Häutung des Volkes mit dem Mantelraub (Mi 2,8) in Verbindung und parallelisiert beide Vorgänge.

Das dritte Glied in V.3b beschließt die Schlachtungssequenz mit einem doppelten Vergleich. Das geschlachtete Volk wird ausgebreitet (פרש) wie Fleisch in einem Topf (כִּשְׁאֵר בַּסִּיר)[311] und wie Fleisch inmitten eines Kessels (וּכְבָשָׂר בְּתוֹךְ קַלָּחַת).[312] Während V.2b – 3a an ein überfallartiges Erbeuten, Schlachten und Fressen erinnert, lässt V.3b an die genüssliche Zubereitung eines Mahles denken. Das Verbum פרש findet für das „Zerteilen von Zusammengehörigem"[313] Verwendung (vgl. Ez 17,21; Sach 2,10; Ps 68,15). Vor diesem Hintergrund könnte es in Mi 3,3b auf gewaltsame Spaltungen innerhalb des Volkes hinweisen. Entsprechende Vorgänge waren im Zusammenhang der jüngeren Sozialkritik in Mi 2,4 – 5 und Mi 2,8 – 10 aufgefallen.[314]

---

309 Vgl. entsprechend WOLFF, BK, 60 – 61.69.
310 Vgl. entsprechend METZNER, Kompositionsgeschichte, 35; RUDOLPH, KAT, 67; WOLFF, BK, 69.
311 Zur Konjektur s. die Textanm. z.St.
312 WOLFF, BK, 70, macht auf die unterschiedlichen Gefäßtypen und ihren archäologischen Befund aufmerksam.
313 WOLFF, BK, 70 mit entsprechender Deutung. Für gewöhnlich ist das Verbum term. techn. für das Ausbreiten von Kleidungsstücken (vgl. Jdc 8,25; Ez 16,8; Rut 3,9), von Decken (vgl. Num 4,6 ff; Dtn 22,17; 2 Sam 17,19; 2 Reg 8,15) oder Fangnetzen (vgl. Jes 19,8; Ez 12,13; 17,20; 19,8; 32,3; Hos 5,1; 7,12; Ps 140,6; Prov 29,5) in konkretem oder metaphorischem Sinne, für das Ausspannen der Flügel (vgl. Ex 25,20; Dtn 32,11; 1 Reg 6,27; 8,7 u. ö.) und bezeichnet die zum Gebet ausgebreiteten Hände (vgl. Ex 9,33; 1 Reg 8,22.54; Jes 1,15; Ps 44,21; 143,6; Esr 9,5; Hi 11,13).
314 S. dazu oben 4.1.3.3 und 4.2.3.

Das Motiv der Spaltung und Vereinzelung bildet im vorfindlichen Textgefüge ferner einen Kontrast zur Herdenmetapher des Sammlungsorakels in Mi 2,12, deren Pointe gerade in der Vereinigung des Versprengten (יַחַד שִׂים) besteht. Mit der Herdenmetapher teilt V.3b das Stilmittel des bildhaften Vergleichs. Die Vergleiche entsprechen einander bis in ihre formale Gestalt hinein. Nach Mi 2,12aβ.bα wird das Volk wie Kleinvieh (כְּ) im Pferch (בְּ), wie eine Herde (כְּ) inmitten der Trift (בְּתוֹךְ) versammelt, während es in Mi 3,3b wie Fleisch (כְּ) im Topf (בְּ), wie Fleisch (כְּ) inmitten des Kessels (בְּתוֹךְ) verteilt wird.

Die Aussage der Schlachtungssequenz ist auf der Bildebene eindeutig. Die Größe עַמִּי wird von den Häuptern und Anführern Judas wie Schlachtvieh geschunden. Auf der Sachebene lässt die Sequenz für sich betrachtet weniger klar erkennen, was dem Volk widerfährt. Es scheint sich räuberischen Angriffen (גזל) ausgesetzt zu sehen, die der politischen Führung angelastet werden, das Volk an Leib und Leben gefährden (שְׁאֵר) und seine Spaltung und Zerstreuung hervorrufen (פרש). Der konkrete Hintergrund dieser Angriffe bleibt in Mi 3,2b – 3 allerdings offen, die Schlachtungssequenz ist somit zwingend auf ihren Nahkontext angewiesen und auf diesen hin formuliert worden.[315] Diese Spur ist im nächsten Analyseschritt wieder aufzunehmen.

4.3.4 Literarischer Ort

Der Höraufruf samt Schuldaufweis gegen die politische Führung Judas in Mi 3,1 – 2a* bildet das mittlere Element der sozialkritischen Grundschicht in Mi 2 – 3* und hält den Häuptern und Anführern vor, das gesellschaftliche Unheil aufgrund ihrer pervertierten Rechtspflege zu verantworten. Die Schlachtungssequenz in Mi 3,2b – 3 reichert den Schuldaufweis um aktive Gewaltverbrechen massiven Ausmaßes an und bildet ein Element der sozialkritischen Erweiterung. Da beide Abschnitte verschiedenen Ebenen in Mi 2 – 3* zugehören, ist nachfolgend ihr je spezifischer literarischer Ort eigens zu betrachten.

---

315 Rainer Kessler erklärt diesen Befund damit, dass „es nicht Aufgabe metaphorischer Rede [ist], ihre Übertragung jeweils gleich mitzuliefern" (KESSLER, HThK.AT, 149), bringt die Schlachtungssequenz allerdings mit dem „Vorwurf des Blutvergießens bei Baumaßnahmen und [...] der Bestechlichkeit" ins Gespräch, den Mi 3,9 – 12 erhebt. Ähnlich vermutet Hans Walter Wolff, dass „ein unerhörter Wohlstandskannibalismus der Häupter und Aufseher" (WOLFF, BK, 70) im Hintergrund steht und die Bauern aus Moreschet „unter Gewaltmaßnahmen in der Heimat und, vielleicht als Arbeitsverpflichtete, in Jerusalem zu leiden haben." (ebd.).

4.3.4.1 Die Sozialkritik in V.1–2a* als Fortsetzung
der sozialkritischen Grundschicht

Der Textabschnitt in Mi 3,1–2a* bildet die Fortsetzung der sozialkritischen Grundschicht. Da das Sammlungsorakel in Mi 2,12–13*, die sozialkritischen Erweiterungen in Mi 2,4–5 und Mi 2,8–10, die Weissagungsdebatte in Mi 2,6–7.11 (mit Mi 3,1[וְאֹמַר].8) sowie das Prophetengericht in Mi 3,5–7 (mit Mi 2,3; 3,4.9a) der Grundschicht in Mi 2–3* nachträglich zugefügt wurden, dürfte Mi 3,1–2a* ursprünglich zwischen dem Weheruf in Mi 2,1–2 und dem Abschluss des Schuldaufweises samt Strafurteil in Mi 3,9b–12* seinen literarischen Ort gehabt haben.

Im Anschluss an die Leichenklage wird in Mi 3,1–2a* Anklage gegen die politische Führung erhoben, in deren Verantwortungsbereich die Pflege der Ordnung und die Umsetzung des Rechts gehört. Die Abfolge erscheint inhaltlich konsequent. Immerhin bezeichnete der Weheruf zwar das Ende der Beklagten und ihrer Machenschaften. Die tiefere Ursache einer mangelhaften Rechtspflege allerdings, die ihr schrankenloses Handeln möglich gemacht hat (Mi 2,2bβ), bleibt davon unberührt. Sie wird nun den Häuptern und Anführern zur Last gelegt.

Ebenso organisch erscheint der Anschluss beider Textelemente in formaler Hinsicht. Das Motiv des Planens aus Mi 2,1 (חשׁב), das zu unheilvollen Taten drängt (vgl. V.2), korrespondiert mit dem Motiv der Kenntnis des Rechts in Mi 3,1* (ידע), das aufgrund der pervertierten Grundorientierung der Verantwortlichen unwirksam geworden ist (vgl. V.2a). Gleichermaßen stellen die Vorgänge חשׁב und ידע Funktionen des Herzens dar und bilden Elemente desselben Wortfeldes (vgl. חשׁב neben ידע in Jes 53,3; Jer 29,11; Ps 73,16; 144,3; 2 Chr 2,13). Die über das Begriffspaar שׂנא und אהב ausgewiesene pervertierte Gesinnung der politischen Elite entspricht der ordnungswidrigen Orientierung der beklagten Straftäter aus Mi 2,1–2 spiegelbildlich. Über den Terminus רֵעַ(ה) stehen ihre Untaten (Mi 2,1a) schließlich mit der Gesinnung der Häupter und Anführer nach Mi 3,2a in Verbindung.

Auf die Gestaltung von Mi 3,1–2a* hat die Tradition der Nordreichsprophetie prägenden Einfluss genommen. Sie war bereits im Hintergrund von Mi 2,1–2 aufgefallen, insofern der Weheruf mit seinem sozialkritischen Gegenstand und der Licht-Finsternis-Motivik eine Nähe zu Am 5* aufweist (vgl. Am 5,16.18–20).[316] Ungleich deutlicher noch ist ihr Einfluss innerhalb des Schuldaufweises in Mi 3,1–2a* zu erkennen, der insgesamt aus modifizierten Zitaten aus Hos und Am besteht: Mi 3,1b nimmt auf Hos 5,1, Mi 3,2a sodann auf Am 5,15a Bezug. Im Sinne der geschichtstheologischen Komposition in Mi 1* wird die Anklage gegen das Nordreich auf den judäischen Süden übertragen, um das Schicksal beider Reiche aus äquivalenten Vergehen gegen Recht und Ordnung heraus zu begründen.

---

316 S. dazu oben 4.1.3.1 und 4.1.4.1.

4.3.4.2 Die Schlachtungssequenz in V.2b – 3 als Element der sozialkritischen Erweiterung

Die Schlachtungssequenz in Mi 3,2b – 3* erweitert die Eröffnung des Schuldaufweises in Mi 3,1 – 2a* und steht mit den Elementen der jüngeren Sozialkritik in Mi 2 – 3* in Beziehung. Im Bild der Viehschlachtung wird die Anklage gegen die politische Führung um den Vorwurf aktiver Gewaltverbrechen gegen Leib und Leben des Volkes (עַמִּי) ergänzt. Im Anschluss an Mi 3,2a wird durch Mi 3,2b – 3* „die Anklage belegt, daß die Verantwortlichen ‚das Böse lieben'."[317] Näherhin ist es der Begriff (ה)רָע, der in Mi 3,2b – 3* eine konkrete Deutung erhält. Da V.2b (גֹּזְלֵי) wie bereits V.2a (שֹׂנְאֵי) mit einem Part. Pl. in Spitzenposition eröffnet wird, fügt sich die Nachinterpretation stilkonform in ihren Zielkontext ein.

Durch Stichwortbezüge steht die Schlachtungssequenz mit den sozialkritischen Passagen in Mi 2 in Verbindung. Das Verbum גזל stellt einen Rückbezug zum Weheruf in Mi 2,1 – 2 her. Der Terminus bringt in Mi 2,2aα den Vorgang der gewaltsamen Gebietsaneignung zum Ausdruck. Indem die Schlachtungssequenz den Vorwurf aufnimmt, nun allerdings gegen die politischen Anführer in Stellung bringt, gibt sich Mi 3,2b – 3* als Entfaltung des Weherufs und seines Gegenstandes zu erkennen. Während sich der Vorgang גזל in Mi 2,1 – 2 auf die materiellen Besitztümer bezieht, wird er in Mi 3,2b – 3* als Gewaltmaßnahme gegen Leib und Leben des Volkes gedeutet. Die Sequenz radikalisiert auf diese Weise den älteren Vorwurf und richtet ihn neu aus. Damit teilt sie das mit den Elementen der jüngeren Sozialkritik in Mi 2,4 – 5 und Mi 2,8 – 10 verbundene Anliegen, die ihrerseits auf den Weheruf Bezug nehmen und seinen Gegenstand zur eigenen Zeit aktualisieren.

Weiterhin kehrt die Größe עַמִּי, die als Leitwort der jüngeren Sozialkritik figuriert, innerhalb der Schlachtungssequenz wieder. In allen drei Abschnitten repräsentiert sie die Seite der Opfer des sozialen Unheils. Eine besondere Nähe weist Mi 3,2b – 3* zu Mi 2,8 – 10 auf. Beiden Elementen ist das Motiv des räuberischen Abziehens gemeinsam. Durch die Präp. מֵעַל in V.9b, die in Mi 3,2b – 3* gleich dreimal wiederkehrt, wird der Vorgang zu den jeweils Geschädigten in Beziehung gesetzt. In Mi 2,8 – 10 betrifft das Abziehen die persönlichen Besitztümer des Volkes (עַמִּי), zuvorderst den Mantel (V.8aβ), in Mi 3,2b – 3* gar den Leib des Volkes (עַמִּי), dem „das Fell über die Ohren"[318] gezogen wird. Die Nachinterpretation in Mi 3,3aα₂ macht durch die Aufnahme des Verbums פשט aus V.8aβ ausdrücklich, dass der Raub der Haut (גזל) als Häutung (פשט) zu verstehen ist, und stellt eine explizite Verbindung zu Mi 2,8 – 10 her.

---

317 WOLFF, BK, 69, der in diesem Zusammenhang auf Jes 61,8 aufmerksam macht. Darin weist sich JHWH als Liebhaber des Rechts und Hasser des Bösen aus (אֹהֵב מִשְׁפָּט שֹׂנֵא גָזֵל). Der Parallelismus aus אהב und שׂנא in Verbindung mit גזל lässt eine signifikante Nähe zu Mi 3,2 erkennen.
318 RUDOLPH, KAT, 70 Anm. 3.

Die engen terminologischen und inhaltlichen Verbindungen, die die Schlachtungssequenz zu Mi 2,8 – 10 (mit Mi 2,4 – 5) aufweist, lässt darauf schließen, dass Mi 3,2b – 3* von derselben Hand, zumindest aber in der Tradition der jüngeren Sozialkritik in Mi 2 – 3* gestaltet worden ist. Die Schlussfolgerung wird dadurch gestützt, dass die Metaphorik der Schlachtungssequenz erst vor dem Hintergrund von Mi 2,8 – 10 zu verstehen ist. Dass sie nämlich nicht von einer tatsächlichen Schlachtung des Volkes (oder eines Teils desselben) etwa in Gestalt einer kriegerischen Gewaltmaßnahme handelt, sondern ein Bild für soziales Unrecht bietet, das die materielle Existenzgrundlage und damit Leib und Leben des Volkes (עַמִּי) gefährdet, ist erst vor dem Hintergrund von Mi 2,8 – 10 evident. Die jüngere Sozialkritik in Mi 2,8 – 10 gibt der Schlachtungssequenz somit die Deutungsperspektive vor. Entsprechend beziehen sich die drei in Mi 3,2a im Nahkontext referenzlosen Suff. 3. Mask. Pl. denn auch auf den Kreis der Geschädigten aus Mi 2,8 – 10 zurück.[319]

Die Schlachtungssequenz schreibt die jüngere Sozialkritik in Mi 2,4 – 5.8 – 10 (entweder auf derselben literarischen Ebene oder in ihrer Tradition) fort und radikalisiert die Anklage, indem sie den Entzug angestammter Felder als Teil des unveräußerlichen Erbbesitzes (V.4), des Mantels als Teil des rechtlich geschützten Existenzminimums (V.8), der Häuser und selbst der Würde (V.9) ins Bild der Viehschlachtung setzt. Da es sich jeweils um existenzbedrohende Vergehen handelt, die Mi 2,4.8 – 9 zur Anzeige bringen, erscheint die Metapher konsequent. Als zeitgeschichtlicher Hintergrund der jüngeren Sozialkritik sind innergesellschaftliche Konflikte nach der Wende des Exils erwogen worden, die mit der Heimkehr versprengter Bevölkerungsgruppen in Verbindung stehen könnten. Da Mi 3,2b – 3* die jüngere Sozialkritik in Mi 2* voraussetzt, ist derselbe Hintergrund für die Schlachtungssequenz anzunehmen.

Im Sinne der sozialkritischen Grundschicht wird das soziale Unheil auch auf der Ebene ihrer Erweiterung letztlich der politischen Führung angelastet. In Mi 3,2b – 3* richtet sich die Anklage allerdings nicht nur auf ihre pervertierte Rechtspflege und Grundeinstellung (vgl. Mi 3,1 – 2a*), sondern auf aktive Gewaltmaßnahmen. Sollte darin zum Vorschein kommen, dass es sich bei dem in Mi 2,4.8 – 9 beklagten Unheil um das Resultat einer staatlich gelenkten Maßnahme handelt? Da die Strafurteile in Mi 2,5.10 an die Landnahmetradition und insbesondere Mi 2,5 an den (gelenkten) Landverteilungsvorgang per Losverfahren erinnern, besitzt die Annahme eine gewisse Wahrscheinlichkeit.

---

319 Vgl. entsprechend JEREMIAS, ATD, 156 Anm. 122; WOLFF, BK, 60.

4.3.5 Zwischenergebnis

Die Sozialkritik in Mi 3,1–4* bildet den dritten Textabschnitt, der mit dem sozialkritischen Themenbereich der Gerichtskomposition in Mi 2–3 verbunden ist. In Mi 3,1–4 sind vier Textebenen voneinander zu unterscheiden. Die Einleitung in Mi 3,1 (וָאֹמַר) ist im Zuge der Einschaltung der Weissagungsdebatte in Mi 2,6–7.11 gestaltet worden und profiliert Micha als vollmächtigen Prophetentypus. Mit pointiertem Ich, das in Mi 3,8 wiederkehrt, wird ein Rahmen um Mi 3,1–7* gestaltet. Der Straffolgespruch in Mi 3,4 ist im Zuge der Eingliederung des Prophetengerichts in Mi 3,5–7 formuliert worden, um die Sozialkritik in Mi 3,1ff vorläufig abzuschließen. Das sozialkritische Element in Mi 3,1–3* stellt seinerseits eine gewachsene Größe dar. Der Höraufruf samt Schuldaufweis in V.1–2a* gehört der sozialkritischen Grundschicht in Mi 2–3* an, die Schlachtungssequenz in V.2b–3 bildet eine jüngere Erweiterung.

Als mittleres Glied der sozialkritischen Grundschicht dürfte Mi 3,1–2a* ursprünglich unmittelbar auf den Weheruf in Mi 2,1–2 gefolgt sein. Den Häuptern und Anführern wird zur Last gelegt, das im Rahmen des Leichenliedes beklagte, schrankenlose Unrecht aufgrund ihrer Rechtsversäumnisse zu verantworten. Da in Mi 3,1–2a* noch kein Urteil gesprochen wird, bildet Mi 3,9–12* die notwendige Fortsetzung des Abschnitts. Der Schuldaufweis besteht insgesamt aus modifizierten Zitaten aus der Tradition der Nordreichsprophetie. Mi 3,1a nimmt auf Hos 5,1, Mi 3,2a sodann auf Am 5,15a Bezug. Die Anklage der Nordreichsprophetie wird eingespielt, um das Schicksal Israels und Judas mit äquivalenten Vergehen zu begründen. Dieser Sachverhalt legt den Schluss nahe, dass die Gerichtskomposition bereits in ihrer Grundsubstanz literarischer Natur ist und keine genuine Eigenbildung darstellt, die auf eine vorliterarische Tradition und letztlich auf den historischen Micha zurückgeht. Eine Entscheidung ist in dieser Frage allerdings erst zu treffen, wenn die sozialkritische Grundschicht vollständig rekonstruiert ist.

Die Schlachtungssequenz in Mi 3,2b–3* erweitert die ältere Anklage gegen die politische Führung Judas um den Vorwurf aktiver Gewaltverbrechen gegen das Volk (עַמִּי). Sie steht mit der jüngeren Sozialkritik in Mi 2,4–5 und Mi 2,8–10 in Verbindung und könnte auf dieselben Verfasser zurückgehen. Sollte der situative Hintergrund der jüngeren Sozialkritik mit den Konflikten um Land und Besitzrechte in nachexilischer Zeit zutreffend beschrieben worden sein, käme in Mi 3,2b–3* in drastischer Weise die Schuld der politischen Führung am (wiederholten) sozialen Unfrieden zur Sprache.

Im vorfindlichen Textgefüge wird die Sozialkritik in Mi 3,1–3* durch den Straffolgespruch in Mi 3,4 abgeschlossen, der als Brückenvers zum Prophetengericht in Mi 3,5–7 gestaltet wurde. Wie ist nun das kompositionelle Verhältnis zwischen Mi 3,4 und den beiden Textebenen in Mi 3,1–3* zu beurteilen? Zwei Indizien sprechen dafür, dass der Straffolgespruch als vorläufiger Abschluss von

Mi 3,1–2a* gestaltet wurde und Mi 3,2b–3 eine jüngere Einschaltung darstellt. In inhaltlicher Hinsicht ergibt sich eine logische Gedankenfolge. Im Anschluss an V.2a ist das Subjekt der Hilferufe aus V.4 eindeutig mit den Häuptern und Anführern zu identifizieren. In kompositioneller Hinsicht setzen die Elemente der jüngeren Sozialkritik, denen neben Mi 2,4–5.8–10 auch Mi 3,2b–3 zugehört, die Weissagungsdebatte in Mi 2,6–7.11 (mit Mi 3,1[וָאֹמַר].8) bereits voraus. Im Verhältnis zu Mi 3,5–7 (mit Mi 3,4) hat sich diese jedoch als jünger erwiesen.

4.4 Die Sozialkritik in Mi 3,9–12

In Mi 3,9–12 liegt der vierte und letzte Textabschnitt des sozialkritischen Themenbereichs in Mi 2–3* vor.[320] Nach Mi 3,1a* werden in V.9a die politischen Häupter und Anführer Judas noch einmal aufgerufen und der Schuldaufweis fortgesetzt, der auf das Untergangsurteil gegen Zion/Jerusalem in Mi 3,12 zuführt. Das Strafurteil bildet den Höhe- und Zielpunkt der sozialkritischen Gerichtskomposition in Mi 2–3*. Die bisherige Analyse hat ergeben, dass der Höraufruf in Mi 3,9a unter dem Vorbild von Mi 3,1a formuliert worden ist und einen Brückenvers darstellt, der im Zuge der Einbindung des Prophetengerichts in V.5–7 zugefügt wurde.[321] Die nachfolgende Untersuchung wird zeigen, dass Mi 3,9–12 darüber hinaus zwei weitere Fortbildungen erfahren hat. Der sozialkritischen Grundschicht in Mi 2–3* gehören allein der Schuldaufweis in V.9b und das Strafurteil in V.12 zu, der Blutschuldvorwurf in V.10 sowie das Schuldsummarium in V.11 sind als jüngere Erweiterungen zu bewerten.

4.4.1 Abgrenzung und Aufbau

Im vorfindlichen Textgefüge begegnet Mi 3,9–12 zwischen dem (um die Profilierung des Michaformats erweiterten) Gerichtswort gegen die Propheten in Mi 3,5–7.8 zur einen und dem Völkerwallfahrtslied in Mi 4,1–5 zur anderen Seite. Der Höraufruf in Mi 3,9a markiert im Anschluss an die Prophetenkritik einen Neueinsatz, indem der Adressatenkreis aus Mi 3,1a erneut aufgerufen und der sozialkritische Themenstrang fortgeführt wird. Das Strafurteil in Mi 3,12 bildet den Zielpunkt der Gerichtskomposition in Mi 2–3*. Das anschließende Völkerwallfahrtslied zeichnet das Bild umfassenden Friedens und stellt im synchronen Textgefüge die Eröffnung der Heilskomposition in Mi 4–5 dar. Die inhaltliche und

---

320 Zur Differenzierung der Themenbereiche s. oben II.2.
321 S. dazu oben 3.2.4.2.

literarische Zäsur zwischen Mi 3,9 – 12 und seinem Folgekontext ist evident. Da die Textelemente in Mi 3,5 – 7.8 (mit Mi 3,9a) jüngere Erweiterungen darstellen, werden die (älteren) Schuldaufweise in Mi 3,1 – 2a* und Mi 3,9b – 11* vormals einen organischen Zusammenhang gebildet haben.

Das Gerichtswort in Mi 3,9 – 12 besteht aus drei Gliedern und entspricht exakt dem klassischen Format seiner Gattung.[322] Der Höraufruf leitet den Passus ein und nennt den Adressatenkreis (V.9a vgl. V.1a), das Untergangsurteil gegen Zion/Jerusalem (V.12) bildet den Abschluss des Gerichtswortes. Im Zentrum steht der Schuldaufweis. Er ist im gegenwärtigen Zusammenhang dreiteilig. Zunächst werden in V.9b die politischen Häupter angeklagt, das Recht zu verabscheuen und alles Gerade zu verkrümmen. Daraufhin wird in V.10 der Vorwurf erhoben, Zion/Jerusalem sei aus Unrecht und Blutschuld errichtet. In V.11 werden schließlich die führenden Stände, die Häupter, die Propheten und die Priester, bezichtigt, ihr Amt zur persönlichen Vorteilsnahme zu missbrauchen und sich trotz des resultierenden Unheils auf JHWHs unbedingte Heilsgarantie zu berufen. Mit diesem Schuldsummarium erscheinen die Institutionen Judas insgesamt als des Strafgerichts würdig.

4.4.2 Integrität

Das Gerichtswort in Mi 3,9 – 12 stellt kein literarisch einheitliches Gebilde eines einzigen Verfassers dar. Sein Grundbestand ist vielmehr von (mindestens) zwei unterschiedlichen Händen ausgestaltet worden. Der Höraufruf in Mi 3,9a war als Brückenvers bestimmt worden, der von den Verfassern des Prophetengerichts im Zuge der Einschaltung von V.5 – 7 eingesetzt wurde. Literarkritische Bedenken richten sich darüber hinaus gegen die ursprüngliche Zugehörigkeit von V.10 und V.11 zum Grundbestand des Gerichtswortes.[323] Sie ergeben sich bereits aus formalen Beobachtungen. So wird der Vorwurf in V.10 anders als in Mi 2 – 3* üblich mit einem Part. im Sg. statt im Pl. (vgl. Mi 2,1; 3,2a.2b.5aβ.9a) eingeleitet. Das Schuldsummarium in V.11 nennt neben den Häuptern und den Propheten die Priester als drittes Schuldsubjekt, obwohl die Priester weder zum Adressatenkreis

---

322 Vgl. WESTERMANN, Grundformen, 120 – 126 (mit Struktursynopse 124 – 125).

323 Schon LESCOW, Analyse von Micha 1 – 5, 49 mit Anm. 15, hat V.10 – 11 als „Einschub" bezeichnet. Die ursprüngliche Zugehörigkeit von Mi 3,11 zur Gerichtskomposition in Mi 2 – 3* ist bereits von METZNER, Kompositionsgeschichte, 110 – 113; OTTO, Techniken, 127; VERMEYLEN, Isaie, 591 – 592; VINCENT, Gerichtswort, 169, in Zweifel gezogen worden (vgl. KESSLER, HThK.AT, 161 – 162). Mehrheitlich wird Mi 3,9 – 12 innerhalb der Forschung jedoch für literarisch einheitlich gehalten; vgl. JEREMIAS, ATD, 158 – 159.165 – 167; DERS., Tradition, 137 – 151, bes. 148 – 150; WILLI-PLEIN, Vorformen, 81 – 82; WÖHRLE, Sammlungen, 154; WAGENAAR, Judgement, 254 – 255; WOLFF, BK, 64 – 67.76 – 80.

von V.9a gehören (wie im Übrigen auch die Propheten) noch in Mi 2–3* auf erkennbare Weise (anders als die Propheten) mit den Straftatbeständen, die zum Untergang führen, in Verbindung gebracht werden. Weitere Beobachtungen zu Form und Inhalt von Mi 3,10 und Mi 3,11 erhärten den Verdacht, dass beide Elemente der Gerichtskomposition (vermutlich von derselben Hand) nachträglich zugefügt worden sind.

4.4.2.1 Der Blutschuldvorwurf in V.10

Der Verdacht, dass Mi 3,10 im Kontext der Gerichtskomposition einen Zusatz darstellen könnte, ging von der Beobachtung aus, dass der Blutschuldvorwurf als einziger Aspekt des Schuldaufweises in Mi 2–3* nicht mit einem Part. im Pl., sondern mit einem Part. im Sg. formuliert wird.[324] Anders als die Vorwürfe in V.2a (וְאֹהֲבֵי [ ] שֹׂנְאֵי) und in V.9b (הַמְתַעֲבִים) kann das Subjekt von בֹּנֶה aus Gründen der Kongruenz nicht mit den Häuptern und Anführern identisch sein, die der Höraufruf im Pl. adressiert. Vielmehr bezieht es sich auf diejenigen Elemente der Adressatenangabe zurück, die der Höraufruf im Sg. bezeichnet (בֵּית יִשְׂרָאֵל bzw. בֵּית יַעֲקֹב). Der Vorwurf richtet sich damit nicht (primär) gegen die politische Führung, sondern charakterisiert das Haus Israel bzw. in distributivem Sinne all jene, die den Bauvorgang verantworten.

Das Part. Sg. verleiht dem Vorwurf einen generellen Charakter.[325] Sein Geltungsradius reicht (in zunächst nicht näher bestimmter Weise) über die politische Führung hinaus, die die Höraufrufe in Mi 3,1a.9a adressieren. Dieser Sachverhalt unterstreicht die Sonderstellung des Blutschuldvorwurfs in Mi 3*. Der Fokus des Schuldaufweises konzentrierte sich auf die Häupter und Anführer und deren Rechtsvergehen, um die Ursachen des sozialen Unheils in Juda aufzudecken und das Strafgericht zu begründen. V.10 erweitert diesen Fokus. Mit seinem generalisierenden Interesse setzt V.10 weniger die konkrete Anklage gegen die Häupter und Anführer fort, sondern bereitet vielmehr die ihrerseits generalisierende Ständekritik in V.11 vor.

Neben dem Subjekt ist auch das Objekt des Bauvorgangs in V.10 auffällig. Während die übrigen Vergehen, die Mi 2–3* zur Anzeige bringt, entweder mit der Bevölkerung (Mi 2,1–2; vgl. Mi 2,4.8–9; Mi 3,2b–3.5) oder dem Recht (Mi 3,1–2a.9b) in Beziehung stehen, betrifft die Bauschuld in V.10 Zion/Jerusalem.

---

324 Dieser Sachverhalt hat bereits WELLHAUSEN, Propheten, 141, dazu veranlasst, das Part. mit G οἱ οἰκοδομοῦντες in den Pl. zu setzen (vgl. entsprechend u. a. LIPPL, HSAT, 198; MARTI, KHC, 280; NOWACK, HK³, 216; SELLIN, KAT, 279; WOLFF, BK, 61). Anders lesen EHRLICH, Randglossen, 279; MCKANE, Micah, 112; RUDOLPH, KAT, 68, den Inf. abs.

325 Vgl. entsprechend bereits JEREMIAS, ATD, 157 Anm. 130.

Insofern die Stadt selbst aus Blut und Unrecht besteht, erscheint ihre Zerstörung nach Mi 3,12 nicht mehr allein als Vergeltungsmaßnahme für die Vergehen darin. Vielmehr ist die Stadt selbst zu gleichen Teilen Ziel und Anlass des Strafgerichts. Die Bedeutung des Strafurteils in Mi 3,12 wird durch den Blutschuldvorwurf signifikant verschoben.

Darüber hinaus ergibt sich der Gegenstand des Vorwurfs nicht organisch aus dem Zusammenhang der älteren Sozialkritik. Sie richtet sich gegen Verfehlungen im Kontext der Pflege und Durchsetzung des Rechts (vgl. Mi 3,1–2a.9b). Da der Terminus דָּמִים aber „das vergossene Blut"[326] in konkretem Sinne bezeichnet, dürften aktive Gewaltverbrechen den Vorwurf in V.10 motivieren. Dieser Schuldaspekt plausibilisiert sich allein vor dem Hintergrund der Schlachtungssequenz in Mi 3,2b–3*, die als Element der sozialkritischen Erweiterung bestimmt wurde.[327]

Schließlich weist Mi 3,10 eine große Nähe zum Weheruf in Hab 2,12 auf. Der Parallelismus aus דָּמִים (Pl.) und עַוְלָה findet sich nur an diesen beiden Stellen und wird in Hab 2,12 über das Part. Sg. בֹּנֶה ebenfalls mit einem Städtebauvorgang in Verbindung gebracht. Eine direkte Abhängigkeit zwischen dem Blutschuldvorwurf in Mi 3,10 und Hab 2,12 ist somit sehr wahrscheinlich. Da Hab 2,12 in seinen Nahkontext weitaus dichter eingeflochten ist als Mi 3,10 (vgl. die mit dem Bauvorgang verbundenen Motive עֵץ־כָּפִיס־קִיר־אָבֶן in Hab 2,11 und דָּם in Hab 2,8), dürfte Mi 3,10 ein „(wörtliches) Zitat aus Hab 2,12a"[328] enthalten.

Mit der Einschaltung des Zitats aus Hab 2,12 in den Zusammenhang der älteren Sozialkritik wird der Schuldaufweis in Mi 3* radikalisiert und um den Aspekt der Blutschuld erweitert. Darüber hinaus spielt V.10 die vielfältigen weiteren Vergehen aus Hab 2 ein und bringt sie mit der Situation Jerusalems unmittelbar vor seinem Untergang in Verbindung. Schließlich werden die Schuldvorwürfe, die Mi 3* gegen die politische Führung und die Propheten richtete, verallgemeinert und Zion/Jerusalem selbst in den Nexus von Schuld und Strafe involviert. Mit seiner radikalisierenden und generalisierenden Tendenz übersteigt der Blutschuldvorwurf in Mi 3,10 eindeutig den Horizont der sozialkritischen Grundschicht in Mi 2–3*.

4.4.2.2 Das Schuldsummarium in V.11

Im Rahmen des Schuldsummariums in Mi 3,11 werden die drei maßgeblichen Institutionen Judas, die politischen Häupter, die Priester und die Propheten, gemeinsam in den Zusammenhang aus Schuld und Strafe einbezogen. Am Ende der Gerichts-

---

326 WOLFF, BK, 77 mit Hinweis auf Gen 4,10; Ex 22,1 und Ps 5,7.
327 S. dazu oben 4.3.2.
328 JEREMIAS, ATD, 165; vgl. DERS., Tradition, 149–150.

komposition erscheint ein Schuldsummarium im Sinne eines Schlussplädoyers zwar durchaus angebracht, bevor das Strafurteil fällt. Da sich aber weder der Horizont noch der Straftatbestand in V.11 organisch aus dem vorausliegenden Schuldaufweis ergeben, legt sich die Vermutung nahe, dass das Schuldsummarium nicht den ursprünglichen Abschluss desselben darstellt, sondern wie ähnlich bereits Mi 3,10 mit generalisierendem Interesse nachgetragen wurde.[329]

Der Höraufruf in V.9a leitet das Gerichtswort in V.9 – 12 ein und adressiert die Häupter und Anführer, also allein die politische Führung Judas. Das Schuldsummarium nennt die Politiker unter Aufnahme des Begriffs רֹאשׁ aus V.9a (vgl. V.1a) erneut, erweitert den Adressatenkreis allerdings um die Priester (כֹּהֵן) und die Propheten (נָבִיא vgl. V.5a). Dieser Radius ist mit dem des Höraufrufs nicht deckungsgleich.[330] Überdies erscheint das Schuldsummarium zwar im Hinblick auf die politische Führung und die prophetische Institution folgerichtig, deren Verfehlungen Mi 3 bereits bezeichnet hat. Die Schuld der Priesterschaft ist hingegen weder argumentativ vorbereitet noch steht ihre berufliche Verantwortung mit den in Mi 3 aufgewiesenen gesellschaftspolitischen Vergehen in erkennbarer Beziehung. Die Priesterschaft erscheint in V.11 formal und inhaltlich isoliert. Lediglich Mi 1,7 hatte eine ausdrückliche Kultkritik (gegen das Nordreich) geäußert, Mi 1,13b (vgl. V.14b) dieselbe gegen das Südreich zumindest angedeutet. Die kultkritischen Elemente waren allerdings auch in Mi 1* als Zusätze erwiesen worden.[331] Die drei Stände werden schließlich zu Zion/Jerusalem ins Verhältnis gesetzt, über das dreifache Suff. 3. Fem. Sg. (נְבִיאֶיהָ / כֹּהֲנֶיהָ / רָאשֶׁיהָ) ist das Schuldsummarium mit V.10 verbunden und setzt den Blutschuldvorwurf zwingend voraus. Sofern V.10 zutreffend als Nachtrag in Mi 2 – 3* identifiziert worden ist, muss dasselbe auch für V.11 gelten. Ohne Zion/Jerusalem in V.10 sind die Suff. in V.11 ohne Bezugsgröße.

Der Verdacht, dass Mi 3,11 einen Zusatz darstellt, erhärtet sich vor dem Hintergrund einer weiteren Beobachtung, die den Straftatbestand betrifft. Gegen alle

---

329 Auf den redaktionellen Charakter von Mi 3,11 hat bereits JEREMIAS, Tradition, 149, aufmerksam gemacht, jedoch daran festgehalten, dass das Element in seinem literarischen Zusammenhang ursprünglich ist. „Keinesfalls aber ist Mi 3,11 als literarischer Zuwachs zu werten, wie mehrfach irrtümlich angenommen wurde; ohne V 11 bliebe Mi 3 ein Fragment, das seines Höhepunktes beraubt wäre." (ebd.).

330 Dass die Adressaten in Mi 3,1a* und Mi 3,9a die Führungselite Judas in ihrer Gesamtheit, also die politische neben der priesterlichen und der prophetischen Elite repräsentieren, ließe sich begründet erwägen. Immerhin bezeichnen die Begriffe רֹאשׁ und קָצִין darin keine Ämter im engeren Sinne (s. dazu oben 4.3.3.1). In Mi 3,11 allerdings werden die drei Stände ausdrücklich als unterschiedliche Berufsgruppen parallelisiert und die Gruppe רֹאשׁ in die Reihe eingeordnet. Innerhalb des Summariums findet der Terminus רֹאשׁ somit anders als noch in V.1a und V.9a als Berufsbezeichnung Verwendung.

331 S. oben unter Teil A die Analyse 4.2.1 und 4.2.2.

drei Stände wird derselbe Vorwurf erhoben, dass sie nämlich ihre jeweilige berufliche Aufgabe, das politische Richten (שׁפט), das priesterliche Lehren (ירה), das prophetische Weissagen (קסם vgl. V.6a), von entsprechender Bezahlung abhängig machen. Wie in Mi 3,5 – 7 ist auch hier eindeutig, dass es sich nicht um die unverdächtige Entlohnung zur Sicherung des Lebensunterhalts handelt, sondern um Bestechungsgelder. Der Korruptionsvorwurf ist jedoch allein in Bezug auf die Propheten vorbereitet (vgl. Mi 3,5 – 7). Im Hinblick auf die politische Führung (und die Priesterschaft ohnehin) ist der Vorwurf neu und scheint vom Gerichtswort gegen die Propheten aus mit generalisierendem Interesse auf die drei Stände insgesamt übertragen worden zu sein. Oder sollte der Vorwurf in Mi 3,11 erst dazu Anlass gegeben haben, die Korruption der Stände im Rahmen eines Gerichtswortes gegen Propheten eigens zu konkretisieren? Damit besäße V.11 weniger den Charakter eines abschließenden Summariums, sondern die Funktion eines eigenen Anklagepunktes im Rahmen von Mi 2 – 3*. Eine letzte Beobachtung spricht nach meiner Wahrnehmung entscheidend dagegen.

Die Propheten werden in V.11 (wie die Stände insgesamt) in zweifacher Weise charakterisiert, zum einen durch den Korruptionsvorwurf und zum anderen durch ihre theologische Grundüberzeugung, die mit dem Zitat in V.11b (לֵאמֹר) zum Ausdruck gelangt. Aus der Gewissheit, die sich mit der rhetorischen Frage in V.11bβ ausspricht, dass nämlich JHWH in ihrer Mitte sei (הֲלוֹא יְהוָה בְּקִרְבֵּנוּ), wird in V.11bγ die Überzeugung abgeleitet, dass kein Unheil über sie kommen wird (לֹא־תָבוֹא עָלֵינוּ רָעָה). In V.11 werden die Propheten damit auf eine einseitige Heilsdogmatik festgelegt. Innerhalb des Gerichtswortes in Mi 3,5 – 7 jedoch gehörte das günstige Orakel ebenso zu ihrem Angebot wie das unheilvolle.

Die Reduzierung der Orakelpraxis auf jene exklusive Heilsideologie und ihre theologische Begründung erfolgt im kompositionellen Zusammenhang von Mi 2 – 3* noch nicht auf der Ebene des Prophetengerichts, sondern erst auf der Ebene des (jüngeren) Weissagungsdiskurses in Mi 2,6 – 7.11. Die Propheten im Spiegel von Mi 3,11b entsprechen damit den Weissagern, die im Rahmen der Debatte gegen die michatypischen Propheten argumentieren (V.6 – 7) und von diesen schließlich als Lügner disqualifiziert werden (V.11). Bis hinein in den Stil der Formulierung korrespondiert V.11b mit der Weissagungsdebatte.[332] Wie in V.11 werden in Mi 2,7 theologische Grundüberzeugungen in die Formgestalt rhetorischer Fragen gekleidet und aus bestimmten Voraussetzungen (V.7aα.7bβ vgl. V.11bβ) entsprechende Schlussfolgerungen gezogen (V.7aβ.bα vgl. V.11bγ). Das

---

332 Vgl. entsprechend bereits METZNER, Kompositionsgeschichte, 112 – 113. Auf die Verbindung zu Mi 2,7 hat auch UTZSCHNEIDER, ZBK, 81, aufmerksam gemacht.

Schuldsummarium in Mi 3,11 dürfte also bereits unter dem Einfluss des Weissagungsdiskurses formuliert worden sein.

4.4.2.3 Zwischenergebnis

Der Blutschuldvorwurf in Mi 3,10 und das Schuldsummarium in Mi 3,11 sind in die sozialkritische Grundschicht in Mi 2–3* nachträglich eingesetzt worden. Mit einem modifizierten Zitat aus Hab 2,12 radikalisiert V.10 den Schuldaufweis und steigert ihn bis ins Extrem der Blutschuld hinein. Indem das Part. Sg. nicht die Häupter und Anführer charakterisiert, sondern das Haus Jakob/Israel, wird das Subjekt der Vergehen generalisiert und Zion/Jerusalem in den Schuldnexus einbezogen. Das Schuldsummarium in V.11 erweitert den Kreis der Straffälligen und erweist die Institutionen Judas insgesamt als strafwürdig. Da V.10 und V.11 gleichermaßen ein generalisierendes Interesse erkennen lassen und V.11 durch das dreifache Suff. 3. Fem. Sg. mit V.10 verbunden ist, dürften beide Elemente von derselben Hand in die Komposition eingefügt worden sein.

4.4.3 Detailanalyse

In Mi 3,9–12 wird die Anklage gegen die politische Führung Judas nach Mi 3,1–2a fortgesetzt (V.9*) und die Schuld innerhalb des Hauses Jakob auf Zion/Jerusalem und seine führenden Stände übertragen (V.10–11). Wie die Integritätsanalyse ergeben hat, gehören beide Elemente verschiedenen Textebenen innerhalb der Gerichtskomposition in Mi 2–3* zu. Sie werden im Folgenden gesondert untersucht.

4.4.3.1 Der Schuldaufweis in V.9b und das Strafurteil in V.12

Der sozialkritische Passus in Mi 3,9–12 wird im vorfindlichen Textgefüge durch einen zweiten Höraufruf eröffnet. Dieser ist unter dem Vorbild von Mi 3,1a gestaltet und im Zuge der Einschaltung des Prophetengerichts (Mi 3,5–7) der Fortsetzung des sozialkritischen Schuldaufweises in Mi 3,9b vorangestellt worden.[333] Die Vorlage wird, wie bereits ausgeführt wurde, an zwei Stellen erweitert. Zum einen wird durch Zufügung des Begriffs בֵּית in V.9aα eine formale Kongruenz zwischen beiden Hälften der Adressatenangabe hergestellt, zum anderen wird das erste Kolon um das Demonstrativum זֹאת erweitert.[334] Da V.10–11 jüngere Zusätze in Mi 3,9–12 darstellen, lässt

---

333 S. oben 3.2.4.2.
334 Die Verbindung שִׁמְעוּ־נָא זֹאת begegnet über Mi 3,9 hinaus lediglich ein weiteres Mal in Jer 5,21.

sich die Referenzgröße des Demonstrativums nun eindeutig bestimmen. Es weist nicht unspezifisch auf die Fortsetzung der Sozialkritik hin, sondern dezidiert auf das Strafurteil in Mi 3,12 voraus, das im älteren Textzusammenhang unmittelbar auf die Charakterisierung der politischen Führung in V.9b folgte.[335]

Wie in Mi 2,1–2 (und ähnlich in Mi 3,2a) beginnt die Anklage gegen die Häupter und Anführer in V.9b mit einem Part. Pl. in Spitzenposition, das durch ein verbum finitum entfaltet wird. Ihnen wird zur Last gelegt, das Recht zu verabscheuen und alles Gerade zu verbiegen (הַמֲתַעֲבִים מִשְׁפָּט וְאֵת כָּל־הַיְשָׁרָה יְעַקֵּשׁוּ). Die Formulierungen sind weisheitlich geprägt. Die Wurzel עקשׁ charakterisiert die falschen Wege (Prov 2,15; 10,9; 28,6.18) und verkehrten Herzen (Ps 101,4; Prov 11,20; 17,20) und formuliert einen Kontrast zu Reinheit (2 Sam 22,27 = Ps 18,27) und Unschuld (Hi 9,20; Prov 19,1), Gerechtigkeit (Prov 8,8) und Frieden (Jes 59,8), schließlich zum Leben selbst (Prov 22,5). Den Gegenstand des Vorgangs עקשׁ bildet das mit dem Begriff יָשָׁר bezeichnete Gerade und Rechtschaffene, das ebenfalls „zu den Lieblingsworten der Weisheit"[336] gehört. Da יָשָׁר überdies zu den Attributen des göttlich garantierten Rechts und der gemeinschaftsdienlichen Ordnung gehört (vgl. Ex 15,26; Dtn 6,18; 12,28; 13,19; 21,9 u. ö.), sind die Dimensionen sozialer und religiöser Verfehlungen in V.9b untrennbar miteinander verbunden.[337]

Der Vorgang תעב bestimmt schließlich in V.9ba die innere Ursache, welche die Pervertierung der Ordnung begründet. Als Denominativ von תּוֹעֵבָה bezeichnet er eine Haltung des Ekels und der Abscheu, die sich sowohl auf Materielles (vgl. Dtn 7,26; Ps 107,18) als auch auf Personen und ihr Handeln richten kann (vgl. u. a. Dtn 23,8; Ps 5,7; Hi 9,31; 19,19; 30,10).[338] Im Parallelismus mit מִשְׁפָּט begegnet das Nomen תּוֹעֵבָה in Lev 18,26 und verbindet sich darin mit der Mahnung, JHWHs Ordnungen und Rechtssatzungen zu halten. Der Kontrast zur beruflichen Verantwortung der politischen Führung, der in V.9ba die Verabscheuung des Rechts (מִשְׁפָּט) ange-

---

335 Vgl. ähnlich bereits JEREMIAS, ATD, 165.

336 KESSLER, HThK.AT, 162. So charakterisiert der Terminus die frommen Herzen (יִשְׁרֵי־לֵב) in Ps 7,11; 11,2; 32,11; 36,11; 64,11; 94,15; 97,11 vgl. Hi 33,3; Ps 119,7), figuriert im Parallelismus mit צַדִּיק (Ps 32,11; 33,1; 64,11; 97,11; 140,14; Prov 21,18; 29,27 vgl. Hab 2,4) oder תָּם (Ps 25,21; 37,37; Hi 1,1.8; 2,3; Prov 2,7; 29,10). Beinahe die Hälfte aller Belegstellen entfallen auf die Bücher Ps und Prov, vgl. LIEDKE, Art. ישׁר, 790–794.

337 Vgl. die stereotype Formulierung עשׂה הַיָּשָׁר בְּעֵינֵי יְהוָה im Zusammenhang der (dtn-dtr) Bewertung eines gottgefälligen Handelns in Dtn 12,25.28; 13,19; 1 Reg 15,5.11; 22,43; 2 Reg 12,3; 14,3; 15,3.34; 16,2; 18,3; 22,2; 2 Chr 14,1; 20,32; 24,2; 25,2; 26,4; 27,2; 28,1; 29,2; 34,2.

338 Vgl. GERSTENBERGER, Art. תעב, 1051–1055, und die Belege in Dtn 7,26; 23,8; 1 Reg 21,26; Jes 14,19; 49,7; Ez 16,25.52; Am 5,10; 1 Chr 21,6; Hi 9,31; 15,16; 19,19; 30,10; Ps 5,7; 14,1; 53,2; 106,40; 107,18; 119,163. Der Befund lässt auch für die Wurzel תעב einen weisheitlichen Schwerpunkt erkennen.

lastet wird, zur gesellschaftlichen Ordnung und letztlich zu JHWH selbst vermag sich kaum deutlicher auszusprechen.

Zwei Parallelen sind im Zusammenhang des Schuldaufweises in V.9b von besonderem Interesse. Zum einen figuriert der Terminus תּוֹעֵבָה in Ez 16 (V.2.22.36. 43.47.50.51.58) bzw. seine verbale Ableitung תעב (V.25.52) nachgerade als Leitwort einer Komposition, die das Handeln der personifizierten Hauptstädte Samaria und Jerusalem in Beziehung setzt und mit ihren als Gräuel disqualifizierten Schandtaten das jeweilige Strafgericht JHWHs begründet. Ein ähnliches Interesse der geschichtstheologischen Zusammenschau des Schicksals beider Städte war im Hintergrund der Komposition in Mi 1* aufgefallen.[339]

Zum anderen begegnet das Verbum תעב in Am 5,10 wie in Mi 3,9b innerhalb eines Schuldaufweises, der sich auf Vergehen im Kontext von Recht und Ordnung bezieht. Den Straftätern wird zur Last gelegt, dass sie denjenigen hassen (שׂנא), der im Tor das Recht spricht, und den verabscheuen (תעב), der tadellos redet. Über das Verbum שׂנא ist Am 5,10 mit der Mahnung in Am 5,15 verbunden, das Böse zu hassen, das Gute zu lieben und das Recht im Tor wieder zur Geltung zu bringen. Da in Mi 3,2a „der Aufruf des Amos in Am 5,15 abgewandelt zitiert wird"[340] und Mi 3,2a auf der Ebene der sozialkritischen Grundschicht Mi 3,9b unmittelbar vorausging, dürfte der über שׂנא hergestellte Konnex zwischen Am 5,15 und Am 5,10 (תעב) die Gestaltung des Vorwurfs תעב in Mi 3,9b motiviert haben.[341] Wie in Mi 3,2a wird auch in Mi 3,9b die Amosvorlage nicht nur modifiziert, sondern auch weiterentwickelt. Während Am 5,15 noch zum Lieben des Guten und zum Hassen des Bösen, und somit zur Wiederherstellung von Recht und Ordnung aufruft, wird in Mi 3,2a die Perversion von Gut und Böse konstatiert. Während sich die Abscheu der Beklagten nach Am 5,10 noch auf die Personen richtet, die die Pflege des Rechts (berufsmäßig) verantworten, sind sie es nach Mi 3,9b selbst, die das Recht verabscheuen.

Der Schuldaufweis führt auf das Strafurteil in Mi 3,12 zu. Mit diesem wird die sozialkritische Grundschicht und der Unheilstext in Mi 1–3* abgeschlossen. Weil die politischen Anführer Judas den sozialen Unfrieden aufgrund ihrer Rechtsversäumnisse maßgeblich verantworten, fällt ihretwegen (בִּגְלַלְכֶם) das Urteil.[342]

---

339 S. dazu oben unter Teil A die Analyse III.4.

340 JEREMIAS, ATD, 160; vgl. ähnlich DERS., Tradition, 148; SCHART, Entstehung, 185; KESSLER, HThK.AT, 148.

341 Vgl. entsprechend bereits JEREMIAS, ATD, 165.

342 Die Präp. בִּגְלַל ist lediglich in Gen 12,13 (Abraham und Sarah), Gen 30,27 (Jakob und Laban), Gen 39,5 (Joseph und die Ägypter), Dtn 1,37 (Mose und dieses böse Geschlecht), Dtn 15,10 (Armenfürsorge und Segen), Dtn 18,12 (die Gräuel der Völker und ihre Vertreibung), 1 Reg 14,16 (die Sünde Jerobeams und die Sünde Israels), Jer 11,17 (die Sünden der Häuser Israel und Juda und die Vergeltung JHWHs), Jer 15,4 (Manasse und das Bild des Entsetzens) belegt.

Das Strafurteil besteht im Anschluss an seine Einleitung (לָכֵן בִּגְלַלְכֶם) aus drei Elementen. Zion als Zentrum der städtischen und religiösen Kultur in Juda wird zum Agrarland (V.12aβ), das bevölkerte Jerusalem zum unbewohnbaren Steinhaufen (V.12bα), der Berg des Hauses JHWHs schließlich zur Waldeshöhe (V.12bβ). Mit dem Begriff Zion steht die religiös konnotierte Bezeichnung der Stadt voran und umfasst in V.12aβ zu gleichen Teilen das politische (V.12bα) und das kultische Jerusalem (V.12bβ). Diese Reihenfolge ist kaum zufällig gewählt. Mit Zion verbindet sich die Vorstellung von Schutz und Ordnung, die das Strafurteil als trügerisch entlarvt. Die Zerstörung des Tempelberges als religiöser Mittelpunkt Jerusalems trägt in V.12aβ entsprechend das Achtergewicht.

4.4.3.2 Der Blutschuldvorwurf in V.10

Der Schuldaufweis wird im Anschluss an V.9b mit dem Vorwurf fortgesetzt, Zion sei aus Blut und Jerusalem aus Unrecht erbaut. Da Mi 3,10 wiederum mit einem Part. in Spitzenposition eröffnet wird (בֹּנֶה), fügt sich das Element stilgerecht in den Zusammenhang ein.[343] Allerdings bietet V.10 als einziges Element des Schuldaufweises das Part. im Sg. Anders als Mi 3,2.9b charakterisiert es nicht die Häupter und Anführer (Pl.), sondern bezieht sich auf das Haus Jakob/Israel, das Mi 3,9a im Sg. als Bezugsgröße der politischen Führung nennt. Das Part. Sg. trifft auf diese Weise eine generelle Aussage über das politische System Judas.

Das Begriffspaar דָּם und עֹלָה ist über Mi 3,10 hinaus lediglich in Hab 2,12 und Jes 59,3 belegt. Der Terminus דָּם wird in V.10 auf Jerusalem bezogen und erinnert an die Wendung עִיר דָּמִים (Ez 22,3–4; 24,6.9; vgl. Nah 3,1). Der Parallelismus mit עֹלָה lässt erkennen, dass gesellschaftspolitische Vergehen den Hintergrund des Blutschuldvorwurfs darstellen. Da das Blut des Menschen in besonderer Weise unter göttlichem Schutz steht (vgl. Gen 9,5), ist in Mi 3,10 der inhaltliche Zenit des Schuldaufweises erreicht. Das soziale Unrecht beschränkt sich mithin nicht auf den Entzug der äußeren Besitztümer des Volkes (Mi 2*) und die Perversion des Rechts (Mi 3*), sondern zielt auf das Leben selbst.

Der Vorwurf wird in V.10 metaphorisch formuliert, indem die Elemente דָּם und עֹלָה als Baumaterialien der Stadt begegnen.[344] Den metaphorischen Stil teilt V.10 mit der Schlachtungssequenz, an die auch das Blutmotiv erinnert. Während sich der Vorwurf עֹלָה in V.10b organisch aus dem Schuldaufweis der älteren Sozialkritik ergibt, bleibt undeutlich, woraus sich der Blutschuldvorwurf דָּמִים erklärt. Dieser plausibi-

---

343 Zum Blutschuldvorwurf s. auch die Ausführungen unter 4.4.2.1.

344 Anders bezieht KESSLER, HThK.AT, 163 (ähnlich MAYS, OTL, 89), den Vorwurf auf konkrete Baumaßnahmen. „Damit kann nur die rücksichtslose Anwendung von Fronarbeit durch die Führung des Staates beim Ausbau von Jerusalem gemeint sein."

lisiert sich erst vor dem Hintergrund von Mi 3,2b – 3*. Damit legt sich die Vermutung nahe, dass Mi 3,10 die Schlachtungssequenz voraussetzt und die darin enthaltene Anklage nun im Hinblick auf Zion/Jerusalem zur Entfaltung bringt.[345]

Der Blutschuldvorwurf stellt keine genuine Eigenformulierung der Micha-komposition dar, sondern bietet ein modifiziertes Zitat aus Hab 2,12. Da die Baumotivik innerhalb des Wehezyklus von Hab 2 weitaus stärker verankert ist als im Kontext der Gerichtskomposition von Mi 2–3* (vgl. אֶבֶן־קִיר־כָּפִיס־עֵץ in Hab 2,11 sowie דָּם in Hab 2,8), dürfte Hab 2,12 der Formulierung in Mi 3,10 als Vorlage gedient haben.[346] Während Hab 2,12 das Objekt des Bauens noch mit den Allgemeinbegriffen עִיר und קִרְיָה bezeichnet, werden sie in Mi 3,10 durch Zion und Jerusalem ersetzt und der Gegenstand des schändlichen Bauvorgangs auf diese Weise konkretisiert.

4.4.3.3 Das Schuldsummarium in V.11

Im vorfindlichen Textgefüge wird der Schuldaufweis in Mi 2–3* mit dem Schuldsummarium in Mi 3,11 abgeschlossen.[347] Das Summarium besteht aus zwei Teilen. Im ersten Teil (V.11a) werden die drei maßgeblichen Stände des Hauses Jakob/Israel aufgeführt (נְבִיא־כֹּהֵן־רֹאשׁ). Über Suff. 3. Fem. Sg. stehen sie mit der Blutstadt Zion/Jerusalem aus V.10 in Beziehung. Der Blutschuldvorwurf ist in V.11 somit zwingend vorausgesetzt. Die drei Stände werden über ihre berufliche Tätigkeit ausgewiesen, für die sie verantwortlich sind. Die Häupter richten (שפט), die Priester lehren (ירה), die Propheten weissagen (קסם).

Das Handeln der Häupter שפט, „was im weiteren Sinn herrschen und im engeren Sinn richten meint"[348], wird durch das überlieferte Recht (מִשְׁפָּט vgl. Mi 3,1b.9b), das Handeln der Priester ירה, was die Lehre und die Observanz des Rechts insbesondere im kultisch-rituellen Bereich bezeichnet, durch die priesterliche Tora (Dtn 17,11; 33,10 vgl. 2 Chr 15,3), das Handeln der Propheten קסם, das orakelgestützte Weissagen (vgl. Mi 3,6), schließlich durch die ermittelte Nachricht der Gottheit normiert. Sämtliche dieser normativen Orientierungsgrößen werden allerdings dadurch unwirksam, dass die drei Stände ihr Handeln gleichermaßen von gefälliger Entlohnung abhängig machen. Die Häupter richten für Geschenke (שֹׁחַד), die Priester lehren gegen Entlohnung (מְחִיר), die Propheten für Geld (כֶּסֶף). Den Propheten war ihre Korruption bereits in Mi 3,5b angelastet worden. Wie in

---

345 S. dazu unten 4.4.4.2.

346 Vgl. entsprechend Jeremias, ATD, 165. Anders hält Mays, OTL, 88 – 89, die Parallele in Hab 2,12 für ein Zitat aus Mi 3,10.

347 Zum Schuldsummarium s. auch die Ausführungen unter 4.4.2.2.

348 Kessler, HThK.AT, 165.

Mi 3,5 ist auch in Mi 3,11a eindeutig, dass es sich bei den Zuwendungen nicht um eine rechtmäßige Bezahlung handelt, sondern um Bestechungsgaben.

Im zweiten Teil des Schuldsummariums (V.11b) gelangt die theologische Grundüberzeugung der führenden Stände im Zitat zur Darstellung. Die führenden Stände berufen sich auf JHWHs Gegenwart in ihrer Mitte (בְּקִרְבֵּנוּ) und leiten daraus die Gewissheit ab, dass kein Unheil über sie kommen wird (לֹא־תָבוֹא עָלֵינוּ רָעָה). Die Suff. 1. Pl. vertreten nicht exklusiv den Kreis der Führungseliten, sondern repräsentieren die Gesellschaft insgesamt. Nach Form und Inhalt erinnert Mi 3,11b an die Weissagungsdebatte, worin in ähnlicher Weise die Position der Gegner im Zitat formuliert wird. Inhaltlich korrespondiert V.11bβ näherhin mit der Überzeugung der Gegner Michas in Mi 2,7a, die sich gegen die Unheilsweissagung der michatypischen Propheten auf JHWHs Langmut berufen.[349]

Das Schuldsummarium steht mit den Traditionen Am und Jer in Beziehung. Die Heilsgewissheit, die in V.11b Ausdruck findet, korrespondiert näherhin mit Am 5,14b.[350] Darin wird die Mahnung ausgesprochen, das Gute statt des Bösen zu suchen (vgl. die Antonymie in Mi 3,2a und Am 5,15a) und zur Vorbedingung des Lebens (חיה vgl. Mi 3,10 [דָּם]) und der heilsamen Gegenwart JHWHs inmitten seines Volkes gemacht. In Am 5,14b (כַּאֲשֶׁר אֲמַרְתֶּם) wird somit dieselbe Heilsgewissheit im Zitat angedeutet, die Mi 3,11b ebenfalls im Zitat (לֵאמֹר) auf die Formel bringt. Die Kritik an den Ständen in V.11a lässt ferner eine Nähe zur Jeremiatradition erkennen. In keinem zweiten Prophetenbuch wird in vergleichbarer Dichte eine Grundsatzkritik an den staatstragenden Institutionen geäußert.[351]

4.4.4 Literarischer Ort

Der Schuldvorwurf in Mi 3,9b und das Strafurteil in Mi 3,12 gehören der älteren Sozialkritik in Mi 2–3* an. Auf dem Höhepunkt der Anklage wird der politischen Führung angelastet, das Recht zu verabscheuen und damit die Verkehrung der Ordnung zu verantworten, und ihretwegen das vernichtende Urteil gegen Jerusalem gefällt. Der Blutschuldvorwurf in Mi 3,10 und das Schuldsummarium in Mi 3,11 stellen jüngere Erweiterungen dar. Sie radikalisieren die ältere Anklage, indem sie Zion insgesamt aus Blut und Unrecht errichtet ausweisen, und generalisieren den Schuldvorwurf, indem er auf alle maßgeblichen Stände Judas

---

349 S. dazu oben 3.1.4.2.

350 Vgl. entsprechend bereits JEREMIAS, ATD, 166 mit Anm. 156.

351 Vgl. die Reihen der institutionellen Funktionäre מֶלֶךְ־שַׂר־כֹּהֵן־נָבִיא in Jer 2,26; 4,9; 8,1; 32,32; מֶלֶךְ־שַׂר־כֹּהֵן darüber hinaus in Jer 1,18; 49,3, מֶלֶךְ־כֹּהֵן־נָבִיא in Jer 13,13; מֶלֶךְ־שַׂר in Jer 24,1.8; 25,18; 29,2; נָבִיא־כֹּהֵן in Jer 2,8; 6,13; 8,10; 13,13; 14,18; 18,18; 23,11.33–34; 27,16. Weitere Reihen aus Berufs- oder Bevölkerungsgruppen begegnen etwa in Jer 24,1; 27,9; 29,2.

ausgeweitet wird. Nachfolgend gilt es, den je eigenen literarischen Ort von Mi 3,9b.12 und Mi 3,10.11 im Wachstumsgefüge der Gerichtskomposition zu betrachten.

4.4.4.1 Der Schuldaufweis und das Strafurteil als Abschluss der sozialkritischen Grundschicht in Mi 2 – 3*

Die ältere Sozialkritik in Mi 3,9 – 12* bildet den Abschluss der sozialkritischen Grundschicht in Mi 2 – 3*. Nachdem der politischen Führung Judas angelastet worden war, das Gute zu hassen und das Böse zu lieben, obwohl sie das Recht und seine Durchsetzung (berufsmäßig) verantworten (Mi 3,1 – 2a*), gipfelt der Schuldaufweis in dem Vorwurf, dass sie das Recht verabscheuen und auf diese Weise die soziale Ordnung aufheben. Die Häupter und Anführer erscheinen somit als diejenige Instanz, die das schrankenlose Handeln der in Mi 2,1 – 2 beklagten Straftäter ermöglicht hat. Folgerichtig ergeht ihretwegen das Strafurteil in Mi 3,12.

Der Weheruf in Mi 2,1 – 2, die Eröffnung der Anklage in Mi 3,1 – 2a* und ihr Abschluss in Mi 3,9b.12 bildeten ursprünglich einen literarischen Zusammenhang. Von den konkreten Erscheinungsformen des Unheils aus (Mi 2,1 – 2) wird auf seine institutionellen Ursachen reflektiert (Mi 3,1 – 2a*.9b), bevor das Strafurteil fällt (Mi 3,12). So stringent wie die inhaltliche Gedankenführung, so kohärent ist die Form der Darstellung. Das Sinnen der Straftäter aus Mi 2,1 (חשב) korrespondiert mit dem Wissen der Anführer aus Mi 3,1b (ידע), das Begehren aus Mi 2,2 (חמד) mit dem Lieben und Hassen aus Mi 3,2a (שׂנא־אהב), das Lieben und Hassen mit dem Verabscheuen aus Mi 3,9bα (תעב), die Antonymie von Gut und Böse aus Mi 3,2a schließlich mit der Verkehrung der Ordnung aus Mi 3,9b (הַיְשָׁרָה עקשׁ). Die einzelnen Elemente des Schuldaufweises bilden eine organische Reihe, die eine klimaktische Tendenz erkennen lässt, indem sie auf Abscheu und Perversion von Recht und Ordnung zielt.

Das Strafurteil in V.12 bedeutet den Umsturz der städtischen und religiösen Kultur Jerusalems. Das Motiv des Umpflügens korrespondiert mit der Verkehrung der Ordnung (V.9b), über den Begriff שָׂדֶה wird ein Rückbezug auf den Weheruf gestaltet, worin die Felder das Objekt der Begierde bilden. Die Ursache des Unheils und seine Konsequenz entsprechen einander spiegelbildlich. Schließlich verweist V.12 mit den Motiven עִי und שָׂדֶה auf das Strafurteil gegen Samaria in Mi 1,6 (שֹׁמְרוֹן לְעִי הַשָּׂדֶה) zurück und schließt einen Rahmen zum Eingang der geschichtstheologischen Komposition in Mi 1*. Das Strafurteil in Mi 1,6 dürfte der Formulierung von Mi 3,12 als Vorlage gedient haben. Auf diese Weise wird der Fall Jerusalems ausdrücklich mit dem Untergang Samarias in Beziehung gesetzt.

Auf die Gestaltung der sozialkritischen Grundschicht hat die Amostradition prägenden Einfluss genommen. Derselbe Einfluss ist auch für Mi 3,9b evident. Der

Vorwurf in V.2a, das Gute zu hassen und das Böse zu lieben, der V.9b auf der Ebene der Grundschicht unmittelbar vorausging, war als Zitat aus Am 5,15 bestimmt worden. Innerhalb der Komposition von Am 5 steht V.15 über das Motiv des Hassens von Recht und Ordnung (שׂנא) mit V.10 in Verbindung. In Am 5,10 erscheint שׂנא im Parallelismus mit תעב, demjenigen Verbum also, das den Vorwurf in Mi 3,9b einleitet. Nachdem Am 5,15 die Formulierung in Mi 3,2a inspiriert hat, wird Am 5,10 die Gestaltung von Mi 3,9b angeregt haben. Der Schuldaufweis in Mi 3* ist somit insgesamt in Am 5* vorgebildet.

4.4.4.2 Der Blutschuldvorwurf und das Schuldsummarium als Elemente der sozialkritischen Erweiterung in Mi 2–3*

Mit dem Blutschuldvorwurf in Mi 3,10 und dem Schuldsummarium in Mi 3,11 hat das letzte Glied der sozialkritischen Grundschicht eine zweifache Erweiterung erfahren. Der Blutschuldvorwurf in Mi 3,10 radikalisiert den Schuldaufweis in Mi 2–3*. Insofern er den (neuen) Höhepunkt der Verbrechen bezeichnet und den Abschluss der Anklage bildet, folgt seine Einschaltung der klimaktischen Tendenz der sozialkritischen Grundschicht. Anders als die übrigen Aspekte der Anklage in Mi 2–3* erscheint der Blutschuldvorwurf nicht als Näherbestimmung der politischen Anführer. Vielmehr charakterisiert das Part. Sg. (בֹּנֶה) das Haus Jakob/Israel, also das politische System in Juda insgesamt. Indem Blut und Unrecht als Baumaterialien Jerusalems erscheinen, wird die Hauptstadt Judas in den Nexus aus Schuld und Strafe einbezogen. Auf diese Weise wird das abschließende Urteil neu ausgerichtet. Die Vernichtung Jerusalems erscheint nicht mehr allein als Vergeltungsmaßnahme für die Vergehen der politischen Führung. Vielmehr bildet die Stadt selbst zu gleichen Teilen Anlass und Ziel des Strafgerichts.

Das Schuldsummarium weitet den Schuldvorwurf auf die drei staatstragenden Stände aus. Die Schuld der politischen Elite und der Propheten, von denen in Mi 3* bereits die Rede war, werden um die Vergehen der Priester aufgefüllt. Der Korruptionsvorwurf, der in Mi 3,11a gegen alle drei Stände erhoben wird, ist durch Mi 3,5–7 inspiriert. Die falsche Heilssicherheit, die ihnen in Mi 3,11b zur Last gelegt wird, ist durch die Weissagungsdebatte in Mi 2,6–7.11 angeregt. Mit dieser teilt V.11b auch den Zitationsstil. Das Schuldsummarium überträgt den Korruptionsvorwurf, der in Mi 3,5–7 noch allein gegen die Propheten gerichtet war, und die Heilsideologie, die in Mi 2,7a die Gegner der michatypischen Weissager kennzeichnete, auf die gesellschaftliche Elite insgesamt. V.11 lässt damit eine inklusive Funktion erkennen und führt die sozial- und weissagungskritischen Themenstränge in Mi 2–3* zusammen.

Da der Blutschuldvorwurf in Mi 3,10 und das Schuldsummarium in Mi 3,11 dieselbe generalisierende Tendenz aufweisen und durch die Suff. 3. Fem. Sg. in

V.11a engstens verknüpft sind, dürften beide Elemente von derselben Hand in die Gerichtskomposition eingefügt worden sein. Im kompositionellen Zusammenhang von Mi 2–3* weist Mi 3,10 eine inhaltliche Nähe zur Schlachtungssequenz in Mi 3,2b–3* auf. Erst Mi 3,2b–3* bringt aktive Gewaltverbrechen gegen Leib und Leben des Volkes zur Anzeige und liefert dem Blutschuldvorwurf seinen Hintergrund. Die Schlachtungssequenz ist in Mi 3,10 bereits vorausgesetzt. Insofern die Sequenz in Mi 3,2b–3* Verbrechen bezeichnet, die an der Größe עַמִּי verübt werden, und dadurch mit Mi 2,4–5 und Mi 2,8–10 literarisch in Verbindung steht, legt sich die Vermutung nahe, dass auch die Elemente in Mi 3,10–11 von den Verfassern der jüngeren Sozialkritik (oder in ihrer unmittelbaren Tradition) in die Gerichtskomposition eingetragen worden sind.

Sofern der zeitgeschichtliche Hintergrund zutreffend bestimmt worden ist und die jüngere Sozialkritik gesellschaftliche Konflikte aus nachbabylonischer Zeit spiegelt, ließe sich vermuten, dass die Baunotiz in Mi 3,10 mit der Wiedererrichtung Jerusalems und der Neuordnung des politischen Systems im Haus Jakob/Israel in Verbindung steht und der Blutschuldvorwurf auf soziales Unrecht im Kontext dieser Neukonstitution reagiert.[352]

4.4.5 Zwischenergebnis

Das Gerichtswort in Mi 3,9–12 bildet das vierte Element des sozialkritischen Themenbereichs in Mi 2–3*. Innerhalb desselben sind drei literarische Ebenen zu unterscheiden. Der Höraufruf in V.9a ist unter dem Vorbild von Mi 3,1a* formuliert und als Brückenvers im Zuge der Einschaltung des Prophetengerichts in Mi 3,5–7 (mit Mi 3,4) gestaltet worden. Der Blutschuldvorwurf und das Schuldsummarium in V.10–11 bilden ein Element der sozialkritischen Erweiterung in Mi 2–3*, das mit Mi 2,4–5 und Mi 2,8–10 sowie insbesondere mit der Schlachtungssequenz in Mi 3,2b–3* in Verbindung steht. Mi 3,10 bietet ein modifiziertes Zitat aus Hab 2,12, Mi 3,11 weist eine inhaltliche Nähe zur Ständekritik innerhalb der Jeremiatradition auf. Gleichermaßen generalisieren und radikalisieren sie die ältere Sozialkritik zur eigenen Zeit.

Den ältesten Textbestand in Mi 3,9–12 und somit den Abschluss der sozialkritischen Grundschicht in Mi 2–3* bildet der Vorwurf in Mi 3,9b als letzter Punkt der Anklage gegen die politische Führung sowie das Strafurteil in Mi 3,12. Mi 3,9b ist unter dem Einfluss von Am 5,10 formuliert worden, Mi 3,12 schließt den Rahmen

---

352 Innerhalb der Forschung ist Mi 3,10 auf konkrete Bauvorgänge in Jerusalem, allerdings im 8. Jh. bezogen worden; vgl. etwa KESSLER, HThK.AT, 163–165; LIPPL, HSAT, 198; RUDOLPH, KAT, 73; SELLIN, KAT, 280; UTZSCHNEIDER, ZBK, 81; WOLFF, BK, 77.

zum Strafurteil gegen Samaria in Mi 1,6. Dieser Rahmen lässt die mit der sozialkritischen Grundschicht verbundene Intention erkennen, den Untergang Samarias und Jerusalems im Sinne der geschichtstheologischen Komposition in Mi 1* zu
parallelisieren. Für die Unheilsbegründung hat die Gerichtsprophetie des Nordreichs, insbesondere die Amostradition, als Vorlage gedient.

4.5 Der kompositionelle Zusammenhang der sozialkritischen Elemente in Mi 2–3

Der sozialkritische Zusammenhang in Mi 2–3* besteht aus den vier Elementen
Mi 2,1–5; Mi 2,8–10; Mi 3,1–4 und Mi 3,9–12. Die ersten beiden Elemente bringen die
konkrete Gestalt des sozialen Unfriedens zur Darstellung und verurteilen die Straftäter, die letzten beiden reflektieren auf die institutionellen Ursachen desselben, erheben Anklage gegen die führenden Institutionen und münden in das Strafurteil.
Innerhalb der Sozialkritik ist eine ältere literarische Ebene als Grundschicht der
Gerichtskomposition von einer jüngeren Ebene unterschieden worden, die die ältere
Sozialkritik zur eigenen Zeit wieder aufnimmt und entfaltet. Beide Ebenen lassen
unterschiedliche Interessen und Gestaltungsmerkmale erkennen.

Der Grundschicht in Mi 2–3 sind der Weheruf in Mi 2,1–2, der Höraufruf samt
Schuldaufweis gegen die Häupter und Anführer in Mi 3,1–2a (ohne וָאֹמַר) und die
Fortsetzung des Schuldaufweises samt Strafurteil in Mi 3,9b.12 zuzurechnen. Sie weist
eine große Nähe zur Amostradition auf. Der Schuldaufweis besteht weitgehend aus
modifizierten Zitaten aus Am 5* und wendet die ältere Anklage der Nordreichsprophetie gegen den judäischen Süden. Im Sinne der geschichtstheologischen Komposition in Mi 1* folgt die sozialkritische Grundschicht dem Interesse, den Niedergang
Samarias und Jerusalems aus äquivalenten Vergehen abzuleiten.[353]

Jedes Element der sozialkritischen Grundschicht hat eine nachträgliche Erweiterung erhalten. Die Gerichtsworte in Mi 2,4–5 und Mi 2,8–10 entfalten
komplementär den älteren Weheruf, die Schlachtungssequenz in Mi 3,2b–3 radikalisiert den Schuldaufweis in Mi 3,1–2a*, der Blutschuldvorwurf und das
Schuldsummarium in Mi 3,10–11 generalisieren schließlich die Anklage im Anschluss an Mi 3,9b. Auf der Ebene der jüngeren Sozialkritik wird der ältere
Schuldaufweis zur eigenen Zeit reformuliert und aktualisiert, als sich das gleiche
Unrecht strukturanalog noch einmal ereignete, mit dem der Untergang Jerusalems
begründet worden war. Mutmaßlich bilden innergesellschaftliche Konflikte zwi-

---

353 Zu Form, Inhalt und Intention der sozialkritischen Grundschicht s. auch unten IV.1.

schen heimkehrenden Bevölkerungsgruppen und dem im Stammland verbliebenen Volk nach der Wende des Exils ihren Hintergrund.

Innerhalb der Gerichtskomposition ist der sozialkritische Themenstrang mit Textelementen verbunden, die dem Themenbereich Prophetie und Weissagung zugehören. Gerichtsprophetische Verfasser erweitern den Adressatenkreis des Schuldaufweises durch Zufügung von Mi 3,5–7 um die Propheten und formulieren das Strafurteil in Mi 2,3 als Abschluss des Weherufs. Der Straffolgespruch in Mi 3,4 und der erneute Höraufruf in Mi 3,9a dienen als Brückenverse und binden Mi 3,5–7 in den kompositionellen Zusammenhang ein. Das Prophetengericht provoziert den Diskurs über die angemessene Weise der Weissagung, die ihren literarischen Niederschlag in Mi 2,6–7.11 (mit Mi 3,1[וָאֹמַר].8) findet. Da die jüngere Sozialkritik in Mi 2,4–5 auf Mi 2,3 reagiert, Mi 2,8–10 in die Weissagungsdebatte nachträglich eingesetzt wurde und die theologische Grundsatzreflexion derselben schließlich Mi 3,10–11 zugrundeliegt (vgl. Mi 2,7a mit Mi 3,11b), dürften die Verfasser der sozialkritischen Erweiterungen die entfaltete Komposition bereits vorgefunden haben.

IV Kompositionsgeschichte von Micha 2–3

Innerhalb der Gerichtskomposition in Mi 2–3 lassen sich drei Themenbereiche unterscheiden, die nachträglich miteinander verbunden worden sind.[1] Einen ersten Themenbereich bildet das Sammlungsorakel in Mi 2,12–13. Als das vermutlich jüngste Element und einzige Heilsorakel in Mi 2–3 verbindet es den Unheilstext in Mi 1–3* mit seiner heilskompositionellen Fortsetzung in Mi 4–5*. Einen zweiten Themenbereich konstituieren der Weissagungsdiskurs in Mi 2 und das Prophetengericht in Mi 3. Gleichermaßen sind beide Elemente in einen älteren Textzusammenhang nachträglich eingefügt worden, die Einschaltung des Prophetengerichts ging der Gestaltung des Weissagungsdiskurses allerdings voraus. Einen dritten Themenbereich bildet die Sozialkritik in Mi 2–3*. Darin ist eine ältere sozialkritische Textebene, die die Grundschicht der Gerichtskomposition darstellt, von einer jüngeren Ebene zu unterscheiden. Die jüngere Sozialkritik schreibt die ältere Anklage fort und aktualisiert ihren Gegenstand zur eigenen Zeit. Im Folgenden gilt es, die Wachstumsgeschichte der Komposition in Mi 2–3 von ihrer Grundschicht aus nachzuzeichnen.

1 Die sozialkritische Grundschicht in Mi 2,1–2; 3,1–2a*.9b.12

Nach Abzug derjenigen Textbestandteile, die sich als Elemente der literarischen Fortbildung in Mi 2–3 erwiesen haben, lässt sich die sozialkritische Grundschicht klar umgrenzen. Sie umfasst den Weheruf über die Unrechttäter in Mi 2,1–2, den Höraufruf an die politische Führung, die rhetorische Frage und den Beginn des Schuldaufweises in Mi 3,1–2a (ohne וַיֹּאמַר), seine Fortsetzung in Mi 3,9b sowie das abschließende Strafurteil in Mi 3,12. Im Zusammenhang lässt sie sich folgendermaßen darstellen:

Mi 2,1–2	הוֹי חֹשְׁבֵי־אָוֶן וּפֹעֲלֵי רָע עַל־מִשְׁכְּבוֹתָם
	בְּאוֹר הַבֹּקֶר יַעֲשׂוּהָ כִּי יֶשׁ־לְאֵל יָדָם
	וְחָמְדוּ שָׂדוֹת וְגָזָלוּ וּבָתִּים וְנָשָׂאוּ
	וְעָשְׁקוּ גֶּבֶר וּבֵיתוֹ וְאִישׁ וְנַחֲלָתוֹ
Mi 3,1–2a*	שִׁמְעוּ־נָא רָאשֵׁי יַעֲקֹב וּקְצִינֵי בֵּית יִשְׂרָאֵל
	הֲלוֹא לָכֶם לָדַעַת אֶת־הַמִּשְׁפָּט
	שֹׂנְאֵי טוֹב וְאֹהֲבֵי רָע
Mi 3,9b	הַמְתַעֲבִים מִשְׁפָּט וְאֵת כָּל־הַיְשָׁרָה יְעַקֵּשׁוּ

---

1 Zur Differenzierung der Themenbereiche in Mi 2–3 s. oben II.2.

Mi 3,12   לָכֵן בִּגְלַלְכֶם צִיּוֹן שָׂדֶה תֵחָרֵשׁ
וִירוּשָׁלַ͏ִם עִיִּין תִּהְיֶה וְהַר הַבַּיִת לְבָמוֹת יָעַר

Mit dem einleitenden Weheruf wird die Leichenklage über jene erhoben, die sich des Raubes fremder Besitztümer schuldig gemacht haben. Aus einfacher Begierde (חמד), so wird es ihnen zur Last gelegt, nehmen sie Felder und Häuser (שָׂדוֹת וּבָתִּים) sowie fremden Erbbesitz an sich (נַחֲלָה) und bringen deren rechtmäßige Eigentümer in Bedrängnis (גֶּבֶר וּבֵיתוֹ). Auf diese Weise begründen sie den sozialen Unfrieden in Juda. Das Verbum חמד und das Nomen נַחֲלָה lassen die Schwere ihrer Vergehen erkennen, die einen fundamentalen Angriff auf die göttliche Ordnung darstellen. Die Begierde (חמד) entlarvt die niederen Beweggründe der Beklagten, mit denen sie in einen offenen Gegensatz zur Weisung JHWHs treten (vgl. Ex 20,17; Dtn 5,21). Der Raub des Erbbesitzes (נַחֲלָה), der nach atl. Bodenrecht als schlechthin unveräußerlich galt (vgl. Lev 25,23), beschreibt ein Vergehen gegen die göttliche Ordnung. Im Sinne des atl. Bodenrechts ist JHWH der erste und alleinige Eigentümer seines Landes.

Indem das Leichenlied die Beklagten behandelt, als wären sie bereits tot, wird ihnen das Handwerk gelegt. Da es sich dabei allerdings um ein ermöglichtes Tun handelt (כִּי יֶשׁ־לְאֵל יָדָם), erscheinen ihre Taten als Symptom einer tiefer wurzelnden Verkehrung der Ordnung. Folgerichtig werden in Mi 3,1 die Häupter Jakobs und die Anführer im Hause Israel aufgerufen, die für die Garantie von Recht und Ordnung verantwortlich sind. Der Schuldaufweis gegen sie wird in Mi 3* mit einer rhetorischen Frage eröffnet, die sie vor dem Hintergrund der in Mi 2,1–2 beklagten Vergehen auf ihre Verantwortung für das Recht (מִשְׁפָּט) anspricht. Sie hassen das Gute und lieben das Böse (V.2a), verabscheuen das Recht und verbiegen alles Gerade (V.9b). Damit setzen sie das Recht außer Kraft und tragen eine wesentliche Mit-, auf institutioneller Ebene gar die Hauptschuld an jenem gesellschaftlichen Unheil. Die Pervertierung der Ordnung entspricht ihrer verkehrten Gesinnung spiegelbildlich.

Daraufhin fällt in Mi 3,12 denn auch ihretwegen (לָכֵן בִּגְלַלְכֶם) das Strafurteil, das den Untergang Zions und Jerusalems, des religiösen und politischen Systems in Juda bedeutet. Mit dem Begriff שָׂדֶה wird der Rahmen zur einleitenden Wehklage geschlossen, worin die Felder als Objekt des räuberischen Interesses bestimmt wurden. Nach dem Strafurteil bleibt mit dem Feld von Zion und Jerusalem übrig, was das Unheilsgeschehen veranlasst hatte. Ferner erinnert der Vorgang des Pflügens an das Motiv der Verkehrung, mit dem das Verhältnis der politischen Führung zu Recht und Ordnung in Mi 3,1–2a*.9b charakterisiert worden war. Das Begriffspaar שָׂדֶה und עִי weist schließlich auf das Strafurteil gegen Samaria in Mi 1,6 zurück (לְעִי הַשָּׂדֶה) und parallelisiert das Schicksal beider Reiche miteinander. Das Strafurteil führt mithin einerseits die Gerichtskomposition auf der

Ebene der sozialkritischen Grundschicht in Mi 2–3* zum Ziel und erfüllt andererseits auf der Ebene der Buchkomposition in Mi 1–3* eine inklusive Funktion. Die sozialkritische Grundschicht bringt einen stringenten Gedankengang zur Darstellung. Sie setzt bei der konkreten Gestalt des sozialen Unrechts ein, das im Leichenlied seinen Ausdruck findet (Mi 2,1–2). Daraufhin wird die institutionelle Ursache des gesellschaftlichen Unheils aufgedeckt (Mi 3,1–2a*.9b), und schließlich das Strafurteil formuliert (Mi 3,12). Dem stringenten Gedankengang entspricht die formale Kohärenz der Grundschicht, die darauf schließen lässt, dass ihre Bestandteile ursprünglich einen Zusammenhang gebildet haben. Ihre Kohärenz zeigt sich zunächst darin, dass die Vergehen gleichförmig über Part. im Pl. bezeichnet und durch anschließende verba finita konkretisiert werden. Die Part. charakterisieren die Straftäter in Mi 2,1–2 und die politischen Anführer in Mi 3,2a.9b.

Darüber hinaus bilden die Vorgänge, die in Mi 2–3* zur Anzeige gebracht werden, ein dichtes Beziehungsgefüge aus und gehören als Funktionen des Herzens demselben Wortfeld an. Das unheilvolle Ansinnen der Beklagten in Mi 2,1 (חשב als Funktion des Herzens in Jes 10,7; Ez 38,10; Sach 7,10; 8,17; Ps 140,3; Prov 16,9) korrespondiert mit dem Wissen der Häupter in Mi 3,1b (ידע vgl. Dtn 4,39; 8,5; 29,3; Jos 23,14; 1 Reg 2,44; Jes 32,4; Jer 24,7; Prov 14,10; Qoh 1,17; 7,22.25 u. ö.), das Begehren in Mi 2,1 (חמד vgl. Prov 6,25) mit der verkehrten Ausrichtung von Lieben und Hassen in Mi 3,2a (אהב / שׂנא vgl. Dtn 6,5; 10,12; 11,13; 13,4; Lev 19,17; Ps 105,25 u. ö.). Diese Fehlorientierung gipfelt wiederum im Vorwurf der Abscheu gegenüber dem Recht (תעב vgl. Ez 11,21; Prov 26,25) und der Verkehrung (עקשׁ) der Ordnung in Mi 3,9b. Indem die Straftatbestände mit Vorgängen beschrieben werden, die in den Funktionsbereich des Herzens gehören, erscheint das Unrecht als tief im Wesen der Verantwortlichen verwurzelt.

Die formale Gestalt der sozialkritischen Grundschicht zeichnet sich schließlich dadurch aus, dass sie sich in ihrem ersten Teil (Mi 2,1–2) einer konventionellen Sprache bedient und im zweiten Teil (Mi 3,1–2a*.9b) eine beträchtliche Nähe zur Unheilsprophetie des Nordreichs aufweist. Die Wendung חשׁב אָוֶן mit רָע (פעל) und מִשְׁכָּב in V.1a ist weisheitlich vorgebildet (vgl. nur Ps 36,5), die Angaben zum Zeitpunkt des Vorgangs (אוֹר הַבֹּקֶר vgl. Jdc 16,2; 1 Sam 14,36; 25,34.36; 2 Sam 17,22; 2 Reg 7,9) und seine Begründung (כִּי יֶשׁ־לְאֵל יָדָם vgl. Gen 31,29; Dtn 28,32; Prov 3,27; Neh 5,5) sind formelhaft, die Konkretion des Unrechts in V.2 verdichtet die Terminologie von Raub und Drangsal und bringt sie gegen sämtliche Objekte in Stellung, die dem altisraelitischen Bodenrecht zugehören.[2] Die Konventionalität

---

2 Albrecht Alt hat die Elemente des altisraelitischen Bodenrechts vor dem Hintergrund von Mi 2,1 – 5 auf die programmatische Formel „Ein Mann – ein Haus – ein Bodenanteil" (ALT, Micha 2,1 – 5, 374) gebracht; vgl. EBACH, Art. Bodenrecht, 313 – 314. Zur Formulierung des Weherufs s. oben 4.1.3.1.

der Formulierungen in Mi 2,1 – 2 wirkt künstlich. Überdies weist bereits der Weheruf eine signifikante Nähe zur Komposition in Am 5 (vgl. Am 5,16.18 – 20) auf.
Gleichermaßen bildet gesellschaftliches Unrecht in Am 5* und Mi 2* den Anlass
einer Leichenklage.

Die Bezüge zur Gerichtsankündigung der Nordreichsprophetie treten im
zweiten Teil der Grundschicht in Mi 3* deutlich hervor, der im Anschluss an V.1a*
aus modifizierten Zitaten gebildet ist. Die rhetorische Frage in V.1b erinnert an Hos
5,1, die Vorwürfe in V.2a und V.9b stellen Verbindungen zu Am 5,15a und Am 5,10b
her.[3] Das Strafurteil in Mi 3,12 schließt den Rahmen zum Urteilsspruch gegen
Samaria in Mi 1,6, mit dem am Anfang der geschichtstheologischen Komposition
in Mi 1* der Tenor der Gerichtsprophetie des Nordreichs eingespielt worden war.
Über die Begriffe (עִי) עִיִּין und שָׂדֶה weist Mi 3,12 dichte terminologische Bezüge zu
Mi 1,6 auf, die auf eine literarische Abhängigkeit hindeuten. In der Gesamtanlage
der Grundschicht ist das Interesse zu erkennen, den Untergang Jerusalems mit
Vergehen zu begründen, die aus Sicht der Nordreichsprophetie bereits zum Fall
Samarias geführt haben.

Die Konventionalität der Sprache im ersten Teil und die Collage aus modifizierten
Zitaten im zweiten Teil lassen nach meiner Wahrnehmung kaum einen anderen
Schluss zu, als die sozialkritische Grundschicht in Mi 2 – 3* als literarisches Phänomen anzusehen. Als originäre Eigenbildung der Michatradition kann sie nicht gelten.
Dass ihre Verfasser vorliterarisches Traditionsgut aufgenommen haben, das der Sache
nach auf einen historischen Propheten aus dem Südreich zurückgeht, ist angesichts
dieses Befundes unwahrscheinlich. Einen dem Schefela-Städte-Gedicht in Mi 1*
vergleichbaren Überlieferungskern enthält die Komposition in Mi 2 – 3* somit nicht.
Die Parallelisierung von Nord- und Südreich, die dem Interesse der geschichtstheologischen Komposition in Mi 1* entspricht, und die ähnliche Formulierung der
Strafurteile in Mi 1,6 und Mi 3,12 legen weiterhin die Vermutung nahe, dass Mi 2 – 3 als
Fortschreibung der Komposition in Mi 1 angelegt ist.

Im Vergleich der jeweiligen kompositionellen Gesamtanlage in Mi 1* und
Mi 2 – 3* sind drei Sachverhalte auffällig, die ihre Verhältnisbestimmung ermög-
lichen. Die sozialkritische Grundschicht in Mi 2 – 3* führt inhaltlich hinter den
Zielpunkt der Komposition in Mi 1* zurück, den der Aufruf zur Untergangsklage an
das personifizierte Jerusalem über seinen Niedergang und die Deportation seiner
Bewohner in Mi 1,16 darstellt. In Mi 2 – 3* ist die politische und gesellschaftliche
Integrität Jerusalems noch voraus. Die Sozialkritik in Mi 2 – 3* führt mit dem
Strafurteil in Mi 3,12 jedoch zweitens auf einen Höhepunkt zu, der im Resultat dem
Zielpunkt von Mi 1* entspricht. Drittens bestimmt die Grundschicht in Mi 2 – 3* die

---

3 S. dazu oben 4.3.3.1 und 4.4.3.1.

Ursachen des Strafgerichts, die auf der Ebene der geschichtstheologischen Komposition noch nicht beleuchtet wurden.[4] Die Sozialkritik in Mi 2 – 3* dürfte also rückwirkend das Unheilsgeschehen aus Mi 1* begründen und als Strafgericht JHWHs anlässlich gravierender gesellschaftlicher Missstände ausweisen. Sie füllt damit eine inhaltliche Leerstelle der geschichtstheologischen Komposition aus.

In mehrfacher Hinsicht lassen sich inhaltliche Verbindungslinien zwischen beiden Kompositionen erkennen. Neben dem Strafurteil in Mi 3,12, das mit Mi 1,6 korrespondiert, nimmt der Weheruf in Mi 2,1 – 2 den Klageton aus Mi 1,8 – 9.16 auf und überträgt ihn in den sozialkritischen Zusammenhang. Dieser erörtert weiterhin die mit dem Stadttor verbundene Rechtsthematik, nachdem Mi 1* das Tor pars pro toto für die Stadt Jerusalem als Zielrichtung des Unheils ausgewiesen hat (V.9 vgl. V.12b). Während Mi 1* allerdings den Niedergang Jerusalems als Ergebnis außenpolitischer Einflüsse in Gestalt einer kriegerischen Invasion darstellt, ergänzt Mi 2 – 3* diese Sicht um innenpolitische Ursachen, die das Unheil als Strafgericht JHWHs begründen sollen, und überträgt den Konflikt auf die gesellschaftspolitische Ebene.

Schließlich teilen beide Kompositionen das geschichtstheologische Interesse einer Zusammenschau des unheilvollen Schicksals Samarias und Jerusalems und seiner Ursachen. Während Mi 1 den Untergang Jerusalems aus dem Fall Samarias ableitet, bietet die sozialkritische Grundschicht die Begründung des Strafgerichts unter dem literarischen Einfluss der Nordreichsprophetie. Im Sinne des in Mi 1* beschriebenen Unheilsnexus zwischen Samaria und Jerusalem bedienen sich ihre Verfasser des Schuldaufweises der Traditionen Hos* und Am*, um den Niedergang des Südreichs mit äquivalenten Verfehlungen zu begründen. Da die geschichtstheologische Komposition mit Mi 1,16 auf einen Höhepunkt zielt, der den Untergang Jerusalems bereits impliziert, und die sozialkritische Grundschicht einen anderen thematischen Fokus besitzt, liegt die Schlussfolgerung nahe, dass Mi 2 – 3* eine Fortschreibung der Komposition in Mi 1* und nicht deren unmittelbare Fortsetzung darstellt.

Angesichts dieses Befundes erscheint der sozialkritische Gerichtsprophet Micha im Spiegel von Mi 2 – 3* als eine literarische Figur. Als Beleg für die Authentizität der Untergangsankündigung gegen Jerusalem in Mi 3,12 wird innerhalb der Forschung auf ihre Rezeption in Jer 26,17 – 18 hingewiesen. Dieser Sachverhalt beweist jedoch nicht mehr, als dass Mi 3,12 zur Zeit der Abfassung von Jer 26,17 – 18 seinen Autoren bekannt gewesen sein muss. Dass darin eine historische und nicht

---

4 Die Elemente in Mi 1, die das Strafgericht zu begründen suchen (vgl. Mi 1,5bβ.7.13b), sind im Rahmen der Untersuchung von Mi 1 als Nachträge bestimmt worden (s. dazu Teil A die Analysen 4.2.1 – 2 sowie 5.2.3.2).

bereits eine literarische Autorität zitiert wird, lässt sich auf der Grundlage von Jer 26,18 nicht entscheiden. Die Einsichten in die Wachstumsgeschichte von Mi 2–3* haben zu dem Ergebnis geführt, dass das Strafurteil in Mi 3,12 eine aus Mi 1,6 gewonnene literarische Bildung darstellt. Die Jeremiatradition scheint sich also auf eine literarische Autorität zu beziehen.[5] Dass sich in der Erinnerung der Tradenten ein Gerichtswort des historischen Micha im Sinne von Mi 3,12 erhalten hat, ist freilich nicht auszuschließen, allein lässt sich dies auf der Grundlage des literarischen Befundes nicht beweisen.

2 Die gerichtsprophetischen Erweiterungen in Mi 2,3 und Mi 3,5–7 mit V.4.9a

Die sozialkritische Grundschicht hat eine mehrstufige Fortschreibung erfahren. Die erste Etappe ihrer literarischen Entfaltung ist mit der Einfügung des Prophetengerichts in Mi 3,5–7 erreicht. Der Abschnitt wird samt der zugehörigen Brückenverse zwischen Mi 3,1–2* und Mi 3,9b.12* positioniert und scheidet daraufhin den Schuldaufweis gegen die politische Führung in zwei Teile. Den inhaltlichen Anknüpfungspunkt im älteren Textgefüge, der die Zufügung des Prophetengerichts veranlasst haben dürfte, bietet der Aspekt des Schuldaufweises in Mi 3,2a (שֹׂנְאֵי טוֹב וְאֹהֲבֵי רָע).[6] Darin wird den Häuptern und Anführern zur Last gelegt, das Gute zu hassen und das Böse zu lieben. Mit diesem Vorwurf verbindet sich die Frage, weshalb es zu einer derart grundlegenden Verkehrung von Gut und Böse kommen konnte. Die Verfasser von Mi 3,5–7 beleuchten die institutionellen Ursachen dieser Orientierungskrise und klagen die Propheten an, die für eine rechte Orientierung des Volkes und seiner politischen Führung gemäß göttlicher Weisung verantwortlich sind.

Im Rahmen des Schuldaufweises wird den Propheten zur Last gelegt, dass sie den Inhalt eines Orakels nicht von der göttlichen Nachricht, sondern von wohlgefälligen Gegenleistungen abhängig machen und auf diese Weise das Volk in die

---

5 Ähnliches hat bereits Ina Willi-Plein vermutet, da „von einem direkten Weiterwirken der Botschaft Michas in vorexilischer Zeit keine Spur erkennbar" (WILLI-PLEIN, Vorformen, 110) ist. „Das Zitat von Mi 3 12 in Jer 26 18 ist erfolgt zwar zur Begründung der Nachsicht gegen Jeremia, läßt aber nicht eigentlich ein Weiterwirken des Michawortes im Sinne lebendiger, weitergestalteter oder auslegender Überlieferung erkennen. Das Drohwort wird eher wie ein schon kanonisches Fragment als Präzedenzfall zitiert." (aaO., 110 Anm. 3). Ina Willi-Plein begründet mit dieser Argumentation „die erste literarische Sammlung von Michaworten in der Exilszeit" (aaO., 110). Dass der Inhalt dieser Sammlung auf den historischen Micha zurückgeht, stellt sie hingegen nicht infrage.

6 S. dazu oben 3.2.4.

Irre führen (V.5). Wie die politische Elite das Recht, so setzen die Propheten durch ihren Amtsmissbrauch das Orakelwesen außer Kraft und verhindern den (lebensnotwendigen) Kontakt zur Gottheit. Im Strafurteil (V.6a) wird ihnen daraufhin das Versiegen der Offenbarungskanäle und der Verlust des Gotteskontaktes angekündigt, was den Propheten ihre Berufsausübung unmöglich macht.

Auf die Ausgestaltung des Gerichtswortes haben die Traditionen Jer* und Am* Einfluss genommen. Ihren Gegenstand teilt das Prophetengericht in Mi 3 zunächst mit Jer 23. Der Vorwurf an die Propheten, die Fehlleitung des Volkes zu verantworten (תֹעָה אֶת־עַמִּי), begegnet in analoger Formulierung in Jer 23,13.32 und wird in Mi 3,5a in modifizierter Gestalt zitiert. Auffälligerweise wird der Vorwurf in Jer 23,13 zunächst gegen die Propheten Samarias gerichtet und sodann auf die Propheten Jerusalems übertragen (vgl. Jer 23,14 ff). Dieser Sachverhalt korrespondiert mit dem Anliegen der geschichtstheologischen Komposition in Mi 1* und dem Interesse der älteren Sozialkritik in Mi 2 – 3*, die Schicksale von Nord- und Südreich und ihre Ursachen zu parallelisieren.

Neben Jer 23 ist die Gestaltung des Prophetengerichts durch Am 5* beeinflusst worden. Mit dieser teilt Mi 3,5 – 7 die Tag-JHWHs-Motivik, die das Strafurteil und seine Konsequenzen in V.6 – 7 prägt (vgl. Am 5,16.18 – 20). Weiterhin wird über das (seltene und in Mi 3,5 untypisch verwendete) Verbum נשׁך eine Stichwortverbindung zu Am 5,19 hergestellt. Die Verfasser von Mi 3,5 – 7 scheinen die Propheten und ihre Weissagung mit der Schlange und ihrem tödlichen Gift in Beziehung zu setzen, deren Biss in Am 5,19 eine Begleiterscheinung des Tages JHWHs darstellt.

Die Einschaltung des Prophetengerichts in den Zielkontext von Mi 3* machte die Gestaltung der Brückenverse Mi 3,4 und Mi 3,9a erforderlich, um den Schuldaufweis gegen die politische Führung nach Mi 3,1 – 2a* vorläufig abzuschließen und seine Fortsetzung in Mi 3,9b einzuleiten.[7] Als Zäsur im Anschluss an V.1 – 2a* wird der Straffolgespruch in Mi 3,4 formuliert, der auf die mit dem Untergang Jerusalems verbundene Not der Häupter und Anführer hindeutet. Im Dienste der Wiederaufnahme der Sozialkritik wird in V.9a ein zweiter Höraufruf unter dem Vorbild von V.1a* gebildet. Durch das Demonstrativpronomen זֹאת, das die Vorlage noch nicht enthält, weist V.9a (wie ähnlich Mi 3,4) pointiert auf das Strafurteil in Mi 3,12 voraus.

Das Interesse der gerichtsprophetischen Autoren besteht zum einen darin, anlässlich der verkehrten Grundorientierung der politischen Führung die prophetische Institution für die Fehlleitung des Volkes zur Verantwortung zu ziehen. Als zweiter Stand neben den Häuptern und Anführern werden die Propheten damit in den Zusammenhang des Strafgerichts einbezogen. Zum anderen bringen

---

7 S. dazu oben 3.2.4.1 und 3.2.4.2.

sie die (in Mi 1– 3* bis dahin unterbestimmte) Reaktion JHWHs auf das Unheil innerhalb des Volkes zum Ausdruck, indem das Gerichtswort insgesamt durch die Botenformel eingeführt und mit der Autorität JHWHs verbunden wird. Dasselbe Interesse lässt der Botenspruch in Mi 2,3 erkennen, der ebenfalls auf ihre Hand zurückgehen dürfte.[8]

Im Anschluss an den Weheruf in Mi 2,1– 2 wird in Mi 2,3 ein Urteilsspruch JHWHs als Reaktion auf das gesellschaftliche Unheil formuliert. Das Strafurteil weist ebenfalls eine Nähe zu Jer* und Am* auf. Im Anschluss an Jer 8,3 (vgl. Am 3,1) wird die Adressatenangabe in Mi 2,3a (עַל־הַמִּשְׁפָּחָה הַזֹּאת) gestaltet, die den Kreis der Beschuldigten über den Kreis der im Leichenlied Beklagten hinaus erweitert und das Urteil gegen das Volk, näherhin gegen all jene richtet, die für den sozialen Unfrieden verantwortlich sind. Ferner erinnert das Unheil, das den Angeklagten auferlegt wird und dem sie ihre Hälse nicht entziehen können (vgl. צַוָּאר in V.3b), an die Zeichenhandlung Jeremias in Jer 27– 28 (vgl. צַוָּאר in Jer 27,2.8.11– 12; 28,10 – 12.14).

Mit der Amostradition teilt Mi 2,3 die Unheilschronologie, die den Botenspruch in V.3bβ abschließt. In Am 5,13 wird das Schweigen des Klugen in jener Zeit (בָּעֵת הַהִיא) damit begründet, dass es sich um eine böse Zeit handelt (כִּי עֵת רָעָה הִיא). Beide Zeitangaben, die in Am 5,13 im Zusammenhang stehen, nehmen die gerichtsprophetischen Verfasser auf. Innerhalb des Botenspruchs in Mi 2,3bβ (כִּי עֵת רָעָה הִיא) wird Am 5,13b zitiert, innerhalb des Straffolgespruchs in Mi 3,4bα (בָּעֵת הַהִיא) die Zeitangabe aus Am 5,13a. Die Unheilschronologie dient in Mi 2 – 3* dem kompositorischen Anliegen, die Strafankündigungen in Mi 2,3 und Mi 3,4 auf das abschließende Strafurteil in Mi 3,12 hin auszurichten. Zugleich erfolgt durch ihre Aufnahme im Sinne der geschichtstheologischen Gesamtanlage von Mi 1– 3* eine Verschränkung der Unheilshorizonte, die mit dem Untergang Samarias (Am 5*) und dem Ende Jerusalems (Mi 2– 3*) verbunden sind.

Durch die Hand der gerichtsprophetischen Verfasser erhält die Komposition in Mi 2– 3* eine neue Struktur. Der ältere Zusammenhang aus Weheruf in Mi 2,1– 2, Höraufruf samt Schuldaufweis in Mi 3,1– 2a*.9b und Strafurteil im Mi 3,12 wird unterbrochen und erweitert. Der Botenspruch in Mi 2,3 beschließt den Weheruf, der Straffolgespruch in Mi 3,4 markiert eine Zäsur nach Mi 3,1– 2a*, der Höraufruf in Mi 3,9a leitet zum Abschluss der Sozialkritik in Mi 3,9b.12 über. Infolge der gerichtsprophetischen Erweiterungen erhält die Komposition in Mi 2– 3* eine Struktur aus den vier Gliedern Mi 2,1– 2.3; Mi 3,1– 2a*.4; Mi 3,5 – 7 und Mi 3,9a.9b.12, die allesamt dem Format klassischer Gerichtsworte ähnlich sind.

Über die Komposition in Mi 2– 3* hinaus könnten die gerichtsprophetischen Autoren für die Gestaltung der Theophanieszene in Mi 1,3 – 4* (mit Mi 1,12b)

---

8 S. dazu oben 3.2.4.3.

verantwortlich sein. Wie die Einschaltungen in Mi 2–3* spiegelt auch sie das Anliegen, das Unheilsgeschehen als Strafgericht zu deuten und ausdrücklich auf JHWH zurückzuführen. Weiterhin haben sie kosmische Motive zur Illustration des Strafgerichts JHWHs gemeinsam. In Mi 1,3–4* ist mit dem Kommen JHWHs das Schmelzen der Berge und die Spaltung der Täler verbunden, in Mi 3,5–7 das Untergehen der Sonne und die Verfinsterung des Tages mit dem Strafgericht gegen die Propheten.

3 Der Weissagungsdiskurs in Mi 2,6 – 7.11 und Mi 3,1[וָאֹמַר].8

Der Diskurs über die Weissagung in Mi 2,6–7.11 ist in die bereits gerichtspro-phetisch erweiterte Komposition eingefügt worden und bildet die nächste Etappe der Fortschreibung in Mi 2–3*.[9] In stilisierter Form bringt sie ein Streitgespräch über die Grundlagen der Weissagungspraxis zur Darstellung, im Rahmen dessen Propheten des Typs Micha einer Opposition gegenüber stehen, die Einspruch gegen den Inhalt ihrer Weissagung erhebt. Die Debatte folgte ursprünglich auf Mi 2,3 und entzündet sich literarisch an jenem Urteilsspruch, der sich an einen über die Straftäter in Mi 2,1–2 hinausreichenden Adressatenkreis richtet, das Unrecht zum Symptom einer Unheilszeit erhebt und damit auf Mi 3,12 vorausweist.

Innerhalb der Debatte repräsentieren die Streitparteien unterschiedliche theologische Paradigmen. Die Opposition der michatypischen Weissager vertritt die konventionelle Schulmeinung einer unbedingten Geduld und Güte JHWHs und stellt sie einer radikalen Unheilsweissagung im Stil von Mi 2,3 entgegen (V.7a). Die Propheten im Format Michas ziehen dieses Bekenntnis nicht grundsätzlich in Zweifel, knüpfen eine Heilsweissagung im Namen JHWHs allerdings an die Vor-bedingung eines aufrichtigen Lebenswandels (הַיָּשָׁר הֹלֵךְ vgl. V.7b).

Mit der abschließenden Polemik in V.11 wird die konventionelle Position als Lügenweissagung disqualifiziert und das alternative Weissagungsparadigma in Geltung gesetzt. Auf diese Weise verabschieden die Verfasser des Weissagungs-diskurses die orthodoxe (zionstheologisch geprägte) Lehrmeinung einer unbe-dingten Heilsgarantie zugunsten des Hauses Jakob und ersetzen sie durch das Paradigma einer individuellen, sozialethisch konkretisierten Heilsversicherung.

Über den Diskurs in Mi 2,6–7.11 hinaus gehen die Redeeinleitung in Mi 3,1 (וָאֹמַר) und die Vollmachtserklärung in Mi 3,8 (וְאוּלָם אָנֹכִי) auf ihre Hand zurück.[10] Beide Elemente stellen das Ich Michas heraus und rahmen die Anklage gegen die

---

9 S. dazu oben 3.1.5 und 3.2.5.2.
10 S. dazu oben 3.1.5.1–2 und 3.2.2.

politische Führung und die Prophetenzunft in V.1– 8 ein. Durch Mi 3,1[וָאֹמַר].8 wird ein Prophetenformat im Sinne des sozialethisch konkretisierten Heilsparadigmas entworfen und mit der Figur Michas verbunden. Die Redeeinleitung in Mi 3,1 kontrastiert das Michaformat mit dem Lügenweissager alter Schule (Mi 2,11) und leitet mit seiner Autorität den nachfolgenden Schuldaufweis ein.

Die Vollmachtserklärung in Mi 3,8 weist ihm mit Kraft, Recht und Stärke ein umfassendes Vermögen zu, Jakob/Israel seine Vergehen anzuzeigen (vgl. Mi 3,1 [וָאֹמַר]). Mit dieser Vollmacht tritt das Format Micha in einen scharfen Kontrast zu den Politikern, die das Recht pervertieren, und den Propheten, die nach Wohlgefallen weissagen. Als Einzelner rückt Micha in beide Funktionsbereiche ein. Die individualisierende Tendenz in Mi 2 – 3, die im Rahmen der synchronen Analyse aufgefallen war, verdankt sich somit der Hand der Verfasser des Weissagungsdiskurses.[11]

Der Konflikt über die Weissagungspraxis, der sich in Mi 2* an einer sozialkritisch begründeten Gerichtsprophetie entzündet, besitzt eine Parallele in der Prophetenlegende in Am 7,10 – 17. Sie dürfte die Gestaltung des Diskurses innerhalb der Gerichtskomposition in Mi 2 – 3* inspiriert haben. Gleichermaßen setzen sich beide Texte mit einer Weissagungspraxis auseinander, die sich mit dem Verbum נטף verbindet. Wie den michatypischen Propheten in Mi 2, so verbietet Amazja dem Propheten Amos in Am 7 die sozialkritisch begründete Strafgerichtsankündigung. Was in Am 7 allerdings im Rahmen einer legendarischen Erzählung thematisiert wird, gestaltet Mi 2 zu einer Grundsatzreflexion aus. Vor dem Hintergrund eines fundamentalen Unheilsgeschehens, das die theologischen Grundüberzeugungen fragwürdig werden ließ, wird ein alternatives Heilsparadigma entworfen. Die Debatte in Mi 2 nimmt den Konflikt aus Am 7 zum Anlass für eine theologische Grundsatzreflexion und entwickelt ihn inhaltlich weiter.

4 Die sozialkritischen Erweiterungen in Mi 2,4 – 5; Mi 2,8 – 10; Mi 3,2b – 3 und Mi 3,10 – 11

Innerhalb der Wachstumsgeschichte von Mi 2 – 3* hat die ältere Sozialkritik eine aktualisierende Fortschreibung erfahren. Sie setzt die um die gerichtsprophetischen Elemente und die Weissagungsdebatte erweiterte Komposition voraus. Auf dieser Etappe der Fortschreibung werden die Gerichtsworte in Mi 2,4 – 5 und Mi 2,8 – 10, die Schlachtungssequenz in Mi 3,2b – 3 sowie die Baunotiz samt Schuldsummarium in Mi 3,10 – 11 eingefügt. Die beiden Gerichtsworte in Mi 2* nehmen komplementär den Gegenstand der älteren Anklage aus Mi 2,1– 2.3 auf und interpretieren ihn vor dem

---

11 S. dazu oben II.2.

Hintergrund der eigenen Gegenwart. Beide Elemente gehen auf dieselben Verfasser zurück. Die Erweiterungen in Mi 3* radikalisieren und generalisieren die ältere Sozialkritik, indem sie den Schuldaufweis ins Extrem der Schändung des Volkes steigern und die staatlichen Institutionen insgesamt in den Nexus aus Schuld und Strafe einbeziehen. Sie stehen in der unmittelbaren Tradition der jüngeren Sozialkritik aus Mi 2*, sofern sie nicht von derselben Hand stammen.

Das erste Element der jüngeren Sozialkritik in Mi 2,4 – 5, das sich expressis verbis als Wiederholung einer bereits erfüllten Wehklage ausweist (נְהָה נְהִי נִהְיָה) und damit einen Rückbezug zum älteren Weheruf herstellt, entfaltet den materiellen Aspekt aus V.2a (שָׂדוֹת וּבָתִּים) und bringt mit dem widerrechtlichen Entzug von Land und Erbbesitz äquivalente Vorgänge zur Anzeige. Das zweite Element in Mi 2,8 – 10 nimmt den personellen Aspekt aus V.2b (גֶּבֶר וּבֵיתוֹ) auf und legt ihn hinsichtlich gewaltsamer Maßnahmen gegen die einzelnen Glieder des Familienverbandes aus. Beide Gerichtsworte betrachten ein Unrecht, das der Größe עַמִּי zugefügt wird, und münden in ein Urteil gegen die Straftäter, die ihre Repräsentation innerhalb der Gemeinde JHWHs verlieren (V.5) und des Landes verwiesen werden (V.10).

Die Gerichtsworte in Mi 2* spiegeln einen gesellschaftsinternen Verteilungskonflikt um Land (V.4) und Besitztum (V.8 – 9) zwischen zwei Gruppierungen innerhalb der Bevölkerung, dem Volk עַמִּי und seinen Widersachern. Der Verteilungskonflikt lässt vermuten, dass eine demographische Veränderung innerhalb des Stammlandes, vielleicht durch den Zuzug von Bevölkerungsgruppen aus der Golah in nachexilischer Zeit verursacht, im Hintergrund der Gerichtsworte steht. In diesem Sinne werden die Gegner des Volkes (עַמִּי) in V.4 als Rückkehrer (שׁוֹבֵב) bezeichnet. Überdies ist das Strafurteil in V.5 (vgl. מְנוּחָה in V.10) unter dem Vorbild der Landnahmetradition formuliert, was auf eine äquivalente Situation der Landzuteilung schließen lässt.

Sofern die Situation zutreffend erfasst ist, die der jüngeren Sozialkritik zugrunde liegt, würden im Rahmen ihrer Gerichtsworte in Mi 2* theologisch gewichtige Urteile gesprochen. So wird den Heimkehrenden der rechtmäßige Anteil an Land und Besitz innerhalb der Gemeinde JHWHs aberkannt (V.5), ihr Status als Glieder des Volkes JHWHs (vgl. V.8) und schließlich selbst das Heimatrecht entzogen (V.10). Diesen Statusverlust könnte die Wendung אֶתְמוּל עַמִּי („Vormals-mein-Volk" vgl. Hos 1,9; 2,25) auf die Formel bringen.

Die Gerichtsworte in Mi 2* folgen im kompositionellen Zusammenhang auf Elemente, die den aufrechten Gang im konkreten (וְלֹא תֵלְכוּ רוֹמָה in V.3bα) oder metaphorischen Sinn (עִם הַיָּשָׁר הוֹלֵךְ in V.7b) bezeichnen. Diese „Aufrichtigkeitsaussagen" dürften die Positionierung der Abschnitte im Zielkontext angeregt und der jüngeren Sozialkritik ihren literarischen Ort zugewiesen haben. Der erste Abschnitt in Mi 2,4 – 5 entfaltet im Anschluss an V.3bβ (כִּי עֵת רָעָה הִיא), weshalb sich diese Zeit (wieder) als unheilvoll darstellt. Der zweite Abschnitt in Mi 2,8 – 10 scheint das im Rahmen der Weissagungsdebatte entwickelte Heilsparadigma (V.7b) zu illustrieren. Für die Rechtschaffenen (עַמִּי) erweisen sich Gerichtsworte im Stil von Mi 2,3 (vgl. Mi 2,6 – 7) als günstig, weil sie für ihre Feinde (selbst innerhalb des eigenen Volkes) den Untergang bedeuten (vgl. V.5.10).

Neben der älteren Leichenklage in Mi 2,1– 2 sind die Gerichtsworte der jüngeren Sozialkritik in Mi 2*, die sich eng an den Weissagungsdiskurs in Mi 2,6 – 7.11 anlehnen, durch die Prophetenlegende in Am 7,10 – 17 inspiriert. Der Konnex zwischen einer Auseinandersetzung über die Weissagungspraxis auf der einen und der Sozialkritik auf der anderen Seite ist im Amosbuch vorgebildet. Die Gerichtsworte weisen signifikante Bezüge zum Strafspruch auf, den Amos gegen seinen Widersacher Amazja richtet. Nach Am 7,17 wird sein Land mit der Meßschnur vermessen (vgl. Mi 2,4 – 5), seine Frau gedemütigt (vgl. Mi 2,9a), seine Kinder getötet (vgl. Mi 2,9b), er selbst schließlich in Unreinheit außerhalb des Landes sterben (vgl. Mi 2,10). Neben dem Weissagungsdiskurs dürfte die Prophetenlegende in Am 7 auch die Gestaltung der jüngeren Sozialkritik (und ihre Angliederung an den Weissagungsdiskurs) angeregt haben.

Die sozialkritischen Erweiterungen in Mi 3* entfalten den Schuldaufweis gegen die politische Führung in V.2b – 3 und V.10 – 11.[12] Sie radikalisieren die älteren Vorwürfe, indem ihr neben Rechtsverfehlungen nun auch aktive Verbrechen gegen Leib und Leben des Volkes angelastet werden. Solche Vergehen veranschaulicht die Sequenz in V.2b – 3 mit dem Bild der Viehschlachtung und entfaltet im Anschluss an V.2a, worin das Böse besteht, das die politische Führung liebt (אֹהֲבֵי רָע). Über die Größe עַמִּי, die in Mi 3,2b – 3 wie in Mi 2,4 – 5 und Mi 2,8 – 10 die Seite der Opfer repräsentiert, wird ein Stichwortbezug zur jüngeren Sozialkritik in Mi 2 hergestellt.

Das Blutbild aus Mi 3,2b – 3 wird in Mi 3,10 unter Aufnahme eines modifizierten Zitates aus Hab 2,12 auf Zion/Jerusalem übertragen. Aufgrund des Unrechts im Haus Jakob wird der Vorwurf erhoben, dass die Stadt aus Blutschuld errichtet ist. Der Radikalisierung der Anklage entspricht ihre Generalisierung im anschließenden Schuldsummarium. In Mi 3,11 wird der Kreis der Angeklagten auf die gesamte Führungselite, die Politiker, die Propheten und die Priester, ausgeweitet. Gleichermaßen wird ihnen Korruption und eine trügerische Heilsgewissheit vorgehalten. Über die Suff. 3. Fem. Sg. in Mi 3,11, die sich auf die Blutstadt Zion/Jerusalem zurückbeziehen, ist das Summarium unlöslich mit dem vorausgehenden Element in Mi 3,10 verbunden.

---

12 S. dazu oben 4.2 und 4.3.

5 Das Sammlungsorakel in Mi 2,12–13

Das Sammlungsorakel enthält das vermutlich jüngste Element innerhalb der Gerichtskomposition in Mi 2–3 und verklammert den Unheilstext in Mi 1–3* mit der Heilskomposition in Mi 4–5. Das Orakel kündigt Jakob als Rest Israels die Sammlung und Heimkehr unter Führung JHWHs an. Mit dieser Verheißung weist es über den Horizont von Mi 1–3* hinaus und auf die heilvolle Kontinuität der Geschichte voraus. Sie trägt einen Spannungsbogen in die Komposition ein, der in Mi 4–5 geschlossen wird. Über das Epitheton הַפֹּרֵץ nimmt das Orakel auf JHWHs Strafgerichtshandeln Bezug, verbindet es durch das Verheißungswort jedoch mit einer heilvollen Zukunftsperspektive. Mit der Verbindung aus Unheilsreminiszenz und Heilsverheißung weist Mi 2,12–13 ein charakteristisches Stilmerkmal der Heilskomposition in Mi 4–5 auf (vgl. Mi 4,6–7; 4,9–10; 4,14–5,4a*).

Die Sammlungsverheißung ist für seinen vorfindlichen Ort innerhalb der Gerichtskomposition formuliert worden.[13] Ihre Gestaltung könnte durch die jüngere Sozialkritik in Mi 2* veranlasst worden sein, die den (heimkehrenden?) Bevölkerungselementen ihren Status innerhalb der Gemeinde JHWHs aberkennt. Im Gegenzug deklariert Mi 2,12–13 gerade das Volk der Sammlung als den neuen Jakob. Weiterhin präsentiert das Orakel in Abgrenzung zu den weltlichen Herrschern, die in Mi 3* zur Rechenschaft gezogen werden, das JHWH-Königtum als das Herrschaftskonzept der Heilszeit. Da die Sammlungsverheißung einen Spannungsbogen in den Gerichtstext hineinträgt, der in Mi 4–5 geschlossen wird, setzt sie ein Referenzelement innerhalb der Heilskomposition voraus. Dieses Element dürfte im Erlösungsorakel in Mi 4,10* vorliegen, das vermutlich das älteste Element in Mi 4–5 darstellt.[14]

---

13 S. dazu oben 1.2.
14 S. dazu unter Teil C die Analyse 1.1.2 und 1.1.3.

Teil C **Ausblick und Ergebnis**

I Ausblick: Die literarische Fortsetzung des Michabuches in Mi 4 – 7

Nach der detaillierten Betrachtung der ersten drei Buchkapitel wenden wir uns im Rahmen des vorliegenden Ausblicks nun den hinteren Kapiteln des Michabuches zu. In Mi 4 – 5 gelangt die heilvolle Zukunftserwartung des Gottesvolkes nach dem Untergang Jerusalems zur Darstellung, in Mi 6 – 7 wird aufgrund fortwährenden Unheils noch einmal ein Strafgericht angekündigt und der Hoffnung auf JHWHs erneutes Erbarmen Ausdruck verliehen. Wie die beiden Schlussteile des Michabuches in Mi 4 – 5 und Mi 6 – 7 im Anschluss an Mi 1 – 3* und im Verhältnis zu einander entstanden sind, ist Gegenstand der folgenden Untersuchung. Sie wird das Erlösungsorakel in Mi 4,10* als Nukleus von Mi 4 – 5 und das Gerichtswort in Mi 6,9aα.12a.16* als Kristallisationskern von Mi 6 – 7 erheben, die jeweils als Fortschreibung einer älteren Buchkomposition wahrscheinlich sind. Die Weise ihrer kompositionellen Ausgestaltung ist abschließend in groben Zügen zu skizzieren.

Seit Bernhard Stades Bemerkungen über das Buch Micha hat sich innerhalb der historisch-kritischen Forschung der Konsens herausgebildet, dass in den Schlusskapiteln ein gegenüber Mi 1 – 3* jüngerer Traditionsbestand vorliegt.[1] Lediglich vereinzelt werden in Mi 4 – 7 noch Elemente der älteren Überlieferung oder ihre Spuren ausgemacht und auf Micha selbst oder seine nächsten Tradenten zurückgeführt. So erkannte Jörg Jeremias in der Jerusalemkritik des Bethlehemorakels in Mi 5,1 „ein[en] Gedanke[n], der so sehr der Intention der Verkündigung Michas entspricht, dass er am ungezwungensten auf ihn zurückgeführt wird"[2]. Ferner hat Ina Willi-Plein die Provenienz des historischen Propheten hinter Mi 6,9 – 15* vermutet. „Es ist vermutlich der letzte Spruch im Michabuch, von dem angenommen werden kann, daß er auf Micha selbst zurückgeht."[3] In jüngster Zeit hat Jakob Wöhrle schließlich Mi 7,1 – 7 dem ältesten Traditionsbestand des Michabuches zugerechnet. Wie Mi 1* sei die Einheit in Mi 7,1 – 7 von Klageterminologie geprägt und stelle „die Person des Propheten"[4] in den Fokus. Eine Breitenwirkung vermochten diese Vorschläge bislang nicht zu erzielen.

Über den von Stade vorbereiteten Konsens hinaus hat die Forschung weiterhin Einigkeit darüber erlangt, dass Mi 4 – 7 nicht von ein und derselben Hand formuliert worden sind. Hatte sich Stade noch auf die Unterscheidung zwischen authentischem und sekundärem Textbestand konzentriert, geht die redaktions-

---

1 Vgl. STADE, Bemerkungen, 161 – 172.
2 JEREMIAS, ATD, 186; vgl. DERS., Micha 4 – 5, 95 mit Anm. 17.
3 WILLI-PLEIN, Vorformen, 100; vgl. ähnlich u. a. WEHRLE, Art. Micha, 799; DEISSLER, NEB, 194 – 195.
4 WÖHRLE, Sammlungen, 188.

geschichtlich orientierte Forschung gegenwärtig von mehrstufigen Wachstumsprozessen in den hinteren Buchkapiteln aus. Bereits ihr höchst verschiedenartiger Inhalt lässt darauf schließen, dass die Kapitel Mi 4 – 7 kaum aus einem Guss sind, und begründet zunächst die Unterscheidung zwischen Mi 4 – 5 und Mi 6 – 7. Während die mittleren Buchkapitel die heilsgeschichtliche Wende in Israel nach dem Untergang Jerusalems betrachten, stellen die Schlusskapitel noch einmal soziales Unheil in den Vordergrund, das ein (weiteres) Strafgericht erwarten lässt. Der unterschiedliche Charakter beider Teile führt zu der Annahme, dass Mi 4 – 5 und Mi 6 – 7 eine jeweils eigene Geschichte haben.

Diese Vermutung hat im Laufe der jüngeren Forschungsgeschichte verschiedene Hypothesen zur Entstehung von Mi 4 – 5 und Mi 6 – 7 im Anschluss an die Buchkomposition in Mi 1 – 3* und im Verhältnis zu einander hervorgebracht. Sie unterscheiden sich vor allem in der Frage, ob die beiden Teile in Mi 4 – 7 ursprünglich als Fortschreibung eines älteren Textbestandes angelegt waren oder von diesem unabhängig gewachsen sind. So haben Theodor Lescow (1972) und James Luther Mays (1976) angenommen, dass die Heilskomposition in Mi 4 – 5 die Fortschreibung zu Mi 1 – 3* bildet, Mi 6 – 7 allerdings unabhängig entstanden und Mi 1 – 5 nachträglich angefügt worden sind.[5] Die umgekehrte Sichtweise haben Ina Willi-Plein (1971) und Bernard Renaud (1977) vertreten, indem sie die Schlusskapitel in Mi 6 – 7 (mit michanischem Kern in Mi 6,9 – 15*) als Fortschreibung zu Mi 1 – 3* und die Heilskomposition in Mi 4 – 5 als zunächst selbständige Größe mit einer eigenen Wachstumsgeschichte betrachteten.[6]

Eine mittlere Position zwischen beiden Modellen hat Hans Walter Wolff (1982) eingenommen, der weder für Mi 4 – 5 noch für Mi 6 – 7 eine unabhängige Entstehung vermutet, sondern von einer konsequenten Fortschreibung des älteren Traditionsbestandes in Mi 1 – 3* ausgeht. Allerdings sei die literarische Fortbildung von Mi 1 – 3* in Mi 4 – 5 und Mi 6 – 7 zunächst getrennt verlaufen. „Demnach haben sich in exilisch-nachexilischer Zeit zwei verschiedene Gruppen unter den Jerusalemer Prophetentradenten mit Micha beschäftigt: einmal die Kreise der neuen

---

5 Vgl. Lescow, Analyse von Micha 6 – 7, 182 – 212; Mays, OTL, 29 – 33, und entsprechend wieder Otto, Art. Micha/Michabuch, 699 – 700. Auch van der Woude, Deutero-Micha, 365 – 378, hat zwischen Mi 1 – 5 und Mi 6 – 7 unterschieden, die Schlusskapitel des Michabuches allerdings auf einen unabhängigen Verfasser zurückgeführt, den er Deuteromicha nennt. Hinter diesem vermutet er im Anschluss an den von Burkitt, Micah, 159 – 161, eingebrachten Vorschlag einen Propheten des Nordreichs, den er als Zeitgenossen Michas aus dem 8. Jh. begreift (vgl. ähnlich wieder Strydom, Micah, 19 – 32; zur Kritik an diesen Vorschlägen s. Jeppesen, Micah, 22 – 23; Kessler, HThK.AT, 255; Wöhrle, Sammlungen, 176 Anm. 140).

6 Vgl. Willi-Plein, Vorformen, 111 – 112. Im Laufe des 4. Jh. habe das Michabuch durch die Einschaltung von Mi 4 – 5* und den psalmenähnlichen Abschluss in Mi 7,5 – 20 bzw. Mi 7,8 – 20 seine vorfindliche Gestalt erhalten.

Heilsprophetie, die Israel von der Erfüllung der michanischen Gerichtsworte her einer neuen Zukunft entgegenführten und dabei auch das Geschick der Völker bedachten (Kap. 4 – 5); und zum anderen jene Predigerkreise, die der von Micha gerügten Schuld im Sozialverhalten auch in späterer Zeit auf der Spur blieben (6,2 – 7,7)"[7]. Die Sammlung in Mi 6,2 – 7,7, „die im losen Anschluß an Michas Anklage sozialkritisch orientiert und damit ganz gegenwärtigen (frühnachexilischen) Mißständen zugewandt war"[8], sei in nachexilischer Zeit mit Mi 1 – 3+4 – 5 zusammengearbeitet und mit einem liturgischen Abschluss in Mi 7,8 – 20 versehen worden.

Die gegenwärtige Forschungsdiskussion bestimmen zwei Entstehungsmodelle, die auf unterschiedliche Weise durch die Arbeit von Hans Walter Wolff vorbereitet worden sind. Auf der einen Seite steht die von Jörg Jeremias (2007) vertretene Position, „dass die Kernkapitel Mi 1 – 3 eine doppelte, voneinander unabhängige Fortschreibung fanden: in Mi 4 – 5 einerseits und in Mi 6,1 – 7,7 andererseits."[9] Damit ist die von Wolff vertretene Sichtweise in jüngster Zeit erneuert worden. Auf der anderen Seite steht der von Rainer Kessler (1999) eingebrachte Vorschlag, das Prinzip einer konsequenten Fortschreibung nicht für Mi 4 – 5 und Mi 6 – 7 getrennt, sondern für Mi 4 – 7 insgesamt anzunehmen. Nach Einschätzung Kesslers ist der Unheilstext in Mi 1 – 3* zunächst um Mi 4 – 5* erweitert und der neue kompositionelle Zusammenhang in Mi 1 – 5 sodann in Mi 6 – 7 fortgeschrieben worden. „[W]ie an den im Gesamtklang optimistischen Text aus Proto- und Deuterojesaja in der Perserzeit ein Tritojesaja angefügt wird, der die alte Kritik wiederbelebt [...], wird an Mi 1 – 5 nun 6,1 – 7,7 angefügt."[10] In ihrer Bewertung des Buchschlusses in Mi 7,8 – 20, „der den gesamten vorherigen Text voraussetzt"[11] und „sprachliche Brücken sowohl zu den Texten in Teil II als auch zu denen in Teil III"[12] erkennen lässt, stimmen beide Positionen wieder überein und bestätigen damit den von Wolff nachhaltig begründeten Vorschlag.[13]

Hinsichtlich der virulenten Frage, wie die Entstehung von Mi 4 – 5 und Mi 6,1 – 7,7 im Verhältnis zur älteren Buchkomposition verlaufen sei, hat sich mit den Arbeiten von Rainer Kessler und Jörg Jeremias der Konsens herausgebildet,

---

7 WOLFF, BK, XXXIV.
8 WOLFF, BK, XXXVI; vgl. ähnlich OTTO, Art. Micha/Michabuch, 699 – 700.
9 JEREMIAS, ATD, 119 – 120.
10 KESSLER, HThK.AT, 47. Zum Fortschreibungscharakter von Mi 6 – 7 s. ferner aaO., 255 – 256.
11 KESSLER, HThK.AT, 47.
12 JEREMIAS, ATD, 120.
13 Vgl. WOLFF, BK, XXXIV – XXXVII.192 – 194, nach den Vorarbeiten von WELLHAUSEN, Propheten, 149 – 150; STADE, Streiflichter, 164 – 171; WEISER, ATD, 232.287 – 290; GUNKEL, Micha-Schluß, 145 – 178.

dass das Michabuch nicht durch Eingliederung ehedem selbständiger Kompositionen, sondern durch allmähliche Fortschreibung in Mi 4 – 5 und Mi 6 – 7 – sei es unabhängig (Jeremias), sei es kontinuierlich (Kessler) – seine vorfindliche Gestalt erhalten hat. Wie aber das Verhältnis der beiden Teile in Mi 4 – 5 und Mi 6 – 7 zueinander zu bestimmen sei, ist weiterhin umstritten. Von den genannten Alternativen besitzt nach meiner Wahrnehmung die von Rainer Kessler vertretene Position die höhere Wahrscheinlichkeit. Diese Einschätzung ergibt sich einerseits aus der im Rahmen der vorliegenden Analyse gewonnenen Einsicht in die Genese von Mi 1 – 3* und aus der Gesamtanlage des Michabuches andererseits. Die bisherige Untersuchung hat zu dem Ergebnis geführt, dass die Komposition in Mi 1 – 3* das Resultat einer sukzessiven textimmanenten Auslegung und literarischen Fortschreibung darstellt. Damit legt sich die Vermutung nahe, dass entsprechende Prozesse auch die Genese von Mi 4 – 5 und Mi 6 – 7 bestimmen und das Michabuch insgesamt durch die allmähliche Erweiterung um Textbestandteile in Mi 4 – 7 gewachsen ist.

Diese Vermutung plausibilisiert sich weiterhin vor dem Hintergrund der Inhalte, die in den Schlusskapiteln thematisiert werden. Im Rückbezug auf die Sozialkritik in Mi 2 – 3 werden in Mi 6,1 – 7,7 äquivalente Vergehen noch einmal zur Anzeige gebracht. Im Anschluss an das Strafurteil in Mi 3,12 erscheint solch ein Vorgang nicht folgerichtig, insofern Mi 3,12 den kaum zu überbietenden Höhepunkt des Gerichtszusammenhangs und den Zielpunkt des sozialkritischen Schuldaufweises darstellt.[14] Zugleich setzen Mi 6,1 – 7,7 die soziale und politische Integrität Israels wieder voraus, dessen Untergang das Strafurteil in Mi 3,12 angekündigt hatte. Damit lassen die Schlusskapitel einen zeitlichen Abstand zu denjenigen Ereignissen vermuten, die der Unheilstext in Mi 1 – 3* reflektiert. Insofern die Neubegründung des sozialen und politischen Israel nach dem Untergang in den mittleren Buchkapiteln Mi 4 – 5* betrachtet wird, dürften die Schlusskapitel bereits in Kenntnis des kompositionellen Zusammenhangs in Mi 1 – 5* formuliert worden sein. Die Wiederaufnahme der sozialkritischen Anklage sowie die tiefe Ratlosigkeit im Tenor der Texte in Mi 6,1 – 7,7, die „im Gehalt immer verzweifelter werden"[15], erscheint erst vor dem Hintergrund der in Mi 4 – 5 beschriebenen Zukunftshoffnung folgerichtig, die von wiederholtem Unheil im Horizont der eigenen Gegenwart ernüchtert wurde.[16]

Ob sich die Vermutung aufrecht erhalten lässt, dass das Michabuch durch eine kontinuierliche Fortschreibung seine vorfindliche Gestalt erhalten hat, wird die

---

14 Aus diesem Grund ist die jüngere Sozialkritik in Mi 2 – 3 auch in den Zusammenhang der Gerichtskomposition hineingestellt und nicht an Mi 3,12 angeschlossen worden.

15 JEREMIAS, ATD, 120.

16 Vgl. die Argumentation bei KESSLER, HThK.AT, 46 – 47.255 – 256.

nachfolgende Analyse prüfen. Sie wird sich auf den jeweiligen Kristallisationskern der beiden Teile in Mi 4–5 und Mi 6–7 konzentrieren und nach ihrem je ursprünglichen literarischen Ort im Wachstumsgefüge des Michabuches fragen. Auf diese Weise wird sich zeigen, ob und auf welcher Ebene der Buchkomposition der jeweilige Nukleus als Fortschreibung des älteren Textbestandes gelten kann. Um als Fortschreibung eines älteren kompositionellen Zusammenhangs gelten zu können, hat der jeweilige Nukleus zwei Kriterien zu erfüllen. Erstens muss er in formaler Hinsicht organisch an den Zielpunkt einer älteren Komposition anschließen und zweitens den älteren Traditionsbestand auf inhaltlich plausible Weise weiterführen.

Die Suche nach dem Kristallisationskern der Kompositionen Mi 4–5 und Mi 6–7 und die Bestimmung ihres Verhältnisses zu Mi 1–3* steht im Zentrum der Analyse. Die Entstehungsgeschichte der Teilkompositionen in Mi 4–5 und Mi 6–7 selbst detailliert zu beschreiben, ist nicht mehr Aufgabe der vorliegenden Studie. Sie wird sich auf eine Skizze des jeweiligen Wachstumsprozesses beschränken, soweit er für die weitere Untersuchung relevant ist.

1 Die Fortsetzung der älteren Buchkomposition in Mi 4–5

Die Komposition in Mi 4–5 beschreibt die heilvolle Zukunftserwartung Israels nach dem Strafgericht. „Ein Kranz der schönsten Prophezeiungen ist in Cap. 4 f. vereinigt [...]. Da auch nicht eines der prophetischen Worte von Cap. 4 f. vor dem Exile entstanden ist, so können wir diese Capitel auch das nachexilische Complement zu der vorexilischen Unheilsdrohung Cap. 1–3 nennen."[17] Mit dieser Einschätzung hat Karl Marti (1904) zunächst die Position Bernhard Stades bestätigt, dass in Mi 4–5 ein gegenüber Mi 1–3* jüngerer Traditionsbestand vorliegt. Weiterhin beobachtete er die Heterogenität der in Mi 4–5 vereinigten Textbestandteile. „Von einem Gedankengang kann im zweiten Teil nicht die Rede sein, sondern nur von einem Grundgedanken, der in den verschiedenen Variationen durchgeführt wird. Es ist das Heil der Zukunft, das unter verschiedensten Gesichtspunkten und nach seinen verschiedenen Seiten beleuchtet erscheint."[18] Aus dieser Beobachtung hat Karl Marti den Schluss gezogen, dass die Heilskomposi-

---

17 MARTI, KHC, 280–281.
18 MARTI, KHC, 258–259; vgl. entsprechend NOWACK, HK³, 197. Ähnlich beobachtete in jüngerer Zeit wieder ROTH, Israel, 218–223, das Fehlen einer stringenten chronologischen Struktur und inhaltlichen Systematik in Mi 4–5. Nach seiner Einschätzung bietet erst der Schluss des Michabuches in Mi 7,8–20 eine „systematisierende Deutung der Buchmitte" (aaO., 232).

tion ein „Konglomerat verschiedener Weissagungen über dasselbe Thema"[19] darstellt. Er bezeichnet sie als das Werk eines Sammlers, der unterschiedliche Traditionselemente in Mi 4 – 5 zusammengefügt hat.

Ein Blick auf die Gesamtanlage der Komposition und die Diversität der Vorstellungen von Israels Heilszeit, die sich in Mi 4 – 5 miteinander verbinden, bestätigt Martis Beobachtung. Im gegenwärtigen Textgefüge weist die Komposition drei Zeitebenen auf, mit denen jeweils ein im Kontext auffälliger Perspektivenwechsel verbunden ist.[20] Im Anschluss an Mi 1 – 3* nimmt Mi 4,1 – 8 eingangs überraschend die Perspektive der heilvollen Endzeit ein (וְהָיָה בְּאַחֲרִית הַיָּמִים). Das Wallfahrtslied zeichnet das Bild einer umfassend friedlichen Welt (V.1 – 5). Im Zentrum steht der Berg Zion als Ort der Gegenwart JHWHs und Ziel der Wallfahrt friedfertiger Völker, obwohl das Strafurteil in Mi 3,12 unmittelbar zuvor seine Verwüstung angekündigt hatte. Mit der Endzeitebene sind über בַּיּוֹם הַהוּא weiterhin das Sammlungsorakel (V.6 – 7) und die Jerusalemverheißung (V.8) verbunden.[21] Insofern die Integrität des Gottesvolkes in V.1 – 5 bereits vorausgesetzt ist, wirken die Verheißungen der Heimkehr des Volkes und seiner früheren Herrschaft innerhalb der Gedankenfolge von V.1 – 8 nachgeschoben.

Ein zweiter Perspektivenwechsel ist mit der Spruchreihe in Mi 4,9 – 5,4a verbunden, die das Unheil innerhalb der literarischen Gegenwart in den Fokus stellt (עַתָּה). In Gestalt dreier Jetzt-Sprüche wird auf die Notsituation der Tochter Zion Bezug genommen, die sich in der Hand ihrer Feinde bzw. unter feindlicher Belagerung befindet. Damit führt die Spruchreihe inhaltlich hinter den Zielpunkt des Unheilstextes in Mi 1 – 3* zurück, nachdem in Mi 4,1 – 8 schon vom Ziel der Heilsgeschichte die Rede war. Insofern die Pointe der Jetzt-Sprüche in der Verheißung von Rettung und Erlösung besteht, vermitteln sie den Unheilshorizont aus Mi 1 – 3* mit der Erwartung einer heilvollen Zukunft nach dem Strafgericht, die Mi 4 – 5 zur Darstellung bringt.

Der dritte Perspektivenwechsel schließlich wird in Mi 5,4 – 14 vollzogen. Nach den Ereignissen der literarischen Gegenwart tritt in den Dann-Sprüchen (וְהָיָה) das heilsgeschichtliche Interim zwischen der Jetzt- und der Endzeit in den Fokus. Das letzte Element der Spruchreihe bildet die Ankündigung des Reinigungsgerichts in Mi 5,9 – 13.14. Da es nicht nur das Stilmerkmal der Dann-Sprüche teilt (וְהָיָה),

---

19 MARTI, KHC, 259.

20 Zu den zeitlichen Ebenen in Mi 4 – 5 vgl. etwa JEREMIAS, Micha 4 – 5, 91 – 93; DERS., ATD, 168; KESSLER, HThK.AT, 174 – 175; WOLFF, BK, XXIX – XXXI. In alternativer Weise wertet UTZSCHNEIDER, Reise; DERS., ZBK, die Zeitebenen innerhalb des Michabuches aus. Zur Bedeutung von Zeitsystemen für seine dramentheoretische Hinsicht s. grundlegend UTZSCHNEIDER, Reise, 36 – 40.

21 Vgl. JEREMIAS, Micha 4 – 5, 92.

sondern über die Zeitangabe בַּיּוֹם הַהוּא mit der Endzeitebene aus Mi 4,1–8 in Verbindung steht (vgl. בַּיּוֹם הַהוּא in Mi 4,6), wird am Ende der Heilskomposition der Rahmen zu ihrem Anfang geschlossen.

Über die Perspektivenwechsel hinaus fällt die Diversität der Heilsvorstellungen auf, die sich innerhalb der Heilskomposition in disparater und teils widersprüchlicher Weise miteinander verbinden. Die Differenzen betreffen erstens das Verhältnis Israels zu den Fremdvölkern. Während das Völkerwallfahrtslied in Mi 4,1–5* eine zutiefst völkerfreundliche Perspektive zeigt, weisen Mi 5,4–5, Mi 5,6–8 und Mi 5,14 (mit Mi 1,2) eine völkerkritische Tendenz und Mi 4,11–13 eine dezidiert völkerfeindliche Haltung auf. Zweitens sind die Konzeptionen der Herrschaft für das heilszeitliche Israel inkongruent. Während das Sammlungsorakel in Mi 4,6–7 das JHWH-Königtum als Herrschaftskonzept der Heilszeit präsentiert, erwartet die Jerusalemverheißung in Mi 4,8 die Restitution der früheren Herrschaft und das Bethlehemorakel in Mi 4,14–5,4a die grundständige Erneuerung des Hauses David. Drittens differieren die Vorstellungen von der heilsgeschichtlichen Wende. Mi 4,9–10 zeichnet sie als Akt der Rettung JHWHs, Mi 4,11–13 als Befreiungsschlag der Tochter Zion, Mi 4,14–5,4a als Neubegründung des davidischen Herrscherhauses.

Der dreimalige Perspektivenwechsel, der im Rahmen der Heilskomposition vorgenommen wird, belegt die von Karl Marti herausgestellte Beobachtung, dass Mi 4–5 keinen stringenten Gedankengang aufweist, der im Anschluss an Mi 1–3* etwa vom Unheil der literarischen Gegenwart aus über die heilsgeschichtliche Wende auf das heilvolle Ziel der Geschichte zuführt.[22] Vielmehr wird die eschatologische Perspektive programmatisch vorangestellt, bevor das Erlösungsgeschehen und schließlich die Vorgänge innerhalb der heilsgeschichtlichen Zwischenzeit zur Darstellung gelangen. Inhaltlich ist die heilsgeschichtliche Wende, die im Zentrum der Komposition entfaltet wird, in den Rahmenteilen bereits vorausgesetzt. Die Beobachtungen zur Gesamtanlage der Heilskomposition führt somit zu der Annahme, dass es sich dabei um keine ursprüngliche Einheit, sondern um einen gewachsenen Zusammenhang handelt.[23] Die inhaltliche He-

---

22 Dieser Sachverhalt hat SMITH, ICC, 89, dazu veranlasst, durch eine Umstellung der Textbestandteile in Mi 4,6–10 eine stringente Gedankenfolge herzustellen. „This section [...] can be treated as a unit only by transposing vv. [9. 10] to precede vv. [6-8]" (ebd.).

23 Diese Position hat insbesondere WOLFF, BK, 85–90.104–110, nachhaltig begründet und kann gegenwärtig als Konsens innerhalb der historisch-kritischen Michaforschung gelten (vgl. etwa DEISSLER, NEB, 167; JEREMIAS, Micha 4–5, 90–115, bes. 114–115; DERS., ATD, 118–119.168– 169; KESSLER, HThK.AT, 45–46; METZNER, Kompositionsgeschichte, 138–152; OBERFORCHER, NSK.AT, 16–17; OTTO, Art. Micha/Michabuch, 699; WAGENAAR, Judgement, 278–287; WEHRLE, Art. Micha (Buch), 797–798; WÖHRLE, Sammlungen, 169–171).

terogenität der Textbestandteile, die in Mi 4 – 5 zu einer literarischen Einheit zusammengefügt worden sind, lässt weiterhin eine komplexe Wachstumsgeschichte im Hintergrund von Mi 4 – 5 vermuten.

Während Karl Marti die Komposition als Collage eines Verfassers begriffen hat, der vorliegendes Traditionsmaterial zusammenarbeitete, wird sie innerhalb der redaktionsgeschichtlich ausgerichteten Forschung gegenwärtig als Ergebnis eines sukzessiven Fortschreibungsprozesses betrachtet.[24] Dass die Heilskomposition trotz des evidenten inhaltlichen Bruchs auf der Schwelle zwischen Mi 1 – 3* und Mi 4 – 5* als Fortsetzung des Unheilstextes gestaltet ist, erscheint auf der synchronen Ebene unzweifelhaft. Das Völkerwallfahrtslied in Mi 4,1 – 5 ist durch Stichwortbezüge mit dem Strafurteil in Mi 3,12 verknüpft (vgl. הַר הַבַּיִת in Mi 3,12 und הַר בֵּית־יְהוָה in Mi 4,1). Das Sammlungsorakel in Mi 4,6 – 7 korrespondiert mit seinem Pendant in Mi 2,12 – 13, das beide Kompositionen miteinander verklammert. Die Strafandrohung gegen die Fremdvölker in Mi 5,14 (לֹא שָׁמֵעוּ) bezieht sich auf den einleitenden Höraufruf in Mi 1,2 (שִׁמְעוּ עַמִּים כֻּלָּם) zurück und schließt den Rahmen um Mi 1 – 5. Ob nun auch der Kristallisationskern der Heilskomposition von vornherein als Fortschreibung des älteren Unheilstextes angelegt ist, gilt es im Folgenden zu untersuchen.

1.1 Der Kristallisationskern

In der historisch-kritischen Forschung hat sich der Konsens herausgebildet, dass der Nukleus von Mi 4 – 5 innerhalb der Jetzt-Spruchreihe Mi 4,9 – 5,5* im Zentrum der Heilskomposition zu suchen sei.[25] Da die Jetzt-Sprüche gleichermaßen auf eine Situation der Bedrohung im Anschluss an Mi 1 – 3* Bezug nehmen und das Unheil jeweils mit einer Heilsverheißung verbinden, besitzt diese Einschätzung eine hohe Wahrscheinlichkeit. Da die Rahmenteile in Mi 4,1 – 8 und Mi 5,4 – 14 die heilsge-

---

24 Vgl. etwa DEISSLER, NEB, 167; JEREMIAS, Micha 4 – 5, 91 – 93; DERS., ATD, 123 – 124; KESSLER, HThK.AT, 45 – 47; MAYS, OTL, 26 – 27; METZNER, Kompositionsgeschichte, 154 – 155; OTTO, Art. Micha/Michabuch, 699 – 700; WOLFF, BK, XXIX – XXXII; WÖHRLE, Sammlungen, 169 – 171.
25 Vgl. etwa JEREMIAS, Micha 4 – 5, 93 – 97; DERS., ATD, 119.179; KESSLER, HThK.AT, 45 – 46; METZNER, Kompositionsgeschichte, 151 – 152; MAYS, OTL, 26 – 27; OTTO, Art. Micha/Michabuch, 699; WAGENAAR, Judgement, 278 – 287; WISCHNOWSKY, Tochter, 249 – 251; WOLFF, BK, XXIX – XXX. Anders hat etwa WILLI-PLEIN, Vorformen, 90, einen älteren Zusammenhang in Mi 4,8; 5,1.3.4a gesehen, die Jetzt-Sprüche in Mi 4,9 – 14 hingegen seien „erst später trennend dazwischengetreten". Umgekehrt vermutet WÖHRLE, Sammlungen, 169 – 170, den Grundbestand in den drei Jetzt-Sprüchen Mi 4,9.10*.11.14, „die die akute Gefährdung von König und Stadt sowie die drohende Exilierung der Bevölkerung thematisieren" (aaO., 169).

schichtliche Wende inhaltlich bereits voraussetzen, kommen sie für die Suche nach dem Kristallisationskern nicht in Betracht.

Keine Einigkeit konnte die Forschung bislang jedoch darüber erzielen, worin genau der Nukleus von Mi 4 – 5 innerhalb der Spruchreihe begegnet.[26] Die exakte Bestimmung desselben ist allerdings nicht nur für die Wachstumsgeschichte der Heilskomposition relevant, sondern bildet auch die Voraussetzung für eine Entscheidung in der Frage, ob Mi 4 – 5 von vornherein die Fortschreibung der Komposition in Mi 1 – 3* darstellt. Die folgende Untersuchung hat daher zunächst den Kernbestand der Jetzt-Spruchreihe und mit diesem den Kristallisationspunkt von Mi 4 – 5 zu erheben, um im Rahmen der Betrachtung seines literarischen Ortes in einem zweiten Schritt prüfen zu können, ob der Nukleus als Fortschreibung des älteren Traditionsbestandes in Mi 1 – 3* plausibel ist.

1.1.1 Abgrenzung und Aufbau

Die Jetzt-Spruchreihe bildet das mittlere Element innerhalb der Architektur von Mi 4 – 5 und betrachtet vor dem Hintergrund des in Mi 1 – 3* dargestellten Unheils die Ereignisse der literarischen Gegenwart (עַתָּה). Im vorfindlichen Zusammenhang folgt sie auf die Jerusalemverheißung in Mi 4,8, die über וְאַתָּה kopulativ mit V.1 – 7 verbunden und mit der Endzeitebene am Beginn der Heilskomposition synchronisiert ist, und steht den Dann-Sprüchen in Mi 5,4 – 14 voran (וְהָיָה), die das heilsgeschichtliche Interim beleuchten.[27]

---

26 Der Kristallisationskern von Mi 4 – 5 ist innerhalb der Forschung unterschiedlich bestimmt worden. Eine umfangreiche Grundschicht in Mi 4 – 5 hat Hans Walter Wolff vertreten und ihr die Jetzt-Spruchreihe in Mi 4,9 – 10.11 – 13; Mi 4,14 – 5,5 (ohne V.2.4b.5a) zugewiesen (vgl. WOLFF, BK, XXIX – XXX; ähnlich METZNER, Kompositionsgeschichte, 151 – 152). Rainer Kessler zählt überdies die Jerusalemverheißung in Mi 4,8 hinzu, betrachtet allerdings das Assur-Element in Mi 5,4 – 5 insgesamt als jüngeren Zusatz und grenzt Mi 4,8 – 5,3 als Kernbestand ab (vgl. KESSLER, HThK.AT, 196 – 198). Ähnlich urteilt James Luther Mays, der allerdings Mi 5,4 beibehält und Nachinterpretationen in Mi 4,14 und Mi 5,3 erkennt (vgl. MAYS, OTL, 26). Jörg Jeremias hingegen hält die Jerusalemverheißung wieder für jünger, ebenso das Völkergericht in Mi 4,11 – 13, das „zu den jüngsten Texten des gesamten Buches" gehört (JEREMIAS, ATD, 179), und bestimmt Mi 4,9 – 10; Mi 4,14 – 5,4 (ohne V.2.4b) als Grundschicht. Einen weniger umfangreichen Grundbestand haben BIDDLE, Dominion, 225 (Mi 4,9 – 10abβ.11.14); WAGENAAR, Judgement, 278 – 287, und ZAPFF, Studien, 79 – 84 (Mi 4,9 – 10+14); WISCHNOWSKY, Tochter, 250 – 251 (Mi 4,14; 5,1.4a.5b), und OTTO, Techniken, 143 – 144; DERS., Art. Micha/Michabuch, 699 (Mi 4,9.10abα) angenommen.

27 Anders sehen KESSLER, HThK.AT, 196 ff; MAYS, OTL, 26 – 27, in Mi 4,8 bereits die Eröffnung der Spruchreihe. Da die Jerusalemverheißung mit dem Personalpronomen אַתָּה eröffnet wird und mit Mi 5,1 ff (וְאַתָּה) einen Rahmen um die Jetzt-Spruchreihe legt, trifft dies vor dem Hintergrund der vorfindlichen kompositionellen Struktur durchaus zu. Allerdings ist die Jerusalemverheißung

Mit betontem עַתָּה in Spitzenposition und den beiden einleitenden Fragen wird in V.9 ein Neueinsatz formuliert. Obwohl sich V.8 und V.9 gleichermaßen auf das Thema der Königsherrschaft beziehen, ist die literarische Zäsur durch den Adressatenwechsel ausgewiesen. Während V.8 personifizierte Elemente der Stadtarchitektur Jerusalems (מִגְדַּל־עֵדֶר) neben (עֹפֶל בַּת־צִיּוֹן) in 2. Mask. Sg. adressiert (אַתָּה sowie das Suff. 2. Mask. Sg. עָדֶיךָ), wird ab V.9 die Tochter Zion in 2. Fem. Sg. angesprochen. Überdies nimmt V.8 mit dem Hinweis auf die Rückkehr der früheren Herrschaft die Antwort auf die Frage nach König und Ratgeber vorweg, die in V.9 aufgeworfen wird, und hebt auf diese Weise die Funktion der Fragen in V.9 auf. Damit ist zwischen der Jerusalemverheißung und der Jetzt-Spruchreihe eine literarische Wachstumsspur evident.[28]

Da der vorfindliche Eingang der Heilskomposition gegenüber der Jetzt-Spruchreihe im Zentrum jünger ist, wird diese einmal unmittelbar auf das Strafurteil in Mi 3,12 gefolgt sein, bevor ihr die Textbausteine in Mi 4,1 – 8 sukzessiv vorangestellt worden sind. Der Anschluss ist in formaler und inhaltlicher Hinsicht plausibel. Mit dem Zeitwort עַתָּה nimmt V.9 auf die Situation des Unheils Bezug und entfaltet daraufhin im Gewand zweier Fragen die Konsequenzen, die das Urteil für die Tochter Zion zeitigt. Sowohl ihr noterfülltes Schreien, das V.9a anspricht, als auch der in V.9b angedeutete Hinweis auf den Verlust von König und Ratgebern (vgl. Mi 3,11) erscheinen vor dem Hintergrund von Mi 1 – 3* folgerichtig. Der Unheilszusammenhang wird fortgeführt, allerdings mit einer heilvollen Zukunftsperspektive verbunden, die zuvorderst mit dem Erlösungsorakel in Mi 4,10 Ausdruck gewinnt. Auf diesem Wege wird der Übergang vom Unheil der literarischen Gegenwart zur Perspektive einer künftigen Heilszeit organisch gestaltet.

Die Jetzt-Spruchreihe wird durch die Friedensverheißung in Mi 5,4a (וְהָיָה זֶה שָׁלוֹם) abgeschlossen.[29] Nach der Ankündigung des Bethlehemiten (V.1) und dessen Funk-

---

kopulativ an Mi 4,6 – 7 angeschlossen und teilt die Endzeitchronologie aus Mi 4,1 – 7. Damit gibt sich Mi 4,8 als literarischer Brückenvers zu erkennen. Die kompositionelle Struktur aus rahmendem וְאַתָּה und dreifachem (וְ)עַתָּה im Zentrum ist zweifellos redaktioneller Herkunft. Zur kompositionellen Stuktur vgl. BEN ZVI, FOTL, 113 – 120; KESSLER, HThK.AT, 174 – 176; OTTO, Techniken, 142 – 145; WILLIS, Structure, 191 – 214.

28 GÄRTNER, Jesaja, 168, bezeichnet Mi 4,8 im Anschluss an BEN-ZVI, FOTL, 108, als „Janusvers", da „hier Herdenmetaphorik (Mi 4,6 f) und Zionzentrierung (Mi 4,1 – 3) über מגדל־עדר und בת־ציון zusammenlaufen."

29 Vgl. die entsprechende Abgrenzung bei JEREMIAS, ATD, 186 – 187, und WÖHRLE, Sammlungen, 161 – 164.171, der die Bethlehemverheißung in Mi 5,1.3*.4a jedoch vom vorausgehenden Jetzt-Spruch in Mi 4,14 löst. Anders hingegen sehen etwa MAYS, OTL, 117 – 120; KESSLER, HThK.AT, 231 – 233, die Friedensverheißung als Eröffnung des Assurspruchs in Mi 5,4 – 5 an und betrachten DEISSLER, NEB, 187 – 188; METZNER, Kompositionsgeschichte, 149 – 152; OTTO, Techniken, 142 – 145; DERS., Art. Micha/Michabuch, 699; WOLFF, BK, 106 – 107.119, Mi 5,4 – 5

tionsbeschreibung (V.3) bringt sie die Wirkung des heilszeitlichen Herrschers zum Ausdruck. Mi 5,4a dürfte somit den Zielpunkt der Bethlehemverheißung darstellen. Im vorfindlichen Textgefüge bildet die Zeile allerdings zugleich die Eröffnung der Dann-Sprüche. Da die Friedensverheißung mit dem Verbum וְהָיָה eingeleitet wird und von der literarischen Gegenwart aus in die Zukunft blickt, die aus Sicht des Orakels mit der Ankunft des neuen Herrschers beginnt, dürfte sie die Ausgestaltung der Spruchreihe in Mi 5,4 – 14 angeregt haben. Mit dem Ortsnamen in Spitzenposition eröffnet das Assur-Element in V.4b – 5 einen neuen Zusammenhang und legt die Hirtenfunktion aus V.3 auf die militärische Sicherung der Außengrenzen des Landes aus.

Die Jetzt-Spruchreihe besteht aus drei Elementen, die durch die jeweils betont voranstehende Zeitangabe (וְ)עַתָּה von einander abgegrenzt werden. Das erste Element in Mi 4,9 – 10 nimmt auf die Leiden der Tochter Zion infolge ihres un-heilvollen Schicksals Bezug. Sie klagt und schreit anlässlich des Verlustes von König und Ratgeberschaft (V.9), verlässt ihre Stadt und lagert auf dem Feld (V.10a.bα₁) und zieht schließlich (in die Gefangenschaft) nach Babel (V.10bα₂). Dort erwartet sie die Erlösung aus der Hand ihrer Feinde.

Das zweite Element in Mi 4,11 – 13 präsentiert das Bild einer feindlichen Be-lagerung. Viele Völker haben sich um Zion versammelt und spotten über sein Schicksal (V.11). Dem Ratschluss JHWHs gemäß entpuppt sich ihre Versammlung allerdings als Vorbereitung eines vergeltenden Strafgerichts gegen sie (V.12), das Tochter Zion mit eiserner Faust auszuführen aufgerufen wird (V.13).

Auf die Situation der Belagerung bezieht sich schließlich auch das dritte Element in Mi 4,14 – 5,4a.[30] Während Jerusalem noch belagert und sein Richter gedemütigt wird (V.14), steht mit dem neuen Herrscher aus Bethlehem bereits eine Zeit des Friedens in Israel in Aussicht. Indem die drei Elemente im Anschluss an Mi 1 – 3* allesamt zunächst auf den Unheilshorizont rekurrieren und diesen so-dann mit einer Heilsperspektive verbinden, folgen sie einem gemeinsamen Bau-prinzip.

1.1.2 Integrität

Obwohl die Textbausteine in Mi 4,9 – 5,4a dasselbe Bauprinzip aufweisen und über den Leitbegriff (וְ)עַתָּה kunstvoll zusammengefügt sind, ist die Architektur der

---

(abzüglich der Nachinterpretation in V.4b – 5a) als Abschluss der Herrscherverheißung. Die ver-schiedenen Abgrenzungsvorschläge hat KESSLER, HThK.AT, 231 – 232, zusammengestellt.

30 Zur Zusammengehörigkeit von Mi 4,14 und Mi 5,1ff vgl. insbesondere KESSLER, HThK.AT, 219 – 220. Anders sehen hingegen u. a. BIDDLE, Dominion, 225; WAGENAAR, Judgement, 278 – 287; WILLI-PLEIN, Vorformen, 90; WÖHRLE, Sammlungen, 161 – 164.171; ZAPFF, Studien, 79 – 84, eine literarische Zäsur zwischen Mi 4,14 und Mi 5,1 ff.

Spruchreihe nicht ursprünglich.[31] Darauf lässt bereits das Strukturelement עַתָּה selbst schließen, das allein in Mi 4,10bα₁ und in Mi 5,3b in die Syntax der jeweiligen Kola eingeflochten ist. Insgesamt dürfte die Struktur der Reihe redaktioneller Herkunft sein.[32] Weiterhin ergeben die Unheilsreminiszenzen weder ein kohärentes Gesamtbild der Situation noch eine stringente Ereignisfolge. Während Tochter Zion nach V.9 – 10 über den Verlust von König und Ratgeber klagt, ihre Stadt verlässt und ins babylonische Exil geht, blicken V.11 und V.14 hinter dieses Ereignis zurück und beziehen sich wieder auf die Situation der Belagerung. Schließlich sind die jeweiligen Vorstellungen von der Schicksalswende disparat. In Mi 4,10 wird die Erlösung Tochter Zions als ein Akt der Rettung durch JHWH beschrieben. Nach Mi 4,11 – 13 ist sie selbst aktiv an ihrer Befreiung beteiligt und figuriert als Gerichtswerkzeug JHWHs gegen die Völker. In Mi 4,14 – 5,4a verbindet sich die Vorstellung von der Heilswende mit der Ankunft des Friedensherrschers aus Bethlehem.

Angesichts dieses Befundes leidet es keinen Zweifel, dass die Jetzt-Spruchreihe eine literarisch gewachsene Größe darstellt, die unterschiedliche Vorstellungen von der heilsgeschichtlichen Wende nach dem Strafgericht integriert. Die Komposition lässt sich entweder als Resultat eines Fortschreibungsprozesses oder als das Ergebnis einer nachträglichen Zusammenfügung älterer, ehedem unabhängiger Einheiten verstehen.[33] Da ihre einzelnen Elemente dasselbe Bauprinzip aufweisen und inhaltlich aufeinander Bezug nehmen, besitzt die Annahme einer sukzessiven Fortschreibung die höhere Wahrscheinlichkeit. Nachfolgend sind die jüngeren Einschaltungen in Mi 4,9 – 5,4a vom Grundbestand der Spruchreihe zu unterscheiden, um ihren Kristallisationskern zu erheben.

Die Integritätsanalyse setzt mit dem mittleren Textelement in Mi 4,11 – 13 ein, dessen Gegenstand ihn von seinem literarischen Nahkontext in inhaltlich eindeutiger Weise abhebt. Es steht darin nicht das Schicksal Jerusalems im Vordergrund, auf das sich die Spruchreihe in Mi 4,9 – 10 und Mi 4,14 – 5,4a konzentriert, sondern das Schicksal der um Zion versammelten Fremdvölker. Wie die Untersuchung zeigen wird, bildet Mi 4,11 – 13 einen Zusatz, der als literarische Reaktion auf das Wallfahrtslied in Mi 4,1 – 5* zu verstehen ist und damit den Beginn der Heilskomposition bereits voraussetzt.

---

31 Anders etwa KESSLER, HThK.AT, 46.196 – 198; METZNER, Kompositionsgeschichte, 151 – 152. 154; WOLFF, BK, XXIX – XXX.
32 Vgl. entsprechend MAYS, OTL, 105; OTTO, Techniken, 141 – 143.
33 An eine Collagierung verschiedenartigen Traditionsmaterials hatte etwa MARTI, KHC, 259, gedacht.

1.1.2.1 Das Völkergericht in Mi 4,11 – 13

Das Gerichtswort gegen die Völker in V.11 – 13 bildet das jüngste unter den drei Elementen der Jetzt-Spruchreihe in Mi 4,9 – 5,4a.[34] Im Zentrum derselben kündigt es überraschend ein Strafgericht gegen die Fremdvölker an. Der Abschnitt adressiert im Anschluss an V.9 – 10 in 2. Fem. Sg. die Tochter Zion (עָלַיִךְ) und besteht aus drei Gliedern. In V.11 wird zunächst die für Jerusalem bedrohliche Ausgangssituation geschildert. Viele Völker (גּוֹיִם רַבִּים) sind um Zion versammelt (אסף ni.) und spotten seiner. V.12 reflektiert sodann auf den Ratschluss JHWHs, den die Völker nicht erkannt haben, dass ihre Versammlung (קבץ pi.) nämlich auf ein Strafgericht zielt, das sie selber trifft.[35] In V.13 wird schließlich die Tochter Zion dazu aufgerufen, das Strafgericht an ihnen mit eiserner Hand zu vollstrecken.

Die Sonderstellung von V.11 – 13 innerhalb der Spruchreihe zeigt sich darin, dass anders als in den Rahmenteilen Mi 4,9 – 10 und Mi 4,14 – 5,4a nicht die Situation Jerusalems im Fokus steht, sondern das Schicksal der Völker. Darüber hinaus unterscheidet sich das Gerichtswort von seinem Nahkontext durch die Situation, in der sich die Tochter Zion in V.11 – 13 befindet, und durch die Rolle, die ihr zugedacht wird. Während sich in Mi 4,9 – 10 und Mi 4,14 – 5,4a die Situation einer ernsten Bedrohung spiegelt, ist die Gefahr in V.11 – 13 „nur scheinbar"[36]. Begegnet die Tochter Zion in den Rahmenteilen in der Rolle der Leidtragenden, die wie eine Gebärende klagt (V.9 – 10) und sich Wundmale zufügt (V.14), figuriert sie in V.11 – 13 als Gerichtswerkzeug JHWHs.[37] Der ernste Aufruf zur Klagehandlung in

---

34 Vgl. entsprechend etwa Gärtner, Jesaja, 171 – 172; Jeremias, Micha 4 – 5, 106 – 110; ders., ATD, 179 mit Anm. 190; Wagenaar, Judgement, 287 – 289; Zapff, Studien, 81 – 84. Anders hingegen Kessler, HThK.AT, 46.196 – 198; Metzner, Kompositionsgeschichte, 151 – 152.154; Wolff, BK, XXIX – XXX, nach deren Einschätzung die drei Jetzt-Sprüche auf derselben literarischen Ebene liegen. Willi-Plein, Vorformen, 86 – 90, hält V.9 – 14 für „in sich nicht mehr unterteilbar" (aaO., 86) und begreift den gesamten Abschnitt als jüngeren Vorspann zu Mi 5,1. Anders bringt Smith, WBC, 41 – 42, Mi 4,11 – 13 wiederum mit dem Feldzug Sanheribs im Jahre 701 in Verbindung.

35 Im Zuge der Analyse des Sammlungsorakels in Mi 2,12 – 13 (s. dazu oben unter Teil B die Darstellung III.1.2) ist die soteriologische Konnotation des Verbums קבץ pi. herausgestellt worden. Auffälligerweise begegnet die Wurzel in Mi 4,12 mit einer unheilvollen Zielrichtung. Da das Unheil allerdings die versammelten Fremdvölker betrifft und das Strafgericht gegen sie die Befreiung der Tochter Zion bedeutet, könnte sich die soteriologische Konnotation des Verbums im Hinblick auf das Volk JHWHs in der Formulierung mit קבץ pi. andeuten.

36 Jeremias, ATD, 182.

37 Dieser Sachverhalt ist sowohl im Zusammenhang der Spruchreihe Mi 4,9 – 5,4a als auch im Vergleich mit seinen alttestamentlichen Parallelen inhaltlich auffällig (vgl. insbesondere Ez 38 – 39; Jl 4; Sach 14). Darauf haben Jeremias, Micha 4 – 5, 108 – 110; ders. ATD, 182, sowie Gärtner, Jesaja, 175, aufmerksam gemacht. Neben Mi 4,11 – 13 verbindet sich nur in Sach 12,6 „die Vorstellung eines Völkeransturms als eines universalen Völkergerichts mit der Vorstellung

V.14 erscheint im Anschluss an V.11–13 nicht länger folgerichtig, lägen beide Elemente auf derselben Ebene.

Das Völkergericht lässt sich damit kaum anders denn als nachträgliche Einschaltung zwischen Mi 4,9–10 und Mi 4,14–5,4a begreifen. Die literarischen Anknüpfungspunkte, die die Gestaltung des Völkergerichts angeregt und dem Text seinen Ort gewiesen haben, enthalten die Rahmenverse V.10 und V.14. Das Erlösungsorakel zeigt Tochter Zion in der Hand ihrer Feinde (מִכַּף אֹיְבָיִךְ), was die Unheilsreminiszenz der Bethlehemverheißung auf die Situation der Belagerung Jerusalems auslegt (מָצוֹר שָׂם עָלֵינוּ). Beide Aspekte werden in V.11–13 aufgenommen, indem die Belagerungssituation entfaltet, das Strafgericht allerdings gegen die Feinde der Tochter Zion gewendet wird. Durch die Einschaltung des Völkergerichts erscheint die Drohkulisse, die in den Rahmensprüchen zum Ausdruck gelangt, lediglich als vordergründige Karikatur.

Im kompositionellen Gefüge von Mi 4–5 weist das Völkergericht dichte Bezüge zu Mi 4,1–5 auf. Sie legen die Vermutung nahe, dass V.11–13 unter dem Eindruck des Völkerwallfahrtsliedes formuliert worden ist und eine literarische Reaktion darauf bildet. Zunächst teilen beide Abschnitte das Motiv der Völkerversammlung um Zion. Während sich mit diesem Vorgang in V.1–5 ein friedliches Interesse seitens der Völkerschaft verbindet, erscheint sie in V.11–13 feindselig. Das Anliegen der Völker wird weiterhin in beiden Zusammenhängen jeweils im Zitat zum Ausdruck gebracht. Im Spiegel von V.2 machen sich die Völker auf, um Weg und Weisung JHWHs zu lernen, wie sie sagen (הלך גוים רבים ואמרו), nach V.11 zielt ihre Versammlung darauf, über das entweihte Jerusalem zu spotten (אסף גוים רבים האמרים). Beide diametral verschiedenen Handlungsabsichten werden je mit einem verbum dicendi eingeführt.

Schließlich stehen Völkergericht und Wallfahrtslied über das Motiv der Erkenntnis in Verbindung. Während die Völker nach V.2–3 Einsicht in die Wege und Weisungen JHWHs zu gewinnen suchen (ירה), statt den Krieg zu lernen (למד), konstatiert V.12, dass sie weder die Gedanken JHWHs kennen (ידע) noch seinen Ratschluss eingesehen haben (בין). Die Erkenntnismotivik des Wallfahrtsliedes scheint im Rahmen des Gerichtswortes aufgenommen und gezielt invertiert worden zu sein, um die völkerfreundliche Perspektive aus V.1–5 im Hinblick auf die literarische Gegenwart (עַתָּה) zu korrigieren. Das Gerichtswort enthält ein Element des literarischen Diskurses, den das Michabuch über das heilszeitliche Verhältnis Israels zu den Fremdvölkern führt. Dieser Diskurs dürfte durch das Völkerwall-

---

Judas bzw. der Tochter Zion als Gerichtswerkzeug Jhwhs gegen die Völker" (GÄRTNER, Jesaja, 175). Ihrer Einschätzung nach führt „die Motivkombination von Juda als Gerichtswerkzeug als Aspekt des endzeitlichen Völkeransturms [...]" auf Sach 12,1–8.9*" (ebd.) zurück.

fahrtslied in Mi 4,1–5* und seine optimistische, völkerfreundliche Perspektive angestoßen worden sein.[38]

Das Wallfahrtslied stellt die Völker als Akteure im heilszeitlichen Israel in den Blick, die aus freien Stücken nach Jerusalem pilgern, um dort die Weisung JHWHs zu lernen. Der Berg Zion, wo JHWH als universaler Richter wohnt, erscheint als Quelle der Torah und Zentrum einer friedlichen Welt. In zweifacher Weise hat dieses Bild Korrekturen erfahren. Zunächst wird die völkerfreundliche Perspektive aus Mi 4,1–5* durch den Völkeraufruf in Mi 1,2 und die Strafankündigung in Mi 5,14 eingeschränkt, durch deren Einschaltung die Buchkomposition in Mi 1–5* einen völkerkritischen Rahmen erhält. In Mi 1,2 werden die Völker zur Aufmerksamkeit gerufen und JHWHs Zeugenschaft gegen sie in Stellung gebracht, bevor in Mi 5,14 denjenigen Völkern unter ihnen das Strafgericht angezeigt wird, die nicht gehorsam waren. Insofern das Hören auf Kenntnis und Gehorsam zielt, nehmen die Rahmenverse ihrerseits das Erkenntnismotiv auf, das innerhalb des Wallfahrtsliedes leitend ist. In beiden Zusammenhängen erscheint JHWH überdies in juridischer Funktion, in Mi 4,1–5* als Richter, in Mi 1,2 (mit Mi 5,14) als Zeuge.

Im Hinblick auf den völkerkritischen Rahmen besitzt Mi 4,1–5* eine bedeutende hermeneutische Funktion. Erst vor dem Hintergrund des Wallfahrtsliedes nämlich, das die Völker im synchronen Textgefüge nach Mi 1,2 erstmals wieder erwähnt, lässt sich erschließen, was den Gegenstand des Hörens und die Rechtsgrundlage der Zeugenschaft JHWHs näherhin darstellt.[39] Im Lichte von Mi 4,1–5* bildet die Torah aus Zion diejenige Orientierungsgröße, die das Handeln der Völker und den Rechtsstreit JHWHs normiert. Diese Beobachtung lässt darauf schließen, dass das Wallfahrtslied in seinem Grundbestand in den kompositionellen Rahmenversen Mi 1,2 und Mi 5,14 vorausgesetzt ist.

Die völkerkritische Tendenz der Rahmenverse wird durch die dezidiert völkerfeindliche Position in Mi 4,11–13 verschärft. Angesichts ihres feindseligen Verhaltens wird den Völkern bescheinigt, dass sie zur Erkenntnis des Ratschlusses JHWHs außerstande sind. Dass Einsicht und Erkenntnis seitens der Völkerwelt geboten war, begründet erst das Wallfahrtslied, das in Mi 4,11–13 daher zwingend vorausgesetzt ist. In der literarischen Gegenwart von Mi 4,11–13 erscheinen die Völker insgesamt des Strafgerichts JHWHs würdig. Durch die Einschaltung des Völkergerichts werden weder die völkerkritische Sicht noch die völkerfreundliche Perspektive aufgehoben. Im Hinblick auf die Völkerkritik illustriert Mi 4,11–13

---

38 Vgl. bereits Jeremias, ATD, 170–171, und zum traditionsgeschichtlichen Hintergrund von Mi 4,11–13 s. ders., Micha 4–5, 108–110. Anders urteilt hingegen Kessler, HThK.AT, 216, der „aus der Rachephantasie gegenüber den Völkern die Vision eines friedlichen Zusammenlebens geworden" sieht und Mi 4,11–13 gegenüber Mi 4,1–5* für älter erachtet.
39 Vgl. Utzschneider, ZBK, 33–34.

vielmehr, was die Völker zu erwarten haben, die sich dem Ruf zum Gehorsam widersetzen. Die optimistische Sichtweise des Völkerwallfahrtsliedes und seine Erwartung einer friedlichen Welt mit Zion im Zentrum wird in eine fernliegende Zukunft verlegt.[40]

Als jüngstes Element des literarischen Diskurses über das heilszeitliche Verhältnis Israels zu den Fremdvölkern in Mi 4 – 5 ist die Gerichtsankündigung in Mi 4,11 – 13 nachträglich in die Jetzt-Spruchreihe in Mi 4,9 – 5,4a eingesetzt worden. Das Motiv der Belagerung in Mi 4,10 und Mi 4,14 wird in Mi 4,11 – 13 entfaltet, der ernste Hintergrund der Drohkulisse jedoch aufgehoben, insofern sich die Versammlung der Völker als Vorbereitung des Strafgerichts gegen sie entpuppt. Vor der Einschaltung der Völkergerichtsankündigung bildeten die Jetzt-Sprüche in Mi 4,9 – 10 und Mi 4,14 – 5,4a einen unmittelbaren Zusammenhang. Ob dieser Anschluss ursprünglich ist, gilt es im nächsten Schritt zu prüfen.

1.1.2.2 Das Bethlehemorakel in Mi 4,14 – 5,4a

Das Bethlehemorakel bildet das dritte Element innerhalb der Jetzt-Spruchreihe und blickt auf die grundständige Erneuerung der Herrschaft in Israel nach dem Strafgericht voraus. Indem es auf die unheilvolle Lage Bezug nimmt und diese mit einer Heilsverheißung verbindet, realisiert Mi 4,14 – 5,4a das charakteristische Strukturprinzip der Spruchreihe. Die Unheilsreminiszenz rekurriert in Mi 4,14 zunächst auf die Situation einer feindlichen Belagerung Jerusalems und die Demütigung seiner politischen Führung. Aufgrund dessen wird die personifizierte Stadt (בת־גדוד) aufgerufen, sich als Ausdruck ihrer Klage Wundmale zuzufügen (גדד). Die Heilsperspektive beschreibt das anschließende Verheißungswort in Mi 5,1 – 4a. Mit der Belagerungssituation als Höhepunkt der Not wird die Ankündigung eines neuen David als Friedefürst Israels verbunden, der aus Bethlehem hervorgeht.

Da das Völkergericht im Zentrum der Jetzt-Spruchreihe gegenüber den Rahmenversen jünger ist und bereits die entfaltete Heilskomposition in Mi 4 – 5* voraussetzt, folgte der Abschnitt Mi 4,14 – 5,4a ursprünglich unmittelbar auf Mi 4,9 – 10. Auf derselben literarischen Ebene liegen beide Elemente jedoch nicht.[41] Diese Einschätzung ergibt sich aus folgenden Beobachtungen. Erstens lässt der Zusammenhang keine stringente Ereignisfolge erkennen. Obwohl Mi 4,9 – 10 bereits die Erlösung der Tochter Zion aus der Hand ihrer Feinde beschreibt, bezieht sich die Unheilsreminiszenz in Mi 4,14 wieder auf die Belagerungssitua-

---

40 Vgl. entsprechend GÄRTNER, Jesaja, 174 – 175.

41 Vgl. bereits OTTO, Art. Micha/Michabuch, 699. Anders urteilen etwa JEREMIAS, ATD, 119.179; KESSLER, HThK.AT, 174 – 175; MAYS, OTL, 26; METZNER, Kompositionsgeschichte, 151 – 152.154; WOLFF, BK, XIX – XXX.

tion zurück.[42] Mit diesem Perspektivenwechsel ist zweitens eine Inkongruenz hinsichtlich des Standortes der jeweiligen Adressatin verbunden. Während sie nach Mi 4,9 – 10 ihre Stadt verlässt, befindet sie sich in Mi 4,14 noch innerhalb derselben. Drittens sind die Vorstellungen von der Heilswende unterschiedlich. Das Erlösungsorakel zeichnet sie als einen Akt der Rettung durch JHWH, die Bethlehemverheißung hingegen als Neubegründung des Hauses David.

Da Mi 4,9 – 10 und Mi 4,14 – 5,4a nicht auf derselben Ebene liegen, ist das literarische Verhältnis zwischen beiden Textelementen zu bestimmen. In zweifacher Hinsicht lässt die Bethlehemverheißung erkennen, dass sie das Erlösungsorakel in Mi 4,9 – 10 voraussetzt und unter seinem Eindruck formuliert worden ist. Zum einen ist erst vor dem Hintergrund von Mi 4,9 – 10 eindeutig, dass die Ankündigung des neuen Herrschers aus Bethlehem in Mi 5,1 – 4a eine Heilsverheißung für Jerusalem darstellt und das Unheil in Mi 4,14 nicht etwa „als grundsätzliche göttliche Verwerfung Jerusalems"[43] zu bewerten ist. Zum anderen ist erst im Anschluss an Mi 4,9 – 10 zweifelsfrei, dass die Chiffre בַּת־גְּדוּד mit der Tochter Zion (בַּת־צִיּוֹן) identisch ist, deren Name im Dienste des Klangspiels mit dem Vorgang גדד variiert (möglicherweise auch die resultierende Entstellung im Schriftbild illustriert).[44] Die Bethlehemverheißung in Mi 4,14 – 5,4a enthält somit eine nachträgliche Deutung des Erlösungsorakels in Mi 4,9 – 10 und leuchtet den Vorgang der Erlösung Zions im Hinblick auf die politische Zukunft Israels aus, die sich als Neubegründung des Hauses David darstellt.

Den literarischen Anknüpfungspunkt für die Gestaltung von Mi 4,14 – 5,4a bot die Unheilsreminiszenz in Mi 4,10, die Tochter Zion in der Hand ihrer Feinde zeigt (מִכַּף אֹיְבָיִךְ). Die darin angedeutete Situation der Belagerung bringt Mi 4,14 zur Entfaltung und führt inhaltlich hinter die Erlösungsverheißung in Mi 4,10bβ zurück. Indem der Klageaufruf in Mi 4,14 der zeitlichen Ebene der Imp. in Mi 4,10a entspricht, wird der Zeitpunkt עַתָּה, der nach Mi 4,10b den Zeitpunkt der Erlösung darstellt, in den Horizont des Unheils hinein verschoben. Auf diese Weise akzentuieren die Verfasser des Bethlehemorakels, dass bereits auf dem Höhepunkt des Unheils das künftige Heil mit dem neuen David aus Bethlehem anbricht.

---

42 Dass Mi 4,9 – 10 im Vergleich mit Mi 4,14 – 5,4a „in der Sache das spätere Stadium der Not" spiegelt, hat bereits JEREMIAS, Micha 4 – 5, 93 Anm. 10, herausgestellt.

43 JEREMIAS, ATD, 177 (vgl. DERS., Micha 4 – 5, 105 – 106), der diese Deutungsfunktion insbesondere mit Mi 4,8 verbindet.

44 Bereits JEREMIAS, Micha 4 – 5, 93 Anm. 10, hat darauf aufmerksam gemacht, dass Mi 4,9 – 10 der Bethlehemverheißung in Mi 4,14 – 5,4a die Deutung vorgibt. Anders begreift WISCHNOWSKY, Tochter, 250 – 251, das Bethlehemorakel in Mi 4,14 – 5,5* „[a]ls frühestes Entstehungsstadium" (aaO., 250) der Jetzt-Spruchreihe.

Da wie Mi 4,11–13 auch das Bethlehemorakel in Mi 4,14 – 5,4a den Jetzt-Spruch in Mi 4,9 –10 voraussetzt und inhaltlich entfaltet, bildet dieser den älteren Bestand der Spruchreihe. Allerdings ist auch Mi 4,9 –10 nicht aus einem Guss, sondern hat in Mi 4,9 und Mi 4,10bα₂ literarische Fortbildungen erfahren. Die Erweiterung in Mi 4,9 und die Nachinterpretation in Mi 4,10bα₂ sind nachfolgend in den Blick zu nehmen.

1.1.2.3 Die Fragen an Tochter Zion in Mi 4,9

Das Erlösungsorakel, das sich nach Abzug der jüngeren Interpretamente als Nukleus der Jetzt-Spruchreihe herauskristallisiert, besitzt in Mi 4,9 einen literarischen Vorspann. Dieser wird mit der Deixis עַתָּה eröffnet, die anders als in V.10 nicht in die Syntax eingeflochten, sondern dem Kolon in V.9a lediglich lose vorangestellt ist, und adressiert in 2. Pers. Fem. das personifizierte Jerusalem (vgl. die Adressatenangabe בַּת־צִיּוֹן in V.10), das wie eine Gebärende schreit (V.9bβ). Mi 4,9 enthält zwei Fragen (V.9a.bα), die auf den Grund der Leidensäußerungen Tochter Zions zielen (V.9bβ). Die erste Anfrage richtet sich noch offen auf die Ursache ihres Schreiens (לָמָּה), die zweite schränkt den Fragefokus auf den Verlust von König und Ratgeberschaft als mutmaßlichen Anlass ein.

Da die Textbestandteile in Mi 4,1– 8 der Jetzt-Spruchreihe nachträglich vorangestellt worden sind, dürfte Mi 4,9 ursprünglich auf Mi 3,12 gefolgt sein. Der Anschluss erscheint in formaler und inhaltlicher Hinsicht unbedenklich. Die Leidensanfragen nehmen auf die Notsituation Jerusalems Bezug, die das Strafurteil in Mi 3,12 begründet hat.[45] Die (redaktionelle) Zeitangabe עַתָּה unterstreicht diesen Zusammenhang. Allerdings steht auf der Ebene von V.9 die Erlösungsperspektive bereits im Blick, die in V.10 zur Darstellung gelangt. Unter dem Eindruck von Mi 1– 3* ist nämlich hinlänglich bekannt, weshalb Jerusalem Leid trägt (V.9a) und dass es mit König und Ratgeberschaft ein Ende hat (V.9bα). Ihre Aussagekraft erhalten beide Anfragen erst im Spannungsfeld zwischen dem Unheil der literarischen Gegenwart zur einen und der künftigen Erlösung zur anderen Seite. Zwar bestimmt das Unheil die Situation der Tochter Zion noch innerhalb der literarischen Gegenwart, ihre Erlösung aber ist bereits greifbar. In diesem Sinne besitzen die Fragen in V.9 einen rhetorischen Charakter und tragen einen Spannungsbogen in den Zusammenhang hinein.

Mit dem anschließenden Erlösungsorakel in V.10* bilden die rhetorischen Fragen keinen ursprünglichen Zusammenhang.[46] Erst V.10a stellt nämlich heraus, dass das

---

45 S. dazu bereits oben 1.1.1.

46 Der ursprüngliche Zusammenhang der rhetorischen Fragen in Mi 4,9 und dem Erlösungsorakel in Mi 4,10 ist (soweit ich sehe) bislang nicht in Zweifel gezogen worden, vgl. exemplarisch JEREMIAS, Micha 4 – 5, 93 – 95; DERS., ATD, 179 – 181; KESSLER, HThK.AT, 202 – 208; MAYS, OTL,

Leid der Tochter Zion in Form lauten Schreiens seinen Ausdruck findet, das an das Kreißen einer Gebärenden erinnert, und sich nicht etwa im Stillen vollzieht oder im Vollzug von Klageriten erschöpft (vgl. Mi 1,16). Weiterhin ist in V.9a das laute Kreißen Zions bereits vorausgesetzt, zu dem die Imp. in V.10a aufrufen. Der anschließende Aufruf zur Klage erscheint daraufhin obsolet. Schließlich wirft V.9b die Frage nach Königtum und Ratgeberschaft in Jerusalem auf. Diese Thematik wird jedoch nicht auf der Ebene des Erlösungsorakels verhandelt, das sich im Anschluss an Mi 1 – 3* noch auf den Sachverhalt der Erlösung selbst konzentriert, sondern erst auf der Ebene seiner literarischen Fortbildung. So verweist Mi 2,12 – 13* auf die Königsherrschaft JHWHs an der Spitze seines Volkes und Mi 4,14 – 5,4a* auf den neuen Friedensherrscher aus Bethlehem. Mi 4,9 dürfte also den jüngeren Vorspann zum Erlösungsorakel darstellen und entweder den Spannungsbogen aufnehmen, den das Sammlungsorakel in Mi 2,12 – 13* in den Unheilstext eingetragen hat, oder auf die Bethlehemverheißung in Mi 4,14 – 5,4a* vorausweisen.

Der Vorspann in Mi 4,9 ist unter dem Einfluss von Mi 4,10 und auf das Erlösungsorakel hin formuliert worden. Indem der metaphorische Vergleich (כַּיּוֹלֵדָה) und die Terminologie des Kreißens (חיל) aufgenommen wird, lehnt sich V.9bβ eng an V.10a an. Indem die Leidensanfragen weiterhin zwischen dem Strafurteil in Mi 3,12 und den Leidensaufforderungen des Erlösungsorakels in Mi 4,10a ihren ursprünglichen literarischen Ort gefunden haben und ihre rhetorische Funktion erst im Spannungsfeld zwischen dem Strafurteil und der neuen Heilsperspektive erfüllen, dürfte ihre Aussageabsicht darin bestehen, dass die gleichzeitige Not der Tochter Zion vor dem Hintergrund der heilvollen Zukunft bereits überholt ist und ihr Schreien letztlich keinen Anlass mehr besitzt.[47]

---

104 – 105; METZNER, Kompositionsgeschichte, 78 – 80.151 – 152; WILLI-PLEIN, Vorformen, 86 – 88; WÖHRLE, Sammlungen, 160.169 – 170; WOLFF, BK, 104 – 105.107 – 112. Eine Zäsur zwischen Mi 4,9 und Mi 4,10 hat bereits VAN DER WOUDE, Micah, 249 – 251 (und in seinem Gefolge RUDOLPH, KAT, 86), beobachtet. Auf der Linie seines Disputationsmodells erklärt er diese Zäsur jedoch mit unterschiedlichen Sprechern. In V.9 (wie in V.1 – 9 insgesamt) liegt seiner Einschätzung nach eine Aussage der Falschpropheten vor, die Micha gegenüber stehen, in V.10 sodann eine Aussage Michas. Zur Kritik an diesem Modell vgl. insbesondere KESSLER, HThK.AT, 58 – 59.

47 Hingegen sieht JEREMIAS, ATD, 180, den „rhetorischen Kunstgriff" in Mi 4,9 darauf zielen, „das fehlgeleitete Vertrauen auf den König" und die staatliche Gewalt hervorzuheben. Die Deutung auf den irdischen König ist wiederholt vertreten worden, vgl. ALLEN, NICOT, 332 – 333; MAYS, OTL, 105; SELLIN, KAT, 287; SMITH, WBC, 40; WEISER, ATD, 269. KESSLER, HThK.AT, 206, betont auf dieser Linie den ironischen Charakter der rhetorischen Fragen. OBERFORCHER, NSK.AT, 104, vermutet, dass „die konkrete Situation des Jahres 587", näherhin „der vergebliche Fluchtversuch König Zidkijas sowie seine Gefangennahme, Blendung und Deportation" im Hintergrund steht. Anders beziehen DEISSLER, NEB, 185; MARTI, KHC, 284; RUDOLPH, KAT, 86; WILLI-PLEIN, Vorformen, 92; WOLFF, BK, 111, den Königstitel in V.9 auf JHWH und weisen damit nach meiner Wahrnehmung in die richtige Richtung. Gegen diesen Vorschlag hat JEREMIAS, ATD, 180 Anm. 192, mit Hinweis auf Jer 8,19 eingewandt, dass

Ein vergleichbares Anliegen, die Heilsperspektive in den Horizont des Unheils hinein zu verlegen, war bereits im Zuge der Betrachtung des Bethlehemorakels aufgefallen, und ist darüber hinaus für die Textarchitektur in Mi 2 – 3 evident, die mit Mi 2,12 – 13 inmitten der Gerichtskomposition ein Heilsorakel enthält. Gleichermaßen beleuchten Mi 2,12 – 13, Mi 4,9 und Mi 4,14 – 5,4a die Frage nach der künftigen Herrschaft in Israel. Vor diesem Hintergrund legt sich die Vermutung nahe, dass die rhetorischen Fragen in Mi 4,9 als Brückenvers zwischen Mi 2,12 – 13 und Mi 4,14 – 5,4a vermitteln und auf die Herrscherverheißung in Mi 4,14 – 5,4a vorausweisen. Da Mi 4,9 den König (מלך) neben dem Ratgeber (יעץ) nennt, könnte der Vers die Vorstellung des JHWH-Königtums im heilszeitlichen Israel (Mi 2,12 – 13) mit der Vorstellung des neuen David (Mi 4,14 – 5,4a) in Beziehung setzen und von den Verfassern des Bethlehemorakels in den kompositionellen Zusammenhang eingetragen worden sein.[48]

Nachdem sich das Völkergericht in Mi 4,11 – 13 und das Bethlehemorakel in Mi 4,14 – 5,4a (mit Mi 4,9) als jüngere Interpretamente erwiesen haben, dürfte die Erlösungsverheißung in Mi 4,10 den ältesten Bestand der Spruchreihe enthalten. Allerdings hat das Orakel selbst mit der Babelglosse in Mi 4,10bα₂ noch eine interne literarische Erweiterung erhalten, der wir uns im letzten Schritt der Integritätsanalyse zuwenden.

1.1.2.4 Die Babelglosse in Mi 4,10bα₂

Das Erlösungsorakel in Mi 4,10 besitzt mit der Babelglosse in V.10bα₂ eine interne literarische Fortbildung. Sie folgt dem Interesse, den unheilvollen Weg der Tochter Zion von ihrer Heimatstadt aus ins babylonische Exil zu verlängern und mit Babel den Ort ihrer Erlösung neu zu bestimmen.

Die ältere Forschung hat die Nachinterpretation in V.10bα₂ (freilich unter der Voraussetzung michanischer Urheberschaft von Mi 4,10*) damit begründet, dass im Zeithorizont der Buchüberschrift „durchaus die Assyrer die Vollstrecker des

---

eine entsprechende Deutung „angesichts des indeterminierten Gebrauchs des Begriffs ,König' (anders Jer 8,19) schon grammatikalisch kaum möglich ist" (vgl. DERS., Micha 4 – 5, 94). Im kompositionellen Spannungsgefüge zwischen Mi 4,9 (הֲמֶלֶךְ אֵין־בָּךְ) und der Sammlungsverheißung in Mi 2,12 – 13 (מַלְכָּם לִפְנֵיהֶם par. יְהוָה בְּרֹאשָׁם) jedoch ist eindeutig, dass sich auf der Ebene der Heilskomposition JHWH hinter dem Königstitel verbirgt (vgl. Mi 4,6 – 7). Innerhalb des Bethlehemorakels in Mi 4,14 – 5,4a wird der Titel מֶלֶךְ unter Berücksichtigung dieses Sachverhalts offenbar gezielt vermieden (vgl. OBERFOR-CHER, NSK.AT, 106 – 107).

48 Vgl. den Titel יוֹעֵץ für den Friedefürsten in Jes 9,5 (s. den Hinweis bei MAYS, OTL, 105; SMITH, ICC, 91). Darin bezeichnet der Terminus mit Kind, das geboren wird (vgl. die Geburtsmotivik in Mi 5,1 – 2), ausdrücklich eine Figur neben JHWH. Freilich kann auch JHWH selbst „als Planer und Ratgeber" bezeichnet werden (WOLFF, BK, 111 mit Hinweis auf Jes 5,19; 19,17; 28,29).

göttlichen Gerichts, nicht aber die Chaldäer"[49] waren. Insofern jedoch sowohl die Heilskapitel in Mi 4 – 5 als auch die Kompositionen in Mi 1* und Mi 2 – 3* jüngeren Datums sind, wird man dieser Argumentation kaum länger folgen können. Vielmehr dürfte die Glosse ausdrücklich auf Babel als diejenige Feindmacht verweisen, die im Zeithorizont seiner literarischen Niederlegung im Hintergrund des Unheilstextes in Mi 1 – 3* steht. Dies wiederum könnte ein Indiz dafür sein, dass V.10bα$_2$ als explizite Historisierung innerhalb der Erlösungsverheißung ursprünglich ist.[50] Folgende Beobachtungen sprechen allerdings nach meiner Wahrnehmung dagegen.

Die Babelglosse bringt den Auszug der Tochter Zion aus Jerusalem und ihren Weg nach Babel zur Darstellung, was kaum anders als auf die Deportation der Jerusalemer Stadtbevölkerung zu deuten ist.[51] Diese jedoch ist bereits am Ende der geschichtstheologischen Komposition in Mi 1,16 bezeichnet worden. Da Mi 1 und Mi 2 – 3 das Resultat des Unheils komplementär bestimmen, bildet V.10bα$_2$ im kompositionellen Zusammenhang eine inhaltliche Doppelung. Weiterhin bezeichnete V.10bα$_1$ das Feld als Lagerstadt der Tochter Zion. Ihr Auszug besitzt im vorfindlichen Textgefüge somit zwei verschiedene Zielorte und das Erlösungshandeln JHWHs zwei konkurrierende Ausgangspunkte. Da das Feld im Sinne von Mi 3,12 (שָׂדֶה) die Stadt Jerusalem nach dem Strafgericht repräsentiert, dürfte V.10* auf die Erlösung der Tochter Zion im Stammland verweisen, während die Babelglosse in V.10bα$_2$ die babylonische Golah als Ausgangspunkt derselben begreift.[52]

Schließlich spricht der kompositionelle Zusammenhang gewichtig gegen die ursprüngliche Zugehörigkeit von V.10bα$_2$ zur Erlösungsverheißung. Sowohl das anschließende Völkergericht in Mi 4,11 – 13 als auch das Bethlehemorakel in Mi 4,14 – 5,4a* setzen die Präsenz der Tochter Zion an ihrem Heimatort noch voraus. Beide Textbestandteile dürften somit im Verhältnis zur historisierenden Glosse in V.10bα$_2$ älter sein. Durch V.10bα$_2$ wird der point of view der Jetzt-Spruchreihe vom Feld als Ort des Unheils nach Babylon verlegt.

Mit der Einschaltung der Babelglosse gewinnt das Feldlager der Tochter Zion den Charakter einer Übergangsstation. Im Anschluss an V.10bα$_1$ (יָצָא מִן) nimmt

---

49 Nowack, HK³, 220. Vgl. ähnlich Lippl, HSAT, 205; Sellin, KAT, 284.287.

50 Innerhalb der Forschung wird V.10 mehrheitlich als literarisch einheitlich erachtet (vgl. Jeremias, Micha 4 – 5, 94 – 95; ders., ATD, 180 – 181; Kessler, HThK.AT, 206 – 207; Mays, OTL, 106; Wolff, BK, 111 – 112).

51 Vgl. exemplarisch Mays, OTL, 106 („The exile of part of Jerusalem's population after the city's fall is clearly in mind.").

52 Mit dieser Unterscheidung ist eine theologisch gewichtige Alternative berührt, die für das Michabuch bedeutsam ist. Immerhin war für die jüngere Sozialkritik in Mi 2 – 3* der Konflikt zwischen den heimkehrenden und den im Stammland verbliebenen Bevölkerungsgruppen als Hintergrund und Anlass erwogen worden.

V.10bα$_2$ (עַד בּוֹא) die Auszugsbewegung wieder auf und führt sie bis nach Babel fort, um unter dem Vorbild von V.10bβ (שָׁם גָּאַל) auf die dortige Rettung Tochter Zions zu verweisen (שָׁם נצל). Im synchronen Textgefüge wird mit doppeltem שָׁם nunmehr pointiert auf Babel als Ort der Befreiung verwiesen. Vor diesem Hintergrund zeigt sich das mit der Einschaltung von V.10bα$_2$ verbundene Interesse, die babylonische Golah als Ausgangspunkt des Erlösungswerkes JHWHs herauszustellen (vgl. 2 Reg 25,27 – 30), während die Verfasser der Erlösungsverheißung an das Stammland, näherhin das Feld als Sinnbild des verwüsteten Jerusalem gedacht haben.

1.1.3 Detailanalyse von Mi 4,10*

Nach allem bildet das Erlösungsorakel in Mi 4,10* den Kristallisationskern der Jetzt-Spruchreihe in Mi 4,9 – 5,4a und der Heilskomposition in Mi 4 – 5 insgesamt.[53] Das Textelement besteht aus zwei Gliedern, der Unheilsreminiszenz in V.10a.bα$_1$, die auf die unheilvolle Situation der Tochter Zion im Horizont des Strafgerichts rekurriert, und dem Verheißungswort in V.10b, das ihr die Erlösung aus der Hand ihrer Feinde ankündigt. Die Bezugnahme auf den unheilvollen Hintergrund des abgebildeten Geschehens, der den Ausgangspunkt der Erlösungsverheißung darstellt, erfolgt implizit durch den Aufruf an die Tochter Zion, ihrer Situation durch entsprechende Not- und Klageäußerungen Ausdruck zu geben.

Das Befinden der Tochter Zion wird ins konventionelle Bild einer Gebärenden (כַּיּוֹלֵדָה) gesetzt, das einen Zustand der Not und großen Schmerzes illustriert, wie er dem Vorgang der Geburt naturgemäß zugehört.[54] Als Vergleichsgröße prägt der Geburtsvorgang den gesamten Textbaustein, der eine dreistufige Ereignisfolge zur Darstellung bringt.[55] Im Zusammenhang der Metapher ist zunächst der zweigliedrige Imp. in V.10a (חוּלִי וָגֹחִי) zu begreifen, der die Tochter Zion adressiert. Das Verbum חיל lässt sich als „zusammenfassender Ausdruck für den ganzen Zustand

---

53 Eine ähnlich reduzierte Grundschicht in Mi 4 – 5 ist mit V.9.10a.bα von Otto, Techniken, 143 – 144; Ders., Art. Micha/Michabuch, 699, vertreten worden (vgl. auch V.10a.bα als sog. Grundstock bei Riessler, Propheten, 117). Metzner, Kompositionsgeschichte, 151 Anm. 276, hielt es allerdings für „schwer vorstellbar, daß ein so kleiner Abschnitt einmal allein stand." Dieser Einwand überzeugt nicht. Aus ideengeschichtlicher Perspektive ist der quantitative Umfang einer Fortschreibung unerheblich. Entscheidend ist vielmehr der (qualitative) Aspekt des signifikant Neuen, der eine Fortschreibung kennzeichnet und in Mi 4,10* namentlich mit dem Erlösungsorakel im Anschluss an Mi 1 – 3* Ausdruck findet. Gerade das prägnant formulierte, signifikant Neue hat als Kristallisationskern einer Komposition höchstes Potenzial zu einer breiten literarischen Entfaltung zu führen, wie sie in Mi 4 – 5 vorliegt.

54 In signifikanter Dichte ist das Bild innerhalb der Jeremiatradition belegt (Jer 4,31; 6,24; 13,21; 22,23; 30,6; 49,24; 50,43; vgl. Jes 13,8; Ps 48,7). S. dazu Kessler, HThK.AT, 206 – 207.

55 Vgl. ähnlich bereits Jeremias, ATD, 180 – 181.

zwischen dem Einsetzen der Geburtswehen und der Geburt selbst"[56] bestimmen. Im übertragenen Sinne begegnet es von „Angstzuständen, die äußerlich an das Erscheinungsbild von Kreißenden erinnern. [...] Es ist ein Zustand schlotternder, panischer Angst."[57]

Vom Geburtsmotiv her ist auch das zweite (seltene) Verbum גיח zu verstehen, das allerdings über Mi 4,10a hinaus lediglich in Hi 38,8 mit dem Vorgang der Geburt verbunden wird (vgl. das verwandte Verbum גחה in Ps 22,10).[58] Der Begriff begegnet ferner in Hi 40,23 (vgl. Ez 32,2) vom Hervorsprudeln des Wassers und bezeichnet in Jdc 20,33 das Hervorbrechen der Kriegsmannschaft aus ihrem Hinterhalt. In Mi 4,10 dürfte das Verbum חיל den Einsatz der Geburtswehen samt ihrer Begleiterscheinungen markieren, גיח sodann den Zenit derselben unmittelbar vor der Niederkunft. Auf diese Weise wird die Metapher „bis an die Grenze des Geburtsvorgangs"[59] ausgeleuchtet und bis an die Schwelle der Niederkunft strapaziert, um die unermessliche Not der Tochter Zion anzuzeigen.

Die zweite Stufe der Ereignisfolge beschreibt V.10bα₁. Wie ein Kind, das am Ende des Geburtsvorgangs den Mutterleib verlässt, so bricht die Tochter Zion aus ihrer Stadt hervor (יֵצֵא מִקִּרְיָה). Im Zusammenhang eines Geburtsvorgangs ist das Verbum (מִן) יצא etwa in Gen 38,28; 46,26; Num 12,12; Jer 1,5; 20,18 belegt. Auffälligerweise wechselt Tochter Zion mit dem Übergang von V.10a zu V.10bα₁ die Rolle. Während sie in V.10a als die Gebärende angesprochen wurde, erscheint sie in V.10bα₁ dem Kind gleich, insofern sie selbst den Schoß ihrer Stadt verlässt. Der Moment der Trennung Tochter Zions von ihrer Stadt wird über die Deixis עַתָּה als literarische Gegenwart ausgewiesen.

Vor dem Hintergrund der Geburtsmetaphorik besitzt dieser Moment (עַתָּה) einen ambivalenten Charakter. Auf der einen Seite steht der Zenit des Schmerzes, der einer Niederkunft unmittelbar vorausgeht, auf der anderen Seite die Erlösung der Gebärenden von ihren Geburtswehen und letztlich ihre Freude über das neue Leben.[60] Auf

---

56 BAUMANN, Art. חיל, 899; zu חיל im Zusammenhang eines konkreten Geburtsvorgangs vgl. Jes 26,17–18; 45,10; 51,2; 54,1; 66,7–8; Ps 51,7; Hi 15,7; 39,1. Gegenüber der konkreten ist die metaphorische Verwendung atl. weitaus häufiger vertreten.
57 BAUMANN, Art. חיל, 900. Zum übertragenen Gebrauch s. Jes 13,8; 21,3; 26,17–18; Jer 4,31; 6,24; 22,23; 50,43; Ps 48,7.
58 Sofern das Verbum über Mi 4,10 hinaus im Kontext der Geburtsmotivik nicht begegnet, sind verschiedene Textänderungsvorschläge unterbreitet worden (vgl. BHS). Im Zusammenhang der Gebärensmetapher allerdings ergibt גיח als Hendiadyoin zu חיל guten Sinn (so mit Recht JEREMIAS, ATD, 177) und fügt sich vortrefflich in die am Vorgang der Geburt orientierte Entwicklung, die das Erlösungsorakel intern abbildet.
59 JEREMIAS, ATD, 180.
60 Auf diese Ambivalenz hat bereits BRANDENBURGER, Propheten I, 92, hingewiesen; VON UN-GERN-STERNBERG, Rechtsstreit, 90, spricht im Hinblick auf Mi 4,10 von „Israels Wiedergeburt".

die Sachebene übertragen lässt der Motivhintergrund erkennen, dass exakt in jenem Moment (עַתָּה) der Wendepunkt von der früheren Zeit des Unheils (Mi 1– 3*) zur Perspektive der Erlösung (Mi 4,10*) erreicht ist. Den Auszug der Tochter Zion verfolgt V.10bα₁ schließlich bis hin zu ihrer Lagerstätte auf dem Feld. Obwohl das Verbum שכן – im Gegensatz zu ישב (vgl. Mi 4,5; 5,3)[61] – keine dauerhafte Ansiedlung bezeichnet, gelangt die Bewegung dort an ihr (vorläufiges) Ziel.

Mit dem Terminus שָׂדֶה nimmt V.10bα₁ gezielt auf Mi 3,12 (צִיּוֹן שָׂדֶה חָרֵשׁ) Bezug. Die Tochter Zion verweilt nach dem Verlust ihrer Stadt an demjenigen Ort, in den das Strafgericht Zion verwandelt hat. Mit dem Bild des Feldes als ihrer Lagerstätte wird ein Zustand der Schutzlosigkeit, des Ausgeliefertseins und der Angewiesenheit ausgedrückt, der wiederum der Situation eines Neugeborenen entspricht. Ob diese Situation denn auch das Ende der Tochter Zion durch feindliche Gewalt bedeutet, bleibt am Ende der Unheilsreminiszenz in V10a.bα₁ offen. Allein die Geburtsmetaphorik lässt die Möglichkeit einer heilvollen Zukunft ihres Lebens ahnen.

Die dritte Stufe der Ereignisfolge in Mi 4,10* stellt das Verheißungswort in V.10bβ dar, mit dem der Tochter Zion die Erlösung aus der Hand ihrer Feinde angekündigt wird. Über den Begriff שָׁם in Spitzenposition wird dezidiert auf das Feld als Ort der Erlösung hingewiesen, das nach dem Strafgericht von der schuldbelasteten Stadt Jerusalem übrig geblieben war. Der Vorgang גאל gründet in der familienrechtlichen Institution der Auslösung, mit Hilfe derer ein Angehöriger „aus der Schuldsklaverei oder anderen Verbindlichkeiten"[62] befreit werden konnte, und avanciert von dortaus zum term. techn. für JHWHs Erlösungshandeln. Als solcher ist גאל in großer Dichte bei DtJes belegt (vgl. Jes 43,1; 44,22 – 23; 48,20; 52,9 u. ö.). Im Gegensatz zu seiner Verwendung bei DtJes, wo das Verbum absolut begegnet, führt es in Mi 4,10 allerdings ein Objekt und bezeichnet die Auslösung der Tochter Zion aus der Hand ihrer Feinde (מִכַּף אֹיְבָיִךְ vgl. גאל מִיַּד in Jer 31,11).[63]

Um welche Feindmacht es sich handelt, bleibt in V.10bβ unbestimmt. Insofern Mi 1* das Unheil in Gestalt einer militärischen Invasion zur Darstellung brachte, ließe sich an eine feindliche Nation und ihre Streitkräfte denken, die Tochter Zion in Bedrängnis bringen. In diesem Sinne ist es im Rahmen der literarischen Fort-

---

61 Vgl. die Differenzierung bei GÖRG, Art. שָׁכַן, 1340 – 1342. Den Vorgang der dauerhaften Neuansiedlung ישב akzentuieren unter dem Eindruck von Mi 4,10* sodann Mi 4,4 und Mi 5,3.
62 KESSLER, HThK.AT, 207.
63 Aus dieser Beobachtung hat KESSLER, HThK.AT, 207, geschlossen, dass Mi 4,10 als „Vorstufe des deuterojesajanischen Gebrauches" anzusprechen sei, zumal „im Michatext nur von der bloßen Tatsache der Rettung und Lösung in Babel die Rede ist, während dies bei Deuterojesaja dann zur Vorstellung eines neuen Exodus mit triumphaler Rückkehr zum Zion ausgestaltet wird." Tatsächlich bleibt die Ausgestaltung des Erlösungshandelns JHWHs im Michabuch der literarischen Fortbildung Späterer überlassen, was im Unterschied zur Auffassung Rainer Kesslers nach meiner Wahrnehmung auch für die Babelglosse in V.10bα₂ gilt (s. dazu oben 1.1.2.4).

bildung der Heilskomposition verstanden worden (vgl. Mi 4,10bα$_2$; Mi 4,11–13; Mi 4,14). Insofern in Mi 2–3* allerdings die Mächtigen und die politische Führung sowie die Propheten und die Priester als Feinde von Recht und Ordnung, als Urheber des sozialen Unfriedens und letztlich als Widersacher Zions und JHWHs selbst erscheinen, ließe sich gleichermaßen an die Feinde im Inneren denken. Möglicherweise bleibt der Feind in Mi 4,10* gezielt anonym, um beide Gestalten des Unheils gleichermaßen zu bezeichnen. Mit dem Verheißungswort in V.10bβ erhält der Unheilstext in Mi 1–3* jedenfalls einen neuen Abschluss und eine heilvolle Zukunftsperspektive.

Diese Heilsperspektive gilt der Tochter Zion. Wer oder was verbirgt sich in Mi 4,10* nun aber hinter dieser Chiffre? Vor dem Hintergrund der beiden Höhepunkte des Unheilstextes in Mi 1–3* wird sie weder die (Jerusalemer) Bevölkerung noch die empirische Stadt Zion/Jerusalem repräsentieren. Immerhin hat Mi 1,16 (erster Höhepunkt) bereits die Deportation des Volkes bezeichnet und das personifizierte Jerusalem, das zum Vollzug der Untergangsklage aufgerufen wird, von seinen Bewohnern unterschieden. Das Strafurteil in Mi 3,12 (zweiter Höhepunkt) verwies weiterhin bereits auf den Untergang des empirischen Jerusalem. Im Anschluss an Mi 3,12 differenziert das Erlösungsorakel in Mi 4,10* denn auch gezielt zwischen der schuldbelasteten und dem Untergang geweihten Stadt (קִרְיָה) auf der einen und der Tochter Zion (בַּת־צִיּוֹן) auf der anderen Seite.

Die Tochter Zion dürfte in Mi 4,10* somit eine ideale Größe darstellen, die das Heil der empirischen Stadt und des Volkes im Verhältnis zu JHWH in sich birgt.[64] Als solche wird sie aus der Stadt des Untergangs herausgeboren, überdauert im Feldlager am Ort des Unheils das Strafgericht und erfährt dort ihre Erlösung. Das mit Tochter Zion in V.10* verbundene Konzept, das sich weder auf die empirische Stadt noch auf ihre Bewohner reduzieren lässt, bildet die Grundlage dafür, die heilsgeschichtliche Kontinuität nach dem Untergang Jerusalems (Mi 3,12) und der Deportation seiner Bewohner (Mi 1,16) zu beschreiben.

1.1.4 Literarischer Ort

Das Erlösungsorakel in Mi 4,10* bildet den Kristallisationskern der Heilskomposition in Mi 4–5. Sollte es sich dabei um eine Fortschreibung des Unheilstextes in Mi 1–3* handeln, müsste Mi 4,10* auf sinnvolle Weise an dessen Zielpunkt in Mi 3,12 anschließen. Der Anschluss erscheint in formaler und inhaltlicher Hinsicht plausibel. Die Unheilsreminiszenz in V.10a.bα$_1$ nimmt den unheilvollen Horizont des Strafurteils auf, indem das personifizierte Jerusalem wie eine Gebärende zu

---

64 Zur personalen Zion-Konzeption vgl. Steck, Zion, 126–145.

schreien aufgerufen wird, als Tochter Zion die Stadt des Untergangs verlässt und auf dem Feld lagert, das nach Mi 3,12 infolge des umwälzenden Strafgerichts von Jerusalem bleibt.

Mit dem Verheißungswort in V.10bβ führt das Orakel zugleich über den inhaltlichen Horizont von Mi 1 – 3* hinaus. Die Pointe der unheilvollen Vorgänge besteht nicht länger in der Vernichtung Jerusalems, sondern in der verheißenen Erlösung Tochter Zions auf dem Feld am Ort der Katastrophe. Da sich Mi 4,10* organisch mit Mi 3,12 verbindet und den unheilvollen Horizont aus Mi 1 – 3* auf einsichtige und plausible Weise fortführt, kann das Erlösungsorakel als älteste heilskompositionelle Fortschreibung des vorliegenden Unheilstextes gelten.

Die Höhepunkte der älteren Komposition in Mi 1,16 und Mi 3,12 haben auf die Gestaltung von Mi 4,10* Einfluss genommen und die Formulierung des Erlösungsorakels angeregt. Die zweigliedrige Aufforderung zum Vollzug der Klage (חוּלִי וָגֹחִי) ist durch Mi 1,16 (קָרְחִי וָגֹזִּי) inspiriert.[65] Das Feld (שָׂדֶה) als Ziel des Auszugs der Tochter Zion aus ihrer Stadt entspricht dem Resultat des Strafgerichts gegen Jerusalem in Mi 3,12. Über die Deixis עַתָּה wird Mi 4,10* auf den Unheilshorizont aus Mi 1 – 3* bezogen. Das Verheißungswort weist schließlich auf die Erlösung voraus und beschreibt damit die heilvolle Kontinuität der Geschichte nach dem Untergang Jerusalems.

Über seinen literarischen Zielzusammenhang hinaus hat Jer 6,22 – 26 die Formulierung des Erlösungsorakels beeinflusst.[66] Wie ähnlich Mi 4,10* beschreibt Jer 6 die Bedrohung Tochter Zions durch eine feindliche Macht (V.23) und vergleicht die resultierende Furcht mit den Wehen einer Gebärenden (חִיל כַּיּוֹלֵדָה in V.24). Während in Jer 6,25 allerdings die eindringliche Warnung an die Bevölkerung Jerusalems folgt, die Stadt nicht zu verlassen und nicht auf das Feld hinauszugehen (יִצֵא הַשָּׂדֶה), lässt Mi 4,10* die Tochter Zion diese Bewegung vollziehen (יצא) und schließlich auf dem Feld lagern (שָׂדֶה). Unter dem Vorbild von Jer 6,22 – 26 formuliert, wird die Notsituation der Tochter Zion in Mi 4,10* zunächst verschärft, schließlich allerdings mit einer dem Tenor von Jer 6,25 entgegengesetzten Pointe versehen. Damit erscheint das Erlösungsorakel „geradezu als Antwort auf Jer 6,22 – 26."[67]

Mit der Erlösungsverheißung verleiht Mi 4,10* der älteren Buchkomposition in Mi 1 – 3* einen neuen literarischen Zielpunkt. Indem die Tochter Zion als Personifikation der Stadtkultur Jerusalems von den deportierten Bewohnern (vgl. Mi 1,16) und der verwüsteten Stadt (vgl. Mi 3,12) unterschieden wird und am Ort des Geschehens den Untergang überdauert, legt Mi 4,10* das Fundament für die inhaltliche Ausge-

---

65 Auf die Beziehung zwischen Mi 1,16 und Mi 4,10 hat bereits JEREMIAS, ATD, 144, aufmerksam gemacht.

66 Vgl. entsprechend bereits JEREMIAS, ATD, 181; KESSLER, HThK.AT, 206 – 207; WAGENAAR, Judgement, 278 – 281; WILLI-PLEIN, Vorformen, 86; WISCHNOWSKY, Tochter, 254; WOLFF, BK, 111.

67 KESSLER, HThK.AT, 207, der Mi 4,9 – 10 allerdings als literarisch einheitlich erachtet.

staltung des Neuanfangs in Mi 4 – 5. Im Verlauf der Wachstumsgeschichte ist das Orakel sukzessiv von seinem ursprünglichen literarischen Ort entfernt worden und begegnet nunmehr eingegliedert in die Reihe der drei Jetzt-Sprüche. Die unmittelbare Folge aus Leidensreminiszenz und Heilsverheißung in Mi 4,10* hat die Architektur der einzelnen Textbausteine in Mi 4,9 – 5,4a vorgebildet, die Deixis עַתָּה ferner die Weise ihrer kompositionellen Verbindung angeregt.

1.1.5 Zwischenergebnis

Das Erlösungsorakel in Mi 4,10* bildet den Kristallisationskern der Heilskomposition in Mi 4 – 5. Mit seiner Unheilsreminiszenz in V.10a.bα₁ nimmt es auf die unheilvolle Situation Tochter Zions innerhalb der literarischen Gegenwart im Anschluss an Mi 3,12 Bezug und vermittelt diese mit der Perspektive auf die künftige Erlösung durch JHWH. Damit erhält das Michabuch einen heilvollen Zielpunkt und die Fortbildung der Heilskomposition in Mi 4 – 5 ihren Anstoß.

Da das Erlösungsorakel formal sinnvoll an den Zielpunkt von Mi 1 – 3* anschließt, den Gedankengang des Unheilstextes zunächst inhaltlich weiterführt, diesem mit der Rettungsverheißung allerdings auf plausible Weise eine neue, heilvolle Pointe beifügt, kann Mi 4,10* als Fortschreibung der älteren Komposition gelten. Wie die Ausgestaltung der Heilskomposition in Fortschreibung von Mi 1 – 3* mit Mi 4,10* verlaufen sein könnte, ist im Folgenden zu skizzieren.

1.2 Die literarische Entfaltung von Mi 4,10* im Rahmen der Komposition in Mi 4 – 5

Die nächsten Etappen der heilskompositionellen Fortschreibung, die sich an den Kristallisationskern in Mi 4,10* anschließen, werden mit der Einschaltung des Sammlungsorakels in Mi 2,12 – 13* und der Bethlehemverheißung in Mi 4,14 – 5,4a* (samt dem Brückenvers in Mi 4,9) erreicht. Das Orakel in Mi 2,12 – 13* formuliert die Erwartung, dass JHWH sein Volk sammeln und als dessen König nach Jerusalem heimführen wird.[68] Die Zerstreuung des Volkes im Zuge des Strafgerichts ist bereits vorausgesetzt, die heilsgeschichtliche Wende ebenfalls.

Als erstes Heilsorakel im synchronen Gefüge des Michabuches reagiert Mi 2,12 – 13* inhaltlich auf den Höhepunkt der geschichtstheologischen Komposition in Mi 1,16, der den Traueraufruf an das personifizierte Jerusalem mit der Deportation seiner Bewohner begründet hat. Mi 2,12 – 13* bildet damit das heil-

---

68 Zum Sammlungsorakel s. ausführlich bereits oben unter Teil B die Analyse III.1.

volle Komplement zu Mi 1,16. Indem das Orakel ins Zentrum der Gerichtskomposition in Mi 2 – 3 eingesetzt wird, erhält das Michabuch einen heilsgeschichtlichen Spannungsbogen und der Unheilstext neben Mi 4,10* einen weiteren heilvollen Höhepunkt. Die Textarchitektur lässt sich folgendermaßen schematisieren:

Unheil	Mi 1,16	Semiklimax	Deportation und Trauer Zions
Heil	*Mi 2,12 – 13**	*Semiklimax*	*Sammlung und Heimkehr*
Unheil	Mi 3,12	Klimax	Untergang Jerusalems
Heil	*Mi 4,10**	*Klimax*	*Trauer Zions und Erlösung*

Durch die Vorschaltung von Mi 2,12 – 13* erscheint die Klage der Tochter Zion, zu der sie im Rahmen der Unheilsreminiszenz des Erlösungsorakels in Mi 4,10* aufgerufen wird, in einem neuen Licht. Zwar besitzt sie im Anschluss an Mi 3,12 (und Mi 1,16) einen plausiblen Hintergrund und erhält mit dem Verlust der Stadt noch eine eigene Begründung. Indem die Verheißung in Mi 2,12 – 13* allerdings der Deportation des Volkes, die Zions Trauer nach Mi 1,16 zu allererst begründet hat, seine heilvolle Sammlung entgegenstellt, lässt sie erkennen, dass dieser Klagegrund angesichts der heilvollen Zukunftsperspektive bereits überholt ist. Die Spannung zwischen Unheilserfahrung und Erlösungserwartung, die für die Verheißung in Mi 4,10* charakteristisch ist, wird durch die Einbindung von Mi 2,12 – 13* in die Architektur der älteren Buchkomposition in Mi 1 – 3* (mit Mi 4,10*) hineingetragen.

Während das Sammlungsorakel JHWH als König seines Volkes nach der heilsgeschichtlichen Wende in Israel ausweist, beleuchtet die Bethlehemverheißung in Mi 4,14 – 5,4a* die Frage nach der immanenten Repräsentation des Gottkönigs.[69] Der Hinweis auf Bethlehem als Ausgangsort der neuen Herrschaft und ihre urzeitlichen Anfänge (קֶדֶם) lässt erkennen, dass für die Zeit nach dem Untergang Jerusalems keine Restitution der politischen Führung vergangener

---

[69] Das Bethlehemorakel hat in Mi 5,2 eine interne Fortschreibung erhalten, mit der im Fortgang der Geschichte auf das Ausbleiben der Heilszeit reagiert worden ist und dasselbe mit der unabgeschlossenen Heimkehr sämtlicher Glieder des Volkes Jakob begründet; vgl. entsprechend bereits MARTI, KHC, 287; NOWACK, HK³, 223 – 224; WELLHAUSEN, Propheten, 145 – 146, und unter den jüngeren Arbeiten JEREMIAS, ATD, 184; MAYS, OTL, 116; METZNER, Kompositionsgeschichte, 148 – 149; OBERFORCHER, NSK.AT, 108 – 109; WÖHRLE, Sammlungen, 161 mit Anm. 94; WOLFF, BK, 108; ZAPF, Studien, 108 – 109. Das Geburtsmotiv in Mi 5,2 dürfte eine Anspielung auf Jes 7,14 darstellen.

Tage, sondern ein neuer David und mit diesem die Neubegründung des davidischen Herrscherhauses erwartet wird.[70]

Wie das Erlösungsorakel nimmt auch die Bethlehemverheißung in Mi 4,14 zunächst auf die Unheilsgeschichte aus Mi 1–3* Bezug und führt auf das Verheißungswort in Mi 5,1–4a* zu. Beide Elemente teilen damit dasselbe Strukturprinzip. Die Unheilsreminiszenz in Mi 4,14 spiegelt die Situation der feindlichen Belagerung. Auf diese Weise schließt sie an Mi 4,10* (מִכַּף אֹיְבָיִךְ) an und spannt einen Bogen zur geschichtstheologischen Komposition in Mi 1*, die den Untergang ins Bild einer militärischen Invasion gesetzt hatte.[71] Indem Mi 4,14 darüber hinaus die Demütigung des Richters Israels zum Ausdruck bringt, wird das Thema der früheren Herrschaft aus Mi 2–3* in nuce eingespielt und die Folge des Unheils für die politische Führung beleuchtet.[72] Wie Mi 4,10* nimmt also auch Mi 4,14 den Unheilshorizont der älteren Komposition in Mi 1–3* (mit Mi 4,10*) auf und führt ihn inhaltlich weiter.

Im Spiegel der Heilsverheißung in Mi 5,1–4a* tritt an die Stelle der schuldbelasteten Häupter und Anführer im heilszeitlichen Israel ein neuer David. Damit formuliert das Bethlehemorakel keine Korrektur der in Mi 2,12–13* präsentierten JHWH-Königsvorstellung. Vielmehr wird dieses Konzept im Hinblick auf die irdische Repräsentanz JHWHs ausgelegt. In diesem Sinne wird der Königstitel für den neuen Herrscher gezielt vermieden (מוֹשֵׁל בְּיִשְׂרָאֵל), seine Herrschaft ferner ausdrücklich als abgeleitet ausgewiesen und auf JHWH bezogen (בְּעֹז יְהוָה בִּגְאוֹן שֵׁם יְהוָה אֱלֹהָיו).[73]

Mit der Herrschaft des neuen David ist in V.3 die Erwartung sicheren Wohnens (ישב) und in V.4a die Einkehr des Friedens (וְהָיָה זֶה שָׁלוֹם) verbunden.[74] In doppelter Hinsicht bildet die Herrscherverheißung damit ein heilvolles Komplement zur älteren Buchkomposition. Einerseits stellt sie dem Bild der Feindinvasion (Mi 1*), die zur Vertreibung der Einwohner aus ihren Wohnstätten führt (יֹשֶׁבֶת), einen Zustand von Heil und Sicherheit entgegen. Mit dem Verbum ישב wird der Leit-

---

70 Vgl. zum davidischen Hintergrund der Bethlehemverheißung etwa Jeremias, Micha 4–5, 96; ders., ATD, 184–186; Kessler, HThK.AT, 222–225; Mays, OTL, 115–116; Wolff, BK, 115–117. Zum Begriff קֶדֶם als Hinweis auf „die Zeit des heilvollen Ursprungswillens Gottes" (Jeremias, Micha 4–5, 96) s. ferner Koch, Qädäm, 248–280; Hartenstein, Unzugänglichkeit, 231–244 („קדם kommt die *besondere Qualität des Uranfänglichen* zu, von dem man sich im ‚Heute' durch ein zeitliches und qualitatives Gefälle getrennt weiß" [231 Hervorhebung ebd.]).

71 Auf diese Verbindungslinie hat bereits Vuilleumier, CAT, 57, aufmerksam gemacht.

72 Zum Richtertitel in Mi 4,14 vgl. Jeremias, ATD 182 mit Anm. 198.

73 Vgl. bereits Oberforcher, NSK.AT, 107.

74 Diese Heilserwartung entspricht der Nathanweissagung in 2 Sam 7,10–11, die mit der Herrschaft Davids einen Zustand von Ruhe, Frieden und sicherem Wohnen verbindet, und dürfte auf diese Bezug nehmen; vgl. Kessler, HThK.AT, 227–228.

terminus des Schefela-Städte-Gedichts (יוֹשֶׁבֶת) aufgenommen. Andererseits stellt sie der politischen Führung vergangener Tage (Mi 2 – 3*) einen neuen David als Herrscher der Heilszeit entgegen, der im Gegensatz zu den früheren Eliten kraft JHWHs regiert und dem Namen seines Gottes alle Ehre macht (Mi 5,3).

Die rhetorischen Fragen in Mi 4,9 bilden den inhaltlichen Vorspann des Bethlehemorakels. Sie sind (vermutlich von denselben Autoren) als Brückenelement auf Mi 4,14 – 5,4a* hin gestaltet worden.[75] Im vorfindlichen Zusammenhang besitzt V.9 einen schillernden Charakter. Im Anschluss an das in Mi 1 – 3* dargestellte Unheilsgeschehen ist der Trauergrund der Tochter Zion evident, auf den die erste Frage in V.9a zielt. Tatsächlich ist weiterhin der König fort und die Ratgeberschaft im Zuge des Strafgerichts zugrunde gegangen, nach denen sich die zweite Frage in V.9b erkundigt.

Vor dem Hintergrund der Erlösung (Mi 4,10*), der Sammlung des Volkes durch König JHWH (Mi 2,12 – 13*) und der Neubegründung des Hauses Davids (Mi 4,14 – 5,4a*) erscheint der Klagegrund allerdings heilsgeschichtlich überholt.[76] Auf der Textebene von Mi 4,9 mit Mi 4,14 – 5,4a* wird damit dieselbe heilseschatologische Spannung zwischen Unheilserfahrung und Erlösungserwartung in die Komposition eingetragen, die für das Erlösungsorakel in Mi 4,10* und die Bethlehemverheißung in Mi 4,14 – 5,4a* charakteristisch ist und durch die Einschaltung von Mi 2,12 – 13* zum Merkmal der Architektur der Heilskomposition insgesamt ausgebaut wurde.

Über die Herrschaftsthematik stehen die rhetorischen Fragen in Mi 4,9 mit dem Sammlungsorakel in Mi 2,12 – 13 (JHWH-Königtum) und der Bethlehemverheißung in Mi 4,14 – 5,4a* (Haus Davids) in Verbindung. Indem Mi 4,9 den König (מֶלֶךְ) neben dem Ratgeber (יֹעֵץ) nennt, dürften die rhetorischen Fragen dem kompositionellen Interesse folgen, zwischen dem Konzept des JHWH-Königtums (Mi 2,12 – 13) und der Neubegründung des Hauses David (Mi 4,14 – 5,4a*) zu vermitteln.

---

75 Marti, KHC, 284, macht auf die Nähe von Mi 4,9 zu Jer 8,19 aufmerksam, die der Formulierung in Mi 4,9 als Vorbild gedient haben könnte („offenbar Nachahmung"); vgl. ähnlich Kessler, HThK.AT, 205; Wolff, BK, 111.

76 Der schillernde Charakter, den die beiden Fragen in V.9 in ihrem literarischen Zusammenhang aufweisen, lässt sich bis in ihre Formulierung hinein verfolgen (vgl. Willi-Plein, Vorformen, 92). Das Verbum רוע, so fasst Jeremias, ATD, 180, sein Wortfeld prägnant zusammen, „wird üblicherweise in drei Kontexten verwendet: als Angriffs- und Triumphgeschrei im Krieg, als Jubelruf bei der Königskrönung und als Zeichen der Festfreude." Der Aspekt der Angst ist im Anschluss an Mi 1 – 3* folgerichtig, der Aspekt von Triumph und Freude im Hinblick auf Mi 4,10*, der Aspekt des Jubels angesichts einer neuen Herrschaft schließlich vor dem Hintergrund von Mi 2,12 – 13* und Mi 4,14 – 5,4a*. Der Parallelismus מֶלֶךְ und יֹעֵץ in V.9bα dürfte synthetisch zu begreifen sein und zwischen dem Konzept des JHWH-Königtums (Mi 2,12 – 13*) und der Vorstellung des irdischen Herrschers aus Bethlehem (Mi 4,14 – 5,4a*) vermitteln (s. dazu bereits oben 1.1.2.3).

Hatte das Erlösungsorakel den älteren Bestand in Mi 1–3* auf Erlösung hin fortgeschrieben, erhält der um Mi 4,10* erweiterte Zusammenhang in Mi 1–3* durch die Anfügung des Bethlehemorakels einen neuen Abschluss und führt mit der Erwartung umfassenden Heils auf einen äquivalenten Zielpunkt zu (שָׁלוֹם). Die Friedensverheißung hat die literarische Fortbildung in Mi 4–5 angeregt. Sie bildet den Anlass dafür, die Friedensvorstellung im Hinblick auf das Weltverhältnis Zions in Mi 4,1–3 und die Gottesbeziehung im heilszeitlichen Israel in Mi 5,9–12.13 auszulegen.

Weiterhin hat die Friedensverheißung die formale Ausgestaltung der Heilskomposition maßgeblich inspiriert. Indem Mi 5,4a über das Verbum וְהָיָה den Blick in die Zukunft richtet, legt die Verheißung den Grund für die Reflexion über das heilvolle Ziel der Geschichte in Mi 4,1–8 und das heilsgeschichtliche Interim in Mi 5,4–14. Während die Deixis עַתָּה (Mi 4,10.14) im Laufe der Fortschreibung von Mi 4–5* zum Leitbegriff der Jetzt-Spruchreihe im Zentrum ausgestaltet wird (Mi 4,9–5,4a), avanciert וְהָיָה zum Leitterminus in den Rahmenteilen (vgl. Mi 4,1; Mi 5,6.7.9).

Die nächsten Etappen der Entfaltung von Mi 4–5 liegen mit dem Völkerwallfahrtslied in Mi 4,1–3 und der Ankündigung des Reinigungsgerichts in Mi 5,9–12 vor. Gleichermaßen deuten sie die in Mi 5,4a bezeichnete Friedenserwartung für Israels Heilszeit. Während das Wallfahrtslied den Fokus nach außen auf das Verhalten der Fremdvölker richtet, nimmt das Reinigungsgericht die Binnenperspektive ein und problematisiert den Modus der (Wieder)Herstellung eines reinen Gottesverhältnisses. Beide Elemente werden im vorfindlichen Textgefüge mit וְהָיָה eingeführt und leuchten auf jeweils eigene Weise die durch Mi 5,4a grundgelegte Zukunftsperspektive aus. Durch die Einschaltung von Mi 4,1–3 und Mi 5,9–12 erhält die Komposition in Mi 4–5 einen heilseschatologischen Rahmen.

Wie „ein Pflaster auf die durch 3, 12 gerissene Wunde"[77] wendet das Wallfahrtslied in Mi 4,1–3 im scharfen Kontrast zum Strafurteil gegen Jerusalem den Blick auf das heilvolle Ziel der Geschichte Israels und weist das Untergangsschicksal damit als Durchgangsstadium aus.[78] Während Mi 3,12 den Ruin Jerusalems reflektiert, ist die Restitution Zions als politisches und religiöses Zentrum in Israel in Mi 4,1–3 bereits wieder vorausgesetzt. Der Berg Zion erscheint als Mittelpunkt einer friedlichen Welt, als Quelle der Weisung und Ort der universalen

---

77 WELLHAUSEN, Propheten, 143.

78 Im Verhältnis zum Kernbestand des Völkerwallfahrtsliedes in Mi 4,1–3 sind Mi 4,4 und Mi 4,5 als Nachinterpretationen zu bewerten. Mi 4,4 deutet die Friedensverheißung in Hinsicht auf die je individuelle Existenz, Mi 4,5 grenzt den religiösen Wandel Israels von dem der Völkerwelt ab und unterstreicht damit das exklusive Verhältnis zwischen JHWH und seinem Volk, während Mi 4,1–3 die Völker explizit in den Heilswillen JHWHs einbezieht; vgl. entsprechend etwa GÄRTNER, Jesaja, 165–166; JEREMIAS, ATD, 174–175; WOLFF, BK, 85.

Rechtssprechung JHWHs, was die Wallfahrt der friedfertigen Weltvölker motiviert. Das Wort und die Weisung JHWHs (תּוֹרָה) bilden im Lichte von Mi 4,1–3 die Grundlage umfassenden Heils und des Friedens der Weltvölker untereinander.

Da das Sammlungsorakel in V.6–7 und die Jerusalemverheißung in V.8 jüngere Einschaltungen bilden und in V.4–5 Nachinterpretationen zu Mi 4,1–3 vorliegen, dürfte das Wallfahrtslied in Mi 4,1–3 dem kompositionellen Zusammenhang in Mi 4,9–5,4a* ursprünglich unmittelbar vorausgegangen sein. Die mit den beiden (rhetorischen) Fragen in V.9 im Spannungsfeld zwischen Unheilserfahrung und Erlösungserwartung verbundene Tendenz, den Anlass der Klage als vorläufig und heilsgeschichtlich überholt auszuweisen, wird durch die programmatische Vorschaltung der heilvollen Zielperspektive in Mi 4,1–3 verstärkt.

Weiterhin wird das Geburtsmotiv in Mi 4,2b aufgenommen, das sich in Mi 4,10* und Mi 5,1 mit der Wendung (מִן) יצא verbindet. Während die Stadt Jerusalem in Mi 4,10* die Tochter Zion und Bethlehem in Mi 4,14–5,4a* den neuen David hervorbringt, geht aus Zion nach Mi 4,1–3 die Torah JHWHs hervor. Diese drei (neugeborenen) Größen Zion, David und Torah bilden eine heilszeitliche Trias, die Israels Frieden und Sicherheit im Inneren garantiert und seine Weltbezüge strukturiert.

Der heilseschatologische Rahmen in Mi 4–5* wird in Mi 5,9–12 mit der Ankündigung eines Reinigungsgerichts abgeschlossen, das den Binnenhorizont des Gottesvolkes in den Blick nimmt. Um das Heil desselben nicht nur in seinem Welt-, sondern auch in seinem Gottesbezug zu ermöglichen und langfristig zu gewährleisten, entfernt JHWH sämtliche Elemente aus seiner Mitte, die ein ungetrübtes Gottesverhältnis potenziell beeinträchtigen können. Die Textpassage besteht aus zwei Teilen, die jeweils unterschiedliche Aspekte einer möglichen Verfehlung betrachten. Die Bannsprüche in V.9–10 gelten zunächst den Elementen der militärischen, in V.11–12a daraufhin der kultischen Selbstabsicherung, die das ausschließliche Vertrauen auf JHWH zu beeinträchtigen vermögen. Mit diesen Elementen wird ein Rahmen zu Mi 1* geschlossen, worin das Unheil nachträglich mit fehlorientiertem Vertrauen des Volkes auf seine Streitkräfte und Festungsstädte (Mi 1,13b.14b vgl. Mi 5,9–10) sowie seine Götzen und Gottesbilder (Mi 1,7 vgl. Mi 5,11–12a) begründet worden war.[79]

Mit den Jetzt-Sprüchen in Mi 4,9–5,4a* samt ihrem heilsgeschichtlichen Vorspann in Mi 2,12–13* und dem heilseschatologischen Rahmen in Mi 4,1–3 und Mi 5,9–12 ist im Zuge allmählicher Fortschreibung von Mi 1–3* das Fachwerk der Heilskomposition in Mi 4–5* entstanden. Während auf den ersten Etappen der

---

[79] Der Rahmenschluss zu Mi 1* wird durch die Erweiterung von Mi 5,9–12.13 um Mi 5,14 betont. Die Strafankündigung, die sich in Mi 5,14 (אֲשֶׁר לֹא שָׁמֵעוּ) an die hörunwilligen Völker richtet, korrespondiert mit dem Höraufruf in Mi 1,2 (שִׁמְעוּ), der die Völkerschaft aufzumerken mahnt und JHWHs Zeugenschaft gegen sie ausrichtet.

literarischen Fortbildung die heilsgeschichtliche Wende und die Wiederherstellung Israels als soziale und politische Entität im Fokus steht, rückt auf den folgenden Etappen das Ziel der Heilsgeschichte ins Zentrum der Betrachtung. Mit den Jetzt-Sprüchen gelangt die heilsgeschichtliche Kontinuität der Geschichte Israels nach dem Untergang zur Darstellung, die Rahmenglieder geben der Erwartung einer umfassend befriedeten Welt und der ungeteilten Anerkennung der alleinigen Hoheit JHWHs – seitens der Fremdvölker (vgl. Mi 4,1 – 3) und des eigenen Volkes (vgl. Mi 5,12b) – Ausdruck.

Das literarische Fachwerk der Heilskomposition in Mi 4 – 5* hat im Laufe der Überlieferungsgeschichte eine Reihe interner Fortbildungen und jüngerer Erweiterungen erfahren, die den älteren Traditionsbestand zu präzisieren oder zu korrigieren suchen. Insofern diese Textbestandteile für die weitere Untersuchung unerheblich sind, wird sich die Darstellung auf wesentliche Elemente beschränken und auf das mit ihrer Einschaltung verbundene Interesse konzentrieren.

Der Zusatz in Mi 4,4 bildet einen Nachtrag zum Völkerwallfahrtslied in Mi 4,1 – 3 und verfolgt das Anliegen, die Konsequenzen des Völkerfriedens für das je persönliche Leben zu deuten. „In einer befriedeten Völkerwelt wird für jeden Einzelnen eine durch nichts und niemand gestörte individuelle Existenz möglich sein"[80]. Das Sammlungsorakel in Mi 4,6 – 7 stellt weiterhin das jüngere Pendant zu Mi 2,12 – 13* dar und schließt den Rahmen um Mi 3 (mit Mi 4,1 – 5*). Während die Verheißung in Mi 2,12 – 13* unter dem Einfluss der Exodustradition gestaltet worden ist, spielt ihre Reformulierung die Vätertradition ein.[81] Vor diesem Traditionshintergrund dürfte Mi 4,6 – 7 dem Interesse folgen, die Väterverheißungen auf das zerstreute Gottesvolk zu übertragen und ihre ungebrochene Gültigkeit nach dem Strafgericht zu unterstreichen.

Während Mi 4,4 und Mi 4,6 – 7 den vorliegenden Traditionsbestand präzisieren, bringen die folgenden Nachinterpretationen Korrekturen an der älteren Heilskonzeption in Mi 4 – 5* an. Die Jerusalemverheißung in Mi 4,8 bildet in formaler Hinsicht das Brückenelement zwischen der Endzeitperspektive in Mi 4,1 – 7* und der Jetzt-Spruchreihe in Mi 4,9 – 5,4a* und ist unter dem Vorbild von Mi 5,1 gestaltet. Inhaltlich unterstreicht sie die exzeptionelle Position Jerusalems, um die heilsgeschichtliche Bedeutung Bethlehems zu relativieren, und korrigiert die Verheißung aus Mi 5,1, indem sie nicht die grundständige Erneuerung des Hauses David, sondern die „Restauration der Davididenherrschaft"[82] erwartet und damit eine Kontinuität zur früheren Herrschaft in Jerusalem beschreibt.

---

80 JEREMIAS, ATD, 174.
81 Zu den Gemeinsamkeiten und den Unterschieden zwischen Mi 2,12 – 13* und Mi 4,6 – 7 vgl. JEREMIAS, ATD, 175 – 176; DERS., Micha 4 – 5, 101 – 103; KESSLER, HThK.AT, 192 – 196.
82 JEREMIAS, ATD, 177; vgl. GÄRTNER, Jesaja, 168; JEREMIAS, Micha 4 – 5, 105 – 106.

Eine zweite Korrektur bringt die Nachinterpretation des Bethlehemorakels in Mi 5,2 ein.[83] Sie bildet die literarische Reaktion auf das Ausbleiben der erwarteten Heilszeit und erklärt die vollständige Heimkehr des Restes der Brüder zu den Söhnen Israels (וְיֶתֶר אֶחָיו יְשׁוּבוּן עַל־בְּנֵי יִשְׂרָאֵל), d. h. die Wiedervereinigung des Gottesvolkes Jakob insgesamt als Vorbedingung ihres Beginns. Die Parusieverzögerung wird unter dem Eindruck von Mi 4,9.10 ins Bild eines (noch andauernden) Geburtsvorgangs gesetzt. Auf diese Weise spannt Mi 5,2 das heilsgeschichtliche Interim als dritte Zeitstufe in Mi 4 – 5* auf, das in Mi 5,4 – 5 und Mi 5,6 – 8 inhaltlich ausgeleuchtet wird.

Eine dritte Korrektur liegt schließlich in denjenigen Textelementen in Mi 4 – 5 vor, die unter dem Eindruck von Mi 4,1 – 3.4 das Verhältnis des Gottesvolkes zu den Fremdvölkern neu bestimmen. Während das Wallfahrtslied eine zutiefst völkerfreundliche Perspektive aufweist, zeigt sein Anhang in Mi 4,5 bereits eine völkerkritische Tendenz und betont das exklusive Verhältnis zwischen JHWH und seinem Volk. Dieselbe Tendenz lässt die bedingte Strafankündigung in Mi 5,14 erkennen, die sich gegen die Ungehorsamen unter den Fremdvölkern richtet. Im Zentrum der Heilskomposition begegnet in Mi 4,11 – 13 schließlich eine dezidiert völkerfeindliche Position. Sie invertiert die friedliche Perspektive des Wallfahrtsliedes, indem die Völkerversammlung als Sammlung zum Strafgericht enlarvt wird.

1.3 Ergebnis

Die Untersuchung von Mi 4 – 5 hat das Erlösungsorakel in Mi 4,10* als Kristallisationskern der Heilskomposition erwiesen. Insofern dasselbe in formaler Hinsicht organisch an den Zielpunkt des Unheilstextes in Mi 3,12 anschließt und den älteren Traditionsbestand auf inhaltlich plausible Weise fortführt, kann Mi 4,10* samt seiner literarischen Entfaltung in Mi 4 – 5 als Fortschreibung zu Mi 1 – 3* gelten. Während der Unheilstext auf die Zerstörung Jerusalems zuführt, richtet Mi 4,10* den Blick auf die heilvolle Zukunft der Tochter Zion, der am Ort des Strafgerichts ihre Erlösung durch JHWH widerfährt.

Die inhaltliche Ausgestaltung dieser Heilsperspektive erfolgt im Rahmen der literarischen Fortbildung der Heilskompostion. Im Lichte von Mi 2,12 – 13* und Mi 4,14 – 5,4a* konkretisiert sich die Erlösung in der Sammlung und Heimkehr des Volkes unter Führung König JHWHs und der Neubegründung des Hauses Davids. Das Völkerwallfahrtslied in Mi 4,1 – 3 zeichnet das Bild einer friedlichen Welt mit Zion im Mittelpunkt und der Torah als Lebensgrundlage als Ziel der Heilsge-

---

83 Vgl. dazu insbesondere die Analyse bei WOLFF, BK, 106.117 – 118.

schichte. Das Reinigungsgericht in Mi 5,9 – 12 schließlich blickt auf ein letztlich ungetrübtes Gottesverhältnis Israels voraus.

Im Laufe eines Prozesses sukzessiver Fortschreibungen erhält die Heilskomposition im Anschluss an Mi 1 – 3* ihr literarisches Fachwerk. Indem das Sammlungsorakel in Mi 2,12 – 13 auf irritierende Weise in die Gerichtskomposition eingesetzt wurde, das Ziel der Heilsgeschichte in Mi 4,1 – 3* überraschend auf den unheilvollen Höhepunkt in Mi 3,12 folgt und die Jetzt-Sprüche in Mi 4,9 – 5,4a* wiederholt die Spannung zwischen dem Unheil der literarischen Gegenwart und der künftigen Erlösung zur Darstellung bringen, gewinnt die Buchkomposition eine innere Dynamik, die auf das Ziel der Heilsgeschichte zuführt. Als Elemente dieser Dynamik sind auch die davidischen Anspielungen in Mi 1,10.15b zu bewerten, die auf das Bethlehemorakel in Mi 4,14 – 5,4a vorausweisen, und schließlich der Höraufruf an die Völkerwelt in Mi 1,2, der über Mi 4,1 – 3 auf Mi 5,14 zielt.

2 Die Fortsetzung der älteren Buchkomposition in Mi 6 – 7

Die bisherige Analyse hat zu dem Ergebnis geführt, dass das Erlösungsorakel in Mi 4,10* den Kristallisationskern von Mi 4 – 5 und die Heilskomposition des Michabuches insgesamt das Resultat der sukzessiven Fortschreibung von Mi 1 – 3* darstellt. Ob dasselbe auch für Mi 6 – 7 im Anschluss an Mi 1 – 5 gelten kann, ist im letzten Schritt der vorliegenden Untersuchung zu prüfen. Die Schlusskapitel des Michabuches unterscheiden sich von der Buchkomposition in Mi 1 – 5 in formaler Hinsicht dadurch, dass „der Textblock Mi 6 – 7 [...] nur wenige längere Einheiten umfaßt, während sowohl in Mi 1 – 3 als auch in Mi 4 – 5 kürzere Texte dominieren, auch wenn diese wiederum zu größeren Komplexen zusammengefaßt sind."[84] In inhaltlicher Hinsicht heben sich Mi 6 – 7 von den vorausgehenden Kapiteln ab, indem sie wieder sozialen Unfrieden zur Anzeige bringen, der (erneut) JHWHs Strafhandeln provoziert, obwohl der Unheilszusammenhang aus Mi 1 – 3* in Mi 3,12 zum Abschluss gelangt war und die Heilskomposition in Mi 1 – 5 bereits eine heilsgeschichtliche Zukunftsperspektive beschrieben hatte.

Vier Textabschnitte in Mi 6 – 7 konstituieren den Abschluss des Michabuches. Der einleitende Abschnitt in Mi 6,1 – 8 bringt einen Rechtsstreit JHWHs mit seinem Volk zur Darstellung. Er zeichnet sich durch eine tiefe Ratlosigkeit aus, die sowohl JHWHs Perspektive auf das Volk (V.3 – 5) als auch die des Volkes im Hinblick auf sein Verhältnis zu JHWH (V.6 – 7) prägt. Statt eines Urteilsspruchs führt die Auseinandersetzung auf eine orientierende Position zu, die den einzelnen Menschen

---

84 Kessler, HThK.AT, 255.

auf Recht, Treue und Demut behaftet, um sein Handeln mit der Forderung JHWHs in Einklang zu bringen (V.8). Der zweite Abschnitt in Mi 6,9 – 16 geht zur Anklage und einer erneuten Unheilsankündigung über. Aufgrund wirtschaftlicher Missstände innerhalb der Gesellschaft (V.10 – 12) und ihrer fehlgeleiteten Ausrichtung an den Satzungen Omris und den Machenschaften des Hauses Ahab (V.16a) wird ein Strafgericht angesagt (V.13.16b) und in einer Reihe von Nichtigkeitsaussagen konkretisiert (V.14 – 15).

Die letzten beiden Abschnitte Mi 7,1 – 7 und Mi 7,8 – 20 bieten im Ich-Stil gehaltene Klagen über unheilvolle Zustände im sozialen und religiösen Bereich und verbinden diese mit der Hoffnung auf JHWHs (neuerliches) Erbarmen zugunsten der klagenden Figur (V.8.18 – 20). Während in Mi 7,1 – 7 die gesellschaftliche Zerrüttung, die dem „Zusammenbruch aller Ordnungen"[85] gleichkommt, im Vordergrund steht, wird in V.8 – 20 die Frage nach dem Gottesverhältnis der Klagenden angesichts von Schuld und Strafgericht beleuchtet. Beide Schlussabschnitte unterscheiden sich in ihrer Grundstimmung. Während in V.1 – 7 die verzweifelte Hoffnung auf JHWHs Rettungshandeln dominiert, tritt in V.8 – 20 wieder stärker das Vertrauen auf JHWHs Erbarmen und eine heilvolle Zukunftsperspektive hervor.

Im Hinblick auf die Schlusskapitel des Michabuches hat sich innerhalb der historisch-kritischen Forschung ein doppelter Konsens herausgebildet. Neben der weithin geteilten Ansicht, dass in Mi 6 – 7 ein gegenüber Mi 1 – 3* jüngerer Traditionsbestand vorliegt, besteht erstens Einigkeit darüber, dass der vorfindliche Buchschluss in Mi 7,8 – 20 zu den jüngsten Texten des Michabuches gehört. Nach den Vorarbeiten Julius Wellhausens, Bernhard Stades, Artur Weisers und Hermann Gunkels war es insbesondere Hans Walter Wolff, der diesen Konsens nachhaltig begründet hat.[86] Während Wolff noch von ehedem unabhängigen Psalmen in Mi 7,8 – 20 ausgegangen war, die im Dienste seiner Verwendung in gottesdienstlichen Klagefeiern „von der liturgischen Redaktion dem Buch Micha zugeordnet worden"[87] seien, hat Rainer Kessler in jüngerer Zeit wahrscheinlich machen können, dass der Buchschluss keine unabhängige literarische Vorgeschichte hat, sondern „von Anfang an für seinen jetzigen Kontext geschaffen worden"[88] ist, indem er seine vielfältigen Bezüge zum älteren Traditionsbestand in Mi 1 – 7* aufwies.

---

85 JEREMIAS, ATD, 213.
86 Vgl. WOLFF, BK, XXXIV – XXXVI.192 – 194, im Anschluss an WELLHAUSEN, Propheten, 149 – 150; STADE, Streiflichter, 164 – 171; WEISER, ATD, 232.287 – 290; GUNKEL, Micha-Schluß, 145 – 178. Diesem Konsens folgen die jüngeren Arbeiten etwa von JEREMIAS, ATD, 120.219 ff; KESSLER, HThK.AT, 47; METZNER, Kompositionsgeschichte, 163 – 167.176.
87 WOLFF, BK, XXXV.
88 KESSLER, HThK.AT, 297; vgl. ähnlich JEREMIAS, ATD, 120.222 – 223.

Der zweite Konsens, den die Forschung im Hinblick auf Mi 6 – 7* erzielt hat, besteht darin, dass die drei im Verhältnis zu Mi 7,8 – 20 älteren Abschnitte in Mi 6,1 – 7,7 nicht auf derselben literarischen Ebene liegen, sondern „im Zuge von Fortschreibung entstanden sind."[89] Wenige Beobachtungen bestätigen diese Position. Zunächst integriert Mi 6,1 – 7,7 mit dem Streitgespräch in Mi 6,1 – 8, dem Gerichtswort in Mi 6,9 – 16 und der Wehklage in Mi 7,1 – 7 drei unterschiedliche Textgattungen. Weiterhin unterscheiden sich die jeweiligen Adressatenkreise. Das Streitgespräch involviert vor kosmischer Kulisse das Volk JHWHs im Ganzen, während das Gerichtswort die Stadt und ihre Bewohner (V.9aα.12a.16b) bzw. den Stamm und seine Führung (V.9b) adressiert und die Wehklage der Binnensicht des klagenden Ichs Ausdruck gibt. Schließlich differieren die jeweiligen thematischen Schwerpunkte. Die Rahmenabschnitte betrachten in grundsätzlicher Weise die Beziehung zwischen JHWH und seinem Volk (Mi 6,1 – 8) sowie die Zerrüttung der gesellschaftlichen Ordnung (Mi 7,1 – 7), während der mittlere Abschnitt (Mi 6,9 – 16) konkreten gesellschaftlichen Missständen nachgeht und mit diesen JHWHs Strafgericht begründet.

Angesichts dieses Befundes leidet es keinen Zweifel, dass die drei Abschnitte in Mi 6,1 – 7,7 nicht von derselben Hand stammen. Zugleich stellt sich damit die Frage, wie ihr Verhältnis im Wachstumsgefüge der Buchkomposition zu bestimmen ist. Da der Abschnitt in Mi 6,9 – 16 gesellschaftliche Missstände in äußerster Konkretheit zur Anzeige bringt und damit geschichtsnah wirkt, während die Rahmenteile bereits in grundsätzlicher Weise den Zustand der Gottesbeziehung des Volkes (Mi 6,1 – 8) und der Gesellschaft im Ganzen (Mi 7,1 – 7) betrachten, legt sich die Vermutung nahe, dass das Gerichtswort im Zentrum in den Rahmenteilen vorausgesetzt ist und den Kristallisationskern der Schlusskapitel bildet.[90] Die Grundsatzreflexion in Mi 6,1 – 8 und Mi 7,1 – 7 erscheint erst vor dem Hintergrund des in Mi 6,9 – 16 beschriebenen Unheils folgerichtig, das ein (neues) Strafhandeln JHWHs provoziert. Ohne die Strafanzeige im Zentrum sind die Rahmenabschnitte ohne erkennbaren Anlass.

Weiterhin besitzen Mi 6,1 – 8 und Mi 7,1 – 7 ohne den Mittelteil keinen plausiblen literarischen Ort im kompositionellen Gefüge des Michabuches. Dies gilt für

---

89 JEREMIAS, ATD, 120; vgl. MAYS, OTL, 29 – 33; METZNER, Kompositionsgeschichte, 167 – 176; OTTO, Art. Micha/Michabuch, 699 – 700; WÖHRLE, Sammlungen, 171 – 188 (mit älterem Kern in Mi 7,1 – 7*); WOLFF, BK, 144.164.177 f.

90 Vgl. entsprechend DEISSLER, NEB, 168; METZNER, Kompositionsgeschichte, 176, und ähnlich WEISER, ATD, 232; WEHRLE, Art. Micha (Buch), 799; WILLI-PLEIN, Vorformen, 100, die den Abschnitt allerdings auf den historischen Micha zurückführen. JEREMIAS, ATD, 120.207, und WOLFF, BK, 144.164, erkennen hingegen im ersten Textabschnitt Mi 6,2 – 8 den älteren Bestand, der in großer zeitlicher Nähe um Mi 6,9 – 15* bzw. Mi 6,9 – 16* erweitert worden ist. MAYS, OTL, 29 – 33.144 – 145, erachtet „an inner block of material organized by the theme 'the city'" (aaO., 31 – 32) in Mi 6,9 – 15 und Mi 7,1 – 12 als Grundbestand der Schlusskapitel.

beide Ebenen der Buchkomposition Mi 1–3 und Mi 1–5. Als ältere Fortsetzung der Buchkomposition in Mi 1–5 sind weder das Streitgespräch noch die Wehklage aus inhaltlichen Gründen wahrscheinlich. Gleichermaßen setzen sie Schuld und Unheil innerhalb des Volkes voraus, während die Heilskomposition gerade auf die Wiederherstellung der Ordnung und eines unbelasteten Gottesverhältnisses zielt. Als ältere Fortsetzung von Mi 1–3* lassen sich beide Abschnitte ebenso wenig plausibilisieren. Das Strafurteil in Mi 3,12 bildet den Ziel- und Schlusspunkt der älteren Anklage, während Mi 6,1–8 den Rechtsstreit erst aufnimmt, und bereitet demjenigen gesellschaftlichen Unheil gerade ein Ende, das in Mi 7,1–7 noch als gleichzeitig vorausgesetzt ist.[91] Da die Grundsatzreflexion in Mi 6,1–8 und Mi 7,1–7 durch das Gerichtswort veranlasst ist und die Rahmenteile erst durch Mi 6,9–16 im kompositionellen Zusammenhang verankert werden, dürfte der Textabschnitt im Zentrum den Grundbestand von Mi 6,1–7,7 enthalten und die Rahmenelemente auf diesen hin formuliert worden sein.

Im vorfindlichen Textgefüge sind die Schlusskapitel eindeutig als literarische Fortsetzung der Buchkomposition in Mi 1–5 gestaltet. Über das Verbum שׁמע in Mi 6,1.2 wird eine Stichwortverbindung zu Mi 5,14 hergestellt, die Stadt עיר als Adressatin in Mi 6,9 erinnert an Mi 5,10.13. Die Höraufrufe in Mi 6,1.2 korrespondieren mit derselben Stilfigur in Mi 3,1.9 und schließen einen Rahmen um die Heilskomposition in Mi 4–5. Mit den Bergen und den Grundfesten, die in Mi 6,1.2 in den Rechtsstreit involviert werden, wird am Beginn der Schlusskapitel ein Bogen zur Theophanie in Mi 1,3–4* am Eingang des Michabuches gespannt. Ob und auf welcher Ebene der Buchkomposition auch der Kristallisationskern in Mi 6,9–16* als Fortschreibung des älteren Traditionsbestandes gelten kann, wird die nachfolgende Untersuchung prüfen.

2.1 Der Kristallisationskern

Da Mi 7,8–20 den jüngeren Abschluss des Michabuches darstellt und die Rahmenteile in Mi 6,1–7,7 die Schuldanklage und Strafankündigung im Zentrum voraussetzen, ist in Mi 6,9–16 der Nukleus der hinteren Buchkapitel zu suchen. Der Abschnitt weckt den Verdacht, „textlich fehlerhaft und mit zahlreichen kommentierenden Erläuterungen"[92] tradiert worden zu sein. Diesen Sachverhalt

---

91 Anders urteilt WÖHRLE, Sammlungen, 177–180.188–191, der die Klage in Mi 7,1–7* seiner Grundschicht des Michabuches zuordnet und als ursprüngliche Fortsetzung von Mi 3,12 ansieht.
92 JEREMIAS, ATD, 206. Eine vermeintlich fehlerhafte Textüberlieferung ist innerhalb der älteren Forschung wiederholt vermutet worden (vgl. etwa WELLHAUSEN, Propheten, 147–148; MARTI, KHC, 294; NOWACK, HK³, 229–230; WEISER, ATD, 283).

teilt er mit dem Schefela-Städte-Gedicht in Mi 1, das den Kristallisationskern der älteren Buchkomposition darstellt. Die Analyse des Gedichts hat jedoch ergeben, dass die Spuren vermeintlich fehlerhafter Überlieferung auf eine komplexe Wachstumsgeschichte zurückzuführen sind.[93] Dasselbe ist für Mi 6,9 – 16 zu vermuten. Sofern das Gerichtswort keine ursprüngliche Einheit enthält, sondern eine gewachsene Größe darstellt, wird die folgende Untersuchung zunächst den Grundbestand des Textabschnitts erheben, um daraufhin im Rahmen der Betrachtung seines literarischen Ortes in einem zweiten Schritt zu klären, ob Mi 6,9 – 16* als Fortschreibung einer älteren Buchkomposition plausibel ist.

2.1.1 Abgrenzung und Aufbau

Das Gerichtswort in Mi 6,9 – 16 begegnet im kompositionellen Zentrum von Mi 6,1 – 7,7. Im vorfindlichen Zusammenhang folgt es auf die Darstellung des Rechtsstreits JHWHs in Mi 6,1 – 8 und steht der Wehklage in Mi 7,1 – 7 voran. Die Auseinandersetzung zwischen JHWH und seinem Volk wird in Mi 6,8 abgeschlossen. Anstelle eines Urteilsspruchs findet die Auseinandersetzung in einer individualethischen Lebensmaxime ihr Ziel, die den einzelnen Menschen auf seine Verantwortung für Recht, Treue und Demut im Dienste eines gottgefälligen Lebens anspricht. Mit V.9αα wird ein Neueinsatz formuliert (קוֹל יְהוָה לָעִיר יִקְרָא), der zur Kritik an den konkreten sozialen und ökonomischen Missständen innerhalb der Gesellschaft überleitet und die Ebene der Grundsatzreflexion verlässt.

Das Gerichtswort findet mit der Unheilsankündigung gegen die Stadt und ihre Bewohner in V.16 seinen Abschluss. Die Interjektion אַלְלַי in Mi 7,1 eröffnet einen neuen Zusammenhang und leitet eine in 1. Pers. formulierte Wehklage ein. Sie beleuchtet inhaltlich weiterhin das soziale Unheil, weitet dieses jedoch zu einer Grundsatzkritik an der Gesellschaft und ihren Gliedern aus. Der zutiefst pessimistische Grundton spiegelt die Auflösung des gesellschaftlichen Zusammenhalts, der sich bis hinein in die Familienverbände manifestiert. Im Ergebnis bleibt dem klagenden Ich allein die Hoffnung auf JHWH als den Gott der Rettung (V.7).

Das Gerichtswort in Mi 6,9 – 16 besteht aus drei Gliedern. Das erste Glied enthält die Ankündigung der Stimme JHWHs und den Aufruf zum Hören in V.9. Das zweite Glied bringt in V.10 – 12 die Schuldanklage vor. In Gestalt zweier rhetorischer Fragen wird zunächst das Unrecht im Bereich des Handels angezeigt (V.10 – 11), die Aussage in V.12 konstatiert sodann die Gewaltverbrechen der Reichen sowie den Betrug innerhalb der Gesellschaft insgesamt. Das dritte Glied bietet in V.13 – 16 schließlich die Strafankündigung. Die Strafe besteht in der Verwüstung

---

93 S. dazu oben unter Teil A die Analyse III. 5.2.

der Stadt samt ihrer Bewohner (שמם in V.13 und שֶׁמָּה in V.16b) und wird durch eine Reihe von Nichtigkeitsaussagen in V.14 – 15 entfaltet.

In der Gesamtanlage des Gerichtswortes sind zwei Aspekte auffällig. Erstens variiert die Adressatenbezeichnung in Mi 6,9 – 16.[94] Während V.9aα die fem. Größe עִיר adressiert, auf die sich die Suff. 3. Fem. Sg. in V.9b.12a.16bα zurückbeziehen, richtet sich V.9b an die mask. Größe מַטֶּה, die innerhalb der Strafankündigung in der direkten Anrede der 2. Sg. Mask. in V.13 – 15 wiederzukehren scheint. Zweitens ist jedes der in Mi 6,9 – 16 unterschiedenen Glieder doppelt realisiert.[95] Der Aufmerksamkeitsruf adressiert zunächst die Stadt in V.9aα, daraufhin den Stamm und die politische Führung in V.9b. Der Schuldaufweis besteht nach V.10 – 12 in Handelsbetrug und Gewalttat und wird in V.16a um den Vorwurf ergänzt, den Satzungen Omris gemäß und den Machenschaften des Hauses Ahab entsprechend zu handeln. Innerhalb des Strafurteils wird schließlich zwischen individueller Not (V.13.14 – 15) und kollektiver Verwüstung (V.16b) unterschieden. Die inhaltlichen Inkongruenzen, die sich aus den Doppelungen innerhalb des Gerichtswortes ergeben, und der in formaler Hinsicht auffällige Personenwechsel geben zu der Vermutung Anlass, dass der Abschnitt in Mi 6,9 – 16 eine literarische Wachstumsgeschichte durchlaufen hat.

2.1.2 Integrität

Während die ältere Forschung die vielfältigen Ungereimtheiten in Mi 6,9 – 16 mit einer fehlerhaften Überlieferung erklärt hat, wodurch der Text in Unordnung geraten sei, haben jüngere Untersuchungen seine Komplexität auf interne Fortschreibungsprozesse zurückgeführt.[96] So wurden zunächst einzelne Elemente in V.9 – 16 als punktuelle Nachinterpretationen bestimmt. Sie geben ihren glossierenden Charakter dadurch zu erkennen, dass sie syntaktisch lediglich lose beigefügt und in der Mehrzahl mit Hilfe der Kopula angeschlossen sind. Darüber hinaus hat das Gerichtswort eine umfänglichere interne Erweiterung erhalten. Die Elemente der internen Fortschreibung in Mi 6,9 – 16 sind im Folgenden näher zu betrachten.

---

94 Dieser Sachverhalt ist oft beobachtet und wiederholt beschrieben worden; vgl. nur JEREMIAS, ATD, 207; KESSLER, HThK.AT, 276 – 277; WOLFF, BK, 163.

95 Diese auffälligen Doppelungen hat KESSLER, HThK.AT, 275 – 277, literarkritisch ausgewertet und zwei literarische Stränge in Mi 6,9 – 15* aufgewiesen. S. dazu ausführlich unter 2.1.2.2.

96 Vgl. etwa DEISSLER, NEB, 194 – 195; JEREMIAS, Deutung, 340 – 343; DERS., ATD, 205 – 212; KESSLER, HThK.AT, 275 – 277; LESCOW, Analyse von Micha 6 – 7, 193; MAYS, OTL, 31 – 32; METZNER, Kompositionsgeschichte, 85 – 86.173 – 176; RUDOLPH, KAT, 114 – 120; WÖHRLE, Sammlungen, 175 – 177; WOLFF, BK, 159 – 173. Weiter reicht die Position von ROBINSON, HAT, 147 – 148, der den Abschnitt als „eine Aneinanderreihung mehrerer fragmentarischer Stücke" begreift.

2.1.2.1 Die punktuellen Nachinterpretationen in Mi 6,9 – 16

Die Nachinterpretationen in Mi 6,9 – 16 lassen sich in drei Kategorien mit jeweils eigenem Charakter einteilen. Die Glossen in V.9aβ.10aβ.12b bilden eine erste Kategorie und weisen eine weisheitliche Prägung auf. V.9aβ fügt zu Beginn des Gerichtswortes eine Differenzierung in seinen Adressatenkreis ein und weist „in erläuternder Paränese"[97] auf die Sonderstellung jener hin, die den Namen JHWHs fürchten (יִרְאָ שְׁמֶךָ). Statt Unheil wird ihnen Gelingen zuteil (תּוּשִׁיָּה vgl. Jes 28,29; Hi 5,12; 6,13; 11,6; 12,16; 26,3; Prov 2,7; 3,21; 8,14; 18,1). Die in V.9aβ angedeutete Unterscheidung zwischen Gottesfürchtigen und Frevlern nimmt der Zusatz in V.10aβ auf und überträgt sie auf den Sachgegenstand des Unrechts, indem das unrechte Bat (בַּת רֶשַׁע [cj.]) als Schatz des Gottlosen (אֹצְרוֹת רֶשַׁע vgl. Prov 10,2) qualifiziert wird.[98] Das Interpretament in V.12b (וּלְשׁוֹנָם רְמִיָּה בְּפִיהֶם vgl. Ps 120,2 – 3) schließlich unterstreicht und verschärft den vorangehenden Vorwurf der Lügenrede aus V.12a. Die Glosse „spricht nicht nur von einzelnen lügnerischen Aussagen, sondern zeigt an, daß im Mund der Angeklagten nichts anderes als eine Lügenzunge zu finden ist, die kein wahres Wort über die Lippen kommen läßt."[99] Da die Erläuterungen allesamt einen weisheitlichen Hintergrund besitzen, können sie durchaus von derselben Hand eingetragen worden sein.

Die radikalisierende Tendenz, die schon V.12b aufwies, kennzeichnet die Nachinterpretationen der zweiten Kategorie, mit denen die Nichtigkeitsflüche in V.14 – 15 entfaltet werden. Die Nichtigkeitsaussagen lassen ein regelmäßiges Bauprinzip erkennen, das in einer Kurz- und einer Langform begegnet.[100] Mit dem Personalpronomen אַתָּה in Spitzenposition führt die Kurzform (V.15a) im ersten

---

97 JEREMIAS, ATD, 209; vgl. ähnlich etwa DEISSLER, NEB, 194; KESSLER, HThK.AT, 277; LIPPL, HSAT, 214; MARTI, KHC, 294; MAYS, OTL, 146; METZNER, Kompositionsgeschichte, 45.85; RUDOLPH, KAT, 118 – 119; RIESSLER, Propheten, 124; SELLIN, KAT, 297; SMITH, ICC, 129; WEISER, ATD, 283; WILLI-PLEIN, Vorformen, 100; WÖHRLE, Sammlungen, 175; WOLFF, BK, 165.

98 Vgl. RUDOLPH, KAT, 115 – 116; WOLFF, BK, 160.166. „Die Verlesung von בַּת als בַּיִת [...] mag zu dem metrisch überschüssigen Interpretament ‚Schätze des Unrechts' geführt haben" (WOLFF, BK, 160). Durch die Einschaltung der Glosse wird der ursprüngliche Parallelismus der Maßeinheiten בַּת und אֵיפָה aufgelöst. Anders zählen MARTI, KHC, 295; KESSLER, HThK.AT, 273.277; WEISER, ATD, 283 – 284, die Wendung (רֶשַׁע) אֹצְרוֹת zum Grundbestand. SELLIN, KAT, 298, und MAYS, OTL, 143 Anm. c, halten das vorausgehende בֵּית רֶשַׁע für eine Nachinterpretation.

99 WOLFF, BK, 169; vgl. entsprechend JEREMIAS, ATD, 206; LIPPL, HSAT, 215; MARTI, KHC, 295; RIESSLER, Propheten, 124; SMITH, ICC, 129; WEISER, ATD, 283 – 284; WILLI-PLEIN, Vorformen, 102. Anders rechnen KESSLER, HThK.AT, 280; MAYS, OTL, 143; RUDOLPH, KAT, 116, das Element in V.12b zum Grundbestand des Abschnitts.

100 Zur Struktur der Nichtigkeitsflüche vgl. PODELLA, Notzeit-Mythologem, 430 – 434. Die hier unterschiedene Langform (mit Personalpronomen in Spitzenposition) von einer Kurzform (ohne Personalpronomen) verstehen sich als Binnendifferenzierung der von Thomas Podella erhobenen Form 1 (aaO., 432).

Kolon einen Vorgang ein, dessen erwartbares Ergebnis das zweite Kolon über die Negation לֹא für nichtig erklärt. In der Langform (V.14*.15b) wird diese Abfolge um einen weiteren Vorgang samt Negation erweitert, allerdings ohne das Personalpronomen noch einmal aufzubieten. Die Glossen in V.14aβ und V.14bβ erweitern die Struktur der Nichtigkeitsaussagen. V.14aβ „erläutert drastisch"[101] die Konsequenzen des Nicht-Sattwerdens. V.14bβ unterstreicht und verschärft die Aussage aus V.14bα. Nichts von dem, was fortgeschafft wird, wird bleiben.[102]

Die dritte Kategorie der Nachinterpretationen begegnet am Ende des Textabschnitts in V.16bβ.[103] Mit diesem Appendix erhält das Strafgericht eine neue Zielrichtung. Gegen die Intention des Gerichtswortes, das die Unheilsankündigung JHWHs ausdrücklich gegen das eigene Volk wendet, steht in V.16bβ eine dritte Größe im Blick, die die Schmach des Gottesvolkes tragen soll (חֶרְפַּת עַמִּי תִּשָּׂאוּ). Auf diese Weise wird das (neue) Strafgericht im Horizont der Buchkomposition von Mi 1 – 5 abermals als Durchgangsstadium ausgewiesen und die Schicksalswende zugunsten des Volkes JHWHs angedeutet.

Obwohl die Größe namentlich ungenannt bleibt, die V.16bβ in 2. Mask. Pl. adressiert, dürfte sie mit den (schadenfrohen) Feindmächten identisch sein, mit denen sich das klagende Ich innerhalb des Buchschlusses Mi 7,8 – 20 (אַל־תִּשְׂמְחִי אֹיַבְתִּי לִי [V.8]) auseinandersetzt. V.16bβ scheint der Klage ihre Deutungsperspektive vorzugeben. Zwar wird die Klagende zeitweilig den Zorn JHWHs zu tragen haben (vgl. זַעַף יְהוָה נָשָׂא in Mi 7,9), die Schmach des Gottesvolkes allerdings wird auf seine Feinde übergehen (vgl. חֶרְפַּת עַמִּי נָשָׂא in Mi 6,16bβ). Dieser Deutungsvorgang entspricht dem kompositionellen Gefälle in Mi 1 – 5, das unheilvolle Schicksal des Gottesvolkes als vorläufig zu bestimmen und letztlich auf die Fremdvölker zu beziehen (vgl. Mi 1,2 mit Mi 5,14 sowie Mi 4,11 – 13).

Eine letzte Nachinterpretation liegt schließlich in der metrisch überschüssigen Formulierung in V.16aβ (וַתֵּלְכוּ בְּמֹעֲצוֹתָם) vor.[104] Das Strafurteil in V.16* konstatiert in 3. Pers. Sg. (וְיִשְׁתַּמֵּר) die verkehrte Orientierung des Volkes, das die

---

101 KESSLER, HThK.AT, 277; vgl. entsprechend JEREMIAS, ATD, 210 – 211; WOLFF, BK, 161.170. Anders begegnete etwa MARTI, KAT, 295, der auffälligen Struktur der Sprüche durch Textumstellung. „Die Hinübernahme von V.14^aα zu V.15 empfiehlt sich von selber; an seiner jetzigen Stelle stört er, vor V.15 füllt er eine Lücke aus." Dagegen belässt es WEISER, ATD, 284, bei der Feststellung, dass der Vers „stark in Unordnung geraten" sei.

102 Vgl. JEREMIAS, ATD, 210 – 211; WOLFF, BK, 161.170, der darüber hinaus auf die veränderte Thematik aufmerksam macht. „Aus der individuellen Sphäre städtisch-ländlichen Handelns (9 – 12) wechselt der Ergänzer hinüber in den Bereich kriegerischer Ereignisse mit Plünderungen und direkten Lebensbedrohungen (,Schwert')" (aaO., 170).

103 Vgl. KESSLER, HThK.AT, 277; METZNER, Kompositionsgeschichte, 175; SMITH, ICC, 129.

104 Vgl. METZNER, Kompositionsgeschichte, 175, und ähnlich bereits MARTI, KHC, 296; SELLIN, KAT, 297.299, die allerdings V.16aβ mit V.16bβ in Verbindung bringen.

Satzungen Omris hütet und die Machenschaft des Hauses Ahab pflegt, und führt auf ein Strafurteil JHWHs (לְמַעַן תִּתִּי) gegen die Stadt Jerusalem und ihre Bewohner zu. Die Glosse in V.16aβ gestaltet den Schuldaufweis aus V.16aα zu einer direkten Anklage in 2. Pers. Pl. (וַתֵּלְכוּ) aus und stellt heraus, dass die Fehlorientierung nicht nur den Bereich der Gesinnung (שׁמר), sondern auch des Lebenswandels (הלך) betrifft. Die Aspekte des Schuldaufweises (חֻקּוֹת עָמְרִי neben כֹּל מַעֲשֵׂה בֵית־אַחְאָב) finden in der Formulierung מוֹעֵצָה ihren zusammenfassenden Ausdruck.

Der seltene, vorwiegend innerhalb der Weisheitsliteratur belegte Terminus מוֹעֵצָה (vgl. Ps 5,11; 81,13; Prov 1,31; 22,20) verbindet Mi 6,16 mit Jer 7,24 und Hos 11,6. Wie in Mi 6,16 bezeichnet der Begriff an beiden Belegstellen eine Handlungsausrichtung, die der Weisung JHWHs entgegensteht und das Strafgericht gegen das Volk provoziert. Nach Jer 7,23 – 24 entscheidet sich an der Alternative aus Gehorsam (שִׁמְעוּ בְקוֹלִי) und eigenem Ratschluss (מוֹעֵצָה) selbst JHWHs Gottsein im Verhältnis zu seinem Volk und der Status Judas als Volk JHWHs. Die Kontrastfolie zum Verhalten des Volkes bildet das Heilshandeln JHWHs in der Geschichte, auf das im kompositionellen Zusammenhang jeweils Bezug genommen wird (Jer 7,22; Hos 11,4 – 5 vgl. Mi 6,3 – 4). Aufgrund seiner Fehlorientierung (מוֹעֵצָה), die als Gegenbewegung zur Treue JHWHs erscheint und sich insbesondere in kultischen Verfehlungen manifestiert (Jer 7,18.21.31 – 32; Hos 11,2 vgl. Mi 6,6 – 7), richtet sich das Strafgericht in Hos 11 gegen das Volk Ephraim und seine Städte (vgl. Hos 11,3), in Jer 7 wie in Mi 6,9 – 16 gegen das Volk Juda und seine Städte (vgl. Jer 7,17).

Die Glosse in Mi 6,16 dürfte unter dem Einfluss von Jer 7,24 und Hos 11,6 gebildet worden sein. Terminologisch steht sie Jer 7,24 (וַיֵּלְכוּ בְּמֹעֵצוֹת) am nächsten und scheint den Vorwurf in abgewandelter Form zu zitieren. Inhaltlich weist sie allerdings eine größere Nähe zur Anklage in Hos 11,6 auf, insofern ihr Kontext auf die Verfehlungen der Nordreichskönige Omri und Ahab rekurriert. Da sich das Gerichtswort in Mi 6,9 – 16* gegen die Stadt Jerusalem und ihre Bewohner richtet, dürfte die Glosse den Vorwurf gegen das Nordreich aus Hos 11,6 in der Sprache von Jer 7,24 reformulieren und auf das Südreich applizieren. Einen vergleichbaren Transfer unternimmt Hos 12 und stellt vor dem Hintergrund des Schuldaufweises gegen Ephraim das äquivalente Vergehen Judas heraus, leitet mehr noch das Strafgericht gegen Juda aus den Verfehlungen Ephraims ab.

2.1.2.2 Die interne Erweiterung in Mi 6,9 – 16

Über die punktuellen Nachinterpretationen hinaus hat das Gerichtswort in Mi 6,9 – 16* eine umfänglichere interne Erweiterung erhalten. Darauf lassen zwei Auffälligkeiten schließen, die bereits im Zuge der Analyse seines Aufbaus herausgestellt wurden.[105] Sie bestehen zum einen im wiederholten Wechsel der Person zwischen 3. Fem. Sg. (V.12a.16bα₂) und 2. Mask. Sg. (V.13 – 15), der mit dem doppelten Adressatenkreis in V.9* in Verbindung steht. Während V.9aα die fem. Größe עִיר in 3. Pers. anspricht, ruft V.9b die mask. Größe מַטֶּה im Vokativ auf. Zum anderen begegnet jedes Element im Aufbau von Mi 6,9 – 16* zweimal. Der Aufmerksamkeitsruf richtet sich in V.9aα an die Stadt Jerusalem, der Höraufruf in V.9b adressiert den Stamm und den Regenten. Der Schuldaufweis bringt in V.10 – 12* Handelsbetrug und Gewaltverbrechen zur Anzeige und wird in V.16aα um den Vorwurf ergänzt, die Satzungen Omris und Ahabs zu pflegen. Innerhalb der Unheilsankündigung schließlich wird zwischen individueller Not in Bildern ertragloser Ernte (V.13 – 15) und kollektivem Untergang im Bild der Verwüstung unterschieden (V.16bα).

Beide Auffälligkeiten legen die Vermutung nahe, dass das Gerichtswort auch nach Abzug der punktuellen Nachinterpretationen in seiner gegenwärtigen Gestalt keine ursprüngliche Einheit bildet. Insbesondere der umständliche Rückbezug der Suff. 3. Fem. Sg. in V.12a auf die fem. Größe עִיר in V.9aα und die disparaten Vorstellungen von Schuld und Strafgericht sprechen für diese Schlussfolgerung.[106] Innerhalb der Forschung haben diese Beobachtungen verschiedene Erklärungsansätze hervorgebracht. Unter der Voraussetzung, dass der Text „vielfach verdorben und in Unordnung auf uns gekommen"[107] sei, hat die ältere Forschung die syntaktischen Schwierigkeiten in Mi 6,9 – 16* teils durch Konjekturen, teils durch Textumstellungen zu lösen versucht. So hat Karl Marti vorgeschlagen, V.12a zwischen V.9 und V.10 zu platzieren, um die Suff. 3. Fem. Sg. in V.12a in die Nähe ihrer Bezugsgröße in V.9aα zu rücken.[108] Abgesehen von grundsätzlichen methodischen Bedenken, die sich gegen entsprechende Rekonstruktionsbemühungen richten, erscheint der relativische Satzanschluss aus V.12a an den Höraufruf in V.9b nicht minder bedenklich als die vorfindliche Syntax. Überdies werden auf diesem Wege die weiteren formalen und inhaltlichen Ungereimtheiten, die sich aus den Doppelungen in Mi 6,9 – 16* ergeben, nicht zufriedenstellend gelöst.

---

105 S. oben 2.1.1.

106 Von den punktuellen Nachinterpretationen abgesehen, geht die Forschung hingegen mehrheitlich von einem einheitlichen Zusammenhang in Mi 6,9 – 15* bzw. Mi 6,9 – 16* aus (vgl. etwa JEREMIAS, ATD, 206 – 212; METZNER, Kompositionsgeschichte, 173 – 176; RUDOLPH, KAT, 114 – 120; WOLFF, BK, 161 – 163). Die formalen Auffälligkeiten hat sich Jörg Jeremias in jüngster Zeit damit zu erklären bemüht, dass „diese stilistischen Wechsel von vornherein auf sorgfältige Leser" (JEREMIAS, ATD, 207) zielen. Nach meiner Wahrnehmung wird dieser Erklärungsversuch jedoch der formalen und inhaltlichen Komplexität des Gerichtswortes in Mi 6,9 – 16* nicht gerecht.

107 MARTI, KHC, 294.

108 Vgl. MARTI, KHC, 294 – 295, und entsprechend LIPPL, HSAT, 215; MAYS, OTL, 143 – 144; SELLIN, KAT, 296.298; SMITH, ICC, 129; VON UNGERN-STERNBERG, Rechtsstreit, 147; WEISER, ATD, 283 – 284.

In jüngerer Zeit hat Rainer Kessler einen alternativen Versuch unternommen, die „Zweisträngigkeit"[109] innerhalb des Gerichtswortes redaktionsgeschichtlich zu erklären, und zwei Grundtexte in Mi 6,9 – 16* unterschieden. Seinem Text A weist er V.9a*.12.13.14b zu, seinem Text B sodann V.9b.10 f.14a*.15. Er sieht darin zwei ehedem selbständige Traditionselemente, die jeweils aus einem einfachen Aufruf (V.9a; V.9b), einem Schuldaufweis (V.12; V.10 f) und einer abschließenden Strafankündigung (V.13.14b; V.14a.15) bestehen und nachträglich „ineinander gearbeitet worden sind."[110] Zur Unterscheidung beider Stränge legt Kessler neben dem Personenwechsel ein inhaltliches Kriterium zugrunde. In Text A dominiere „die Bildsprache aus dem Bereich manifester Gewalt […], während in Text B das Wirtschaftsleben in Kreditvergabe und landwirtschaftlicher Produktion im Vordergrund steht."[111]

Der von Rainer Kessler unterbreitete Vorschlag, zwei literarische Stränge innerhalb des Gerichtswortes zu unterscheiden, ist nach meiner Einschätzung wegweisend. Im Einzelnen scheinen mir allerdings Modifikationen angebracht, die vor allem die Zuordnung der Textbestandteile zum jeweiligen Strang betreffen. So bleibt zunächst der Schlussvers in Mi 6,16* in Kesslers Binnendifferenzierung ohne Berücksichtigung. Nach seiner Auffassung gehört er ursprünglich keinem der beiden Stränge zu. Vielmehr seien „zwei in der Gruppe der Michatradenten entstandene jerusalemkritische Orakel ineinandergearbeitet und mit Hilfe von V 16 in die Michaschrift eingefügt worden"[112], um mit den Hinweisen auf Omri und Ahab einen redaktionellen Rückbezug auf das Strafurteil gegen Samaria in Mi 1* herzustellen.

Gegen diese Bewertung hat bereits Jörg Jeremias eingewandt, dass in Mi 6,16 „der summierende Schlussvers"[113] des Gerichtswortes vorliegt. Die Strafankün-

---

109 KESSLER, HThK.AT, 276.
110 KESSLER, HThK.AT, 276.
111 KESSLER, HThK.AT, 276.
112 KESSLER, HThK.AT, 277. Dass Mi 6,16 redaktionell sei, wurde innerhalb der Forschungsgeschichte vielfach vertreten (vgl. etwa JEREMIAS, Deutung, 342 – 343; MAYS, OTL, 33; MCKANE, Micah, 202; METZNER, Kompositionsgeschichte, 45; WILLI-PLEIN, Vorformen, 103 – 104; WOLFF, BK, 159 – 160.171 – 172; WÖHRLE, Sammlungen, 176). Bei näherer Hinsicht lässt sich erkennen, dass nicht der gesamte Schlussvers V.16, sondern vor allem der Hinweis auf Omri und Ahab in V.16a dazu Anlass gegeben hat, ihn als Zusatz zu deklarieren. Hans Walter Wolff rückt V.16 daraufhin in „die Nähe zum Deuteronomismus" (WOLFF, BK, 172, zur Kritik an der vermeintlich dtr Prägung von V.16 vgl. KESSLER, HThK.AT, 281 – 282). Nach Einschätzung Kesslers ist V.16 „als Hinweis auf das negative Beispiel des von Omri gegründeten Samarias zu lesen und erhält seinen Sinn erst auf der Ebene der Michaschrift als Verweis auf 1,2 – 7" (KESSLER, HThK.AT, 277). In diesem Begründungszusammenhang ist V.16b* jedoch völlig unverdächtig.
113 JEREMIAS, ATD, 207.

digung in V.13 (שמם) weist auf V.16 (שַׁמָּה) voraus, V.16b (יֹשְׁבֶיהָ) nimmt auf V.12a (יֹשְׁבֶיהָ) Bezug. Überdies macht erst V.16b* ausdrücklich, was die Stadt und ihre Bewohner aufgrund ihrer Schuld in letzter Konsequenz zu erwarten haben. Da die Anklage in Mi 6,9 – 16a* auf Vergehen Bezug nimmt, die nach Art und Schwere dem Straftatbestand aus Mi 2 – 3* entsprechen, verlangt der Schuldaufweis nach einem Strafurteil im Format von Mi 3,12 (לָכֵן). Ein solches Urteil liegt in Mi 6,16b* (לְמַעַן) vor. Ohne V.16b* wäre der vorausgehende Schuldaufweis ohne adäquate strafrechtliche Konsequenz und das Gerichtswort letztlich ohne Ergebnis.

In Erklärungsmodellen, die wie dasjenige Kesslers ohne V.16 auskommen, treten die mit der Strafankündigung in V.13 (וְגַם־אֲנִי) eingeführten Nichtigkeitsflüche in V.14 – 15* an die Stelle des fälligen Strafurteils.[114] Sie besitzen in Am 5,11; Hos 4,10 und Zef 1,13 ihre nächsten Parallelen.[115] Zwar kommen die Nichtigkeitsflüche einer Unheilsankündigung gleich und stellen „eine *Notzeit* als Strafe für die Übertretung des göttlichen Willens"[116] in Aussicht. Allerdings wird das Unheil in V.13 – 15* anders als in Am 5,11 nicht explizit auf den Straftatbestand aus V.10 – 12 bezogen, sondern in V.13 lediglich allgemein mit den Sünden des Volkes (עַל־חַטֹּאתֶךָ) begründet. Überdies steht in V.13 – 15 allein das Unheil der Bevölkerung im Blick. Das Schicksal der Stadt bleibt hingegen offen, obwohl V.9 – 12 die Stadt (קוֹל יְהוָה לָעִיר יִקְרָא) und ihre Bewohner (יֹשְׁבֶיהָ) gleichermaßen in den Nexus aus Schuld und Strafgericht einbezieht. Daher sind die Fluchsprüche samt der Strafankündigung in V.13 – 15 allein nicht hinreichend, um im Anschluss an den Schuldaufweis die Funktion des Urteilsspruchs zu erfüllen.

Eine ausdrückliche Schlussfolgerung aus dem vorausliegenden Schuldaufweis zieht erst V.16b* (לְמַעַן). Da sich der Schlussvers zu gleichen Teilen an die Stadt und ihre Einwohner richtet, ist V.16b* als Strafurteil des Gerichtswortes plausibel. Wie in Hos 4,10 und Zef 1,13 treten die Nichtigkeitsflüche in V.14 – 15 (mit V.13) nicht an die Stelle des Urteils, sondern weisen auf die Begleit- und Folgeerscheinungen desselben hin und an dieser Stelle schon auf die Konsequenzen des Strafurteils voraus.[117] „Die Reihe 14 f. will die Vergeblichkeit aller lebenswichtigen Tätigkeiten

---

114 Vgl. entsprechend etwa bei Mays, OTL, 148; Kessler, HThK.AT, 275 – 276.280 – 281; Metzner, Kompositionsgeschichte, 174 – 175; Willi-Plein, Vorformen, 103 – 104; Wehrle, Art. Micha (Buch), 799; Wolff, BK, 161 – 163.
115 Vgl. Jeremias, ATD, 210 mit Anm. 272; Kessler, HThK.AT, 276; Schart, Entstehung, 218, sowie die Zusammenstellung der atl. Belege bei Podella, Notzeit-Mythologem, 430 – 432.
116 Podella, Notzeit-Mythologem, 433 (Hervorhebung ebd.).
117 Als Vorverweis erfüllen die Nichtigkeitsflüche in Mi 6,14 – 15* (mit V.13) im kompositionellen Zusammenhang dieselbe Funktion wie der Straffolgespruch in Mi 3,4 (als Brückenvers zu Mi 3,5 – 7). Dieser weist ebenfalls auf die Folgeerscheinungen des Strafurteils hin, bevor dasselbe in Mi 3,12 fällt. In Mi 3,4 liegt nach Podella, Notzeit-Mythologem, 431 – 432, ebenfalls ein Nichtigkeitsfluch (Form 2) vor und teilt damit die Gattung der Sprüche in Mi 6,14 – 15*.

als Konkretion des Gerichtsschlages Jahwes"[118] zur Darstellung bringen. Dieser Schlag JHWHs ist Gegenstand der Strafankündigung in V.13, die über das Verbum שמם mit V.16b* (שַׁמָּה) verknüpft ist. Sie deutet auf das abschließende Strafurteil gegen die Stadt und ihre Bewohner voraus und verleiht ihm das Achtergewicht.[119] V.16b* bildet somit den „Zielpunkt des Textes"[120] und ist als konstitutives Element des Gerichtswortes seinem Grundbestand zuzurechnen.

Über die Bewertung des Schlussverses hinaus ist nach meiner Wahrnehmung die von Rainer Kessler vorgeschlagene literarkritische Differenzierung innerhalb der Reihe der Nichtigkeitsaussagen in V.14–15*, die mit V.13 eingeleitet wird, nicht überzeugend.[121] Obwohl die einzelnen Elemente als Nichtigkeitsflüche derselben Textgattung zugehören und einem ähnlichen Bauprinzip folgen, weist Kessler V.14b mit V.13 und V.14a*.15 verschiedenen Textsträngen zu.[122] Im Rahmen seines Erklärungsmodells, das zwei ehedem selbständige Textelemente in Mi 6,9–15* erhebt, ist diese Differenzierung von wesentlicher Bedeutung. Da Rainer Kessler das Strafurteil in V.16b* – wie V.16 insgesamt – als redaktionellen Zusatz ansieht, muss er seine beiden Textstränge auch in V.13–15 unterscheiden, damit beide im Anschluss an den jeweiligen Schuldaufweis auf eine Unheilsankündigung zuführen. Die Nichtigkeitsflüche in V.13.14b weist er seinem Textstrang A zu, V.14a*.15 seinem Textstrang B.

Diese Zuordnung wird im Sinne seines Unterscheidungskriteriums damit begründet, dass in V.13.14b von manifester Gewalt die Rede sei (Text A), in V.14a*.15 hingegen von wirtschaftlicher Not (Text B).[123] Da sich jedoch die wirt-

---

118 WOLFF, BK, 171.

119 Dass die Strafankündigung in Mi 6,13 auf V.16b* vorausweist und nicht etwa ihrerseits das Strafurteil darstellt (vgl. UTZSCHNEIDER, ZBK, 149), wird durch die Formulierung in V.13a unterstützt, sofern ihre textkritische Rekonstruktion zutrifft. MT bietet Perf. hi. von חלה in der 1. Pers. der Gottesrede („ich habe krank gemacht"), worauf jedoch kaum die Inf. הַשְׁמֵם und הַכּוֹתֶךָ folgen können (vgl. entsprechend JEREMIAS, ATD, 206 Anm. 255; WOLFF, BK, 160). BHS schlägt mit G (ἄρξομαι) und weiteren Versionen Perf. hi. von חלל zu lesen vor („ich habe angefangen"), das sich graphisch unwesentlich von MT unterscheidet (החליתי neben החלותי [cj.]). Sollte diese Rekonstruktion die ursprüngliche Lesart darstellen, wäre ein auf V.16b* zuführendes Gefälle in Mi 6,13–16* evident. Da der Hinweis auf die Anfänge der Schläge JHWHs nur im Hinblick auf ein Ziel sinnvoll erscheint, dürfte V.13 – sei es auf derselben literarischen Ebene, sei es im Nachtrag – auf V.16b hin formuliert worden sein.

120 JEREMIAS, ATD, 207, der damit seine frühere Position revidiert (vgl. DERS., Deutung, 342–343).

121 Eine Kritik an dieser literarkritischen Differenzierung ist bereits von WÖHRLE, Sammlungen, 176 Anm. 141, vorgetragen worden.

122 Vgl. KESSLER, HThK.AT, 276.

123 Vgl. KESSLER, HThK.AT, 276.280–281.

schaftliche Not der Bevölkerung (V.14a*.15) ohne Weiteres als Ausdrucksform einer göttlichen Gewaltanwendung (V.13) plausibilisieren lässt, erscheint Kesslers Schlussfolgerung nicht zwingend. Innerhalb des Nichtigkeitsfluchs in Zef 1,13 begegnen die Ankündigungen materieller Gewalt und ökonomischer Not ebenfalls nebeneinander. Überdies fügen sich die Vorgänge des Einholens (סוג hi.) und in Sicherheit Bringens (פלט hi.), die V.14b zur Darstellung bringt, völlig ungezwungen in die Bildsprache des literarischen Zusammenhangs ein, die von Ernte- und Ernährungsmotivik geprägt ist.

Nach allem erscheint weder die Ausscheidung von V.16* noch eine literar-kritische Differenzierung in V.13 – 15* – von den punktuellen Nachinterpretationen in V.14aβ und V.14bβ abgesehen – hinreichend begründbar. Weiterhin zeigt sich, dass Kesslers inhaltliches Kriterium allein keine plausible Unterscheidung der beiden Textstränge in Mi 6,9 – 16* ermöglicht. Mit dem auffälligen Personenwechsel zwischen der 3. Pers. Fem. und der 2. Pers. Mask. innerhalb des Gerichtswortes, der mit dem doppelten Adressatenkreis in V.9* (עִיר neben מַטֶּה) in Verbindung steht, bietet sich allerdings ein alternatives formales Kriterium an, das zu einer verlässlichen Unterscheidung der beiden Ebenen führen könnte.[124]

Der zweiteilige Aufruf in V.9* richtet sich an unterschiedliche Adressaten. V.9aα wendet sich in 3. Pers. an die fem. Größe עִיר, V.9b adressiert in 2. Pers. (Imp.) die mask. Größe מַטֶּה. Beide Größen kehren innerhalb des Gerichtswortes in charakteristischer Weise wieder. Damit legt sich die Vermutung nahe, dass in V.9aα und V.9b der jeweilige Beginn zweier Textebenen in Mi 6,9 – 16* vorliegt. Beide Ebenen sind im Folgenden nach Maßgabe des formalen Kriteriums von einander zu unterscheiden und auf ihr Verhältnis hin zu untersuchen. Die Analyse wird zu dem Ergebnis führen, dass in Mi 6,9 – 16* zwei literarische Ebenen vorliegen, die nicht zwei vormals selbstständige Traditionselemente enthalten, sondern das Resultat eines Fortschreibungsprozesses darstellen. Die fem. Textebene (vgl. V.9aα) bildet die Grundschicht. Sie ist nachträglich um die mask. Elemente (vgl. V.9b) erweitert worden.

Auf der Textebene A steht die fem. Größe עִיר in 3. Pers. im Vordergrund. Sie begegnet in Gestalt der Suff. in 3. Fem. Sg. in V.12a (עֲשִׁירֶיהָ neben יֹשְׁבֶיהָ) und V.16b* (יֹשְׁבֶיהָ) wieder. Die Stadt ist Adressatin des Rufs der Stimme JHWHs (V.9aα) und wird zu ihren Reichen und ihren Einwohnern in Beziehung gesetzt (V.12a.16b*). V.12a hält den Reichen ihre Gewaltverbrechen und den Stadtbewohnern ihre Lügenrede vor, woraufhin V.16b* ihnen den Untergang ankündigt. Innerhalb des

---

124 Auf diese formale Auffälligkeit, die zu einer Unterscheidung beider Textstränge führen könnte, hat bereits KESSLER, HThK.AT, 276, aufmerksam gemacht, den Befund jedoch nicht konsequent ausgewertet (so bereits WÖHRLE, Sammlung, 176 Anm. 141).

Strafurteils ist ein Wechsel der Person von der 2. Sg. Mask. (אַתָּה) im ersten Teil zur 3. Fem. Sg. (יֹשְׁבֶיהָ) im zweiten Teil auffällig. Anders als bei dem Personenwechsel in V.9b – 11* im Anschluss an V.9aα und in V.13 – 15 im Anschluss an V.12a legt sich an dieser Stelle eine textkritische Lösung der Inkongruenz nahe.

Wie in V.12a bezeichnete der Terminus יֹשְׁבֶיהָ im zweiten Teil des Strafurteils die Bewohner der Stadt. Da sich der Ruf der Stimme JHWHs an die Stadt richtet (עִיר in V.9aα) und sich das Suff. 3. Fem. Sg. (יֹשְׁבֶיהָ in V.16b) ebenfalls auf diese bezieht, dürfte ihr ursprünglich der erste Teil des Strafurteils in V.16b* gegolten haben.[125] Da die Formulierung in 3. Fem. Sg. (יֹשְׁבֶיהָ) weiterhin durch V.12a gestützt wird und das fem. Suff. im zweiten Teil eine fem. Bezugsgröße im ersten Teil des Strafurteils verlangt, legt sich die Vermutung nahe, dass אַתְּ (BHS) die ursprüngliche Lesart darstellt und die Stadt ihrem grammatikalischen Geschlecht gemäß in 3. Fem. Sg. bezeichnet.[126] Sofern die vorgeschlagene Rekonstruktion zutrifft, kann das Strafurteil in V.16b* im Ganzen als Ziel und Abschluss der Textebene A (V.9aα.12a. 16b*) gelten.

Auf der Textebene B steht eine mask. Größe in 2. Pers. im Fokus. In V.9b wird der Stamm (מַטֶּה) samt der politischen Führung (מִי יְעָדָהּ) angesprochen und mit dem Imp. Mask. Pl. (שִׁמְעוּ) zum Hören aufgerufen. Daraufhin werden ihnen in V.10 – 11* konkrete Vergehen aus dem Bereich des Handels und Wirtschaftslebens vorgehalten. In V.13 – 15* kehrt die mask. Größe in 2. Pers., nun allerdings im Sg., wieder. V.13 kündigt ihr die Schläge JHWHs (הַכּוֹתֶךָ) zur Vergeltung der Sünden an (חַטֹּאתֶךָ). Welche individuellen Konsequenzen das Unheil für das adressierte Du (אַתָּה) zeitigen wird, konkretisieren daraufhin die Nichtigkeitsflüche in V.14 – 15*. Die Vergeblichkeitsaussagen werden auf Vorgänge der Ernährung und Speicherung (V.14), des Ackerbaus und der Öl- und Weinwirtschaft (V.14) bezogen. Sie korrespondieren mit den Vorgängen aus dem Bereich des Wirtschaftslebens, die in V.10 – 11* zur Anzeige gebracht worden waren.

Die Adressatenangabe des Höraufrufs lässt vermuten, dass sich V.9b – 11* mit dem Stamm (מַטֶּה) an das Volk Juda insgesamt samt der politischen Führung (מִי יְעָדָהּ) richtet.[127] Dasselbe Kollektiv ist als Adressatenkreis in V.13 – 15* wahrscheinlich. Während V.9b – 11* aufgrund wirtschaftlicher Vergehen die Anklage gegen das Volk

---

125 Vgl. entsprechend KESSLER, HThK.AT, 277, der MT allerdings beibehält.

126 Vgl. entsprechend bereits NOWACK, HK³, 231. Anders ändert etwa WOLFF, BK, 161, im Anschluss an DUHM, Anmerkungen, 53, das Suff. im zweiten Teil des Strafurteils und liest שְׁבֵי statt יֹשְׁבֶיהָ (MT). Grundsätzlich gegen eine textkritische Lösung in diesem Zusammenhang votieren METZNER, Kompositionsgeschichte, 48; WILLI-PLEIN, Vorformen, 103. Die Textänderung in V.16b* dürfte erfolgt sein, als die zweite Textebene mit den Elementen in 2. Mask. Sg. eingezogen wurde, um beide Ebenen gleichermaßen mit dem Strafurteil zu verbinden.

127 Vgl. dazu KESSLER, HThK.AT, 278; WOLFF, BK, 165.

und seinen Regenten erhebt (Pl.), beleuchtet V.13 – 15* die wirtschaftliche Not der einzelnen Glieder des Kollektivs (Sg.) als Folge des Strafgerichts JHWHs. Auffälligerweise wird innerhalb des Höraufrufs in V.9b durch das Suff. in 3. Fem. Sg. (יְעָדֵהּ vgl. G τίς κοσμήσει πόλιν) anscheinend ein Rückbezug auf die Stadt in V.9aα (עִיר) hergestellt. Dieser Sachverhalt steht der vorgeschlagenen Differenzierung nicht entgegen, sondern dürfte ein Indiz dafür sein, dass V.9b (Textebene B) das Element in V.9aα (Textebene A) bereits voraussetzt.

Für die Differenzierung zwischen den beiden Textebenen in V.9 – 16* ist der Sachverhalt entscheidend, dass zwei verschiedene Adressatenkreise auf unterschiedliche Weise bezeichnet werden: die Stadt עִיר in 3. Pers. Fem. samt ihren Reichen und Einwohnern auf der Textebene A (V.9aα.12a.16b*) und der Stamm מַטֶּה in 2. Pers. Mask. samt seiner Glieder und deren Regenten auf der Textebene B (V.9b – 11*.13 – 15*). Auf der Grundlage dieses formalen Unterscheidungskriteriums ist eine eindeutige Zuordnung aufgrund mangelnder Indizien allein für V.16a* unmöglich. Einer nicht näher bestimmten, unpersönlichen 3. Pers. Sg. Mask. wird darin die Pflege der Satzungen Omris und der Machenschaften des Hauses Ahab zur Last gelegt. Sollte V.16a* keinen Einzelzusatz darstellen, wäre zu klären, welcher der beiden Textebenen in V.9 – 16* die Vershälfte sinnvoll zuzuweisen ist.

Als ursprünglicher Abschluss der Nichtigkeitsflüche in V.14 – 15* ist V.16a* nicht vorstellbar, ebenso wenig lässt sich der Vorwurf auf der Linie des Schuldaufweises in V.9b – 11* verstehen, der sehr konkrete Verfehlungen im Bereich des Handels zur Anzeige bringt. Ein Zusammenhang zwischen Handelsvergehen (V.9b – 11*) und wirtschaftlicher Not (V.13 – 15) auf der einen und dem Hinweis auf die Schuld der Omriden auf der anderen Seite ist nicht zu erkennen. Der Textebene B wird V.16a* daher nicht sinnvoll zuzuordnen sein. Im Anschluss an den Schuldaufweis in V.12a ließe sich der Hinweis auf die Schuldtradition Omris und Ahabs in V.16a* weitaus eher plausibilisieren. Mit der Intrige um Nabots Weinberg findet sich unter den Machenschaften Ahabs immerhin ein Ereignis, bei dem die Verleumdung Nabots (1 Reg 21,10 – 11 vgl. דִּבְּרוּ־שֶׁקֶר in V.12aβ) zur Gewalttat seiner Ermordung führte (1 Reg 21,11 – 13 vgl. חָמָס in V.12aα). V.16a* wird daher (versuchsweise) demselben Textstrang wie V.12a zugeordnet.

Nach Maßgabe der Personenwechsel zwischen der 3. Pers. Fem. und der 2. Pers. Mask., die mit den beiden Adressatenkreisen in Mi 6,9* korrespondieren, lassen sich die beiden Textebenen A und B folgendermaßen schematisieren:

Textebene A (3. Pers. Fem.)		Textebene B (2. Pers. Mask.)	
V.9a*	Ruf zur Stadt	V.9b	Aufruf von Stamm und Regenten
		V.10 – 11*	Schuldaufweis: Handelsbetrug
V.12*	Schuldaufweis I: Gewalt und Lüge		
		V.13 – 15*	Nichtigkeitsflüche: Ertraglose Ernte
V.16a*	Schuldaufweis II: Omri und Ahab		
V.16b*	Strafurteil gegen Stadt und Einwohner		

Für sich betrachtet bilden die Textelemente, welche die Situation der Stadt עִיר in 3. Pers. Fem. betrachten und der Textebene A zugeordnet worden sind, einen organischen Zusammenhang. Sie konstituieren aus einleitendem Aufruf in V.9a*, der Schuldanklage in V.12a.16a* und dem abschließenden Strafurteil in V.16b* ein Gerichtswort, das dem klassischen Format der Gattung entspricht.[128] Durch den wiederholten Rückbezug auf die Größe עִיר durch Suff. in 3. Fem. besitzt die Einheit ein hohes Maß an formaler Kohärenz. Weiterhin scheinen V.12a* und V.16b* durch ein Klangspiel miteinander verbunden, das die Verfehlung der Stadtbewohner aus V.12a (דִּבְּרוּ־שָׁקֶר) durch eine Variation des Konsonantenbestandes שקר / שרק im Strafurteil gegen sie in V.16b* (לִשְׁרֵקָה) nachklingen lässt. Damit erinnert das Gerichtswort an das Stilmerkmal des Schefela-Städte-Gedichts in Mi 1*. Mit dem Gedicht korrespondieren die Elemente der Textebene A auch über die Wurzel ישׁב, die in Mi 6,12a*.16b* die Stadtbewohner bezeichnet (יֹשְׁבֶיהָ) und in Mi 1,11 – 15* zum konstitutiven Bestandteil der Schlussrefrains gehört (יוֹשֶׁבֶת).

Inhaltlich richtet sich das Gerichtswort gegen die Stadt, ihre Reichen und Einwohner (V.9aα). Da Lügenrede und Gewaltverbrechen das gesellschaftliche Leben bestimmen (V.12a), wird der Stadt und ihren Bewohnern im Strafurteil der Untergang angesagt (V.16b*). Obwohl weder Juda noch Jerusalem als Adressatenkreis des Gerichtswortes ausdrücklich genannt wird, leidet es im Gesamtduktus des Michabuches keinen Zweifel, dass sich das Gerichtswort gegen das Südreich, näherhin gegen die Stadt Jerusalem und ihre Bevölkerung richtet.[129]

Vor diesem Hintergrund ist der Sachverhalt auffällig, dass nach der Sozialkritik in V.12* der Schuldaufweis in V.16a* auf die Satzungen Omris und die Ma-

---

128 Vgl. WESTERMANN, Grundformen, 120 – 126.
129 Vgl. übereinstimmend ALLEN, NICOT, 377; JEREMIAS, ATD, 209; KESSLER, HThK.AT, 277; MAYS, OTL, 146; MARTI, KHC, 294; McKANE, Micah, 202; METZNER, Kompositionsgeschichte, 173 Anm. 413; OBERFORCHER, NSK.AT, 134; RUDOLPH, KAT, 118; SCHART, Entstehung, 198 Anm. 145; SMITH, WBC, 53; UTZSCHNEIDER, ZBK, 144; WILLI-PLEIN, Vorformen, 103; WOLFF, BK, 163. Hans Walter Wolff hat mit Hinweis auf Jer 6,6; 8,16; 17,24f; Ez 4,3; 5,2; 7,15 u. a. darauf aufmerksam gemacht, dass seit Jer und Ez „kein Ort mit solcher Selbstverständlichkeit" (ebd.) als העיר bezeichnet wird wie Jerusalem.

chenschaften des Hauses Ahab, also auf Verfehlungen des Nordreichs Bezug nimmt.[130] V.16a bringt damit einen genuin neuen Aspekt in den Zusammenhang ein und dürfte die entscheidende inhaltliche Pointe des Gerichtswortes enthalten. Das vernichtende Strafgericht erscheint nicht allein sozialkritisch begründet (V.12a), sondern auch durch einen Schuldzusammenhang motiviert, der vom Israel der Omridenzeit aus bis nach Juda und Jerusalem reicht (V.16a*). Neben gesellschaftlichen Verfehlungen wird in V.16a* auf die identische Schuld von Nord- und Südreich, mehr noch auf den Fortbestand der Schuld des omridischen Israel in Juda und Jerusalem verwiesen, die das (erneute) Strafurteil in Mi 6,16b* maßgeblich provoziert.

Da V.16a* syntaktisch in keiner Weise in den literarischen Zusammenhang eingeflochten ist und überdies das Klangspiel in V.12a.16b* unterbricht, ließe sich vermuten, dass V.16a* dem Gerichtswort als Einzelzusatz nachträglich beigefügt worden ist. Das Interesse seiner Einfügung in den Schuldaufweis könnte darin bestehen, am Ende des Michabuches noch einmal auf den geschichtstheologischen Zusammenhang aus Schuld und Strafgericht Bezug zu nehmen und den Rahmen zur Komposition in Mi 1* zu schließen. Obwohl die Frage nach Ursprung und Zugehörigkeit von V.16a* an dieser Stelle nicht sicher zu entscheiden ist, sprechen nach meiner Wahrnehmung zwei kompositionelle Indizien dafür, dass V.16a* zum ursprünglichen Bestand des Gerichtswortes auf Textebene A gehört.

Erstens fassen V.12a und V.16a* komplementär den älteren Unheilstext in Mi 1 – 3* inhaltlich zusammen. In V.12a wird mit dem Hinweis auf die Verbrechen der Reichen und den Betrug innerhalb der Gesellschaft der Tenor des Schuldaufweises in Mi 2 – 3* aufgenommen, in V.16a wird ein Rückbezug auf den geschichtstheologischen Unheilsnexus in Mi 1* hergestellt. Sollte es im Interesse der Verfasser des Gerichtswortes liegen, ihr Strafurteil in V.16b* mit einem resümierenden Schuldaufweis im Anschluss an Mi 1 – 3* zu begründen, wird neben V.12a auch V.16a* auf ihre Hand zurückgehen.

Zweitens bringt erst V.16a* im Verhältnis zum älteren Unheilstext einen neuen Aspekt zur Sprache. Zwar weitet der Schuldaufweis in V.12a den Geltungsradius der Vorwürfe im Anschluss an Mi 2 – 3* auf die Bevölkerung Jerusalems aus, reicht über den Straftatbestand der Gerichtskomposition inhaltlich jedoch nicht hinaus. Anders verhält es sich hingegen mit V.16a im Rückbezug auf Mi 1*. Die geschichtstheologische Komposition hat den Untergang Jerusalems aus dem Fall Samarias abgeleitet und das Schicksal beider Reiche in ein Analogieverhältnis

---

130 Aus dieser Auffälligkeit haben BURKITT, Micah, 159 – 161; STRYDOM, Micah, 19 – 32, und VAN DER WOUDE, Deutero-Micha, 365 – 378, auf einen zweiten Propheten aus dem Nordreich geschlossen, dessen Botschaft in Mi 6 – 7 vorliege. Zur Kritik an dieser These vgl. KESSLER, HThK.AT, 255; SCHART, Entstehung, 198.

gestellt. Der Schuldaufweis in V.16a* nimmt diesen Zusammenhang auf und führt ihn weiter, indem er mit dem Hinweis auf die Vergehen Omris und Ahabs auf der Linie dtr Historiographie herausstellt, dass der Untergang Jerusalems (V.16b*) aufgrund derselben Verfehlungen erfolgt, die seinerzeit zum Fall Samarias geführt haben. Sollte es im Interesse der Verfasser des Gerichtswortes liegen, neben einer Zusammenfassung des älteren Schuldaufweises den vorliegenden Zusammenhang aus Schuld und Strafgericht weiterzuentwickeln und einen genuin neuen Aspekt einzubringen (was durchaus wahrscheinlich ist), liegt dieser noch nicht in V.12a, wohl aber in V.16a* vor. Damit könnte V.16a* durchaus zum Grundbestand des Gerichtswortes auf Textebene A gehören.

Während das Gerichtswort auf Textebene A in seiner Betrachtung von Schuld und Strafgericht einen ebenso allgemeinen wie grundsätzlichen Charakter aufweist, zeichnen sich die Elemente der Textebene B sowohl im Schuldaufweis als auch hinsichtlich des zu erwartenden Unheils durch ein hohes Maß an Konkretheit aus. Sie betrachten in V.9b – 11* zunächst die Vergehen innerhalb des Stammes (מַטֶּה) und seines Regenten (מִי יְעָדָהּ).[131] Ihnen wird Handelsbetrug vorgeworfen, der sich in manipulierten Messinstrumenten und gezinkten Maßeinheiten manifestiert. Indem das Unrecht neben dem Stamm im Ganzen ausdrücklich der politischen Führung zur Last gelegt wird, die V.9b gleichermaßen aufruft, erinnert V.9b – 11 an das inhaltliche Gefälle der Sozialkritik in Mi 2 – 3*.

Das zweite Element der Textebene B bringt in V.13 – 15* die Begleit- und Folgeerscheinungen des vernichtenden Schlages JHWHs zur Darstellung. Die Nichtigkeitsflüche betreffen Vorgänge der Ernährung und Speicherung (V.14) sowie der Land- und Obstwirtschaft (V.15) und erklären alle menschlichen Bemühungen zum Selbsterhalt in diesen Bereichen für ertraglos. Da die beiden Elemente in V.9b – 11* und V.13 – 15* gleichermaßen Vorgänge aus dem Bereich des Wirtschaftens spiegeln und der Betrug im Handel (V.10 – 11*) mit der trügerischen, weil letztlich ertraglosen Ernte (V.14 – 15*) korrespondiert, dürften sie von derselben Hand stammen. Das Unheil, das den Handel leitet, wird in Gestalt der Nichtigkeitsflüche auf das Kollektiv des Stammes zurückgewandt und auf seine individuellen Konsequenzen hin konkretisiert.

Da die beiden Textebenen A und B in Mi 6,9 – 16* keinen ursprünglichen Zusammenhang bilden, bleibt die Frage nach ihrem literarischen Verhältnis zu klären. Im Rahmen seines Erklärungsmodells war Rainer Kessler davon ausgegangen, dass in Mi 6,9 – 15* zwei ursprünglich selbständige Traditionselemente

---

131 Zum Verständnis der Wendung in V.9bβ (מִי יְעָדָהּ) vgl. KESSLER, HThK.AT, 274. Dass sich das Suff. 3. Fem. Sg. allerdings auf die mask. Größe מַטֶּה bezieht und nicht auf die fem. Größe עִיר, „da der ‚Stamm' sehr viel näher liegt" (ebd.), scheint mir unwahrscheinlich.

nachträglich miteinander verflochten und durch Zufügung von V.16 in das Michabuch einfügt wurden.[132] Vor dem Hintergrund der vorliegenden Betrachtung liegt es nach meiner Wahrnehmung hingegen näher, die Zweistrangigkeit als Ergebnis eines internen Fortschreibungsprozesses zu erklären. Das Gerichtswort auf Textebene A dürfte den Grundbestand in Mi 6,9 – 16* darstellen, der auf Textebene B nachträglich um V.9b – 11* und V.13 – 15* erweitert worden ist.

Diese Einschätzung ergibt sich zunächst aus der Beobachtung, dass die Elemente der Textebene B anders als das Gerichtswort auf Textebene A in sich keinen organischen Zusammenhang ergeben und damit als ursprüngliche Einheit nicht plausibel sind. V.13 – 15* wäre mit V.9b – 11* über die Kopula (וְגַם) lediglich lose verbunden gewesen, ohne die Unheilsankündigung direkt auf den vorherigen Schuldaufweis zu beziehen. Darüber hinaus bringen die Bestandteile der Textebene B in V.13 – 15* zwar die Konsequenzen des Strafgerichts zur Darstellung, enthalten jedoch selbst kein explizites Strafurteil. Damit sind sie zwingend auf ihren Nahkontext angewiesen, der auf den Urteilsspruch in V.16b* zuführt. Die Nichtigkeitsflüche weisen unter dem Eindruck von V.16b* lediglich auf die Begleit- und Folgeerscheinungen des Strafgerichts voraus, bevor das Strafurteil fällt. Schließlich unterbrechen sie den Schuldaufweis auf Textebene A, der in V.12a beginnt und in V.16a* fortgesetzt wird, sofern V.16a dem Grundbestand des Gerichtswortes zuzurechnen ist.

Diese Beobachtungen sprechen insgesamt dafür, dass die beiden Elemente der Textebene B in den älteren Zusammenhang auf Textebene A eingefügt worden sind. Durch das Suff. 3. Fem. Sg. in V.9b (מִי יְצָדָה) wird der Höraufruf mit dem älteren Eingang des Gerichtswortes in V.9aα (עִיר) verbunden. Die Einschaltung der Textbestandteile auf Textebene B folgt dem Interesse, den Schuldaufweis in Mi 6,9 – 16* um die Konkretion des Unrechts zu ergänzen (V.9b – 11*) und die Konsequenzen des Strafgerichts zu entfalten (V.13 – 15*). Das erste Element in V.9b – 11* legt den in V.12* thetisch formulierten Vorwurf von Gewalttat und Lügenrede auf den Handelsbetrug aus, das zweite Element in V.13 – 15* konkretisiert die allgemein gehaltene Strafankündigung in V.16b* im Hinblick auf die individuellen Folgen des Strafgerichts.

Nach Abzug der punktuellen Nachinterpretationen und der internen Erweiterungen liegt mit dem Gerichtswort in V.9aα.12a.16* der Nukleus von Mi 6,9 – 16 vor. Er bildet zugleich den Kristallisationskern der Schlusskapitel in Mi 6 – 7. Sollte V.16a* zum Grundbestand auf Textebene A gehören, trägt der geschichtstheologische Aspekt das Achtergewicht innerhalb des Schuldaufweises und bildet die inhaltliche Pointe des Gerichtswortes. Im Folgenden ist das Gerichtswort für sich

---

132 Vgl. KESSLER, HThK.AT, 277.

zu betrachten und im Rahmen der Analyse seines literarischen Ortes daraufhin zu befragen, ob und auf welcher Ebene es als Fortschreibung einer älteren Buchkomposition gelten kann.

2.1.3 Detailanalyse der Grundschicht in Mi 6,9 – 16*

Das Gerichtswort in Mi 6,9aα.12a.16* bildet den Grundbestand der Schlusskapitel des Michabuches. Auf seine Einleitung in V.9aα (קוֹל יְהוָה לָעִיר יִקְרָא) folgt in V.12a und (unter dem Vorbehalt seiner Zugehörigkeit zur Grundschicht) in V.16a* gattungstypisch ein Schuldaufweis, der das anschließende Strafurteil in V.16b* (לְמַעַן) begründet. Der Stadt, die namentlich zwar ungenannt bleibt, im Kontext des Michabuches allerdings keine andere als die judäische Hauptstadt Jerusalem bezeichnet, wird vorgehalten, dass ihre Reichen mit Gewaltverbrechen und ihre Bewohner mit Lüge umgehen und die Verfehlungen Omris und Ahabs bewahren. Angesichts dessen fällt das Strafurteil, das der Stadt und ihren Einwohnern mit der Autorität der Gottesrede die Verwüstung in Aussicht stellt.

Die Einleitung in V.9aα kündigt Jerusalem (לָעִיר) den Ruf der Stimme JHWHs an. Der Vorgang קרא mit קוֹל יְהוָה als Subjekt ist nur in Mi 6,9 belegt. „So bleibt die Eingangswendung eine einmalige Sprucheröffnung.“[133] Da nicht JHWH selbst, sondern seine Stimme das Subjekt des Rufens darstellt, gewinnt die Größe קוֹל den Charakter eines eigenständigen Akteurs in der Mittlerschaft zwischen Stadt und Gottheit.[134] Die Wendung קוֹל יְהוָה begegnet in zwei verschiedenen Kontexten innerhalb des Alten Testaments. Im Zusammenhang der Mahnung zum Hören auf Wort und Weisung JHWHs, die auf den Gehorsam des Volkes zielt, begegnet sie zum einen stereotyp im Dtn.[135] Zum anderen ist sie in Kontexten belegt, die JHWHs Machtfülle zum Ausdruck bringen und an Theophanieszenen erinnern.[136] Die

---

133 WOLFF, BK, 164.

134 JEREMIAS, ATD, 209, vergleicht ihre Funktion mit derjenigen eines Heroldes und macht auf die analoge Rolle der Weisheit in Prov 1,20 – 21; 8,1 ff aufmerksam. Anders haben noch LIPPL, HSAT, 214; MARTI, KHC, 294; MAYS, OTL, 143; NOWACK, HK², 234 (anders NOWACK, HK³, 227); RIESSLER, Propheten, 122; RUDOLPH, KAT, 114; SMITH, ICC, 129.131; WEISER, ATD, 283, u. a. den Begriff קוֹל als Interjektion („Horch!“) aufgefasst. Ob der Terminus jedoch überhaupt die Funktion einer Interjektion erfüllt, ist umstritten (vgl. KEDAR-KOPFSTEIN, Art. קוֹל, 1247). Insofern der Ruf einer Stimme aber auf das Hören derselben zielt, dürfte er den Anschluss des Höraufrufs in V.9b auf der Ebene der kompositionellen Fortbildung angeregt haben.

135 Vgl. Dtn 4,36; 5,25; 8,20; 13,19; 15,5; 26,14; 27,10; 28,1 – 2.15.45.62; 30,8.10. Unter den genannten Belegstellen ist insbesondere auf Dtn 28,45.62 aufmerksam zu machen, die eine Fluchreihe rahmend einfassen. Diese Parallele könnte die Gestaltung der Nichtigkeitsflüche in Mi 6,14 – 15 inspiriert haben.

136 Vgl. insbesondere Ps 29,3 – 9, ferner auch Ps 68,34; Jes 30,30 – 31; Jl 4,16; Am 1,2.

Wirkweise der Stimme JHWHs wird darin mit Motiven der Verwüstung gezeichnet und mit dem Aufruhr der Natur illustriert. Da das Gerichtswort in Mi 6,9 – 16* auf die Ankündigung des vernichtenden Strafgerichts (V.16b*), nicht aber auf den Gehorsam der Stadt und ihrer Bewohner zielt, dürfte die Wendung in V.9aα einen entsprechenden Motivhintergrund andeuten.[137] Im kompositionellen Zusammenhang steht das Gerichtswort in Mi 6,9 – 16* mit der Theophanieszene in Mi 1,3 – 4* in Beziehung und schließt am Ende des Michabuches einen Rahmen zu seinem Anfang.

Bevor mit dem Urteilsspruch in V.16b*, der in 1. Pers. formuliert ist und der Autorität JHWHs untersteht, der Inhalt des Rufes seiner Stimme zum Ausdruck gelangt, folgt in V.12a zunächst der Schuldaufweis, der das Strafgericht begründet. Er ist über die Relativsatzpartikel (אֲשֶׁר) an die Einleitung angefügt und als Charakterisierung der Stadt (עִיר) gestaltet, auf die sich die Suff. 3. Fem. Sg. in V.12a zurückbeziehen. Der Schuldaufweis besteht mit V.12a und (sofern der Grundschicht zugehörig) mit V.16a* aus zwei Teilen. In V.12a werden zunächst die Gewaltverbrechen der Wohlhabenden (עֲשִׁירֶיהָ מָלְאוּ חָמָס) und die Lügenrede der Stadtbewohner (יֹשְׁבֶיהָ דִּבְּרוּ־שָׁקֶר) zur Anzeige gebracht. Dass sich der Vorwurf der Gewaltverbrechen (חָמָס) auf die Reichen konzentriert, bedeutet keine grundsätzliche Kritik an ihrem Reichtum. Vielmehr bezieht er sich darauf, dass solcher Reichtum aus Unrecht und gewaltsamer Ausbeutung seitens der Mächtigen und Einflussreichen angehäuft wurde.[138] „So meint עָשִׁיר hier den skrupellos Reichen"[139]. Mit diesem Aspekt erinnert V.12a an den sozialkritischen Schuldaufweis in Mi 2 – 3*.

Während sich der Schuldaufweis in V.12aα an einen Ausschnitt der Gesellschaft richtet, wendet sich die Anklage in V.12aβ an die Gesamtheit der Stadtbewohner. Der Vorwurf der Lügenrede in V.12aβ bezeichnet nicht nur die Unaufrichtigkeit und Täuschung im Allgemeinen, die die Gesellschaft prägt und „ein

---

137 JEREMIAS, ATD, 209; WOLFF, BK, 164, hingegen betonen umgekehrt den Aspekt des Gehorsams. Jörg Jeremias vertritt die Ansicht, dass die Theophanietexte „für unseren Text nichts austragen, weil keine Worte von der ‚Stimme' ausgehen." (aaO., 209 Anm. 267). Das Strafurteil in V.16b* ist jedoch eindeutig als Gottesrede gestaltet und dürfte den Inhalt dessen bieten, was die Stimme JHWHs auszurichten hat.

138 Vgl. KESSLER, HThK.AT, 279, und entsprechend JEREMIAS, ATD, 210 (mit Hinweis auf seine Auslegung zu חָמָס in DERS., ATD 24/2, 40).

139 WOLFF, BK, 169. Den Zusammenhang zwischen Reichtum und sozialer Gewalt illustriert in eindrücklicher Weise die Erzählung in 2 Sam 12,1 – 4. Die Wendung מלא חמס מָלֵא חָמָס begegnet wiederholt bei Ezechiel (Ez 7,23; 8,17 vgl. Ez 12,19; 28,16). Während sich der Vorwurf dort auf Juda insgesamt bezieht, konzentriert Mi 6,12a diesen auf die Hauptstadt (vgl. Zef 1,9). In beiden Kontexten begründet er den Untergang Judas bzw. Jerusalems. Nach Gen 6,11.13 ist die Fülle der Blutschuld Anlass der Sintflut.

allgemeines Klima des Betrugs auf allen Ebenen des Lebens"[140] generiert, sondern die Falschaussage im Gerichtsverfahren im Besonderen (vgl. Lev 19,12; Dtn 19,18; Ps 27,12).[141] Im Zusammenhang betrachtet dürfte die Anklage aus V.12a darin bestehen, dass die Rechtsbeugung der Reichen durch Täuschung und Falschaussage seitens der Allgemeinheit verdunkelt wird. Die Gewaltverbrechen erscheinen als die manifeste Seite jenes gesamtgesellschaftlichen Klimas der Täuschung, die eine Durchsetzung von Recht und Gerechtigkeit unmöglich macht.

In dieser Hinsicht korrespondiert V.12a mit dem inhaltlichen Gefälle der sozialkritischen Grundschicht in Mi 2–3*, die das soziale Unrecht einflussreicher Kreise (Mi 2,1–2) als Symptom einer grundlegenden Missachtung des Rechts seitens der Häupter und Anführer (Mi 3,1–2a*.9b) ausgewiesen hat. Während in Mi 2–3* allein die politische Führung angeklagt wurde, das Unrecht der Mächtigen zu protegieren (Mi 2,1–2), richtet sich der Vorwurf in Mi 6,12a an die Bevölkerung Jerusalems insgesamt. Im ersten Teil des Schuldaufweises wird damit der Tenor der älteren Anklage aus Mi 2–3* zusammenfassend aufgenommen, allerdings auf die Gesellschaft insgesamt generalisierend ausgeweitet.[142]

Einen neuen Aspekt bringt der zweite Teil des Schuldaufweises in Mi 6,16a* zur Sprache.[143] Über konsekutives Perf. (וְיִשְׁתַּמֵּר) schließt V.16a* organisch an V.12a an, bezeichnet das Subjekt nun aber im unpersönlichen Sg., der das Kollektiv der Stadt und ihrer Bewohner repräsentiert und in distributiver Funktion hervorhebt, dass der Vorwurf jedem Einzelnen innerhalb desselben gilt.[144] Auf diesem Wege wird in V.16a* die generalisierende Tendenz der Anklage fortgeführt, die bereits den ersten Teil des Schuldaufweises in V.12a prägt. Den Jerusalemern wird zur Last gelegt, die Satzungen Omris und die Machenschaften des Hauses Ahab zu pflegen. Damit erinnert V.16a an die aus der Perspektive dtr Historiographie grundlegenden Verfehlungen des Nordreiches, die sich innerhalb des DtrG vor allem mit dem Namen Jerobeams I. verbinden. Sie bestehen in der politischen Separation Israels vom judäischen Süden sowie insbesondere in der kultischen Neuorientierung des Nordreichs (vgl. 1 Reg 13,34). Mit Omri und Ahab finden die politischen Nachfolger Jerobeams Erwähnung, die in seiner Schuldtradition stehen (vgl. 1 Reg 16,26.31).

---

140 JEREMIAS, ATD, 210.
141 Vgl. JEREMIAS, ATD, 210 Anm. 270; KESSLER, HThK.AT, 280; WOLFF, BK, 169, sowie grundlegend KLOPFENSTEIN, Lüge, 157–158.
142 Vgl. bereits VON UNGERN-STERNBERG, Rechtsstreit, 148.
143 Kompositionelle Indizien haben die Vermutung nahe gelegt, dass V.16a* innerhalb des Gerichtswortes ursprünglich ist und keinen Einzelzusatz darstellt. Allerdings ist diese Frage nicht mit Sicherheit zu entscheiden, s. dazu oben 2.1.2.2.
144 Zum Phänomen vgl. GK § 145 l.

Welche konkreten Straftatbestände sich hinter den Wendungen חֻקּוֹת עָמְרִי sowie מַעֲשֵׂה בֵית־אַחְאָב verbergen, macht V.16a* nicht ausdrücklich. Die Begriffe חֻקָּה und מַעֲשֶׂה, die in Mi 6,16a* singulär nebeneinander stehen, lassen an bestimmte Ordnungen (חֻקּוֹת) und ihre Umsetzung (מַעֲשֶׂה) denken, die Recht und Gebot JHWHs entgegenstehen. Mit den Namen Omri und Ahab allerdings wird ein konkretes politisches und religiöses Programm aufgerufen. Unter Omri etabliert sich Israel als politisches System neben Juda mit dem neugegründeten Samaria als Zentrum (1 Reg 16,23 – 28) und einem eigenständigen Kultus neben Jerusalem. Ihm gelingt es, das Reich innen- und außenpolitisch zu festigen und eine Dynastie zu begründen, die Israels Geschicke über drei Generationen hinweg lenkt. König Ahab ist der erste Spross dieser Dynastie. Während Omri die politische Eigenständigkeit des Nordreichs stabilisiert, betreibt sein Sohn und Thronfolger maßgeblich die kultische Neuorientierung Israels und fördert den Baalskult, was ihn der dtr Bewertung gemäß als „Urbild des abgöttischen Königs"[145] erscheinen lässt (vgl. 2 Reg 21,3; 2 Chr 21,13).

Vor diesem Hintergrund sind mit dem Schuldaufweis in V.16a* die Aspekte des politischen Separatismus und vor allem der kultischen Fehlorientierung assoziiert. Dass sich die Anklage nicht gegen Samaria richtet, sondern Jerusalem „mit den Lebensregeln der Könige des Nordreichs Omri und Ahab"[146] in Beziehung gesetzt wird, entspricht der dtr Geschichtsdeutung (2 Reg 8,18; 21,3.13; vgl. 2 Reg 8,27) und erscheint auf dieser Linie konventionell. Allerdings besteht der Vorwurf in V.16a* nicht darin, dass eine äquivalente Schuld das politische und religiöse Handeln im Südreich prägt, und erschöpft sich nicht in einem Vergleich der Vergehen Judas mit denen Israels (vgl. כַּאֲשֶׁר עָשָׂה אַחְאָב in 2 Reg 21,3). Vielmehr wird Jerusalem vorgehalten, dass die Stadt und ihre Bewohner die Lebensregeln Omris und Ahabs pflegen und bewahren (שׁמר). Es handelt sich damit nicht um analoge Vergehen, sondern um die Schuld Omris und Ahabs selbst, die in Jerusalem aufgespürt wird.[147]

Dieser Schuldzusammenhang plausibilisiert sich unter Berücksichtigung der politischen Allianzen, die unter den Omriden geschlossen werden, und erklärt ferner den Sachverhalt, dass nicht etwa Jerobeam I. als Gründungsvater des

---

145 JEPSEN, Art. Ahab, 49.

146 WOLFF, BK, 163. Den Beurteilungsmaßstab für Jerusalem und das dortige Königshaus bildet insbesondere das Haus Ahab (בֵית־אַחְאָב vgl. Mi 6,16a). Die Parallelisierung mit den Satzungen Omris (חֻקּוֹת עָמְרִי) ist ebenso wie die Wendung selbst atl. singulär (vgl. WILLI-PLEIN, Vorformen, 103).

147 Bereits SELLIN, KAT, 299, hat bemerkt, dass es sich bei der in V.16a* angezeigten Schuld um einen „Import aus Samaria" handelt. Allerdings deutete er diese Schuld nicht auf den Kultus, sondern auf soziale Vergehen im Format der Intrige gegen Nabot nach 2 Reg 21.

Nordreichs in V.16a erwähnt wird, sondern Omri und Ahab.[148] Durch die wohl schon von Omri vorbereitete Heirat Ahabs mit Isebel, der Tochter des tyrischen Königs Ittobaal, werden verwandtschaftliche Beziehungen zwischen Israel und den benachbarten Phöniziern geknüpft.[149] Dadurch gewinnt der Baalskult im Nordreich Auftrieb. Indem Ahab sodann seine Schwester Atalja mit dem judäischen Thronfolger Joram verheiratet, stiftet er eine Allianz zwischen Nord- und Südreich. Nachdem ihr Sohn Ahasja im Zuge der Jehu-Revolte nach kurzer Regierungszeit getötet wurde, tritt Atalja selbst in die Regierung ein (2 Reg 11,3) und protegiert „den Kult des tyrischen Baal in Jerusalem"[150]. Dadurch gelangt die kultische Fehlorientierung dtr Historiographie gemäß vom Nordreich aus in die judäische Hauptstadt Jerusalem (vgl. 2 Reg 11,18). Dieser Zusammenhang wird mit dem Schuldaufweis in Mi 6,16a* eingespielt und der Fortbestand der kultischen Verfehlungen Israels im Südreich und seiner Hauptstadt nach dem Untergang Samarias zur Anzeige gebracht.[151]

Der Urteilsspruch in V.16b* beschließt das Gerichtswort und zieht die strafrechtliche Konsequenz aus dem vorausgehenden Schuldaufweis. Mit der Autorität der Gottesrede (1. Sg.) wird der Stadt und ihren Bewohnern das vernichtende Strafgericht angesagt. In V.16b* begegnet der Inhalt jenes Rufs, den JHWHs Stimme nach V.9a* auszurichten hat. Die vorfindliche Syntax weist eine Inkongruenz in der Adressatenbezeichnung auf, indem Jerusalem zunächst in 2. Mask.

---

148 Aus der Perspektive dtr Geschichtsdeutung wird die Sonderstellung beider Könige dadurch unterstrichen, „daß von Omri wie von Ahab im deuteronomistischen Geschichtswerk betont wird, ihre Bosheit sei in Jahwes Augen schlimmer gewesen als die aller ihrer Vorgänger" (WOLFF, BK, 172 mit Hinweis auf 1 Reg 16,25.30).

149 Vgl. TIMM, Art. Omri, 32.

150 JEPSEN, Art. Atalja, 145. Auf Atalja als Bindeglied innerhalb der gemeinsamen Schuldgeschichte von Nord- und Südreich haben z.St. schon RUDOLPH, KAT, 118; SELLIN, KAT, 298; WEISER, ATD, 285, aufmerksam gemacht.

151 Die ältere Forschung vermutete hingegen die politische Intrige gegen Nabot, der seines Erblandes wegen ums Leben gebracht wird (1 Reg 21), im Hintergrund des Schuldaufweises in V.16a* (vgl. etwa KEIL, Propheten, 365; LIPPL, HSAT, 216; MARTI, KAT, 296; NOWACK, HK³, 231; SELLIN, KAT, 298, und entsprechend noch RUDOLPH, KAT, 119). Dieser Aspekt läge zwar auf der Linie der Sozialkritik in Mi 2, die Vergehen gegen den Erbbesitz zur Anzeige bringt (vgl. Mi 2,1–2.4). Da aber in V.16a* nicht nur auf Ahab, sondern auch auf Omri Bezug genommen wird und in grundsätzlicher Weise von den Satzungen und Machenschaften beider Könige die Rede ist, erscheint es wenig wahrscheinlich, dass an ein einzelnes Vergehen Ahabs zu denken ist. Die jüngere Forschung betont entsprechend den „paradigmatischen Götzendienst" (JEREMIAS, ATD, 211, und ähnlich MAYS, OTL, 148; WOLFF, BK, 171–172) der beiden Nordreichskönige, der in V.16a* Juda und Jerusalem zur Last gelegt wird. Allzu scharf wird man allerdings zwischen der kultischen und der sozialen Ebene nicht unterscheiden dürfen, da Konflikte um Erbbesitztum dem atl. Bodenrecht gemäß stets auch eine kultisch-religiöse Dimension aufweisen.

Sg. (תִּתִּי אֹתָךְ) angesprochen wird, seine Bewohner daraufhin aber über das Suff. 3. Fem. Sg. zu ihrer Stadt in Beziehung gesetzt werden (יֹשְׁבֶיהָ). Diese Inkongruenz dürfte nachträglich eingetragen worden sein, um die Erweiterungen in V.9b – 11* und V.13 – 15*, worin die 2. Mask. Sg. in der Adressatenangabe dominiert, in den Zielzusammenhang zu integrieren und mit dem abschließenden Strafurteil zu verbinden. Die Formulierung תִּתִּי אֹתָה (BHS) wird in V.16b* ursprünglich sein.[152]

Die Strafe, die Jerusalem und seinen Einwohnern blüht, wird über das Begriffspaar שַׁמָּה und שְׁרֵקָה zum Ausdruck gebracht. Der Terminus שַׁמָּה bezeichnet mit der Vernichtung die objektive Seite des Gerichtshandelns JHWHs, שְׁרֵקָה die subjektive Reaktion darauf „als jenes Zischen und Pfeifen [...], das dem Grauen der Verödung zur Abwehr der Zerstörungsmächte begegnet"[153]. Mit dem Begriffspaar wird die Terminologie der Strafankündigung gegen die „götzendienerische Stadt"[154] im Jeremiabuch aufgenommen. Aufgrund des fehlgeleiteten Gottesdienstes wird über Jerusalem in Jer 19,8; 25,9.18 (vgl. Jer 29,18) die Vernichtung beschlossen. Von diesen Parallelen aus bestätigt sich die kultkritische Stoßrichtung des Schuldaufweises in V.16a*. Sie könnten die Gestaltung von V.16a* motiviert haben, sollte er nicht zum Grundbestand des Gerichtswortes gehören, um die Ursachen solch kultischer Fehlorientierung zu beleuchten. Durch das Strafurteil in V.16b* steht „die ganze Einheit in Parallele zu 3,12, das ebenfalls mit der Vernichtungsdrohung für Jerusalem endete."[155]

Das Gerichtswort in Mi 6,9aα.12a.16* bildet den Nukleus des Textabschnitts Mi 6,9 – 16 und den Kristallisationskern der Schlusskapitel des Michabuches. Es legt den Jerusalemern neben Gewaltverbrechen und ihrer Verdunkelung durch Trug und Täuschung die fortwährende Pflege der kultischen Fehlorientierung der Omriden zur Last und kündigt der Stadt und ihren Bewohnern (noch einmal) das vernichtende Strafgericht JHWHs an. Da die Vorwürfe in V.12a an die Sozialkritik in Mi 2 – 3* und der geschichtstheologische Hintergrund in V.16a an die Komposition in Mi 1* erinnern, legt sich die Vermutung nahe, dass das Gerichtswort als Fortschreibung einer älteren Buchkomposition gestaltet worden ist. Auf welcher

---

152 S. dazu oben 2.1.2.2.

153 WOLFF, BK, 172. Die Doppelseitigkeit der mit dem Begriffspaar beschriebenen Konsequenzen des Strafgerichtshandelns JHWHs erinnert an den Terminus כְּלִמָּה aus Mi 2,6 und steht mit dem zugehörigen Wortfeld in Verbindung. Innerhalb der Weissagungsdebatte in Mi 2,6 – 7.11 dient der Begriff als Zusammenfassung der Gerichtsbotschaft der michatypischen Weissager, gegen deren vernichtende Strafgerichtsankündigung die Gegner im Rahmen einer stilisierten Kontroverse protestieren. S. dazu oben unter Teil B die Analyse III. 3.1.4.1.

154 JEREMIAS, ATD, 211.

155 KESSLER, HThK.AT, 282, der Mi 6,16 allerdings als redaktionell auffasst (s. dazu oben 2.1.2.2).

Ebene der Abschnitt als Fortschreibung des älteren Traditionsbestandes plausibel erscheint, ist im nächsten Schritt zu prüfen.

2.1.4 Literarischer Ort

Das Gerichtswort in Mi 6,9aα.12a.16* bildet den Grundbestand der Schlusskapitel des Michabuches. Sofern es sich dabei um eine Fortschreibung des älteren Traditionsbestandes und kein ursprünglich eigenständiges Traditionselement handelt, das im Zuge der Anfügung von Mi 6 – 7* in den Zusammenhang des Michabuchs integriert worden ist, müsste sich ein Bezugstext innerhalb der älteren Buchkomposition auf der Ebene von Mi 1 – 3* oder Mi 1 – 5* erkennen lassen, den das Gerichtswort in formaler Hinsicht organisch und inhaltlich sinnvoll fortsetzt. Nach dieser Maßgabe gilt es den älteren Traditionsbestand im Folgenden auf einen plausiblen Anschluss hin zu untersuchen.

Mit der Buchkomposition in Mi 1 – 3* steht das Gerichtswort in Mi 6,9aα.12a.16* in doppelter Hinsicht in Verbindung. Sein geschichtstheologischer Hintergrund in V.16a* (sei er ursprünglich oder nachgetragen) korrespondiert zum einen mit der Komposition in Mi 1*, im Rahmen derer das Schicksal von Nord- und Südreich ins Verhältnis gesetzt wird. Mit der Wendung קוֹל יְהוָה in V.9aα, die als Theophaniemotiv aufgefallen war, wird ein Rahmen zu Mi 1,3 – 4* geschlossen. Während das Interesse der Komposition in Mi 1* darin besteht, den Niedergang Jerusalems aus dem Fall Samarias abzuleiten und das äußere Schicksal beider Reiche zu parallelisieren, zielt das Gerichtswort in Mi 6,9 – 16* darauf, die paradigmatische Verfehlung der Omriden als die gemeinsame Schuld von Nord- und Südreich und als innere Ursache des Strafgerichts gegen Jerusalem zu erweisen. Mit diesem Schuldzusammenhang nimmt das Gerichtswort auf die Geschichtstheologie in Mi 1* Bezug und entwickelt sie inhaltlich auf einsichtige Weise fort.

Mit dem Vorwurf der Gewaltverbrechen gegen die Reichen und der Lügenrede gegen die Stadtbewohner wird in Mi 6,12a zum anderen eine Beziehung zum Schuldaufweis in Mi 2 – 3* hergestellt. Die Verbindung von Gewalt und unrechtmäßiger Bereicherung erinnert an die manifeste Seite des Unrechts in Mi 2*, Trug und Falschaussage an seinen institutionellen Hintergrund, der in Mi 3* zur Anzeige gebracht wird. Die Anklage in Mi 6,12a fasst damit den Tenor der Sozialkritik aus Mi 2 – 3* zusammen und mündet mit V.16b* in einen Mi 3,12 vergleichbaren Urteilsspruch, der Jerusalem den Untergang verheißt. Während sich der Schuldaufweis in Mi 2 – 3* allerdings gegen einen Ausschnitt der Gesellschaft richtet, die gesellschaftliche und politische Elite auf der Ebene der Grundschicht und einen Teil des Volkes auf der Ebene der jüngeren Sozialkritik, zielt der Vorwurf in Mi 6,12a auf die Bevölkerung insgesamt. Auch in dieser Hinsicht stellt das Gerichtswort in

Mi 6,9aα.12a.16* einen Rückbezug zum älteren Traditionsbestand her und führt ihn inhaltlich weiter.

Angesichts dieser Verbindungen zwischen Mi 6,9aα.12a.16* und der Buchkomposition in Mi 1– 3* ließe sich vermuten, dass das Gerichtswort ursprünglich als Fortschreibung zu Mi 1– 3* gestaltet worden ist, die den Straftatbestand aus Mi 2– 3* zunächst zusammenfasst und generalisierend entfaltet (V.12a), um im Anschluss an die Sozialkritik sodann einen Rahmen zum geschichtstheologischen Horizont aus Mi 1* zu schließen (V.16a*). Träfe diese Vermutung zu, müsste das Gerichtswort ursprünglich auf den Zielpunkt der älteren Komposition gefolgt sein, der mit dem Strafurteil gegen Jerusalem in Mi 3,12 vorliegt.[156] Dieser Anschluss erscheint allerdings schon aus inhaltlichen Gründen wenig wahrscheinlich. Das Strafurteil in Mi 3,12 kündigt Jerusalem bereits sein Ende an, während das Gerichtswort in Mi 6,9aα.12a.16* die politische und gesellschaftliche Integrität der Stadt noch voraussetzt. Dass das Strafgericht gegen Jerusalem in Mi 6,9aα.12a.16* weiterhin mit einer kollektiven Schuld seiner Bewohner begründet wird, erscheint im Anschluss an den Schuldaufweis in Mi 2– 3* völlig unvorbereitet, der sich gegen bestimmte Gruppierungen richtete, nicht aber gegen das Volk insgesamt.

Darüber hinaus sprechen kompositionelle Gründe dagegen, das Gerichtswort als ältere Fortschreibung von Mi 1– 3* zu begreifen. Während der Schuldaufweis aus Mi 2– 3* mit dem Strafurteil in Mi 3,12 abgeschlossen wird, hebt das Gerichtswort in Mi 6,9aα.12a.16* noch einmal zur Anklage an (V.9aα.12a.16a*) und führt damit hinter den Zielpunkt von Mi 2– 3* zurück (vgl. V.16b*). Zwar hat die Untersuchung von Mi 2– 3* gezeigt, dass die Gerichtskomposition im Laufe ihrer Wachstumsgeschichte vielfältige Erweiterungen und Zusätze erhalten hat. Diese sind allerdings in den literarischen Zusammenhang von Mi 2– 3* hinein- und Mi 3,12 gezielt vorangestellt worden, um das Achtergewicht des Strafurteils gegen Jerusalem zu erhalten. Vor dem Hintergrund dieser Beobachtungen erscheint das Gerichtswort als ältere Fortschreibung zu Mi 1– 3* wenig plausibel.

Die Suche nach einem Referenztext ist in der Folge auf die jüngere Buchkomposition in Mi 1– 5* auszuweiten. Auf den ersten Blick verspricht die Suche auf dieser literarischen Ebene ebenfalls keinen Erfolg, da sich das Gerichtswort in seinem Grundanliegen fundamental von der um Mi 4– 5* erweiterten Buchkomposition unterscheidet. Während Jerusalem und seinen Bewohnern in Mi 6,9aα.12a.16* (noch einmal) ein vernichtendes Strafgericht JHWHs angekündigt wird, zielt Mi 4– 5* als literarische Fortbildung von Mi 1– 3* gerade auf die Erlö-

---

156 Auf dieser Linie befinden sich die Positionen von Jeremias, ATD, 119 – 120, und Wolff, BK, XXXIV, die Mi 6 – 7* als Fortschreibung von Mi 1 – 3* verstehen.

sung Zions und die Wiederherstellung seiner politischen, gesellschaftlichen und religiösen Integrität.

Das Orakel in Mi 4,10*, das nach allem die älteste Fortschreibung zu Mi 1– 3* darstellt, verheißt der Tochter Zion die Erlösung aus der Hand ihrer Feinde. Im Verlauf der Wachstumsgeschichte von Mi 4 – 5* wird die Verheißung in Mi 4,10* inhaltlich entfaltet und mit der Heimkehr des Volkes (Mi 2,12 – 13), der Neubegründung des Hauses David (Mi 4,14 – 5,4a* mit Mi 4,9) und der friedlichen Völkerwallfahrt nach Jerusalem (Mi 4,1 – 3*) konkretisiert.[157] Im Zuge der heilskompositionellen Fortschreibung von Mi 1– 3* erhält der ältere Traditionsbestand zunächst mit der Erlösungsverheißung in Mi 4,10* und nach Einschaltung des Bethlehemorakels sodann mit der Friedensverheißung in Mi 5,4a einen neuen Zielpunkt. Beide Buchschlüsse, die auf Heil und Frieden zielen, bieten keinen plausiblen Anknüpfungspunkt für das Gerichtswort in Mi 6,9aα.12a.16*, da sich die neue Strafgerichtsankündigung weder aus der Erlösungs- noch aus der Friedensperspektive organisch ergibt.

Mit der Anfügung des Reinigungsgerichts in Mi 5,9 – 12 samt den Zusätzen in V.13 und V.14 hat die Heilskomposition in Mi 4 – 5* ihr literarisches Fachwerk und die Buchkomposition auf der Ebene von Mi 1– 5* ihren vorläufigen Abschluss erhalten. Darin wird die Verheißung von Heil und Frieden im Hinblick auf das Gottesverhältnis entfaltet und ein Reinigungsgericht angekündigt, mit dem zahlreiche Elemente innerhalb des heilszeitlichen Israel ausgeschieden werden, die sein ausschließliches Vertrauen auf JHWH zu beeinträchtigen vermögen. Das Gericht richtet sich in der ersten Strophe (V.9 – 10) gegen die Mittel militärischen Selbstschutzes und in der zweiten Strophe (V.11– 12) gegen die Mittel kultischer Selbstvergewisserung. Der Zusatz in V.13 erweitert das Gericht gegen die Kulteinrichtungen noch um die Ascheren, bevor V.14 mit Mi 1,2 den Rahmen um Mi 1– 5 schließt und das Gerichtshandeln JHWHs gegen die Völkerwelt in Stellung bringt.

Obwohl das Reinigungsgericht einem heilvollen Interesse folgt und auf die Herstellung eines unbelasteten Gottesverhältnisses zielt, bezeichnet die Reinigungsmaßnahme כרת selbst einen gewaltsamen Vorgang gegen die Elemente potenzieller Unreinheit. Im Zuge der Ausgestaltung des Textabschnitts wird der gewaltvolle Aspekt aufgenommen und durch die Erweiterung um Mi 5,14 (mit Mi 1,2) in Gestalt einer Gerichtsandrohung gegen die Völker gewendet. Sollte der Gewaltaspekt und die damit verbundene Ambivalenz in Mi 5,9 – 12.13 – 14 auch die Anfügung des Gerichtswortes in Mi 6 angeregt haben? Wie in Mi 6,9aα.12a.16* ist die soziale und politische Integrität Israels nach dem Untergang Jerusalems auch auf der literarischen Ebene des Reinigungsgerichts vorausgesetzt, ebenso die

---

157 S. dazu oben 1.2.

Präsenz unheilbringender Aspekte, die eine Gewaltmaßnahme JHWHs veranlassen. Weitere formale und inhaltliche Indizien unterstützen die Vermutung, dass Mi 6,9aα.12a.16* die literarische Fortbildung des Reinigungsgerichts darstellen könnte und die Buchkomposition auf der Ebene von Mi 1–5* fortschreibt.

In formaler Hinsicht lässt sich ein organischer Anschluss von Mi 6,9aα.12a.16* an den um V.13.14 erweiterten Abschnitt Mi 5,9 – 12 erkennen. Die Spruchöffnung in Mi 6,9aα adressiert die Größe עִיר (Sg.), von der bereits in Mi 5,10a.13b (Pl.) die Rede war. Sie tritt innerhalb des entfalteten Reinigungsgerichts in Mi 5,9 – 12.13 dadurch hervor, dass nur sie unter den Elementen potenzieller Unreinheit zweimal erwähnt wird (V.10a.13b). Während die Größe עִיר im Rahmen des Reinigungsgerichts im Pl. begegnet und sämtliche Städte des Landes bezeichnet (עָרֵי אַרְצֶךָ par. כָּל־מִבְצָרֶיךָ in V.10 und עָרֶיךָ par. מִקִּרְבֶּךָ אֲשֵׁירֶיךָ in V.13), repräsentiert sie in Mi 6,9aα die judäische Hauptstadt und wird auf Jerusalem enggeführt. Weiterhin korrespondiert das Motiv des Rufens (קרא) in Mi 6,9aα mit dem Motiv des Hörens (שמע) in Mi 5,14b. Der Hinweis auf die Stimme JHWHs, die Mi 6,9aα ausdrücklich erwähnt, ist durch Mi 5,14 vorbereitet, worin denjenigen Völkern das Gericht angekündigt wird, die nicht (auf sie) gehört haben. Im Anschluss an Mi 5,14 wechselt allerdings der Adressatenkreis. Mit Mi 6,9aα richtet sich die drohende Stimme JHWHs nicht länger an die Fremdvölker, sondern an das eigene Volk in Jerusalem.

In inhaltlicher Hinsicht schließt das Gerichtswort in Mi 6,9aα.12a.16* ebenfalls plausibel an Mi 5,9 – 12.13 – 14 an, indem es den gewaltvollen Aspekt des Reinigungsgerichts aufnimmt und zur Entfaltung bringt. Die kultkritische Zielrichtung des Schuldaufweises in V.16a* gegen die „götzendienerische Stadt"[158] korrespondiert mit der zweiten Strophe des Abschnitts in Mi 5,11–12.13, der sich gegen Elemente des Kultus, Zauberei (כֶּשֶׁף) und Wahrsagekunst (מְעוֹנְנִים), Götzenbilder (פָּסִיל), Mazzeben (מַצֵּבָה) und Ascheren (אֲשֵׁרָה) richtet. Darüber hinaus füllt das Gerichtswort eine inhaltliche Leerstelle innerhalb des (literarisch erweiterten) Reinigungsgerichts, die Mi 5,13 enthält und den Anlass für die Vernichtung der Städte betrifft. Während die Städte in V.10a (עָרֵי אַרְצֶךָ) durch die Erwähnung der Festungen in V.10b (כָּל־מִבְצָרֶיךָ) als Festungsstädte identifiziert werden und sich ihre Ausrottung im Duktus der ersten Strophe durch falsches Vertrauen auf militärische Stärke statt auf JHWH begründet, bleibt in V.13b offen, weshalb nach der Ausrottung der Ascheren noch einmal die Vernichtung der Städte (עָרֶיךָ) angekündigt wird.

Das Gerichtswort in Mi 6,9aα.12a.16* tritt in diese Leerstelle ein und füllt sie mit einem auf Jerusalem konzentrierten Schuldaufweis aus. Der erste Teil des Schuldaufweises führt das Gericht gegen die Stadt auf Gewalt und Trugrede ihrer Bewohner zurück. Der zweite Teil macht die unter den Omriden begründete, kultische Fehl-

---

158 JEREMIAS, ATD, 211.

orientierung für den Untergang Jerusalems verantwortlich. Die Vernichtung, die in Mi 5,13 den Städten Judas im Pl. thetisch angekündigt wird und mit dem vorausgehenden Angriff auf die Ascheren im Zusammenhang steht, scheint das Gerichtswort in Mi 6,9aα.12a.16* am Paradigma Jerusalems zu entfalten. Mit dem Hinweis auf die Omriden verfolgt der Schuldaufweis in Mi 6,16a die kultische Fehlorientierung in Juda, die das Reinigungsgericht andeutet und im Angriff auf die Ascheren gipfelt, im Sinne dtr Historiographie auf ihren Ursprung zurück.

Innerhalb der dtr Historiographie wird die Einrichtung und Pflege des Aschera-Kultus mit einzelnen Königen in besonderer Weise in Verbindung gebracht. Neben Jerobeam I. (1 Reg 14,14 – 15) ist es unter den Nordreichskönigen vor allem Ahab, dem dieser zur Last gelegt wird und eine besonders abschätzige Bewertung einbringt (1 Reg 16,33 vgl. 1 Reg 18,19; 2 Reg 13,6). Unter den Königen des Südreiches ist es neben Rehabeam (1 Reg 14,23 vgl. 1 Reg 15,13) insbesondere Manasse, der nach 2 Reg 21,1– 18 den Aschera-Kultus protegiert und damit die Ankündigung einer vernichtenden Vergeltung JHWHs gegen Juda und Jerusalem provoziert (V.12– 15). In 2 Reg 21,3 wird ein Vergleich zwischen der „Abgötterei des Jerusalemer Königs Manasse"[159] und den kultischen Machenschaften Ahabs gezogen (vgl. 2 Reg 8,27). Damit schließt sich vor dem Hintergrund von 2 Reg 21 der Kreis von der Kritik am judäischen Aschera-Kultus in Mi 5,13 zur Erwähnung des Hauses Ahab im Rahmen des Schuldaufweises gegen Jerusalem in Mi 6,16a*, der auf die Vernichtung der Stadt zuführt.

Neben der Einrichtung des Aschera-Kultus wird Manasse in 2 Reg 21 eine Fülle weiterer kultischer und sozialer Vergehen angelastet. Die Reihe kultischer Verfehlungen in V.3– 7, die etwa im Bau von Höhenheiligtümern und Baalsaltären bestehen und die Pflege von Wahrsagekunst und Zeichendeutung beinhalten, erinnert an die Vielzahl kultischer Mittel, die in Mi 5,11– 12.13 dem Reinigungsgericht anheimfallen. Der Vorwurf in V.16 (דָּם נָקִי ... אֲשֶׁר־מִלֵּא אֶת־יְרוּשָׁלַ͏ִם), Manasse habe Jerusalem mit unschuldigem Blut gefüllt, erinnert weiterhin an den sozialkritischen Aspekt des Schuldaufweises in Mi 6,12a (מלא חָמָס vgl. Mi 3,10). Durch die Kritik am Aschera-Kultus in Mi 5,13 angeregt, könnte der Bericht in 2 Reg 21 die Ausgestaltung des Gerichtswortes, das soziale neben kultischen Verfehlungen zur Anzeige bringt, inspiriert haben und im Hintergrund von Mi 6,9aα.12a.16* stehen.[160] Die Pointe einer Anspielung auf 2 Reg 21 könnte ferner darin bestehen, in

---

159 WOLFF, BK, 172. Den Hinweis auf „den judäischen Ketzerkönig Manasse und sein Schicksal" gibt auch UTZSCHNEIDER, ZBK, 150.

160 Sollte V.16a* innerhalb des Gerichtswortes nicht ursprünglich sein, liegt mit der Verbindung aus Sozial- und Kultkritik in 2 Reg 21 ein weiterer Anknüpfungspunkt vor, der die Gestaltung des zweiten Teils des Schuldaufweises im Anschluss an V.12a angeregt haben könnte.

Mi 6,16* im Sinne von 2 Reg 24,3 – 4 die Ankündigung desjenigen Strafgerichts zu erneuern (vgl. 2 Reg 21,12 – 15), das zur Zeit Manasses ausgeblieben war.

Da das Gerichtswort in formaler Hinsicht organisch an das (entfaltete) Reinigungsgericht in Mi 5,9 – 12.13 – 14 anschließt und dasselbe inhaltlich auf einsichtige Weise entfaltet, erscheint Mi 6,9aα.12a.16* als Fortschreibung der (entfalteten) Buchkomposition in Mi 1 – 5* plausibel. Das Gerichtswort konzentriert die Ankündigung der Vernichtung, die sich in Mi 5,13 gegen die Städte Judas und ihren Kultus richtet, auf Jerusalem und begründet das Unheil sozial- und kultkritisch. Damit wird eine inhaltliche Leerstelle in Mi 5,9 – 12.13 geschlossen. Durch die Anfügung von Mi 6,9aα.12a.16* verändert sich der Charakter des Reinigungsgerichts. Es zielt nun nicht länger auf die Reinigung des Gottesvolkes im Dienste seiner heilvollen Wiederherstellung, sondern auf die erneute Vernichtung Jerusalems samt seiner Bewohner. Auf diese Weise erhält das Michabuch einen neuen, unheilvollen Abschluss.

Nach der Unheilsankündigung gegen die hörunwilligen Völker in Mi 5,14, die einen Bogen zum Höraufruf in Mi 1,2 spannt, schließt das Gerichtswort einen äußeren Rahmen um das Michabuch.[161] Es fasst im ersten Teil des Schuldaufweises in Mi 6,12a den Tenor der Sozialkritik in Mi 2 – 3* zusammen und weitet die Anklage auf die Bevölkerung Jerusalems (pars pro toto für das Gottesvolk) aus. Im zweiten Teil des Schuldaufweises in Mi 6,16a* wird die geschichtstheologische Perspektive aus Mi 1* aufgenommen und das analoge Schicksal beider Reiche auf die unter Omri und Ahab begründete Fehlorientierung des Gottesvolkes zurückgeführt. Der Spannungsbogen zwischen Mi 1,2 und Mi 5,14 dürfte die Gestaltung eines zweiten Rahmenschlusses angeregt haben. Über das Theophaniemotiv in Mi 6,9aα (קוֹל יְהוָה) wird der Bogen zur Eingangsszene des Michabuches in Mi 1,3 – 4* geschlossen.[162]

Das Gerichtswort mündet mit Mi 6,16b* in ein Strafurteil, das dem Urteilsspruch in Mi 3,12 inhaltlich entspricht, und kündigt Jerusalem ein weiteres Mal den Untergang an. Dieser Vorgang setzt einen zeitlichen Abstand zur heilskompositionellen Fortschreibung des Michabuches auf der Ebene der Buchkomposition in Mi 1 – 5* voraus. Die Neuauflage der Gerichtsankündigung dürfte in einem Zeitkontext entstanden sein, in dem die großen Zukunftshoffnungen im Spiegel von Mi 4 – 5* von fortwährendem Unheil der eigenen Gegenwart eingeholt und ernüchtert worden waren. Durch die Anfügung des Gerichtswortes Mi 6,9aα.12a.16* an Mi 4 – 5* wird ein neuer kompositioneller Zusammenhang in Mi 4 – 6* geschaffen und mit der älteren Komposition in Mi 1 – 3* parallelisiert.

---

161 Auf diesen Rahmenschluss haben bereits METZNER, Kompositionsgeschichte, 175 – 176, und WILLI-PLEIN, Vorformen, 103 – 104, aufmerksam gemacht.
162 S. dazu oben 2.1.3.

Mit der Gestaltung des Gerichtswortes ist keine grundlegende Revision der umfassenden Heilsperspektive in Mi 4 – 5* intendiert. Vielmehr dürfte die Pointe des Gerichtswortes in seinem literarischen Zusammenhang darin bestehen, dass die Heilsverheißungen erst unter der Voraussetzung eintreffen, dass die Gewalt im sozialen Bereich und die kultische Fehlleitung in der Schuldtradition Samarias ausgerottet sind. Im Dienste dieser Zukunftsperspektive scheinen die Verfasser von Mi 6,9aα.12a.16* den vollständigen Untergang Jerusalems und seiner Bewohner für erforderlich zu halten. Das Gerichtswort lässt sich vor diesem Hintergrund als Element des heilsgeschichtlichen Interims begreifen, das im Laufe der kompositionellen Ausgestaltung von Mi 4 – 5* als dritte Zeitebene zwischen der unheilvollen Jetzt-Zeit und der Zeit der Vollendung eingezogen worden ist und die Heilserwartung in eine ferne Zukunft hinein verlegt.[163]

2.1.5 Zwischenergebnis

Das Gerichtswort in Mi 6,9aα.12a.16* bildet den Grundbestand des Textabschnitts in Mi 6,9 – 16 und den Kristallisationskern der Buchkapitel in Mi 6 – 7. Als Fortschreibung der Buchkomposition in Mi 1 – 5* dürfte es ursprünglich an das (entfaltete) Reinigungsgericht in Mi 5,9 – 12.13 – 14 angeschlossen haben und von vornherein für diesen literarischen Ort formuliert worden sein. Im Rückbezug auf die Sozialkritik in Mi 2 – 3* und die Geschichtstheologie in Mi 1* schließt es einen Rahmen zum Unheilstext in Mi 1 – 3*. Im Anschluss an die Heilskomposition in Mi 4 – 5* gestaltet es das Reinigungsgericht in Mi 5,9 – 12.13 – 14 zu einer umfassenden Gerichtsankündigung aus. Angesichts der fortwährenden Schuld Jerusalems und seiner Bewohner führt das Michabuch nach Anschluss von Mi 6,9aα.12a.16* noch einmal auf eine Untergangsverheißung zu.

Als Nukleus der hinteren Buchkapitel hat das Gerichtswort in Mi 6,9aα.12a.16* die weitere Fortbildung des Michabuches in Mi 6 – 7 angeregt. Das Streitgespräch in Mi 6,1 – 8 problematisiert die Implikationen der fortwährenden Schuld im Hinblick auf das Verhältnis zwischen JHWH und seinem Volk. Die Klage in Mi 7,1 – 7 gibt der Verzweiflung des personifizierten Jerusalem über das Unheil in seiner Mitte Ausdruck, angesichts dessen ihm nichts als das Vertrauen auf den Gott seiner Rettung bleibt. Der Psalm in Mi 7,8 – 20 trägt schließlich wieder einen hoffnungsvollen Ton und erwartet JHWHs erneutes Erbarmen. Die kompositionelle Ausgestaltung der hinteren Buchkapitel ist nachfolgend in Grundzügen zu skizzieren. Der Fokus der Darstellung richtet sich dabei nicht auf die Entstehungsgeschichte der einzelnen Elemente der Fortschreibung zu Mi 6,9aα.12a.16*.

---

163 S. dazu oben 1.2.

Vielmehr steht die Frage im Vordergrund, auf welche Weise sie ihren Kristallisationskern inhaltlich fortentwickeln.

2.2 Die literarische Entfaltung von Mi 6,9 – 16*
im Rahmen der Komposition in Mi 6 – 7

Als Nukleus der Schlusskapitel des Michabuches hat das Gerichtswort in Mi 6,9aα.12a.16* die kompositionelle Ausgestaltung von Mi 6 – 7 angeregt. Sämtliche Elemente seiner literarischen Fortschreibung setzen sich mit dem Sachverhalt auseinander, dass im Anschluss an die heilvolle Zukunftsperspektive der mittleren Buchkapitel noch einmal Anklage gegen Jerusalem und seine Bewohner erhoben wird, deren Schuld erneut JHWHs vernichtendes Strafgericht provoziert. Vor diesem Hintergrund plausibilisiert sich die Ratlosigkeit, die das Streitgespräch zwischen JHWH und seinem Volk in Mi 6,1 – 8 bestimmt, die tiefe Verzweiflung der personifizierten Stadt, die mit der Klage in Mi 7,1 – 7 Ausdruck findet, und schließlich die Hoffnung auf JHWHs erneutes Erbarmen, auf die der Psalm in Mi 7,8 – 20 hinausläuft.

Das Streitgespräch in Mi 6,1 – 8 stellt dem Gerichtswort eine grundsätzliche Auseinandersetzung über das Verhältnis zwischen JHWH und seinem Volk voran.[164] Nach dem zweigliedrigen Höraufruf in V.1 – 2, der die Berge und die Grundfesten der Erde adressiert und eine kosmische Kulisse in den Rechtsstreit involviert, besteht die Debatte aus drei Teilen. In V.3 – 5 ergreift zunächst JHWH das Wort, der in der Rolle des Angeklagten erscheint und „als Verteidiger in eigener Sache"[165] agiert. Was JHWH zur Last gelegt wird, führt der Abschnitt nicht aus. Unter dem Eindruck von Mi 6,9aα.12a.16* dürfte die Tatsache, dass fortwährende Schuld das Handeln des Volkes bestimmt, als Angriff auf JHWH gewertet werden und die beiden rhetorischen Fragen in V.3 motivieren. Mit seiner kurzen Verteidigungsrede in V.4 – 5 hält JHWH dem Verhalten des Volkes seine heilsgeschichtlichen Taten zugunsten desselben entgegen.

Im zweiten Teil der Debatte tritt in V.6 – 7 das Volk als Kollektiv in 1. Sg. in den Vordergrund. In Gestalt zweier rhetorischer Doppelfragen erkundigt es sich in ironischer Weise nach den Bedingungen eines gottgefälligen Kultus (V.6) und den Möglichkeiten einer kultischen Versöhnung (V.7), die zur Wiederherstellung eines unbelasteten Gottesverhältnisses führen. Weitaus stärker noch als der erste Teil der Debatte ist ihr zweiter Teil von Ratlosigkeit bestimmt, wie die Beziehung

---

164 Zum Rechtsstreit JHWHs mit seinem Volk vgl. insbesondere WERNER, Micha, 232 – 248.
165 JEREMIAS, ATD, 198.

zwischen JHWH und seinem Volk künftig zu gestalten sei. Die Entgegnung in V.6 – 7 ist nicht als unmittelbare Reaktion auf die Gottesrede in V.3 – 5 zu begreifen. Vielmehr betrachten beide Elemente komplementär, zunächst aus der Perspektive JHWHs und daraufhin aus der Perspektive des Volkes, das zerrüttete Verhältnis beider Seiten zueinander.

Der dritte Teil bringt die Auseinandersetzung zum Abschluss. Statt eines Urteilsspruchs im Rechtsstreit führt die Debatte in V.8 auf eine orientierende Lebensmaxime zu, die den Menschen auf die Pflege des Rechts, auf Treue und Demut im Dienste gottgefälligen Lebens behaftet. An die Stelle des Volkes als Bezugsgröße im Verhältnis zu JHWH tritt der Einzelne und sein Lebenswandel. Ob Mi 6,8 zum Grundbestand der Debatte gehört und ihren ursprünglichen Zielpunkt darstellt, ist aus meiner Wahrnehmung unsicher. Während im Gefälle von Mi 6,1 – 7* mit Mi 6,9aα.12a.16* die Ratlosigkeit den Ton bestimmt und die Ausweglosigkeit des Strafgerichts angesichts fortwährender Schuld zur Darstellung gelangt, scheint Mi 6,8 (wie ähnlich die Glosse in V.9aβ) eine Rettung des Einzelnen für realistisch zu halten. „Die Möglichkeit einer Bekehrung zum neuen Leben ist stillschweigend vorausgesetzt"[166]. Möglicherweise spannt Mi 6,8 (mit V.1?) einen Bogen zum Psalm am Ende des Michabuches, der in Mi 7,9 auf den Rechtsstreit (ריב) Bezug nimmt und wieder optimistisch auf die Durchsetzung des Rechts in Mi 7,9 (מִשְׁפָּט vgl. Mi 6,8) und den Erweis der Treue JHWHs in Mi 7,18 – 20 (חֶסֶד vgl. Mi 6,8) vorausblickt.

In mehrfacher Hinsicht hat das Gerichtswort aus Mi 6,9aα.12a.16* die Gestaltung von Mi 6,1 – 7* inspiriert. Die Spruchöffnung in Mi 6,9aα weist mit dem Ruf der Stimme JHWHs ein diskursives Moment auf. Dasselbe bringt die Debatte zwischen JHWH und seinem Volk zur Entfaltung. Durch das Motiv קוֹל יְהוָה ist die Rückbindung des Höraufrufs in Mi 6,1 – 2 an die Theophanieszene in Mi 1,3 – 4* vorbereitet.[167] Weiterhin korrespondiert die Entgegnung des Volkes in Mi 6,6 – 7, im

---

166 WOLFF, BK, 157, und in seinem Gefolge WERNER, Micha, 240.
167 Auf die Ähnlichkeiten zwischen dem Streitgespräch in Mi 6,1 – 8 und dem Eingang des Michabuches in Mi 1,2 – 7 hat insbesondere KESSLER, HThK.AT, 261 (vgl. bereits VON UNGERN-STERNBERG, Rechtsstreit, 155), aufmerksam gemacht und daraus geschlossen, dass „der Autor dieses letzten Teils der Michaschrift die Gegenwart und Zukunft Jerusalems auf dem Hintergrund des Schicksals Samarias sieht." Die Verfasser des Streitgesprächs folgen damit dem Interesse des Gerichtswortes in Mi 6,9aα.12a.16*, im Rahmen dessen die Schuldgeschichte Samarias auf Jerusalem appliziert wurde, und tragen ihm Rechnung, indem sie das Streitgespräch dem Eingang des Michabuches literarisch nachempfinden. Der auf diese Weise geschaffene literarische Zusammenhang in Mi 6,1 – 16* bildet im Ergebnis die Komposition in Mi 1 – 3* in nuce ab. Der Gerichtszusammenhang in Mi 1 – 3*, der von Samaria ausging und auf die Vernichtung Jerusalems zielt, wird durch Mi 6,1 – 16* unter den Bedingungen einer veränderten Gegenwart und einer ausgebliebenen Heilszeit im Anschluss an Mi 4 – 5* wieder aufgenommen. Die Verbindung zum

Rahmen derer obsolete kultische Praktiken als Optionen zur Wiederherstellung eines unbelasteten Gottesverhältnisses durchgespielt werden, mit der Kultkritik im zweiten Teil des Schuldaufweises (V.16a* vgl. Mi 5,11 – 12.13).[168] Der geschichtstheologische Hintergrund von V.16a dürfte darüber hinaus Anlass gegeben haben, der Schuldgeschichte des Volkes in Mi 6,3 – 5 das Rettungshandeln JHWHs gegenüber zu stellen.

Schließlich teilt das Streitgespräch mit dem Gerichtswort eine generalisierende Tendenz. Der Schuldaufweis des Gerichtswortes richtet sich gegen die Jerusalemer Bevölkerung insgesamt, entsprechend bezieht die Debatte das Gottesvolk als solches in den Rechtsstreit ein. Beide Elemente der entfalteten Komposition in Mi 6* führen über den Schuldhorizont des älteren Unheilstextes in Mi 1 – 3* hinaus, der lediglich einzelnen Gruppierungen innerhalb der Gesellschaft ihre Verfehlungen zur Last legt. Die Größe עַמִּי, die im Rahmen des Rechtsstreits als Gegenüber JHWHs figuriert (V.3.5), erscheint in Mi 1 – 3* allein als Opfer unverschuldeten Unrechts, das JHWHs Strafgericht provoziert (vgl. Mi 1,9; 2,4.8 – 9; 3,5). Der umfassenden Heilsperspektive aus Mi 4 – 5* wird in Mi 6* die Perspektive eines kollektiven Strafgerichts entgegen gestellt. Vor diesem Hintergrund erscheint die in Mi 6,8 (im Nachtrag?) formulierte individualethische Orientierung folgerichtig, wonach das Heil nicht länger von der Zugehörigkeit zum Volk JHWHs abhängt, sondern in der individuellen Verantwortung des Menschen steht.[169]

Das Streitgespräch bildet im vorfindlichen Textgefüge den literarischen Vorspann des Gerichtswortes. Im Zusammenhang von Mi 6* betrachtet, erscheint das Gerichtswort in Mi 6,9aα.12a.16* nach Mi 6,3 – 5 und Mi 6,6 – 7 als dritter und

---

Schicksal des Nordreichs wird ferner auch durch das Motiv des Rechtsstreits JHWHs hergestellt (vgl. Hos 4,1 – 3; 12,3 – 5.8 – 10). Der Terminus רִיב „kommt im Prophetenspruch [...] selten und ausgeführt nur bei Hosea vor." (WILLI-PLEIN, Vorformen, 98). Darauf stellt Ina Willi-Plein die formalen Parallelen zwischen Mi 6,2 – 8 und Hos 4,1 – 3; 12,3 – 5.8 – 10 heraus (aaO., 98 – 99).
168 Zur fundamentalen Fehlorientierung des Fragenden in V.6 – 7 vgl. insbesondere KESSLER, HThK.AT, 267 – 269; WOLFF, BK, 151 – 152. Es handelt sich bei den erwähnten kultischen Praktiken nicht um realistische Optionen der Sühne, sondern um eine Karikatur derselben. Mit der Opferung der Kinder in V.7 könnte eine Anspielung auf die Schuld Manasses in 2 Reg 21,6 (vgl. 2 Reg 16,3) vorliegen, der seinen Sohn ins Feuer gehen ließ (vgl. NOWACK, HK², 233 – 234).
169 Mit diesem Gesichtspunkt führt die Komposition in Mi 6* eine inhaltliche Entwicklung fort, die mit der jüngeren Sozialkritik in Mi 2 – 3* ihren Anfang genommen hat. Innerhalb der jüngeren Sozialkritik wird das Gottesvolk (עַמִּי) von den Feinden in den eigenen Reihen unterschieden. Aufgrund ihrer Vergehen werden diejenigen, die vormals dem Volk JHWHs (אֶתְמוּל עַמִּי) zugehörten, aus dem Verband des Gottesvolkes ausgeschieden (s. dazu unter Teil B die Analyse III.4 sowie die Zusammenfassung der Ergebnisse unter IV.4). In Mi 6* wird nun eine kollektive Schuld des Volkes formuliert und die Größe עַמִּי selbst in den Rechtsstreit involviert (vgl. ähnlich bereits METZNER, Kompositionsgeschichte, 83 – 84; WOLFF, BK, 142). Da der Heilszusammenhang des Gottesvolkes an sich infrage steht, bleibt allein die Ausrichtung am einzelnen Individuum (אָדָם).

abschließender Redeabschnitt. Der Urteilsspruch JHWHs in V.16b* bildet in dieser kompositionellen Gesamtanlage den Zielpunkt des Rechtstreits und lässt das vernichtende Urteil im inhaltlichen Gefälle von Mi 6* als alternativloses Ergebnis der Auseinandersetzung erscheinen. Möglicherweise folgt die Gestaltung des Vorspanns zu Mi 6,9aα.12a.16* dem (didaktischen) Interesse, das Strafgericht gegen das Volk JHWHs als ultimative Verwarnung der Völkerwelt (vgl. Mi 5,14) oder des einzelnen Menschen (vgl. Mi 6,8) in Dienst zu nehmen.[170] Mit dem (erneuten) Strafurteil gegen Jerusalem und seine Bewohner rückt das Gottesverhältnis jedenfalls in den Bereich individueller Verantwortung hinein.

Eine weitere Etappe der literarischen Fortbildung von Mi 6,9aα.12a.16* wird mit den sozialkritischen Erweiterungen in Mi 6,9b – 11* und den Nichtigkeitsflüchen in Mi 6,13 – 15* erreicht, die im Rahmen der vorangehenden Analyse dem Textstrang B in Mi 6,9 – 16* zugewiesen wurden und als interne Fortschreibungen des älteren Gerichtswortes wahrscheinlich sind.[171] Sie nehmen auf den sozialkritischen Aspekt aus Mi 6,12a Bezug und konkretisieren zunächst den Straftatbestand. Der Zusammenhang aus Gewalttat (חָמָס) und Lüge (שֶׁקֶר) wird auf betrügerische Vorgänge im Bereich des Handels ausgelegt, den gezinkte Maßeinheiten (בַּת [cj.] und אֵיפָה in V.10 neben אַבְנֵי מִרְמָה in V.11) und manipulierte Messinstrumente bestimmen (מֹאזְנֵים in V.11a).[172] Indem solche Vergehen in kultischen Kategorien zur Anzeige gebracht (vgl. זכה in Jes 1,16; Ps 73,13; Hi 15,14; 25,4; Prov 20,9) und als (בַּת) רָשָׁע bzw. רֶשַׁע (מֹאזְנֵי) disqualifiziert werden, fließen die kult- und sozialkritischen Ebenen des Schuldaufweises in V.10 – 11* ineinander. Die Form des Schuldaufweises, der in Gestalt zweier rhetorischer Fragen zum Ausdruck kommt, erinnert an die Plädoyers innerhalb des Streitgesprächs in V.3.6 – 7. Der Vorgang des Vergessens in V.10 (נשה) bildet schließlich einen Kontrast zum Aufruf des Gedenkens (זכר) in V.5, der in V.11 mit dem Verbum זכה nachklingt.[173]

Neben der Sozialkritik aus V.12a erhält auch das in V.16b* allgemein gehaltene Strafurteil durch die Zufügung der Nichtigkeitsflüche in V.13 – 15* eine inhaltliche Konkretion. Darin wird das kollektive Unheil hinsichtlich seiner individuellen Erscheinungsweise entfaltet. Da die Vorgänge in V.10 – 11* und V.13 – 15* gleichermaßen aus dem Bereich des Wirtschaftslebens stammen und der Täu-

---

170 Auf das lehrhaft-paränetische Interesse von Mi 6,1 – 8 hat bereits WOLFF, BK, 142 – 145.156 – 158, hingewiesen, auf den „Völkergerichtshorizont" (vgl. Mi 6,1 im Anschluss an Mi 5,14; Mi 6,16bβ) weiterhin METZNER, Kompositionsgeschichte, 176.

171 S. dazu oben 2.1.2.2.

172 Zu diesen Vergehen im Bereich des Handels sowie den erwähnten Maßeinheiten und Messinstrumenten vgl. JEREMIAS, ATD, 209 – 210; KESSLER, HThK.AT, 278 – 279; WOLFF, BK, 166 – 167.

173 Vgl. JEREMIAS, ATD, 209.

schungsvorwurf mit der trügerischen Aussicht auf Ernteerträge und Sättigung korrespondiert, dürften beide Erweiterungen von derselben Hand stammen. Im kompositionellen Zusammenhang erinnern die Nichtigkeitsaussagen an die Aspekte von Fluch und Segen, die in Mi 6,5 mit dem Hinweis auf die Bileam-Erzählung eingespielt werden. Während die Pointe in Mi 6,5 im Sinne von Num 22 – 24 darin besteht, dass JHWH den Bileam aufgetragenen Fluch in Segen wandelt, werden in Mi 6,13 – 15* Vorgänge menschlicher Arbeit, die dem Selbsterhalt dienen und segensreiche Erträge erwarten lassen, mit dem Fluch der Nichtigkeit belegt.

Ob die sozialkritischen Erweiterungen in Mi 6,9 – 16* gegenüber seinem literarischen Vorspann in Mi 6,1 – 8 tatsächlich jünger sind, lässt sich an dieser Stelle nicht sicher entscheiden. Für diese Annahme spricht zumindest, dass die kultische Dimension, die auf der Ebene von Mi 6,9aα.12a.16* (mit V.16a*) das Achtergewicht trägt und mit dem Streitgespräch zwischen JHWH und seinem Volk in Mi 6,1 – 8 entfaltet wird, durch die Zufügung von Mi 6,9b – 11* und Mi 6,13 – 15* zugunsten der Sozialkritik in den Hintergrund tritt. Die Betonung der Sozialkritik wird mit der Klage in Mi 7,1 – 7 fortgesetzt. Sie bildet die nächste Etappe der literarischen Fortbildung von Mi 6,9aα.12a.16* und dürfte das intern erweiterte Gerichtswort voraussetzen. Auf der Linie der Nichtigkeitsflüche gewinnt in Mi 7,1 – 2 der Aspekt der Vergeblichkeit Ausdruck und gelangt wie in Mi 6,13 – 16* durch Erntemotive zur Darstellung. Der Abschnitt scheint am Beispiel der klagenden Figur die individuellen Konsequenzen der Nichtigkeitsaussagen zu illustrieren.

Das Subjekt der Klage (אַלְלַי לִי) wird nicht ausdrücklich genannt. Insofern das Gerichtswort in Mi 6,9aα jedoch die Stadt adressiert und das Strafurteil in Mi 6,16* ihren Untergang ankündigt, liegt die Vermutung nahe, dass in Mi 7,1 – 7 die Klage des personifizierten Jerusalem angesichts des Unheils Ausdruck findet.[174] Damit erinnert der Textabschnitt an den Zielpunkt der geschichtstheologischen Komposition in Mi 1*, worin das personifizierte Jerusalem zur Trauer angesichts der Deportation seiner Bewohner aufgerufen wird (V.16), und an die Unheilsreminiszenz des Erlösungsorakels in Mi 4,10*, die im Anschluss an das Strafurteil in Mi 3,12 ebenfalls auf die Klage der personifizierten Stadt zuführt. Im Rahmen der Klage wird in Mi 7,1 – 7 der „Zusammenbruch aller Ordnungen"[175] und ein soziales

---

174 Vgl. bereits WELLHAUSEN, Propheten, 148, und entsprechend MARTI, KHC, 296; MAYS, OTL, 151; METZNER, Kompositionsgeschichte, 88; NOWACK, HK³, 232. Anders begreifen etwa JEREMIAS, ATD, 214; KESSLER, HThK.AT, 287; RUDOLPH, KAT, 124; SELLIN, KAT, 300; WILLI-PLEIN, Vorformen, 105; WOLFF, BK, 177, den Abschnitt in Mi 7,1 – 6 bzw. Mi 7,1 – 7 als prophetische Klage. WÖHRLE, Sammlungen, 188, vermutet gar den historischen Micha selbst im Hintergrund derselben.

175 JEREMIAS, ATD, 213.

Unheil beschrieben, das alle Ebenen des gesellschaftlichen Lebens bis hinein in die Familienverbände prägt.

Die Klage besteht nach ihrer Eröffnung in V.1 (אַלְלַי לִי) aus den beiden Teilen V.2 – 4a und V.5 – 6, die komplementär die sozialkritischen Aspekte der älteren Anklage aus Mi 6,12a entfalten. In V.2 – 4a wird zunächst der Vorwurf der Gewaltverbrechen (חָמָס) auf Vergehen im Format der Blutschuld hin ausgelegt (vgl. Mi 3,10), die sämtlichen Bewohnern des Landes zur Last gelegt werden, und die Korruption der führenden Stände beklagt (vgl. Mi 3,11), die eine Durchsetzung von Recht und Ordnung unmöglich macht. In V.5 – 6 wird sodann auf den Vorwurf der Lügenrede (דִּבְּרוּ־שֶׁקֶר) Bezug genommen und die Auflösung des innerfamiliären Zusammenhalts auf Betrug und Täuschung zurückgeführt. V.4b bietet das Scharnier zwischen beiden Teilen und synchronisiert das Unheil der beklagten Gegenwart mit dem Tag des Strafgerichts, das in Mi 6,16* angekündigt worden war. Wie in Mi 1,16 und Mi 4,10a befindet sich das klagende Ich innerhalb der literarischen Gegenwart im Zenit des Unheilsgeschehens.[176] Angesichts dessen bleibt ihm nichts als das Vertrauen auf den Gott seiner Rettung, das mit dem Bekenntnis in V.7 Ausdruck findet (vgl. Mi 4,10bβ).[177]

Während die Komposition in Mi 6* die kultisch-religiöse Frage nach dem Zustand des Gottesverhältnisses leitet, tritt durch die Zufügung der Klage in Mi 7,1 – 7 im Anschluss an die sozialkritischen Erweiterungen in Mi 6,9b – 11* und Mi 6,13 – 15* das gesellschaftliche Unheil wieder in den Vordergrund. Indem sich das Unheil auf sämtlichen Ebenen des wirtschaftlichen, politischen und gesellschaftlichen Lebens manifestiert und Gewalt und Betrug den Verband des Gottesvolkes zersetzt, erscheint das umfassende Strafgericht im Sinne von Mi 6,16b* folgerichtig. „Mi 7,1 – 7 bildet den (negativen) Höhepunkt und Abschluss der drei sich steigernden anklagenden Perikopen in 6,1 – 7,7."[178] Ihre nächsten Parallelen besitzt die Klage in Jes 57,1 – 2 und Jes 59,4 – 8 (vgl. Jer 9,1 – 5; 12,6), worin eine ähnlich fundamentale Unordnung zum Ausdruck gelangt.[179] Anders als das Gerichtswort in Mi 6,9 – 16* führt die Klage jedoch auf die vage Hoffnung zu, dass JHWH das klagende Jerusalem erhört. Dieser Hoffnungsaspekt wird mit dem

---

176 In diesem Sinne hat KESSLER, HThK.AT, 286, auf die strukturell vergleichbare Funktion der Deixis עַתָּה in V.4b und der Jetzt-Spruchreihe in Mi 4,9 – 5,3 aufmerksam gemacht „insofern, als eine längst angesagte Katastrophe ‚jetzt' eintritt."

177 Den innerhalb der Forschung wiederholt unterbreiteten Vorschlag, V.7 nicht als Abschluss von V.1 – 6, sondern als Eröffnung des Psalms anzusehen, hat KESSLER, HThK.AT, 286, mit gewichtigen Argumenten zurückgewiesen.

178 JEREMIAS, ATD, 213.

179 Auf die besondere Nähe der Klage zu Texten bei TrJes hat bereits WOLFF, BK, 177 – 178, aufmerksam gemacht. Auf ihre Beziehung zur Jeremiatradition weisen JEREMIAS, ATD, 213 – 214; KESSLER, HThK.AT, 287, hin.

Psalm in Mi 7,8 – 20 entfaltet, mit dem die letzte Etappe der Fortschreibung in Mi 6 – 7 erreicht ist.

Der Psalm stellt nach allgemeinem Dafürhalten der Michaforschung das jüngste Element des Michabuches dar und setzt die entfaltete Buchkomposition in Mi 1 – 7* voraus.[180] Demnach bildet er den Schlusspunkt innerhalb der Wachstumsgeschichte des kanonischen Michabuches und bindet „die verschiedenen Teile des Michabuches zu einer sachlichen Einheit zusammen.“[181] Allerdings besitzt Mi 7,8 – 20 nicht ausschließlich eine summarische Funktion, sondern führt in zweifacher Hinsicht über den inhaltlichen Horizont von Mi 1 – 7* hinaus.

Der erste Aspekt, um den der Abschnitt den älteren Traditionsbestand ergänzt, betrifft das Subjekt der Schuld, die das (wiederholte) Strafgericht JHWHs im Spiegel von Mi 7,8 – 20 provoziert. Während sich der Schuldaufweis in Mi 1 – 3* auf die Mächtigen und die staatstragenden Institutionen konzentrierte und das Gerichtswort in Mi 6,9aα.12a.16* die Verfehlungen auf die Bevölkerung Jerusalems ausweitete, wird der Abschnitt in Mi 7,8 – 20 mit einem Schuldeingeständnis der personifizierten Stadt eröffnet, die im Anschluss an Mi 7,1 – 7 weiterhin das Subjekt darstellt (כִּי חָטָאתִי לוֹ in V.9). Nach dem Schuldeingeständnis des Volkes in Mi 6,7 (פִּשְׁעִי par. חַטַּאת נַפְשִׁי) erreicht der Schuldaufweis des Michabuches mit dem Schuldbekenntnis der personifizierten Stadt, die bislang allein in klagender Rolle begegnet war, seinen inhaltlichen Höhepunkt.

Der zweite Aspekt, um den Mi 7,8 – 20 den älteren Traditionsbestand inhaltlich fortentwickelt, betrifft die Zukunftserwartung Jerusalems und des Volkes Jakob. Im Anschluss an Mi 7,7, worin eine zaghafte Hoffnung auf JHWHs Rettungshandeln Ausdruck gefunden hatte, wird diese Heilsperspektive in Mi 7,8 – 20 entfaltet und auf die hoffnungsvolle Erwartung eines erneuten Erbarmens JHWHs hin orientiert (V.18 – 20). Angesichts der andauernden Schuldgeschichte erscheint JHWHs Erbarmen als einzige Möglichkeit der Rettung und seine Güte und Treue als alleiniger Beweggrund der Vergebung. In Erwartung einer unverdienten göttlichen Heilszuwendung verbleibt auf Seiten des Beters nichts als die Größe JHWHs zu rühmen. Mit der abschließenden Doxologie erhält der Name des Propheten, der im

---

180 Vgl. JEREMIAS, ATD, 120.222 – 224; KESSLER, HThK.AT, 296 – 299; MAYS, OTL, 29 – 33. Im Gefolge Hermann Gunkels wird die Gattung des Textabschnitts als prophetische Liturgie oder ihre Nachahmung bestimmt (vgl. GUNKEL, Micha-Schluß, 145 – 178, und in seinem Gefolge etwa JEREMIAS, ATD, 120.222 – 224; KESSLER, HThK.AT, 226 – 299). Während JEREMIAS, ATD, 120, vermutet, dass V.8 – 12 „wahrscheinlich schon einen vorgegebenen Text einer ,prophetischen Liturgie' gebildet haben, der in V.14 – 20 aufgrund der Prophetenworte des Michabuches weitergedacht und aktualisiert wurde", geht KESSLER, HThK.AT, 296 – 299, davon aus, dass Mi 7,8 – 20 von vornherein als Abschluss des Michabuches formuliert worden ist.
181 JEREMIAS, ATD, 219, zu seinem Bild von der Wachstumsgeschichte des Abschnitts vgl. den Exkurs aaO., 222 – 223.

Spiegel des Michabuches für das vernichtende Strafgericht ebenso steht wie für die Erwartung umfassenden Heils, seine theologische Deutung: Wer ist ein Gott wie du (מִי־אֵל כָּמוֹךָ) in V.18)? Wer ist wie JHWH (מִיכָה)?

2.3 Ergebnis

Die Untersuchung der Schlusskapitel des Michabuches hat das Gerichtswort in Mi 6,9aα.12a.16* als Kristallisationskern von Mi 6 – 7 und das entfaltete Reinigungsgericht in Mi 5,9 – 12.13 – 14 als plausiblen literarischen Anknüpfungspunkt desselben erwiesen. Insofern es in formaler Hinsicht organisch an den älteren Traditionsbestand anschließt und diesen auf inhaltlich einsichtige Weise entfaltet, ist Mi 6,9aα.12a.16* als Fortschreibung der Buchkomposition in Mi 1–5* wahrscheinlich. Durch die Anfügung des Gerichtswortes wird die heilvolle Zielrichtung des Reinigungsgerichts invertiert und zu einer umfassenden Strafgerichtsankündigung umgestaltet, die auf den erneuten Untergang Jerusalems und seiner Bewohner zielt.

Den Anknüpfungspunkt des Gerichtswortes bildet der mit dem Vorgang כרת verbundene Aspekt der Gewalt, der sich innerhalb des Reinigungsgerichts gegen Elemente potenzieller Entfremdung zwischen JHWH und seinem Volk richtet. Diese Gewaltmaßnahme JHWHs wird in Mi 6,9aα.12a.16* gegen die Stadt und ihre Bewohner gewendet und mit andauernder Schuld im sozialen und kultischen Bereich begründet. Mit der sozialkritischen Anklage in V.12a wird der Tenor aus Mi 2 – 3* aufgenommen. Mit der Kultkritik in V.16*, die Jerusalems Verfehlung in die Tradition der Omriden stellt, wird der Rahmen zur Geschichtstheologie in Mi 1* geschlossen.

Der Sachverhalt, dass im Anschluss an die umfassende Heilsperspektive aus Mi 4 – 5* in Mi 6,9aα.12a.16* wieder Anklage erhoben wird und die fortwährende Schuld des Volkes noch einmal ein vernichtendes Strafurteil JHWHs provoziert, hat die kompositionelle Fortbildung des Gerichtswortes in Mi 6 – 7 angeregt. Die religiös-kultische Dimension des Schuldaufweises in V.16a* hat die Gestaltung der Debatte in Mi 6,1 – 8 angeregt, die der Ratlosigkeit angesichts des zerrütteten Verhältnisses zwischen JHWH und seinem Volk Ausdruck gibt und den literarischen Vorspann des Gerichtswortes bildet. Die sozialkritische Dimension aus V.12a wird sodann durch die internen Erweiterungen in Mi 6,9b – 11.13 – 15 und die Anfügung der Klage in Mi 7,1 – 7 entfaltet, die das soziale Unheil innerhalb des Gottesvolkes konkretisieren. Die Klage findet ihren Zielpunkt in der vagen Hoffnung auf JHWHs künftiges Rettungshandeln, die im Rahmen des Psalms am Ende des Michabuches bekräftigt und mit JHWHs Güte und Treue zugunsten des Volkes Jakob begründet wird.

II Ergebnis: Die Kompositionsgeschichte des Michabuches

Mit seinen Bemerkungen über das Michabuch hat Bernhard Stade im Jahre 1881 der historisch-kritischen Forschung zum Gegenstand einen entscheidenden Anstoß gegeben, indem er die These aufgestellt hat, dass nicht das gesamte Michabuch, sondern lediglich ein Grundbestand in Mi 1–3* auf den historischen Propheten zurückzuführen ist.[1] Mittlerweile ist seine Sichtweise zum weithin geteilten Konsens der Michaforschung avanciert. Im deutschen Sprachraum war es insbesondere Hans Walter Wolff, der Stades These ausführlich begründet und das Bild der Forschung vom Propheten Micha und seiner Verkündigung nachhaltig geprägt hat.[2] Im Spiegel von Mi 1–3* erscheint Micha als sozialkritisch orientierter Gerichtsprophet aus Moreschet Gat, der für seine benachteiligten Landsleute Partei ergreift, das Unrecht der Jerusalemer Führungselite zur Anzeige bringt und der judäischen Hauptstadt im Namen JHWHs ihren Untergang ankündigt.[3] Seit der Untersuchung von Hans Walter Wolff ist die von Bernhard Stade begründete Position vielfältig verfeinert, aber nicht mehr grundsätzlich infrage gestellt worden. Allerdings geht die jüngere Forschung, soweit sie die historisch-kritische Frage zulässt, mittlerweile davon aus, dass die Verkündigung des historischen Propheten in einer Überlieferungsgestalt begegnet, die im Verhältnis zu ihrem Ursprung im späten 8. Jh. jünger ist.

Die vorliegende Untersuchung hat den Forschungskonsens im Grundsatz bestätigt, dass lediglich im vorderen Teil des Michabuches ein Traditionsbestand vorliegt, der sich in die Nähe des historischen Micha im ausgehenden 8. Jh. zurückverfolgen lässt. Weiterhin hat sich die innerhalb der jüngeren Forschung begründete Position als zutreffend erwiesen, dass auch in Mi 1–3 ein im Verhältnis zum Ursprung der Traditionsbildung weitgehend jüngerer Text begegnet. Allerdings hat die Studie zu dem Ergebnis geführt, dass sich die Entstehungsgeschichte von Mi 1–3 durchaus rekonstruieren lässt. Sie hat eine komplexe Wachstumsgeschichte im Hintergrund der Gerichtskomposition in Mi 1–3 aufgewiesen, deren Ausgangspunkt das Schefela-Städte-Gedicht in Mi 1,11–15* darstellt.

Das Gedicht bildet den ältesten erreichbaren Textbestand innerhalb des Michabuches und lässt sich mit dem Zeithorizont des Propheten im ausgehenden 8. Jh. in Einklang bringen. Es könnte daher auf den historischen Micha selbst zu-

---

1 Vgl. STADE, Bemerkungen, 161–172.
2 Vgl. WOLFF, Micha; DERS., BK.
3 Vgl. zu diesem Bild des Propheten Micha die Darstellung bei WOLFF, Micha von Moreschet, 403–417.

rückgehen. Der literarische Kontext des Gedichts in Mi 1–3* ist jünger und dürfte erst im Horizont der Zerstörung Jerusalems in babylonischer Zeit entstanden sein. Die geschichtstheologische Komposition in Mi 1* nimmt das Schefela-Städte-Gedicht auf und stellt es in einen Gerichtszusammenhang hinein, der von Samaria ausgeht und auf Jerusalem zielt. Die sozialkritische Komposition in Mi 2–3* betrachtet daraufhin die Ursachen des Strafgerichts gegen Jerusalem und führt es auf die Verkehrung des Rechts und die Korruption der Jerusalemer Eliten zurück.

Im Hinblick auf die hinteren Buchkapitel in Mi 4–7 hat sich der Forschungskonsens ebenfalls bestätigt, dass darin ein gegenüber Mi 1–3* jüngerer Textbestand vorliegt. Hinsichtlich der innerhalb der Forschung bislang umstrittenen Frage, wie die Beziehung der Kompositionen in Mi 4–5 und Mi 6–7 zueinander und ihr jeweiliges Verhältnis zum älteren Traditionsbestand in Mi 1–3* zu bewerten sei, hat die vorliegende Untersuchung zu dem Ergebnis geführt, dass Mi 4–7 im Zuge kontinuierlicher Fortschreibung von Mi 1–3* entstanden ist. Das Erlösungsorakel in Mi 4,10* bildet die älteste Fortschreibung des Unheilstextes in Mi 1–3* und den Kristallisationskern der Heilskomposition. Das Gerichtswort in Mi 6,9aα.12a.16* führt die Buchkomposition auf der Ebene von Mi 1–5* inhaltlich weiter und legt die Grundlage für die kompositionelle Ausgestaltung der Schlusskapitel des Michabuches.

Im Folgenden sind die Etappen der Entstehungsgeschichte des Michabuches zusammenfassend darzustellen. Auf der Grundlage der differenzierten Einzelanalyse konzentriert sich die Darstellung auf die größeren Linien, die das Werden des Buches prägen. Das klassische Prophetenbild, das die Forschung seit den Arbeiten Bernhard Stades und Hans Walter Wolffs von Micha zeichnet, hat sich durch die erzielten Untersuchungsergebnisse verändert. Deshalb ist für jede Etappe der Entstehungsgeschichte des Michabuches das Profil der (literarischen) Figur Michas zu konturieren. Auf diese Weise wird die Entwicklungsgeschichte des Prophetenformats Micha sichtbar, die es von ihren (mutmaßlich) historischen Wurzeln aus auf der Ebene der Literatur durchlaufen hat.

1 Micha im Spiegel des Schefela-Städte-Gedichts in Mi 1,11–15*

Das Schefela-Städte-Gedicht in Mi 1,11–15* bildet den Nukleus der Komposition in Mi 1* und die älteste erreichbare Textebene innerhalb des Michabuches.[4] Es stellt eine stilistisch kunstvoll arrangierte Einheit dar, die aus drei Strophen zu je zwei

---

4 S. dazu unter Teil A vor allem die Analyse III. 5.

Versen besteht und sich durch eine regelmäßige Reimstruktur auszeichnet. Inhaltlich betrachtet das Gedicht das Schicksal einzelner Ortschaften im Bereich der judäischen Schefela, die im Zuge einer militärischen Invasion verwüstet wurden. Durch Paronomasien wird das unheilvolle Geschick der Städte und ihrer Bewohner zum jeweiligen Ortsnamen in Beziehung gesetzt. Die betroffenen Ortschaften befinden sich, soweit eine Lokalisierung möglich ist, im näheren Umfeld der Streitwagenstadt Lachisch. Unter den Unheilsstädten befindet sich in V.14a auch Moreschet Gat, wo der Prophet Micha nach Auskunft der Buchüberschrift in Mi 1,1 beheimatet ist. Durch eine Variation des Schlussrefrains in V.14a wird Moreschet Gat innerhalb der Spruchreihe hervorgehoben und als point of view des Gedichts herausgestellt.

Die Geschichte Lachischs, die ebenfalls unter den Unheilsstädten erwähnt wird (Mi 1,13a), ermöglicht einen Rückschluss auf den historischen Hintergrund, der die Reihe der Stadtsprüche hervorgebracht haben könnte. Die Wagenstadt bildete das militärische Zentrum des Jerusalem vorgelagerten Festungsrings innerhalb der Schefela und hat ausweislich der literarischen und archäologischen Quellen zwei bedeutende militärische Niederlagen erlebt: in assyrischer Zeit am Ende des 8. Jh. und in babylonischer Zeit im frühen 6. Jh. In beiden Kontexten hat sich aus der Blickrichtung der judäischen Schefela strukturell dasselbe verheerende Unheil ereignet. Die Festungen hielten dem Druck der Invasion nicht stand und gingen samt ihrer Bewohner in die Hand der Feinde über.

Da die Buchüberschrift den Propheten Micha mit dem Zeithorizont der assyrischen Invasion verbindet und Jerusalem unter den Unheilsstädten in Mi 1,11–15* keine Erwähnung findet, das in assyrischer Zeit noch verschont geblieben war, lässt sich das Gedicht plausibel in die Zeit des späten 8. Jh. datieren. In unmittelbarer Nähe zu den Ereignissen selbst geben die Stadt-Sprüche der sukzessiven Verwüstung der judäischen Schefela durch die feindliche Macht Ausdruck. Durch ihre Kürze und eingängige Reimstruktur erfüllen sie die Voraussetzung einer mündlichen Tradition. Ursprünglich könnte das Gedicht der Benachrichtigung ferner gelegener Stützpunkte, letztlich der Hauptstadt Jerusalem selbst, über die Vorgänge im Umfeld Lachischs gedient haben und schließlich als Klagegebet angesichts einer in ihrer Dimension bis zu diesem Zeitpunkt der Geschichte Isarels einzigartigen Verwüstung in Gebrauch gewesen sein. Als situationsbeschwörende Klage folgt das Gedicht der verzweifelten Absicht, das Unheil in seiner letzten Konsequenz abzuwenden.

Im Spiegel des Schefela-Städte-Gedichts erscheint Micha, der als mutmaßlicher Urheber der Spruchreihe die Ereignisse in seinem Gesichtskreis um Moreschet Gat in Worte fasst, in der Rolle des Warnenden und Klagenden. In der Doppelfunktion von Warnung und Klage dürfte das Gedicht darauf zielen, das Unheil in seiner letzten Konsequenz abzuwenden. Da die assyrischen Streitkräfte im Fortgang der Ereignisse tatsächlich vor den Toren Jerusalems Halt machten und die Hauptstadt nicht mit militärischer Gewalt überzogen, hat das Gedicht zumindest aus der Perspektive Jerusalems seine Funktion erfüllt, was ihm ein beträchtliches Renommee eingebracht haben könnte, jedenfalls aber seine Rezeptionsgeschichte erklärt. In den Rang prophetischer Literatur wird es erst auf der Ebene der geschichtstheologischen Komposition in Mi 1* erhoben.

2 Micha im Spiegel der geschichtstheologischen Komposition in Mi 1*

Die geschichtstheologische Komposition in Mi 1,5–16* bildet einen Unheilsverlauf ab, der vom Fall Samarias ausgeht (V.6) und auf den Untergang Jerusalems zielt (V.8–9.16), und deutet diesen gesamtisraelitischen Schicksalszusammenhang als Ausdruck des Strafgerichts JHWHs.[5] Im Gefälle von Mi 1* erscheint der Untergang beider Reiche als Ergebnis einer organischen Ereignisfolge. Angesichts dessen stimmt der Prophet die Untergangsklage an (V.8–9) und ruft das personifizierte Jerusalem, dessen Bewohner in die Kriegsgefangenschaft ziehen, ebenfalls zum Vollzug der Untergangsklage auf (V.16).

Da die Komposition in Mi 1* auf den Untergang Samarias Bezug nimmt und daraus das äquivalente Schicksal Jerusalems ableitet, stellt sie das Ergebnis einer geschichtstheologischen Reflexion späterer Tage dar und hat sich vom Unheilshorizont des ausgehenden 8. Jh. bereits entfernt. Möglicherweise stammt sie erst aus babylonischer Zeit, als mit dem Fall Jerusalems das vorläufige politische Ende beider Reiche besiegelt war. Sie knüpft mit dem Strafurteil in V.6 an den Tenor der Gerichtsankündigung an, die seitens der Nordreichspropheten Amos und Hosea gegen Israel und seine Hauptstadt ausgerichtet worden waren, und wendet das Strafgericht in V.8–9.16 gegen Juda und Jerusalem.

Die Verfasser der geschichtstheologischen Komposition nehmen das Schefela-Städte-Gedicht als älteres Traditionselement auf. Im kompositionellen Zusammenhang dient es einerseits dazu, die geographische Distanz zwischen Samaria und Jerusalem zu überbrücken. Die Schefela erscheint daraufhin als Anmarschweg der feindlichen Mächte, die von Norden aus gegen Jerusalem ziehen. Andererseits ermöglichte das Gedicht, den zeitlichen Abstand zwischen dem Untergang von Nord- und Südreich zu überbrücken, da sich die Verwüstung der Schefela in beiden Zeitkontexten ereignete und damit die Schnittmenge beider Unheilshorizonte bildete. Dass sich in babylonischer Zeit im Hinblick auf die ju-

---

5 S. dazu unter Teil A vor allem die Analyse III. 4.

däische Schefela strukturell dasselbe noch einmal ereignet, von dem das Gedicht aus assyrischer Zeit berichtet, wird ihm das Ansehen kontextübergreifender Relevanz eingebracht und seine Rezeption angeregt haben.

Mit den Stadtsprüchen des Gedichts dürfte sich im Nachhinein die Erinnerung an die Verschonung Jerusalems in assyrischer Zeit verbunden haben. In babylonischer Zeit blieb ein vergleichbares Ergebnis jedoch aus. Das politische und religiöse Zentrum Judas fällt den Feinden in die Hände. Dadurch gerät das theologische Wertesystem und die religiöse Orientierung Israels grundlegend ins Wanken. Vor diesem Hintergrund könnte die Spannung zwischen der kontextübergreifenden Relevanz des Gedichts im Hinblick auf die Schefela auf der einen und dem gegensätzlichen Schicksal Jerusalems auf der anderen Seite die theologische Auseinandersetzung provoziert und die Gestaltung der geschichtstheologischen Komposition auf der Grundlage des Schefela-Städte-Gedichts angeregt haben.

Im Spiegel der geschichtstheologischen Komposition in Mi 1* erscheint Micha in der Rolle des klagenden Propheten. In dieser Hinsicht beschreiben ihre Verfasser eine Kontinuität zum Schefela-Städte-Gedicht, da der literarische Micha aus Mi 1* der Rolle des Klagenden im Hintergrund der Stadtsprüche entspricht. Sein Gesichtskreis ist jedoch ungleich größer, indem er nicht nur auf die Ereignisse im Umfeld Lachischs blickt, sondern einen gesamtisraelitischen Radius betrachtet. Auf dieser Ebene erfolgt der wesentliche Schritt zur Gestaltwerdung des literarischen Propheten.

In der Figur des klagenden Micha sind charakteristische Merkmale zweier anderer Prophetenbilder miteinander verbunden worden. Michas Zeichenhandlung in V.8 erinnert an Jesaja, der nach Jes 20,1–4 zur Ausrichtung seiner Botschaft in assyrischer Zeit ebenfalls barfuß und nackt begegnet. Michas Jammer, der dem Ruf der Schakale und Strauße entspricht, korrespondiert mit der Unheilsankündigung Jeremias in babylonischer Zeit (Jer 9,10; 10,22 vgl. Jer 50,39). Durch die Anspielung auf oder die Angleichung an Jesaja und Jeremia scheinen die Verfasser von Mi 1* in der literarischen Figur Michas die beiden Zeithorizonte miteinander zu verschmelzen, die sie im Rahmen ihrer Komposition zueinander in Beziehung setzen.

3 Micha im Spiegel der Gerichtskomposition in Mi 2–3*

Die Gerichtskomposition in Mi 2–3* bringt die Vergehen der Mächtigen gegen Recht und Ordnung und die Schuld der führenden Stände Judas am sozialen Unheil zur Anzeige und begründet damit das Strafurteil gegen Jerusalem in

Mi 3,12.[6] Da im Rahmen der geschichtstheologischen Komposition in Mi 1* zwar der Untergang Judas und Jerusalems beklagt worden, die Ursache desselben allerdings offen geblieben war, schließt die Komposition in Mi 2 – 3* eine inhaltliche Leerstelle in Mi 1*. Mit dem vernichtenden Strafurteil gegen Jerusalem, das unter dem Eindruck des Urteilsspruchs gegen Samaria in Mi 1,6 formuliert worden ist, wird in Mi 3,12 die strafrechtliche Konsequenz aus dem vorausgehenden Schuldaufweis gezogen und der Rahmen zur Klage des personifizierten Jerusalem in Mi 1,16 geschlossen.

Die Sozialkritik in Mi 2,1 – 2; 3,1 – 2a (ohne וַיֹּאמַר).9b.12 bildet die Grundschicht der Gerichtskomposition. Sie beginnt in Mi 2* mit einem Weheruf über Unrechttäter, die sich an fremdem Besitz bereichern, bevor in Mi 3* Anklage gegen die politische Führung erhoben wird, die solches Unrecht durch ihre mangelhafte Rechtspflege protegiert und damit die institutionelle Verantwortung für die Verkehrung von Recht und Ordnung in Juda trägt. Folgerichtig ergeht daraufhin ihretwegen das Strafurteil. Im Rahmen der Analyse waren zahlreiche Bezüge der sozialkritischen Grundschicht in Mi 2 – 3* auf die Gerichtskomposition in Am 5* aufgefallen. Sie haben zu der Schlussfolgerung geführt, dass die Grundschicht in Mi 2 – 3* unter dem Einfluss von Am 5* formuliert worden ist und den Untergang Jerusalems mit äquivalenten Verfehlungen zu begründen sucht, die innerhalb des Amosbuches bereits gegen das Nordreich zur Anzeige gebracht worden sind. Auf diese Weise folgt die Sozialkritik in Mi 2 – 3* dem Anliegen der geschichtstheologischen Komposition in Mi 1*, das Unheil in Israel und Juda in Beziehung zu setzen.

Die Gerichtskomposition ist in drei Etappen literarisch erweitert worden. Zunächst wird der Schuldaufweis um ein Gerichtswort gegen die Propheten in Mi 3,5 – 7 ergänzt. Ihnen wird zur Last gelegt, dass sie den Inhalt ihrer Orakel nicht von der göttlichen Weisung, sondern von angemessenen Bestechungsgaben abhängig machen. Im Zuge der Einschaltung von Mi 3,5 – 7 wird der Straffolgespruch in Mi 3,4 als Brückenvers gestaltet, der inhaltlich bereits auf die Konsequenzen des Strafurteils in Mi 3,12 vorausdeutet. Darüber hinaus wird der Höraufruf in Mi 3,9a unter dem Vorbild von Mi 3,1a* reformuliert, um zur Fortsetzung des Schuldaufweises gegen die politische Führung in Mi 3,9b überzuleiten.

Auf die Hand der Verfasser des Prophetengerichts dürfte weiterhin der Botenspruch in Mi 2,3 und die Theophanieszene in Mi 1,3 – 4* zurückgehen, die gleichermaßen pointiert die Reaktionen JHWHs auf das Unheilsgeschehen herausstellen. Die gerichtsprophetischen Autoren folgen dem Interesse, die Propheten in den Zusammenhang von Schuld und Strafgericht einzubeziehen (Mi 3,5 – 7 mit V.4.9a). Durch die Formulierung des Botenspruchs in Mi 2,3 (vgl. Mi 3,5)

---

6 S. dazu unter Teil B vor allem die Analysen III. 3 – 4.

im Anschluss an den Weheruf in V.1–2 und die Gestaltung der Theophanieszene am Bucheingang in Mi 1,3–4* wird das Strafgericht ausdrücklich auf JHWH zurückgeführt. Ihre Einträge sind von der Jeremiatradition beeinflusst (vgl. Jer 23,13.32 mit Mi 3,5) und werden gezielt mit der Unheilschronologie des Amosbuches verschränkt (vgl. Am 5,13 mit Mi 2,3; 3,4).

Die zweite Etappe der literarischen Fortbildung von Mi 2–3* wird mit der Weissagungsdebatte in Mi 2,6–7.11 (mit Mi 3,1[וָאֹמַר].8) erreicht. Sie enthält eine stilisierte Auseinandersetzung der Propheten im Format Michas mit ihren Gegnern und geht anlässlich der radikalen Strafgerichtsankündigung der Frage nach einer angemessenen Weissagungspraxis (נטף) im Hause Jakob nach. Im Rahmen der Debatte wird die konventionelle Schulmeinung einer unbedingten Heilsgarantie JHWHs zugunsten seines Volkes verabschiedet und durch eine sozialethisch bedingte Heilszusage ersetzt (Mi 2,7). Im Kontrast zu den als Lügenweissager disqualifizierten Gegnern, die das konventionelle Heilsparadigma vertreten, wird in Mi 3,1[וָאֹמַר].8 das vollmächtige Prophetenformat Micha generiert und diesem mit Kraft, Recht und Stärke ein umfassendes Vermögen zugeschrieben. Im Hintergrund der Weissagungsdebatte steht die analoge Auseinandersetzung, die Amos mit Amazja nach Am 7,10–17 über die Frage einer angemessenen Weissagungsweise führt (נטף). Die Prophetenlegende in Am 7 dürfte die Gestaltung der Debatte inspiriert haben.

In einer dritten Etappe der Fortschreibung wird die Sozialkritik in Mi 2–3* um aktualisierende Zusätze ergänzt. Die Gerichtsworte in Mi 2,4–5 und Mi 2,8–10 nehmen auf den Straftatbestand der Wehklage in Mi 2,1–2 Bezug und entfalten diesen vor dem Hintergrund der eigenen gesellschaftspolitischen Großwetterlage. Die Schlachtungssequenz in Mi 3,2b–3 radikalisiert die Vorwürfe gegen die politische Elite und ergänzt sie um aktive Gewaltverbrechen der Häupter und Anführer. Die Zusätze in Mi 3,10–11 generalisieren die ältere Anklage schließlich und richten sie ausdrücklich gegen alle drei Stände Judas. Die sozialkritischen Erweiterungen in Mi 2* lassen Konflikte um Bodenanteile und Besitztümer erkennen, die durch eine Neuverteilung des Landes provoziert scheinen. Möglicherweise spiegeln sich darin gesellschaftliche Spannungen innerhalb des nachexilischen Israel wider, die zwischen dem ansässigen Volk und den aus der Diaspora heimkehrenden Bevölkerungsgruppen entstanden sind.

Im Spiegel der Gerichtskomposition in Mi 2–3* erscheint Micha als ein sozialkritischer Gerichtsprophet im Format des Nordreichpropheten Amos. Den Mächtigen der Gesellschaft legt er die Ausbeutung des Volkes zur Last, den politischen Eliten die Verkehrung von Recht und Ordnung, den Häuptern, Propheten und Priestern ihre Korruption und kündigt daraufhin ein vernichtendes Strafurteil an, das den Untergang Zions und Jerusalems bedeutet. Hinter dieser Botschaft hat die Forschung im Gefolge Bernhard Stades und Hans Walter Wolffs bislang den historischen Micha vermutet. Im Ergebnis der vorliegenden Studie erscheint der sozialkritische Gerichtsprophet des Michabuches, der für sein Volk Partei ergreift, Unrecht schonungslos zur Anzeige bringt und durch seine strenge Strafankündigung mit seiner Zeit und seinen Gegnern in Konflikt gerät, allerdings als ein literarisches Prophetenformat.

4 Micha im Spiegel der Heilskomposition in Mi 4 – 5*

Mit den mittleren Buchkapiteln in Mi 4 – 5 hat der Unheilstext der älteren Buchkomposition in Mi 1 – 3* eine Fortschreibung erfahren, die Israels heilvolle Zukunftsperspektive nach dem Untergang Jerusalems betrachtet. Den Kristallisationskern der Heilskomposition bildet das Erlösungsorakel in Mi 4,10*, das der Tochter Zion die Erlösung aus der Hand ihrer Feinde verheißt.[7] Die Unheilsreminiszenz in V.10a nimmt auf die Höhepunkte der älteren Komposition in Mi 1,16 und Mi 3,12 Bezug und schließt damit plausibel an den Unheilstext in Mi 1 – 3* an. Die Erlösungsverheißung in V.10b* führt über den Unheilszusammenhang hinaus und versieht die ältere Komposition mit einem neuen, nunmehr heilvollen Buchschluss. Über das Konzept der Tochter Zion, die als Stadtpersonifikation vom empirischen Jerusalem unterschieden wird, die Stadt hinter sich lässt und auf dem Feld (als Ort des zurückliegenden Strafgerichts vgl. Mi 3,12) ihrer Erlösung begegnet, gelingt es den Verfassern von Mi 4,10* die Heilsperspektive inhaltlich organisch aus dem Strafurteil zu entwickeln.

Das Erlösungsorakel in Mi 4,10* hat dazu Anlass gegeben, die neue Heilsperspektive des Michabuches zu entfalten, und legt den Grund für die sukzessive literarische Fortbildung der Heilskomposition, die auf der Ebene von Mi 1 – 5 den älteren Unheilstext in Mi 1 – 3* überlagert.[8] Die Sammlungsverheißung in Mi 2,12 – 13* kündigt die Heimkehr der deportierten Bevölkerung unter der Leitung König JHWHs an und trägt einen Spannungsbogen in die Gerichtskomposition hinein, der auf das Erlösungsorakel in Mi 4,10* zielt. Die Sammlungsverheißung bildet das heilvolle Komplement zur Deportationsnotiz in Mi 1,16. Das Bethlehemorakel in Mi 4,14 – 5,4a* betrachtet die politische Zukunft nach dem Untergang Jerusalems und erwartet die Neubegründung der davidischen Dynastie. Insofern das Strafgericht maßgeblich mit der Schuld der politischen Führung in Juda begründet worden war, bildet das Bethlehemorakel den heilsgeschichtlichen Kontrast zu Mi 2 – 3*. Da die Zusätze in Mi 1,10.15b ebenfalls unter dem Einfluss der Davidstradition formuliert sind und vor diesem Hintergrund ihrerseits die Frage nach der

---

7 S. dazu unter Teil B die Untersuchung I. 1.1.
8 S. dazu unter Teil B die Betrachtung I. 1.2.

Zukunft der Herrschaft in Israel andeuten, dürften sie auf das Bethlehemorakel vorausweisen.

Mit der Gestaltung des Völkerwallfahrtsliedes in Mi 4,1–3 und der Ankündigung des Reinigungsgerichts in Mi 5,9–12 erhalten die Heilskapitel in Mi 4–5* ihr literarisches Fachwerk. Das Wallfahrtslied beleuchtet die Zukunftsperspektive Israels hinsichtlich seiner Außenbezüge. Der Berg Zion als Ort der Gegenwart JHWHs erscheint als Mittelpunkt einer friedlichen Welt. Die Völker ziehen in friedfertiger Absicht dorthin, um die Weisung JHWHs zu erhalten und seine Torah zu lernen. Das Reinigungsgericht wendet den Blick nach innen und kündigt im Dienste der Wiederherstellung eines unbelasteten Gottesverhältnisses die Ausrottung derjenigen Elemente innerhalb des Volkes an, die sein ausschließliches Vertrauen auf JHWH beeinträchtigen können. Das literarische Fachwerk in Mi 4–5 ist im Laufe seiner Ausgestaltung um zahlreiche punktuelle Korrekturen und Konkretionen erweitert und insbesondere um den Fremdvölkerdiskurs (Mi 5,14 mit Mi 1,2; Mi 4,5; Mi 4,11–13) ergänzt worden.

Im Spiegel der Heilskomposition in Mi 1–5 wandelt sich das Prophetenformat Micha grundlegend. Aus dem geschichtstheologisch orientierten und sozialkritisch ausgerichteten Gerichtspropheten aus Mi 1–3* ist auf der Ebene von Mi 1–5* der Heilsprophet Micha geworden. So schonungslos die Gerichtsankündigung in Mi 1–3*, so umfassend gestaltet sich die Heilserwartung in Mi 1–5*, die sich mit dem literarischen Micha verbindet. Dieses Format Michas entspricht demjenigen Prophetenbild, das am Ausführlichsten in den mittleren Kapiteln des Jesajabuches zur Darstellung kommt und in der Forschung als Deuterojesaja bezeichnet wird (vgl. auch Jes 36–39). Die Formate Micha und Jesaja haben eine analoge Entwicklungsgeschichte durchlaufen, insofern sich in beiden Gerichtsankündigung und Heilserwartung miteinander verbinden.

5 Micha im Spiegel der Gerichtskomposition in Mi 6–7*

In den Schlusskapiteln des Michabuches wird der Unheilshorizont aus Schuld und Strafgericht noch einmal aufgespannt. Sie lassen erkennen, dass die umfassende Heilserwartung, die in Mi 4–5* Ausdruck gefunden hat, durch fortwährendes Unheil ernüchtert wurde. Das Gerichtswort in Mi 6,9aα.12a.16* bildet den Grundbestand in Mi 6–7 und den Kristallisationskern der Schlusskapitel.[9] Es dürfte ursprünglich an das (literarisch entfaltete) Reinigungsgericht in Mi 5,9–14

---

9 S. dazu unter Teil B die Untersuchung I. 2.

angeschlossen haben und als Fortschreibung der Buchkomposition in Mi 1–5* gestaltet worden sein.

Im ersten Teil des Schuldaufweises wird Jerusalem und seinen Bewohnern zur Last gelegt, Gewaltverbrechen zu verüben und mit Lüge und Falschaussage umzugehen (V.12a). Damit wird der Tenor der Sozialkritik aus Mi 2–3* aufgenommen. Während sich die Vorwürfe in Mi 2–3* gegen einzelne Gruppierungen und die führenden Stände richteten, wendet sich V.12a nun an die Jerusalemer Bevölkerung insgesamt, die das Gottesvolk im Ganzen repräsentiert. Im zweiten Teil des Schuldaufweises wird die Sozialkritik um die Anklage kultischer Verfehlungen ergänzt (V.16a*). Da diese in der Schuldtradition des Nordreichs stehen und mit den Verfehlungen der Omriden identifiziert werden, schließt V.16a an die geschichtstheologische Perspektive aus Mi 1* an. Angesichts fortwährender Schuld, die sich im sozialen und im kultischen Bereich manifestiert, wird Jerusalem und seinen Bewohnern nach Mi 3,12 ein zweites Mal das vernichtende Strafgericht angekündigt (V.16b*).

Das Gerichtswort in Mi 6,9aα.12a.16* hat die kompositionelle Ausgestaltung der Schlusskapitel angeregt.[10] Die Elemente seiner literarischen Fortbildung setzen sich mit dem Dilemma auseinander, dass anhaltende Schuld noch einmal ein vernichtendes Strafgericht provoziert. Das Streitgespräch in Mi 6,1–8 bringt eine tiefe Ratlosigkeit zum Ausdruck, wie ein Verhältnis zwischen JHWH und seinem Volk wiederherzustellen und künftig zu gestalten sei. Es mündet in eine individualethische Lebensorientierung, die nicht länger das Gottesvolk, sondern den einzelnen Menschen auf Recht, Treue und Demut im Dienste gottgefälligen Lebens behaftet. Die Sozialkritik in Mi 6,9b – 11*.13 – 15* und die Klage der personifizierten Stadt in Mi 7,1–7 bringen das soziale Unheil zur Entfaltung, das alle Ebenen in Politik, Wirtschaft und Gesellschaft bis in die Familien hinein durchsetzt. Angesichts dessen bleibt der klagenden Stadt nichts als die Hoffnung auf JHWHs rettendes Einschreiten. Diese Perspektive führt der Psalm in Mi 7,8–20 weiter und gibt der Hoffnung Ausdruck, JHWH werde die Schuld forttragen und sich seines Volkes noch einmal erbarmen.

Im Spiegel der Schlusskapitel des Michabuches ähnelt die Figur Micha wieder dem sozialkritisch ausgerichteten und geschichtstheologisch orientierten Format Micha aus Mi 1–3*. Noch einmal bringt er soziales Unrecht zur Anzeige und hält den Jerusalemern vor, die Schuldtraditionen des Nordreichs zu bewahren, was eine neue Strafgerichtsankündigung provoziert. Die Ratlosigkeit des Streitgesprächs, die Verzweiflung der Klage und die Hoffnung auf JHWHs neuerliches Erbarmen lassen Spuren der Ernüchterung erkennen, die dieses Prophetenformat

---

10 S. dazu unter Teil B die Betrachtung I. 2.2.

im Anschluss an Mi 1– 5* prägt. Ein ähnliches Prophetenbild spiegeln die hinteren Kapitel des Jesajabuches im sog. Tritojesaja. Vor dem Hintergrund der Wandlungen des Prophetenbildes kann das Format Micha im Rahmen des Michabuches als ein Jesaja in nuce gelten.

Abkürzungsverzeichnis

Die Abkürzungen innerhalb der vorliegenden Untersuchung richten sich nach S.M. SCHWERTNER, Theologische Realenzyklopädie. Internationales Abkürzungsverzeichnis für Theologie und Grenzgebiete, Berlin / New York ²1994 (ITAG²). Abweichende und weitere Abkürzungen sind nachfolgend aufgeführt.

1 Textkritische Sigla

G	Septuaginta
MT	Masoretischer Text
MurXII	Zwölfprophetenrolle aus Wadi Murabba'at
Mss	Hebräische Handschriften
S	Peschitta
Tg	Targum
Vg	Vulgata
1QpHab	Pescher Habakuk aus Qumran, Höhle 1
1QpMi	Pescher Micha aus Qumran, Höhle 1
8HevXII^g	Zwölfprophetenbuchrolle aus Naḥal Ḥever, griechisch

2 Bibliographische Abkürzungen

AHw	Akkadisches Handwörterbuch, unter Benutzung des lexikalischen Nachlasses v. Bruno Meissner (1868–1947), bearb. v. W. von Soden, Bd. I–III, Wiesbaden 1965–1981.
AOB	GRESSMANN, H., Altorientalische Bilder zum Alten Testament, Berlin / Leipzig 1927.
AuS	G. DALMAN, Arbeit und Sitte in Palästina, Bd. I–VIII, Hildesheim 1964–2001.
GK	Wilhelm Gesenius' Hebräische Grammatik. Völlig umgearbeitet v. E. Kautzsch, Hildesheim / New York ²⁸1977.
HAE	RENZ, J. / RÖLLIG, W., Handbuch der althebräischen Epigraphik, Bd. I: Die althebräischen Inschriften. Teil 1: Text und Kommentar; Bd. II/1: Die althebräischen Inschriften. Teil 2: Zusammenfassende Erörterungen, Paläographie und Glossar; Bd. III: Texte und Tafeln, Darmstadt 1995.
HThK.AT	Herders Theologischer Kommentar zum Alten Testament, hg.v. E. Zenger, Freiburg i.Br. 1999 ff.

OLB   KEEL, O. / UEHLINGER, CHR., Orte und Landschaften der Bibel. Ein Handbuch und Studienreiseführer zum Heiligen Land, Bd. I: Geographisch-Geschichtliche Landeskunde. Mit einem Beitrag v. U. Staub, Zürich / Einsiedeln / Köln / Göttingen 1984; Bd. II: Der Süden, Zürich / Einsiedeln / Köln / Göttingen 1982.

3 Weitere Abkürzungen

akk.	akkadisch
arab.	arabisch
Art.	Artikel
cj.	Konjektur/konjiziert
dtr	deuteronomistisch
DtrG	Deuteronomistisches Geschichtswerk
hap. leg.	hapax legomenon
hebr.	hebräisch
Narr.	Narrativ
Part.	Partizip
Präp.	Präposition
st. abs.	status absolutus
st. cs.	status constructus
Suff.	Suffix
sum.	sumerisch
term. techn.	terminus technicus
z.St.	zur Stelle

Literaturverzeichnis

Die Literaturverweise in den Anmerkungen erfolgen über Kurztitel. Als Kurztitel dient in der Regel das jeweils erste selbständige Hauptwort im Titel der betreffenden Studie. Ist der Verweis uneindeutig, werden weitere Elemente des Titels einer Studie im Kurztitel aufgenommen. Die Kommentarliteratur wird über das Kürzel der Reihe angegeben, sofern sie in einer Reihe erschienen ist. Bezieht sich der Verweis nicht auf den jeweiligen Kommentar zum Michabuch, wird die Nummer des betreffenden Bandes innerhalb der Reihe beigefügt. Das einfache Reihenkürzel bezieht sich immer auf den Band zum Michabuch. Abweichende Kurztitel sind im Folgenden zur bibliographischen Angabe verzeichnet.

1 Quellenausgaben

Biblia Hebraica Stuttgartensia, hg. v. K. Elliger / W. Rudolph, Stuttgart ⁵1997 (BHS).

RAHLFS, A. (Hg.), Septuaginta. Id est Vetus Testamentum graece iuxta LXX interpretes, Bd. I-II, Stuttgart 1935.

RENZ, J. / RÖLLIG, W., Handbuch der althebräischen Epigraphik, Bd. I-III, Darmstadt 1995–2001 (HAE).

Septuaginta. Vetus Testamentum Graecum. Auctoritate Academiae Litterarum Gottingensis editum, vol. XIII: Duodecim prophetae, hg. v. J. Ziegler, Göttingen ²1967.

STEUDEL, A. (Hg.), Die Texte aus Qumran II. Hebräisch/Aramäisch und Deutsch. Mit Masoretischer Punktation, Übersetzung, Einführung und Anmerkungen, Darmstadt 2001.

Texte aus der Umwelt des Alten Testaments. Bd. I: Rechts- und Wirtschaftsurkunden. Historisch-chronologische Texte, Lfg. 1–4, hg. v. O. Kaiser, Gütersloh 1982–1985 (TUAT).

The Aramaic Bible. The Targums, vol. XIV: The Targum of the Minor Prophets, hg. v. K.J. Cathcart / R.P. Gordon, Edinburgh 1990.

2 Hilfsmittel

Akkadisches Handwörterbuch, unter Benutzung des lexikalischen Nachlasses v. Bruno Meissner (1868–1947), bearb. v. W. von Soden, Bd. I-III, Wiesbaden 1965–1981.

GESENIUS, W., Hebräisches und Aramäisches Wörterbuch über das Alte Testament, bearb. v. F. Buhl, unveränderter Nachdruck der 1915 erschienenen 17. Aufl., Berlin / Göttingen / Heidelberg 1962.

— DERS., Hebräisches und Aramäisches Wörterbuch über das Alte Testament, unter verantwortlicher Mitarbeit von U. Rüterswörden, bearb. u. hg. v. R. Meyer / H. Donner, 18. Aufl., 1.–6. Lfg., Berlin / Heidelberg / New York / London / Paris / Tokyo 1987–2010.

— DERS. / KAUTZSCH, E., Hebräische Grammatik. Zusammen mit der Hebräischen Grammatik von G. Bergsträsser (Leipzig 1918), unveränderter Nachdruck der 1909 erschienenen 28. Aufl., Hildesheim 1962.

JOÜON, P. / MURAOKA, T., A Grammar of Biblical Hebrew, Subsidia Biblica 27, Rom 2006.

KÖHLER, L. / BAUMGARTNER, W., Hebräisches und Aramäisches Lexikon zum Alten Testament, Bd. I-V, Leiden 1967–1995.

LISOWSKY, G., Konkordanz zum hebräischen Alten Testament. Nach dem von P. Kahle in der Biblia Hebraica edidit R. Kittel besorgten Masoretischen Text unter verantwortlicher Mitwirkung von L. Rost, Stuttgart ³1993.

Tübinger Bibelatlas. Auf der Grundlage des Tübinger Atlas des Vorderen Orients (TAVO), hg. v. S. Mittmann / G. Schmidt, Stuttgart 2001.

3 Kommentarliteratur

ALLEN, L.C., The Books of Joel, Obadiah, Jonah and Micah, NICOT, Grand Rapids 1976.

ANDERSEN, F.L. / FREEDMAN, D.N., Micah. A new translation with introduction and commentary, AncB 24, New York 2000.

BECK, J.T., Erklärung der Propheten Micha und Joel nebst einer Einleitung in die Prophetie, Gütersloh 1898.

BEN ZVI, E., Micah, FOTL XXI, Grand Rapids 2000.

BRANDENBURGER, H., Die kleinen Propheten I: Joel, Obadja, Jona, Micha, Nahum, Habakuk, Zephanja. Die warnenden Wächterstimmen, Gießen ²1977.

DEISSLER, A., Zwölf Propheten II: Obadja. Jona. Micha. Nahum. Habakuk, NEB, Würzburg ²1984.

EWALD, H., Die Propheten des Alten Bundes. Erster Band: Jesaja mit den übrigen älteren Propheten, Göttingen ²1867.

HILLERS, D.R., Micah. A Commentary on the Book of the Prophet Micah, Philadelphia 1984.

HITZIG, F., Die zwölf kleinen Propheten, KEH I, Leipzig ³1863.

JENSON, P.P., Obadiah, Jonah, Micah. A Theological Commentary, New York / London 2008.

JEREMIAS, J., Der Prophet Amos, ATD 24/2, Göttingen ²2007.

DERS., Die Propheten Joel, Obadja, Jona, Micha, ATD 24/3, Göttingen 2007.

KEIL, C.F., Die kleinen Propheten, BC III/4, Leipzig ³1888, Nachdruck Gießen / Basel 1985 (KEIL, Propheten).

KESSLER, R., Micha, HThK.AT, Freiburg / Basel / Wien 1999.

KINET, D. u. a., Der aufhaltbare Untergang. Hosea – Joël – Amos – Micha, BiAuPr 14, Stuttgart 1981.

KRAUS, H.-J., Klagelieder (Threni), BK XX, Neukirchen-Vluyn ³1968.

LIPPL, J. / THEIS, J., Die zwölf kleinen Propheten. I. Hälfte: Osee, Joel, Amos, Abdias, Jonas, Michäas, HSAT VIII/3.1, Bonn 1937.

MARTI, K., Das Dodekapropheton, KHC XIII, Tübingen 1904.

MAYS, J.L., Micah. A Commentary, OTL, Philadelphia 1976.

MCKANE, W., The Book of Micah. Introduction and Commentary, Edinburgh 1998 (MCKANE, Micah).

NOWACK, W., Die kleinen Propheten, HK III/4, Göttingen ²1903 (NOWACK, HK²).

DERS., Die kleinen Propheten, HK III/4, Göttingen ³1922 (NOWACK, HK³).

OBERFORCHER, R., Das Buch Micha, NSK.AT 24/2, Stuttgart 1995.

RENAUD, B., La Formation du Livre de Michée, Paris 1977.

RIESSLER, P., Die kleinen Propheten oder das Zwölfprophetenbuch nach dem Urtext übersetzt und erklärt, Rottenburg a.N. 1911.

ROBINSON, T.H. / HORST, F., Die Zwölf kleinen Propheten, HAT I/14, Tübingen ³1964.
RUDOLPH, W., Micha – Nahum – Habakuk – Zephanja. Mit einer Zeittafel von Alfred Jepsen, KAT XIII/3, Gütersloh 1975.
SCHMIDT, H., Die großen Propheten, SAT II/2, Göttingen ²1923.
SELLIN, E., Das Zwölfprophetenbuch, KAT XIII, Erlangen 1922.
SMITH, J.M.P. / WARD, W.H. / BEWER, J.A., A Critical and Exegetical Commentary on Micah, Zephaniah, Nahum, Habakuk, Obadiah and Joel, The International Critical Commentary, Edinburgh 1911 (repr. 1974).
SMITH, R.L., Micah-Malachi, WBC 32, Waco 1984.
SWEENEY, M.A., The Twelve Prophets. Vol. II: Micah. Nahum. Habakuk. Zephaniah. Haggai. Zechariah. Malachi, Berit Olam, Minnesota 2000 (SWEENEY, Micah).
UTZSCHNEIDER, H., Micha, ZBK.AT 24/1, Zürich 2005.
VAN DER WOUDE, Micha, POT, Nijkerk ³1985.
VON ORELLI, C., Das Buch Ezechiel und die zwölf kleinen Propheten, Kurzgefasster Kommentar zu den heiligen Schriften Alten und Neuen Testaments sowie zu den Apokryphen, A. Altes Testament, V. Abteilung, Nördlingen 1888.
—— DERS., Die zwölf kleinen Propheten, KKANT V/2, München ³1908 (VON ORELLI, Propheten).
VON UNGERN-STERNBERG, R., Der Rechtsstreit Gottes mit seiner Gemeinde. Der Prophet Micha, BAT XXIII/3, Stuttgart ²1971 (VON UNGERN-STERNBERG, Rechtsstreit).
VUILLEUMIER, R. / KELLER, C.A., Michée, Nahoum, Habacuc, Sophonie, CAT 11b, Neuchâtel 1971.
WAHL, O., Die Bücher Micha, Obadja und Haggai, GSI 12, Düsseldorf 1990.
WEISER, A., Das Buch der zwölf kleinen Propheten. I: Die Propheten Hosea, Joel, Amos, Obadja, Jona, Micha, ATD 24/1, Göttingen / Zürich ⁷1979.
WILDBERGER, Jesaja 1–12, BK X/1, Neukirchen-Vluyn ²1980.
WOLFF, H.W., Dodekapropheton 4: Micha, BK XIV/4, Neukirchen-Vluyn 1982.

4 Einzelstudien

AHARONI, Y., Das Land der Bibel. Eine historische Geographie. Mit einem Vorwort von Volkmar Fritz, Neukirchen-Vluyn 1984.
ALBERTZ, R., Die Exilszeit. 6. Jahrhundert v. Chr., BE 7, Stuttgart / Berlin / Köln 2001.
ALT, A., Micha 2,1–5. ΤΗΣ ΑΝΑΔΑΣΜΟΣ in Juda, in: ders., Kleine Schriften zur Geschichte des Volkes Israel, Bd. III, München ²1968.
BACH, R., Art. Adullam, BHH I (1962), 28–29.
BALY, D., The Geography of the Bible. A Study in Historical Geography, London ³1959.
BAUMANN, A., Art. חִיל ḥjl, ThWAT II (1977), 898–902.
DERS., Art. הֵמָה hāmāh, ThWAT II (1977), 444–449.
BECKER, U., Die Wiederentdeckung des Prophetenbuches. Tendenzen und Aufgaben der gegenwärtigen Prophetenforschung, BThZ 21 (2004), 30–60.
—— DERS., Exegese des Alten Testaments. Ein Methoden- und Arbeitsbuch, UTB 2664, Tübingen ³2011.
BERGES, U., Art. תָּעָה tā῾āh, ThWAT VIII (1995), 720–725.
BERGMAN, J. / BOTTERWECK, G.J, Art. יָדַע jāda῾, ThWAT III (1982), 479–512.
BERNHARDT, K.-H., Art. אָוֶן āwæn, ThWAT I (1973), 151–159.
BEYERLIN, W., Kultische Tradition in Michas Prophetie, VoxTh 31 (1960/1961), 2–12.

BEYSE, K.-M., Art. מָשָׁל *māšal* I, ThWAT V (1986), 69–73.

BIDDLE, M. E., Dominion Comes to Jerusalem: An Examination of Developments in the Kingship and Zion Traditions as Reflected in the Book of the Twelve with Particular Attention to Micah 4–5, in: R. Albertz / J.D. Nogalski / J. Wöhrle (Hgg.), Perspectives on the Formation of the Book of the Twelve. Methodological Foundations – Redactional Processes – Historical Insights, BZAW 433, Berlin / New York, 253–267.

BLUM, E., Israels Prophetie im altorientalischen Kontext. Anmerkungen zu neueren religionsgeschichtlichen Thesen, in: I. Cornelius / L. Jonker (Hgg.), „From Ebla to Stellenbosch". Syro-Palestinian Religions and the Hebrew Bible, ADPV 37 (2008), 81–115.

BORÉE, W., Die Alten Ortsnamen Palästinas, Hildesheim ²1968.

BOSSHARD, E., Beobachtungen zum Zwölfprophetenbuch, BN 40 (1987), 30–62.

BRIN, G., Micah 2,12–13. A Textual and Ideological Study, ZAW 101 (1989), 118–126.

BRUNO, A., Micha und der Herrscher der Vorzeit, Uppsala 1928.

BUDDE, K., Das Rätsel von Micha 1, ZAW 37 (1917/1918), 77–108.

—— DERS., Micha 2–3, ZAW 39 (1919/1920), 2–22.

BURKITT, F.C., Micah 6 and 7 a Northern Prophecy, JBL 45 (1926), 159–161.

CARR, D.M., Einführung in das Alte Testament. Biblische Texte – imperiale Kontexte, Stuttgart 2013.

CHILDS, B.S., Introduction to the Old Testament as Scripture, London 1979.

CONRAD, J., Art. פֶּרֶץ *pāraṣ*, ThWAT VI (1989), 763–770.

CORNILL, C.H., Die Composition des Buches Jesaja, ZAW 4 (1884), 83–105.

—— DERS., Einleitung in das Alte Testament, Grundriss der Theologischen Wissenschaft II/1, Freiburg i. Br. 1891.

DALMAN, G., Arbeit und Sitte in Palästina. Bd. VI: Zeltleben, Vieh- und Milchwirtschaft, Jagd, Fischfang, Hildesheim 1964.

—— DERS., Arbeit und Sitte in Palästina. Bd. V: Webstoff, Spinnen, Weben, Kleidung, Hildesheim 1964.

DEMSKY, A., The Houses of Achzib. A Critical Note on Micah 1:14b, IEJ 16 (1966), 211–215.

DONNER, H., Israel unter den Völkern. Die Stellung der klassischen Propheten des 8. Jahrhunderts v. Chr. zur Außenpolitik der Könige von Israel und Juda, VT.S 11, Leiden 1964.

—— DERS., Geschichte des Volkes Israel und seiner Nachbarn in Grundzügen. Teil 2: Von der Königszeit bis zu Alexander dem Großen. Mit einem Ausblick auf die Geschichte des Judentums bis Bar Kochba, ATD.E 4/2, Göttingen ³2001.

DUHM, B., Anmerkungen zu den Zwölf Propheten. Sonderdruck aus der Zeitschrift für die Alttestamentliche Wissenschaft, Gießen 1911 (= DERS. Anmerkungen zu den Zwölf Propheten, ZAW 31 [1911], 81–110).

—— DERS., Die Zwölf Propheten. In den Versmaßen der Urschrift, Tübingen 1910.

DURAND, J.M., „In vino veritas", RA 76 (1982), 43–50.

EBACH, J., Art. Bodenrecht, NBL I (1991), 313–314.

EHRLICH, A.B., Randglossen zur Hebräischen Bibel. Textkritisches, Sprachliches und Sachliches, Fünfter Band: Ezechiel und die kleinen Propheten, Hildesheim 1968 (Reprografischer Nachdruck der Ausgabe Leipzig 1912).

EHRLICH, C.S., Die Suche nach Gat und die neuen Ausgrabungen auf Tell es-Safi, in: U. Hübner / E.A. Knauf (Hg.), Kein Land für sich allein. Studien zum Kulturkontakt in Kanaan, Israel/Palästina und Ebirnâri für Manfred Weippert zum 65. Geburtstag, OBO 186, Göttingen / Freiburg (Schweiz) 2002, 56–69.

EISSFELDT, O., Einleitung in das Alte Testament unter Einschluss der Apokryphen und Pseudepigraphen sowie der apokryphen- und pseudepigraphenartigen Qumrān-Schriften, Tübingen ³1964.

ELLIGER, K., Die Heimat des Propheten Micha, ZDPV 57 (1934), 81–152 = ders., Kleine Schriften zum Alten Testament, ThB 32, München 1966, 9–71.

—— DERS., Art. Samaria, BHH III (1966), 1655–1660.

ENGELKEN, K., Art. Orakel, NBL III (2001), 46–49.

EWALD, H., Die Propheten des Alten Bundes I, Göttingen ²1867.

FABRY, H.-J., Art. חבל ḥbl I, ThWAT II (1977), 699–706.

—— DERS., Art. חבל ḥbl IV, ThWAT II (1977), 716–720.

—— DERS., Art. עלל ʿll, ThWAT VI (1989), 151–160.

FALKENSTEIN, A. / VON SODEN, W., Sumerische und Akkadische Hymnen und Gebete, Stuttgart / Zürich 1953.

FELIKS, J., Art. Geier, BHH I (1962), 533–534.

—— DERS., Art. Schakal, BHH III (1966), 1682.

—— DERS., Art. Strauß, BHH III (1966), 1882–1883.

FOHRER, G., Art. Moreseth-Gath, BHH II (1964), 1238.

—— DERS., Art. Kleidung, BHH II (1964), 962–965.

—— DERS., Micha 1, in: Das ferne und das nahe Wort, FS Leonhard Rost zur Vollendung seines 70. Lebensjahres am 30. November 1966 gewidmet und im Auftrag der Mitarbeiter hg. v. F. Maass, BZAW 105, Berlin 1967.

—— DERS., Einleitung in das Alte Testament, begr. v. E. Sellin, nachbearb. v. G. Fohrer, Heidelberg ¹¹1969.

—— DERS., Die Propheten des Alten Testaments. Band 1: Die Propheten des 8. Jahrhunderts, Gütersloh 1974.

—— DERS., Neue Literatur zur alttestamentlichen Prophetie (1961–1970), ThR 45 (1980), 193–225.

FREEDMAN, D.N. / WILLOUGHBY, B.E. / FABRY, H.-J., Art. עַמּוּד ʿammûd, 204–209.

FREEDMANN, D.N. / WELCH, G., Art. שָׁדַד šādad, ThWAT VII (1993), 1072–1078.

FRITZ, V., Das Wort gegen Samaria Mi 1,2–7, ZAW 86 (1974), 316–331.

FUHS, H.F., Art. עָבַר ʿābar, ThWAT V (1986), 1015–1033.

GAMBERONI, J., Art. מָקוֹם māqôm, ThWAT IV (1984), 1113–1124.

GÄRTNER, J., Jesaja 66 und Sacharja 14 als Summe der Prophetie. Eine traditions- und redaktionsgeschichtliche Untersuchung zum Abschluss des Jesaja- und Zwölfprophetenbuches, WMANT 114, Neukirchen-Vluyn 2006.

GERSTENBERGER, E., Art. תעב tʿb pi. verabscheuen, THAT II (1976), 1051–1055.

GEVARYAHU, H.M.I., Biblical Colophons: A Source for the „Biography" of Authors, Texts and Books, VTS 28 (1974), 42–59.

GÖRG, M., Art. Adullam, NBL I (1991), 35.

—— DERS., Art. Achsib, NBL I (1991), 27–28.

—— DERS., Art. Marescha, NBL II (1995), 707–708.

GRAHAM, W.C., Some Suggestions toward the Interpretation of Micah 1,10–16, AJSL 47 (1931), 237–258.

GUNKEL, H., Der Micha-Schluß. Zur Einführung in die literaturgeschichtliche Arbeit am Alten Testament, ZS 2 (1923), 145–178.

HAGSTROM, D.G., The Coherence of the Book of Micah. A Literary Analysis, SBLDS 89, Atlanta 1988.

HAMMERSHAIMB, E., Einige Hauptgedanken in der Schrift des Propheten Micha, StTh 15 (1961), 11–34.

HARDMEIER, CHR., Texttheorie und biblische Exegese. Zur rhetorischen Funktion der Trauermetaphorik in der Prophetie, BETh 79, München 1978.

HARTENSTEIN, F., Die Unzugänglichkeit Gottes im Heiligtum. Jesaja 6 und der Wohnort JHWHs in der Jerusalemer Kulttradition, WMANT 75, Neukirchen-Vluyn 1997.

HAUPT, P., Critical Notes on Micah, AJSL 26 (1910), 201–252.

—— DERS., Micah's Capucinade, JBL 29 (1910), 85–112.

—— DERS., The Book of Micah, AJSL 27 (1911), 1–63.

HAUSMANN, J., Art. קָצַר qāṣar I, ThWAT VII (1993), 106–112.

HENTSCHEL, G., Art. Trauerbräuche. 2. Biblisch, NBL III (2001), 918–919.

HIEKE, T., Art. Samaria, NBL III (2001), 428–430.

JANOWSKI, B., Rettungsgewissheit und Epiphanie des Heils. Das Motiv der „Hilfe Gottes am Morgen" im Alten Orient und im Alten Testament, WMANT 59, Neukirchen-Vluyn 1989.

JENNI, E., Art. יצא jṣʾ hinausgehen, THAT I (1971), 755–761.

JEPPESEN, K., New Aspects of Micah Research, JSOT 8 (1978), 3–32.

JEPSEN, A., Kleine Beiträge zum Zwölfprophetenbuch, ZAW 56 (1938), 85–100.

—— DERS., Art. Ahab, BHH I (1962), 48–49.

—— DERS., Art. Athalja, BHH I (1962), 144–145.

—— DERS., Art. חָזָה ḥāzāh, THWAT II (1977), 822–835.

JEREMIAS, J., Moreseth-Gath, die Heimat des Propheten Micha, PJB 29 (1933), 42–53.

JEREMIAS, J., Die Deutung der Gerichtsworte Michas in der Exilszeit, ZAW 83 (1971), 330–345.

—— DERS., Theophanie. Die Geschichte einer alttestamentlichen Gattung, WMANT 10, Neukirchen-Vluyn ²1977.

—— DERS., Die Anfänge des Dodekapropheton: Hosea und Amos, in: ders., Hosea und Amos. Studien zu den Anfängen des Dodekapropheton, FAT 13, Tübingen 1996, 34–54.

—— DERS., Prophetenwort und Prophetenbuch. Zur Rekonstruktion mündlicher Verkündigung der Propheten, JBTh 14 (1999), 19–35.

—— DERS., Tradition und Redaktion in Micha 3, in: A. Graupner / H. Delkurt / A.B. Ernst (Hgg.) unter Mitarbeit von Lutz Aupperle, Verbindungslinien, FS W.H. Schmidt, Neukirchen-Vluyn 2000, 137–151.

—— DERS., Vom Lokalereignis zur Weltgeschichte, in: J.H. Diehl u. a. (Hgg.), „Einen Altar von Erde mache mir…", FS D. Conrad, Waltrop 2003, 137–149.

—— DERS., Micha 4–5 und die nachexilische Prophetie, in: M. Köckert / M. Nissinen (Hgg.), Propheten in Mari, Assyrien und Israel, FRLANT 201, Göttingen 2003, 90–115.

—— DERS., Das Wesen alttestamentlicher Prophetie, ThLZ 131 (2006), 3–14.

—— DERS., Die Propheten Joel, Obadja, Jona, Micha, ATD 24/3, Göttingen 2007.

—— DERS., Das Rätsel der Schriftprophetie, ZAW 125/1 (2013), 93–117.

KAISER, O., Grundriß der Einleitung in die kanonischen und deuterokanonischen Schriften des Alten Testament, Bd. 2: Die prophetischen Werke. Mit einem Beitrag von Karl-Friedrich Pohlmann, Gütersloh 1994.

KAPELRUD, A.S., Eschatology in the Book of Micah, VT 11 (1961), 392–405.

KEDAR-KOPFSTEIN, B., Art. קוֹל qôl, ThWAT VI (1989), 1237–1252.

KEEL, O. / KÜCHLER, M., Orte und Landschaften der Bibel. Ein Handbuch und Studienreiseführer zum Heiligen Land, Bd. I: Geographisch-Geschichtliche Landeskunde. Mit einem Beitrag v. U. Staub, Zürich / Einsiedeln / Köln / Göttingen 1984; Bd. II: Der Süden, Einsiedeln / Zürich / Köln / Göttingen 1982.

KESSLER, R., Art. Micha/Michabuch, RGG⁴ V (2002), 1201–1203.

KLOPFENSTEIN, M., Scham und Schande nach dem AT. Eine begriffsgeschichtliche Untersuchung zu den hebräischen Wurzeln *bôš, klm* und *ḥpr*, AThANT 62, Zürich 1972.

KLOSTERMANN, R., Erläuterungen zu dunklen Stellen in den Kleinen Propheten, Gütersloh 1914.

KNIERIM, R., Art. אָוֶן *ʾāwæn* Unheil, THAT I (1971), 81–94.

KOCH, K., Qädäm. Heilsgeschichte als mythische Urzeit im Alten (und Neuen) Testament, in: Spuren des hebräischen Denkens. Beiträge zur alttestamentlichen Theologie, Gesammelte Aufsätze 1, hg. v. B. Janowski und M. Krause, Neukirchen-Vluyn 1991, 248–280.

KRATZ, R.G., Die Redaktion der Prophetenbücher, in: ders. / Th. Krüger (Hg.), Rezeption und Auslegung im Alten Testament und in seinem Umfeld, OBO 153, Freiburg (Schweiz) / Göttingen 1997, 9–27.

—— DERS., Art. Redaktionsgeschichte/Redaktionskritik I. Altes Testament, TRE XXVII (1997), 367–378.

—— DERS., Die Propheten Israels, München 2003.

—— DERS., Die Worte des Amos von Tekoa, in: M. Köckert / M. Nissinen (Hg.), Propheten in Mari, Assyrien und Israel, FRLANT 201, Göttingen 2003, 54–89.

—— DERS., Historisches und biblisches Israel. Drei Überblicke zum Alten Testament, Tübingen 2013.

—— DERS., Das Rätsel der Schriftprophetie. Eine Replik, ZAW 125 (2013), 635–639.

KRAUSE, H.-J., *hôj* als profetische Leichenklage über das eigene Volk, ZAW 85 (1973), 15–46.

KREUZER, S., Art. Rest, NBL III (2001), 348–350.

KUHLEWEIN, J., Art. אֶרֶשׁ *ʾrš*, THAT I (1971), 240–242.

KUTSCH, E., „Trauerbräuche" und „Selbstminderungsriten" im Alten Testament, in: L. Schmidt / K. Eberlein (Hg.), Kleine Schriften zum Alten Testament, FS E. Kutsch, BZAW 168, Berlin 1986, 78–95.

LANG, B., Art. Streitwagen, NBL III (2001), 716–718.

—— DERS., HENTSCHEL, G., Art. Trauerbräuche, NBL III (2001), 918–919.

LEHMANN, G. / NIEMANN, H.M., When Did the Shephelah Become Judahite, TA 41 (2014), 77–94.

LESCOW, TH., Redaktionsgeschichtliche Analyse von Micha 1–5, ZAW 84 (1972), 46–85.

—— DERS., Redaktionsgeschichtliche Analyse von Micha 6–7, ZAW 84 (1972), 182–212.

—— DERS., Worte und Wirkungen des Propheten Micha. Ein kompositionsgeschichtlicher Kommentar, Arbeiten zur Theologie 84, Stuttgart 1997.

LEVIN, Chr., Die Verheißung des neuen Bundes in ihrem theologiegeschichtlichen Zusammenhang ausgelegt, FRLANT 137, Göttingen 1985.

—— DERS., Das Alte Testament, München ⁴2010.

—— DERS., Das „Vierprophetenbuch". Ein exegetischer Nachruf, ZAW 123 (2011), 221–235.

LIEDKE, G., Art. ישׁר *jšr* gerade, recht sein, THAT I (1971), 790–794.

LINDBLOM, J., Micha literarisch untersucht, Åbo 1929.

LIPINSKI, E., Art. עַם *ʿam*, ThWAT VI (1989), 177–194.

LOHFINK, N., Art. ירשׁ *jāraš*, THWAT III (1982), 953–985.

MACCHI, J.-D., Michée, in: Th. Römer / J.-D. Macchi / Chr. Nihan (Hgg.), Introduction à L'Ancien Testament, Le Monde de la Bible 49, Genf 2004, 427–433.

MADL, H., Art. נָטַף *nāṭap*, ThWAT V (1986), 424–436.

MAIBERGER, P., Art. Geier, NBL I (1991), 763.

MENDECKI, N., Die Sammlung und der neue Exodus in Micha 2,12–13, KAIROS (NF) 23 (1981), 96–99.

METZNER, G., Die Kompositionsgeschichte des Michabuches, EHS 635, Frankfurt a.M. u. a. 1998.

MITTMANN, S., „Königliches *bat*" und „*tēt*-Symbol". Mit einem Beitrag zu Micha 1,14b und 1 Chronik 4,21–23, ZDPV 107 (1992), 59–76.

—— DERS., Eine prophetische Totenklage des Jahres 701 v. Chr. (Micha 1:3–5a.8–13a.14–16), JNSL 25 (1999), 31–60.

MOMMER, P., Art. קבץ *qbṣ*, ThWAT VI (1989), 1144–1149.

—— DERS., Der Argumentationshintergrund der sozialkritischen Prophetie am Beispiel von Micha 2,1–5, in: J.H. Diehl u. a. (Hgg.), „Einen Altar von Erde mache mir…", FS D. Conrad, Waltrop 2003, 183–197 (MOMMER, Prophetie).

MOSIS, R., Art. כזב *kzb*, ThWAT IV (1984), 111–130.

MOWINCKEL, S., Psalmenstudien I. Āwän und die individuellen Klagepsalmen, 1960.

MÜLLER, A.R., Art. Weinberg, NBL III (2001), 1074.

MÜLLER, W.E., Die Vorstellung vom Rest im Alten Testament. Für die Neuauflage durchgesehen, überarbeitet, mit Ergänzungen und einem Nachtrag versehen von Horst Dietrich Preuß, Neukirchen-Vluyn 1973.

NA'AMAN, N., „The House-of-no-Shade Shall Take Away Its Tax From You" (Micah I 11), VT 25 (1995), 516–527.

NIEMANN, H.M., Nachbarn und Gegner, Konkurrenten und Verwandte Judas: Die Philister zwischen Geographie und Ökonomie, Geschichte und Theologie, in: U. Hübner / E.A. Knauf (Hg.), Kein Land für sich allein. Studien zum Kulturkontakt in Kanaan, Israel/Palästina und Ebirnâri für Manfred Weippert zum 65. Geburtstag, OBO 186, Göttingen / Freiburg (Schweiz) 2002, 70–91.

NISSINEN, M., Das kritische Potential in der altorientalischen Prophetie, in: M. Köckert / M. Nissinen (Hg.), Propheten in Mari, Assyrien und Israel, 1–32.

NOGALSKI, J.D., Literary Precursors to the Book of the Twelve, BZAW 217, Berlin / New York 1993.

—— DERS., Redactional Processes in the Book of the Twelve, BZAW 218, Berlin / New York 1993.

—— DERS., One Book and Twelve Books: The Nature of the Redactional Work and the Implications of Cultic Source Material in the Book of the Twelve, in: E. Ben Zvi / J.D. Nogalski / Th. Römer (Hg.), Two Sides of a Coin. Juxtaposing Views on Interpreting the Book of the Twelve/the Twelve Prophetic Books, Analecta Georgiana 201, New York 2009, 11–46.

OSSWALD, E., Art. Trauer, Trauerbräuche, BHH III (1966), 2021–2023.

OTTO, E., Techniken der Rechtssatzredaktion israelitischer Rechtsbücher in der Redaktion des Prophetenbuches Micha, SJOT 2 (1991), 119–150.

—— DERS., Art. Micha/Michabuch, TRE XXII (1992), 695–704.

OTTOSON, M., Art. הֵיכָל *hêḵāl*, ThWAT II (1977), 408–415.

PÁKOZDY, L.M., Art. Micha, BHH II, Göttingen 1964, 1210–1211.

—— DERS., Art. Michabuch, BHH II, Göttingen 1964, 1211–1212.

PODELLA, TH., Notzeit-Mythologem und Nichtigkeitsfluch, in: B. Janowski / K. Koch / G. Wilhelm (Hg.), Religionsgeschichtliche Beziehungen zwischen Kleinasien, Nordsyrien und dem Alten Testament. Internationales Symposion Hamburg 17.–21. März 1990, OBO 129, Freiburg (Schweiz) / Göttingen, 427–454.

POHLMANN, K.-F., Die Ferne Gottes – Studien zum Jeremiabuch. Beiträge zu den „Konfessionen" im Jeremiabuch und ein Versuch zur Frage nach den Anfängen der Jeremiatradition, BZAW 179, Berlin / New York 1989.

PREUSS, H.D., Art. יָצָא *jāṣāʾ*, THWAT III (1982), 795–822.

RENZ, J. / RÖLLIG, W., Handbuch der althebräischen Epigraphik, Bd. I: Die althebräischen Inschriften. Teil 1: Text und Kommentar; Bd. II/1: Die althebräischen Inschriften. Teil 2: Zusammenfassende Erörterungen, Paläographie und Glossar, Darmstadt 1995.

RIEDE, P., Art. Schakal, NBL III (2001), 460.

—— DERS., Art. Strauß, NBL III (2001), 713.

RINGGREN, H., Art. Nacktheit, BHH II (1964), 1277.

—— DERS., Art. בוז, ThWAT I (1973), 585–588.

—— DERS., Art. עָמַד *ʿāmad*, ThWAT VI (1989) 194–204.

—— DERS., Art. שְׁאָר *šᵉʾer*, ThWAT VII (1993), 931–933.

RÖMER, W.H.Ph., Die Klage über die Zerstörung von Ur, AOAT 309, Münster 2004.

ROTH, M., Israel und die Völker im Zwölfprophetenbuch. Eine Untersuchung zu den Büchern Joel, Jona, Micha und Nahum, FRLANT 210, Göttingen 2005.

RÜGER, H.P., Art. Lachis, BHH II (1964), 1036–1037.

SAUER, G., Art. Niederung, BHH II (1964), 1311.

SAWYER, J.F.A., Art. קבץ *qbṣ* sammeln, THAT II (1976), 583–586.

—— DERS., Art. תעה *tᶜh* umherirren, THAT II (1976), 1055–1057.

SCHARBERT, J., Art. שָׁפַד *sāpad*, ThWAT V (1986), 901–906.

SCHART, A., Die Entstehung des Zwölfprophetenbuchs. Neubearbeitungen von Amos im Rahmen schriftübergreifender Redaktionsprozesse, BZAW 260, Berlin / New York 1998.

—— DERS., Das Zwölfprophetenbuch als redaktionelle Großeinheit, ThLZ 133 (2008), 227–246.

SCHMID, H.H., Art. ירש *jrš* beerben, THAT I (1971), 778–781.

SCHMID, K., Buchgestalten des Jeremiabuches. Untersuchungen zur Redaktions- und Rezeptionsgeschichte von Jer 30–33 im Kontext des Buches, WMANT 72, Neukirchen-Vluyn 1996.

—— DERS., Das Michabuch, in: J. Chr. Gertz, Grundinformation Altes Testament. Eine Einführung in Literatur, Religion und Geschichte des Alten Testaments. In Zusammenarbeit mit A. Berlejung, K. Schmid und M. Witte, Göttingen ³2009, 395–397.

SCHMIDT, W.H., Einführung in das Alte Testament, Berlin / New York ⁵1995.

SCHMITT, G., Moreschet Gat und Libna. Mit einem Anhang: Zu Micha 1:10–16, JNSL 16 (1990), 153–172.

SCHNIEDEWIND, W.M., The Geopolitical History of Philistine Gath, BASOR 309 (1998), 69–77.

SCHOORS, A., Die Königreiche Israels und Judas im 8. und 7. Jahrhundert v.Chr. Die assyrische Krise, BE 5, Stuttgart / Berlin / Köln 1998.

SCHUNCK, K.-D., Art. Leichenklage, BHH II (1964), 1069.

—— DERS., Art. בָּמָה, ThWAT I (1973), 662–667.

SCHWANTES, S.J., Critical Notes on Micah I 10–16, VT (1964), 454–461.

SCHWIENHORST, Art. נָגַע *nāgaᶜ*, ThWAT V (1986), 219–226.

SEYBOLD, K., Art. חָלָה *ḥālāh*, ThWAT II (1977), 960–971.

—— DERS., Poetik der prophetischen Literatur im Alten Testament, Poetologische Studien zum Alten Testament Bd. IV, Stuttgart 2010.

STADE, B., Bemerkungen über das Buch Micha, ZAW 1 (1881), 161–172.

—— DERS., Weitere Bemerkungen zu Mi 4,5, ZAW 3 (1883), 1–16.

—— DERS., Micha II 4, ZAW 6 (1886), 122–123.
—— DERS., Streiflichter auf die Entstehung der jetzigen Gestalt der alttestamentlichen Prophetenschriften, ZAW 23 (1903), 153–171.
STÄHLI, H.-P., Art. עבר *'br*, vorüber-, hinübergehen, THAT II (1976), 200–204.
STECK, O.H., Bereitete Heimkehr. Jesaja 35 als redaktionelle Brücke zwischen dem Ersten und dem Zweiten Jesaja, SBS 121, Stuttgart 1985.
—— DERS., Zion als Gelände und Gestalt. Überlegungen zur Wahrnehmung Jerusalems als Stadt und Frau im Alten Testament, in: ders., Gottesknecht und Zion. Gesammelte Aufsätze zu Deuterojesaja, FAT 4, Tübingen 1992, 126–145.
—— DERS., Die Prophetenbücher und ihr theologisches Zeugnis. Wege der Nachfrage und Fährten der Antwort, Tübingen 1996.
—— DERS., Exegese des Alten Testaments. Leitfaden der Methodik. Ein Arbeitsbuch für Proseminare, Seminare und Vorlesungen, Neukirchen-Vluyn [14]1999.
—— DERS., Gott in der Zeit entdecken. Die Prophetenbücher des Alten Testaments als Vorbild für Theologie und Kirche, BThS 42, Neukirchen-Vluyn 2001.
STOLZ, F., Art. חלה *ḥlh krank sein*, THAT I (1970), 567–570.
STRYDOM, J.G., Micah of Samaria: Amos' and Hosea's forgotten partner, OTE 6 (1993), 19–32.
THIEL, W., Art. שָׁאֲנָן *ša' ᵃnan*, ThWAT VII (1993), 927–928.
TIMM, S., Art. Omri, NBL III (2001), 29–34.
TOLL, C., Die Wurzel *PRṢ* im Hebräischen, OrSuec 21 (1972), 83–86.
UEHLINGER, CHR., Art. Lachisch, NBL II (1995), 572–574.
USSISHKIN, D., The New Archaeological Excavations at Lachish (1973–1994), Bd. I.-V., Monograph Series of the Institute of Archaeology of Tel Aviv University 22, Tel Aviv 2004.
UTZSCHNEIDER, H., Michas Reise in die Zeit. Studien zum Drama als Genre der prophetischen Literatur des Alten Testaments, SBS 180, Stuttgart 1999.
UZIEL, J. / MAEIR, A.M., Scratching the Surface at Gath: Implications of the Tell es-Safi/ Gath Surface Survey, TA 32 (2005), 50–67.
VAN DER WOUDE, A.S., Micah in dispute with the Pseudo-Prophets, VT 19 (1969), 244–260.
—— DERS., Deutero-Micha: Ein Prophet aus Nordisrael? NedTht 25 (1971), 365–378.
—— DERS., Art. חזה *ḥzh schauen*, THAT I ([4]1984), 533–541.
VERMEYLEN, J., Du Prophète Isaie à l'Apocalyptique, Isaie I-XXXV, Miroir d'un demi-millénaire d'expérience religieus en Israel, Tome II, Paris 1978.
VINCENT, J.M., Michas Gerichtswort gegen Zion (3,12) in seinem Kontext, ZThK 83 (1986), 167–187.
VOLLERS, K., Das Dodekapropheton der Alexandriner, ZAW 4 (1884), 1–20 (zu Micha 1–12).
VON SODEN, W., Zu einigen Ortsbenennungen bei Amos und Micha, ZAH 3 (1990), 179–185.
WÄCHTER, L., Art. עָפָר *apar*, ThWAT VI (1989), 275–284.
WAGENAAR, J.A., Judgement and Salvation. The Composition and Redaction of Micah 2–5, VT.Suppl 85, Leiden / Boston / Köln 2001.
WAGNER, S., Art. כלם *klm*, ThWAT IV (1984), 196–208.
WAHL, H.-M., Die Überschriften der Prophetenbücher. Anmerkungen zu Form, Redaktion und Bedeutung für die Datierung der Bücher, EthL 70 (1994), 91–104.
WALLIS, G., Art. חָמַד *ḥāmāḏ* ThWAT II (1977), 1020–1032.
WARMUTH, G., Art. הָדַר *hāḏār*, ThWAT II (1977), 357–363.
WATSON, W.G.E., The Hebrew word-pair *'sp // qbṣ*, ZAW 96 (1984), 426–434.
WEHRLE, J., Art. Micha, NBL II (1995), 794–796.
—— DERS., Art. Micha (Buch), NBL II (1995), 796–800.

WEHRLE, J. / KAMPLING, R., Art. Herz, NBL II (1995), 137–141.

WEINFELD, Art. כָּבוֹד *kābôd*, ThWAT IV (1984), 23–40.

WEIPPERT, H., Handbuch der Archäologie II/1: Palästina in Vorhellenistischer Zeit, München 1988.

— DIES., Art. Kleidung, NBL II (1995), 495–499.

WEIPPERT, M., Der „Bileam"-Text von Tell Dēr ʿAllā und das Alte Testament, in: DERS., Jahwe und die anderen Götter. Studien zur Religionsgeschichte des antiken Israel in ihrem syrisch-palästinischen Kontext, FAT 18, Tübingen 1997, 163–188.

WEISER, A., Einleitung in das Alte Testament, Göttingen ⁴1957.

WELLHAUSEN, J., Die Kleinen Propheten. Übersetzt und erklärt, Berlin ⁴1963.

WELTEN, P., Art. Bart, NBL I (1991), 245–246.

WERNER, W., Micha 6,8 – eine alttestamentliche Kurzformel des Glaubens? Zum theologischen Verständnis von Mi 6,8, BZ NF 32 (1988), 232–248.

WESTERMANN, C., Grundformen prophetischer Rede, BeTh 31, München 1978.

— DERS., Art. כבד *kbd* schwer sein, THAT I (1971), 794–812.

WILDBERGER, H., Art. שאר *šʾr* übrig sein, THAT II (1976), 844–855.

WILLI-PLEIN, I., Vorformen der Schriftexegese innerhalb des Alten Testaments. Untersuchungen zum literarischen Werden der auf Amos, Hosea und Micha zurückgehenden Bücher im hebräischen Zwölfprophetenbuch, BZAW 123, Berlin / New York 1971.

— DIES., Das Zwölfprophetenbuch, ThR 64 (1999), 351–383.

WILLIS, J.T., Structure, Setting and Interrelationship of the Pericope in the Book of Micah, 1966.

— DERS., Some Suggestions on the Interpretation of Micah I 2, VT 18 (1968), 372–379.

— DERS., The Structure of Micah 3–5 and the Meaning of Micah 5,9–14 in the Book, ZAW 81 (1969), 191–214.

— DERS., The Authenticity and Meaning of Micah 5,9–14, ZAW 81 (1969), 353–368.

— DERS., A Reapplied Prophetic Hope Oracle, VT.S 26 (1974), 64–76.

WIMMER, St., Art. Schefela, NBL III (2001), 468–469.

WINTER, U., Art. Nacktheit, nackt, NBL II (1995), 886–888.

WISCHNOWSKY, M., Tochter Zion. Aufnahme und Überwindung der Stadtklage in den Prophetenschriften des Alten Testaments, WMANT 89, Neukirchen-Vluyn 2001.

WÖHRLE, J., Die frühen Sammlungen des Zwölfprophetenbuches. Entstehung und Komposition, BZAW 360, Berlin / New York 2006.

— DERS., Der Abschluss des Zwölfprophetenbuches. Buchübergreifende Redaktionsprozesse in den späten Sammlungen, BZAW 389, Berlin / New York 2008.

— DERS., Das Zwölfprophetenbuch. Vom einzelnen Buch zur Sammlung, BiKi 1 (2013), 2–7.

WOLFF, H.W., Wie verstand Micha von Moreschet sein prophetisches Amt?, VTS 29, Leiden 1978, 403–417.

— DERS., Mit Micha reden. Prophetie einst und heute, München 1978.

ZAPFF, B.M., Redaktionsgeschichtliche Studien zum Michabuch im Kontext des Dodekaptopheton, BZAW 256, Berlin / New York 1997.

ZENGER, E., Das Buch Micha, in: ders. u. a., Einleitung in das Alte Testament, hg. v. Chr. Frevel, Stuttgart ⁸2012, 662–668.

ZOBEL, H.-J., Art. מִשְׁפָּחָה *mišpāḥāh*, ThWAT V (1986), 86–93.

Bibelstellenregister

28,23   197
31,1–5   103
31,8   292

II Samuel

1   106
1,19   110
1,19–26   159
1,19–27   103, 108
1,20   37, 102–108, 110, 159
1,24   106, 108
2   107
2–5   107
2,25   118
5,2   291
5,20   198
5,24   62
6,8   198
12,15   84
13,25   197
15,30   82
17,22   337
18,12   227
22,27   325
23,13–14   103, 110, 159

I Reges

1,45   201
2,8   296
2,44   337
5,12   277
7,2f   118
8,56   293
9,7   277
9,16   140
11–12   78
12,1–17   79
12,19   78
12,25   78
12,29–33   78
12,31   71
13,33   71
13,34   78, 407
14,14   78
14,14–15   415

14,23   71, 415
15,13   415
15,34   78
16,2   78
16,19   78
16,23–28   408
16,24   78
16,26   407
16,31   407
16,33   415
18,19   415
18,45   248
19,13   177
19,19   177
21,3   273
21,10–11   400
21,11–13   400

II Reges

2,8   177
2,13–14   177
3,14   227
3,21   118
5,23   197
7,9   337
8,18   408
8,27   408, 415
11,3   409
11,11   118
11,18   409
13,6   415
16,41   74
17,21ff   78
21   415
21,1–18   415
21,3   408, 415
21,3–7   415
21,9   244
21,12–15   415, 416
21,13   408
21,16   415
23,8   71
23,13   71
24,3–4   416
25,27–30   372